황금가지 제2권

제임스 조지 프레이저 지음 | 박규태 옮김

❀ 을유문화사

을유사상고전

황금가지 제2권

발행일 2005년 5월 30일 초판 1쇄
2021년 3월 25일 전면개정판 1쇄

지은이 제임스 조지 프레이저
옮긴이 박규태
펴낸이 정무영
펴낸곳 (주)을유문화사

창립일 1945년 12월 1일
주소 서울시 마포구 서교동 469-48
전화 02-733-8153
팩스 02-732-9154
홈페이지 www.eulyoo.co.kr

ISBN 978-89-324-4007-1 04380
ISBN 978-89-324-4000-2 (세트)

전면개정판 옮긴이 서문

을유문화사로부터 개정판을 위한 전반적인 수정 작업과 더불어 『황금가지*The Golden Bough*』에 대한 「해제」를 청탁받으면서, 한편으로는 한국 학계와 출판계를 위해 꼭 필요한 과정이라는 생각에 반가우면서도 다른 한편으로는 여러 개인 사정과 겹쳐 다소 부담스러웠던 것이 사실이다. 하지만 덕분에 다시 들여다본 『황금가지』는 15년 전의 그것과 상당히 다른 얼굴로 내게 다가왔다. 좋은 책은 나이에 따라 시간의 무게에 따라 다르게 읽힌다던데, 『황금가지』 같은 학술서에서도 그런 경험을 할 수 있었다는 것이 다소 놀랍기도 했다. 그 경험의 밑그림에는 '기묘함'과 '오류'에 대한 필자의 새로운 발견이 각인되어 있다.

1921년 옥스퍼드대학, 케임브리지대학, 글래스고대학, 리버풀대학에 〈사회인류학 프레이저 강좌Frazer Lectureship in Social Anthropology〉가 개설되었다. 이 강좌는 지금도 계속 이어지고 있는데, 1948년 이래 반드시 프레이저의 아이디어를 취해 그것을 길기길기 찢고 혹평하는 것이 관례가 되었다. 인류학자들이란 참 기묘한 족속이다. 이에 비하면 『황금가지』에 묘사된 네미 숲의 사제직을 둘러싼 황금가지 전설은 덜 기묘해 보인다. 하물며 『황금가지』의 저자 제임스 조지 프레이저는 서가에 가득 찬 3만여 권의 장서 무게로 인해 방바닥이 안쪽으로 휘어져 집을 이사해야만 했다는 일화도 그리 기묘한 일만은 아닌 듯싶다. 필자도 가까운 한 후배에게서 책 무게 때문에 이사해야만 했던 경험담을 들은 적이 있으니까.

『황금가지』의 참된 기묘함은 다른 데에 있는 것이 아닐까? 프레이저 연구자인 로버트 프레이저(우연히도 저자와 성이 같다)는 『황금가지』에 대해 "우리는 이 위대한 책을 읽고 싶어 하지 않는다. 하지만 이 책이 우리 생애의 모든 날마다 우리를 읽는다"고 했다. 우리가 책을 읽는 것이 아니라 책이 우리를 읽는다는 것, 『황금가지』의 이와 같은 기묘함에서 필자는 기묘하게도 자기 자신을 읽어 내게 된다. 왜냐하면 『황금가지』는 나 자신을 읽어 주는 책이기 때문이다. 동어 반복적인 이 기묘한 명제를 이해하기 위해서는 직접 이 책 속으로 들어가는 수밖에 없어 보인다.

또 하나는 '오류'에 관한 새로운 발견인데, 이 점에 대해서는 「해제」에 필자의 생각을 담아 보았으므로, 여기서는 수정 작업을 통해 발견된 오류가 예기치 않게 너무 많아서 놀랍고 부끄러웠다는 고백을 하는 데에 그치고자 한다. 15년 전에 당시 번역과 역주 작업을 하면서 나름대로 여러 차례 열심히 교정을 보았다고 자부했는데, 이렇게 많은 오류가 나온 것을 확인하고 새삼 느낀 바가 있다. 오류는 인간의 본질일 뿐만 아니라 책의 본질이기도 하다는 것, 따라서 오류로부터의 자유를 원한다면 책이 나를 읽어 낼 수 있도록 나 자신을 책에게 열어 놓아야 한다는 것을 말이다. 이런 깨달음에는 물론 '공감주술'적인 비약이 존재한다.

어쨌거나 '기묘함'과 '오류'를 말한다는 것은 감염병의 일상화를 비롯한 각종 위기의 징후들로 넘쳐나는 현대사회의 기막힌 현실에 비추어 보건대 조금도 낯설지 않아 보인다. 특히 균형이 깨져 버린 듯한 한국 사회에서는 더욱 그러하다. 『황금가지』 제3판에는 24꼭지, '축약본'인 본서에는 5꼭지에 걸쳐 한국 관련 글이 등장하는데, 그 사례들이 보여 주는 기묘함과 오류에서 소박한 정감마저 풍길 정도로, 오늘날 우리 앞에 펼쳐지고 있는 기묘함과 오류들은 말할 수 없는 것들의 고통 없이는 한 순간도 대면하기 어렵다. 그래서인가, "우리는 오류에서 시작하여 그것을 진리로 바꾸어야 한다"는 비트겐슈타인의 잠언이 더욱 뼈아프게 다가온다. 프레이저가 말한 '황금가지'는 아마도 환상이거나 아니면 '환상의 진리'를 주술적으로 함축하고 있는 '기묘한 오류'의 메타포일 것임에 틀림없다.

이런 『황금가지』 전면개정판 출간의 기쁨을 독자 여러분과 나누고 싶다.

2021년 1월 28일 과천 회화나무 앞에서
박규태

초판 옮긴이 서문

북이탈리아의 네미 호수 옆에 '디아나의 숲'이라 부르는 신성한 숲과 성소가 있었다. 그 숲속에는 황금색 가지를 지닌 나무 한 그루가 있었는데, 칼을 든 어떤 남자가 밤낮없이 그 나무를 지키고 있었다. 그는 사제이자 동시에 살인자였다. 그는 나무를 지키던 전임자를 살해하고 황금가지를 꺾은 후 비로소 사제가 될 수 있었는데, 그 또한 언젠가는 다른 자의 손에 의해 살해당할 운명이었다. 이 사제는 왕으로 불리기도 했다.

이와 같은 기묘한 장면의 서술로 시작되는 본서는 제임스 조지 프레이저의 대작 『황금가지』 제3판 전12권(1906~1915)을 1922년에 저자 자신이 한 권으로 요약하여 맥밀런 출판사에서 간행한 축약본 『황금가지』의 한국어판 역주본이다. 본서는 69장으로 이루어져 있으며, 그 중심 내용을 제3판의 구성에 따라 일곱 단락으로 나누어 간략히 정리해 보면 다음과 같다.

(1) 제1장에서 제17장까지는 주술의 기법과 왕권의 진화를 논하고 있다. 프레이저를 가장 유명하게 만든 주술론에서 그는 '인간의 복지를 위해 자연의 힘을 지배하려는 시도'로서 주술을 규정하는 한편, 주술의 두 가지 상이한 사고 원리인 유사의 법칙(동종주술 혹은 모방주술)과 접촉의 법칙(감염주술 혹은 접촉주술)을 제시하고 있다. 나아가 이탈리아 네미 숲을 무대로 하여 전개되는 황금가지의 전설에 주목하면서 거기에 등장하는 숲의 사제를 숲의 왕이자 나무정령의 화신과 동일시하면서 주술로써 풍요를 관장하는 주술사로 해석한다. 이는 곧 왕권의 기

원을 주술사에서 찾는 관점이라 할 수 있다.

(2) 제18장에서 제23장까지는 주로 터부론 및 영혼론을 다루고 있다. 먼저 터부의 대상이 되는 행위, 인물, 사물, 언어 등을 다룬 후 사제왕에게는 특히 엄격한 터부가 부과되었는데, 이는 그의 생명 원리인 영혼을 지키기 위한 것임을 지적하고 있다.

(3) 제24장에서 제28장까지는 '살해당하는 신'의 모티프가 중심이다. 여기서 프레이저는 "네미 숲의 왕이 왜 규칙적으로 살해되어야 했는가" 하는 물음을 던지면서, 이는 왕의 쇠약은 곧 해당 공동체의 쇠약을 초래한다는 관념 때문이었다고 해석하면서 왕의 죽음을 살해당하는 신의 이미지와 연결시켜 고찰하고 있다.

(4) 제29장에서 제44장까지는 주로 아도니스, 아티스, 오시리스 등에 관한 동양종교의 신화를 다루면서 농경주술에서 죽음과 재생의 의례에 대해 고찰하고 있다. 즉, 이 신화에서 신성하기 때문에 살해당했다가 다시 소생하는 신들은 매년 반복되는 식물 세계의 죽음과 재생을 상징한다는 것이다.

(5) 제45장에서 제54장까지는 식물 세계에서 죽음과 재생의 문제를 구체적으로 각 문화권의 사례를 통해 확인하고 있다.

(6) 제55장에서 제60장까지는 이른바 '속죄양'의 주제를 중심으로, 병들거나 쇠약해진 왕을 추방하거나 살해하는 관습은 사회 전체의 죄악을 그 왕에게 전이함으로써 공동체의 존속을 가능케 하기 위한 것임을 역설하고 있다.

(7) 제61장에서 제69장까지는 발데르 신화 및 유럽 불축제와 외재혼의 문제를 다루면서, 궁극적으로 황금가지의 의미를 규명하고 있다. 여기서 프레이저는 겨우살이에 의해 죽은 북유럽의 신 발데르와 네미 숲 사제를 대비하면서 황금가지(겨우살이) 안에 신적 생명, 즉 사제왕의 생명이 함축되어 있기 때문에 그것이 신성시된 것이라고 설명한다.

인류학자 메리 더글러스Mary Douglas는 도설판 『황금가지』의 「서문」에서, 황금가지 전설은 로마의 시인 오비디우스의 시(『로마의 축제들Fasti』 제6권) 가운데 한 행에 붙어 있는, 그다지 중요하지도 않은 각주에서 다루어졌을 뿐인데, 프레이저가 그 전설을 그토록 중요시한 이유는 무엇일까 묻고 있다. 1889년 11월 8일자로 프레이저가 출판업자 조지 맥밀런George Macmillan에게 『황금가지』의 출판을 의뢰하기 위해 보낸 편지에 의하면, 황금가지의 전설은 세르비우스Servius가 베르길리우스Vergilius의 『아이네이스Aeneis』에 대해 언급하면서 나온 이야기이기도 하다.

그 편지에서 프레이저는 본서의 목적이 비교방법론을 적용하여 네미 숲의 사제가 그 숲의 신인 비르비우스의 화신이며, 따라서 그 사제의 살해는 곧 신의 죽음으로 간주될 수 있다는 점을 주장하는 데에 있음을 밝힌 바 있다. 또한 그는 본서가 신성시되는 인간과 동물을 살해하는 보편적 관습의 의미를 묻는 작업이기도 하다는 점을 언급하였다. 그러니까 프레이저가 황금가지의 전설에 주목한 진짜 이유는, 그 전설 자체에 있다기보다는 그것이 주술과 종교에 대한 일반적인 해석에서 중요한 실마리를 던져 준다고 여겼기 때문이다.

요컨대 프레이저는 본서에서 고대 이탈리아의 황금가지 전설에 대한 기존의 해석을 확대 발전시켜, 세계 각지의 다양한 사례들을 구사하면서 주술의 원리, 왕권의 기원과 발전, 터부의 문제, 왕 살해의 의미, 농경의례, 속죄양의 문제 등 실로 방대한 영역에 걸친 주제들을 독특한 심리적 연상기법에 의해 상호 연관시켜 설명하고 있다. 다시 말해, 그가 『황금가지』를 집필한 동기는 신성한 네미 숲의 사제직이 전임자를 살해함으로써 계승된다는 기묘한 설화적 규정을 해명하는 데에 있었고, 이를 위해 세계 각지의 유사한 사례들을 방대하게 수집하여 전술하면서 일곱 장면으로 나누어 분석한 것이다. 그 과정에서 프레이저는 사제가 왕으로 불렸다는 사실에 주목하여 이른바 사제왕의 문제를 고찰하고, 또한 사제왕이 주술사의 역할을 수행했다고 보면서 주술론을 전개하였다.

『황금가지』에서 프레이저가 전제로 깔고 있는 방법론과 관점은 크게 두 가지로 요약할 수 있다. 첫째, 프레이저에 의하면, 인간정신은 본질적으로 유사하며 따라서 여러 문화권의 유사한 사례들을 비교할 수 있다는 것이다. 둘째, 프레이저는 당대의 생물진화론(다윈) 및 사회진화론(스펜서)에 입각하여, 모든 사회는 동일한 발전 단계를 거치며 그 발전 방향은 필연적으로 진보와 개선의 방향성을 가진다고 보았다. 그의 주술 → 종교 → 과학이라는 진화론적 도식은 바로 이런 전제를 극명하게 보여 준다.

이런 전제는 곧바로 프레이저에 대한 비판으로 이어진다. 즉, 프레이저의 비교방법론은 구체적이지도 과학적이지도 않으며 유사성에 지나치게 의존한 나머지 일반화의 오류에 빠질 위험이 많다는 점, 그리고 입증하기 어려운 진화론적 도식과 심리학적 유추에 입각함으로써 일관성이 없고 피상적이며 낭만적인 서술로 흐르기 십상이라는 비판이 그것이다. 그밖에 다른 비판들도 많다. 가령 본서에 등장하는 수많은 민족지학적 사례들은 프레이저 자신이 직접 현장 조사한 것

이 아니라 주로 선교사나 식민지 관리자 혹은 여행가들에게서 수집한 자료들이
므로 객관성이 떨어진다는 비판이 당연히 제기될 수 있다. 말하자면 프레이저는
전형적인 탁상공론의 인류학자였다는 말이다. 또한 '미개인'이나 '미신'이라는
용어를 남발한다든지 혹은 주술을 오류라고 단정짓는 프레이저의 태도는 중립
성을 강조하고 섣부른 가치판단을 경계하는 현대 학문의 관점에서 볼 때는 분명
문제가 될 수 있는 것이다.

이 같은 비판들은 반론의 여지가 없는 것이 아니지만 나름대로 타당하다고 보
인다. 그럼에도 『황금가지』가 갖는 의의에 대해 전면적으로 부정하는 이는 거의
없다. 그만큼 본서는 인간정신이 산출한 고전적인 대작의 하나로 꼽혀 왔던 것이
다. 본서는 직접적으로 인류학이나 종교학에서 신화론과 의례론을 촉발시켰으
며, 서구 교양인들로 하여금 기독교의 독단성에 대한 자성을 불러일으키는 데에
결정적인 역할을 했는가 하면, 특히 문학에 지대한 영향을 끼친 것이 사실이다.
하지만 본서가 갖는 매력은 그뿐만이 아니다. 본서의 장단점에 대해서는 독자 스
스로 발견해 내야 할 몫이 더 많을 것 같아서 더 이상 세부적인 언급은 유보하기
로 하자.

다만 옮긴이의 좁은 시야로 느낀 점 한 가지만 부연하면, 본서의 매력은 무엇
보다 인간과 세계의 복마전 같은 수수께끼 앞에서 결코 물음을 포기하려 하지
않았던 프레이저의 인간미 그 자체에 있는 것일지도 모르겠다. 그는 60년 동안
하루에 평균 12시간 이상 연구에 몰두한 책벌레였고, 대단한 음악 애호가였으
며, 정치적으로는 자유주의자였고, 개인적으로는 지독하게 내성적인 성격의 소
유자였다. 그는 논쟁에 끼어들기를 좋아하지 않았으며, 자신에 대한 비판의 소리
를 들어도 흥분하거나 언성을 높이는 일이 없었다. 그런 그는 세상사에는 지극
히 어설프고 서투른 상아탑의 학자였지만, 인간에 대한 신뢰와 희망을 묻는 일에
서는 누구보다도 강한 호기심으로 무장한 전사였다. 본서는 그런 신뢰와 희망과
호기심의 물음들로 가득 차 있다.

끝으로 국내에서 출간된 기존의 『황금가지』 번역본이 여러 종 있음에도 불구
하고 오역이나 졸역의 문제는 차치하더라도, 또다시 본서와 같은 작업이 필요하
다고 생각한 이유에 대해 언급하지 않을 수 없다. 국내에 소개된 『황금가지』 축
약본은 세 종류이다. 프레이저 자신이 축약한 맥밀런판 『황금가지』(1922), 프레
이저 연구자인 로버트 프레이저가 축약한 옥스퍼드판 『황금가지』(1994), 메리 더

글러스가 「서문」을 쓰고 서빈 매코맥이 축약한 도설판 『황금가지』(1978)가 그것이다. 그중 옥스퍼드판은 맥밀런판에 누락되어 있는 「그리스도의 십자가형」 등의 논쟁적인 부분이 복원되어 있으며, 편자의 각주가 첨부되어 있다는 장점을 가진다. 한편 도설판은 맥밀런판과 옥스퍼드판의 절반 분량인데다 관련 그림이 많이 실려 있어 보다 대중적이라는 장점을 가지고 있다.

이에 비해 맥밀런판의 강점은 무엇보다 프레이저 자신이 편집한 것이므로 『황금가지』의 원래 의도에 가장 근접해 있다는 점을 들 수 있다. 맥밀런판을 대본으로 삼은 본서의 재번역 작업은 이 세 가지 장점을 한데 아울러 제시함으로써 부족하나마 독자들의 『황금가지』 이해에 기여하고자 하는 생각에서 비롯되었다. 이를 위해 가능한 한 풍부하게 역주와 도판을 삽입하는 한편, 프레이저의 다른 저작물에 관심 있는 독자들을 위해 프레이저 연보를 첨부하여 참고가 되도록 했다.

이웃 일본에서는 일찍이 1951년에서 1952년에 걸쳐 맥밀런판 축약본의 일본어판이 나온 이래 최근 초판본 『황금가지』(1890)의 완역판(2003)이 출간되었고, 제3판 『황금가지』 총 12권(1906~1915)에 대한 번역 작업도 시작되어 그 일부가 선을 보이고 있지만,[1] 아직 역주 작업은 시도된 적이 없다. 그러나 서양의 고전과 종교사에 익숙하지 못한 동양의 독자들이 역주 없이 『황금가지』를 읽는다는 것은 결코 쉬운 일이 아니라는 점을 염두에 두건대, 역주 작업의 필요성은 매우 긴급한 문제라 아니할 수 없다. 본서의 역주 작업은 바로 이 대목에 역점을 두고 이루어진 것이다.

본서가 프레이저의 지극히 문학적이고 유려한 문체를 크게 손상시키지는 않았는지, 역자의 능력과 이해 부족으로 인한 오역은 없는지 우려를 금할 수 없다. 그런 오류가 발견되는 대로 프레이저를 아끼는 독자 여러분의 애정 어린 질정에 의지하여 고쳐 나갈 것을 다짐한다. 어쨌거나 꼬박 3년여에 걸친 번역과 역주 및 도판 작업 끝에 완성된 본서의 출간에 즈음하여 나름대로 최선을 다했노라고 스스로를 위안하며, 독자 여러분과 권오상 편집부장님을 비롯한 을유문화사 여러분과 기쁨을 함께 나누고 싶다. 그리고 적지 않은 분량의 초교지 교정을 봐 준 대학원의 박수진 양과 이승윤 양에게 이 자리를 빌려 깊은 감사의 뜻을 전하고

---

1 2021년 현재 일본에서 『황금가지』 제3판도 완역판이 출간되었다.

자 한다. 하루가 멀다 하고 새벽녘에 들어가기 일쑤인 무심한 남편에게 날마다 도시락을 챙겨 주며 음으로 양으로 후원해 준 아내와 드라마를 좋아하는 걸 잘 알면서도 함께 시간을 보내 주지 못한 하얀이에게는 그저 고맙고 또 미안할 따름이다.

언젠가 딸아이가 이 책을 읽고 프레이저와 만날 날을 기다리며
2005년 봄의 끝에서
박규태

지은이 서문

이 책의 일차적 목적은 아리키아Aricia의 디아나Diana[1] 여신을 모시는 사제직의 계승과 관련하여 주목할 만한 규칙을 설명하려는 데에 있다. 25년 전 이 문제에 처음 도전했을 때만 해도 그 결론이 간단히 얻어질 것이라고 생각했다. 하지만 얼마 지나지 않아 정확한 결론 혹은 최소한 납득할 만한 결론을 얻기 위해서는 이 문제와 관련하여 지금까지 거의 연구된 적이 없는 광범위한 주제들을 검토할 필요가 있다는 것을 깨달았다. 그래서 이 문제와 관련된 제반 주제들을 조사하다 보니 방대한 분량의 책이 되었고, 갈수록 연구가 다방면으로 분화하였다. 그리하여 처음 2권으로 냈던 초판이 마침내 12권으로 늘어나고 말았다.[2]

그러자 그것을 좀 더 축약하여 출판해 달라는 요청을 자주 듣게 되었다. 이 축

---

1 로마 종교에 등장하는 들짐승과 사냥의 여신. 그리스의 아르테미스 여신과 동일시되는 신으로서 디아나라는 이름은 '빛나다'라는 뜻의 di에 어원을 두고 있으며, '빛나는 존재'를 뜻한다. 아르테미스 여신과 마찬가지로 가축의 여신이자 다산多産의 신이기도 하며 여자들의 임신과 출산을 돕는 신으로 간주되기도 한다. 이탈리아에서 이 여신을 섬기는 장소 가운데 가장 많이 알려진 곳은 아리키아 부근 네미 호숫가의 '디아나 네모렌시스(숲의 디아나)'였다. 그곳에는 라틴 동맹의 여러 도시에 공통적인 신전이 있었고, 정치적으로도 매우 중요했다. 주변 하천의 정령으로서 디아나(디아나 루키나)와 함께 아기 낳는 산모를 지켜 주는 에게리아와 디아나 신전의 첫 번째 사제로 전해지는 영웅 비르비우스(그리스 신화의 히폴리투스에 해당)도 디아나와 관련이 있다.

2 1890년에 초판(전2권), 1900년에 2판(전3권), 1911년부터 1915년에 걸쳐 최종판(3판, 전12권)이 나오고, 1922년에 최종판을 요약한 축약본(본서)이 출간되었으며, 그 후 1936년에 최종판을 보완하는 제13권이 덧붙여졌다.

약본은 그런 요청에 부응하는 한편 보다 광범위한 일반 독자들을 위해 기획된 것이다. 따라서 본서의 분량은 대폭 줄어들었지만, 중심적인 문제와 관련된 사례들은 가급적 살리는 방향으로 했다.[3] 해설 부분도 여기저기서 조금씩 단축했지만 대개는 그대로 두었다. 하지만 가능한 한 원문을 많이 살리기 위해 모든 각주들을 삭제하는 한편 정확한 출처도 생략할 수밖에 없었다. 그러므로 특정 진술에 대한 출처를 확인하고 싶은 독자들이 있다면, 온전한 참고문헌이 붙어 있는 12권짜리 원저를 참고해 주기 바란다.

이 축약본에는 특별히 새로운 자료를 추가하지는 않았으며, 원저의 최종판에서 제시했던 견해와 관점들을 그대로 견지하고 있다. 원저의 최종판 출간 후에 추가로 입수한 자료들은 전체적으로 보아 종래의 결론을 재확인해 주거나, 혹은 기존 원리에 새 옷을 입히는 정도의 것들이기 때문이다. 하지만 결정적인 문제, 즉 일정한 임기 후라든가 혹은 건강이나 힘이 쇠퇴했을 때 왕을 살해하는 관습이 일반적으로 다른 곳에서도 널리 성행했음을 보여 주는 풍부한 예증들을 이 책의 중간중간에 많이 삽입하였다. 이러한 제한된 왕권에 관한 인상적인 사례로서 중세기 남부 러시아의 강력했던 하자르[4] 왕국을 들 수 있다. 거기서 왕은 일정한 임기를 마치거나 혹은 그의 생명력의 쇠퇴를 드러내는 징후로서 한발, 기근, 패전 따위의 공적 재난이 나타날 때에는 언제라도 살해당하곤 했다. 하자르 왕들의 조직적 살해에 대한 예증은 옛날 아랍인 여행가들의 이야기에도 등장하는데, 이에 관해서는 나의 다른 논문에서도 다룬 바 있다.[5]

3　프레이저가 아내의 도움을 받아 3주 만에 작업을 마친 이 축약본(본서 맥밀런판)에 대해 프레이저 자신은 "매끄럽게 읽힌다. 너무 많은 사례와 탈선에서 벗어나니까 논증에 명료함과 힘이 더해진 것 같다"고 적고 있다. 그러나 1994년에 새로운 축약본(옥스퍼드판)을 편집 출간한 로버트 프레이저Robert Frazer는 이 말에 어느 정도 수긍하면서도, 1922년의 맥밀런판 축약본이 다른 사람들(기독교인들)의 기분을 상하게 할까 봐 지나치게 조심한 나머지 그리스도의 십자가형에 관한 위험한 장절을 비롯하여 여가장제에 관한 고찰, 신성한 매춘(聖娼)에 관한 감미롭고 불경스러운 장절이 모두 빠졌음을 비판적으로 지적하고 있다. 하지만 이 장절들이 축약본에서 삭제된 이유가 단지 기독교인의 기분을 상하게 하지 않으려는 데에만 있었다고 단언하기는 어렵다. 아마도 프레이저는 『황금가지』의 주된 집필 목적이 기독교의 허구성을 밝히는 데에 있었던 것이 아닌 만큼, 보다 광범위한 일반대중들에게 가능한 한 혼란을 주지 않고 쉽게 읽힐 수 있도록 배려한 측면도 있었던 것이 아닌가 추측된다. 다시 말해 제임스 프레이저는 로버트 프레이저가 지적한 누락 부분들이 없더라도 『황금가지』의 본래적 취지를 전달하는 데에는 큰 문제가 없다고 판단했을 것이다. 로버트 프레이저 편, 이용대 옮김, 『황금가지』, 한겨레출판, 2003, 49~50쪽 참조(이하 '로버트 프레이저 편'으로 약기)
4　6세기 말 근대 유럽 러시아의 남동부에 걸쳐 중요한 상업 제국을 이룩한 터키어를 사용하는 부족들의 연맹체
5　J. G. Frazer, "The Killing of the Khazar Kings", *Folk-lore*, vol. 28, 1917, pp. 382~407 참조

아프리카에도 왕을 살해하는 관습에 관한 몇 가지 새로운 사례가 있다. 그중 가장 주목할 만한 것은 예전에 부뇨로Bunyoro[6]에서 행해졌던 관습인데, 거기서는 매년 특정한 민족 가운데 모의模擬왕을 선택했다. 모의왕은 선왕의 화신이라고 믿었으며, 선왕의 묘지 사원에서 선왕의 부인들과 함께 거하면서 7일간 왕 노릇을 한 다음 교살되었다.[7] 이런 관습은 고대 바빌로니아의 사카이아Sacaea 축제와 유사성을 보여 준다. 사카이아 축제에서는 모의왕에게 진짜 왕의 의상을 입히고 실제로 왕의 첩들과 향락을 누릴 수 있게 했으며, 5일간 왕 노릇을 하게 한 다음 왕의 의상을 벗기고 몽둥이로 때려죽였다. 이 의식은 근래 아시리아의 한 비문에 기록되어 있는 것이 발견됨으로써 새롭게 조명받고 있다.[8] 이 비문은 일찍이 사카이아 축제가 신년 축제였으며, 유대 부림Purim절[9]의 모태였을 것이라는 나의 해석을 뒷받침해 주고 있다.[10] 또한 최근에 아리키아의 사제왕과 유사한 다른 사례들이 발견되었다. 이는 아프리카의 사제와 왕들에 관한 것인데, 그들은 7년 혹은 2년의 기간이 지난 뒤에 살해당했다. 그들은 이 기간에 보다 강한 자의 공격을 받아 죽었으며, 흔히 살해자가 사제직 혹은 왕권의 계승자가 되었다.[11]

이와 같은 유사한 사례들을 고려하건대, 아리키아의 디아나 사제직과 관련된 계승 규칙을 아리키아에만 한정된 것으로 보기는 어렵다. 아프리카만 해도 그것과 매우 비슷한 관습들이 광범위하게 행해져 왔다. 다시 말해, 사제왕의 살해 규칙은 일반적인 관습이라 할 수 있다. 그렇다고 일찍이 아프리카가 이탈리아에 영향을 끼쳤다든가, 또는 남부 유럽에 아프리카인들이 거주했다고 쉽게 단정 지을

---

6 동아프리카에 있었던 왕국(16~19세기)으로서 지금의 우간다에 있는 빅토리아호 서부에서 번창했다.

7 Rev. J. Roscoe, *The Soul of Central Africa*, London, 1922, p. 200; J. G. Frazer, "The Mackie Ethnological Expedition to Central Africa", *Man*, vol. 20, 1920, p. 181 참조

8 H. Zimmern, *Zum babylonischen Neujahrsfest*, Leipzig, 1918; A. H. Sayce, in *Journal of the Royal Asiatic Society*, July 1921, pp. 440~442 참조. 사카이아 축제에 관해서는 본서 제24장 3절 본문 참조

9 히브리어로 '제비 뽑기'를 뜻하는 유대인의 절기. 기원전 5세기에 페르시아의 고관 하만Haman에 의해 죽을 위기에 처해 있던 유대인의 목숨을 구한 사건을 기념하는 축제로서 구약성서 『에스델』에 관련 이야기가 나온다. 하만이 제비를 뽑은 일을 빗대어 칭해진 부림절 의식은 아달월 13일, 즉 축일 전날인 '타아니트 에스델(에스델의 금식)'이라는 금식일로 시작된다. 부림절 회당 예배에서 가장 독특한 점은 『에스델』을 낭독하는 것이다. 또한 이날 유대인들은 선물을 교환하고 가난한 사람들에게 자선을 베풀었다.

10 J. G. Frazer, "Part VI. The Scapegoat", *The Golden Bough*, pp. 354 sqq., 412 sqq.

11 P. Amaury Talbot in *Journal of the African Society*, July 1916, pp. 309 sq.; id., in *Folk-lore*, vol. 26, 1916, pp. 79 sq.; H. R. Palmer, in *Journal of the African Society*, July 1912, pp. 403, 407 sq.

수는 없다. 선사시대에 두 대륙 간에 어떤 관계가 있었는지는 아직도 규명되지 않은 채 연구과제로 남아 있기 때문이다.

어쨌든 사제왕의 살해 관습에 대한 나의 설명이 얼마만큼 타당성을 가지는지는 향후 판가름이 날 것이다. 만일 앞으로 더욱 타당성 있는 설명이 나타난다면 나는 언제든지 나의 주장을 철회할 준비가 되어 있다. 하지만 축약본이라는 새로운 체제로 일반 독자들에게 선을 보임에 있어, 나는 내 이론에 대한 세간의 잘못된 이해들[12]에 대해 나 자신을 변호하고자 한다. 그런 잘못된 이해들이 항간에 많이 돌아다니는 모양인데, 나는 진작부터 그런 오해를 바로 잡으려고 애써 왔다.

이 책에서는 나무 숭배에 관해 상세히 다루고 있다. 하지만 이는 종교사에서 나무 숭배가 차지하는 중요성을 과대평가한 것이 아니며, 더욱이 나무 숭배에서 총체적인 신화체계 모두를 논하려 하는 것도 아니다. 이는 다만 '숲의 왕'이라 부르는 사제의 중요성과 그에게 주어진 의무 중 하나가 성스러운 숲에 있는 어떤 나무에서 한 가지(황금가지)를 꺾는 데에 있었다는 사실을 설명하기 위해 나무 숭배라는 주제를 간과할 수 없었던 것이다. 나는 종교사에서 나무 숭배가 가장 중요하다고는 생각하지 않는다. 오히려 나무 숭배는 종교사에서 그 밖의 여러 요인들 가운데 부수적인 요인에 속한다고 생각한다. 특히 원시종교의 생성에 가장 큰 요인이었다고 여겨지는 사자死者에 대한 공포와 비교해 볼 때 더욱 그렇다.

이처럼 분명한 입장을 드러내고 있는 이상 내가 특별한 오류를 범했다고는 생각하지 않으며, 또한 내가 불합리한 신화체계를 믿고 있다는 비난을 받을 만한 이유도 없다고 본다. 하지만 나는 오류라는 것이 마치 수많은 머리를 가진 괴물 히드라hydra[13]와 같다는 점을 너무 잘 알고 있다. 따라서 나는 그 괴물의 머리를

---

12 『황금가지』 출간 이후 프레이저는 한편으로 폭발적인 대중적 인기와 영예를 얻은 반면, 다른 한편으로 학계 및 교회 측으로부터 무수한 비난과 비판을 받기도 했다. 프레이저에게는 반反기독교적 우상파괴자, 피상적인 진화론자, 사회적 맥락을 도외시한 개인주의적 본질론자 혹은 주지론자, 일관성이 결여된 탐정소설류의 추론가, 안락의자형 인류학자, 상투적인 비교론자, 지루한 사례들의 수전노적 수집가, 흥행사 따위의 극단적인 비난까지 끊임없이 따라다녔으며, 급기야 그의 사후 29년 뒤인 1970년에는 제프리 커크Jeoffry Kirk에 의해 "쓰러진 거인"이라고 불리기까지 했다. 본문에서 프레이저가 구체적으로 언급하고 있는 '변명'과 관련해서, 확실히 많은 평자들은 프레이저가 지금은 폐기된 이론인 아리안족의 동질성에 대한 확신하에서 아리안족의 원종교가 나무 숭배였고, 『황금가지』의 목적이 그런 나무 숭배의 규명에 있다고 보았다. 프레이저 비판에 관해서는 특히 R. Angus Downie, *Frazer and The Golden Bough*, Victor Gollancz Limited, 1970, pp. 37~50 참조. 나무 숭배의 문제에 관해서는 Robert Frazer, *The Making of The Golden Bough*, palgrave, 2002, pp. 193~202 참조

13 그리스 신화에서 티폰과 에키드나의 자손이며, 아홉 개(이 숫자는 일정하지 않음)의 머리를 가진 거대한 괴

하나 잘라 내면 이윽고 다른 머리가 나타나는 그런 작업을 하고 싶지는 않다. 다만 독자들이 나의 분명한 입장 표명을 염두에 두면서 보다 공정한 지성으로써 내 견해에 대한 심각한 오해들을 바로잡아 주길 바랄 뿐이다.

1922년 6월, 런던의 템플 브릭코트에서
J. G. 프레이저

물로 가운데에 있는 머리는 죽지 않는다고 나온다. 아르고스 근처의 네르나 습지에 살았던 이 괴물은 헤라클레스에 의해 죽임을 당했다. 이때 머리 하나가 잘리더라도 그곳에서 두 개의 머리가 나왔기 때문에, 헤라클레스는 잘린 머리 부분을 횃불로 지졌으며, 마침내 불멸의 머리를 몸에서 떼어 냈다. 프레이저가 히드라를 비유로 든 것은 오류란 것이 떼어 내고 잘라 내도 끝없이 계속 자라난다는 점을 지적한 것이다. 그래서 프레이저는 본문 중에서도 자기 이론에 대한 비판들을 직접적으로 언급하거나 반박하는 대신 독자들에게 스스로 판단해 줄 것을 기대하고 있다.

「제임스 조지 프레이저 초상」 뤼시앵 모노, 1907

일러두기

1. 이 책은 James George Frazer, *The Golden Bough*(Macmillan Publishing Company, 1922)를 완역한 것이다.
2. 본문에서 각주는 옮긴이의 설명이다. 각주에는 동서양의 신화나 설화, 부족명, 지명, 인명에 대한 설명은 물론이고 종교와 주술에 대한 프레이저의 생각을 정리하거나 다른 인류학자들의 견해와 사고를 덧붙여 이해의 폭을 한층 넓혔다. 단, 인용 및 참고 문헌의 출처만 표기된 경우에는 원서에 나와 있는 것이다.
3. 원서의 인명, 지명, 부족명은 모두 국립국어원의 외래어표기법에 따라 표기했으며, 일반적으로 굳어져 널리 사용되는 통칭은 그에 따랐다. 한편, 지명의 경우에 원서의 명칭을 그대로 표기하면서 오늘날 지명 변화나 위치 등에 대한 설명은 각주에 담았다.
4. 원문에서 장문의 경우에는 한 문장이 너무 길고 장황해서 원문 그대로 번역할 경우 독자들이 읽기에 불편한 점이 있으므로, 옮긴이가 내용의 흐름에 따라 적당히 읽기 좋도록 단문으로 나누어 번역했음을 밝힌다.
5. 원서에서 성서를 인용한 부분은 '공동번역 성서'의 해당 부분을 그대로 인용했다.
6. 책이나 잡지, 신문 등에는 『 』 그림이나 연극, 노래, 한 편의 시나 논문 등에는 「 」을 사용하였다.
7. 원서에는 없지만 독자들의 이해를 돕기 위해 각종 그림과 사진, 제임스 조지 프레이저의 연보, 해제 등을 이 책에 추가하였다.
8. 일부 저작권자가 불분명한 도판의 경우, 저작권자가 확인되는 대로 별도의 허락을 받도록 하겠다.

2권 차례

1권 차례

제38장
오시리스 신화

슬픔과 환희가 교차하는 가운데 매년 죽음과 부활을 기념한 고대 이집트의 신으로는 오시리스Osiris가 있었다. 그는 모든 이집트 신들 가운데 가장 인기가 많았다. 이 신의 특징 가운데 하나로서 자연 특히 곡물의 연례적인 대순환을 인격화한 신이라는 점을 들 수 있는데, 이는 오시리스를 아도니스나 아티스와 동일한 범주로 분류할 만한 충분한 근거가 된다. 하지만 오랜 시간에 걸쳐 그가 누린 엄청난 인기와 더불어 열성적인 숭배자들이 여러 다른 신들의 속성과 권능을 그에게 부여해 주었다. 그래서 오시리스에게 덧붙여진 여러 장식들을 벗겨내어 원래의 주인에게 되돌려 놓는 일이 결코 쉬운 일만은 아니다.

오시리스 이야기가 하나의 연결된 이야기로 서술되어 나오는 것은 플루타르코스Plutarchos의 저작[1]뿐이다. 플루타르코스가 전하는 신화는 근대기에 비문 유적들을 통해 확증되고 다소 확충되었다. 그 신화는 다음과 같다.

오시리스는 대지의 남신 셉Seb(Keb 혹은 Geb)[2]과 하늘의 여신 누트Nut[3]가 간통해서 낳은 자식이었다. 그리스인들은 이런 오시리스의 부모를 그들의 신인 크로

---

1 플루타르코스의 『이시스와 오시리스』를 가리킨다. 여기서 플루타르코스의 주장은 오시리스가 원래 신의 이름이었는데, 나중에 착오로 곡물과 결부되었다는 것이다. 이에 반해 프레이저는 그 이름이 처음에는 베어 낸 곡식 혹은 그 정령을 의미했는데, 후에 신의 이름이 되었다고 보았다. 로버트 프레이저 편, 앞의 책, 440쪽 편주 참조

2 고대 이집트 종교에서 대지의 신이며 만물을 보호하는 신. 셉은 여등 생이자 아 배인 누트와 함께 헬리오폴리스의 에니드(이집트 종교의 아홉 신들의 집단) 중 제2세대에 속한다. 이집트의 그림을 보면 셉은 공기의 신 슈의 발 아래 누워 있고, 하늘의 여신 누트가 그 위에 궁형을 이루고 있는 모양으로 그려져 있다.

3 이집트 종교에서 하늘 또는 창공의 여신. 지신地神 셉을 둥글게 덮고 있는 여인으로 묘사된다. 비가 내리는 지역들의 문화는 대부분 창공을 남성으로 의인화하고, 비는 어머니인 땅으로 하여금 결실을 맺게 하는 씨앗으로 취급되지만, 이집트에서는 필요한 물이 모두 땅(나일강)에 있기 때문에 비가 땅을 비옥하게 하는 데 아무런 역할도 하지 못한다. 이집트 종교에서는 땅과 하늘의 신들이 지니는 성별이 독특하다. 누트는 배(과일) 모양으로 생긴 물동이(누트의 상형문자 이름)를 머리에 인 모습으로 표현되었다. 누트는 때로 암소로 묘사되기도 했는데, 그것은 이 여신이 태양신이자 창조신인 라Ra, Re를 등에 업고 하늘로 가기 위해서 취한 모습이 암소였기 때문이다. 누트는 새해를 맞이하기 전의 특별한 5일 동안에 오시리스·호루스·세트·이시스·네프티스 신을 차례로 낳았다.

노스Cronos와 레아Rhea로 동일시했다. 어쨌든 태양신 라Ra는 자기 아내 누트가 부정을 저질렀다는 것을 알고는 그녀가 어느 달이든, 어느 해든 아이를 낳지 못하게 될 것이라는 저주를 선언했다. 그런데 누트 여신에게는 토트Thoth[4] 혹은 그리스인들이 헤르메스Hermes라 부른 또 다른 애인이 있었는데, 그가 달[月]과 체커(장기) 시합을 해서 날마다 하루 중 72분의 1씩을 따냈다. 그리하여 1년 동안 딴 시간을 합하여 총 5일을 만들어서 그것을 이집트력의 1년인 360일에 더하였다. 이것이 바로 이집트인이 음력과 양력을 조화시키기 위해 매해 연말에 덧붙여 5일간의 추가일이 생겨난 신화적 기원이다. 이 5일은 1년 열두 달에 속하지 않는 것으로 간주했기 때문에 태양신의 저주가 미치지 않았다.

그리하여 추가일 중 첫째 날에 오시리스가 태어날 수 있었던 것이다. 그가 태어났을 때 만물의 주님이 세상에 도래했다고 선포하는 음성이 울려퍼졌다. 어느 날 파밀레스Pamyles라는 자가 테베의 신전에서 한 음성을 들었다. 그 음성은 위대한 왕이신 자비로운 오시리스가 태어났음을 큰 소리로 선포하도록 그에게 명했다. 그런데 오시리스만이 누트의 유일한 아들은 아니었다. 둘째 날에 그녀는 큰 호루스Horus를, 셋째 날에는 그리스인들이 티폰Thypon이라 부르는 세트Set[5]를, 넷

---

[4] 원래는 이집트 종교에서 달의 신이었으나 나중에 계산의 신, 일반적으로는 학문의 신이 되었다. 필기법을 발명했고 사회 질서를 만들었으며, 언어·서기書記·해석법을 창안했고, 신들의 자문 역할을 했다. 지상에 있는 태양신 라의 대변자로 여겼다. 토트를 제사하는 중심지는 상上이집트의 크무누(라틴어로는 헤르모폴리스 마그나, 지금의 알아슈무나인)이다. 오시리스 신화에서 토트는 이시스가 임신하고 있는 동안 그녀를 보호했고, 오시리스의 적인 세트가 그녀의 아들 호루스에게 입힌 상처를 치료해 주었다. 그는 죽은 이들을 심판할 때 그들의 심장을 저울질하여 그 결과를 동료 심판관인 오시리스에게 알린다. 토트를 나타내는 신성한 동물은 따오기와 비비원숭이다. 이 동물들의 미라가 헤르모폴리스와 멤피스 근처의 여러 무덤에서 발견되었다. 토트 자신은 보통 따오기의 머리를 가진 사람 모습으로 묘사된다. 그리스 사람들은 토트를 그들의 신 헤르메스와 동일시했고, 위력 있는 마술책을 지은 유명한 저술가 헤르메스 트리스메지스토스를 '세 번째 신 토트'로 여겼다.

[5] 상上이집트 제11주州의 수호신. 세트 숭배의 중심지는 원래 왕조시대 이전 적색 왕관 왕국의 수도인 눕트(그리스어로는 옴보스)였다. 이 지역은 현재 상이집트의 나일강 서안에 위치한 투크 근처에 해당한다. 세트는 히에라콘폴리스의 파라오들에 의해서(아마도 이집트의 통일과 함께) 제거되었다. 파라오들의 수호신은 매의 신이자 세트의 적이었던 호루스였다. 세트는 재칼의 몸에 사시斜視, 뾰족한 귀, 털이 난(이후에는 갈퀴 모양의) 손톱, 길게 휘어지고 뾰족한 주둥이를 가진 모습으로 묘사되었다. 여러 동물들(개미핥기, 영양, 당나귀, 낙타, 아프리카산 여우 페네크, 그레이하운드, 재칼, 아프리카산 쥐 제르보아, 긴주둥이쥐, 오카피, 아프리카산 영양 오릭스, 돼지 또는 멧돼지, 맥 등)이 그의 형태 부분을 이루고 있는데, 고대 이집트인조차도 정확한 모습을 그려내지 못했던 것으로 보아 아마도 신화적 합성물일 것이다. 원래 세트는 하늘의 신, 사막의 왕, 태풍과 무질서와 전쟁의 주인이었고, 일반적으로 믿을 수 없는 사기꾼으로 본성이 사악하다고는 할 수 없지만 다루기 위험한 존재였다. 신화에서 세트는 오시리스의 동생으로 나오는데, 거기에서도 그의 성격은 골칫덩어리로 묘사된다. 그는 어머니 누트의 자궁을 뚫고 나왔으며, 여동생이자 아내인 네프티스에게는 충실하지 못

죽음과 부활의 신 오시리스(오른쪽)에게 공물을 바치는 숭배자,
기원전 1100년경 이집트 파피루스

이집트 룩소르, 람세스 6세(재위 기원전 1144~기원전 1136) 무덤 벽화,
오시리스의 어머니인 천공의 여신 누트가 활처럼 몸을 구부려 우주를 덮고 있다.
그 아래의 인물들은 신들과 파라오들이다.

째 날에는 이시스Isis를, 그리고 다섯째 날에는 네프티스Nephthys를 각각 낳았다. 나중에 세트는 누이 네프티스와, 오시리스는 누이 이시스와 결혼했다.

오시리스는 지상의 왕으로서 이집트를 통치하면서 미개한 사람들을 교화시켰고 그들에게 율법을 내려 주었으며, 신들을 섬기도록 가르쳐 주었다. 그의 치세 이전에 이집트인은 식인종이었다. 그러나 오시리스는 그의 누이이자 아내인 이시스가 발견한 야생 밀과 보리의 재배법을 널리 보급하였다. 그 후 이집트인들은 식인 풍습을 버리고 기꺼이 곡물로 지은 음식물을 먹었다. 오시리스는 나무에서 과일을 따서 모으고, 장대를 세워 포도나무를 가꾸고, 포도를 밟아 술을 담근 최초의 인물이었다고 한다. 이런 유익한 발견들을 모든 인류에게 전해 주고자 하는 열망에 가득 찬 그는 이집트의 통치권을 아내 이시스에게 넘겨준 다음 온 세상을 여행하면서 가는 곳마다 문명과 농경의 축복을 나누어 주었다. 그러면서 가혹한 기후나 빈약한 토양 때문에 포도 재배가 안 되는 지방에는 보리로 맥주를 양조함으로써 포도주를 대신하도록 주민들에게 가르쳐 주었다. 그는 감사의 표시로 여러 민족들이 선물로 바친 재물들을 잔뜩 가지고 이집트로 돌아왔으며, 그가 인류에게 베푼 은혜에 감복한 백성들은 너나 할 것 없이 그를 찬양하고 신으로 숭배했다.

그의 아우 세트(그리스인들이 티폰이라 불렀던)는 72명의 패거리와 함께 오시리스에 대해 음모를 꾸미고 있었다. 이 못된 아우 세트는 형의 몸 치수를 몰래 잰 다음 그 크기만한 궤짝을 만들어 아름답게 장식했다. 그리고 질펀한 술자리에 그것을 가지고 와서 누구든 그 궤짝에 꼭 맞는 자가 있으면 선물로 주겠노라고 농담조로 약속을 했다. 이에 사람들이 모두 시도해 보았지만 아무도 몸에 들어맞지 않았다. 마지막으로 오시리스가 궤짝 안에 들어가 누웠다. 이때 공모자들이 달려들어 궤짝 뚜껑을 덮고 단단히 못질을 하고 납땜질을 한 다음 그것을 나일강에

___

한 남편이었고, 자기 형을 속여 상자에 가두어서 바다에 던져 죽이기까지 했다. 이러한 행동이 호루스(고왕국 시대 후기에는 그를 오시리스의 아들로 보았음)를 분노하게 했다. 오시리스가 죽은 후 그의 여동생이자 아내인 이시스가 기적적으로 낳게 된 호루스는 세트와 결투를 벌여 아버지의 왕위를 되찾으려고 시도했다. 신왕국시대가 끝난 후 이집트는 제국의 지위와 주권을 잃었고, 오시리스 숭배가 점차 강화됨에 따라 세트는 이집트의 판테온에서 추방되었으며, 그의 이름과 신상도 기념물들에서 제거되었다. 이미 오래전부터 가나안 사람들의 바알 신과 동일시되었던 세트는 이제 동양(주로 이집트를 침입했던 셈족)의 신으로 여겨지게 되었다. 오시리스를 죽인 세트의 행위에 대한 반감은 그와 관련된 민족에 대한 반감으로 전환되어 반셈족주의anti-Semitism의 초기 형태로 나타났다. 그리고 더 이상 호루스와 화해할 수 없게 된 세트를 이집트인들은 악마인 아페피 또는 티폰과 동일하게 취급하게 되었다.

던져 버렸다. 이 사건은 오시리스 재위 28년째 되는 해의 아티르Athyr 달 17일, 곧 태양이 전갈자리로 들어설 무렵에 일어났다. 이 소식을 들은 이시스는 탐스러운 머리카락을 자르고 상복을 입은 채 슬픔에 잠겨 나일강을 오르내리며 남편의 유해를 찾아다녔다.

그러던 중 지혜의 신[6]이 가르쳐 준 충고에 따라 그녀는 파피루스가 우거진 나일강 삼각주의 늪지에 몸을 숨겼다. 이때 일곱 마리의 전갈이 그녀의 피난길에 동반했다. 어느 날 저녁 피로에 지친 이시스가 한 여자의 집에 갔을 때, 전갈을 보고 놀란 주인 여자가 그녀의 면전에서 문을 닫아 버렸다. 그러자 전갈 한 마리가 문 밑으로 기어 들어가 여자의 아이를 물어 죽였다. 그러나 어머니의 통곡 소리를 듣고 마음이 움직인 이시스가 죽은 아이에게 손을 얹고 강력한 주문을 외우자, 전갈독이 빠지고 아이가 다시 살아났다. 그 후 이시스는 파피루스 늪지에서 아들을 낳았다. 죽은 남편의 시체 위에서 독수리 모습으로 날갯짓을 하는 동안 아이를 임신한 것이었다. 그때 태어난 아이가 바로 호루스horus 2세였다. 그는 어릴 때 '하르포크라테스harpocrates' 곧 아기 호루스라는 이름으로 불렸다. 북방의 여신 부토Buto[7]가 아기 호루스를 사악한 숙부 세트의 진노가 미치지 않는 곳에 숨겨 주었으나, 모든 불행에서 그를 지켜 주지는 못했다.

어느 날 이시스가 어린 아들의 은신처에 가 보았더니, 숨이 끊어진 아들이 나무토막처럼 땅바닥에 뻗어 있었다. 전갈이 그를 물은 것이다. 이시스는 태양신 라에게 도와 달라고 간절히 기도했다. 이 호소를 들은 라 신은 태양의 범선을 하늘에 멈춘 다음, 토트를 지상에 파견하여 이시스에게 아들을 소생시킬 수 있는 주문을 가르쳐 주도록 했다. 그녀가 주문을 외우자, 죽은 아들의 몸에서 독이 빠져나가고 숨결이 흘러 들어가 아기 호루스가 되살아났다. 이에 다시 하늘로 승천한 토트가 태양의 범선에 올라타자, 그 찬란한 행렬은 활기찬 주행을 계속했다.

---

6 토트를 가리킨다.

7 고대 이집트에서 숭배한 코브라 여신. 이집트 코브라가 파피루스 줄기를 휘감고 있는 모습으로 묘사되었던 부토는 선사시대 북왕국의 수호 여신이었고, 하下이집트를 상징했다. 상上이집트에서 숭배하던 독수리 여신 네크베트와 부토는 왕의 수호 여신이었으며, 왕관에 함께 새겨져 이집트 전 지역에 걸친 왕의 통치권을 상징하곤 했다. 이집트 신화에서 부토는 호루스 신의 어린 시절 유모였으며, 생모인 이시스가 나일강 삼각주의 늪지대에 피신했을 때는 그녀를 도와 호루스를 그의 삼촌 세트의 위협에서 보호했다. 이러한 신화는 그리스의 델로스섬을 무대로 한 레토와 아폴론의 이야기와 비슷하므로, 후세에 부토와 레토가 동일시되기에 이른 것 같다.

이집트 파피루스에 묘사된 오시리스의 누이
이시스(오른쪽)와 네프티스(왼쪽) 자매

그동안 오시리스의 시체가 담긴 궤짝은 나일강을 따라 떠내려가 바다를 표류하다가 시리아 해안에 있는 비블로스 해변까지 흘러갔다. 거기서 우람한 에리카 나무가 불쑥 솟아나와 그 무성한 줄기 속에 궤짝을 가두어 버렸다. 그 나라 왕은 이 멋진 나무를 칭찬하며 그것을 잘라 자기 궁전의 기둥을 만들게 했다. 하지만 죽은 오시리스를 담은 궤짝이 그 안에 들어 있다는 것을 모르고 있었다. 이 소문을 들은 이시스는 비블로스로 가서 남루한 옷차림에 눈물로 범벅된 얼굴로 우물가에 앉아 있었다. 그녀는 누구한테든 아무 말도 하지 않고 있다가, 왕의 시녀들이 오자 상냥하게 인사하고 그들의 머리를 손질해 주면서 자신의 신성한 몸에서 시비한 향내를 뿜어냈다. 시녀들의 머리와 몸에서 나는 달콤한 향내를 기이하게 여긴 왕비는 사람을 보내 그 낯선 여인을 찾아 자기 아이의 유모로 삼았다. 그러나 이시스는 아기에게 젖을 물리는 대신 그녀의 손가락을 빨게 했고, 밤마다 아기의 필멸하는 모든 유한성을 불태워 없애버리는 작업을 했다. 그러면서 이시스는 제비로 변신하여 죽은 오빠이자 남편이 갇혀 있는 기둥 주위를 날면서 구슬피 울어 댔다.

그런데 왕비가 이시스의 거동을 몰래 살피다가 자기 아이가 불길 속에 있는 것을 보고 놀라서 비명을 질러 대는 바람에 그 아이가 불멸의 존재로 변하는 것을 방해했다. 그러자 여신은 자기 정체를 드러내고 궁전 기둥을 갖다 달라고 부탁했다. 사람들이 기둥을 건네주자, 이시스는 그 기둥을 베어 궤짝을 꺼내고는 그 위에 엎드려 큰 소리로 통곡했다. 통곡 소리가 어찌나 컸던지 왕의 어린 아들 하나가 겁에 질려 그 자리에서 죽고 말았다. 이에 아랑곳없이 이시스는 나무줄기를 화려한 아마포로 감싸고 그 위에 향유를 부어 왕과 왕비에게 건네주었다. 이시스 신전에 세워져 있는 이 나무는 오늘날까지도 비블로스 사람들의 숭배를 받고 있다. 어쨌든 이시스는 궤짝을 배에 실은 다음 왕의 장남을 데리고 떠났다. 그리하여 이시스와 왕자 둘만이 있게 되자, 그녀는 궤짝을 열고 오빠의 얼굴에 자기 얼굴을 맞대고는 입맞춤을 하며 울었다. 이때 아이가 등 뒤로 살금살금 다가와 그녀의 행동을 훔쳐보았다. 이에 그녀가 고개를 돌려 성난 얼굴로 쳐다보자, 아이는 그녀의 매서운 눈초리를 견디다 못해 죽고 말았다. 혹자는 아이가 바다에 떨어져 익사했다고도 한다. 이집트인들이 축제를 벌일 때 마네로스Maneros라는 이름으로 노래 부르던 주인공이 바로 이 소년이다.[8]

하여간 이시스는 궤짝을 남겨둔 채 아들 호루스를 보러 부토의 성으로 간 사

파괴자 세트(왼쪽), 달과 지혜의 신 토트(오른쪽)

이, 어느 날 밤 티폰(세트)이 보름달 아래서 멧돼지 사냥을 하다가 그 궤짝을 발견했다. 이때 오시리스의 시체임을 알아본 세트는 그것을 열네 토막으로 갈기갈기 찢어 곳곳에 뿌렸다. 그러자 이시스는 파피루스로 만든 조각배를 타고 늪지를 오르내리며 시체 토막을 찾아다녔다. 이 일로 인해 사람들은 파피루스로 만든 조각배를 타고 가면 악어들이 해치지 못한다고 믿게 되었는데, 그것은 악어들이 이시스 여신을 두려워하고 존숭하기 때문이라고 한다. 그뿐만 아니라 그로 인해 이집트에는 오시리스의 무덤이 수없이 많은데, 이는 이시스가 시체 토막을 찾아낼 때마다 그 자리에 매장했기 때문이라고 한다.

한편 이시스가 모든 도시에 오시리스 신상을 그의 시체인 것처럼 위장하여 매장했다는 이야기도 있다. 도처에서 오시리스가 숭배받도록 함과 동시에 세트가 진짜 무덤을 찾지 못하도록 그렇게 했다는 것이다. 그러나 오시리스의 성기만은 물고기가 먹어치운 바람에 그 모양을 본뜬 대용품을 만들 수밖에 없었고, 그래서 이집트인은 오늘날까지도 축제 때면 그 모조품을 사용하고 있다. 역사가 디오도로스 시켈로스Diodorus Sikelos[9]는 이에 대해 다음과 같이 기록하고 있다.

"이시스는 성기를 제외한 모든 신체 부위를 찾아냈다. 그녀는 남편의 진짜 무덤을 숨긴 채 모든 이집트인에게 존숭받기를 원했기 때문에 다음과 같은 방법을 썼다. 즉, 그녀는 밀랍과 향료로 오시리스의 신체 각 부위를 본떠서 같은 크기의 형상들을 만들었다. 그런 다음 이시스는 각 가문별로 사제들을 따로 불러서 이제 자신이 믿고 맡기려는 것에 대해 아무에게도 발설하지 않겠다는 서약을 받았다. 그리고 나서 그들 각각에게 오직 그대에게만 은밀히 시체의 매장을 맡긴다고 말하고는, 그들이 입은 은혜를 상기시키면서 시체를 그들의 땅에 묻고, 오시리스를 신으로 모실 것을 신신당부했다. 또한 그녀는 그들이 다스리는 지역의 짐승을 어떤 종류건 한 마리씩 골라서 오시리스에게 제물로 바치고, 그 제물을 마치 오시리스를 섬기듯이 산 채로 섬기다가 그 짐승이 죽으면 마치 오시리스를 장례 치르듯이 엄숙한 장례를 치르라는 부탁도 했다. 이와 더불어 이시스는 사제들에게

---

8 헤로도토스에 의하면, 마네로스는 이집트 첫 번째 왕의 외아들이다. 그가 어린 나이에 죽자, 이집트인들은 「리누스Linus의 노래」라는 애조 띤 선율의 만가를 부르며 그를 기렸다고 한다. 이 리누스는 이집트 최초의 노래로서 이집트어로는 '마네로스'라고 한다. 헤로도토스, 박광순 옮김, 「역사」, 범우사, 1987, 155~156쪽 참조

9 기원전 1세기에 시칠리아에서 활동한 그리스의 역사가. 오늘날까지도 사료적 가치가 큰 「세계사Bibliotheca historica」를 저술했다. 기원전 60~57년 사이에 이집트를 여행했다고 한다.

이런 의식을 행하는 것이 여러 모로 유익하다는 점을 고취시키기 위해 그들에게 왕국의 3분의 1을 하사하여 오시리스를 섬기고 숭배하는 데 쓰게 했다. 이에 오시리스 왕의 옛 은혜를 상기해 낸 사제들은 왕비 이시스를 기쁘게 해 주고 싶은데다 또한 자신들에게 주어질 이득에 마음이 동하여 여신의 명령을 빠짐없이 그대로 실행했다. 이런 연유로 해서 이집트 사제들은 각자 지금까지도 오시리스가 자기네 땅에 묻혀 있다고 믿으면서 의례 때 처음 바친 성별聖別된 짐승을 섬기고 있다. 그리고 그 짐승이 죽으면 사제들은 장례식을 치르면서 다시금 오시리스를 위해 애도한다. 한편 아피스Apis 또는 음네비스Mnevis라고도 부르는 신성한 황소가 오시리스에게 봉헌되었는데, 모든 이집트인은 이 황소를 공통의 신으로 숭배하도록 정해져 있었다. 이는 여러 짐승들 가운데, 특히 황소가 파종과 농경에 전반적인 혜택을 가져다줌으로써 경작자들을 도와주었기 때문일 것이다."

이상이 그리스 저술가들에 의해 서술된 것이고, 이집트 고문헌에 나오는 단편적인 기록이나 암시에 의해 보충된 오시리스의 신화와 전설이 있다. 덴데라[10]에 있는 신전의 긴 비문에는 오시리스 묘지의 배치도가 기록되어 있으며, 또 다른 비문에는 각 성소에 신성한 유물로서 소장되어 있는 그의 신체 부위들이 언급되어 있다. 오시리스의 심장은 아트리비스에, 등뼈는 부시리스[11]에, 목은 레토폴리스에, 그리고 머리는 멤피스[12] 등에 각각 비장되어 있었다는 내용이다. 이런 사례

---

10 상上이집트 지방 키나주, 나일강 서안에 있는 농업 도시. 고대 도시인 타인트네테르트('신성한 기둥에서 나온 여자'라는 뜻,'텐티라'라고도 함)가 있던 자리에 세워진 덴데라는 파라오 시대 상上이집트 지방에 있던 여섯 번째 주의 주도로서, 하늘과 번식의 여신인 하토르에게 바친 도시였다. 하토르 신전은 이집트에서 가장 잘 보존되어 있는 신전 가운데 하나인데, 그 안에는 하토르 여신의 머리 모양을 새긴 18개의 둥근 기둥이 정교하게 장식된 거대한 홀hall을 떠받치고 있다. 천장에는 천체의 현상들이 조각되어 있고, 벽에는 이 신전을 방문한 왕의 거동이 자세히 새겨져 있다. 홀 바깥쪽에는 6개의 둥근 기둥이 있는 작은 홀이 6개의 창고로 둘러싸여 있으며, 이 홀은 다시 2개의 대기실로 이어져 있는데, 두 번째 대기실을 지나면 여신상이 담긴 신성한 배를 모셔놓은 성上聖所가 나온다. 신전의 지붕 위에는 오시리스 신에게 바친 여러 개의 예배당이 있는데, 한 예배당에서 12궁도가 새겨진 돌과 해시계가 발견되었다. 신전 뒤에는 작은 이시스 신전이 있다.

11 나일 삼각주의 정중앙에 위치한 하下이집트 아홉 번째(부시리테) 주의 수도 부시리스라는 이름은 이집트 신 '우시레'를 그리스식으로 '오시리스'라고 부르기 이전에 쓰이던 덜 정확한 그리스식 이름인 듯하다. 모든 오시리스 신전은 부시리스(푸시리)라고 불렀다. 헤로도토스에 의하면 이 부시리스에서 이시스 축제가 성대하게 거행되었다. 헤로도토스, 박광순 옮김,『역사』, 범우사, 1987, 148~149쪽 참조

12 고대 이집트 고왕국 시대(기원전 2575년경~기원전 2130년경)의 수도. 현재 나일 삼각주 남쪽의 나일강 서쪽 연안에 위치. 이집트의 유명한 피라미드와 거대한 스핑크스가 자리 잡고 있는 멤피스 묘역墓域이 있다. 주된 피라미드 지역으로는 아부루와이시·기자·자와에트엘아리안·아부시르·사카라·다슈르 등이다. 널리 받아들여지고 있는 전승에 따르면, 멤피스는 기원전 2925년경에 메네스가 세웠다고 한다. 메네스는 선사 시대의 두 왕국인 상上이집트와 하이집트를 통일한 인물로 알려져 있다. 이 왕이 역사적으로 정확하게 어떤

들에서 흔히 볼 수 있듯이, 오시리스의 신성한 신체 부위 가운데 어떤 것은 기이하게도 숫자가 늘어났다. 가령 그의 머리는 멤피스에도 있고 아비도스[13]에도 있으며, 특히 수가 많은 다리는 일반인의 몇 사람분에 해당할 정도이다. 하지만 적어도 일곱 개 이상의 머리가 현존하고 있으며, 그것이 모두 진짜라고 말해지는 디오니소[14]의 경우에 비하면 오시리스의 경우는 아무것도 아니다.

플루타르코스의 신화 서술을 보완해 주는 이집트의 한 토착설화에 의하면, 이시스가 남편 오시리스의 시체를 발견했을 때 그녀와 누이동생 네프티스가 그 옆에서 애도했는데, 후대에 이르러 이것이 죽은 자를 위한 이집트인의 일반적인 애도방식으로 정착되었다고 한다. 그들은 이렇게 통곡했다. "그대 집으로 돌아오세요, 돌아오세요. 오, 신이시여, 집으로 오세요. 더 이상 敵들은 없으니. 오! 아름다운 젊은이여, 나를 만나러 집으로 오세요. 나는 그대의 사랑스러운 누이랍니다. 그대는 나를 떠날 수 없어요. 오! 아름다운 젊은이여, 집으로 오세요. (…) 나는 그대를 보지 못하지만, 내 마음은 그대를 사모하며 내 눈은 그대를 원합니다. 운네페르Unnefer여, 그대 복받은 이여! 그대를 사랑하고 또 사랑하는 여인에게 돌아오세요. 누이에게 돌아오세요. 그대의 아내에게 돌아오세요. 심장이 멈춘 그대여, 당신의 아내에게 돌아오세요. 나는 어머니 같은 그대의 누이랍니다. 그대는 내게서 멀어질 수 없답니다. 신들도 사람들도 그대를 향해 얼굴을 돌리고 그대를

인물이었는지는 아직도 의문에 싸여 있으나, 그가 멤피스와 관계를 맺고 있었다든가 또는 그 도시가 아주 일찍부터 중요한 위치를 차지하고 있었다는 것은 거의 의심할 여지가 없다.

13 유명한 성지聖地이며 고대 이집트의 가장 중요한 고고학 유적지. 지금의 '알아라바트 알마트푸나'로서 알발리아나 근처의 나일강 서쪽 저지대 사막에 위치한다. 이집트 초기 두 왕조의 왕실 공동묘지로서 나중에는 오시리스 신神 숭배를 위한 순례 중심지가 되었다. 이곳의 역사는 바로 이집트의 정치적·종교적 발전과 밀접하게 관련되어 있으며, 최초의 이집트 역사까지 거슬러 올라간다. 이 도시의 수호신은 고왕국 때 켄티아멘티우라 부르던 자칼 신이었다. 제5왕조 때 자칼 신을 숭배하던 전통은 차츰 오시리스 숭배에 흡수되고, 이 도시는 곧 오시리스 숭배의 중심지가 되었다. 이에 따라 오시리스의 공인된 무덤이 있는 아비도스는 그 무덤에 될 수 있는 대로 가까이 묻히기를 간절히 바라는 독실한 이집트인들의 순례지가 되었다. 이곳에 묻힐 만한 비용이 없었던 사람들을 위해서는 비문을 세워 죽은 사람의 이름과 호칭 및 신에게 바치는 기도문을 새겼다. 이곳 공동묘지에서는 이런 비석들이 수천 개나 있다. 파라오들은 점차 아비도스가 아니라 그들이 살던 도시 근처에 묻히게 되었지만 아비도스에서 신격화된 오시리스 왕에 대한 숭배를 장려했으며, 그곳에 있는 오시리스의 사원을 아름답게 꾸미고 확장하는 데 특별히 신경을 썼다. 그리하여 수 세기에 걸쳐 페피 1세, 아모세 1세, 투트모세 3세, 람세스 3세, 아모스 2세 등이 오시리스의 사원을 잇달아 재건·증축했다.

14 연도 미상(3세기경 이탈리아에서 출생). 파리 최초의 주교였고, 몽마르트르에서 순교했다고 전해진다. 설화에 의하면 순교 후 그의 목 잘린 시체가 다시 일어나 자기 머리를 들어 먼 곳으로 옮겨놓았다고 한다. 라틴 세계에서는 디오니소스라는 이름으로 불리며, 파리 생드니에 그의 성소가 있다.

덴데라 신전 벽에 새겨진 부조와 비문(위)

「성 디오니시오의 순교」 앙리 벨쇼즈, 1416년경(아래)

위해 함께 울고 있답니다. (…) 나는 그대를 부르며 울고 있답니다. 내 울음소리가 하늘에까지 들리는데, 그대는 내 목소리를 듣지 못하시나요. 하지만 나는 이승에서 그대가 사랑한 그대의 누이랍니다. 그대는 나만을 사랑했지요. 나의 오빠! 나의 오빠!"

인생의 절정기에 죽은 꽃다운 청춘을 위한 애도는 아도니스를 위한 애도를 연상시킨다. 오시리스에게 주어진 '운네페르', 즉 '좋은 사람'이라는 칭호는 그의 다정다감함과 자애로움을 표현하는 말이다. 그것은 오시리스를 부르는 가장 일반적인 호칭이 되었고, 또한 왕으로서의 호칭 가운데 하나이기도 했다.

어쨌든 두 누이동생의 슬픔에 잠긴 애도는 헛되지 않았다. 그녀들의 슬픔을 가엾게 여긴 태양신 라가 표범의 머리를 한 아누비스Anubis[15] 신을 내려보냈기 때문이다. 아누비스는 이시스와 네프티스, 토트, 호루스의 도움을 받아 살해당한 오시리스 신의 찢겨진 몸을 조각조각 맞추고 아마포 붕대로 감싼 다음, 이집트인들이 죽은 자의 시신에 관례적으로 행하는 그 밖의 모든 의식을 거행했다. 이시스는 싸늘하게 식은 시체를 자기 날개로 부채질했다. 그러자 오시리스가 되살아났다. 이후 그는 죽은 자들의 왕으로서 저승세계를 통치했다. 거기서 그는 '저승의 주님'이나 '영원한 주님' 혹은 '죽은 자들의 왕'이라고 불렀다. 또한 그는 저승세계의 웅장한 '두 가지 진리의 전당'에서 이집트의 주요 행정 구역마다 각기 한 명씩 배정되어 있는 배심원 마흔두 명의 보좌를 받으면서, 재판관으로서 죽은 자들의 영혼에 대한 심판을 주재했다. 죽은 자들은 그의 면전에서 엄숙하게 고백한 후 정의의 저울에 심장을 달아보는 과정을 거쳐 이승에서 선행을 베푼 자는 영생의 보상을 받고 죄악을 저지른 자는 형벌을 받았다.

이집트인들은 오시리스의 부활을 통해 무덤 너머에서 자신들을 위한 영원한 생명의 보증을 보았다. 그들은 신들이 오시리스의 시체에 대해 한 일을 살아남은 친구들이 죽은 자의 시체에 베풀어 주기만 하면 모든 사람이 저승에서 영원히 살 것이라고 믿었다. 따라서 이집트인들이 죽은 자의 시체에 행하는 의식은 아누비

---

15 고대 이집트 종교에 나오는 죽음의 신. 재칼의 머리를 지닌 인간의 모습으로 묘사되었다. 고왕국의 초기 왕조시대에 아누비스는 가장 중요한 위치를 차지했으나 후에는 오시리스에게 밀려났다. 그의 주된 관심은 장례식과 시체의 보호였다. 그는 시체에 향을 넣어 부패를 막는 기술의 발명자로 알려졌으며, 오시리스의 시체에 처음으로 이 기술을 썼다고 한다. 그 뒤에는 '영혼의 안내자' 역할을 맡았고, 그리스·로마 세계에서는 가끔 그리스 신화의 헤르메스와 합성되어 '헤르마누비스'라는 이름으로 부른다.

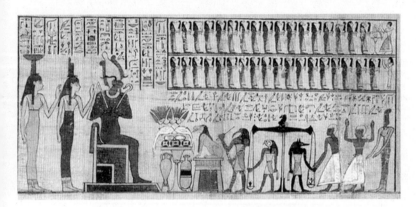

사자의 영혼을 심판하는 '죽은 자들의 왕' 오시리스.
정의의 저울에 심장의 무게를 다는 저승관은 아누비스이다.

스와 호루스 등이 오시리스의 시체에 행한 의식을 그대로 베낀 복사판이었다. 그리하여 모든 장례식에서 예전에 오시리스에게 행했다는 신비한 의식이 재현되었다. 그때 죽은 자의 아들과 누이들, 친구들은 그의 토막 난 시체를 둘러싼 채 주문과 솜씨 있는 조작으로 갈기갈기 찢겨진 유해를 최초의 미라로 만드는 데에 성공했으며, 그런 다음 미라가 다시 살아날 것이라고 믿어 무덤 너머에서 새로운 삶을 시작하는 데에 필요한 물건들을 바쳤다. 여기서 죽은 자의 미라는 바로 오시리스이고, 직업적으로 통곡하는 여자들은 그의 두 누이 이시스와 네프티스였으며, 아누비스와 호루스를 비롯하여 오시리스 신화에 나오는 모든 신들이 시체 둘레에 모여 있었다.[16]

이처럼 이집트인은 모든 죽은 자들을 오시리스와 동일시하고 거기에 그의 이름을 붙였다. 중中왕국시대 이래로 이집트에서는 죽은 자를 마치 신을 부르듯이 '오시리스 아무개'라고 칭하면서, 칭호 앞에 '진실하게 말하는'이라는 정해진 수식어를 덧붙이는 것이 정식 관례가 되었다. 이는 진실한 말을 하는 것이 바로 오시리스의 특징이라고 여겼기 때문이다. 나일강 계곡에서 비문과 벽화 등이 새겨진 수천 기의 무덤들이 발굴되었는데, 이는 고대 이집트에서 모든 죽은 자들을 위해 신비한 부활의식이 행해졌음을 입증해 준다. 오시리스가 죽었다가 다시 살아난 것처럼, 모든 이들이 그렇게 죽음에서 다시 살아나 영원한 생명을 누리기를 기원했던 것이다.

일반적으로 널리 퍼져 있는 이집트의 토착전승에 의하면, 오시리스는 이집트에서 사랑받은 성군이었으며 폭력적으로 살해당했으나 죽음에서 부활한 뒤에 신으로 숭배받았다. 이런 전승에 상응하여, 오시리스는 조각가나 화가들에 의해 흔히 인간이나 제왕의 모습을 한 '죽은 왕'으로서 묘사되었다. 이때 그는 미라의 아마포에 싸여 있지만 왕관을 쓰고 한 손에는 왕홀을 들고 있다. 이집트의 여러 도시들 가운데, 특히 두 도시가 오시리스 신화 또는 그 신화적 기억과 밀접한 관계가 있다. 그중 하나는 하下왕국시대 이집트의 부시리스인데, 오시리스의 등뼈가 비장되어 있다고 주장하였다. 또 하나는 상上왕국시대 이집트의 아비도스로, 오시리스의 머리를 비장하는 영광을 누렸다. 그리하여 본래 이름도 없던 도시 아

---

16 오시리스의 시체를 아누비스가 방부 처리한 것이 이집트 최초의 미라라고 알려져 있다. 헤로도토스는 이집트인들이 미라를 만드는 방법에 대해 상세하게 묘사하고 있다. 헤로도토스, 박광순 옮김, 『역사』, 범우사, 1987, 157~158쪽 참조

예수의 무덤 자리에 세워졌다는 예루살렘 성묘교회

비도스는 죽었다가 다시 살아난 신 오시리스의 후광에 힘입어 고대 왕국의 말경부터 이집트의 가장 신성한 도시가 되었다. 이집트인과 오시리스 무덤은 기독교인과 예루살렘 성묘聖墓교회Holy Sepulchre[17]와의 관계와 같다. 그래서 모든 경건한이들은 자기 유해가 영광스러운 오시리스 무덤 주변의 땅 밑에 묻히기를 소원했다. 하지만 실제로 이 더할 나위 없는 특권을 누릴 만큼 부유한 자들은 거의 없었다. 왜냐하면 신성한 도시 아비도스의 엄청난 무덤 가격을 차치하더라도, 먼 곳에서 미라를 운반하는 데만 해도 막대한 돈이 들었기 때문이다.

그런데도 이 성스러운 묘지에서 방출되는 지복의 영향력이 자기 유해에 미치기를 갈망한 자들이 많아서, 때때로 죽은 자의 친구들은 아비도스까지 유해를 운반하지 않을 수 없었다. 이들은 잠시 아비도스에 묵었다가 다시 나일강을 따라 돌아가서 고향에 마련된 무덤에 유해를 매장했다. 어떤 경우에는 죽었다가 다시 살아난 오시리스의 무덤 주변에 사자의 기념비를 세움으로써 환희에 찬 부활의 축복을 나누어 받고자 했다.

---

17 예수가 묻힌 무덤, 즉 예수가 십자가에 처형당해 묻혔다고 전해지는 장소에 세운 교회. 예루살렘 구시가의 북서지역에 있으며, 콘스탄티누스 대제가 처음으로 이 장소에 교회를 세웠다. 오늘날 그리스·로마·아르메니아·이집트 교회 등 여러 기독교 집단들이 이 교회를 부분 관리하면서 정기적으로 예배를 드리고 있다.

제39장
오시리스 의례

1. 일상적 의례

어떤 남신이나 여신을 기리는 축제가 어떤 계절, 즉 어느 시기에 행해지는가는 종종 그 신들의 본래적 성격을 아는 데에 유용한 단서가 될 수 있다. 가령 어떤 축제가 만월에 행해졌다면, 그 예배 대상이 되는 신은 본래 달이었거나 적어도 달과 동족이었다는 추정이 가능하다. 또한 어떤 축제가 동지나 하지에 행해졌다면, 그 신은 태양이었거나 혹은 태양과 밀접한 관계가 있었다고 볼 수 있다. 마찬가지로 축제가 파종이나 수확의 계절에 행해졌다면, 그 신은 대지나 곡물의 화신이었으리라고 추측할 수 있다. 물론 이런 추정이나 가정이 그것만으로 결정적인 것은 될 수 없다. 다행히 다른 사실들에 의해 그런 가정을 확인할 수만 있다면, 예의 단서들은 대단히 타당성 있는 증거가 될 수 있다.

그러나 불행히도 우리는 이집트 신들을 다룰 때 그와 같은 단서를 이용할 수 없는 실정이다. 왜냐하면 이집트의 경우는 축제의 계절이 항상 불분명할 뿐만 아니라, 그 시기가 매년 바뀜으로써 오랜 시간이 지나면서 사계절을 모두 일주했기 때문이다. 축제력 주기의 점진적인 순환과 변천으로 인해, 이집트는 양력과 정확히 일치하지도 않고 윤년에 의해 주기적으로 수정되지도 않는 그런 역법을 채용하게 되었다.

그렇기에 이집트의 옛 농민들은 어쩌다가 주기가 일치하는 희귀한 경우를 제외하고는 공식 역법이나 사제들의 역법에서 아무런 도움도 받지 못했다. 그래서 그들은 갖가지 농사일의 시기를 정하기 위해 자기 힘으로 자연현상을 관측할 수밖에 없었다. 기록이 남아 있는 모든 시대에서 이집트인은 농경민족으로서 그 생존을 곡물 재배에 의존하고 있었다. 그들이 재배한 곡물은 밀과 보리, 그리고 근대 농민들의 주식인 사탕수수 따위였다. 오늘날도 이집트는 지중해 연안의 일부 지역을 제외한 모든 지역에 거의 비가 내리지 않기 때문에 전적으로 나일강의 연례적인 홍수에 기대어 놀라운 풍요를 확보해 왔다. 범람하는 나일강의 물은 조직적인 제방과 운하 체계를 통해 제어되어 모든 들판에 공급되었다. 또 적도 부근의 호수와 늪지대 및 에티오피아 산지에서 쓸려 내려온 신선한 진흙더미가 해마다 이집트 토지를 새롭게 해 주었다. 그래서 주민들은 항상 나일강 수위의 증가에 최대한 주의하지 않을 수 없었다. 그 수위가 적절한 높이에 이르지 않거나 혹은 초과하게 되면 파멸과 죽음이라는 피할 수 없는 결과가 초래할 것이기 때문이었다.

강물은 보통 6월 초에 증가하는데 7월 후반까지는 크게 불지 않는다. 그러다가 나일강의 홍수로 9월 말경쯤 최고조에 달한다. 이때 이집트 전역은 홍수로 바다처럼 변해 버렸고, 오직 고지대에 있는 건물이나 마을만 섬처럼 거우 떠 있는 형국이 된다. 그때부터 약 한 달 동안 홍수는 거의 정지 상태에 있으며, 이윽고 급속도로 물이 빠져나가 12월 내지 1월까지는 평균 수준으로 되돌아간다. 여름이 가까워질수록 물의 수위는 더욱 낮아지며, 6월 초에는 강의 폭이 평상시의 절반으로 줄어든다. 이 무렵 이집트 전 지역은 작열하는 태양 때문에 초토가 되고, 사하라 사막에서 불어오는 열풍에 장기간 시달리면서 거의 사막처럼 변하고 만다. 나무들은 모래 먼지로 두텁게 덮여 질식할 지경이고, 가까스로 관개용수를 보급받은 약간의 채소밭만이 겨우 연명할 수 있을 뿐이다. 녹색이라고는 기껏해야 물기가 남아 있는 운하 근처나 동굴 속 같은 데서만 어쩌다 찾아볼 수 있을 뿐이다. 들판은 내리쬐는 태양에 타들어 가며 회색 먼지로 뒤덮여 있고, 대지는 어딜 가나 갈라진 균열로 몸살을 앓는다. 이처럼 4월 중순에서 6월 중순에 이르기까지 이집트 전 지역은 바야흐로 빈사 상태에 빠져 오로지 나일강의 새로운 홍수만을 목이 빠져라 기다리고 있는 형편이다.[1]

영겁의 세월 동안 이 같은 자연현상의 순환이 매년 이집트 농민들의 농경일을 결정지어 왔다. 한 해 최초의 농경일은 지난 홍수 때 불어난 강물이 운하와 들판을 덮치지 못하도록 막아 놓았던 제방을 트는 작업으로 시작된다. 그러면 저수지에 담겨 있던 물이 8월 상순까지 그 은혜로운 사명을 다하기 위해 해방된다. 그후 11월에 홍수가 빠질 때를 기다려 밀과 보리, 사탕수수 등을 파종한다. 이 곡물

---

1 기원전 5세기경에 헤로도토스는 왜 하지를 기점으로 나일강이 불었다가 겨울 동안 낮은 수위를 유지하는지, 왜 나일강이 다른 모든 강과 정반대의 현상을 보이는지에 강한 관심을 표명하면서 그 원인이 태양에 있다고 결론지었다. 헤로도토스, 박광순 옮김, 『역사』, 앞의 책, 130~133쪽 참조

들의 수확 시기는 지방에 따라 차이가 있지만 대체로 북부지방이 남부지방보다 한 달 정도 늦다. 이집트 남부에서는 3월 초에 보리를, 4월 초에 밀을, 그리고 4월 말경에 사탕수수를 수확한다.

여기서 이집트 농민들이 농경력의 다양한 작업들에 임하면서 신들의 축복을 얻기 위해 어떤 단순한 종교의례를 거행했을 것이라고 생각해 볼 수 있다. 농민들은 그 조야하고 소박한 의식을 매년 반복적으로 같은 계절에 거행했을 것이다. 이에 반해 사제들의 엄숙한 의식은 가변적인 역법에 따라 봄을 지나 여름에서 겨울까지, 그리고 이번에는 거꾸로 가을을 거쳐 여름까지 계속 변했다. 농민들이 행한 모든 의식은 자연에 대한 직접적인 관찰에 의거한 것이므로 견고하고 확실한 것이었지만, 사제가 집행한 의식은 잘못된 산법에 기초한 것인 만큼 유동적이었다. 하지만 그런 사제적 의식들도 원래는 농경적 축제였다고 보인다. 그것이 시간이 지나면서 사제주의의 허식적 양상으로 변질되었으며, 잘못된 역법 탓에 계절의 자연적 순환 주기에서 그 뿌리를 잃어버리게 된 것이다.

이런 추정은 이집트의 민중 종교와 공식 종교에 대해 우리가 알고 있는 약간의 지식만으로도 확증할 수 있다. 이집트인은 이시스 의례를 나일강이 불어날 무렵에 집행했다. 그들은 이 여신이 죽은 오시리스를 애도하면서 흘린 눈물로 나일강에 홍수가 나는 것이라고 믿었다. 어쨌든 오시리스를 특징짓는 성격 중 하나가 곡물의 신이라고 한다면, 하지 때에 이시스가 애도되었다는 사실은 지극히 자연스러운 일이다. 왜냐하면 하지 때까지는 수확이 다 끝나서 경작지가 벌거숭이로 바뀌며 강물도 다 빠져 모든 생명이 마치 정지한 듯이 보이며, 곡물신도 이미 죽었다고 여겼기 때문이다. 그런 때에 자연의 모든 운행 속에서 신적 존재의 손길을 보는 자들이라면, 당연히 그 계절에 신성한 강물이 불어나는 이유를 남편인 자애로운 곡물신의 죽음을 슬퍼한 이시스가 흘린 눈물 때문이라고 간주했을 법하다.

또한 지상에서 일어나는 홍수의 징조에는 하늘의 징조가 따랐다. 기원전 4000년에서 기원전 3000년 사이에 해당하는 이집트 역사의 초기에는, 모든 항성 가운데 가장 밝고 아름다운 시리우스Sirius 별이 나일강이 불기 시작하는 하지 무렵에 해 뜨기 직전의 새벽 동쪽 하늘 위로 떠올랐기 때문이다. 이집트인들은 그 별을 '소티스Sothis'라 불렀다. 이때 바빌로니아인이 금성을 아스타르테Astarte 의 별이라고 부른 것처럼, 이집트인들은 그것을 이시스의 별이라고 생각했다.

이 두 민족에게 새벽하늘에 빛나는 아름다운 별은 애인이나 남편의 죽음을 슬퍼하면서 그를 죽음에서 불러일으키기 위해 찾아온 사랑과 생명의 여신과 다름 없다. 그러므로 시리우스 별의 출현은 신성한 이집트력의 시작을 알려주었으며, 거기에 때맞추어 가변적인 공식 역법에 의존하지 않는 축제가 규칙적으로 거행되었던 것이다.

제방을 터서 물을 운하와 경작지에 유입하는 일은 이집트의 큰 행사이다. 카이로에서는 이 작업을 보통 8월 6일과 16일 사이에 행한다. 최근까지도 이 시기에 여러 의식이 행해졌는데, 이는 고대에서부터 전승된 것이라고 보이기 때문에 특히 주목할 만하다. 칼리즈Khalij라는 한 고대의 운하가 이전에는 카이로의 몇몇 마을을 관류하고 있었다. 이 운하의 어귀 근처에는 흙으로 쌓은 제방이 막혀 있었는데, 그 폭이 기저부는 매우 넓고 상부는 좁으며 나일강이 불기 시작하기 전 혹은 불어난 직후에 축조되었다. 또한 이 제방의 앞쪽에 있는 강변에는 '아로세 arooseh'(신부)라고 부르는 상단부가 잘린 원추형의 제방이 구축되었고, 그 위에는 흔히 키 작은 옥수수나 수수 따위가 재배되었다. 이 '신부'는 통상 제방이 끊어지기 일주일 내지 이주일 전에 이미 불어난 물 때문에 무너지고 말았다.

전승에 의하면, 풍부한 범람을 위해 한 처녀에게 화려한 옷을 입혀 강물에 제물로 바쳤다고 한다. 그것이 사실이든 아니든 이 관습의 목적은 남성적 힘이라고 믿는 강과 그 강물에 의해 풍요다산을 얻게 될 신부로서의 경작지를 결혼시키는 데에 있었다고 본다. 그렇다면 이 의식은 농작물의 생육을 촉진하기 위한 주술이었다고 말할 수 있다. 근대 이후에는 이때 돈을 운하에 던진 다음 그것을 찾기 위해 사람들이 물 속에 뛰어들곤 했다. 이 관습 또한 오래된 것이다. 왜냐하면 세네카Seneca(기원전 4년경~기원후 65)[2]의 말에 따르면, 필라이[3] 근방의 '나일의 정맥'이라 부른 곳에서는 분명 강물이 불어나도록 기원하는 의식에서 사제들이 황금 공물이나 돈 따위를 물 속에 던지는 풍습이 있었다고 한다.

이집트에서 그 다음으로 큰 농경 행사는 홍수가 경작지에서 빠져나가는 11월에 행하는 파종이었다. 고대의 다른 많은 민족들과 마찬가지로 이집트에서도 땅

---

2 로마의 철학자·정치가·연설가·비극작가. 1세기 중엽 로마의 지도적 지성인이었고, 네로 황제 재위 초기인 54~62년에 브루스를 비롯한 동료들과 함께 로마의 실질적 통치자였으나 결국 자결을 명령받고 죽었다.
3 나일강 제1폭포와 옛 아스완 댐 바로 위에 있는 섬. 초기 이집트 시대부터 이 섬은 이시스 여신에게 바쳤으며, 그밖에도 하토르에게 바친 신전 및 오시리스·호루스·넵티스에게 바친 신전 등이 있었다.

에 씨앗을 뿌리는 일은 애도가 수반된 엄숙한 의식이었다. 이 문제에 관해서는 플루타르코스의 이야기에 귀를 기울여 보자. 그는 다음과 같이 말하고 있다.

"정해진 의식들을 행하지 않고 넘어가는 것도 잘못이고, 터무니없는 의심 때문에 신에 대한 우리의 관념을 혼란스럽게 만드는 것도 잘못이라고 한다면, 도대체 환희의 요소란 하나도 없는 이 음울하고 슬픈 희생제의를 어떻게 생각하면 좋단 말인가? 그리스인들도 같은 계절에 행해진 이집트인들의 그것과 유사한 많은 의식들을 가지고 있었다. 아테네의 테스모포리아 축제에서는 여자들이 땅에 주저앉아 단식을 한다. 또한 보이오티아Boeotia인의 의례에서는 '슬픔에 잠긴 자'[4]의 두개부頭蓋部를 여는 의식이 행해졌는데, '슬픔에 잠긴 자'는 데메테르가 지하로 내려간 처녀를 슬퍼했기 때문에 붙인 칭호이다. 이 의례가 행해진 달은 '플레이아데스Pleiades', 즉 묘성昴星이 사라질 무렵에 파종을 하는 달이었다. 이집트인은 이 달을 '아티르Athyr'라 불렀고, 아테네인은 '피아넵시온Pyanepsion'이라 불렀으며, 보이오티아인은 '데메테르의 달'이라 불렀다. (…) 왜냐하면 파종기란 곧 나무의 과실들이 이미 다 없어져 버린 것을 목도할 무렵이었기 때문이다. 그래서 그들은 어쩔 수 없이 애써 씨앗을 뿌린 다음 두 손으로 흙을 일구어 다시 파묻었던 것이다. 하지만 자신이 땅에 묻은 씨앗이 정말 자라나 열매를 맺을지에 대해서는 아무도 확신할 수 없었다. 그리하여 그들은 파종의례를 행하면서 여러 가지 측면에서 죽은 자를 장사하고 탄식하는 자의 역할을 연출했던 것이다."

살펴본 대로 이집트의 수확기는 가을이 아니라 3월과 4월, 5월이었다. 농민들에게 수확기가 풍년일 때는 즐거운 계절이었음에 틀림없다. 추수한 곡식 다발을 집으로 가지고 가면 오랫동안 노심초사하며 수고한 노동을 보상받았기 때문이다. 하지만 고대 이집트의 농민들은 설령 곡식을 수확하고 저장할 때 남모르는 슬거움을 느낀다 하더라도, 그 자연스러운 감정을 깊은 슬픔으로 위장하지 않으면 안 되었다. 왜냐하면 그들은 곡물신의 몸뚱이를 낫으로 잘랐으며, 이번에는 그 곡물신을 방앗간에서 가루가 되도록 부숴 버렸기 때문이다.

그래서 고대 이집트의 관습에서는 수확시 최초의 한 다발을 자를 때 탄식하면서 이시스에게 슬픔을 호소했다고 한다. 이 호소는 그리스인들이 '마네로스Maneros'라고 이름 붙인 감상적인 노래 형식을 띠고 있었던 것으로 보인다. 마찬

---

4 데메테르 여신을 지칭하는 표현

가지로 페니키아와 서아시아의 다른 지방에서도 수확기에 슬픈 가락의 노래를 불렀다. 이 음울한 노래들은 기실 농민의 낫에 의해 살해당한 곡물신을 애도하는 만가輓歌였다. 이집트에서는 이때 죽음을 당한 신을 오시리스라고 여겼다. 그 만가에 붙인 '마네로스'라는 이름은 죽은 신에 대한 슬픔을 애도하는 노래에 종종 등장하는 구절인 "그대 집으로 돌아오세요"에서 비롯된 것으로 보인다.

이런 종류의 의례가 동일한 목적하에 다른 민족들에서도 행해졌다. 체로키 Cherokee족 인디언들의 가정 경제와 의례 관습에서 가장 중요시된 작물은 뭐니 뭐니 해도 옥수수였다. 그들은 옥수수를 '노파'라고 부른다. 이 호칭은 불효막심한 자식들에 의해 죽임을 당한 노파의 피에서 옥수수가 탄생했다는 신화에서 비롯되었다. 어쨌든 옥수수 파종이 끝나면 한 사제가 밭에 가서 곡물정령에게 풍요를 기원하는 노래를 부른다. 그러면 바삭거리는 큰 소리가 들려온다고 한다. 이는 곡물을 밭으로 운반해 오는 노파가 내는 소리라고 한다. 이 인디언 마을에는 항상 집에서 밭에까지 '곡물정령이 길을 잃어 다른 곳에서 헤매지 않고 곧바로 집으로 돌아와 머물 수 있도록' 길 하나가 나 있었다. 최초의 옥수수 심기가 끝난 후, 지금은 기억조차 남지 않은 또 다른 기이한 의례가 행해졌다. 그때 밭주인이나 사제 등이 연달아 들판의 네 귀퉁이에 서서 큰 소리로 통곡을 했다. 하지만 지금은 사제까지도 '셀루Selu'의 피비린내 나는 죽음에 대한 슬픔 때문에 이 의례가 시작되었다는 사실을 모르고 있다. 여기서 셀루란 '옥수수의 노파'를 가리킨다.

체로키족 인디언의 이런 관습에서 '옥수수의 노파'에 대한 애도와 기원은 최초의 수확 때 낫에 잘린 곡물을 위해 슬퍼한 고대 이집트의 이시스 의례와 유사성을 보여 준다. 즉, 이시스와 '옥수수의 노파'가 서로 대응하는 것이다. 또한 밭에서 집까지 길을 터놓은 체로키족 인디언의 행위는 "그대 집으로 돌아오세요"라고 오시리스를 청했던 이집트인과 통하는 데가 있다. 마찬가지로 인도 동부에서는 지금도 벼의 정령을 밭에서 곳간까지 모셔오기 위해 정성껏 의식을 행한다. 동아프리카의 난디Nandi족은 알곡이 결실을 맺는 9월에 의식을 집행했다. 이때 밭을 소유한 여자들은 모두 딸들을 밭으로 데려가서 정해진 나무의 가지와 이파리로 모닥불을 피운다. 그런 다음 알곡을 조금 떼어 내어 한 알씩 목걸이 안에 간직하고 한 알은 잘 씹어서 이마와 목, 앞가슴 등에 문지른다. 이때 여자들은 즐거운 표정을 지어서는 안 된다. 그녀들은 슬픈 표정으로 알곡을 베어 한 바구니씩 집으로 가지고 돌아와 그것을 지붕 위에서 말린다.

체로키족 인디언의 종교의례에 등장하는 옥수수의 노파, 셀루

모압족 아랍인이 행하는 의식은 수확기에 곡물정령이 나이를 먹고 죽는다는 관념을 선명하게 보여 준다. 추수하는 사람이 일을 거의 마치고 마지막으로 수확할 곡물을 밭 한 귀퉁이에 약간만 남기면, 밭주인이 밀 이삭 한 다발을 손에 쥔다. 그리고 무덤구덩이처럼 땅을 파고 장례를 치르듯이 돌멩이 두 개를 구덩이 위아래에 하나씩 놓는다. 그런 다음 구덩이 속에 밀 이삭 다발을 눕혀 놓고, 가장이 "노인장께서 돌아가셨소"라고 말한다. 이윽고 "알라의 신이시여, 돌아가신 밀을 우리에게 소생시켜 주소서"라는 기도와 함께 밀 이삭 다발 위에 흙을 덮는다.

2. 공적 의례

이상에서 고대 이집트 농경력의 주요한 행사 및 그 행사를 기념하는 소박한 종교 의식에 대해 살펴보았다. 더 나아가 그리스 문헌과 비문들의 기록과 관련하여 공식 달력상의 오시리스 의례를 검토해 볼 필요가 있다. 이에 앞서 염두에 두어야 할 사실이 하나 있다. 적어도 기원전 30년에 확정된 알렉산드리아 역법[5]이 채용되기까지는, 고대 이집트 역년의 가변성으로 인해 공적 의례의 실제적 또는 천문학상의 날짜가 매년 달랐다는 점이다. 즉, 기원전 30년 이후 새로운 역법에 의해 공적 의례의 날짜가 고정되었으며, 태양의 1년 주기를 통해 축제 날짜가 변동되는 일은 이제 사라지게 되었다. 어쨌든 플루타르코스는 1세기 말엽에 쓴 저술에서 의례 날짜가 당시 정해져 있어서 왔다 갔다 하지 않았다는 점을 시사하고 있다. 이때 그가 특별히 알렉산드리아 역법을 언급하지는 않지만, 그 역법에 따라 의례 날짜가 고정되었음에 분명하다.

나아가 로마제국 시대의 중요한 장문의 기록 문서인 에스네Esne 축제력[6] 또한 명백히 고정된 알렉산드리아 역법에 기초하고 있다. 에스네 축제력에서는 설날을 알렉산드리아 역년의 첫날인 8월 29일에 해당하는 날로 잡고 있으며, 나일강의 범람이나 태양의 위치 혹은 농경 행사에 관한 언급이 모두 위의 가설과 일치하기 때문이다. 따라서 기원전 30년 이래 이집트 축제들이 한 해의 고정된 날짜

---

5 오늘날 우리가 사용하는 태양력의 원형. 1년을 365일로 하고, 한 달의 길이는 31일과 30일을 번갈아 넣었고, 2월만 29일로 했으며, 윤년인 경우는 2월을 30일로 정했다.
6 상上이집트의 도시 에스네(테베 위쪽에 위치)에서 사용하던 축제력이다.

에 거행되었다는 점은 의심할 여지가 없어 보인다.

헤로도토스Herodotos에 의하면, 오시리스의 무덤은 이집트 남부의 사이스Sais[7]에 있었으며, 그곳의 호수 기슭에서 한밤중에 신의 수난을 기념하는 신비의식이 거행되었다고 한다. 신의 수난을 기념하는 의식은 1년에 한 차례씩 행해졌다. 이때 사람들은 신의 죽음에 대한 슬픔을 표시하기 위해 통곡하며 가슴을 쳤다. 그리고 두 뿔 사이에 황금색 태양이 걸린 모양의 금박 입힌 목제 암소상을 1년 동안 보관하던 방에서 밖으로 가지고 나온다. 암소상이 이시스를 나타낸 것임은 두말할 나위 없다. 실제로 암소는 이시스에게 제물로 바치는 짐승이었고, 흔히 이시스는 머리에 암소 뿔이 달리거나 암소의 머리를 한 여자의 형상으로 묘사되곤 했다. 암소 모습을 한 이시스 신상을 운반하는 행위는 오시리스의 시체를 찾아다니는 여신의 행위를 상징하는 것일 수도 있다. 왜냐하면 플루타르코스 시대의 이집트 토착민들은 당시 동지 무렵에 거행했던 이와 유사한 의식에서 금칠한 암소를 끌고 신전 주위를 일곱 바퀴 돌던 관습에 대해 그런 식으로 해석했기 때문이다. 어쨌든 이 축제의 가장 중요한 특징은 야간 조명에 있었다. 사람들은 이날 집집마다 바깥에 기름 등불을 줄지어 매달고 밤새도록 등불을 밝혔다. 이 행사는 사이스뿐만 아니라 이집트 전역에서 행해졌다.

1년 중 하룻밤을 기해 집집마다 등불을 밝혔던 이런 관습은 그 축제가 죽은 오시리스뿐만 아니라 일반적으로 죽은 자들 모두를 기리는 행사였다는 점을 시사한다. 다시 말해, 그것은 일종의 만령절萬靈節이었던 셈이다. 죽은 자의 영혼이 1년 중 특정한 날 밤에 옛 집을 다시 찾아온다는 관념이 당시 널리 퍼져 있었다. 그 엄숙한 날에 사람들은 사령死靈을 접대하기 위해 먹을 것을 준비했으며, 사령이 무덤을 오갈 때 어두운 길을 인도하기 위해 등불을 밝혔던 것이다. 이 축제에 대해 간단하게 서술한 헤로도토스는 그 날짜에 관해서는 언급한 바가 없으나, 우리는 다른 자료들이 보여 주는 증거를 통해 그 날짜를 추정할 수 있다.

예컨대 플루타르코스에 의하면, 오시리스는 아티르의 달 17일에 살해당했으므로 이집트인들은 아티르의 달 17일부터 나흘 동안 애도의식을 집행했다고 한다. 그런데 플루타르코스가 사용한 알렉산드리아력에는 이 나흘간이 11월 13일

---

7 이집트 나일강 삼각주의 알가르비야주에 있는 고도. 나일강의 카노픽(로제타) 지류를 끼고 있다. 선사시대부터 전쟁과 베틀의 여신인 네이스의 대표적 신전이 있었다.

암소 뿔 모양의 이시스 상징

에서 16일까지의 기간에 해당한다. 이 기간은 플루타르코스가 말한 다른 언급과 정확히 일치한다. 그는 이 의례가 행해진 계절에는 나일강의 물이 줄어들며 북풍이 기울어 가고 밤이 길어지며 나뭇잎이 떨어지는 때라고 묘사했다. 나흘 동안 황금색으로 칠해진 암소상이 검은 천에 싸인 채 이시스 신상으로서 예배되었다. 이것이 오시리스 축제를 언급하면서 헤로도토스가 말한 암소상이었음은 말할 것도 없다.[8] 같은 달 19일에 사람들은 바다로 가는데, 이때 사제들은 성체가 담긴 황금색 상자를 가지고 간다. 그리고 사제들이 그 상자 속에 정수를 붓는 동안 구경꾼들은 오시리스를 발견했다고 소리지른다. 그런 다음 이들은 식물성 부식토에 약간의 물을 섞고 거기에 희귀한 약과 향료를 혼합하여 조그만 달 모양의 조상彫像을 만들어 옷을 입히고 단장한다. 플루타르코스가 묘사한 의례는 이런 식으로 진행되었다. 이 의례의 목적은 첫째, 오시리스 유해의 탐색, 둘째, 유해 발견의 즐거움과 부식토와 약으로 만든 새 조상을 통해 다시 소생한다고 믿는 죽은 신의 부활 등을 극적으로 표현하는 데에 있었다.

한편 락탄티우스에 의하면, 이때 삭발한 사제들은 잃어버린 아들 오시리스 유해를 찾아다니는 이시스의 슬픔을 모방하여 가슴을 치며 애도했으며, 그러다가 표범의 머리를 한 아누비스 신의 역할을 맡은 광대가 잃어버렸다가 다시 찾은 오시리스로 분장한 어린애를 안고 오자 그들의 슬픔이 환희로 바뀌었다고 한다. 여기서 락탄티우스는 오시리스를 이시스의 남편이 아니라 아들로 보고 있으며, 식물성 부식토로 만든 신상에 대해서는 언급하지 않고 있다. 물론 어쩌면 성극聖劇에 등장하는 소년이 오시리스가 아니라 그의 아들 호루스 역할을 한 것일 수도 있다.

하여튼 오시리스 신의 죽음과 부활이 이집트의 많은 도시에서 기념되었으며, 어떤 곳에서는 부활한 신의 역할이 신상이 아닌 살아 있는 사람에 의해 연출되기도 했다. 기독교도였던 어떤 저술가는 매년 삭발한 이집트인들이 가슴을 치며 손칼로 어깨에 상처를 내거나 오래된 흉터를 후벼파는 등 죽은 오시리스 신상에

---

8 헤로도토스에 의하면, 이시스 여신상은 소의 뿔 같은 것이 달린 여자의 형상, 즉 암소상으로서 그리스의 이오 Io를 닮았다. 여기서 이오는 강의 신의 딸이었으나 제우스와 사랑에 빠진 까닭에 헤라의 질투를 받자, 제우스가 흰 암소로 둔갑시켰다. 후에 이오는 헤라의 눈을 피해 이오니아해(이오의 이름을 따서 붙인 것)를 건너 이집트로 가 원래의 모습을 회복하고, 에파포스(황소 아피스의 이집트어명)의 어머니가 되었다. 헤로도토스, 박광순 옮김, 『역사』, 앞의 책, 140쪽 참조

대해 애도를 표하다가, 며칠 후 동강난 그의 유해가 발견되었다며 즐거워했다는 전말을 기록으로 남기기도 했다. 의식의 세부적인 내용은 지역에 따라 다르지만, 오시리스 신의 유해를 발견했다든가, 그것을 다시 소생시켰다든가 하는 재현의식은 이집트 축제력에서 큰 행사였음에 틀림없다. 고대의 많은 저술가들은 이 의식을 행하면서 사람들이 환희에 넘쳐 소리를 질러 댔다고 기록하거나 혹은 그 점을 암시하고 있다.

이집트 제16관구의 오시리스 대축제에서 행해진 장례의식이 프톨레마이오스Ptolemaeos 왕 시대의 긴 비문에 기록되어 있다. 이 기록은 나일강 서쪽 테베에서 북방 약 64킬로미터 지점의 상上이집트 마을 덴데라, 즉 그리스인들이 텐티라라고 부르던 곳에 있는 한 신전 벽에 조각되어 있다. 비문 기록은 모든 점에서 놀랄 만큼 상세하지만, 불행히도 비문 배열법이 지극히 난해하기 때문에 그 표현이 불명확해서 의식 전체에 대한 일관된 설명을 추출하기는 어렵다. 게다가 그 기록에 의하면, 이 장례의식은 도시에 따라 상이하다. 가령 아비도스의 의식은 부시리스의 그것과 다르다. 여기서 일일이 지방적 관습의 특이성을 예거할 수 없으므로, 아래에서는 오시리스 장례의식의 주요 특징을 중심으로 분명하게 확인 가능한 범위 안에서 간단히 지적하는 데에 그치고자 한다.

이 장례의식은 코이아크Khoiak 달[9] 12일에서 30일까지 18일간 계속되었는데, 거기서는 세 가지 양상을 통해 오시리스의 성격이 표현되고 있다. 즉, 죽은 자로서의 오시리스, 동강 난 자로서의 오시리스, 사방에 흩어진 유해 조각들이 다시 합쳐진 자로서의 오시리스가 그것이다. 이중 첫 번째 양상의 오시리스는 '켄트-아멘트Chent-Ament' 혹은 '켄티-아멘티Khenti-Amenti'로, 두 번째는 '오시리스-셉Osiris-Sep'으로, 그리고 세 번째는 '소카리Sokari' 혹은 '세케르Seker'로 각각 부른다. 사람들은 모래와 흙과 알곡, 때로는 거기에 향료를 섞어 조그만 오시리스 신상들을 만들었고, 그 얼굴에 황색 칠을 하고 광대뼈에는 녹색 칠을 했다. 순금으로 된 틀 속에 넣어 만든 이 신상들은 이집트의 흰 왕관을 쓴 미라 모습의 신을 하고 있었다. 그런 다음 코이아크 달 12일이 되면 경작과 파종 의식을 수반하는 장례의식이 시작되었다. 이때 두 필의 검은 암소가 구리 보습이 달린 버드나무제製 쟁기를 끌고 한 소년이 파종을 한다. 소년은 밭 한쪽에는 보리를, 다른 쪽에는 밀을,

---

9 나일강이 범람하는 계절에서 네 번째 달

그리고 가운데에는 아마를 뿌린다. 작업 동안에 제주祭主는 '밭의 파종'이라는 제문을 암송한다.

부시리스에서는 코이아크 달 12일에 신들의 '정원'이라 부르는 곳에 모래와 보리를 뿌렸다. 여기서의 '정원'이란 아마도 큰 화분 같은 것이었으리라고 생각한다. 이 의식은 무화과나무로 머리가 없는 인형을 만들어 거기다 황금 칠을 한 암소의 여신 센티Shenty 신상 앞에서 행해졌다. "그런 다음 황금 그릇에 넘치는 신선한 물을 여신과 '정원'에 쏟아부어 보리가 잘 자라도록 한다. 보리의 성장은 곧 신이 땅에 묻혔다가 다시 부활하는 것을 상징한다. 왜냐하면 '정원의 성장은 곧 신의 성장'으로 간주하였기 때문이다." 그 후 코이아크 달 22일 8시에 오시리스 신상은 34명의 신상들을 거느린 채 365개의 등불로 장식되고, 파피루스로 만들어진 34척의 조그만 배에 분승하여 신비한 항해를 한다. 이어 코이아크 달 24일 일몰 후 뽕나무 관에 들어 있는 오시리스 신상이 무덤에 매장되고, 그날 밤 9시에는 1년 전에 만들어 매장했던 신상을 다시 파내어 무화과나무 가지에 매달아둔다. 마지막으로 사람들은 코이아크 달 30일에 페르세아Persea[10] 나무 덩굴로 뒤덮인 지하실의 신성한 무덤으로 내려간다. 그들은 서쪽 문에서 지하실로 들어가 관 속에 들어 있는 죽은 신의 신상을 그 방의 모랫바닥에 공손히 내려놓는다. 그런 다음 동쪽 문으로 나와 무덤을 떠나는 것이다. 그리하여 오시리스 장례의식은 코이아크 달에 모두 끝난다.

덴데라의 놀라운 비문에서 따온 장례의식의 설명에 의하면, 오시리스의 부활은 그저 암시적으로 표현되어 있는 데에 반해, 그의 매장에 관해서는 매우 뚜렷하게 묘사되어 있다. 하지만 그런 기록상의 결함은 비문에 수반된 수많은 부조浮彫들에 의해 충분히 보완된다. 그 돋을 부조에는 죽은 신이 미라가 되어 관 위에 누워 있는 모양, 그 신이 조금씩 몸을 일으켜 부활하는 광경, 그리고 마침내 관을 완전히 빠져나와 자기 뒤에 서 있는 정숙한 이시스의 두 날개 사이에 똑바로 서 있는 장면, 이집트에서 생명의 상징인 '윤두輪頭십자crux ansata'를 든 채 오시리스의 눈앞에 보여 주고 있는 남자의 모습 등이 일련의 연속적인 장면으로 묘사되어 있다. 오시리스 신의 부활이 이보다 더 생생하게 묘사될 수는 없으리라.

한편 필라이의 이시스 대신전에는 오시리스에게 봉헌된 방들이 있는데, 위와

---

10 키는 작으나 크고 질긴 이파리를 가진 열대수목종으로서 대개 중남미가 원산지이다.

이집트 왕 투탕카멘(재위 기원전 1333~기원전 1323)의 묘에서
발굴된 윤두십자형 거울

동일한 의식이 묘사된 그곳의 그림들은 더욱 시사적이다. 거기서 한 사제가 손에 든 물병에서 나무줄기에 물을 주는 광경을 볼 수 있다. 이 장면에 대한 비문의 설명에는 "이는 사람 이름을 붙일 수 없는 자로다. 재생의 물에서 움터 오르는 신비한 오시리스의 모습이노라"라고 적혀 있다. 이런 그림과 비문들을 종합적으로 고찰하건대, 이는 홍수에 의해 비옥해진 밭에서 움터 오르는 곡물을 오시리스로 의인화해 표현한 것임에 틀림없다. 비문에 따르면, 이야말로 신비의 핵심이며 입문자들에게 나타내 보인 가장 깊은 비밀이었다. 마찬가지로 엘레우시스의 데메테르의례에서도 수확한 곡식의 이삭이 그들 종교의 중심적인 신비로서 숭배자들에게 제시되었다.

이로써 우리는 이집트력 코이아크 달에 행해진 파종의식에서 왜 사제들이 흙과 곡식으로 만든 오시리스 신상을 매장했는지, 그 이유를 충분히 이해할 수 있다. 즉, 신상을 1년 혹은 그보다 더 짧은 기간 후에 땅속에서 다시 끄집어냈을 때, 사람들은 오시리스의 신체에서 곡식이 움터 나오는 것을 볼 수 있었을 것이다. 이렇게 곡식이 싹튼 것을 보고 사람들은 그것을 곡물 생장의 징후 혹은 그 원인으로 믿어 기쁘게 환영했던 것이다. 말하자면 모든 곡물은 곡물의 신에서 생겨난다고 믿었던 것이다. 곡물의 신이 사람들을 먹여 살리기 위해 자기 몸을 내주며, 그렇게 자기를 죽여 사람들을 살린다고 여겼다.

한편 이집트인들은 그들의 위대한 신 오시리스의 죽음과 부활을 통해 이승에서의 음식물뿐만 아니라 저승에서의 영원한 생명에 대한 희망까지도 얻어 냈다. 이 희망은 이집트인들의 묘지에서 출토된 주목할 만한 오시리스 신상들에서 매우 분명하게 엿볼 수 있다. 예컨대 테베의 '왕들의 계곡'이라 부르는 곳에서 기원전 1500년경에 살았던 어떤 왕궁 시종의 묘지가 발굴되었다. 그 묘지에서 발굴된 수많은 부장품들 중 관이 하나 있었는데, 그 위에는 세 장의 아마포로 덮인 채 갈대로 만들어진 돗자리가 놓여 있었다. 아마포 위에는 등신대의 오시리스 신상이 그려져 있었고, 방수 처리가 된 신상 그림에는 식물성 부식토와 보리, 끈적거리는 액체의 혼합물이 뒤섞여 있었다. 또한 보리는 발아하여 5~7센티미터쯤 자라 있었다.

그뿐만 아니라 키노폴리스Cynopolis의 묘지에도 수많은 오시리스 신상들이 매장되어 있었다. 그것들은 천으로 싸인 낟알로 만들어졌으며, 대충 오시리스와 비슷한 모양을 하고 있었다. 그것들은 묘지 내부의 벽돌담 안쪽 깊숙이 조그만 토관이나 혹은 독수리 모양의 미라로 된 목관 속에 안치되어 있었다. 어떤 것은 아예 관도 없이 그냥 놓여 있기도 했다. 알곡으로 만들어진 이 신상들은 미라처럼 붕대로 감긴 채 여기저기 금박이 입혀 있었다. 이는 아마도 파종의식 때에 오시리스 신상을 만드는 데에 쓰였던 황금 틀을 모방한 듯싶다. 그밖에 테베의 묘지 근처에서는 얼굴 부위가 녹색 밀랍으로 만들어진데다 그 안에 알곡들을 가득 채운 오시리스 인형들이 발굴되기도 했다.

끝으로 에르만J. P. A. Erman(1854~1937) 교수의 말에 의하면, 미라의 두 다리 사이에 "간혹 진흙으로 만든 오시리스 신상이 놓여 있다. 그 안에는 알곡들이 가득했는데, 그 알곡들의 발아는 곧 오시리스의 부활을 의미하는 것이다." 요컨대 파종의식 때 곡물로 만든 오시리스 신상들을 땅에 묻는 행위는 발아를 촉진하기 위한 것이었다. 마찬가지로 그런 오시리스 신상들을 무덤에 같이 매장한 것은 죽은 자의 발아를 촉진하기 위한, 다시 말해 사자의 영적 불멸성을 보장한다는 것을 의미한다.

제40장
오시리스의 성격

1. 곡물신으로서의 오시리스

오시리스 신화에 대한 의례는 이 신의 속성 중 하나가 곡물을 의인화한 신이며 또한 매년 죽었다가 다시 재생하는 신이라는 점을 잘 보여 준다. 후대의 사제들은 오시리스 숭배에 모든 장엄함과 신비로움을 부여했다. 그럼으로써 곡물신으로서의 오시리스 관념이 그의 죽음과 부활을 기념하는 축제에 분명히 드러났다. 그 축제는 처음에 코이아크 달에 행했다가 나중에는 아티르 달에 행했다. 그것은 본질적으로 파종의례였으며, 농부가 실제로 들판에 씨앗을 뿌리는 시기에 집행된 축제였다. 그때 사람들은 장례의식을 통해 흙과 알곡으로 만든 곡물신 인형을 땅에 묻었다. 이는 농작물이 땅에 묻혀 죽었다가 새로 자라서 다시 소생하도록 하기 위한 것이었다.

따라서 이 의례는 사실상 공감주술에 의해 곡물의 성장을 확증하기 위한 일종의 주술이었던 셈이다. 그것이 사제들에 의해 신전의 장엄한 의식 속에 채택, 변형되기 오래전부터 이미 모든 이집트 농민들에 의해 소박한 주술 형태로 들판에서 집행되었으리라고 추정할 수 있다. 근대의 아라비아, 그러나 의심할 나위 없이 고대적 아라비아에서는 이른바 '노인'을 매장하면서 그가 죽음의 세계에서 다시 돌아올 것을 기원하는 관습이 있었다. 이때의 '노인'이란 수확기 들판의 밀짚 다발들을 말한다. 어쨌든 우리는 이런 관습에서 곡물신 오시리스 숭배보다 앞선 어떤 맹아를 엿볼 수 있다.

오시리스 신화를 상세히 들여다보면 이런 해석이 타당하다는 걸 알 수 있다. 오시리스는 하늘과 땅 사이에서 태어난 자식이라고 전해져 왔다. 하늘에서 비를 내려 비옥하게 된 땅에서 싹튼 곡물에 대해 이 이상 더 적절한 혈통을 찾기는 어려울 것이다. 물론 이집트 토지의 비옥은 강우가 아니라 직접 나일강의 홍수에 의존했던 것이 사실이다. 하지만 이집트 주민들도 나일강이 멀리 떨어진 내륙에 내린 비에 의해 채워진다는 사실을 잘 알고 있었거나 혹은 그렇게 짐작했을 것임에 틀림없다. 한편 오시리스가 곡식 먹는 법을 인간에게 가르쳐 준 최초의 신이었다는 이야기는 매우 자연스럽게 오시리스가 가지는 곡물신으로서의 성격을 보여 준다. 게다가 오시리스의 갈기갈기 찢긴 유해가 여기저기 뿌려져 각기 상이한 장소에 묻혔다는 이야기는 알곡의 파종이나 키질을 설명하는 신화적 방식이었을 것이다. 이중 키질과 관련된 해석은 이시스가 오시리스의 절단된 유해를 키질하는 체 위에 놓았다는 신화에서 그 타당성을 엿볼 수 있다.

위의 이야기는 또한 곡물정령의 표상인 인신제물을 죽인 다음 밭을 비옥하게 하기 위해 그 살덩이나 재를 뿌렸던 관습의 유물이라고 보는 편이 더 타당할 것이다. 근대 유럽에서도 농작물이 잘 자라도록 하기 위해 간혹 '죽음의 신' 인형을 갈기갈기 찢어서 그 조각들을 땅에 묻는 관습이 있었다. 세계의 다른 여러 지역에서도 이런 방식으로 인신제물을 다루었다. 마네토Manetho[1]의 기록에 의하면, 고대 이집트인은 붉은 털이 난 사람들을 화장하여 그 재를 땅에 뿌렸다고 한다. 이와 관련하여 왕들이 오시리스의 무덤 앞에서 이런 야만적인 희생제의를 거행했다는 사실은 매우 의미심장하다. 우리는 이 같은 인신제물이 땅에 뿌려진 곡물 씨앗의 발아를 촉진하기 위해 매년 살해당하여 갈기갈기 찢겨진 채 매장된 오시리스 자신을 표상한 것이라고 추정할 수 있다.

선사시대에는 왕들 자신이 살해되고 절단되어 이런 신의 역할을 연출했던 것으로 보인다. 그런데 오시리스와 마찬가지로 세트 또한 18일간의 통치를 마친 뒤에 갈기갈기 찢겨졌다고 전해진다. 그래서 세트를 기념하는 연례적인 축제도 18일 동안 거행되었다. 어떤 전승에 의하면, 로마의 초대 왕 로물루스Romulus도 원로들에 의해 조각조각 절단되어 그 살덩이들이 땅에 매장되었다고 한다. 그리하여 그가 죽은 설화적 날인 7월 7일에 기이한 의식이 행해졌다. 이 의식은 무화과나무의 인공 재배와 관계가 있었음에 분명하다.

또한 그리스 신화에 의하면, 테베의 왕 펜테우스Pentheus와 트라키아의 에도니아 왕 리쿠르고스Lycourgos는 불경하게도 포도의 신 디오니소스Dionysos에게 반항했다가 한 사람은 디오니소스를 숭배하는 격노한 여신도들Bacchanals에 의해, 그

---

1 기원전 300년경에 활동한 이집트의 성직자이자 역사가. 프톨레마이오스 1세(재위 기원전 305~기원전 282) 때 그리스어로 된 이집트 역사를 쓴 인물로 추정된다. 여기서 고대 이집트 역사를 30개의 왕조로 분류한 마네토의 방식은 오늘날에도 학계에서 통용되고 있다.

디오니소스에게 반항하다가 격노한 여신도들에 의해 사지가 찢겨진
펜테우스 왕이 그려진 그리스 도자기

「오르페우스의 죽음」 에밀 레비, 1866

리고 다른 한 사람은 말[馬]들에 의해 갈기갈기 찢겨졌다.[2] 그리스 신화는 인간, 특히 신성한 왕을 제물로 바치던 관습의 왜곡된 반영이라고 보아 마땅할 것이다. 이때 인신제물들은 여러 면에서 오시리스와 흡사하며 또한 오시리스처럼 사지가 갈기갈기 찢겨졌다고 말해지는 신 디오니소스의 역할을 연출한 것이다.[3]

키오스[4]에서도 산 사람을 갈기갈기 찢어 디오니소스에게 제물로 바쳤다고 한다. 인신제물들은 디오니소스와 같은 방식으로 살해되었다는 점에서 바로 디오니소스를 표상한다고 볼 수 있다. 트라키아의 오르페우스Orpheus[5]도 디오니소스

---

2 테베의 통치자였던 펜테우스는 디오니소스 숭배를 억압하려다가 그 종교에 빠진 자기 어머니 아가베Agave에 의해 사지가 찢겨 죽는 보복을 당했다. 한편 드리아스의 아들 리쿠르고스는 디오니소스를 바다로 몰아냈다가 나중에 눈이 멀었다. 테베의 신화에서는 그 도시의 창건자인 카드모스Kadmos의 손자 세 사람이 모두 갈기갈기 찢겨 죽은 것으로 나온다. 디오니소스(어머니는 세멜레), 악타이온(어머니는 아우토노에), 펜테우스(어머니는 아가베)가 그들이었다. 악타이온Aktaeon은 아르테미스가 목욕하는 것을 훔쳐보다가 그녀의 사냥개들에게 찢겨 죽었다. 이렇게 갈기갈기 찢어 죽이거나 혹은 먹는 것을 그리스어로는 '스파라그모스 sparagmos'라고 한다. 로버트 프레이저 편, 앞의 책, 477쪽 편주 참조.

3 헤로도토스는 오시리스와 디오니소스(바쿠스)를 동일시했다. 헤로도토스, 박광순 옮김, 『역사』, 앞의 책, 140쪽 참조

4 터키 서쪽 해안에서 8킬로미터 떨어진 에게해에 있는 섬으로 호메로스가 살았다고 전해진다. 현재는 그리스에 속해 있다.

5 고대 그리스 전설에 나오는 인물. 초인적인 음악적 재능을 갖고 있었다고 하며, 그가 손수 썼다고 하는 글에 기초하여 만들어진 오르페우스교 운동의 후원자이다. 뮤즈(아마도 서사시의 후원자 칼리오페)와 트라키아 왕 오이아그로스(다른 설에 따르면 아폴론)의 아들이라고 한다. 어떤 전설에 따르면, 아폴론은 오르페우스에게 그의 첫 번째 리라를 주었으며, 그의 노래와 연주가 너무 아름다워서 동물들뿐 아니라 나무와 바위들까지도 춤을 추었다고 한다. 오르페우스는 또한 아르고호의 원정에 참가해 자신의 리라 연주로 마녀 세이렌들의 노래를 물리쳐 배의 안전을 도왔다고 한다. 돌아와서는 에우리디케와 결혼하지만 그녀는 곧 독사에 물려 죽는다. 슬픔에 겨워하던 그는 위험을 무릅쓰고 에우리디케를 되살리러 지하세계로 내려간다. 그는 노래와 연주로 지옥의 강 스틱스를 지키는 사공 카론과 개 케르베로스를 매혹시켰다. 그의 음악과 슬픔에 감동한 지하세계의 왕 하데스는 오르페우스가 아내 에우리디케를 데리고 생명과 빛의 세상으로 다시 돌아가도록 허락했다. 그러나 하데스는 둘 중 누구도 돌아가는 길에 뒤를 돌아보아서는 안 된다는 조건을 제시했는데, 생명의 땅을 향해 올라가 다시 태양을 본 오르페우스는 그 기쁨을 에우리디케와 나누기 위해 그만 뒤를 돌아보고 말았고 순간 그녀는 사라지고 만다. 뒤에 오르페우스는 트라키아의 여인들에게 살해당하는데, 그 죽음의 동기나 방식에 대해서는 여러 가지 설이 있다. 가장 최초의 것으로 알려져 있는 아이스킬로스의 설에 따르면, 오르페우스는 디오니소스의 가장 강력한 경쟁자이던 아폴론을 더 존경했기 때문에 디오니소스가 마이나스Mainas(디오니소스 신도)들을 시켜 주신제에서 갈기갈기 찢어 죽이게 했다는 것이다. 그의 머리는 레스보스로 떠내려가면서 리라를 타며 노래를 했다고 한다. 이 레스보스에 오르페우스의 신탁소가 세워졌다. 오르페우스의 머리가 예언을 하는 오르페우스 신탁이 델포이에 있는 아폴론 신탁보다 유명하게 되자, 아폴론이 오르페우스 신탁의 중지를 명했다. 뮤즈들은 오르페우스의 찢긴 지체肢體들을 한곳에 모아 장례를 치렀고, 오르페우스의 리라는 하늘의 성좌가 되었다. 오르페우스의 가르침과 노래에 기반을 둔 헬레니즘의 신비종교가 고대 그리스에서 생겨났다고도 한다. 오르페우스 신비의식에서는 디오니소스 신의 화신으로 간주되는 한 인물의 팔다리를 절단하는 의식이 행해졌던 것으로 보인다. 오르페우스교의 종말론은 육신의 죽음 뒤에 오는 보상과 벌에 대해 특히 강조했으며, 이 보상과 벌을 받은 후 영혼이 해방되어 진정한 삶을 성취하게 된다고 주장했다.

무녀들에 의해 사지가 찢겨졌다고 하는데, 이 또한 그가 디오니소스 신과 동일한 방식으로 살해당했음을 말해 주는 이야기라 할 수 있다. 트라키아의 에도니아 왕 리쿠르고스가 불모의 토지에 풍요성을 회복하기 위해 살해당했다는 이야기도 마찬가지로 의미심장하다.

나아가 우리는 토지의 풍요와 다산을 촉진하기 위해 유해가 절단되어 왕국의 여러 지방에 매장된 노르웨이의 암흑왕 할프단Halfdan the Black[6]에 대해서도 알고 있다. 그는 마흔 살 때 봄의 얼음장 틈새에 빠져 익사했다고 한다. 고대의 역사가 스노리 스툴루손Snorri Sturluson(1179~1241)[7]은 그의 죽음 이후 일어난 일에 대해 이렇게 적고 있다. "그는 모든 왕들 가운데 가장 번창하고 운 좋은(문자 그대로 풍요로움의 축복을 받은) 자였다. 백성들은 그를 대단히 숭배했다. 그래서 그가 죽은 후 그의 유해가 링가리키에 옮겨져 장례식이 치러진다는 소문을 듣자, 라우마리키와 웨스트폴드와 헤이트메르크 등 각지에서 모인 유지들이 저마다 왕의 유해를 자기 출신지로 가져가 돌아가 매장하겠노라고 간청했다. 그들은 왕의 유해를 얻음으로써 풍요의 보상이 주어질 거라고 믿었다. 이에 결국 유해는 네 토막으로 나뉘어져 각 지방에 분배되었다. 그리하여 왕의 머리는 링가리키 지방 스테인의 묘지에 묻혔고, 유지들은 각각 할당된 유해 부위를 가지고 돌아가 각 출신지에 매장했다. 그것들은 모두 할프단의 무덤이라고 칭해진다." 여기서 할프단 왕의 족보가 스칸디나비아의 위대한 풍요와 다산의 신 프레이르Freyr[8]까지 거슬러 올라가는 잉글링Yngling 가계에 속했음을 유념할 필요가 있다.

영국령 뉴기니의 플라이강[9] 입구에 있는 키와이섬의 원주민들은 '사고sago'라는 야자수를 토템으로 삼은 주술사 세게라Segera에 대한 이야기를 전하고 있다. 세게라가 늙어 병들었을 때, 그는 사람들에게 자신은 머지않아 죽을 테지만 마을

---

6 노르웨이 초대왕 하랄Harald 1세의 부친 구드뢰손Gudroesson(820~860). 잉글링Yngling가의 창시자

7 아이슬란드의 시인, 역사가, 족장. 고대 노르웨이 신화를 서술한 『산문 에다Prose Edda』와, 오딘 신의 전설적인 후예들로부터 에를링손 대제에 이르기까지 노르웨이 왕들의 역사를 기록한 『헤임스크링글라 Heimskringla』를 저술하였다.

8 북유럽 신화에서 평화·다산·비·햇빛을 다스리는 신. 바다의 신 니외르드의 아들로 원래는 바니르 신족에 속했지만, 에시르 신족에 속하게 되었다. 거인 기미르의 딸인 게르드의 남편이었다. 특히 스웨덴에서 숭배되었고, 노르웨이와 아이슬란드에서도 잘 알려졌다. 프레이르의 누이이며 여성 짝인 프레이야는 사랑·다산·전쟁·죽음의 여신이었다. 이 두 신에게는 모두 수퇘지를 바쳤다. 프레이르와 프레이야는 중세 아이슬란드의 이야기와 노래에 많이 나온다.

9 뉴기니에서 가장 큰 강. 파푸아뉴기니 전역에 걸쳐 흐른다.

의 들판을 풍요롭게 해 줄 거라고 말했다. 그러면서 그는 자기가 죽으면 유해를 토막 내어 살덩이는 마을 사람들의 들판에 묻되, 머리만은 자신의 들판에 묻어 달라고 부탁했다. 세게라에 관한 전승에 의하면, 그는 천수天壽를 다 했으며 아무도 그의 부친이 누구인지 모르지만, 그가 늘 사고 야자수를 풍부하게 해 주었기 때문에 굶주리는 자가 없었다고 한다. 몇 해 전까지 생존해 있던 노인들은 세게라의 청년 시절을 잘 알고 있었다는데, 키와이 원주민들의 일반적인 견해에 따르면 세게라가 죽은 지 두 세대도 지나지 않았다는 것이다. 이상을 종합해 보면, 이런 전승들은 대체로 대지의 풍요, 인간이나 가축의 다산을 촉진하기 위해 왕 또는 주술사의 유해를 절단하여 그 조각들을 내외의 여러 지방에 매장했다고 하는 일반적인 관습에 대해 말해 주고 있다.

이제 이집트인들이 유해를 불사른 재를 체로 쳐서 뿌렸다고 하는 인신제물의 이야기로 되돌아가 보자. 이때 그 불행한 자의 붉은 털이 가지는 의미에 주목할 만하다. 왜냐하면 이집트에서는 붉은 수소를 제물로 바쳤기 때문이다. 그 짐승은 단 한 오라기의 검은 털이나 흰 털이 섞여 있어도 제물이 될 자격이 없었다. 나의 추론대로 만일 인신제물이 농작물의 생장을 촉진하기 위해 바친 것이라면 (이 추론은 그 유해의 재를 체로 쳐서 뿌렸다는 사실에 의해 뒷받침된다), 붉은 털의 인신제물이야말로 붉은빛이 도는 곡물정령을 인격화한 제물로서 가장 적합하다고 간주됐을 법하다. 왜냐하면 어떤 신이 살아 있는 인간으로 표상될 때, 그런 인간을 선택하는 기준은 당연히 그가 신적 원형과 얼마만큼 유사한가에 달려 있기 때문이다.

그래서 고대 멕시코인은 옥수수를 파종할 때에는 갓난아이를 희생제물로 바쳤고, 옥수수가 움틀 때는 소년을 제물로 바쳤으며, 옥수수가 완전히 익었을 때는 노인을 바쳤다. 이들은 옥수수를 하나의 인격체로 여겨 파종기에서 수확기에 사람과 똑같은 생애의 전 과정을 거친다고 믿었다. 마찬가지로 오시리스를 부르는 이름 가운데 '농작물' 혹은 '수확'이라는 칭호가 있었듯이, 고대 이집트인들은 종종 오시리스를 곡물의 위인격擬人格으로 설명하곤 했다.

2. 나무정령으로서의 오시리스

오시리스는 곡물의 정령일 뿐만 아니라 나무의 정령이기도 했다. 어쩌면 나무정령으로서의 오시리스가 보다 더 오래된 것일지도 모른다. 왜냐하면 종교사에서는 당연히 나무 숭배가 곡물숭배보다 더 먼저이기 때문이다. 나무정령으로서의 오시리스가 가지는 성격은 피르미쿠스 마테르누스Firmicus Maternus[10]가 기술한 의식에서 매우 생생하게 묘사되어 있다. 그에 의하면, 소나무를 잘라 그 속을 도려내어 오시리스 신상을 만든 다음 그것을 마치 유해인 양 속이 빈 소나무의 공동空洞에 묻었다고 한다. 의인화된 나무의 관념을 이것만큼 분명하게 보여 주는 사례는 다시없을 것이다. 어쨌든 이렇게 만들어진 오시리스 신상은 소나무에 묶인 아티스 신상에 대해 행해진 의식과 똑같이 1년 동안 소나무 공동 안에 그대로 안치되었다가 불에 태워졌다.

여기서 피르미쿠스 마테르누스가 묘사한 나무 자르는 의식은 플루타르코스에 의해서도 언급된 바 있다. 그것은 에리카 나무 속에 넣어진 오시리스 유해의 신화적 발견에 상당하는 제의적 대응물이라 할 수 있다. 사실 덴데라의 오시리스 묘실에 안치된 관 속에는 독수리의 머리를 한 미라 신이 들어 있는데, 그 관은 분명 송백과에 속한 한 그루의 나무에 둘러싸여 있다. 즉, 관의 상단부와 하단부를 나무줄기와 가지들이 뒤덮고 있는 것이다. 이 점은 피르미쿠스 마테르누스에 의해 서술된 신화 및 의례와 밀접하게 상응한다.

또한 오시리스 숭배자들에게 과일나무를 자르거나 해치는 것이 금지되어 있었던 점도 오시리스가 가지는 나무정령으로서의 성격과 일치한다. 나아가 오시리스 숭배자들에게는 더운 남부지방의 관개灌漑에 매우 중요했던 우물을 폐쇄하지 못하도록 정해져 있었는데, 이는 일반적인 식물신으로서의 오시리스가 가지는 성격과 잘 들어맞는다. 어떤 전승에 의하면, 그는 사람들에게 목책을 둘러 포도 덩굴을 가꾸는 법이나 나뭇가지 치는 법, 포도즙 짜는 법 따위를 가르쳐 주었다고 한다. 기원전 1550년경에 기록된 네브세니Nebseni의 파피루스를 보면, 오시리스가 한 신전 안에 앉아 있고 그 지붕에 포도송이가 늘어져 있는 모양이 묘사

---

10 4세기에 기독교로 개종한 피르미쿠스 마테르누스는 이교도를 비난했는데, 그럼으로써 오히려 이교적 관습을 후대에 전해 주는 귀중한 정보원이 되었다. 로버트 프레이저 편, 앞의 책, 473쪽 편주 참조

되어 있다. 그뿐만 아니라 왕실 서기였던 네크트Nekht의 파피루스에는 연못 앞에 왕관을 쓴 오시리스가 앉아 있고, 연못가에는 포도송이가 주렁주렁 달린 무성한 포도나무 가지들이 그 신의 초록색 얼굴 쪽으로 늘어져 있는 장면이 그려져 있다. 게다가 담쟁이덩굴은 항상 푸른 녹색으로 인해 오시리스에게 봉헌되었으며, 그 신의 식물이라고 불렸다.

3. 풍요신으로서의 오시리스

오시리스는 식물신으로서 당연히 일반적인 번식력의 신으로 여겼다. 왜냐하면 인간은 진화의 어느 단계에서 동물의 번식력과 식물의 번식력을 구별하지 못하게 되었기 때문이다. 그래서 오시리스 의례는 입문자들뿐만 아니라 일반 대중도 이 같은 번식력의 신으로서의 면모를 알아볼 수 있도록 소박하고도 인상적인 상징들로 가득 차 있다. 이 점이야말로 오시리스 의례가 지니는 가장 현저한 특성이라 할 수 있다. 오시리스 축제 때에는 여자들이 그를 찬양하는 노래를 부르면서 줄을 사용하여 움직이도록 장치한 호색적 오시리스 신상을 안은 채 마을을 돌아다녔다.

이런 관습은 아마도 농작물의 성장을 촉진하기 위한 것이었다고 보인다. 그래서 땅 위에서 결실 맺는 모든 열매들로 장식된 그의 신상이 한 신전의 이시스 신상 앞에 세워진 적도 있다. 필라이의 이시스 대신전에는 오시리스에게 봉헌된 방들이 있는데, 그 방의 관 위에는 죽은 신 오시리스가 그려져 있다. 오시리스는 비록 죽어 있기는 하지만 생식력을 소멸한 것이 아니라 다만 휴식을 취하고 있을 뿐이며, 기회만 주어진다면 언제라도 세상을 향해 생명과 풍요의 원천을 과시할 듯한 태세이다.

오시리스에게 바친 찬가들에는 그의 중요한 특성이 암시적으로 드러나 있다. 예컨대 어떤 찬가는 세계가 오시리스로 말미암아 승리의 초록으로 바뀌었다고 노래한다. 또 어떤 찬가는 "그대는 인류의 어버이입니다. 모든 이들이 그대의 입김으로 호흡하며 그대의 육신을 먹고 살아갑니다"라고 노래한다. 추정컨대, 어버이로서의 성격에서 오시리스는 다른 풍요의 신들과 마찬가지로 자식을 점지함으로써 남자와 여자들을 축복해 준다고 여겼을 것이다. 또한 오시리스 축제의 행렬도 땅에 뿌린 씨앗의 발아를 촉진하고, 생식과 다산의 축복을 보장하기 위해 행해졌을 것이다. 때문에 이집트인들이 신적 생식력의 관념을 구현할 목적으로 채택한 여러 상징과 의례들을 외설적이라든가 음탕하다고 비난한다면, 이는 고대 종교를 잘못 이해한 것이라 할 수 있다. 오히려 우리는 이집트인이 그런 의례를 통해 추구했던 목적은 매우 자연스럽고 건강한 것이었다고 평가해야 할 것이다. 물론 목적 달성을 위해 그들이 채택한 방법에는 오류가 있었다. 그리스인들이 그들의 디오니소스 축제에서 오시리스 축제의 그것과 동일한 상징들을 채용했을 때, 그들 또한 마찬가지 오류를 범했다.

그 결과 두 종교 사이에는 피상적이지만 매우 두드러진 유사성이 존재하게 된 것이다. 어쩌면 바로 이 유사성 때문에 고대와 근대의 연구자들이 오시리스 축제와 디오니소스 축제를 동일시하는 오류를 범하게 된 듯싶다. 하지만 두 의식은 본질에서 틀림없이 비슷한 점이 있다 하더라도, 그 기원에서는 완전히 상이한 독자성을 가지고 있다.

4. 사자의 신으로서의 오시리스

앞에서 오시리스가 죽은 자의 통치자이자 재판관으로서의 성격도 지니고 있다는 점을 살펴보았다. 이집트인들은 무덤 너머의 삶을 믿었을 뿐만 아니라, 실제로 내세의 삶을 준비하는 데에 많은 시간과 노력과 재물을 투자했다. 이집트인 같은 민족에게 사자의 통치자이자 재판관이라는 오시리스 신의 직능이 적절한 계절에 지상의 열매를 맺게 해 주는 신의 직능 못지않게 중요시되었음에 틀림없다. 사실 오시리스 숭배자들의 신앙 안에서 이런 두 가지 신적 직능은 상호 밀접하게 결합되어 있었다고 보인다. 그래서 죽은 자를 매장함에 그들은 씨앗이 땅에서 싹터 오르듯이 그렇게 흙무덤에서 일어나 영원한 생명으로 소생하는 오시리스 신에게 사자들을 내맡겼던 것이다.

이집트인들의 묘지에서 발견된, 알곡이 가득 찬 오시리스 인형들은 이런 신앙에 대한 생생하고도 명백한 증거라고 할 수 있다. 다시 말해 그 인형들은 부활의 상징이자 동시에 부활의 수단이었던 것이다. 이처럼 고대 이집트인들은 곡물의 발아에서 인간 불멸성의 징후를 보았다. 물론 그렇게 빈약한 토대 위에 그토록

고결한 희망을 쌓은 민족이 비단 이집트인만은 아니었다.[11]

현세에서는 자기 자신의 찢겨진 몸으로 사람들을 양육하고, 보다 나은 내세에서는 지복의 영원한 생명을 약속해 주는 오시리스 신이 숭배자들의 절대적인 애정을 끌어모으지 않았을 리가 없다. 그러므로 이집트에서 다른 신들에 대한 숭배가 오시리스 숭배의 그림자에 가려 밀려났다 해도 전혀 이상할 것이 없다. 실제로 다른 많은 신들은 각기 자기 지방에서만 숭배받았지만, 오시리스와 그의 배우자인 이시스는 모든 지방에서 숭배받았던 것이다.

---

11 여기서 '빈약한 토대'란 곡물의 씨앗을, '고결한 희망'이란 인간의 불멸성을 가리키는 비유라고 보인다.

제41장
이시스

이시스라는 이름의 원래 의미는 오빠이자 남편인 오시리스보다도 판단하기가 더 어렵다. 그녀에게 부가되는 속성과 형용사들이 너무 많기 때문이다. 그래서 이집트 상형문자로 그녀는 '많은 이름을 가진 자' 혹은 '천 개의 이름을 가진 자'로 부르며, 그리스 비문에는 '만 개의 이름을 가진 자'라고 나오기도 한다. 오랜 세월에 걸쳐 첨가된 여러 상이한 요소들이 이시스 고유의 핵심적인 본질을 중심으로 모이면서 이 여신은 복합적인 성격을 지니게 되었다. 하지만 이 같은 복합성에도 불구하고 이시스의 본래적인 핵심을 짚어 내는 일이 전혀 불가능한 것은 아니다. 왜냐하면 앞서 살펴보았듯이, 그녀의 오빠이자 남편인 오시리스가 여러 복합적인 성격을 가지면서 그중 하나인 곡물신이었다면, 이시스 또한 틀림없이 곡물의 여신이었을 것이기 때문이다. 이렇게 볼 수 있는 몇 가지 근거가 있다. 즉, 이집트 역사가 마네토가 근거로 삼았다고 보이는 디오도로스 시켈로스Diodros Sikelos를 믿을 수 있다면, 밀과 보리를 발견한 자는 바로 이시스였다. 그래서 사람들은 이시스 축제 때 그녀가 베풀어 준 은혜를 기념하기 위해 열을 지어 곡식 다발들을 나르는 것이다.

이에 대해 아우구스티누스Augustinus는 보다 상세한 내용을 전하고 있다. 그에 의하면, 이시스는 그녀 자신과 남편의 공통 조상인 왕들에게 희생제의를 바치던 순간에 보리를 발견했다고 한다. 그녀는 그렇게 발견한 보리 이삭을 오시리스와 그의 고문격인 토트, 즉 로마인들이 메르쿠리우스Mercurius[1]라 부르던 신에게 보여 주었다고도 한다. 아우구스티누스는 이것이 바로 이시스와 케레스Ceres[2]가 동일시된 이유라고 부연한다. 나아가 이집트 농민들은 수확기에 최초의 한 다발을 잘라 그것을 땅 위에 놓고 가슴을 치며 이시스에게 슬픔을 호소했다. 이는 낮에

---

1 로마 신화에 나오는 신들의 사자使者로서 그리스의 헤르메스에 해당한다. 로마 시대에는 상품 및 상인의 수호신이자 도둑과 웅변의 신으로 신앙되기도 했다.

2 로마 신화에 나오는 농업의 여신. 그리스 신화의 데메테르Demeter에 해당한다.

잘려 죽은 곡물의 정령을 애도하는 관습을 다룬 앞의 부분에서 언급한 바 있다. 한편 여러 비문에서 이시스를 가리키는 형용어로 '초록색 자연물을 창조한 여자 창조주', '대지의 초록색과 같은 초록 빛깔을 한 신록의 여신', '빵의 귀부인', '맥주의 귀부인' 등이 있다.

하인리히 브룩슈Heinrich K. Burgsch(1827~1894)[3]에 따르면, "그녀는 대지를 뒤덮고 있는 식물의 신록을 창조한 여자 창조주일 뿐만 아니라 실제로 여신으로서 인격화된 초록색 곡식의 들판 그 자체이기도 하다"[4]고 한다. 이는 '곡식의 들판'을 의미하는 그녀의 형용어 '소키트Sochit' 혹은 '소케트Sochet'에서도 확인할 수 있는데, 콥트어에서는 지금도 이 말을 이런 의미로 사용하고 있다. 그리스인은 이시스를 곡물의 여신이라고 생각했으며, 그녀를 데메테르와 동일시했다. 그리스의 어떤 풍자시에는 이시스가 '땅의 열매를 낳게 한 분' 혹은 '이삭의 어머니'라고 묘사되어 나온다. 또한 이시스 찬가에는 '보리밭의 여왕'이나 '풍성하게 익은 보리밭의 감독자'라는 식으로 나오기도 한다. 그래서 그리스나 로마의 예술가들은 그녀를 머리나 손에 곡물 이삭을 들고 있는 모습으로 표현했다.

이상에서 이시스가 고대 이집트의 촌스러운 의례와 함께 시골 젊은이들에 의해 숭배된 소박한 '곡물의 어머니'였으리라고 상상해 볼 수 있다. 그런데 후대에 이르러 종교가 진보하면서 이시스의 영성화가 이루어짐으로써, 이제 그녀의 숭배자들에게 이시스는 도덕적 청순함과 신비스러운 태곳적 신성성의 후광으로 둘러싸인 정숙한 아내, 다정다감한 어머니, 자애로운 자연의 여왕으로 자리 잡게 되었다. 이렇게 세련된 성인풍의 형상을 통해서는 시골풍의 이시스가 지닌 본래의 성격을 알아볼 도리가 없다. 하지만 순화되고 변형된 형상을 통해 오히려 이시스는 그녀의 모국이라는 경계선을 넘어서 저 멀리까지 많은 사람들의 마음을 사로잡을 수 있었다.

그리하여 국민생활의 쇠퇴를 수반한 고대의 종교적 혼란기에 이시스 숭배는 로마와 제국 전역에 걸쳐 매우 인기 있는 축제 중 하나가 되었다. 심지어 몇몇 로마 황제들까지 공공연하게 열광적으로 이시스를 숭배할 정도였다. 당시 다른 종교와 마찬가지로 종종 방종한 남녀들이 이시스 숭배의 미명 아래 자신의 타락을

---

3 독일의 이집트학 연구자
4 출처는 H. Brugsch, *Religion und Mythologie der alten Agypter*, Leipzig, 1885~1888

이집트 필라이의 이시스 신전(위)

머리에 곡물 이삭을 장식한 이시스(아래)

Isis and Horus

호루스에게 젖을 물리는 이시스

은폐하기도 했지만, 그럼에도 전체적으로 볼 때 이시스 의례는 괴로운 자들을 위로하며 무거운 짐을 짊어진 자의 마음을 평안하게 해 주는 가장 적합한 위엄성과 고요함, 장엄성과 단정함이라는 존경할 만한 특성을 지니고 있었다. 때문에 이시스 의례는 다른 동방적 여신들의 피비린내 나고 음탕한 의례에 충격받고 거부감을 느꼈던 온화한 정신의 소유자들과 특히 여성들에게 매력적으로 다가왔다.

전통적 신앙이 흔들리고, 갖가지 조직이 무너지고, 인심이 어지러워지면서 지금까지 불변할 거라고 믿었던 제국 자체의 균열과 붕괴 조짐이 나타난 쇠퇴기에 들어서자, 영적인 고요와 영생을 약속하는 이시스의 자애로운 모습이 많은 이들에게 흐린 날의 밝은 별처럼 느껴지게 되었다. 그래서 사람들은 이시스에 대해 중세 유럽인이 성모 마리아에 대해 가졌던 것과 같은 신앙의 환희를 가슴 한가득 품게 된 것이다. 사실 단정하게 면도하고 삭발한 사제들, 아침기도와 저녁기도, 조용한 음악, 세례와 성수聖水를 뿌리는 의식, 엄숙한 행렬, 보석으로 장식된 '신의 어머니'의 신상 등이 수반된 장엄하고도 품격 있는 이시스 의례는 여러 면에서 가톨릭 의례와 비슷한 점이 많다. 이 같은 유사성은 단순한 우연이 아닐 것이다. 다시 말해, 고대 이집트는 가톨릭 신학의 창백한 추상주의뿐만 아니라 가톨릭교회의 현란한 상징주의에 대해서도 일정 부분 기여했다고 말할 수 있다.

확실히 예술 방면에서도 갓난아이 호루스에게 젖을 물리는 이시스의 모습은 아들을 안고 있는 마돈나와 너무도 흡사한 나머지, 때때로 기독교도들조차 그게 누구인지도 모른 채 이시스 여신에게 예배를 드릴 정도였다. 또한 성모 마리아를 칭하는 '스텔라 마리스Stella Maris', 즉 '바다의 별'이라는 아름다운 형용어도 뱃사공의 수호 여신으로서의 후기 이시스에서 비롯된 것이 아닌가 싶다. 성모 마리아는 실제로 이런 칭호 아래 항상 폭풍우의 위험에 직면해 있는 뱃사공들의 숭배를 빌았기 때문이다.

한편 바다의 여신이라는 이시스의 속성은 알렉산드리아의 그리스인 뱃사공들에 의해 부여된 듯싶다. 하지만 이 속성은 이시스의 본래적 성격과는 매우 이질적이다. 그것은 또한 바다를 전혀 좋아하지 않은 이집트인들의 성향에 비추어 볼 때도 지극히 이국적인 것이다. 이상과 같은 가설에 입각해 보건대, 동부 지중해의 유리처럼 투명한 물결 사이로 7월의 이른 새벽에 떠오르는 이시스의 밝은 별 시리우스야말로 뱃사공들에게 평온한 날씨의 전조前兆를 미리 알려주는 선구자 '스텔라 마리스'와 다름없었으리라.

제42장
오시리스와 태양

오시리스는 때로 태양신으로 설명되어 왔는데, 근대에 들어와서 그런 해석이 뛰어난 저술가들에 의해 지지를 받았으므로 여기서 간단히 검토해 볼 필요가 있다. 어떤 근거에서 오시리스가 태양 혹은 태양신과 동일시되었는지를 살펴보면, 그런 논의가 양적으로 얼마 안 되고 전혀 무가치하다고는 말할 수 없지만 질적으로도 애매모호하다는 사실을 알게 된다.

이집트 종교에 관한 고전적 저술가들의 증거를 부지런히 수집하고 조사한 최초의 근대학자 다니엘 에른스트 야블론스키Daniel Ernst Jablonski(1660~1741)[1]는 오시리스가 태양신이었다는 점을 여러 측면에서 제시할 수 있다고 지적했다. 나아가 그는 이 점을 입증할 수 있는 증거를 얼마든지 댈 수 있지만, 양식 있는 자라면 누구든 그 사실을 알고 있으므로 그렇게까지 할 필요는 없다고 말했다.[2] 그가 겸손해하면서 인용한 고대 저술가들 가운데 오시리스를 태양과 동일시한 이는 디오도로스Diodorus와 마크로비우스Macrobius 두 사람뿐이다. 그런데 이들이 내세운 증거는 거의 믿을 바가 못 된다. 왜냐하면 디오도로스의 진술은 막연하고 수사적이며, 태양신화학의 개조 가운데 한 사람인 마크로비우스가 오시리스와 태양을 동일시하는 근거는 지극히 박약하기 때문이다.[3]

근대 저술가들이 오시리스와 태양을 동일시하면서 주로 의존한 근거는, 그의 죽음에 관한 이야기가 다른 어떤 자연현상보다도 태양과 잘 어울린다는 점에 있

---

1 개신교 신학자. 루터교도들과 칼뱅주의자들을 연합시키려고 노력했으나 성공하지 못했다. 또한 영국 성공회의 주교제도와 예배식을 도입하여 프로이센 교회를 개혁하려고 시도했으나, 역시 성공을 거두지 못했다. 베를린 학술원을 공동 설립하고, 1733년 원장이 되었다.

2 출처는 D. E. Jablonski, *Pantheon Aegyptiorum*, Frankfort, 1750~1752

3 마크로비우스는 『사투르날리아Saturnalia』에서 거의 모든 신들을 태양으로 환원시켜 해석하고 있다. 마크로비우스에 의하면, 메르쿠리우스, 마르스, 야누스, 사투르누스, 유피테르, 네메시스, 판 등도 다 태양이며, 마찬가지로 오시리스 또한 외눈이 그 신의 상징이라는 점에서 태양임에 틀림없다고 했다. 『初版金枝篇上』, 앞의 책, 423~424쪽 참조

다. 물론 날마다 뜨고 지는 태양이 오시리스의 죽음과 부활을 말하는 신화에 의해 매우 자연스럽게 표현되었다는 점은 쉽게 인정할 수 있다. 게다가 오시리스를 태양이라고 간주하는 저술가들은, 그들이 오시리스 신화를 적용하는 대상이 태양 운행의 1년 주기가 아니라 1일 주기라는 점을 조심스럽게 지적한다.

오시리스를 태양과 동일시한 레누프Renouf는 이집트의 태양이 겨울마다 죽는다고 말할 수 있을 만한 근거는 찾아보기 힘들다고 보았다.[4] 만일 날마다 태양이 죽는다는 것이 오시리스 신화의 주제였다고 한다면, 그 축제가 매년 연례의식으로 기념된 까닭은 무엇일까? 이 점 하나만으로도 일출, 일몰 현상과 관련하여 오시리스 신화를 해석하는 입장은 치명타를 입을 수 있다. 설령 태양이 날마다 죽는다고 말할 수 있다고 하자. 그렇다면 도대체 어떤 의미에서 그 태양이 갈기갈기 찢긴다고 말할 수 있느냐는 문제가 남게 된다.[5]

나는 일몰과 일출에 대해서뿐만 아니라 죽음과 부활의 관념이 적용 가능한 여타의 다른 자연현상이 많이 있으며, 사실상 민속의 여러 관습들도 그렇게 생각하거나 표현하고 있다는 점을 확인할 수 있다고 믿는다. 식물이 매년 성장했다가 쇠퇴하는 자연현상이 그것이다. 요컨대 일몰보다는 오히려 식물의 쇠퇴에서 오시리스의 죽음을 보아야 한다는 것이다. 고대 저술가들의 일반적인 견해들도 완전히 일치하는 것은 아니지만 이런 해석을 강력하게 뒷받침해 준다. 그들은 오시리스, 아도니스, 아티스, 디오니소스, 데메테르 등의 신화와 의례를 본질적으로 동일한 유형의 종교로서 함께 묶어 분류했다. 이 주제에 관한 고대 저술가들의 의견 일치는 너무나 분명해서 그것을 단순한 상상으로 치부하거나 부정할 수 없는 것이 사실이다.[6]

---

4 출처는 Re Page Renouf, *Hibbert Lectures*, 1879

5 프레이저는 오시리스를 태양이라기보다는 달이라고 보는 편이 다음과 같은 근거에서 훨씬 타당하다고 보았다. 플루타르코스의 『이시스와 오시리스』에 의하면 (1) 오시리스는 28년간 살았다(혹은 다스렸다)고 나오는데, 이는 음력 한 달을 나타내는 신화적 표현이라고 할 수 있다. (2) 오시리스의 시체가 열네 조각으로 찢겨졌는데, 이는 이지러지기 시작한 달이라고 해석할 수 있다. (3) 이시스가 오시리스를 부르는 찬가에서 "당신의 영혼을 달의 신 마트Maat의 나무껍질 속에, 당신의 이름 안에 담았노라"는 구절을 통해 오시리스가 달과 동일시되고 있다. (4) 이집트인들은 초봄의 파네모트Phanemoth 달에 '오시리스가 달 속으로 들어가는 것'을 축하한다. (5) 오시리스 영혼의 상像으로 간주되는 아피스 황소는 달에 의해 잉태되었다고 믿어지는 암소에서 태어났다. (6) 1년에 한 번 만월 밤에 달과 오시리스를 위해 돼지들을 제물로 바쳤다. 프레이저는 본서에서 오시리스를 식물신으로 보면서 식물의 생장과 달의 차고 이지러지는 현상 사이에 존재하는 밀접한 관계를 언급하고 있다. 『初版金枝篇上』, 앞의 책, 437~438쪽 각주 59번 참조

6 여기서 프레이저가 들고 있는 고대 저술가들이란 헤로도토스, 플루타르코스, 디오도로스, 베르길리우스, 히

예컨대 오시리스 의례가 비블로스의 아도니스 의례와 너무 비슷해서, 비블로스 주민들조차 때로는 그들이 죽음을 애도한 신은 아도니스가 아니라 오시리스였다고 주장할 정도였다. 만일 두 신의 의식이 거의 구별할 수 없을 만큼 유사하지 않았다면, 이런 주장이 나왔을 턱이 없다. 또한 헤로도토스는 오시리스 의례와 디오니소스 의례의 유사성이 현저하다는 사실을 깨닫고, 후자만 독립적으로 존재한다는 것은 불가능하다고 생각했다. 다시 말해, 그는 디오니소스 의례란 당시 그리스인이 이집트의 오시리스 의례를 약간 변형시켜 차용한 것임에 틀림없다고 여겼던 것이다. 더 나아가 탁월한 비교종교학도였던 플루타르코스Plutarchos도 오시리스 의례와 디오니소스 의례의 유사점을 상세하게 예거하고 있다. 우리는 이런 고대 저술가들이 분명하게 인식했던 사실에 대해, 그처럼 지적이고 신뢰할 만한 증인들이 제시한 증거를 부정할 수 없다.

물론 두 의례에 대한 그들의 설명을 거부할 수도 있다. 왜냐하면 종교의례의 의미란 어느 한두 가지 설명으로 확정짓기 어렵고, 그래서 종종 열린 물음으로 남기 십상이기 때문이다. 하지만 의례의 유사성을 말하는 것은 어디까지나 관찰의 문제이다. 그러므로 오시리스를 태양으로 해석하는 이들은 오시리스, 아도니스, 아티스, 디오니소스, 데메테르 등과 관련하여 그 의례들의 상호 유사성에 대한 고대 저술가들의 증언을 오류라고 보아 폐기하거나, 아니면 그 모든 의례들을 태양숭배라고 해석하는 둘 중의 하나를 선택하지 않을 수 없게 된다. 그런데 근대 연구자들은 이중 어느 한쪽을 흔쾌히 선택하여 받아들인 이는 아무도 없다.

전자를 선택하면, 우리가 이런 신들의 의례에 대해 그 집행자나 혹은 같이 참여한 목격자들보다도 더 잘 알고 있다는 것을 긍정하는 셈이 된다. 이에 비해 후자를 선택하게 되면, 신화와 의례를 견강부회하거나 생략하거나 혹은 함부로 재단하거나 왜곡해 버리는 오류에 빠지기 쉽다. 이런 오류는 마크로비우스조차 조심스럽게 피했다.[7] 다른 한편 이 모든 의례들의 핵심이 식물의 모의模擬 죽음과 재생에 있다는 견해는, 그것들을 간편하고 자연스러운 방식으로 개별적 혹은 집

폴리투스, 소크라테스, 논노스, 코르누투스, 알렉산드리아의 클레멘스, 피르마쿠스 마테르투스 등을 가리킨다. 『初版金枝篇上』, 앞의 책, 439쪽 각주 60번 참조

7   로마의 철학자 마크로비우스는 대표작 『사투르날리아』에서 오시리스, 아티스, 아도니스, 디오니소스를 모두 태양이라고 해석하면서도, 데메테르에 관해서만은 달이라고 해석했다. 『初版金枝篇上』, 앞의 책, 439~440쪽 각주 64번 참조

합적으로 설명하는 입장이자 또한 근본적인 유사성에 대해 고대인들이 제공한
전반적 증언과 조화를 이루는 입장이라 할 수 있다.

제43장
디오니소스

앞의 여러 장에서 고대 서아시아와 이집트의 문명국가들이 계절의 변화, 특히 연례적인 식물의 성장과 쇠퇴를 신들의 생애에서 일어나는 에피소드로 이해했다는 점, 그리고 그 신들의 슬픈 죽음과 기쁜 부활을 애도와 환희가 교차하는 극적인 의례로써 기념했다는 점을 살펴보았다. 그런데 그런 의례는 형식상으로는 연극적이지만, 내용상으로는 주술적이었다. 그것은 공감주술의 원리에 입각하여 겨울의 내습으로 인해 위험에 처했다고 여겨진 식물의 소생과 동물의 번식을 촉진하기 위해 행해졌던 것이다. 그러나 고대 세계에서 이 같은 관념과 의례는 결코 바빌로니아나 시리아, 프리기아 및 이집트 같은 동방 민족들에게만 국한된 것은 아니었다.

달리 말하면, 그것은 몽환적인 동방의 종교적 신비주의의 고유한 산물이 아니라, 에게해 해안과 섬 지대에 살던 보다 활기찬 상상력과 보다 쾌활한 기질을 지닌 종족들에서도 찾아볼 수 있다. 그렇다고 고대와 근대의 몇몇 연구자들의 주장대로 이런 서방 민족들이 죽었다가 다시 소생하는 신의 관념 및 그런 관념을 숭배자들의 눈앞에서 극적으로 재현하는 엄숙한 의례를 고대 동방문명에서 차용했으리라고 생각할 필요는 없다. 더욱이 신 관념과 의례의 측면에서 나타나는 동양종교와 서양종교 사이의 유사성은 흔히 하는 표현대로 좀 거칠게 말하면, 기껏해야 우연의 일치에 불과할 뿐이다. 그와 같은 유사성은 어떤 동일한 인간정신이 각각 상이한 나라와 상이한 하늘 아래에서 유사한 원인에 대해 유사한 작용을 함으로써 생겨난 결과에 지나지 않는다는 말이다.

그리스인들은 계절의 변화를 배우고, 또한 장미꽃의 허망한 아름다움과 황금빛 작물의 덧없는 영광과 자줏빛 포도의 무상한 탐스러움을 알기 위해 굳이 먼 나라에까지 여행할 필요는 없었을 것이다. 그들은 언제나 아름다운 자기네 나라에 있으면서 빛나는 여름의 무성한 신록이 겨울의 우울과 침체로 퇴색해 가는 자연을 바라보았고, 매년 봄이 오면 새로운 생명의 폭발을 환호하며 맞이하곤 했다. 그들은 자연의 갖가지 힘들을 인격화하는 것에, 자연의 차가운 추상을 따스한 상상의 색조로 덧칠하는 것에, 자연의 벌거벗은 현실을 신화적 공상의 화려한 의상으로 치장하는 것에 익숙했다. 그리하여 그들은 계절의 변화무쌍한 광경에서 스스로 남신과 여신의 무리 및 정령과 요정의 무리를 만들어 냈다. 그럼으로써 그들은 득의양양했다가 곧 우울한 실의에 빠지고 그러다가 다시 환희에 차는가 하면 또 슬픔에 젖는 감정의 주기적인 포물선 위에서, 한 해의 부침과 자기 인생의 성쇠를 숙명처럼 받아들일 수 있었다. 그들은 자신들의 경험을 환희와 슬픔이 교차하고 소란과 애도가 뒤섞인 의례를 통해 자연스럽게 표출했던 것이다. 마찬가지로 죽었다가 다시 부활하는 몇몇 그리스 신들의 경우도 한쪽에는 아도니스라든가 아티스, 오시리스 등과 같은 신들의 비극적이고 슬픈 풍경이 있는가 하면, 다른 한쪽에는 그것과 대비되어 나란히 짝을 이루는 신들의 풍경이 펼쳐져 있다. 우리는 먼저 디오니소스와 함께 그 다른 풍경 속으로의 여행을 출발하고자 한다.

디오니소스 혹은 바쿠스Bacchus는 포도나무를 의인화하거나 혹은 포도주에 취해 느끼는 환희를 인격화한 신으로서 가장 잘 알려져 있다. 격렬한 춤과 짜릿한 음악, 폭음 등으로 특징지어지는 도취적 디오니소스 숭배의식은 음주에 탐닉하기로 유명한 트라키아의 야만족들에게서 유래한 것으로 보인다. 그 신비한 교의와 방만한 의례는 그리스인의 명석한 지성, 냉철한 기질과는 근본적으로 다른 이질성을 내포하고 있었다. 그런데도 이 종교는 대부분의 사람들 안에 내재된 신비에 대한 애호와 야만 상태로 돌아가고자 하는 성향에 호소함으로써 요원의 불길처럼 그리스 전역으로 퍼져 나갔다. 그리하여 호메로스Homeros가 거들떠보지도 않던 디오니소스는 마침내 그리스 만신전萬神殿 중에서 가장 인기 있는 신이 되기에 이르렀다. 그런데 고대 및 근대의 몇몇 연구자들은 디오니소스의 신화와 의례는 오시리스의 그것과 유사하다는 점을 들어, 디오니소스가 이집트에서 그리스로 직수입된 변장한 오시리스에 지나지 않는다고 주장하기도 했다. 하지만 전술한 트라키아 기원설을 뒷받침하는 증거가 훨씬 더 많으며, 두 숭배의식의 유사성은 양자의 밑바탕에 깔린 관념과 관습의 유사성이라고 이해하는 편이 더 타당할 듯싶다.

포도송이가 주렁주렁 달린 포도나무야말로 디오니소스의 가장 특징적인 표상이지만, 그는 나무 전체의 신이기도 했다. 그래서 거의 모든 그리스인들이 '나무의 디오니소스'에게 희생제물을 바쳤다고 한다. 보이오티아에서는 그를 '나무 속의 디오니소스'라고 불렀다. 또한 그의 신상은 종종 팔도 없이 망토 하나만 달랑 입혀 놓은 통기둥에 턱수염 달린 가면으로 머리를 대신하고 있으며, 그 머리와 몸통에서 잎이 무성한 나뭇가지가 뻗어나온 모습을 하고 있는데, 이는 디오니소스의 성격을 말해 주고 있다. 어떤 항아리에는 한 그루의 키 작은 나무에서 출현하는 듯이 보이는 그의 소박한 형상이 그려져 있다. 또한 마그네시아[1]의 마이안더 산상에서는 바람에 쓰러진 플라타너스나무 속에서 디오니소스 신상이 발견된 적도 있다. 과연 그는 재배 수목의 수호신이었다. 그래서 사람들은 그에게 나무를 잘 자라게 해 달라고 기도했던 것이다. 또한 그는 농부들, 특히 과수 재배자들의 숭배를 받았다. 이들은 과수원 안에 자연목 그루터기 모양의 디오니소스 신상을 세워 놓았다. 그는 나무에 열리는 모든 과실, 특히 능금과 무화과를 발견한 자라고 알려져 있다. 그래서 디오니소스는 '풍요로운 결실'이라든가 '푸른 과실의 그분' 혹은 '과실을 가꾸는 자' 등으로 불렸다. 그를 칭하는 형용어 중에는 '넘치는' 또는 '터져 나오는(수액이나 꽃 등이)'이라는 표현도 있다. 그리고 아티카와 아카이아[2]의 파트라이 사람들은 그를 '꽃의 디오니소스'라고 불렀다.[3]

아테네인들은 그에게 과일과 토지의 풍요를 기원하면서 희생제물을 바쳤다. 이때 특별히 그에게 바친 나무들 중에는 포도나무를 비롯해 소나무가 있었다. 델피의 신탁이 코린토스Kórinthos[4]인들에게 특정한 소나무를 '마치 신처럼' 모시라고 명했기 때문에, 그들은 붉은 얼굴에 몸뚱이는 금빛으로 칠한 신상 두 개를 소나무로 만들었다. 미술 작품에서는 끝에 솔방울을 매단 지팡이를 들고 있는 디오니소스와 그 숭배자들이 묘사되기도 했다. 또한 담쟁이덩굴과 무화과나무도 디오니소스와 밀접한 관계가 있다. 가령 아티카의 아카르나이 마을에는 '디오니소스의 담쟁이덩굴' 신상이, 라케다이몬[5]에는 '디오니소스의 무화과나무'

---

1 헤르무스강 남쪽에 있는 고대 리디아의 도시

2 본서 제7장 옮긴이 주 5번 참조

3 출처는 파우사니아스Pausanias의 『그리스 여행기Description of Greece』(143~161). 2세기 그리스의 지리학자이자 여행가인 파우사니아스에 대해 프레이저는 "그가 없었더라면 그리스 유적 가운데 대부분은 실마리 없는 미로, 해답 없는 수수께끼가 되었을 것"이라고 말하기도 했다.

4 그리스 중남부의 펠로폰네소스 반도에 있는 고대 및 현대 도시. 아테네에서 서쪽으로 약 80킬로미터 떨어진 곳에 위치하고 있다.

5 그리스 펠로폰네소스 반도 남동부의 라코니아 지방에 있던 고대 도시국가 스파르타Sparta의 옛 이름

신상이, 그리고 무화과를 '메일리카meilicha'라고 부르던 낙소스[6]에는 무화과나무로 얼굴을 만든 '메일리카의 디오니소스' 신상이 있었다.

이밖에 디오니소스는 농업과 곡물의 신으로 간주되기도 했다. 이 점을 보여주는 사례는 몇 안 되지만 매우 중요하다. 이를테면 디오니소스는 그 자신이 농사짓는 일을 했다고 알려져 있다. 원래는 쟁기를 사람이 손으로 끌었는데, 그것을 처음으로 소에 멍에를 씌워 쟁기를 갈게 한 자가 바로 디오니소스였다고 한다. 혹자는 이런 전설에서 디오니소스가 종종 그 숭배자들에게 소의 모습으로 자신을 드러냈으리라는 단서를 찾아내기도 한다. 이 점에 관해서는 다시 후술할 것이다. 어쨌든 파종할 때 소가 쟁기를 끌게 함으로써 디오니소스는 농부들의 노고를 덜어 주었다고 한다. 트라키아 부족인 비살타이 마을에는 웅장하고 아름다운 디오니소스 성소가 있었는데, 디오니소스 축제 때면 그가 베풀어 준 풍성한 수확에 감사한다는 표시로 밤새도록 휘황찬란한 등불을 밝혔다고 한다. 하지만 그해의 농작이 실패했을 때는 환하고 신비한 불빛은 찾아볼 수 없고, 여느 때처럼 오직 어둠만이 성소를 뒤덮었다고 한다. 나아가 디오니소스의 상징 가운데에는 큰 삽처럼 생긴 광주리 모양의 체가 있었다. 그것은 근대에 이르기까지 농부들이 곡물을 공중에 까불어서 낟알과 나락을 가르는 데 사용한 도구였다. 이 간단한 농기구는 디오니소스의 신비의식에도 등장한다. 전승에 따르면, 디오니소스는 요람이 아닌 체 안에서 태어났다고 한다. 그래서 어떤 미술 작품에서는 아기 디오니소스가 체 안에 누워 있는 모습으로 묘사되어 있다. 이 같은 전설과 표상들에서 그는 '체의 왕'이라는 형용어를 얻게 되었다.

다른 식물신들과 마찬가지로 사람들은 디오니소스도 폭력적인 죽임을 당한 후 다시 소생했다고 믿었다. 그의 고난과 죽음과 부활은 신성한 디오니소스 의식에서 재현되었다. 시인 논노스Nonnos[7]는 그의 비극적인 이야기를 다음과 같이 전하고 있다. 한번은 제우스가 뱀으로 변신하여 페르세포네를 방문한 적이 있

---

6 에게해에 있는 그리스 키클라데스 제도에서 가장 큰 섬. 이 섬의 최고봉은 제우스산이다. 고대에 낙소스는 포도주로 유명했으며, 디오니소스 신을 경배하는 곳이었다. 전설에 따르면, 아리아드네가 테세우스에게 버림받고 이 섬의 해변에 잠들어 있는 것을 디오니소스가 발견했다고 한다.

7 기원후 5세기경에 활동한 그리스의 시인. 이집트의 파노폴리스에서 태어났으며, 로마 시대의 가장 뛰어난 그리스 서사시인이었다. 대표 작품으로는 디오니소스의 인도 원정을 묘사한 48권으로 된 서사시 『디오니소스 이야기Dionysiaca』가 있다.

는데, 그로 인해 그녀가 자그레우스Zagreus[8], 즉 디오니소스를 낳았는데, 이 갓난 아이에게는 뿔이 달려 있었다. 디오니소스는 태어나자마자 곧바로 부친 제우스의 왕좌에 기어 올라가, 조그만 손으로 번갯불을 휘두르면서 위대한 신의 흉내를 냈다. 그러나 그의 왕좌 점유는 오래가지 못했다. 왜냐하면 그가 거울을 보고 있을 때 얼굴에 하얀 분칠을 한 반역자 티탄Titan들이 칼을 휘두르며 습격했기 때문이다. 이때 그는 제우스, 크로노스, 젊은이, 사자, 말, 그리고 뱀 따위로 계속 둔갑하여 습격자들을 피할 수 있었다. 하지만 마지막에 수소로 변신했다가 적들의 잔혹한 칼에 맞아 몸이 갈기갈기 찢기고 말았다.

이와 관련하여 피르미쿠스 마테르누스가 전하는 크레타 신화는 다음과 같다. 디오니소스는 크레타 왕 유피테르Jupiter의 서자였다. 유피테르는 외국 여행을 떠나기 전에 왕좌와 왕홀을 어린 디오니소스에게 넘겨주었는데, 이때 자기 아내 유노Juno가 아이에게 질투 섞인 증오심을 품고 있는 것을 알아채고는 믿을 만한 충성스러운 호위대에게 디오니소스를 돌보도록 맡겼다. 그러나 유노는 호위대를 매수한 다음, 딸랑이와 만화경 같은 기묘한 거울 따위로 디오니소스를 유인하여 덤불숲으로 데리고 갔다. 거기서 그녀의 하수인 티탄들이 디오니소스를 덮쳐 사지를 토막 낸 뒤 갖가지 향신료를 넣고 몸뚱이를 삶아 먹어치웠다. 그런데 여기에 가담했던 누이 미네르바Minerva[9]가 디오니소스의 심장을 보관했다가 유피테르가 돌아왔을 때 그것을 건네주면서 범죄의 전말을 낱낱이 고했다. 이에 격분한 유피테르는 티탄들을 고문해서 죽여 버리고, 아들을 잃은 슬픔을 달래기 위해 아이의 심장을 넣어 신상을 만들고 그를 기념하는 신전을 세웠다. 이 크레타판 신화에서는 유피테르와 유노(제우스와 헤라)를 크레타의 왕과 왕비로 묘사함으로써 신화에 에우헤메리즘Euhemerism[10]적 전환을 부여하고 있다. 이야기에 나

---

8 오르페우스 신화에서 뱀으로 변장한 제우스와 그의 딸 페르세포네 사이에 태어난 아들. 질투심에 불탄 헤라는 장난감으로 자그레우스의 주의를 흩뜨려 티탄족의 공격을 받게 했다. 티탄족은 자그레우스를 갈기갈기 찢어 심장을 제외하고 다 먹어치웠다. 아테나가 그 심장을 제우스에게 가져갔고, 제우스는 그 심장을 삼킨 다음 벼락을 내려 티탄족을 멸망시켰다. 거기에서 살아남은 티탄족에서 인간이 나왔으며, 인간은 자그레우스를 먹어치운 티탄족의 후손이므로 어느 정도는 사악하면서도 신성을 지닌 존재가 되었다. 제우스는 세멜레와 관계를 가져 다시 자그레우스를 낳았다. 자그레우스는 디오니소스와 동일시되었으며, 아이스킬로스에 의해 처음으로 언급되었다.

9 로마 신화에 나오는 공예, 직업, 예술, 전쟁의 여신. 일반적으로 그리스의 아테나 여신과 동일시된다.

10 모든 신은 원래 역사적으로 실재했으며, 민중들에게 숭배받던 영웅이나 정복자들이 후대에 신격화된 존재라고 보는 이론. 이는 기원전 300년경에 활동한 그리스의 신화작가 에우헤메로스Euhemeros가 『신성한

디오니소스가 제우스의 허벅지에서 태어난 것으로 묘사하고 있는
그리스 도자기(왼쪽)와 지혜와 전쟁의 여신 미네르바(오른쪽)

오는 호위대는 아기 디오니소스를 둘러싸고 전사춤을 추었던 신화 속의 쿠레테 Curete[11]들이다. 이들은 아기 제우스를 둘러싸고도 그런 춤을 추었다고 한다.

　여기서 특히 주목할 만한 것은 논노스와 피르미쿠스 마테르누스의 기록 모두 똑같이 디오니소스가 유년기에 짧은 기간 제우스의 왕좌를 차지했다고 전하는 대목이다. 그래서 프로클로스Proclos(410년경~485)[12]는 이렇게 말한다. "디오니소스는 제우스가 임명한 신들의 마지막 왕이었다. 그의 아버지는 그를 왕좌에 앉히고 그 손에 왕홀을 넘겨줌으로써 세상 모든 신들의 왕으로 삼은 것이다." 이 같은 전승은 부왕 대신 왕자를 희생물로 삼기 위한 예비적 단계로서 왕자에게 임시로 왕권을 위임하는 관습을 시사한다. 한편 아네모네 꽃이 아도니스의 피에서 피어났고 제비꽃이 아티스의 피에서 피어났듯이, 디오니소스의 피에서는 석류가 열매 맺었다. 그래서 테스모포리아 축제[13] 때에 여자들은 석류 씨앗을 먹지 않는다. 혹자에 의하면, 토막 난 디오니소스의 사지는 제우스의 명을 받은 아폴론이 원래대로 봉합하여 파르나소스[14]에 매장했다고 한다. 디오니소스의 묘지는 델피 신전의 아폴론 황금신상 옆에 마련되었다. 또 다른 전승에 의하면, 디오니소스의 묘지는 그의 몸이 토막 났던 곳인 테베에 있다고도 한다.

　이상에서는 죽은 신의 부활에 대한 언급은 없지만, 이 신화의 다른 이본에서는

역사Sacred History』에서 처음으로 주장하였다. 초기 기독교인들은 기독교의 신만이 참되고 유일한 신이며, 고대 그리스·로마 신화 등에 나오는 다른 신들은 단지 인간이 만들어낸 창작품에 불과하다는 것을 주장하기 위해 이 이론을 원용했다. 일반적으로 이 이론은 원시신화를 설명하는 데에 일정 부분 유용성을 인정받을 수 있다. 대체로 원시인은 가족이나 부족의 수호신이 원래 그들의 위대한 조상이라든가, 지도자, 전사였다고 여기는 경향이 있기 때문이다. 그러나 현대의 비교종교학도들은 모든 신의 기원을 단일한 설명방식으로 확정지을 수 있다는 이런 주장에 대해 회의적이고 비판적인 입장을 취한다. 이와 관련하여 일본 근대의 역사학자 쓰다 소키치[津田左右吉]는 『고사기』와 『일본서기』에 나오는 신대神代 이야기가 신들의 이야기가 아니라 인간의 이야기이며, 이때 그 인간들은 실제 역사상의 인물이 아니라 가공적인 설화적 인물이라고 말한다. 『津田左右吉全集』9, 岩波書店, 1964, 417쪽

11　그리스 신화에 등장하는 제우스 신의 시종들. 쿠레테는 흔히 코리반트Corybant와 동일시되거나 혼동되었다. 코리반트는 고대 동양과 그리스·로마 신화에서 대모신의 시종을 드는 거칠고 반半악마적인 존재들을 가리킨다. 양자의 다른 점은 코리반트가 아시아에서 유래했다는 것과 그들의 의식이 좀 더 요란하게 술 마시고 법석대는 특성을 지녔다는 점이다. 매우 신비한 코리반트 의식의 가장 뚜렷한 특징은 정신병을 치료하는 특별한 힘을 가지고 있다고 하는 난폭한 춤이다. 코리반트는 원래 사제였거나 주술사였고, 나중에 신으로 간주되었을 가능성이 있다.

12　기독교에 대항하여 신플라톤주의로써 이교 신앙을 열정적으로 옹호한 그리스의 마지막 주요 철학자

13　본서 제35장 옮긴이 주 2번 참조

14　그리스 중부 핀도스 산맥에 솟아 있는 불모의 석회암산. 최고 높이 2,457미터로 이곳에서 델피가 내려다보인다. 고대에는 아폴론 신을 모시던 신성한 산으로 여겼다.

종종 여러 방식으로 부활이 언급되고 있다. 그중 디오니소스를 제우스와 데메테르의 아들로 묘사하고 있는 한 이본에 따르면, 그의 모친이 토막 난 유해들을 모아 봉합해서 원래대로의 젊은이로 만들었다고 한다. 또 몇몇 이본들은 디오니소스가 매장된 뒤에 곧 죽음에서 부활하여 하늘로 올라갔다고 기록하고 있다. 혹은 그가 치명적인 부상을 입고 쓰러져 있는 것을 제우스가 소생시켰다고 한다. 그밖에 제우스가 디오니소스의 심장을 삼킨 다음 세멜레Semele와 잠자리를 같이 해서 새로이 그를 낳았다는 이야기가 있는가 하면, 조각난 그의 심장의 일부가 세멜레에게 주어짐으로써 그녀가 임신을 하게 되었다는 이야기도 있다.

이제 신화에서 의례 쪽으로 넘어가 보자. 크레타섬 사람들은 2년에 한 번씩 디오니소스 의례를 거행했는데[15], 거기서 디오니소스의 수난이 매우 상세하게 재현되었음을 알 수 있다. 그가 마지막 순간에 한 일 혹은 당한 일들이 숭배자들의 눈앞에서 그대로 재연되었는데, 이때 숭배자들은 자기 이빨로 살아 있는 수소를 물어뜯고 악을 쓰면서 숲속을 배회했다. 그들 앞에 디오니소스의 신성한 심장이 들어 있는 상자를 가져오면, 그들은 피리와 심벌즈의 거친 음악에 맞추어 어린 디오니소스를 죽음의 운명으로 빠져들도록 유인한 딸랑이를 흉내 냈다. 한편 부활 이야기가 신화의 일부를 구성하는 경우, 그것도 의례로써 연출되었다. 그럼으로써 부활의 일반적 교의나 혹은 최소한 불멸의 일반적 교의를 숭배자들에게 가르쳐 주었던 듯싶다. 왜냐하면 플루타르코스는 어린 딸이 죽었을 때 아내를 위로하기 위해 책을 썼는데, 그는 신화 전승과 디오니소스 신비의식이 말해 주는 영혼불멸의 사상으로써 아내의 마음을 위로하고자 했기 때문이다.

디오니소스의 죽음과 부활을 말해 주는 또 다른 형태의 신화로서, 그가 모친 세멜레를 죽음에서 소생시키기 위해 저승(하데스)으로 내려갔다는 이야기가 있다. 아르고스 지방의 신화에 의하면, 디오니소스는 알키오니아 호수를 거쳐 저승으로 내려갔다고 한다. 그래서 아르기브 사람들은 매년 이 호숫가에서, 저승에서의 그의 복귀, 즉 그의 부활을 기리는 의식을 거행했다. 이때 그들은 물속에서 디오니소스를 불러내기 위해 나팔을 불었고, 또 디오니소스의 시종에게 바치는 제물로서 호수에 새끼 염소를 던졌다. 이것이 봄 축제였는지는 확실치 않다. 하지

---

15 원래는 연례적인 축제였을 디오니소스 의례는 많은 지방에서 2년에 한 번씩 열렸다. 『初版金枝篇上』 앞의 책, 452쪽 각주 29번 참조

「디오니소스의 탄생」 줄리오 로마노와 제자들, 1530년대

만 리디아Lydia[16]인들이 봄에 디오니소스의 탄생을 기념했다는 것만은 분명한 사실이다. 이들은 디오니소스가 봄을 가져다준다고 여겼다. 매년 일정 기간 하계에서 지낸다고 여긴 식물신들이 저승의 신 혹은 죽은 자들의 신으로 간주되리라는 것은 지극히 당연하다. 디오니소스도 오시리스와 마찬가지로 그렇게 여겼을 것이다.

디오니소스의 신화적 성격 중에는 얼핏 보아 식물신으로서의 성격과 모순된다고 보이는 특성이 한 가지 있다. 즉, 그가 종종 동물의 형태, 그것도 특히 수소처럼 뿔을 가진 동물의 모습으로 표현되고 간주되었다는 점이다. 그래서 그에게는 종종 '수소로 태어난 자', '수소', '수소 모양을 한 자', '수소 얼굴을 한 자', '수소의 이마를 가진 자', '수소의 뿔을 가진 자', '뿔 달린 자', '두 개의 뿔을 가진 자', '뿔을 가진 자' 등의 형용어가 따라붙는다. 그가 적어도 가끔은 수소로 나타난다고 믿었던 것이다. 그의 신상은 키지쿠스[17]에서처럼 종종 수소 모양으로 만들어지거나 또는 뿔 달린 모습으로 그려졌다. 뿔 달린 디오니소스의 형태는 현존하는 고대 비문들 가운데서 찾아볼 수 있다.

어떤 신상은 소가죽을 뒤집어쓴 채 머리와 뿔과 발굽을 뒤쪽으로 길게 늘어뜨리고 있다. 또한 그는 이마에 포도송이를 달고 있는 아이의 모습으로 묘사되기도 한다. 그 아이의 머리는 송아지 형상에 머리 뒤쪽으로 작은 뿔이 돋아나 있다. 어떤 붉은 무늬 꽃병에는 머리가 송아지인 아이가 여자 무릎 위에 앉아 있는 모습으로 그려져 있다. 키나이타 주민들은 겨울에 디오니소스 의례를 행했는데, 온몸에 기름을 바른 사람들이 소 떼 가운데 특별히 수소 한 마리를 뽑아 디오니소스 성소로 데려갔다. 사람들은 디오니소스 신을 표상하는 이 수소에게 디오니소스의 영혼이 깃들어 있다고 믿었다. 왜냐하면 자신을 위한 축제에서 디오니소스가 수소의 모습으로 나타난다고 여겼기 때문이다. 엘리스[18]의 여자들은 수소라고 여긴 디오니소스를 열렬히 맞이했다. 그녀들은 디오니소스가 수소의 발굽을 달고 나타나기를 기도하면서 이렇게 노래했다. "어서 오셔요, 디오니소스시여.

---

16 아나톨리아 서부의 에게해에 면한 고대 국가. 기원전 7세기 중반에서 기원전 6세기 중반까지 소아시아를 지배하는 동안 서쪽으로 이오니아계 그리스인들에게 많은 영향을 주었다. 헤로도토스에 의하면, 리디아인들은 그리스인들과 비슷한 관습을 가진 상업 민족이었다고 한다.

17 마르마라해의 남해안에 있는 고대 그리스의 도시로서 현 터키의 발리히사르에 해당. 세계 7대 불가사의의 하나인 하드리아누스 신전 유적이 남아 있다.

18 본서 제5장 옮긴이 주 60번 참조

바닷가에 있는 그대의 거룩한 신전으로. 은총을 싣고 그대의 신전으로 어서 오셔요. 수소의 발굽으로 빨리 달려오셔요. 아, 멋진 수소여, 아, 늠름한 수소여!"[19]

트라키아의 디오니소스 여신도들은 자신들이 숭배하는 신을 모방하여 뿔을 달았다. 신화에 의하면, 디오니소스는 수소의 모습으로 티탄들에 의해 갈기갈기 찢어졌다.[20] 때문에 크레타섬 사람들은 디오니소스의 수난과 죽음을 연출할 때마다 살아 있는 수소를 이빨로 물어뜯어 갈기갈기 찢었다.[21] 사실 수소나 송아지를 이렇게 산 채로 찢어 먹는 것은 디오니소스 의례의 일반적인 특징이다.[22] 이처럼 디오니소스를 수소로 묘사하거나 혹은 수소를 나타내는 특징적인 형상으로 표현하는 관습, 디오니소스가 신성한 의례에서 숭배자들 앞에 수소의 모습으로 나타난다는 신앙, 디오니소스가 수소의 형상으로 갈기갈기 찢어졌다는 신화 등을 고려할 때, 디오니소스 축제 때에 숭배자들은 살아 있는 수소를 찢어 먹음으로써 곧 디오니소스 신 자신을 죽여 그의 살을 먹고 그의 피를 마신다고 믿었을 성싶다.

한편 염소도 디오니소스를 표상하는 동물이었다. 그의 이름 중 하나는 '새끼 염소'였다. 아테네와 헤르미온에서는 그가 '흑염소 가죽을 한 자'라는 이름으로 숭배받았으며, 또 어떤 전승에 의하면 한번은 그가 염소 가죽을 둘러쓰고 나타났다고도 한다. 플리우스의 포도 재배 지역은 지금도 가을이 되면 평야 전체가 퇴색해 가는 포도나무의 울긋불긋한 단풍잎으로 온통 뒤덮이는데, 예전에 그곳에는 유서 깊은 염소 청동상이 서 있었다. 농부들은 포도나무가 벌레 먹지 않도록 그 청동상에 금박을 입히곤 했다. 청동상은 포도나무의 신 디오니소스를 표상한 것으로 보인다. 그를 헤라에게서 구출하기 위해 제우스는 어린 디오니소스를 새끼 염소로 변신시켰다. 그리고 신들이 광포한 티폰Typhon[23]을 피해 이집트로 도망갔을 때에도 디오니소스는 염소로 변신했다.[24] 따라서 디오니소스 숭배

---

19 출처는 플루타르코스의 『이시스와 오시리스』.

20 출처는 논노스 『디오니소스 이야기』.

21 출처는 피르미쿠스 마테르누스의 『이교의 오류에 관하여』.

22 출처는 에우리피데스Euripides의 『바쿠스의 여신도들』. 번역본으로는 김영종 옮김, 『희랍 비극』, 글벗사, 1995, 443~500쪽 참조.

23 그리스 신화의 가이아(대지) 여신과 타르타로스(저승) 사이에서 태어난 막내아들. 100개의 용의 머리를 가진 무시무시한 괴물로 묘사되며, 제우스에게 패하여 지하세계에 던져졌다. 아내 에키드나와의 사이에서 머리가 세 개인 지옥의 문지기 케르베로스와 머리가 여럿인 히드라, 괴물 키마이라(키메라)를 낳았다.

24 출처는 오비디우스의 『변신 이야기』.

「디오니소스의 귀환」, 엘시 러셀, 1987~1989

자들이 살아 있는 염소를 찢어 그 날고기를 먹을 때, 그들은 디오니소스의 살을 먹고 그 신의 피를 마시고 있다고 믿었던 것이다. 이처럼 동물이나 인간의 몸뚱이를 갈기갈기 찢어 날고기를 먹는 관습은 근대의 미개인들도 종교적 의식으로서 행하고 있었다. 그러므로 우리는 광적인 디오니소스 여신도들이 행했던 이와 유사한 의례에 대한 고대 저술가들의 증언을 단순한 우화로만 치부해서는 안 될 것이다.

동물의 형상을 한 신을 죽이는 관습에 대해서는 잠시 후에 자세히 검토하겠지만, 그것은 인류 문화의 맨 초기 단계에 속하며 후대에 이르러 잘못 해석된 측면이 있다. 즉, 인류의 사상이 진보하면서, 고대의 동물신이나 식물신에게서 그 동물적·식물적 의상을 모조리 벗겨내고 오직 인간적 속성(항상 어떤 관념의 핵심이 되는)만을 남기려는 경향이 있다. 달리 말해, 동물신과 식물신을 순수한 신인동형론적 존재로 여기려는 경향이 나타난 것이다. 그러나 동물신이나 식물신이 완전히 혹은 거의 신인동형론적 존재로 바뀐 다음에도, 동물이나 식물에서 발전된 신인동형론적 신들은 원래 신 그 자체였던 동물이나 식물과의 애매모호한 연관성을 여전히 유지한다.

물론 이런 설명은 오류이며, 그로 인해 많은 잘못된 이해들이 생겨났다. 예컨대 동식물과 신들 사이의 관계가 최초에 어떻게 생겨나게 되었는지 그 기원을 망각해 버린 상태에서, 그것을 설명하기 위해 여러 새로운 이야기들이 만들어지는 것이다. 그런 설명들은 신성한 동식물을 평상적으로 다루느냐, 아니면 예외적으로 다루느냐에 따라 두 유형 가운데 하나에 의존하게 된다. 즉, 사람들이 신성시하는 동물은 평상시에 죽이지 않고 살려 두지만 특별한 경우에는 도살했다. 거기서 왜 신성한 동물을 살려 두는지 혹은 왜 도살하는지를 설명하는 신화가 고안되었을 것이다. 전자의 목적으로 고안된 신화는 그 동물이 신에게 바친 봉사에 대해 이야기할 것이다. 반면 후자의 목적으로 고안된 신화라면 그 동물이 신에게 가한 위해에 대해 이야기할 것이다. 디오니소스에게 염소를 희생제물로 바치는 이유는 바로 후자의 경우에 해당된다고 할 수 있다. 다시 말해 염소가 포도나무에 해를 끼쳤기 때문에 그 동물을 디오니소스에게 제물로 바친다는 식이다.[25]

앞서 살펴보았듯이 염소는 원래 디오니소스 자신의 화신이었다. 그러나 디오니소스가 자신의 동물적 성격을 벗어 버리고 본질적으로 인격적인 존재가 되면서, 그의 숭배의식에서 염소를 죽이는 행위는 더 이상 신의 살해가 아니라 신에게 바치는 희생제물로 간주되기에 이르렀다. 이에 따라 특별히 염소를 희생제물로 바치는 이유가 있어야 했기 때문에, 신이 특히 아끼던 포도나무를 염소가 상하게 했으므로 벌을 내리는 것이라고 주장하게 된 것이다. 그래서 우리는 매우 기이한 광경에 직면하게 된다. 즉, 자기가 자기 자신의 적이라는 이유로 자기를 자기 자신에게 희생제물로 바치는 희한한 광경이 그것이다. 그리고 신은 자신에게 바쳐진 제물을 먹는다고 하므로, 만일 그 제물이 과거의 자신이라고 한다면 결론적으로 신은 자기 자신의 살을 먹는 셈이 된다. 그래서 염소신 디오니소스는 염소의 생피를 마시는 모습으로 묘사되며, 황소신 디오니소스는 '황소를 먹는 자'로 일컬어진다.

이상의 사례를 통해 우리는 어떤 신이 특정한 동물을 먹는 자로 묘사될 경우, 문제의 동물은 원래 신 자신이었을 것이라고 유추할 수 있다. 뒤에서 우리는 죽은 곰이나 고래에게 자기 몸의 일부를 제공함으로써 그 동물을 위무하는 몇몇 원시인들의 관습에 대해 살펴볼 기회가 있을 것이다. 그런데 앞에서 우리는 식물신이 왜 동물의 형태로 나타나는가에 대해서는 아무런 설명도 하지 않았다. 이 문제에 관한 논의는 데메테르의 성격과 속성을 검토할 때까지 미루는 편이 나을 것 같다. 이에 앞서 어떤 지방에서는 디오니소스 의례에서 동물 대신 인간을 갈기갈기 찢었다는 사실을 언급하고 넘어가야 할 것 같다. 그것은 키오스와 테네도스의 관습이었다. 이밖에 보이오티아[26]의 포트니아이 전승에 의하면, 그곳에서는 어린아이를 디오니소스의 제물로 바쳤다가 나중에 염소로 대체했다고 한다. 또한 이미 살펴보듯이, 오르코메노스[27]에서는 유서 깊은 왕족의 여자 중에서 인신제물을 선발했다. 도살된 수소나 염소가 살해당한 신을 표상하듯이, 이런 인신제물도 신을 표상한 것이라고 보아도 무방할 것이다.

펜테우스 왕과 리쿠르고스 왕은 디오니소스 의례를 반대했다는 이유로 한 사람은 디오니소스 여신도들에 의해, 또 한 사람은 말[馬]에 의해 갈기갈기 찢겨졌다는 전설에 대해서는 앞에서도 언급한 바 있다.[28] 두 왕의 전설은 풍요와 다산을

---

25 출처는 오비디우스의 『변신 이야기』.
26 오늘날의 그리스 보이오티아주와 거의 일치하는 고대 그리스의 지방. 고전시대의 그리스에서 보이오티아는 방위동맹을 결성해 아테네와 스파르타 사이의 경쟁에 중요한 영향력을 행사했다.
27 코피아스 평원 북쪽에 있는 고대 보이오티아 지방의 도시
28 이에 관한 테베의 신화는 약간 다르다. 즉, 펜테우스는 테베의 통치자로서 디오니소스 숭배를 억압하려다가 그 종교에 빠진 자기 어머니 아가베 Agave에 의해 사지가 찢겨 죽는 보복을 당했다. 드리아스의 아들 리

「디오니소스 축제」 친티아 조이스, 2002

위해 디오니소스의 성격을 띤 신성한 왕을 제물로 삼아 그 토막 난 유해를 밭에 뿌린 관습에 대한 변형된 기억의 흔적인 듯싶다. 그러니까 펜테우스 왕이 포도의 신을 숭배하는 광신자들에 의해 살해당했던 바로 그 테베에서 디오니소스가 갈기갈기 찢겨졌다는 이야기는 결코 단순한 우연의 일치가 아닐 것이다.

하지만 인신공희와 관련된 어떤 전승은 때로 인간으로 간주된 동물을 제물로 바친 동물공희를 잘못 해석함으로써 생겨난 경우도 있었을 법하다. 예컨대 테네도스에서는 디오니소스에게 바치는 송아지에 장화를 신겼으며, 그 어미소를 출산한 산부처럼 대접해 주었다.[29] 또한 로마에서는 암염소를 마치 인신제물인 양 베디요비스Vedijovis[30]에게 바쳤다. 그러나 이 같은 기묘한 의례는 인간을 제물로 바치던 훨씬 오래되고 보다 조야한 관습이 완화된 형태라고 볼 수도 있다. 아마도 그럴 가능성이 더 많을 것이다. 마찬가지로 인간인 양 희생동물을 바치던 후대의 관습은 살아 있는 남녀보다 덜 중요한 제물을 눈 가리고 아웅하는 식으로 신을 속여 바쳤던, 일종의 경건하고 자비로운 사기였다고 볼 수도 있다. 인간 대신 동물이 희생제물로 대체되었음을 분명하게 보여 주는 수많은 사례들은 이런 해석의 타당성을 뒷받침해 준다.

쿠르고스는 디오니소스를 바다로 몰아냈다가 나중에 눈이 멀었다. 어쨌든 테베 신화는 그리스어 '스파라그모스sparagmos', 즉 '갈기갈기 찢는 것'과 인연이 깊다. 예컨대 테베의 창건자인 카드모스Kadmos의 손자 셋도 모두 갈기갈기 찢겨 죽은 것으로 나온다. 디오니소스, 악타이온, 펜테우스가 그들이다. 악타이온은 아르테미스가 멱 감는 것을 훔쳐보다가 그녀의 사냥개들에 의해 찢겨져 죽었다. 로버트 프레이저 편, 앞의 책, 477쪽 편주, 477~480쪽 본문 참조

29 출처는 W. Robertson Smith, *The Religion of the Semites*, 1890

30 아주 오래된 로마 신들 중 하나. 원래는 치병의 신인데, 후에 디오니소스, 유피테르, 플루토 등과 동일시되었다. 베이오비스Veiovis라고도 한다.

제44장
데메테르와 페르세포네

식물의 쇠퇴와 소생을 반영한 것으로 보이는 비극적 신화와 의례를 가진 그리스 신은 비단 디오니소스만이 아니었다. 데메테르Demeter와 페르세포네Persephone도 그런 신이었다. 데메테르와 페르세포네의 신화에서는 식물의 쇠퇴와 소생을 반영하는 오래된 비극적 이야기들이 상이한 형식과 방식으로 새롭게 응용되어 나타나고 있다. 내용면에서 이 여신들의 신화는 시리아의 아프로디테(아스타르테)와 아도니스, 프리기아의 키벨레와 아티스, 이집트의 이시스와 오시리스 신화와 대동소이하다.[1] 아시아와 이집트의 유사한 신화들처럼, 그리스 신화에도 사랑하는 연인의 죽음을 애도하는 여신이 등장한다. 이때 여신의 연인은 겨울에 죽었다가 봄에 다시 살아나는 식물, 특히 곡물을 의인화한 존재이다. 물론 차이가 없는 것은 아니다. 동양적 상상력에서는 정부 혹은 아내가 죽은 연인이나 남편을 애도하는 것으로 나오지만, 그리스적 상상력에서는 비탄에 잠긴 어머니가 딸을 애도하는 것으로 상정함으로써 보다 부드럽고 보다 순수한 형태로 똑같은 관념을 구상화했다.

데메테르와 페르세포네의 신화가 서술된 가장 오래된 문헌으로는, 비평자들에 의해 기원전 7세기의 것으로 추정되는 호메로스의 아름다운 시편 『데메테르 찬가Hymn to Demeter』를 들 수 있다. 이 시편의 목적은 엘레우시스 신비의식Eleusinian Mysteries[2]의 기원을 설명하려는 데에 있었다. 그런데 시인은 후대에 그 신비의식에

---

1 예컨대 헤로도토스는 데메테르를 이시스와 동일시한다. 헤로도토스, 박광순 옮김, 『역사』, 범우사, 1987, 149쪽 참조

2 고대 그리스에서 가장 유명한 비밀 종교의식. 호메로스의 시 『데메테르 찬가』에 나오는 신화에 따르면, 지모신地母神 데메테르는 지하세계의 신 하데스(플루토)에게 유괴당한 그녀의 딸 코레(페르세포네)를 찾으러 엘레우시스(고대 그리스 도시)에 갔다가 엘레우시스 왕가王家와 친하게 되었고, 여왕의 아들을 맡아 길러 달라는 부탁을 받아들였다. 이 소년이 죽지 않고 영원히 젊음을 유지하도록 만들어 주려다가 여왕이 두려워한 까닭에 실패하자, 데메테르는 왕가에 자기 신분을 밝히고, 은둔할 수 있도록 신전을 지을 것을 명령했다. 『데메테르 찬가』에 의하면 엘레우시스 신비의식은 데메테르의 생애에 관한 두 가지 이야기(딸과 헤어진 뒤 다시 만난 이야기와 여왕의 아들을 불멸의 존재로 만드는 데 실패한 이야기)에서 비롯되었다. 엘레우시스가 아테네

서 두드러진 역할을 했던 아테네와 아테네인들에 대해 한마디도 언급하지 않았다. 이로 미루어 보건대, 이 찬가는 엘레우시스가 아직 조그만 독립국이었던 시절에 쓰인 것으로 추정된다. 그때는 신비의식의 장엄한 행렬이 9월의 찬란한 햇살 아래 엘레우시스의 옥수수 평원과 그보다 더 광대한 아테네 평야의 올리브 재배지를 가로막는 불모의 낮은 바위산들을 넘어 행진했을 것이다. 어쨌든 찬가에는 두 여신의 성격과 역할에 관해 시인이 품었던 생각이 드러나 있다. 시인은 시적 상상의 엷은 베일 사이로 두 여신의 모습을 있는 그대로 생생하게 묘사하고 있다. 그럼 이제 그 베일 속을 엿보기로 하자.

젊은 페르세포네가 싱싱한 들판에서 장미와 백합, 크로커스와 제비꽃, 히아신스와 수선화 따위를 꺾고 있을 때, 대지가 돌연 큰 아가리를 벌리면서 사자의 왕 플루토Pluto[3]가 심연에서 나타나 페르세포네를 왕비로 삼기 위해 그녀를 황금마차에 태워 저 음산한 저승으로 데려갔다. 슬픔에 젖은 그녀의 어머니 데메테르는 금발의 머리카락을 검은 상복으로 감싼 채 산 넘고 바다 건너 딸을 찾아 이리저리 헤매다가, 태양에게서 딸의 운명을 전해 듣고 너무 화가 나서 신들을 멀리하고 엘레우시스에 틀어박혔다. 거기서 여신은 '처녀의 샘터'에 있는 올리브나무 그늘 아래 슬픈 기색으로 앉아 있다가, 청동 주전자를 들고 물 길러 나온 왕의 딸들에게 노파로 변장하여 모습을 드러냈다. 딸을 빼앗긴 데에 대한 분노를 삭일 수 없었던 여신은 씨앗들을 언제까지나 땅속에 숨겨 둔 채 싹트지 못하게 할 것이며, 또한 올림포스에는 결코 두 번 다시 발을 들여놓지 않겠노라고 맹세했다.

시에 편입되자 이 의식을 거행할 책임이 아테네 시민들에게로 돌아갔으나, 이 의식은 원래의 지역적 특징을 잃지 않았다. 이 의식은 미스타이('입문자들')가 아테네에서 엘레우시스까지 엄숙한 행렬을 벌이는 것으로 시작된다. 당시 텔레스테리온, 즉 '입문의 전당Hall of Initiation'에서 거행된 이 의식은 당시나 지금이나 비밀의식이다. 이 비밀의식들을 이교의 혐오스러운 행위들로 보고 단죄하려고 한 후대 기독교 저자들이 몇 가지 정보를 제시하긴 했으나, 그 정보들은 왜곡된 내용을 담고 있다. 낭송과 계시가 있고 의식이 거행되었으나 실제로 어떻게 진행되었는가에 대해서는 확실한 자료가 없다. 그러나 입문자들이 무대에 서서 입문의식을 했다는 점과 '안테스테리온' 달(2~3월)에 아테네 바깥을 흐르는 일리소스강 근처의 아그라이에서 '소小비밀의식'이라 부르는 정결의식을 거행한 뒤 연례 행렬을 시작했다는 점은 분명하다. '대大비밀의식'은 매년 '보이드로미온' 달(9~10월)에 엘레우시스에서 거행되었다. 이 의식에는 바다에서 거행하는 목욕의식, 3일 동안의 금식, 여전히 비밀로 남아 있는 본本의식이 포함되어 있었다. 이 행위들로 입문의식이 끝났으며, 입문자들은 내세來世에 받을 몇 가지 복을 약속받았다. 엘레우시스 및 엘레우시스 신비의식에 관해서는 본서 제12장 2절 본문과 옮긴이 주 9번 참조. 캠벨Joseph Campbell, 과학세대 옮김, 『신화의 세계』, 까치글방, 1998, 229~253쪽 참조
3 그리스 신화의 하데스에 해당

빼앗긴 딸을 돌려받기 전에는 절대 곡물을 발아시키지 않겠다는 것이었다.

소들이 쟁기를 끌고 이리저리 왔다 갔다 하며 밭을 갈았지만 아무 소용도 없었다. 씨 뿌리는 자들도 쓸데없이 밭에 보리씨를 뿌리고 있었다. 갈라진 땅에서는 아무것도 발아하지 않았다. 여느 때 같으면 곡식이 누렇게 물결치고 있을 엘레우시스 인근의 평야에는 아무것도 싹트지 않았다. 이에 놀란 제우스가 플루토에게 약탈한 신부 페르세포네를 어머니 데메테르에게 돌려주도록 명하지 않았다면, 인류는 기아로 말미암아 사멸하고 말았을 것이며, 신들 또한 그들의 몫인 제물을 전혀 받지 못할 뻔했다.

음흉한 사자의 왕 플루토는 웃으면서 제우스의 명에 따랐지만, 왕비를 지상으로 보내기 전에 그녀가 다시 자신에게 돌아오고 싶은 생각이 들도록 하기 위해 그녀에게 석류씨를 먹였다.[4] 그러나 제우스는 앞으로 페르세포네가 1년의 3분의 2는 이승에서 어머니와 신들과 함께 살고, 나머지 3분의 1은 저승에서 남편과 함께 살되 매년 봄이 되어 대지에 꽃이 만발할 무렵에는 이승으로 돌아와야 한다고 명했다. 이렇게 해서 페르세포네는 햇빛이 비추는 지상으로 돌아왔고, 어머니 데메테르는 그녀를 반가이 맞았다. 잃었던 딸을 되찾은 기쁨에 데메테르는 밭에 곡물이 싹터 올라오도록 했으며, 드넓은 대지 곳곳에 나뭇잎과 꽃들이 만발하도록 해 주었다. 그리고 곧바로 그녀는 트립톨레모스Triptolemos[5], 에우몰포스Eumolpos[6],

---

4 일본 신화에서 이자나기[伊弉諾]가 죽은 아내를 다시 데려오고자 황천국에 갔을 때 이자나미[伊弉冉]도 이미 황천국의 음식을 먹었기 때문에 지상으로 돌아가기가 어렵다는 말을 한다. 이처럼 사후 세계의 음식을 먹음으로써 현세로 돌아갈 수 없다는 신화 전승은 세계적으로 널리 분포되어 있다. 이때 저승의 음식은 가령 바나나(멜라네시아의 뉴칼레도니아섬), 도깨비고기(중국), 사과(켈트족), 석류(그리스) 등 지역에 따라 다르다. 노성환 역주, 『고사기』상, 예전사, 1987, 226쪽 참조

5 그리스 신화에 나오는 데메테르의 첫 번째 사제이자 농업의 창시자. 아홉 뮤즈 가운데 하나로 무용이나 기하학의 수호신인 폴림니아와 전쟁의 신 아레스의 아들 케이마로스 또는 엘레우시스 왕 켈레우스와의 사이에서 배어난 아들

6 고대 그리스의 도시 엘레우시스에 살던 성직자 일족인 에우몰포스 부족의 신화적 조상. 엘레우시스는 그리스의 신비의식 가운데 가장 유명한 엘레우시스 제전이 열리던 곳이다. 에우몰포스('훌륭한 가수' 또는 '힘센 가수'라는 뜻, 즉 기도문을 명확하고 훌륭하게 노래할 수 있는 성직자)라는 이름은 이 일족의 세습적 기능을 의인화한 것이다. 그에 대한 전설은 워낙 많이 바뀌어 그의 정체는 대개 다음 세 가지로 분류된다. 첫째, 그는 '달콤한 가수'로서 오르페우스의 나라인 트라키아와 관계를 맺고 있었다. 그의 아버지는 포세이돈 신이고, 어머니는 북풍의 신 보레아스의 딸인 키오네(백설 소녀)였다. 그는 수많은 모험을 겪은 뒤 트라키아의 왕이 되었지만, 아테네의 에레테우스와 싸우는 엘레우시스 주민들을 돕다가 전사했다. 둘째, 그는 엘레우시스 신비의식의 창시자 가운데 한 사람으로, 대지의 여신 가이아의 아들이며 케릭스의 아버지였고, 케리케(전령들)의 신화적 조상인 엘레우시스 주민이었다. 셋째, 오르페우스와 그의 부하들은 모든 종류의 신비와 밀접한 관계를 맺고 있었기 때문에, 에우몰포스는 오르페우스와 긴밀한 관계에 있던 신화적 가수 무사이우스의 아들 혹

디오클레스Diocles 등 엘레우시스의 제후들과 켈레오스Celeos 왕에게 달려가 그 복된 풍경을 보여 주고, 나아가 자신의 신성한 의례와 신비의식을 그들에게 계시했다. 이 대목에서 시인은 죽을 수밖에 없는 유한한 인간이 그러한 풍경을 목격한다는 것은 행복한 일이며, 살아서 그런 풍경을 보지 못한 자는 죽어서 무덤의 어둠 속에 내려가서도 내내 불행할 것이라고 적고 있다. 어쨌든 이후 두 여신은 엘레우시스를 떠나 올림포스 산에서 신들과 함께 행복하게 살았다고 한다. 끝으로 시인은 이 찬가에 대한 보상으로 자기에게 기꺼이 생명의 양식을 내려 달라는 경건한 기도를 데메테르와 페르세포네에게 바치면서 끝맺는다.

시인이 찬가를 지으면서 염두에 두었던 중심 주제는 의심할 여지없이 여신 데메테르에 의한 엘레우시스 신비의식의 기원 이야기를 설명하는 데에 있었다. 시편 전체는 엘레우시스 평야의 풀 한 포기 나지 않는 황량한 벌판이 여신의 의지에 의해 갑자기 황금물결의 곡물이 넘실대는 풍요로운 들판으로 바뀌는 변화의 장면으로 전개되어 나간다. 자애로운 여신은 엘레우시스의 제후들을 데려와 자기가 한 일을 보여 주고, 그녀의 신비의식을 가르쳐 준 다음 딸과 함께 하늘로 사라진다. 시편은 신비의식의 계시로써 종결부를 삼으며 승리를 축하하고 있는 것이다. 이러한 결론은 시편을 좀 더 자세히 살펴보면 알 수 있다. 즉, 시인은 신비의식의 창시에 대한 일반적 설명을 제시함은 물론, 더 나아가 그 축제의 본질적 특징을 구성하는 여러 의식의 기원에 대해 다소 신비스럽고 신화적 언어로 설명하고 있다. 여기서 시인의 의미심장한 암시가 함축되어 있는 여러 의식이란 입문식 후보자들의 예비 금식, 횃불 행진, 철야 불침번, 양가죽이 씌워진 의자 위에 후보자들이 복면을 쓴 채 말없이 좌정하는 의식, 비속어 사용, 음란하고 상스러운 농담, 성배聖杯로 보리차를 한 모금 마시는 의식에 참여하는 신과의 엄숙한 교제 등을 가리킨다.

그러나 이 외에도 시인이 설화 형식을 빌려 암시하고 있는 신비의식의 보다 심오한 비밀이 또 있다. 시인은 적갈색 불모지대이던 엘레우시스의 광막한 평야를 황금빛 곡식이 물결치는 들판으로 변화시킨 직후, 여신이 트립톨레모스를 비롯한 엘레우시스의 여러 제후들에게 쑥쑥 자라나는 곡식들을 보여 줌으로써 그들의 눈을 즐겁게 해 주었노라고 이야기하고 있다. 2세기의 기독교도 저술가 히폴

은 아버지 혹은 제자로 여겼다.

「페르세포네를 유괴하는 플루토」 얀 페터 판 바우르샤이트(위)

「페르세포네의 귀환」 프레더릭 레이턴, 1891(아래)

리투스Hippolytus(170년경~235년경)[7]는 엘레우시스 신비의식의 핵심이 입문식 신참자들에게 수확한 곡물 이삭을 보여 주는 데에 있다고 지적했다. 이런 지적과 방금 언급한 이야기를 비교해 볼 때, 『데메테르 찬가』를 지은 시인이 그 장엄한 엘레우시스 신비의식을 잘 알고 있었으며, 또한 의도적으로 의식의 기원을 설명하고자 했다는 점은 의심의 여지가 없다. 이때 시인은 그 신비의식을 구성하는 다른 여러 의례를 설명한 것과 정확히 똑같은 방법을 구사하고 있다.

다시 말해 시인은 스스로 의식 집행의 모범을 보여 준 데메테르를 재현했던 것이다. 그럼으로써 이제 데메테르와 관련된 신화와 의례는 서로가 서로를 설명해 주고 확증시켜 준다. 물론 기원전 7세기의 시인 호메로스는 우리에게 다만 신화를 제시해 주었을 뿐이다. 만일 그가 의례까지도 설명했다면, 신성모독죄를 면하기 어려웠을 것이다. 그러나 알렉산드리아의 박학다식한 기독교 교부 클레멘스Clemens(150년경~211/215)[8]는 의례를 설명하는데, 그가 설명한 의례의 내용은 베일에 가린 옛 시인의 암시와 완벽하게 일치한다. 그리하여 우리는 많은 근대 연구자들과 마찬가지로 클레멘스의 진술을 대체로 가감 없이 받아들일 수 있다. 그에 의하면, 엘레우시스 신비의식에서 데메테르와 페르세포네의 신화가 성극聖劇으로 상연되었다고 한다.

하지만 그 신화가 고대 그리스에서 가장 유명하고 장엄한 종교의례인 엘레우시스 신비의식의 일부분 혹은 주요 부분을 상연했다 하더라도 여전히 다음과 같은 의문이 남는다. 즉, 후대인들이 보기에, 그리스 문예의 찬란한 빛을 받아 외경과 신비의 후광으로 덮이고 변형된 그 신화에서 후대의 첨가물을 벗겨 냈을 때 본래의 핵심은 결국 무엇일까? 그 신화의 주제와 관련하여 우리가 가지고 있는 가장 오래된 문학적 전거인 호메로스의 『데메테르 찬가』가 시사하는 바를 따라가면, 이런 수수께끼는 어렵지 않게 풀릴 수 있다.

---

7 로마의 성자 히폴리투스Saint Hippolytus of Rome를 말한다. 로마의 기독교 사제이자 논쟁적인 신학자. 로마 교황을 비판하는 반대파에 의해 이른바 대립교황으로 추대되었다가(재위 217/218~235) 순교당했다. 대표적인 저술로는 기독교의 이단 종파들이 그릇된 이교도 철학에서 비롯된 것임을 밝힌 『모든 이단에 대한 논박Philosophumena』을 들 수 있다.

8 티투스 플라비우스 클레멘스Titus Flavius Clemens를 말한다. 헬레니즘 세계를 대상으로 선교 활동을 한 기독교 교부. 아테네 이교도의 아들로 태어나 기독교로 개종한 다음 '알렉산드리아 교리문답학교'의 교장이 되었다. 대표적인 저술로는 삼부작 『권고Protreptikos』, 『교사Paidagōgos』, 『잡기Strōmateis』가 특히 유명하다.

「페르세포네」 단테이 게이브리얼 로세티, 1874

두 여신, 즉 어머니와 딸의 형상은 결국 의인화된 곡물의 신으로 귀착된다. 적어도 딸 페르세포네는 의심할 나위 없이 곡물의 여신이라고 보인다. 이 여신은 1년 중 석 달은, 혹은 다른 판본에 의하면 여섯 달은 하계에서 죽은 자들과 함께 보내고, 그 나머지는 지상에서 산 자들과 함께 보낸다. 이 여신이 부재중일 때 지상의 보리 씨앗들은 땅속에 숨어 있으며, 밭은 영락없이 헐벗은 채 널브러져 있다. 그러다가 봄이 되어 여신이 지상으로 돌아오면 곡식들이 밭고랑에서 움터 나오고, 대지는 나뭇잎과 꽃으로 충만하게 뒤덮인다. 분명 이 여신이야말로 매해 겨울마다 몇 달 동안 흙 속에 파묻혀 있다가 봄이 되면 마치 무덤에서 나오듯이 싹터 오르는 곡식 줄기와 피어나는 꽃과 이파리로 되살아나는 식물, 특히 곡물의 신화적 화신임에 틀림없다. 페르세포네에 대해서는 이것 외에는 다른 어떤 합리적이고 그럴듯한 설명이 있을 성싶지 않다.

그렇다면 딸은 새해의 햇곡식을 의인화한 곡물의 여신이고, 어머니는 햇곡식의 모체인 지난해의 묵은 곡식을 의인화한 곡물의 여신이라고 할 수 있지 않을까? 데메테르에 대한 이 같은 해석을 대체할 만한 그 밖의 견해는 단 하나밖에 없는 것 같다. 그녀를 대지의 화신으로 보는 견해가 그것이다. 이 경우 대지의 풍만한 젖가슴에서 곡물과 온갖 식물들이 움터 나온다고 볼 수 있으며, 따라서 당연히 모든 곡물과 식물들은 대지의 여신인 데메테르의 딸이라고 말해도 좋을 것이다. 고대와 근대의 몇몇 저술가들은 데메테르의 본래적 성격을 이런 식으로 이해했다. 그것은 나름대로 타당성을 인정받을 수 있는 견해라고 보인다.

그런데 『데메테르 찬가』의 저자는 그런 견해를 부정한 듯싶다. 왜냐하면 호메로스는 데메테르와 인격화된 대지를 구별할 뿐만 아니라, 나아가 양자를 상호 날카롭게 대립되는 반대물로 상정했기 때문이다. 그에 의하면, 제우스의 뜻에 따라 플루토를 기쁘게 해 주기 위해 페르세포네를 유인하여 비극적인 운명에 몰아넣은 장본인은 바로 '대지'였다. 그때 대지는 수선화를 피워 냄으로써 어린 페르세포네에게 저 멀리 도움의 손길이 미치지 못하는 초원으로 길을 잘못 들어서도록 유혹했던 것이다. 그래서 『데메테르 찬가』는 데메테르가 결코 대지의 여신과 동일시될 수 없으며, 오히려 대지의 여신이야말로 데메테르에게는 최악의 적이었다고 보았음에 틀림없다. 왜냐하면 데메테르는 대지의 여신의 교활한 계략 탓에 딸 페르세포네를 플루토에게 빼앗겼기 때문이다. 이처럼 『데메테르 찬가』의 데메테르가 대지의 여신이 될 수 없다고 한다면, 유일하게 남은 대안으로서 우리는 그녀가 곡물의 여신이었다고 결론짓지 않을 수 없다.

이 결론은 유적들을 통해서도 확인할 수 있다. 예컨대 고대 미술에서 데메테르와 페르세포네는 머리에 곡식 화관을 쓰고 손에 곡식 줄기를 든 곡물의 여신으로 묘사되어 나온다. 한편 데메테르는 아테네 사람들에게 처음으로 곡식의 비밀을 드러내 보여 주었다. 게다가 그녀는 그 은혜를 모든 인류에게 전달하는 순회 설교자로서 트리프톨레무스를 파견함으로써 그의 중개를 통해 세계 만방에 저 자애로운 발견을 보급했다고 한다. 그래서 트리프톨레무스는 미술 유물들, 특히 항아리 그림에서 언제나 이런 자격으로 데메테르와 함께 나란히 그려져 있다. 가령 그는 곡식 줄기를 손에 들고 수레에 앉아 있는데, 그 수레는 날개가 달려 있거나 혹은 용이 끌기도 한다. 수레를 타고 하늘을 날면서 온 세상에 씨앗을 뿌리는 그의 모습이 묘사되어 있는 것이다.

그리스의 많은 도시에서는 이러한 은혜에 감사하면서 오랜 세월 동안 보리와 밀의 첫 수확을 데메테르와 페르세포네에게 제물로 바쳤다. 그렇게 쌓인 제물들이 어찌나 차고 넘쳤던지 엘레우시스에는 그것들을 저장하는 지하 창고가 많이 지어졌다고 한다. 테오크리토스Theocritos[9]의 기록에 의하면, 코스섬에서는 감미로운 향기가 감도는 여름날에 농부들이 처음 수확한 과일을 보릿단과 양귀비꽃을 손에 들고 있는 시골풍의 데메테르 신상 앞에 바치면 여신은 농부들의 타작마당을 보리로 가득 채워 주었다고 한다. 사실 고대 사람들이 데메테르에게 부여한 수많은 형용어에서도 그녀와 곡물의 밀접한 관계를 매우 뚜렷하게 보여 준다.

곡물의 여신 데메테르에 대한 신앙은 고대 그리스인들의 사고 속에 실로 깊이 뿌리내려 있었다. 그 신앙이 19세기 초까지도 엘레우시스의 유서 깊은 신전을 찾는 기독교도 후예들 사이에서 여전히 존속하고 있었다는 사실에서도 여실히 드러난다. 영국인 여행자 도드웰Dodwell이 엘레우시스를 다시 방문했을 때, 주민들은 그에게 거대한 데메테르 신상을 빼앗겼다며 한탄했다고 한다. 그 신상은 1802년에 에드워드 대니얼 클라크Edward Daniel Clarke(1769~1822)[10]에 의해 케임브

<hr>

9 본서 제3장 3절 옮긴이 주 106번 참조
10 영국의 광물학자·여행가. 카이로를 여행하는 동안 『천일야화The Thousand and One Nights』의 필사본을 구했는데, 영국으로 가지고 돌아오는 도중 물에 젖어 훼손되고 말았다. 그리스에서는 약 1,000여 점의 고대 주화·꽃병·조상을 모았는데, 그 가운데 가장 유명한 것은 고대 도시 엘레우시스에서 가져온 거대한 대리석 조각(데메테르 신상)이었다. 영국으로 돌아온 후에는 영국국교회의 목사가 되었고(1805), 케임브리지대의 첫 번째 광물학 교수가 되었다(1808). 그가 케임브리지대에 기증한 데메테르 신상은 현재 피츠윌리엄 박물

손에 곡식 줄기를 든 곡물의 여신 데메테르

리지대학교에 기증되었으며, 지금도 그곳에 남아 있다. 이와 관련하여 도드웰은 다음과 같이 말한다. "내가 그리스를 처음 여행했을 때, 그 수호신은 더할 나위 없는 영광을 누리며 신전 유적 사이에 있는 타작마당 한가운데 서 있었다. 마을 사람들은 자신들의 풍작이 그녀가 베풀어 준 은혜 때문이라고 굳게 믿고 있었다. 그런데 그들이 내게 확신에 찬 어조로 주장한 바에 의하면, 그 여신상을 빼앗긴 후부터 그들의 풍요 또한 사라져 버렸다는 것이다."

어쨌든 여기서 우리는 19세기라는 기독교 시대에 곡물의 여신 데메테르가 엘레우시스의 타작마당에 선 채 숭배자들에게 곡식을 나누어 주는 장면을 상상하게 된다. 이는 테오크리토스 시대에 그녀의 신상이 코스섬의 타작마당에 서서 숭배자들에게 곡식을 나누어 주는 전술 장면과 정확히 일치한다. 또한 지난 세기에 엘레우시스 사람들이 데메테르 신상을 잃어버렸기 때문에 흉작이 초래된 것이라고 여겼듯이, 고대에 두 곡물 여신을 숭배했던 농경민족 시칠리아인도 사악한 로마 총독 가이우스 베레스Gaius Verres(기원전 115년경~기원전 43년경)[11]가 불경스럽게도 유명한 헨나 신전에서 데메테르 신상을 철거했기 때문에 여러 마을에 흉작이 들었다고 탄식했다. 근대기까지도 그리스인은 데메테르 여신의 존재와 은총에 의해 농작물의 수확이 좌우되며, 따라서 그 여신상이 없어지면 흉작이 든다고 믿었다. 이런 신앙만큼 데메테르가 곡물의 여신이었음을 분명하게 보여 주는 증거는 달리 찾아보기 어려울 것이다.

이론적인 문제는 차치하고라도, 전체적으로 볼 때 엘레우시스 신비의식에 관해 고대 사람들이 남긴 증거에 의하여, 우리는 고대 고고학자 가운데 가장 박식했던 로마인 바로Varro의 견해에 동의하지 않을 수 없다. 그의 견해에 대한 아우구스티누스의 보고를 인용하면, "바로는 엘레우시스 신비의식 전체를 케레스(=데메테르)가 발견한 곡물 및 플루토가 그녀에게서 빼앗간 딸 프로세르피네Proserpine (=페르세포네)와 관련하여 해석했다. 또한 그에 의하면, 프로세르피네는 곧 씨앗의 번식력을 의미한다. 그러니까 그 번식력이 제대로 발현되지 못함으로써 대지가 황폐해졌을 때, 사람들은 그것을 케레스의 딸, 즉 번식력 그 자체가 플루토에게 강탈당해 저승에 억류되었기 때문이라고 설명했던 것이다. 그리고 기근을 애

관에 소장되어 있다. 주요 저서로는 『유럽·아시아·아프리카의 제국諸國기행Travels in Various Countries of Europe, Asia, and Africa』(전6권, 1810~1823)이 있다.

11 로마의 행정관, 시칠리아 총독(재위 기원전 73~기원전 71). 시칠리아섬에 학정을 행한 것으로 악명이 높다.

도하는 공식적인 의식을 거행한 후 그 번식력이 다시금 회복되자, 사람들은 이를 프로세르피네가 돌아온 것이라 하여 기뻐하면서 장엄한 엘레우시스 신비의식을 만들어 낸 것이라고 한다." 그런 다음 아우구스티누스는 바로를 언급하면서 이렇게 부연하고 있다. "엘레우시스 신비의식은 오직 곡물의 발견과 관련된 수많은 일들을 가르쳐 주었다."

이상에서 나는 주로 데메테르와 페르세포네가 동일한 성격을 보여 준다고 가정했다. 다시 말해 페르세포네가 작년의 곡물 종자를 나타낸다면, 데메테르는 금년의 성숙한 이삭을 표상한다. 이 같은 이중적 양상에서 양자 모두 결국은 곡물을 의인화한 신적인 어머니와 딸이라는 말이다. 어머니와 딸의 본질적 일치를 가정하는 이러한 견해는 그리스 미술에서 양자가 구별할 수 없을 만큼 흡사하게 묘사되고 있다는 사실에서도 그 타당성을 확인할 수 있다. 데메테르와 페르세포네를 묘사한 미술적 형태상의 밀접한 유사성은, 두 여신이 서로 완전히 상이하며 아주 쉽게 구별할 수 있는 두 가지, 즉 대지와 그 대지에서 싹튼 식물을 신화적으로 구현한 화신일 따름이라는 견해와 정면으로 충돌한다. 아마도 그리스 미술가들이 데메테르와 페르세포네에 관한 앞의 견해를 받아들였다고 한다면, 그들은 틀림없이 이 두 여신을 누가 보아도 구별 가능한 그런 형태로 그렸을 것이다.

요컨대 데메테르는 대지를 의인화한 것이 아니다. 그렇다면 데메테르 또한 그녀의 딸과 마찬가지로 호메로스 시대 이래 흔히 그녀를 지칭하는 이름이었던 곡물의 여신이라는 데에 어떤 의문도 있을 수 없다. 어머니와 딸의 본질적 동일성은 그 미술적 형태상의 밀접한 유사성뿐만 아니라 '두 여신Two Goddesses'이라는 공적 호칭에서도 잘 엿볼 수 있다. 엘레우시스의 대신전에서는 일반적으로 두 여신을 묶어 그렇게 부르곤 했다. 거기서는 마치 각기 다른 개성이 단일한 신적 실체로 융합된 것처럼, 두 여신의 개별적인 속성이나 이름을 구별하는 일은 결코 없었다.

여러 증거들을 전체적으로 종합해 보면, 그리스 일반인들은 두 여신, 즉 데메테르와 페르세포네를 본질적으로 곡물의 화신으로 생각했으며, 바로 그런 사유 속에 그리스 종교를 꽃피운 전반적인 개화의 맹아가 깃들어 있었다고 결론지을 수 있다. 하지만 오랜 세월에 걸친 종교 발전의 과정에서 숭고한 도덕적·영적 관념이 단순하기 그지없는 본래의 줄기와 접목됨으로써, 이를테면 보리꽃이나 밀꽃보다 더 아름다운 꽃을 피워 냈다고 하는 점을 부정하는 것은 아니다. 새롭고

데메테르(왼쪽), 페르세포네(오른쪽) 모녀와 함께 나란히 묘사된
곡식의 전달자 트리프톨레무스(가운데). 엘레우시스에서 발굴된 부소

곡식을 손에 들고 있는 플루토와 페르세포네, 기원전 480년경(왼쪽)

데메테르와 페르세포네 부조, 기원전 480년경, 의자에 앉아 있는 데메테르는 보리 이삭을,
페르세포네는 횃불을 들고 있다(오른쪽)

고귀한 생명이 싹트기 위해서는 무엇보다 먼저 땅에 씨앗을 뿌려야 한다는 관념은 곧바로 인간 운명과의 유사성을 상기시켰을 법하다. 그리하여 그것은 인간에게 무덤이란 보다 밝은 미지의 세계에서 보다 행복하고 나은 삶의 시작일 뿐이라는 희망을 깊게 각인해 주었을 것이다. 이처럼 단순하고도 자연스러운 반성적 성찰은 엘레우시스의 '곡물의 여신'이 죽음의 신비라든가 지복의 불멸성에 대한 희망과 연관되어 있다는 사실을 거의 완벽하게 설명해 준다. 왜냐하면 고대인들은 엘레우시스 신비의식에 입문하는 것을 천국의 문을 여는 열쇠로 믿었기 때문이다.

이 점은 널리 알려진 고대 저술가들이 입문자들 앞에 기다리고 있을 미래의 행복에 관해 암시적으로 제시한 지적들에 의해 확증된다. 물론 우리는 그런 숭고한 희망이 기초하고 있는 논리적 근거가 대단히 박약하다는 사실을 쉽사리 알아챌 수 있다. 그러나 물에 빠진 사람은 지푸라기라도 잡으려 드는 법이다. 마찬가지로 그리스인들이 죽음 앞에서 삶에 대한 참을 수 없는 사랑으로 인간의 불멸성에 대한 찬반 논쟁을 너무도 진지하고 꼼꼼하게 숙고했다 한들 조금도 이상할 것이 없다. 성 바오로Saint Paul를 만족시키고 또한 사랑하는 사람의 임종을 지켜보거나 혹은 그 묘지 앞에서 슬픔에 잠겼던 수많은 기독교도들에게 위로를 베풀어 주었던 이론은, 생명의 촛불이 점점 꺼져 가는 슬픔의 무게에 짓눌려 고개를 숙인 채 알 수 없는 어둠 쪽을 응시하던 고대의 이교도들과도 결코 무관한 것이 아니었다.

그러므로 우리는 그리스 정신의 햇살처럼 찬란한 명징성이 죽음의 어두운 신비와 교차하는 몇몇 신화 가운데 하나인 데메테르와 페르세포네 신화를 결코 경멸하거나 가볍게 볼 수 없는 것이다. 특히 가장 친숙하면서도 사람의 마음에 영원히 충격을 던져 주는 자연현상들, 예컨대 가을의 감상적인 우울과 쇠퇴라든가 봄의 신선한 빛과 초록 등에서 신화의 기원을 찾고자 할 때에는 더욱 그렇다.

제45장
북구의 '곡물의 어머니'와 '곡물의 아가씨'

빌헬름 만하르트Wilhelm Mannhardt의 주장에 의하면[1], 데메테르라는 이름의 앞부분은 크레타어로 'deai', 즉 '보리'에서 유래했으며, 따라서 데메테르는 말 그대로 '보리의 어머니' 혹은 '곡물의 어머니'를 뜻한다. 이 말의 어근은 아리안 계통의 상이한 종족들이 서로 다른 곡물을 가리키는 데 쓰인 것으로 보이기 때문이다. 게다가 크레타는 데메테르 숭배의 가장 오래된 중심지였으므로, 그녀의 이름이 크레타어에서 유래했다 해도 하등 놀라울 것이 없다. 하지만 그 어원을 둘러싼 날카로운 반론들이 많이 있으므로 어원에 너무 집착하지 않는 편이 좋을 듯싶다.

어쨌든 우리는 데메테르를 곡물의 어머니와 동일시할 만한 그 나름대로의 이유를 찾아낸 셈이며, 그리스 종교에서 그녀와 결부된 두 가지 곡물 밀과 보리 중에서 특히 보리가 그녀의 본래 성격에 더 부합하다는 사실도 잘 알고 있다. 보리는 호메로스 시대 이래 그리스인들의 주식이었을 뿐만 아니라, 아리안 종족이 경작했던 가장 오래된 곡물은 아니라 할지라도 최소한 그중 하나라고 볼 수 있는 근거가 있기 때문이다. 고대 그리스뿐만 아니라 고대 힌두인도 종교의식에서 보리를 사용했음이 분명한데, 이 사실은 석기시대 유럽의 호반 거주자들이 경작했다고 알려진 보리 재배의 오랜 역사를 입증하는 강력한 논거가 된다.

만하르트는 근대 유럽의 민속에서 고대 그리스의 '곡물의 어머니' 혹은 '보리의 어머니'와 유사한 사례들을 수없이 수집했다. 대표적인 사례들을 몇 가지만 들어 보자.

독일에서는 곡식을 보통 곡물의 어머니라는 호칭으로 의인화한다. 그래서 곡식이 바람에 출렁거리는 봄철이 되면, 농민들은 "곡물의 어머니가 오신다"라거나 "곡물의 어머니가 들판을 달려가신다" 혹은 "곡물의 어머니가 곡식 사이를

---

1 프레이저는 제45장의 논의 중 대부분을 만하르트의 『신화학 연구Mythologische Forsch-ungen』(1884)에 의존하고 있다.

지나가신다"라는 식으로 말하곤 했다. 그래서 아이들이 밭에 들어가 푸른 수레국화cornflower나 붉은 양귀비꽃을 꺾으려 하면, 어른들은 곡물의 어머니가 밭에 앉아 있다가 아이들을 잡아간다며 그들을 말렸다. 한편 농작물에 따라 곡물의 어머니나, 호밀의 어머니나, 완두콩의 어머니라는 호칭으로 부르기도 했다. 그래서 아이들이 호밀밭이나 콩밭에 들어가서 돌아다니면 호밀의 어머니나 완두콩의 어머니한테 혼날 거라는 경고를 들었다. 또한 사람들은 곡물의 어머니가 농작물을 자라게 해 준다고 믿었다.

그래서 마그데부르크[2] 인근 지방에서는 때로 "올해는 아마가 잘 될 거야. 아마의 어머니가 보였거든"이라고 말한다. 스티리아[3]의 한 마을에서는 한밤중에 밭에 나가면, 마지막 햇곡식 다발로 만든 여자 인형 모습에 하얀 옷을 입은 곡물의 어머니를 볼 수 있었다고 한다. 그녀가 지나가면서 비료를 주어 땅을 풍요롭게 한다고 믿었다. 그러나 어떤 농부가 그녀를 화나게 만든다면, 그녀는 그의 곡식을 모두 시들게 만들어 버린다고 여겼다.

나아가 곡물의 어머니는 추수 관습에서 중요한 역할을 했다. 사람들은 그녀가 밭에 남은 마지막 곡식 다발 속에 있다고 믿었다. 그래서 마지막 다발을 잘라내면 그녀를 사로잡거나 쫓아내거나 아예 죽일 수도 있다고 여겼다. 첫 번째의 경우, 즉 그녀를 사로잡은 사람은 마지막 곡식 다발을 흔쾌히 집으로 가지고 가서 신성하게 모셨는데, 이는 그것을 헛간에 놓아두면 타작할 때 곡물정령이 다시 나타난다고 믿었기 때문이다. 하노버[4]령 하델른[5]에서는 추수꾼들이 마지막 다발 주위를 둥글게 둘러싼 채 막대기로 타작하면서 곡물의 어머니를 쫓아낸다. 그들은 "저기에 그녀가 간다! 때려잡아라! 그녀에게 잡히지 않도록 조심해라!"라고 소리지르며, 알곡이 완전히 털릴 때까지 타작을 계속한다. 그러면 곡물의 어머니가 쫓겨갈 거라고 믿었던 것이다. 단치히[6] 인근에서는 마지막 곡식 이삭을 자른 자가 그것으로 인형을 만들어 곡물의 어머니 또는 곡물의 할머니라고 부르면서 마지막 수레에 싣고 집으로 가져온다. 홀슈타인[7] 일부 지방에서도 마지막 곡식

---

2 독일 중동부 작센안할트주의 도시
3 오스트리아 남동부와 중부에 걸친 지방. 독일어권에서는 '슈타이어마르크Steiermark'라고 부른다.
4 독일 북부 니더작센주 중남부에 해당하는 옛 지방
5 독일 중북부 니더작센주 북동부의 뤼네부르크 행정구에 속한 도시
6 폴란드 중북부 그다인스크주
7 독일 북부 슐레스비히홀슈타인주 남쪽에 위치한 옛 지방

다발에 여자 옷을 입혀 곡물의 어머니라고 불렀으며, 마지막 수레에 그것을 싣고 집에 가져와 물에 푹 담가둔다. 물에 담그는 행위는 두말할 나위도 없이 비를 청하는 주술이라 할 수 있다.

스티리아의 브루크 지방에서는 마을에서 가장 나이든 쉰 살에서 쉰다섯 살 정도의 결혼한 아낙네가 곡물의 어머니라 부르는 마지막 곡식 다발로 여자 인형을 만든다. 이때 가장 잘 자란 이삭을 따로 뽑아 화관을 만든다. 꽃과 함께 엮어진 화관을 마을에서 제일 어여쁜 소녀가 머리에 쓰고 농장 주인이나 영주에게 가져간다. 그리고 곡물의 어머니는 쥐가 접근하지 못하도록 헛간에 잘 보관한다. 이곳의 다른 여러 마을에서는 추수가 끝날 때 젊은이 두 사람이 장대 끝에 곡물의 어머니를 매단 채 화관을 쓴 소녀의 뒤를 따라 영주 저택을 향해 행진한다. 영주는 화관을 받아 대청마루에 걸어놓고, 곡물의 어머니는 장작더미 꼭대기에 올려놓는다. 이 곡물의 어머니를 중심으로 추수감사제의 만찬과 무도회가 열리는 것이다. 그런 다음 사람들은 그녀를 타작이 끝날 때까지 헛간에 매달아 놓는다. 타작할 때 마지막 도리깨질을 하는 사람을 '곡물 어머니의 아들'이라 하는데, 그는 곡물의 어머니와 함께 묶인 채 얻어맞으면서 온 동네를 끌려다닌다. 한편 화관은 다음 주 일요일에 교회로 가져가 봉헌한다. 그러면 부활절 전야에 일곱 살 먹은 소녀가 그것을 비벼 알곡을 추려 낸 뒤 밭에 뿌린다. 성탄절에는 소들이 잘 자라도록 밀짚 화관을 여물통에 놓아둔다. 여기서 곡물의 어머니로부터 꺼낸 씨앗(화관은 곡물의 어머니로 만든 것이므로)을 새로운 곡물 사이에 뿌리는 행위는 곡물의 어머니가 지닌 풍요와 다산의 힘을 잘 보여 주며, 밀짚 화관을 여물통에 놓아두는 행위는 가축에 대한 그녀의 영향력을 시사한다.

슬라브인들도 마지막 곡식 다발을 작물 종류에 따라 '호밀의 어머니', '밀의 어머니', '귀리의 어머니', '보리의 어머니' 등으로 불렀다. 마찬가지로 갈리치아[8]의 타르노프[9] 지방에서는 마지막 곡식 다발로 만든 화관을 '밀의 어머니'라든가 '호밀의 어머니', '콩의 어머니' 등으로 불렀다. 사람들은 그 화관을 봄이 올 때까지 한 소녀의 머리 위에 씌워 두었다가, 봄이 되면 화관에서 알곡을 약간 추려 내어 새로 뿌릴 씨앗에 섞는다. 여기서도 우리는 곡물의 어머니가 지닌 풍요와 다산의

---

8 폴란드 및 우크라이나 공화국에 속한 동유럽의 옛 지방
9 폴란드 남부의 도시

힘을 엿볼 수 있다.

프랑스의 오세르[10] 인근에서도 마지막 곡식 다발이 '밀의 어머니', '보리의 어머니', '호밀의 어머니', '귀리의 어머니' 따위의 호칭으로 통한다. 사람들은 그것을 마지막 수레가 집으로 떠나기 직전까지 베지 않은 채 그대로 세워 둔다. 그들은 그것으로 인형을 만들어 농부 옷을 입히고 화관 장식을 하며, 목에는 푸른색이나 흰색 스카프를 두른다. 그리고 인형의 가슴에 나뭇가지 하나를 꽂는다. 그들은 오늘날 이 인형을 '케레스Ceres'라고 부른다. 야간 무도회가 시작되면 가장 빨리 추수한 자가 케레스를 가운데 세워 놓고, 그 주위를 돌면서 가장 예쁜 소녀와 함께 짝을 지어 춤을 춘다. 춤이 끝나면 장작 더미를 쌓고, 화관을 쓴 모든 소녀들이 인형의 옷을 벗긴 후 갈기갈기 찢어 인형을 장식했던 꽃과 함께 장작 더미 위에 올려놓는다. 그런 다음 가장 먼저 추수를 마친 소녀가 장작 더미에 불을 붙이면, 모든 이들은 풍요로운 한 해가 되게 해 달라고 케레스에게 기도한다. 만하르트가 지적한 바와 같이, 이때 케레스라는 칭호는 일면 학교 선생이 만들어 냈음 직한 분위기를 풍기고 있지만, 거기에는 오래된 관습의 낌새가 남아 있다.

상上브르타뉴[11]에서는 항상 마지막 곡식 다발로 인형을 만든다. 하지만 농장주가 기혼자일 경우는 그 인형을 두 개 만들어서 작은 인형을 큰 인형의 뱃속에 집어넣는다. 이 인형은 '어머니 곡식 다발'이라고 부른다. 농장주가 이것을 아내에게 건네 주면, 아내는 그것을 해체하고 그 대가로 술을 산다. 때로는 마지막 곡식 다발을 '곡물의 어머니' 대신 '수확의 어머니'나 '위대한 어머니'라고 부르기도 한다. 하노버의 오스나브뤼크[12] 지방에서는 마지막 곡식 다발을 '수확의 어머니'라고 부른다. 추수꾼들은 그것을 여자 모양으로 만든 다음 그 주위를 돌며 춤을 춘다. 베스트팔렌[13]의 한 지방에서는 호밀을 수확하면서 마지막 곡식 다발에 특별히 돌을 매달아 무겁게 한다. 그리고 그것을 마지막 수레에 싣고 집으로 가져온다. 그것은 이렇다 할 특별한 모양을 하고 있지 않지만 사람들은 그것을 '위대한 어머니'라고 부른다. 에르푸르트[14] 지방에서는 가장 마지막 곡식 다발이 아

---

10 프랑스 중부 부르고뉴 지방의 욘강 연안에 위치한 도시
11 프랑스 북서부의 지역
12 독일 북서부 니더작센주에 있는 도시
13 독일 북서부의 지역
14 독일 중부 튀링겐주의 도시

니더라도 가장 무거운 곡식 다발을 '위대한 어머니'라고 부르면서, 그것을 마지막 수레에 싣고 헛간으로 가지고 간다. 사람들은 그 곡식 다발을 수레에서 내릴 때 농담하며 소란을 떤다.

때로 마지막 곡식 다발은 꽃이나 헝겊, 여자 앞치마 따위로 치장하여 '할머니'라고 부르기도 한다. 동부 프로이센에서는 호밀이나 밀 수확 때 농장주가 마지막 곡식 다발을 묶고 있는 여자에게 "할머니를 얻으셨군요"라고 말한다. 마그데부르크 근교에서는 머슴이나 하녀들이 누가 먼저 '할머니'라 부르게 될 마지막 곡식 다발을 벨 것인지 놓고 경쟁한다. 누구든 이 시합에서 이기는 자는 이듬해 결혼을 하는데, 이때 그(녀)의 배우자는 늙은 사람이어야 한다. 즉, 처녀는 홀아비, 총각은 늙은 할멈과 결혼하게 되는 것이다. 슐레지엔에서는 '할머니', 즉 마지막 곡식 다발을 묶는 자에 의해 두세 다발이 더 추가된 큰 다발이 예전에는 대충대충 사람 모양 비슷하게 만들어졌다. 벨파스트[15] 근방에서는 마지막 곡식 다발이 때로 '그래니Granny'[16]라는 호칭으로 통한다. 그것을 벨 때는 통상적인 방법을 쓰지 않고, 추수꾼들이 낫을 던져서 베어 낸다. '그라니'는 (이듬해?) 가을까지 보존되지만, 그것을 벤 자는 누구든 그해에 결혼할 수 있다.

마지막 곡식 다발은 종종 '할망구' 혹은 '영감탱이'라 부르기도 한다. 독일에서는 흔히 마지막 곡식 다발을 여자 모습으로 단장하는데, 그것을 베거나 묶는 자는 "할망구를 얻었다"는 말을 듣는다. 슈바벤[17]의 알티스하임 마을에서는 밭 한 귀퉁이만 남겨 놓고 농장의 모든 곡물을 추수한 다음, 모든 추수꾼들이 그 밭고랑 앞에 열을 지어 선다. 그런 다음 각자 자기 몫을 재빨리 베는데, 이때 마지막 곡식 다발을 벤 자는 "할망구를 얻었다"는 말을 듣는다. 이렇게 각자가 벤 곡식 다발들이 한군데 모아졌을 때, 그중 가장 크고 무거운 곡식 다발인 '할망구'를 벤 자는 다른 사람들에게서 "저 놈은 할망구를 얻었으니, 할망구를 데리고 살 팔자로군"이라는 조롱을 받는다. 한편 마지막 곡식 다발을 묶는 여자도 때로 '할망구'라고 불리며, 그런 여자는 이듬해에 시집을 간다고 한다. 서부 프로이센의 노이사스에서는 외투나 모자를 입힌 마지막 곡식 다발뿐만 아니라 그것을 묶는 여자까지도 모두 '할망구'로 통한다. 사람들은 이 둘을 마지막 수레에 태워 집으로

---

15 영국 북아일랜드의 수도와 행정구
16 '할머니'를 뜻하는 말이다.
17 독일 남부 바이에른주의 남서쪽 끝에 있는 행정구

데려와 물에 흠뻑 적신다. 북부 독일의 여러 지방에서는 마지막 곡식 다발을 사람 모양의 인형으로 만들어 '영감탱이'라고 부르며, 그것을 묶는 여자는 "영감탱이를 얻었다"라는 말을 듣는다.

서부 프로이센에서는 마지막 호밀을 긁어모을 때가 되면 특히 여자들이 바빠진다. 왜냐하면 거기서 제일 꼴찌가 되면 '영감탱이'를 얻어야 하는데, 아무도 그렇게 되기를 원하지 않기 때문이다. '영감탱이'란 마지막 곡식 다발로 만들어진 인형을 가리키는데, 마지막 추수꾼이 그것을 다른 추수꾼들 앞에 가지고 가야한다. 슐레지엔에서도 마지막 곡식 다발을 '할망구'라든가 '영감탱이'라고 부르면서 갖가지 웃음거리의 소재로 삼는다. 그것은 굉장히 크게 묶이며 때로는 거기에 돌을 매달기도 한다. 웬즈에서는 밀 수확철에 마지막 곡식 다발을 묶는 남자나 여자는 "영감탱이를 얻었다"는 말을 듣는다. 마지막 곡식 다발은 밀짚과 이삭을 엮어 남자 모양의 인형으로 만든 다음 꽃으로 장식한다. 이것을 묶는 자는 '영감탱이'를 집까지 운반해야만 하는데, 이때 다른 사람들은 모두 그를 조롱한다. 이 인형은 다음번 수확 때에 새 '영감탱이'가 만들어질 때까지 외양간에 걸어둔다.

만하르트의 지적대로, 이러한 관습 가운데 어떤 경우는 마지막 곡식 다발과 비슷한 이름으로 불리는 사람이 마지막 수레에 실린 그 다발 옆에 앉아 있는데, 이때 그(녀)는 마지막 곡식 다발과 동일시되고 있음에 틀림없다. 다시 말해, 그(녀)는 마지막 곡식 다발에 지핀 곡물의 정령을 표상한다. 그러니까 곡물의 정령이 인간과 곡식 다발이라는 이중적 형태로 표상되고 있는 것이다. 이처럼 사람과 곡식 다발을 동일시하는 관념은 그것을 베거나 묶는 자의 몸을 그 마지막 곡식 다발로 감싸 버리는 관습에서 보다 명확하게 나타난다. 슐레지엔의 헤름스도르프에서는 마지막 곡식 다발을 묶는 여자를 그 곡식 다발 속에 넣어 묶어 버리는 것이 일반적인 관습으로 되어 있다. 하지만 바바리아 지방에서는 마지막 곡식 다발 속에 들어가는 자가 그것을 묶는 자가 아니라 벤 자였다. 이때 곡식 다발 속에 싸인 자는 곡물정령을 나타낸다. 이는 앞에서 나뭇가지나 나뭇잎에 싸인 자가 나무정령을 표상한 것과 똑같다.

'할망구'로 불리는 마지막 곡식 다발은 그 크기나 무게에서 다른 다발들과 구별되었다. 예컨대 서부 프로이센의 어떤 마을에서는 '할망구'의 길이나 크기가 보통 것의 두 배 정도였으며, 그 한가운데에 돌이 하나 묶여 있었다. 때로 그것은 장정 한 사람이 간신히 들어올릴 수 있을 만큼 무겁게 만들어지기도 한다. 잠란트의 알트-필라우에서는 8단 내지 9단의 곡식 다발을 함께 묶어 '할망구'를 만드는데, 그것을 든 남자는 너무 무겁다고 투덜거리기 일쑤였다. 작센코부르크[18]의 이츠그룬트[19]에서는 '할망구'라 부르는 마지막 곡식 다발이 이듬해의 풍작을 확실하게 하기 위해 될 수 있는 대로 크게 만들어진다. 이처럼 마지막 곡식 다발을 유난히 큼직하고 무겁게 묶는 관습은 다음번 수확 때의 큰 수확을 보장하기 위한 일종의 공감주술이라 할 수 있다.

스코틀랜드에서도 할로우마스Hallowmas[20]가 지난 후 마지막 곡물을 수확할 때, 그것으로 만든 여자 모양의 인형을 종종 '칼린Carlin' 혹은 '카를린Carline', 즉 '할망구'라고 불렀다. 반면 만성절 이전에 벤 곡식 다발은 '아가씨'라고 불렀다. 그리고 해가 진 다음에 벤 곡식 다발은 '마녀'라고 불렀으며, 액운을 가져다준다고 믿었다. 스코틀랜드의 하일랜드 지방에 사는 사람들은 수확 때의 마지막 곡물을 '늙은 여편네Cailleach' 아니면 '아가씨'라고 불렀다. 전체적으로 보건대, '늙은 여편네'라는 이름은 서부지역에, '아가씨'라는 이름은 중부와 동부 지역에 널리 퍼져 있다. '아가씨'에 관해서는 곧 후술하기로 하고, 먼저 '늙은 여편네'부터 살펴보기로 하자.

다음의 개괄적인 설명은 멀리 티레의 헤브리딘섬에서 목사로 있던 꼼꼼하고 박식한 연구자 캠벨J. G. Campbell에게서 인용한 것이다. "수확철의 '늙은 여편네'에 관하여: 수확철에 제일 꼴찌로 곡식 다발을 베는 자가 되지 않기 위해 경쟁이 벌어졌다. 공동 경작지만 남게 되면, 아무도 꼴찌가 되고 싶어 하지 않기 때문에 한 이랑쯤 수확하지 않은 밭이 남게 마련이다. 여기서 사람들은 꼴찌를 하게 되면, 상상적인 늙은 여편네의 모습을 한 이른바 '농장의 기근gort a bhaile'을 다음해 수확철까지 보관해야 하는 것을 두려워했다. 이 늙은 여편네에 대한 공포에서 경쟁심과 유희성이 생겨난 것이다. (…) 먼저 작업을 마친 자는 곡물 이파리로 '늙은 여편네'라 부르는 인형을 만들어 그것을 제일 가까운 이웃 사람에게 넘겨 준다. 그것을 받은 자는 자기 일이 끝나는 대로 더 일이 늦은 자에게 다시 넘겨 준다. 이런 식으로 마지막에 그것을 받은 자는 그 한 해 동안 '늙은 여편네'를 보관해야

---

18 독일 중부 바이에른주 북부지역
19 바이에른 북부의 마을
20 가톨릭에서 모든 성인들을 기념하는 만성절萬聖節에 대한 옛 호칭

하는 것이다."

이슬라이섬에서는 마지막에 벤 곡식을 '늙은 여편네'라고 부르는데, 수확을 마친 뒤에는 그것을 벽에 걸어 놓고 이듬해 밭갈이를 할 때까지 그대로 보관한다. 이윽고 밭갈이철이 되어 남자들이 밭을 갈러 나가는 첫날, 주부는 '늙은 여편네'를 떼어 내어 여러 조각으로 나누어 남자들에게 건네준다. 그러면 남자들은 그것을 주머니에 넣고 들판에 나가서 말들에게 먹으라고 던져 준다. 이는 다음 수확철의 행운을 보장하기 위한 행위로서, '늙은 여편네'에게 합당한 최후라고 여겨진다.

웨일스에도 이와 동일한 종류의 관습이 있다. 북부 펨브룩셔[21]에서는 길이가 15~30센티미터 정도 되는 마지막 곡식 다발을 '마녀wrach'라고 부른다. 이것과 관련하여 기묘하고도 오래된 관습이 행해졌는데, 오늘날에도 나이 많은 노인들은 그 관습을 기억하고 있다. 거기서 마지막 곡식 다발을 벨 때 추수꾼들 사이에는 흥분이 고조된다. 모두가 교대로 그 다발을 향해 낫을 던지는데, 그것을 맞추어 쓰러뜨린 자는 한 통의 맥주를 받았다. 그런 다음 서둘러 '마녀'를 만들어서 그것을 아직도 추수가 한창인 이웃 농장에 가지고 간다. 그것을 가지고 간 농부는 그쪽 사람들이 눈치채지 못하도록 조심해야 한다. 왜냐하면 그들의 눈에 발각되어 '마녀'를 가지고 왔다는 의심을 조금이라도 받게 되면 당장 쫓겨나기 때문이다. 그래서 농부는 살금살금 울타리 뒤로 기어들어 숨어 있다가 이웃 농장의 추수꾼들 행렬이 다가오면 맨 앞에 선 자가 적당한 사정거리 안에 들어왔을 때 울타리 위로 다짜고짜 '마녀'를 던진다. 이때 가능한 한 상대방의 낫을 향해 던진다. 그리고 쏜살같이 줄행랑을 쳐야 하는데, 상대방한테 붙들리거나 흥분한 이웃 농장 추수꾼들이 던진 낫에 다치지 않고 무사히 돌아오면 그는 행운의 사나이가 된다.

또 다른 경우는 추수꾼들 가운데 한 사람이 '마녀'가 보관된 집에서 그것을 몰래 훔쳐와 외양간으로 가지고 간다. 그때 '마녀'가 절대 물에 젖지 않도록 해야 하며, 또한 사람들에게 들켜서도 안 된다. 만일 발각되면 그 집 사람들한테 형편없이 당하게 될 것이기 때문이다. 그들은 때로 '마녀' 도둑의 옷을 다 벗기거나 혹은 미리 준비해 둔 물동이나 냄비의 물로 물세례를 퍼붓는다. 하지만 그것을 성

---

21 영국 웨일스 남부의 옛 주이자 역사적 지역

공리에 훔쳐 내면 그 집주인은 약간의 벌금을 지불해야만 한다. 혹은 가장 좋은 맥주를 저장해 둔 '벽 쪽의 맥주통'에서 한 주전자 분량의 맥주를 내기도 한다. 이렇게 훔쳐 온 '마녀'는 헛간 같은 곳의 벽에 1년 내내 걸어 둔다. 펨브룩셔 북부의 몇몇 농가에서는 '마녀'를 이런 식으로 걸어 두는 관습이 지금까지도 남아 있는데, 다만 방금 언급한 것과 같은 전통적인 의식은 행해지지 않는다.

앤트림[22] 지방에서는 몇 년 전 자동수확기가 도입되면서 더 이상 낫을 쓰지 않게 되었을 때, 자동수확기로 추수한 뒤 들판에 마지막으로 남은 약간의 곡식 다발을 함께 묶는다. 그런 다음 추수꾼들은 모두 눈을 가린 채 마지막 곡식 다발에 낫을 던져 맞힌 자가 그것을 집으로 가지고 가서 현관에 걸어 둔다. 이 곡식 다발을 '칼리Carley'라 부르는데, 이는 아마도 '칼린Carlin'과 같은 말이라고 보인다.

이와 유사한 관습을 슬라브의 여러 부족들에서도 찾아볼 수 있다. 폴란드에서는 흔히 마지막 곡식 다발을 '바바Baba', 즉 '할망구'라고 부른다. 그래서 사람들은 "마지막 다발에 할망구가 앉아 있다"고 말하곤 한다. 이때 곡식 다발 자체도 '바바'라고 부르는데, 그것은 때로 가지런히 한쪽으로 눕힌 열두 단의 조그만 곡식 다발로 이루어져 있기도 하다. 보헤미아의 어떤 지역에서는 마지막 곡식 다발로 만든 '바바'가 커다란 밀짚모자를 씌운 여자의 모습을 하고 있다. 그것을 마지막 수레에 태워 농가로 가져가서, 두 명의 소녀가 화환과 함께 농장주에게 선사한다. 여기서도 여자들은 꼴찌 추수꾼이 되지 않으려고 애쓴다. 왜냐하면 마지막 곡식 다발을 묶는 여자는 다음 해에 애를 낳게 될 것이라고 여겼기 때문이다.

추수꾼들은 흔히 마지막 곡식 다발을 묶는 여자에 대해 "그녀는 바바를 가지고 있다"라든가 "그녀는 바바이다"라고 외친다. 크라쿠프[23] 지방에서는 남자가 마지막 곡식 다발을 묶을 때는 사람들이 "할아버지가 그 안에 앉아 계신다"라고 말한다. 여자가 마지막 곡식 다발을 묶을 때는 "바바가 그 안에 앉아 계신다"라고 말하면서, 그녀를 얼굴만 보이게 하고 그 다발로 싸서 함께 묶는다. 그리고 그녀를 마지막 수레에 싣고 집으로 데려가서 가족의 물세례를 받게 한다. 그녀는 무도회가 끝날 때까지 계속 그런 상태로 있어야 하며, 그해 1년 동안은 사람들이 '바바'라는 이름으로 부르게 된다.

---

22 아일랜드 북동부의 주. 현재는 북아일랜드에 속해 있다.
23 폴란드 남부 비스와 강변의 도시

리투아니아에서는 마지막 곡식 다발을 '보바Boba'라고 하는데, 이는 '할망구'를 뜻하는 폴란드어 '바바'에 해당되는 말이다. 사람들은 보바가 마지막 곡식 다발 속에 앉아 있다고 믿는다. 이 마지막 곡식 다발을 묶거나 혹은 마지막 감자를 캐는 자는 오랫동안 '호밀 할망구'라든가 '감자 할망구'라는 별명으로 불리면서 놀림감이 된다. 보바, 즉 마지막 곡식 다발은 여자 모양으로 만들어져 마지막 수레에 실린 채 엄숙하게 마을 곳곳을 돌아다니다가 농장주의 집에서 물세례를 받는다. 그런 다음 마을 사람들은 보바를 둘러싸고 춤을 춘다.

러시아에서도 마지막 곡식 다발로 종종 여자 모양의 인형을 만들어 여자 옷을 입힌 다음 춤추고 노래하며 농가로 운반한다. 불가리아인은 마지막 곡식 다발로 '곡물의 여왕' 혹은 '곡물의 어머니'라 부르는 인형을 만든다. 그리고 거기에 여자 옷을 입혀 온 마을을 데리고 다니다가, 다음 해 농작물에 필요한 비와 이슬을 충분히 확보하기 위한 목적으로 그것을 강물에 던진다. 혹은 불에 태워 밭에 그 재를 뿌리기도 하는데, 이는 밭의 풍요를 기원하기 위한 것이다. 이때 여왕이라는 호칭을 마지막 곡식 다발에 붙이는 사례는 중부와 북부 유럽에서도 많이 찾아볼 수 있다. 가령 오스트리아의 잘츠부르크에서는 추수가 끝나면 대행진을 벌이는데, 그때 젊은이들은 '곡물 이삭의 여왕Ahrenkonigin'을 조그만 수레에 실어 끌고 다닌다. 영국에서도 이 같은 '추수의 여왕Harvest Queen'[24] 관습이 널리 행해졌던 것 같다. 『실낙원Paradise Lost』에 다음과 같은 구절이 나오는 것을 보면, 밀턴J. Milton도 이런 관습을 잘 알고 있었던 것이 분명하다.

아담은 목이 빠져라
그녀가 돌아오기를 기다리는 동안
제일 예쁜 꽃들로 화관을 엮었다네.
그녀의 치렁치렁한 머리를 장식하고
농사일의 노고를 보답해 주기 위해,
추수꾼들이 흔히 '추수의 여왕'에게 그러하듯이.[25]

---

24 영국의 향토사가 윌리엄 허친슨William Hutchinson(1732~1814)은 『노섬벌랜드의 역사History of Northumberland』에서 이런 '추수의 여왕'이 로마의 케레스 여신을 상징한다고 말한다. 『初版金枝篇上』, 앞의 책, 467~468쪽
25 여기에 나오는 '추수의 여왕'은 이브를 가리킨다. 로버트 프레이저 편, 앞의 책, 499쪽 편주 참조

이 관습은 종종 수확하는 밭이 아니라 타작마당에서 행해졌다. 추수꾼이 잘 익은 곡식을 베기 전에 곡물정령이 거기서 빠져나와 곳간으로 도망친다고 여겼기 때문이다. 거기서 곡물의 정령은 마지막 곡식 다발 안에 거하다가 타작시에 도리깨로 맞아죽거나 아니면 다시 이웃 농가로 도망쳐 아직 타작하지 않은 곡식 다발에 숨는다고 한다. 이때 마지막으로 타작되는 곡물을 '어머니이신 곡물' 혹은 '할망구'라고 한다. 도리깨로 마지막 타작을 하는 자도 때로 '할망구'라고 부른다. 그는 마지막 짚단에 싸이거나 혹은 등에 잔뜩 짚단을 짊어진 채 수레에 태워져 온 마을을 끌려다니면서 놀림감이 된다. 바바리아나 튀링겐 등지의 여러 지방에서도 마지막 곡식 다발을 벤 자를 '할망구' 혹은 '곡물 할멈'이라고 부른다. 사람들은 그를 짚단에 싸서 온 마을을 끌고 다니다가 마침내 퇴비 위에 내동댕이치거나, 아직 타작을 끝내지 않은 이웃 농가의 타작마당으로 데려간다. 폴란드에서도 마지막 곡식 다발을 타작한 자는 바바(할망구)라고 불렸다. 그 역시 곡식 짚단에 싸인 채 수레에 태워져 온 마을을 끌려다닌다. 리투아니아에서는 때로 마지막 곡식 다발은 타작하지 않은 채 그것으로 여자 모양의 인형을 만들어서 아직 타작이 끝나지 않은 이웃 농가의 헛간으로 운반한다.

스웨덴의 어떤 지방에서는 낯선 여자가 타작마당에 나타나면 타작꾼들이 그녀를 붙잡아 몸뚱이에는 도리깨를 매달고, 목에는 곡물 줄기를 감고, 머리에는 이삭으로 만든 화관을 씌워 "곡물의 아낙네를 보라"고 외친다. 갑자기 나타난 이 낯선 여자를 방금 도리깨질한 곡물 줄기에서 빠져나온 곡물정령으로 간주하였던 것이다. 다른 경우에는 농장주의 아내가 곡물정령으로 표상되기도 한다. 살리네 자치구Commune of Saligne의 벤데[26] 지방에서는 농장주의 아내를 마지막 곡식 다발과 함께 보자기로 싸서 관에 넣은 후 탈곡기가 있는 곳으로 데려가 기계 밑에 밀어 넣는다. 그런 다음 여자를 빼내고 곡식 다발만 탈곡한다. 이때 여자는 마치 체질하듯 보자기로 싼 채 공중으로 띄워 올린다. 여자를 타작하고 체질하는 이 회화적 모방만큼 여자와 곡물의 동일시를 생생하게 보여 주는 사례는 다시없을 것이다.

이상과 같은 여러 관습에서 잘 익은 곡물정령은 꽤 나이가 들었거나 최소한 성인으로 간주된다. 그래서 '어머니'라든가 '할머니' 또는 '할망구' 등의 이름을

---

26 프랑스 서부의 페이드라로와르 지역에 있는 주

붙인다. 그러나 또 다른 경우에는 곡물정령이 젊은이로 여겨지기도 한다. 볼펜뷔텔[27] 부근의 잘데른 지방에서는 호밀을 수확하고 난 다음 곡식 다발 세 단을 노끈으로 한데 묶어서 머리에 곡물 이삭이 달린 인형을 만든다. 그것은 '아가씨' 혹은 '곡물의 아가씨'라고 부른다. 때로는 낫질을 당해 어머니에게서 떨어져나간 어린아이로 곡물정령을 표상하기도 한다. 이런 관념은 마지막 곡식 다발을 베는 사람에게 "탯줄을 잘랐네!"라고 외치는 폴란드의 관습에서 엿볼 수 있다. 서부 프로이센의 몇몇 지방에서는 마지막 곡식 다발로 만든 인형을 '사생아'라고 부르는데, 그 안에 한 소년이 들어간다. 그러면 사람들은 마지막 곡식 다발을 묶는 여자, 즉 '곡물의 어머니'를 침대로 데리고 간다. 거기서 여자는 마치 해산하는 여자처럼 울부짖고 한 노파가 산파 노릇을 연출한다. 마침내 아기가 태어났다는 외침이 들리고, 곡식 다발 속에 들어가 있던 소년이 아기처럼 칭얼거리며 울어댄다. 할머니는 아기 강보를 감싸듯이 가짜 아기를 자루에 감싸 바깥 공기에 감기 들어서는 안 된다며 즐거운 기색으로 그것을 헛간으로 안고 간다. 북부 독일의 다른 지역에서는 마지막 곡식 다발이나 그것으로 만든 인형을 '아기' 혹은 '추수의 아기' 따위로 부르면서 마지막 곡식 다발을 묶는 여자에게 "아기가 생겼군요"라고 소리친다.

북부 잉글랜드 및 스코틀랜드의 몇몇 지역에서는 수확하는 밭에서 베어 낸 마지막 곡식 다발을 '키른kirn'이라고 부르며, 그것을 운반한 자는 '키른을 얻은 자'라고 부른다. 사람들은 그것으로 어린애 모양의 인형을 만들어 아기 옷을 입히고는 '키른 도련님', '키른 인형', '아가씨' 따위로 부른다. 19세기 중엽까지 버윅셔[28]에서는 추수꾼들이 밭이랑에 남아 있는 마지막 곡식 다발을 서로 먼저 베려고 난리였다. 그들은 약간 떨어진 곳에 빙 둘러서서 곡식 다발을 향해 낫을 던지는데, 곡식 다발을 벤 자는 자기가 좋아하는 아가씨에게 그것을 주었다. 그러면 아가씨는 마지막 곡식 다발로 '키른 인형'을 만들어 옷을 입힌다. 키른 인형은 다음 수확철에 새로운 인형으로 교체될 때까지 농가의 한 곳간에 걸어둔다.

버윅셔의 스포티스우즈에서는 수확시 마지막 포기를 벨 때 "키른을 벤다"고 하는 것만큼이나 종종 "여왕을 벤다"고 말하기도 한다. 이때 그들은 낫을 던지지

---

27 독일 중북부 니더작센주의 도시
28 베릭Berwick이라고도 한다. 영국 스코틀랜드 동남부에 있던 이전의 주

않는다. 추수꾼 중 한 사람이 눈을 가린 채 손에 낫을 들고 사람들 주위를 두세 번 돈 다음 키른을 베도록 명령받는다. 엉금엉금 기면서 엉뚱한 곳에 낫질을 해대는 그의 모습에 사람들은 폭소를 자아낸다. 그가 헛수고만 하는 통에 지쳐서 나가떨어지면, 눈을 가린 다른 사람이 그 역을 대신한다. 이렇게 몇 사람이건 마침내 키른을 벨 때까지 동일한 광경이 연출된다. 사람들은 키른을 베는 데 성공한 자를 공중에서 세 차례 헹가래를 친다. 무도회가 열리는 곡물창고뿐만 아니라 키른의 만찬이 열리는 방을 장식하기 위해 두 여자가 매년 많은 '키른 인형'이나 '여왕'을 만들었다. 그리고 그곳에다 곡물 정령을 표상하는 촌스러운 인형들을 걸어 놓았다.

스코틀랜드 북부 하일랜드 주의 몇몇 지방에서는 정해진 농장에서 추수꾼들이 벤 마지막 곡식 다발을 '아가씨'라고 부르거나 혹은 게일Gael[29]어로 '메이드딘 부엔Maidhdeanbuain'이라고 부른다. 이 말은 직역하면 '베어 낸 아가씨'라는 뜻이다. 이 '아가씨'를 취하는 관습을 둘러싸고 여러 가지 민간신앙이 전해진다. 가령 젊은이가 그것을 얻으면 다음 수확철 이전에 결혼할 징조라고 여겼다. 이런저런 이유로 추수꾼들은 누가 '아가씨'를 얻느냐를 놓고 한판 싸움이 벌어지는데, 이때 저마다 온갖 책략을 동원한다. 예컨대 한 다발의 곡식을 베지 않은 채 다른 추수꾼들이 보지 못하도록 흙으로 덮어놓고는 밭의 나머지 곡식을 모두 벨 때까지 기다리는 경우도 종종 있다. 이런 방법을 쓰는 사람들이 여럿 있을 때는 그중 가장 냉정하게 끝까지 버티는 자가 누구나 바라 마지않는 그 영예를 차지하게 된다. 이렇게 해서 베어 낸 '아가씨'는 헝겊 쪼가리를 입혀 인형처럼 꾸민 다음 농가의 벽에 걸어 놓는다. 스코틀랜드 북부의 하일랜드 지방에서는 성탄절 아침까지 이런 '아가씨'를 잘 보관했다가, 소들에게 '1년 내내 무탈하고 새끼도 많이 낳도록' 하기 위해 나누어 먹인다

퍼드셔[30]의 발크히더 근방에서는 가장 어린 소녀가 들판에서 마지막 곡식 다발을 베어, 그것으로 여자 모양의 조야한 인형을 만들어 종이옷을 입힌 다음 헝겊 같은 것으로 장식한다. 사람들은 그것을 '아가씨'라고 부르는데, 잠시 동안 혹은 이듬해 새로운 '아가씨'가 마련될 때까지 통상 농가의 굴뚝 위에 걸어 놓는다.

---

29 스코틀랜드 고원지대에 사는 민족
30 퍼스Perth라고도 한다. 영국 스코틀랜드 중북부에 있던 옛 주

나는 1888년 가을에 발크히더에서 이런 '아가씨'를 베는 의식을 목격한 적이 있었다. 한 여자 친구는 자신이 어렸을 적에 퍼드셔 근방의 추수꾼들이 부탁을 해서 여러 번 '아가씨'를 벤 적이 있었노라고 알려주었다. 여기서 '아가씨'란 밭에 남은 마지막 곡식 다발을 가리킨다. 어쨌든 어린 소녀가 '아가씨'를 벨 때는 추수꾼 한 사람이 곡식 다발의 윗부분을 잡아 준다. 이렇게 베어 낸 마지막 곡식 다발은 헝겊 쪼가리로 치장을 한 다음, 새로운 '아가씨'로 대체될 때까지 부엌 벽의 눈에 잘 띄는 곳에 걸어 둔다. 그 근방에서는 추수꾼들의 무도회가 열리는 추수 만찬도 '아가씨'라고 부른다.

1830년경만 해도 덤바턴셔[31] 가렐로크 마을의 몇몇 농장에서는 마지막 곡식 다발을 '아가씨'라고 불렀다. 그것은 둘로 나누어 묶은 다음 한 소녀가 낫으로 베어 낸다. 이 소녀에게는 머잖아 행운이 찾아올 것이며, 결혼을 하게 될 것이라고 여겼다. 그렇게 '아가씨'가 베이면 추수꾼들은 모두 모여 자신들의 낫을 공중에 던져 버린다. '아가씨'는 헝겊 따위로 치장하여 부엌 천장 근처에 매달았는데, 날짜가 적혀진 채 몇 년간 보존되었다. 때로는 대여섯 개의 '아가씨'가 함께 걸려 있는 경우도 있었다. 추수의 만찬은 '키른'이라 불렸다. 가렐로크의 다른 농장에서는 마지막 곡식 다발을 '아가씨의 머리' 혹은 '머리'라 불렀다. 그것은 곱게 단장되어 1년 동안 부엌에 보관되었다가 나중에 닭 모이로 쓰였다.

애버딘셔[32]에서는 추수꾼들이 흥겹게 행렬을 지어 마지막 곡식 다발, 즉 '아가씨'를 집으로 운반한다. '아가씨'는 농가의 주부한테 선물로 주어지는데, 주부는 거기에 옷을 입혀서 최초의 망아지 새끼가 태어날 때까지 보관한다. 그때가 되면 '아가씨'는 최초의 먹이로서 망아지에게 주어진다. 그렇게 하지 않으면 망아지에게 나쁜 영향이 미칠 것이며, 농장의 모든 일에도 그 계절 동안 불행한 결과를 초래하게 될 것이라고 믿었다. 애버딘셔의 동북부에서는 마지막 곡식 다발을 흔히 '클리아크clyak'의 다발이라고 불렀다. 마을에서 가장 어린 소녀가 그것을 베어 낸 후 여자 옷을 입힌다. 그리고 의기양양하게 그것을 집으로 가지고 가서 성탄절 아침까지 잘 보관한다. 그런 다음 농장에 새끼를 밴 암말이 있으면 암말에게 먹이로 준다. 만일 새끼를 밴 암말이 없을 경우에는 송아지를 밴 가장 나이 먹은 암

---

31 영국 스코틀랜드 서부에 있는 역사상의 지역이자 옛 주
32 애버딘Aberdeen이라고도 한다. 영국 스코틀랜드의 옛 주

소에게 먹이로 준다. 어떤 지방에서는 농장의 모든 암소와 송아지, 말과 가축들에게 그 마지막 곡식 다발을 먹이로 나누어 먹였다. 파이프셔에서도 어린 소녀가 '아가씨'라 부르는 마지막 곡식 다발을 베어 그것으로 인형을 만들어 헝겊 따위로 치장한 다음, 새 봄이 올 때까지 농가 부엌의 벽에 걸어 두었다. 수확 때 '아가씨'를 베는 관습은 인버네스셔[33]와 서덜랜드셔[34]에서도 찾아볼 수 있다.

독일에서는 마지막 곡식 다발과 그것을 묶는 여자를 '신부'라든가 '귀리의 신부', '밀의 신부' 따위로 부르는데, 거기서도 알 수 있듯이 곡물정령은 어느 정도 성숙하지만 나이는 아직 젊은 것으로 간주되었다. 모라비아의 뮈글리츠 인근에서는 수확 때 밭 한 귀퉁이에 약간의 밀을 남겨 놓고 나머지는 모두 베어 낸다. 남은 부분은 화관과 밀 이삭으로 단장한 '밀의 신부'라는 젊은 처녀들이 환호성을 지르며 베어 낸다. 그러면 이 처녀들은 그해 1년 동안에 모두 시집을 갈 수 있다고 여겼다. 스코틀랜드의 로슬린과 스톤헤이번 인근에서는 잘라 낸 마지막 곡식 다발을 '신부'라고 부르는데, 그것은 무수한 이삭 아래쪽에 리본을 하나 묶고, 줄기 가운데에 리본을 하나 더 묶어 벽난로 위에 놓아둔다.

식물의 풍요·다산성을 신랑과 신부로 표현하는 경우, 거기서 '신부'라는 이름에 함축된 관념이 매우 풍부하게 드러난 것을 볼 수 있다. 포르하르츠에서는 짚으로 감싼 귀리 남자와 귀리 여자가 추수제에서 함께 춤을 춘다. 남부 작센에서는 '귀리 신랑'과 '귀리 신부'가 추수제에 등장한다. 이때 '귀리 신랑'은 귀리 짚으로 몸을 완전히 감싸고 있다. 이에 비해 '귀리 신부'는 여자 옷을 입은 남자이고, 짚으로 감싸지는 않는다. 이들은 수레에 실려 무도회가 열리는 선술집으로 끌려간다. 무도회가 시작되면 춤꾼들은 '귀리 신랑'에게서 귀리 다발을 하나둘씩 뽑아내는데, 신랑은 그것을 지키려고 발버둥친다. 하지만 결국 짚이 완전히 벗겨져 벌거숭이가 된 신랑은 춤꾼들의 웃음거리와 놀림감이 되고 만다.

오스트리아령 슐레지엔에서는 추수가 끝날 때에 젊은이들이 '밀 신부'의 의식을 거행한다. 거기서는 마지막 곡식 다발을 묶는 여자가 '밀 신부' 역할을 하는데, 그녀는 밀 이삭으로 만든 추수 왕관을 쓰고 머리에는 꽃으로 장식한다. 그런 다음 신부는 들러리의 시중을 받으면서 수레에 탄다. 그리고 진짜 결혼 행진을 하

---

33 인버네스Inverness라고도 한다. 영국 스코틀랜드 북서부의 옛 주
34 서덜랜드Sutherland라고도 한다. 영국 스코틀랜드 북부 하일랜드주에 있는 행정구

는 것처럼 신랑 옆에 서서 수소 한 쌍에게 이끌려 밤새껏 춤판이 벌어지는 선술
집으로 간다. 같은 계절이지만 이보다 약간 늦게 '귀리 신부'의 결혼식도 성대하
게 거행한다. 슐레지엔의 나이세 근방에서는 기묘한 신랑신부의 복장을 한 '귀리
왕'과 '귀리 왕비'가 수레에 앉아 수소들에게 이끌려 마을로 들어간다.

이상의 사례에서 곡물정령은 남성과 여성이라는 이중 형태로 의인화되고 있
다. 그러나 나의 해석이 옳다면, 때로 곡물정령은 그리스의 데메테르와 페르세포
네의 경우처럼 늙은 여자와 젊은 여자라는 이중 형태로 등장하기도 한다. 앞서
살펴보았듯이, 스코틀랜드 특히 게일어를 쓰는 지방의 주민들은 잘라 낸 마지막
곡식 다발을 '할머니' 혹은 '아가씨'라고 부른다. 그런데 스코틀랜드의 어떤 지방
에서는 추수할 때 '할머니Cailleach'와 '아가씨'가 모두 베어지기도 한다. 이런 관습
에 대한 설명은 그다지 분명하지도 않고 일관성도 없어 보인다. 하지만 일반적으
로 '아가씨'도 '늙은 여편네Cailleach'도 모두 추수 때에 베어 낸 곡식으로, 만드는
곳에서는 항상 마지막 곡식 다발로 '아가씨'를 만들어 그 곡식 다발을 베어 낸 밭
주인이 보관한다. 반면에 '늙은 여편네'는 다른 곡식 다발 혹은 처음 베어 낸 곡
식 다발로 만들어 보통 부지런한 이웃이 추수를 다 마친 후에도 아직 곡식을 베
고 있는 느림보 농부에게 건네주는 것이 관례이다.

그래서 농부들은 젊고 풍요로운 곡물정령의 화신인 '아가씨'는 소유하는 한
편, '늙은 여편네'는 가능한 한 빨리 이웃에게 넘기는 것이었다. 때문에 '늙은 여
편네'는 그 지방의 모든 농장을 한 바퀴 돈 다음에야 가까스로 고색창연한 머리
를 누일 곳이 정해졌다. 당연히 마지막에 그녀의 안식처를 제공한 농장주는 그
지방에서 맨 꼴찌로 곡식을 거둔 자로서 그녀를 영예롭게 환대하기는커녕 여간
푸대접이 아니었다. 그는 가난뱅이가 될 팔자라느니, 혹은 다음 계절에 예상되는
"마을의 기근을 대비할" 의무가 있다고 여겼기 때문이다.

마지막으로 베어 낸 곡식 다발을 '아가씨'가 아니라 심술궂은 '마녀'라고 부르
는 펨브룩셔의 경우도 이와 유사하다. 그곳에서 '마녀'는 아직 추수 중인 이웃에
게 황급히 넘겨지는데, 이렇게 '마녀'를 인수받은 자는 이 늙은 방문자를 별로 달
갑게 여기지 않았다. '늙은 여편네'를 '아가씨'와 서로 비교하고 다투는 곳에서는
그녀를 보통 묵은해의 '곡물정령'으로 표상하는데, 농부가 그녀의 시들시들한
매력보다는 그녀 딸의 통통하고 귀여운 모습에 더 이끌리는 것은 너무도 당연하
다. 이제 해가 바뀌어 가을이 오면 그녀의 딸이 다음 차례로 황금색 곡물의 어머

니가 될 것이기 때문이다. 다시 말해 이는 쇠약해진 '곡물의 어머니'를 다른 자에게 넘김으로써 제거하려는 욕구를 보여 준다. 이와 동일한 욕구는 타작이 끝날 무렵에 행해지는 다른 관습, 특히 아직 타작을 마치지 않은 이웃 농부에게 꼴 보기 싫은 밀짚인형을 넘겨주는 관습에서도 분명히 확인할 수 있다.

방금 설명한 추수 관습은 이 책의 앞부분에서 살펴본 봄철 관습과 매우 유사하다. 그 유사성을 정리해 보면 다음과 같다. 첫째, 봄철 관습에서 나무정령이 나무와 사람 양자로 표상됐듯이, 추수 관습에서도 곡물정령이 마지막 곡식 다발이나 그것을 베거나 묶거나 혹은 타작하는 사람 양자로 표상된다. 사람과 곡식 다발을 동일시하는 관념은 사람에게 곡식 다발과 똑같은 이름을 붙인다든지, 사람을 곡식 다발로 감싼다든지, 일부 지역의 관례처럼 곡식 다발을 '어머니'라고 부를 때는 가장 나이 든 기혼녀가 인형을 만든다든지, 곡식 다발을 '아가씨'라고 부를 때는 가장 어린 소녀가 그것을 베어 내는 관습 등에서 잘 엿볼 수 있다.

둘째, 나무정령이 식물과 가축, 여성의 풍요와 다산에 영향력을 미친다고 여겼듯이, 곡물정령도 그런 영향을 끼친다고 여겼다. 식물에 대한 영향력은 (곡물정령이 깃들어 있다고 믿는) 마지막 곡식 다발의 알곡을 봄철에 싹터 오르는 어린 곡식 사이에 뿌리거나 곡식 종자에 섞는 관습에서 찾아볼 수 있다. 한편 동물에 대한 영향력은 마지막 곡식 다발을 새끼 밴 암말이나 암소 혹은 첫 쟁기질을 하는 말에게 먹이는 관습에서 확인할 수 있다. 끝으로 여성에 대한 영향력은 임산부 모양의 인형으로 만들어진 '어머니 곡식 다발'을 농장주 아내에게 건네주는 관습에서, 마지막 곡식 다발을 묶은 여자가 다음 해에 아이를 낳을 것이라는 믿음에서, 혹은 그것을 차지하는 자가 곧 결혼하게 될 거라고 여긴 관념 등에서 드러난다.

따라서 이러한 봄철 관습과 추수 관습이 동일한 고대적 사고방식에 바탕을 두고 있으며, 나아가 역사의 여명기에서부터 우리 조상들이 행해 온 원시적 이교의식의 일부를 구성한다는 점은 의심할 나위가 없다. 원시적 의식의 흔적 중에서 우리는 다음과 같은 점에 주목할 필요가 있다.

1. 이러한 의식을 수행하기 위해 특정 계층의 사람들을 별도로 정하지 않는다.
   다시 말해 사제가 존재하지 않으며, 상황에 따라 누구든 그 의식을 집행할 수 있다.

2. 이러한 의식을 수행하기 위해 특정한 장소를 별도로 정하지 않는다. 다시 말해 신전이 존재하지 않으며, 상황에 따라 어디서든 그 의식을 거행할 수 있다.

3. 이러한 의식에는 신이 아니라 정령이 등장한다. (1) 신과 달리 정령의 활동은 자연의 특정 영역에 한정된다. 정령의 명칭은 고유명사가 아니라 보통명사이다. 그들의 속성은 개별적인 것이 아니라 유적類的인 것이다. 다시 말해 각각의 부류에 속한 정령의 수는 무한히 많으며, 그중 어떤 하나의 부류에 속한 개개의 정령들은 모두 똑같은 속성을 가진다. 그 정령들에게는 다른 것과 구별되는 뚜렷한 개성이 없다. 따라서 그들의 기원과 생애, 모험, 특별한 성격에 대해 일반적으로 통용되는 신화 전승이 존재하지 않는다. (2) 이에 반해 신들은 정령과 달리 자연의 특정 영역에 국한되지 않는다. 물론 신들에게도 각자가 특별하게 주관하는 영역이 존재하지만 말이다. 그러나 그들은 그것에 엄격하게 제약받지 않는다. 신들은 선하든 악하든 자연과 생명의 다른 많은 영역에 영향력을 행사할 수 있다. 또한 신들은 데메테르, 페르세포네, 디오니소스 등과 같은 개별적인 이름 혹은 고유한 명칭을 가진다. 그들의 개별적인 속성과 생애는 일반적으로 통용되는 신화와 예술 작품들을 통해 확정되어 있다.

4. 이러한 의식은 정령들을 달래기 위한 것이라기보다 주술적인 것이다. 다시 말해 그 의식은 희생제물과 기도, 찬양을 통해 신적 존재의 호감을 사서 원하는 목적을 달성하려는 것이 아니다. 앞서 설명했듯이, 그것은 의식과 의식이 의도하는 결과 사이의 물리적 공감이나 유사성을 통해 자연 운행에 직접 영향을 미칠 수 있다고 믿는 주술적 의식이며, 그런 주술에 의해 원하는 목적을 달성하고자 한다.

이 같은 특징들로 판단하건대, 유럽 농민들의 봄철 관습과 추수 관습은 원시적인 흔적을 보여 준다고 말할 수 있다. 이를테면 그 의식을 수행하는 데에는 특정한 계층의 사람들이나 특정한 장소를 필요로 하지 않는다. 그것은 주인이든 머슴이든, 안주인이든 하녀든, 소년이든 소녀든 누구나 집행할 수 있다. 그것은 신전이나 교회가 아니라, 숲속과 풀밭, 개울가나 헛간, 추수철 들판이나 농가의 대청마루 등에서도 행할 수 있다. 그 의식에 등장하는 초자연적 존재는 신이 아니라 정령이다. 그 정령들의 기능은 명확히 규정된 자연의 특정 영역에만 한정되어 있다. 그들의 이름은 데메테르나 페르세포네, 디오니소스와 같은 고유명사가 아니라 '보리 어머니'라든가 '할망구', '아가씨' 등과 같은 보통명사이다. 그들의 유적 속성은 알려져 있지만, 그들의 개별적 생애라든가 성격이 신화 같은 것으로 전승되지는 않는다. 그들은 개체가 아니라 유적 집합체로서 존재하며, 각 집합체의 구성원은 개체로서 따로 구별되지 않는다. 가령 모든 농장은 자기 소유의 '곡물 어머니'나 '할망구', '아가씨'를 가지고 있지만, 각각의 '곡물 어머니'는 다른 '곡물 어머니'와 매우 흡사하며, '할망구'나 '아가씨'도 마찬가지이다.

끝으로 봄철 관습과 추수 관습은 모두 정령들을 달래기 위한 것이라기보다 주술적인 것이다. 이런 주술적 성격은 농작물에 필요한 비와 이슬을 확보하기 위해 '곡물 어머니'를 강물에 던지거나, 이듬해의 풍성한 수확을 위해 '할망구'를 크고 무겁게 만들거나, 마지막 곡식 다발의 알곡을 봄철의 어린 곡식 사이에 섞어 뿌리거나, 가축들이 잘 자라고 새끼도 많이 낳도록 하기 위해 마지막 곡식 다발을 나누어 먹이거나 하는 관습에 잘 드러나 있다.

제46장
세계의 '곡물의 어머니'

1. 아메리카의 '곡물의 어머니'

고대와 근대의 유럽인만이 곡물을 모신母神으로 인격화한 유일한 민족은 아니었다. 먼 지역의 다른 농경민족들도 그런 소박한 관념을 가지고 보리나 밀이 아닌 다른 토종 곡물에 대해서도 그런 관념을 적용했다. 예컨대 유럽에 '밀 어머니'나 '보리 어머니'가 있다면, 아메리카에는 '옥수수 어머니'가, 동인도 제도에는 '벼 어머니'가 있다. 아래에서는 먼저 옥수수를 인격화한 아메리카의 경우부터 살펴보기로 하자.

앞서 언급했듯이, 유럽 민족들은 곡식 줄기를 엮은 마지막 곡식 다발이나 혹은 그것으로 만든 인형을 흔히 다음 수확철까지 농가에 보관했다. 그 목적은 분명 곡식의 성장과 농작물의 풍작을 촉진하고자 곡물정령을 나타내는 상징물을 보존함으로써 1년 내내 정령의 생명력과 활동을 유지하려는 데에 있었다. 적어도 원래는 그런 목적이었을 것이다. 어쨌든 이런 해석은 고대 페루인들의 유사한 관습을 살펴보면, 그 개연성이 더욱 분명해진다. 스페인의 옛 역사가 호세 데 아코스타José de Acosta(1539~1600)[1]는 이에 대해 다음과 같이 기록하고 있다.

"그들은 농장에서 제일 잘 자란 옥수수의 일부를 잘라서 특정한 의식과 함께 '피루아Pirua'라는 곡물창고에 넣어 두고 사흘 밤 동안 지킨다. 그들은 이 옥수수에 제일 좋은 옷을 입히고, 크나큰 존경심으로 '피루아'를 숭배한다. 그들에 의하

---

1 스페인의 예수회 신학자, 신대륙에 파송된 선교사, 역사학자. 1571년 선교사로 페루에 가서 그곳에 교구 수도원을 세웠고, 현지 인디언의 언어로 교리문답서를 펴냈다. 1587년 스페인으로 돌아와 『인도 제도의 자연사와 도덕사The Natural and Moral History of the Indies』(1590)를 썼는데, 그는 이 책에서 당대의 예수회 정신과 과학사상에 비추어 원주민의 종교와 정치제도를 포함해 멕시코와 페루의 지리사 및 자연사를 기록했다. 이 책은 그가 16년 동안 인디언들과 함께 살면서 직접 경험한 사실들에 근거하여 쓴 것이기 때문에 특별한 가치가 있다.

면 이것이야말로 그들이 물려받은 옥수수의 어머니이며, 전술한 방식대로 하면 옥수수 수확이 늘고 썩지 않은 채 잘 보관된다고 한다. 이 달(5월에 해당하는 여섯 번째 달)에 그들은 특별한 희생제의를 올리는데, 그때 여자 마법사들이 '피루아'에게 내년까지 버틸 만한 기력이 있는지를 묻는다. 만일 '피루아'가 아니라고 대답하면, 사람들은 그것을 잘라 낸 농장으로 다시 가져가서 모든 이의 동의하에 불태워 버린다. 그런 다음 그들은 똑같은 의식에 의해 또 다른 '피루아'를 만들고, 옥수수 씨앗이 멸종하지 않도록 하기 위해 그것을 갱신한다고 말한다. 이때 '피루아'가 더 오래 버틸 힘이 있다고 대답하면, 그것을 다음 해까지 보관한다. 이렇게 어리석고 헛된 관습이 오늘날까지 계속되고 있다. 이런 '피루아'를 갖는 것은 인디언 사회에서 매우 흔한 일이다."[2]

그런데 위의 기술에는 몇 가지 오류가 눈에 띈다. 아마도 페루인들이 숭배하고 옥수수의 어머니로 간주한 것은 곡물창고(피루아)가 아니라 좋은 옷을 입힌 옥수수였을 것이다. 이는 페루의 관습에 관한 다른 자료에서도 확인할 수 있다. 페루인들은 모든 유익한 식물 안에는 그것을 성장케 해 주는 신적 존재가 깃들어 있다고 믿었다. 특정 식물에 따라 신적 존재는 '옥수수의 어머니Zara-mama', '퀴노아의 어머니Quinoa-mama',[3] '코카의 어머니Coca-mama', '감자의 어머니Axo-mama' 등으로 불렸다. 신적 어머니의 형상은 각각 옥수수 이삭이나 퀴노아 잎, 코카나무 등으로 만들어졌으며, 사람들은 거기에 여자 옷을 입히고 숭배했다. 이처럼 '옥수수 어머니'는 옥수수 줄기로 만들어졌으며, 거기에 여자 옷을 입힌 인형으로 표상되었다. 인디언들은 "그건 어머니이므로 많은 옥수수를 생산하고 출산하는 능력을 가졌다"고 믿었다. 요컨대 아코스타는 정보 제공자의 말을 잘못 이해했던 것으로 보인다. 즉, 그가 말한 '옥수수 어머니'는 곡물창고(피루아)가 아니라 화려한 의상을 차려입은 옥수수 다발이었을 것이다.[4]

---

2 출처는 Major-General John Campbell, *Wild Tribes of Khondistan*, London, 1864

3 퀴노아는 안데스 산맥 원산지의 식물로서 페루에서는 그 열매를 먹기도 한다.

4 여기서 프레이저는 아코스타의 오류에 너무 집착하는 듯이 보인다. 사실 '피루아'가 가리키는 것이 곡물창고든 '옥수수 어머니'든 간에 프레이저의 논지에서 크게 벗어나는 것은 아니다. 왜냐하면 여기서 곡물창고는 '옥수수의 어머니'가 보관된 장소이므로 그녀와 무관한 것이 결코 아니기 때문이다. 그것은 프레이저가 말하는 접촉의 원리에 의해 상호 연관되어 있다. 오히려 프레이저야말로 근대적인 논리로 원시적 사유를 재단하는 오류를 범한 것일지도 모른다. 페루 인디언들의 사유는 곡물창고와 '옥수수의 어머니'를 굳이 구분할 필요성을 느끼지 못했을 것이다. 그러니까 아코스타의 기술은 원주민들의 진술을 있는 그대로 반영한 것일 수 있다.

멕시코 후이촐족 인디언의 '푸른 옥수수의 어머니' 자수화

페루인들의 '옥수수의 어머니'도 발크히더의 '추수 아가씨'처럼 1년 동안 보관되었다. 그럼으로써 그녀의 힘으로 곡식이 성장하고 풍작이 될 거라고 여겼다. 사람들은 그녀의 힘이 충분치 못하여 다음 추수 때까지 버티지 못하는 일이 없도록, 그해 중간에 그녀의 기분이 어떤지를 물었다. 만약 그녀가 기운이 없다고 대답하면 사람들은 "옥수수 씨앗이 멸종하지 않도록 하기 위해" 그녀를 불태우고 새로운 '옥수수의 어머니'를 만들었다.

앞에서 정기적, 부정기적으로 신을 살해하는 관습에 대해 설명했는데, 여기서 우리는 그 설명을 입증하는 강력한 증거를 보게 된다. 대체로 '옥수수의 어머니'는 1년 동안 보관되었는데, 1년이라는 기간은 그녀의 힘이 쇠퇴하지 않은 채 유지될 수 있다고 합리적으로 상정한 기간이다. 하지만 조금이라도 기력이 쇠퇴하는 징후가 보이면 그녀는 죽음을 당해야 하며, 싱싱하고 기운찬 새로운 '옥수수의 어머니'가 그 자리를 대신해야 한다. 이는 그녀에게 달려 있는 옥수수의 생장력이 시들거나 쇠퇴하는 일이 없도록 하기 위함이다.

2. 동인도의 '벼의 어머니'

유럽 농민들에 의해 행해졌으며, 지금까지도 기억 속에 그 흔적이 남아 있는 추수 관습의 의미에 대해 아직도 의문을 품는 독자가 있을지도 모른다. 하지만 동인도의 말레이족이나 다약족이 벼를 수확할 때 행하는 관습과 비교해 보면 그런 의문이 풀릴 것이다. 왜냐하면 동양 종족들도 유럽 농민들과 마찬가지로 그런 관습을 낳은 지적 단계에서 크게 벗어나지 못한 상태에 있기 때문이다. 그들의 이론과 행위는 여전히 일치한다. 유럽에서는 저 진귀한 의식들이 이미 화석화되었거나, 시골뜨기들의 심심풀이 광대놀음이 되었거나, 교양인들의 수수께끼 놀이처럼 되어 버렸다. 하지만 동양인들에게 그것은 여전히 이해할 수 있고, 또 진지하게 설명할 수도 있는 그런 생생한 현실로서 살아 있다. 그러므로 벼농사에 관한 그들의 신앙과 관습을 연구함으로써 고대 그리스와 근대 유럽에서 행해진 곡물의례의 참된 의미를 좀 더 분명하게 밝힐 수 있을 것이다.

말레이족과 다약족이 벼와 관련하여 행하는 의식 전체는 벼에 영혼이 깃들어 있다고 믿는 소박한 관념에 기초하고 있다. 이때 그들은 인간에 관해 인정하는 동일한 종류의 영혼을 벼에 대해 적용했다. 나아가 그들은 벼의 번식과 성장, 쇠퇴와 죽음이라는 현상에 대해 인간에게서 일어나는 동일한 현상을 설명하는 원리에 입각하여 설명하고 있다. 그들은 식물의 조직 안에는 인간의 신체와 마찬가지로 어떤 생명의 원소가 들어 있다고 생각한다. 그 생명의 원소는 식물과 별개의 독립적인 것이다. 물론 그 부재가 너무 오래 계속되면 식물이 시들어 죽게 되지만, 잠시 동안이라면 그 생명의 원소는 어떤 치명적인 결과를 초래하지 않고도 그 식물에서 완전히 분리될 수 있다. 달리 더 적절한 단어를 찾기 어려우므로, 그렇게 분리될 수 있는 생명의 원소를 일단 식물의 영혼이라고 해 두자. 흔히 인간의 영혼이 그 몸에서 분리될 수 있는 생명의 원소라고 여겨지듯이 말이다. 모든 곡물의례는 바로 식물의 영혼에 대한 이론과 신화에 기초하고 있다. 이는 빈약하고 불확실한 토대 위에 세워진 사상누각沙上樓閣 같은 것이기는 하지만, 모든 사자死者에 대한 의례가 인간 영혼에 대한 이론이나 신화 위에 기초하고 있는 것과 같다.

벼의 생명이 인간의 그것과 마찬가지로 영혼에 의해 유지된다고 생각했기 때문에, 인도네시아인들은 마치 사람을 대하듯이 경외심을 가지고 벼를 다룬다. 가령 발생기의 벼는 임신한 여자를 대하듯이 다룬다. 그들은 벼의 영혼을 놀라게 한 나머지 조산시켜 결실을 맺지 못하게 해서는 안 된다고 여겨 논에서 총을 쏘거나 큰 소리를 지르지 못하게 한다. 마찬가지 이유로 논에서는 송장이나 악마 이야기를 해서도 안 된다. 또한 그들은 발생기의 벼에게 임신 중의 여자가 먹는 갖가지 음식물을 공급하기도 한다. 한편 벼 이삭이 나올 무렵에는 그것을 갓난애처럼 대하면서 아낙네들이 논에 죽을 뿌리며 돌아다닌다. 이는 발생기의 벼를 임신 중인 여자로, 그리고 벼 이삭을 어린애로 간주하고 있는 셈이다.

'곡물의 어머니' 데메테르와 '곡물의 딸' 페르세포네에 대한 그리스인들의 유사한 관념도 알고 보면, 이 같은 자연스럽고도 명백한 비교의 정신에서 생겨난 것이다. 그런데 마음 약한 여자 같은 벼의 영혼이 큰 소리에 놀라 유산했을 정도면, 추수꾼들이 어쩔 수 없이 낫으로 벼를 벨 때 벼의 영혼의 마음이 어떠하리라는 것은 쉬이 짐작할 수 있을 것이다. 때문에 중요한 시기에 벼를 벤다고 하는 외과수술은 될 수 있는 한 아프지 않도록 모든 수단이 강구되어야 했다. 그렇기에 낫으로 벼를 베는 작업은 특별한 방식으로 행해졌다. 추수꾼이 손으로 칼날 부분을 가리고 벼가 모르는 사이에 재빨리 그 모가지를 자름으로써 벼의 영혼이 놀라지 않게 하는 것이다. 이와 유사한 동기에서 논일을 하는 사람들은 특별한 용어를 사용한다. 그것은 벼의 영혼이 알아듣지 못하도록 고안된 말로서, 이삭이 창고에 들어갈 때까지 무슨 일이 진행되고 있는지 벼에게 경고나 암시를 주지 않기 위해서라고 한다.

벼를 의인화하는 인도네시아 종족으로는 대표적으로 보르네오 중부의 카얀Kayan족과 바하우Bahau족을 들 수 있다. 카얀족은 들떠 있는 벼의 영혼을 진정시키고 억류하기 위해 갖은 수고를 마다하지 않는다. 그들은 모형 사다리와 주걱, 그리고 갈고리와 가시와 끈이 들어 있는 광주리 등을 도구로 사용한다. 여사제가 주걱으로 벼의 영혼을 두드려 그것이 조그만 모형 사다리를 타고 광주리 속에 내려가도록 한다. 그렇게 해서 벼의 영혼이 자동적으로 갈고리와 가시와 끈에 의해 묶이게 만드는 것이다. 이런 식으로 벼의 영혼을 체포한 여사제는 그것을 곡물창고로 가지고 간다. 때로는 대통이나 밧줄을 사용할 때도 있다. 한편 이듬해의 풍년을 보장하기 위해서는 곡물창고에 저장된 모든 알곡들의 영혼을 억류할 필요가 있으며, 또한 땅에 흘린 벼의 영혼과 사슴, 원숭이, 멧돼지 등이 먹은 벼의 영혼을 되찾아오기 위해서도 노력하지 않으면 안 된다. 이를 위해 사제들은 여러 가지 도구를 만든다. 과실나무로 만든 갈고리 네 개가 달린 대통이 그것이다. 잃어버린 벼의 영혼을 갈고리로 체포하여 대통 속에 가두고, 그 대통을 집 안에 걸어 두는 것이다. 때로는 이와 동일한 목적을 위해 과실나무로 조각해서 만든 두 개의 손[手]을 사용하기도 한다. 카얀족의 주부는 밥을 짓기 위해 곡물창고에서 알곡을 내올 때마다, 벼의 영혼이 제 몸뚱이를 뺏어 간다고 화를 내지 않도록 그들을 잘 달래야만 한다.

버마의 카렌족도 농작물의 풍작을 위해서는 벼의 영혼이 도망가지 못하도록 잘 붙잡아 두어야 한다고 믿었다. 그들은 벼가 잘 자라지 않으면, 벼의 영혼kelah이 벼에서 떠났기 때문이라고 생각한다. 만일 그 영혼이 다시 벼한테 돌아오지 않으면, 그해의 벼농사는 실패하게 될 거라고 여겼다. 그래서 카렌족은 벼의 영혼을 되찾기 위해 다음과 같은 기도문을 외운다. "오, 돌아오라, 벼의 영혼이여! 돌아오라, 밭으로 돌아오라. 벼에게 돌아오라. 암수 씨앗과 함께 돌아오라. 코강에서 돌아오라. 카우강에서 돌아오라. 그 두 강물이 합류하는 곳에서도 돌아오라. 서쪽에서 돌아오라. 동쪽에서도 돌아오라. 새 목구멍과 원숭이 목구멍과 코끼리 목구멍에서 돌아오라. 모든 강물의 근원에서, 그 강물의 입에서 돌아오라.

샨과 부르만 지방에서 돌아오라. 머나먼 왕국에서 돌아오라. 모든 곡물창고에서 돌아오라. 오, 벼의 영혼이여, 벼에게 돌아오라."

유럽 농민의 '곡물의 어머니'는 수마트라 미낭카바우Minangkabau족의 '벼의 어머니'와 짝을 이룬다. 미낭카바우족은 벼의 영혼을 믿는다. 그들은 자기네 방식으로 찧은 쌀이 절구통에서 찧은 쌀보다 훨씬 맛이 좋다고 여긴다. 왜냐하면 절구통에서 찧으면 쌀 몸뚱이에 상처가 나서 벼의 영혼이 도망가 버리기 때문이다. 그들은 자바족과 마찬가지로 '사닝사리Saning Sari'라 부르는 여성정령이 특별히 벼를 보호한다고 믿는다. 로마인들이 곡물을 '케레스'라고 불렀듯이, 사닝사리도 종종 쌀을 나타내는 이름이기도 할 만큼 벼와 밀접한 연관성을 가지고 있다. 사닝사리는 특히 '인도이아파디Indoea padi'라는 곡물 줄기 혹은 낟알로 표상된다. '인도이아파디'라는 말은 직역하면 '벼의 어머니'로서 종종 수호정령 자체를 가리키는 명칭으로도 쓰인다.

어쨌든 '벼의 어머니'는 벼를 심고 수확하고 창고에 저장할 때 집행하는 모든 의식의 기초를 이룬다. 수도水稻경작법에서는 보통 논에 벼를 옮겨 심기 전에 먼저 못자리에서 싹을 틔우는데, 종자를 못자리에 뿌릴 때 최상의 볍씨들을 골라 '벼의 어머니'로 삼는다. 다음에 그것들을 못자리 한가운데에 뿌리고 주변에는 보통 씨앗들을 뿌린다. '벼의 어머니'의 성패가 벼 전반의 성장에 큰 영향을 끼친다고 믿는다. 만일 '벼의 어머니'가 시들시들 하거나 축 늘어지면 수확도 흉작이 될 것이다. 따라서 '벼의 어머니'를 못자리에 뿌리는 여자는 풍작을 위해 머리를 길게 풀어 헤치고 목욕재계를 해야 한다. 모내기를 할 때가 되면, '벼의 어머니'를 논의 중앙이나 귀퉁이에 심으면서 다음과 같은 주문을 외운다. "사닝사리여, 한 줄기 벼에서 쌀 한 가마를, 한 포기 벼에서 쌀 한 섬씩을 거둘 수 있게 해 주소서. 번개가 치거나 옆을 지나는 사람들이 있어도 놀라지 마소서. 햇빛을 기꺼워하시고, 모진 비바람이 몰아쳐도 안심하소서. 빗물이 그대 얼굴을 씻어 주게 하소서."

벼가 성장함에 따라 '벼의 어머니'로서 특별 취급을 받던 벼도 같이 자라 더 이상 보이지 않게 된다. 그러나 사람들은 수확이 진행되면 다른 '벼의 어머니'를 만들어 낸다. 즉, 수확할 무렵이 되면, 가족 중에 가장 나이 든 노파나 마술사가 그것을 발견하기 위해 논으로 나간다. 지나가는 산들바람에 맨 먼저 고개를 숙이는 벼 포기들이 '벼의 어머니'가 되는 것이다. 하지만 가족과 친구, 가축들의 잔치음식을 위해 첫 수확한 벼를 쓰기 전까지는 그것들을 베지 않고 그냥 묶어 둔다.

가축들까지도 사닝사리의 은총을 받는 것이다. 그리하여 잔치가 끝나면 '벼의 어머니'는 화려한 의상을 입은 사람들에 의해 운반된다. 그때 사람들은 '벼의 어머니'를 멋진 자루 속에 넣어 양산을 씌운 채 조심스럽게 곡물창고로 운반해서 창고 한가운데에 놓아둔다. 그녀는 창고 안에서 다른 벼들을 지켜 주며 또 종종 그 양을 늘려 준다고 믿었다.

중앙 셀레베스의 토모리Tomori족은 씨를 뿌릴 때 벼의 성장을 돕는 정령들에게 바치는 제물로서 약간의 참마를 밭에 묻는다. 그런 후 주변에 심은 벼는 수확할 때 가장 늦게 벤다. 수확이 시작되면 그곳의 벼가 다발로 묶여 '벼의 어머니ineno pae'라고 칭해지며, 그녀에게 쌀과 닭의 간, 달걀 따위를 제물로 바친다. 마침내 '벼의 어머니'를 베어 조심스레 창고로 운반하여 창고 바닥에 눕혀 놓는다. 토모리족은 '벼의 어머니'를 달에 사는 벼의 정령 '오몽가Omonga'에게 바치는 특별한 제물이라고 여긴다. 만일 창고에서 볏가마니를 내올 때 옷을 단정히 입지 않거나 '오몽가'를 제대로 모시지 않으면, 그 정령이 화를 내어 사람들이 창고에서 내온 벼의 두 배를 먹어치워 무례한 자들을 벌한다고 여겼다. 그래서 그가 벼를 먹어치울 때 입맛 다시는 소리를 들은 자들도 있다고 한다. 한편 수확 때에 '벼의 어머니'에게 제사를 바치는 중앙 셀레베스의 토라자Toradja족도 그녀를 모든 수확의 실제 어머니라고 여긴다. 그들은 그녀가 없어지면 창고 속의 벼들도 모조리 사라져 버린다고 믿기 때문에 그녀를 매우 소중하게 다루었다.

스코틀랜드에서 곡물의 늙은 정령과 젊은 정령을 각각 '늙은 여편네'와 '아가씨'로 부른 것과 마찬가지로, 말레이 반도에서도 수확의 들판에서 '벼의 어머니'와 그 자식을 각각 다른 곡식 다발이나 이식 다발로 구분하여 묶는다. 스키트w. W. Skeat는 1897년 1월 28일에 슬랑오르의 코도이Chodoi에서 '벼의 영혼'을 베어 집으로 운반하는 광경을 목격한 적이 있다. 거기서 사람들은 먼저 '벼 영혼의 어머니' 역할을 하는 특별한 곡식 다발을 정하고, 그 이삭의 특징이나 모양을 기억해 둔다. 그런 다음에 한 늙은 여자 마술사가 이 다발에서 엄숙하게 일곱 개의 이삭을 빼내어 기름을 바르고, 그것을 색실로 감아 향에 쐬어 흰 보자기에 싸서 조그만 광주리에 넣는다. 일곱 개의 이삭은 '어린 벼의 영혼'이고 광주리는 요람인 셈이다. 이것을 다른 여자가 농가로 가지고 가는데, 그녀는 어린애가 햇볕에 그을리지 않도록 광주리에 양산을 씌워 준다. 농가에 도착하면 그 집 여자들이 '벼아기'를 환영하면서 새로운 잠자리와 베개를 마련해 준다. 농가의 아내는 사흘간 터부를 지켜야 하는데, 이는 진짜 어린애를 출산한 후 사흘간 지켜야 하는 금기와 동일한 터부였다. 새로 태어난 '벼 아기'에 대한 살가운 보살핌은 당연히 아기의 부모, 즉 벼 이삭을 빼내 온 볏짚 다발에까지 확장된다.

다시 말해 '벼 아기'를 농가로 데려가서 잠자리에 뉘인 후 밭에 남아 있는 벼다발이 '벼 아기'의 어머니로서 대우받는 것이다. 이때 어린 나뭇가지를 잘게 빻아서 사흘간 매일 밤에 여기저기 뿌리며, 사흘 후에는 코코넛 과즙에 '염소의 꽃'이라 부르는 것을 섞고 거기에 설탕을 약간 발라 먹으면서 벼 포기에 조금씩 뱉는다. 진짜 해산의 경우에는 과실나무의 새싹, 복숭아, 바나나, 코코넛 과즙 등에 말린 생선, 소금, 식초, 참새우 양념, 그 밖의 맛있는 것들을 섞어서 일종의 샐러드를 만들어 그것을 사흘간 모자에게 나누어 먹이도록 되어 있다. 마지막 벼 포기는 농장주의 아내가 베는데, 그녀는 베어 낸 벼 포기를 가지고 돌아와 탈곡하여 '벼의 영혼'과 함께 섞는다. 그러면 농장주는 '벼의 영혼'과 그것이 담긴 광주리를 마지막 벼 포기와 함께 말레이인들이 흔히 사용하는 원형의 큰 쌀자루 속에 넣는다. '벼의 영혼' 가운데 어떤 낟알은 이듬해 파종할 씨앗과 함께 섞인다. 말레이 반도의 '벼 어머니'와 '벼 아기'는 고대 그리스의 데메테르와 페르세포네에 대응하는 것이며, 어떤 의미에서는 그 원형이라고도 할 수 있다.

유럽에서 곡물의 영혼을 신랑과 신부라는 이중적 형태로 표현하듯이, 그와 유사한 관습을 자바의 벼 수확 때에 행하는 의식에서 찾아볼 수 있다. 자바에서는 벼를 베기 전에 사제나 마술사가 듬뿍 벼 이삭을 뽑아 거기에 기름을 바르고 꽃장식을 한다. 이렇게 장식한 벼 이삭을 '파디펜간텐padi-pĕngantèn' 곧 '벼의 신랑신부'라고 한다. 이들의 결혼을 축하하는 잔치가 끝나자마자 벼 베기가 시작된다. 추수를 마친 후에는 창고 속에 신방을 차리며, 이를 위해 새로운 돗자리와 등잔, 그 밖의 화장 도구들이 준비된다. 신방 주변에는 결혼식 하객을 나타내는 다른 볏단들이 죽 둘러서 있다. 첫날밤을 마치기 전에는 일절 수확물들을 창고에 넣을 수 없다. 또한 벼를 창고에 넣은 뒤 40일 동안은 신혼부부에게 방해가 되면 안 되므로 아무도 창고에 들어가지 못한다.

발리섬과 롬복섬[5]에서는 수확 때가 되면 먼저 밭주인이 손수 '으뜸 벼'를 베어 그것을 두 다발로 만들어 각각의 다발을 잎이 달린 108개의 줄기로 묶는다. 다발

---

5 인도네시아 누사텡가라바라트(서누사텡가라)주에 속하는 섬

하나는 남자이고, 다른 하나는 여자로서 '남편과 아내'라고 부른다. 남자 다발은 잎이 보이지 않도록 실로 감고, 여자 다발은 잎이 뾰족하게 나오도록 해서 여자 머리카락처럼 실로 묶는다. 더 분명하게 구별하기 위해 때로는 여자 다발에 목걸이를 걸기도 한다. 밭에서 볏단을 운반할 때는 한 여자가 이 부부 다발을 머리에 이고 돌아와서 창고 속에 들여놓는데, 이것이 마지막 볏단이 된다. 그것은 조그만 음경 모양의 볏단이나 혹은 돗자리 위에 놓는다. 이렇게 배치하는 목적은 벼가 곳간 속에서 늘어나 농장주가 처음 넣은 분량보다 많아지게 하려는 데에 있다고 한다. 그래서 발리 사람들은 부부 볏단을 창고에 넣을 때 "자꾸자꾸 많아져라"라고 말한다. 창고의 벼를 다 먹어 치울 때까지, 그 부부 볏단은 조금씩 자연히 없어지거나 혹은 쥐가 먹어 치우도록 그냥 내버려 둔다. 때로는 흉년 때문에 부부 볏단까지 먹게 되는 경우가 있는데, 그럴 때는 이웃 사람들에게서 개, 돼지만도 못하다고 지탄을 받는다. 그렇다고 신성한 볏단을 다른 볏단처럼 팔려고 하는 자는 아무도 없다.

남녀의 힘에 의해 벼를 증식한다고 하는 관념은 상上버마의 치Szi족에게서도 찾아볼 수 있다. 아직 탈곡하지 않은 볏단을 말려서 탈곡을 위해 모아 놓을 때, 그들은 타작마당에 모든 친지들을 초대하여 음식을 차리고 잔치를 베푼다. 볏단더미를 두 덩이로 나누어 하나는 탈곡을 위해 펴놓고, 다른 하나는 높이 쌓아 놓은 채 그 위에 음식과 술상을 차려 놓고 "벼의 아버지, 어머니시여"라고 외치며, 이듬해의 풍작과 씨앗의 풍요를 소원한다. 그리고 모두가 흥겹게 먹고 마신다. 이들이 타작마당에서 벌이는 의식은 '벼의 어버이'를 부르는 유일한 의식이다.

3. 인간으로 화신한 곡물정령

유럽 농민들이 말하는 '곡물의 어머니'나 '곡물의 아가씨' 등을 곡물정령이 식물 속에 깃든 화신으로 보는 관념은 세계 여러 지역의 다른 민족에게서도 널리 찾아볼 수 있다. 그들은 유럽 민족들에 비해 정신적 발달이 지연되었으므로 유럽인들 사이에서는 이미 무의미한 잔존물로 영락해 버린 촌스러운 의식들을 보다 원초적인 동기에서 준수하고자 하는 예민한 감각을 유지하고 있다. 이와 관련하여 본서가 상세한 부분까지 의존하고 있는 만하르트에 의하면, 곡물정령은 식물의 형태뿐만 아니라 인간의 형태로도 그 자신을 표현한다는 점이 간과되어서는 안 될 것이다. 다시 말해, 마지막 곡식 다발을 베거나 타작할 때 그 역할을 맡은 사람은, 그가 베거나 타작하는 마지막 곡식 다발과 마찬가지로 곡물정령의 일시적 화신으로 간주되었던 것이다.

어쨌든 지금까지 유럽을 제외한 여러 민족들의 유사한 관습에서는 곡물정령이 오직 식물 형태로서만 나타났다. 따라서 이제는 유럽 농민들 이외의 여러 민족들 가운데서 곡물정령이 살아 있는 남녀로 표상하는 사례에 대해 입증할 차례이다. 이런 증거야말로 본서의 주제와 밀접한 관계가 있다. 왜냐하면 식물의 생명 자체 혹은 거기에 생명력을 부여하는 정령이 인간으로 표현되는 사례를 많이 발견하면 할수록 네미의 '숲의 왕'을 동일한 범주로 분류하는 데에 따르는 곤란함도 그만큼 줄어들기 때문이다.

북아메리카의 만단Mandan족[6]과 미니타리Minnitaree족[7]은 봄에 '여자의 곡물-주약呪藥 축제'를 열곤 했다. 그들은 '절대로 죽지 않는 할망구'가 농작물을 성장시킨다고 믿는데, 그녀는 남쪽 어딘가에 살고 있으며, 그 징조나 대표로서 봄이 되면 철새를 파견한다고 여겼다. 온갖 새들이 인디언들에 의해 경작되는 농작물의 각 종류를 나타냈다. 가령 야생 거위는 옥수수, 야생 고니는 표주박, 야생 오리는 콩을 대표한다는 식이다. 봄이 되어 '할망구'의 조류 사자들이 찾아오기 시작하면, 그들은 '여자의 곡물-주약 축제'를 거행했다. 그들은 먼저 '할망구'에게 바치는 제상을 차린다. 길일을 택해 부족의 노파들이 '절대로 죽지 않는 할망구'의 대표로서 각자 막대기에 묶은 옥수수 이삭 하나씩을 가지고 제상 앞에 모인다.

노파들은 가져온 막대기를 땅에 세워 놓고 제상 주위를 돌며 춤을 추다가 의식이 끝나면 그것을 들고 되돌아간다. 그 사이 영감들은 노파들의 의식에 대한 음악 반주로서 북을 치고 딸랑이를 흔들어 댄다. 젊은 여자들은 노파들의 입 안에 말린 과육果肉을 넣어 주고는 그 대가로 성화된 옥수수 알곡을 하나씩 받는다. 이렇게 해서 젊은 여자들의 접시에는 각각 신성한 알곡이 서너 알 정도 담기게 되는데, 그것들은 나중에 곡식 종자와 조심스럽게 섞인다. 그러면서 풍요와 다산이 보장된다고 믿는다. 제상 위에 놓인 말린 과육은 '절대로 죽지 않는 할망구'를

---

6 미국 하트강과 리틀미주리강 사이 미주리강 유역에 살면서 수어語를 쓰던 평원 인디언
7 히다차Hidatsa족이라고도 한다. 수어語를 쓰는 아메리카 평원 인디언으로 하트강과 리틀미주리강 사이에 있는 미주리강 상류의 반영구 촌락에서 거주했다.

어느 멕시코 인디언 샤먼의 그림(위)

오른쪽에 있는 여신 '가우리'와
그녀의 배우자 '시바 신'(아래)

상징하기 때문에 노파들의 차지가 된다.

'여자의 곡물-주약 축제'는 물소들을 불러들여 식량을 확보할 목적으로 가을에 행해지기도 했다. 그때 모든 여자들이 뿌리째 뽑은 옥수수를 손에 들고 운반하면서 거기에 '절대로 죽지 않는 할망구'라는 이름을 지어 주었다. 그 이름은 단지 옥수수뿐만 아니라 대지의 결실을 상징하는 새들에게도 붙여졌다. 그들은 이런 옥수수와 새에게 다음과 같이 기도했다. "어머니시여, 우리를 불쌍히 여기소서! 우리에게 너무 일찍 엄동설한을 가져다주지 마소서. 그래야만 우리가 충분한 고기를 확보할 수 있나이다. 짐승들을 내쫓지 말아 주소서. 그래야만 우리가 겨울에도 사냥할 수가 있나이다."

인디언들은 가을에 철새들이 남쪽으로 날아가 버리면, 그 새들이 '할망구'가 사는 고향으로 돌아가는 것이며, 그녀에게 제상 위에 놓인 제물들 특히 말린 고기를 갖다주는 것이라고 생각했다. 여기서 '할망구'로 관념되는 곡물정령 혹은 곡물의 신을 확인할 수 있다. 곡물정령은 인간의 몸을 가진 노파로 표상되기도 하는데, 이때 노파는 대표자의 자격으로서 곡물정령에게 바친 제물의 일부를 실제로 받는다.

인도의 어떤 지역에서는 추수의 여신 가우리Gauri[8]가 처녀로 표상됨과 동시에 여자의 가면이나 옷, 장신구 등으로 치장한 야생 발삼balsam의 식물 넝쿨로 표현되기도 한다. 요컨대 가우리 여신은 인간의 형태로도 식물의 형태로도 숭배받으며, 양자와 관련된 모든 의례의 목적은 벼의 풍작을 보증하는 데에 있었다.

4. '어머니'와 '딸'로서의 곡물의 이중 의인화

독일의 '곡물의 어머니'나 스코틀랜드의 '수확의 아가씨'에 비해, 그리스의 데메테르와 페르세포네는 종교적 발달 과정에서 후기에 나타난 산물이라 할 수 있다. 그러나 한때 그리스인들은 아리안어족의 한 구성원으로서 오늘날까지도 켈트족과 튜턴족, 슬라브족 등에 의해 행해지고 있을 뿐만 아니라 아리안어족을 넘

---

8 『리그베다』에 나오는 최고신 바루나Varuna의 배우자 여신 중 하나. 혹은 시바 신의 배우자 여신인 파르바티의 별칭

어서서 널리 페루 인디언들이나, 동부 인도의 여러 부족들에 의해 행해지는 그런 추수 관습을 지켰음에 틀림없다고 보인다. 이런 추수 관습의 기초가 되는 관념은 어떤 한 민족에게만 국한된 것이 아니라 농경에 종사하는 문화 민족 일반에 공통적으로 나타난다는 사실을 잘 보여 준다.

그리스 신화에 나오는 멋지고 아름다운 여신 데메테르와 페르세포네는 우리 시대의 농민들 사이에서 아직도 널리 행해지고 있는 것과 같은 원시시대의 소박한 신앙과 관습에서 비롯되었을 개연성이 크다. 두 여신의 살아 숨 쉬는 형상이 피디아스Phidias[9]나 프락시텔레스Praxiteles[10]와 같은 거장의 손에 의해 청동이나 대리석으로 표현되기 훨씬 이전에는, 아마 추수하는 들판에서 황금빛 곡식 다발로 조야하게 묶어 만든 인형의 모습으로 표현되었을 것으로 보인다. 전술한 '아가씨Kore'라는 곡물정령의 호칭은 일반적으로 페르세포네를 가리키는 것으로 알려져 있는데, 이는 우리에게 수확철 들판의 내음이 물씬 풍기는 그런 고대의 마지막 기억을 일깨워 준다. 독일의 '곡물의 어머니Corn-mother'가 데메테르의 원형이라고 한다면, '추수의 아가씨Harvest-maiden'는 페르세포네의 원형이라 할 수 있다.

발크히더의 브라이스 지방에서는 지금도 해마다 가을이 오면 마지막 곡식 다발로 '추수의 아가씨'를 만들고 있다. 우리가 고대 그리스 농민들에 대해 더 많은 것을 알 수만 있다면, 아마 고전시대의 그들도 수확의 들판에서 해마다 곡식 다발을 가지고 '곡물의 어머니(데메테르)'와 '아가씨(페르세포네)'를 만들었다는 사실을 확인하게 될지도 모른다. 하지만 불행히도 우리가 알고 있는 데메테르와 페르세포네는 도시의 웅장한 신전에 거했던 위엄 있는 여신일 따름이다. 고대의 세련된 저술가들이 바라본 데메테르와 페르세포네는 바로 그런 여신이었다. 그들은 수확하는 들판에서 시골 농민들이 행했던 소박한 관습에는 아무런 주의도 기울이지 않았다. 설령 주의했다 하더라도, 그들은 그루터기만 남은 채 햇볕이 쨍쨍 내리쬐는 들판에 세워진 곡식 다발로 만든 인형과 신전의 서늘한 장소에 안치된 대리석 신상 사이에 어떤 연관성이 있으리라고는 꿈에도 생각하지 않았을 것

---

9 고대 그리스의 조각가. 파르테논 신전에 있는 금과 상아로 된 「아테나 파르테노스」 신상을 비롯하여 여러 그리스 신들의 신상을 조각함으로써 그리스 신화의 세계를 문화적으로 확산하는 데에 크게 기여했다.

10 기원전 370~기원전 330년경에 활동한 아티카 출신의 가장 독창적인 그리스 조각가. 현존하는 유일한 작품으로서는 대리석으로 만든 「어린 디오니소스를 안은 헤르메스」가 있으며, 문헌상으로만 전해지는 가장 유명한 작품으로는 「쿠니도스의 아프로디테」를 들 수 있다.

이다.

그러나 도시 출신의 교양 있는 저술가들이 쓴 책에서, 독일 촌구석 농민들의 조야하기 짝이 없는 인형을 통해 소박하나마 데메테르의 그림자를 엿볼 수 있다. 가령 세 번 경작한 후 묵히는 휴경지에서 이아시온Iasion[11]이 데메테르와 사랑을 나누어 플루토스Plutos(지하의 '부'와 '풍요'의 신)[12]를 낳았다는 이야기는 수확의 들판에서 애 낳는 시늉을 하는 서부 프로이센의 관습에 비견될 만하다. 말하자면 프로이센 관습에서 애 낳는 시늉을 하는 여자는 '곡물의 어머니Zytniamatka'이고, 거기서 태어난 아이는 '곡물의 아이'를 표현하고 있는 셈이다. 그 모든 의식은 이듬해의 풍작을 보증하기 위한 일종의 주술이다. 이러한 프로이센 관습이나 그리스 신화는 모두 더 오래된 원시적 관습에서 비롯된 것이다. 즉, 그것은 봄에 움트는 곡식이나 가을에 추수하고 남은 그루터기 사이에서 실제로 행하거나 혹은 모의적으로 행했던 생식 행위의 관습을 가리킨다. 앞서 살펴보았듯이, 원시인은 통상 그런 관습을 통해 생기가 고갈된 자연에 그들 자신의 넘쳐나는 생명력을 주입하고자 했다. 문명인들에 의해 개조된 데메테르 안에 숨겨진 원시성에 대해서는 뒤에서 농경신의 또 다른 측면을 다루면서 다시 들여다보기로 하자.

근대의 민간 관습에서 곡물정령은 일반적으로 '곡물의 어머니'(가령 '할망구')와 '아가씨'(가령 '추수의 아이') 그중 하나로 표상된다는 점에 주의할 필요가 있다. 그렇다면 그리스인들이 곡물을 어머니와 딸[13] 모두로 표상한 이유는 무엇이었을까?

브르타뉴 지방의 관습에서 마지막 곡식 다발로 만들어진 큰 인형 속에 조그만 곡물 인형을 집어넣은 '어머니 다발'은 분명 '곡물의 어머니'와 아직 태어나지 않은 '곡물의 딸'을 동시에 표현한다. 또한 앞서 언급한 프로이센의 관습에서 '곡물의 어머니' 역할을 맡은 여자는 잘 익은 곡식을 나타낸다. 말할 것도 없이 이때 '곡물의 아이'는 이듬해의 곡물을 표상하며, 그 이듬해의 곡물은 다시 올해 수확한 곡물의 아이로 간주되고 있다. 왜냐하면 올해 수확한 알곡에서 이듬해의 작물이 움터 나올 것이기 때문이다. 앞에서 말레이 반도 사람들과 스코틀랜드 고원지

---

11 그리스 신화에서 데메테르의 한 연인이었던 크레타 출신의 청년
12 그리스어로 '플루토스'는 '재물'을 뜻한다. 미술에서 플루토스는 주로 풍요를 상징하는 뿔인 코르누코피아를 들고 있는 어린 아이의 모습으로 표현된다. 그는 때로 저승의 신 플루토(하데스)와 혼동되기도 한다.
13 데메테르와 페르세포네를 가리킨다.

대의 사람들이 곡물정령을 늙은 여자와 젊은 여자라는 이중의 여성적 형태로 나타낸다는 점도 살펴보았다. 거기서 늙은 여자와 젊은 여자는 모두 익은 곡식에서 따온 이삭들로 표상되었다. 스코틀랜드에서는 늙은 곡물정령을 '카를린Carline' 또는는 '카일레악Cailleach', 즉 '할망구'라고 부르는 한편, 젊은 곡물정령은 '아가씨'라고 불렸다. 이에 비해 말레이 반도에서는 벼의 두 정령이 어머니와 자식의 관계로 서로 밀접하게 연결되어 있다.

위의 사례들에 비추어 볼 때, 데메테르는 올해의 익은 곡식을, 그리고 페르세포네는 다음해 봄의 수확을 위해 가을에 파종하는 종자 곡식을 나타낸 것이라고 추정된다. 그러니까 페르세포네가 저승에 내려갔다는 이야기는 파종에 대한 신화적 표현일 것이며, 그녀가 봄에 다시 지상으로 돌아온다는 이야기는 곡물이 싹트는 것을 의미한다고 보인다. 그리하여 한 해는 페르세포네가 되었다가 그것이 다음해에는 데메테르가 되는 것이다. 이것이 바로 데메테르와 페르세포네 신화의 본래 형식이었음이 분명하다.

그러나 종교사상의 발전과 더불어 곡물은 더 이상 한 해 동안 출생과 성장, 번식과 죽음이라는 전체 순환 과정을 통과하는 인격적 존재로 간주하지 않게 되었다. 그 대신 곡물이 불멸의 여신으로 인격화됨으로써 어머니나 딸 중 하나를 포기하고 나머지 하나로 통합될 것을 요구받았다. 그럼에도 어머니이자 동시에 딸이라는 곡물의 이중성이 이런 논리에 의해 소멸되기에는 사람들의 마음속에 너무 깊이 뿌리내려 있었던 듯싶다. 때문에 개정된 신화에서도 어머니와 딸의 양쪽 모두가 함께 자리 잡게 된 것으로 보인다. 이로써 페르세포네에게는 가을에 파종되었다가 봄에 싹트는 곡물의 성격이 부여되는 한편, 데메테르에게는 그 곡물이 매년 땅속으로 사라지는 것을 슬퍼하다가 봄이 되어 다시 나타나는 것을 기뻐하는 '곡물의 어머니'로서 다소 음울하고 애매한 역할이 부여된 것이다. 그래서 개정된 신화는 단 1년 동안만 생존하다가 후계자에게 넘겨주고 사라져 버리는 신적 존재의 규칙적인 계승 대신에 불멸하는 두 신적 존재의 관념을 보여 주게 되었다. 두 신적 존재 가운데 하나는 매년 지하에 잠적했다가 다시 지상에 나타나며, 다른 하나는 그저 계절에 따라 슬퍼하고 혹은 기뻐할 따름이다.

그리스 신화에서 곡물의 이중적 인격화에 관한 이 같은 이론은 인격화된 두 여신(데메테르와 페르세포네)이 모두 본래적이고 근원적이라는 점을 전제로 하고 있다. 하지만 그리스 신화가 애당초 둘이 아니라 하나의 단일한 인격신에서 출발했다고 가정한다면, 이중적 인격화의 발달 과정은 다음과 같이 설명될 수 있다. 즉, 앞에서 검토한 추수 관습을 돌이켜 보면, 거기에는 곡물정령에 대한 구별되는 두 가지 관념이 내포되어 있음을 알 수 있다. 다시 말해 어떤 관습에서는 곡물정령을 곡물 속에 내재한 것으로 간주하는 반면, 다른 관습에서는 곡물 바깥에 외재하는 것으로 취급하고 있다.

예컨대 특정한 곡식 다발에 곡물정령의 이름을 붙이고 옷을 입혀 숭배할 때는 분명 정령이 곡물 속에 내재하는 것으로 간주되고 있다. 이에 비해 곡물정령이 곡식 속에 들어갔다가 다시 빠져나감으로써 곡식을 성장하게 만들거나 혹은 마음에 들지 않는 농장주의 곡식 알곡을 말라죽게 만들기도 한다고 말할 때는 정령이 곡물에 영향을 끼치지만 어디까지나 별개의 존재로 간주되고 있다. 후자의 관점에서 보면, 곡물정령은 설령 아직은 곡물의 신이 아니라 하더라도 장차 곡물의 신이 될 만한 가능성이 충분히 있다. 어쨌든 두 가지 관념 중에서 곡물정령이 곡물 속에 내재한다고 보는 관념이 더 오래된 것임은 의심할 나위 없다. 왜냐하면 일반적으로 그 안에 정령이 내재함으로써 생기와 활력을 얻게 된다는 자연관이야말로 외재적인 신이 자연을 지배한다고 보는 자연관보다 더 선행한다고 드러났기 때문이다. 요컨대 정령신앙animism이 이신론異神論, deism[14]보다 시기적으로

---

14 비정통적, 종교적 태도의 하나. 대체로 이신론은 자연종교라고 부를 수 있는 개념이다. 여기서 자연종교란 계시나 교회의 가르침을 통하여 얻는 지식이 아니라 모든 사람이 타고났거나 이성을 사용하여 얻을 수 있는 종교적 지식체계를 그대로 인정하는 것이다. 이신론자들은 인간의 이성에 대한 신뢰의 증가, 독단주의와 불관용을 초래한 종교적 계시에 대한 불신, 질서정연한 우주의 합리적 건축자로서의 신神의 이해에 큰 영향을 받았다. 르네상스의 인문주의는 인간의 이성이 죄악 때문에 타락했다는 정통 기독교의 주장을 거부하고, 인간의 이성은 보편적인 종교적 진리나 윤리적 진리를 초자연적인 계시나 교회의 특수한 가르침과 구별할 수 있다고 믿었다. 그와 마찬가지로 이신론자들도 세계의 여러 종교와 기독교 교회가 예배방식·신앙생활·교리에서는 엄청난 차이를 보이고 있지만, 그 근거에는 보편적으로 통용되고 있는 종교적·윤리적 원칙인 이성이 놓여 있다고 주장했다. 17세기 말의 이신론자들, 특히 존 틀린트, 샤프츠버리 백작, 매슈 틴들, 토머스 울스턴, 앤서니 콜린스 등은 정통 기독교 신앙과 예배의식을 이성으로 해부하기 시작했다. 그들은 로마 가톨릭의 정교한 전례의식과 복잡한 관례 규정을 고대 이교도의 미신과 비슷하다는 이유로 거부했다. 또한 그들은 개신교 분파들의 건전하지 못한 '광신'과 개인의 엄격한 경건 생활 대신, 이성의 종교가 요구하는 건전한 윤리적 노력과 관용을 널리 보급하려고 애썼다. 한편 토마스 아퀴나스 이후의 가톨릭 전통은 인간의 올바른 이성을 높이 평가해 왔다. 가톨릭 사상가들의 생각에 의하면, 올바른 이성은 신이 계시한 진리와 항상 조화를 이룰 뿐 아니라 신의 자연적인 도덕률을 밝혀낼 수 있는 수단이었다. 이에 대해 이신론자들은 자연종교만이 확실하고 타락하지 않는다고 반박했다. 정통 유대교와 기독교는 신이 인간의 역사를 만들고 유지하는 데 적극적으로 개입한다고 보았지만, 이신론자들은 신이 처음에 세상을 창조한 뒤로는 초연한 입장으로 물러앉아 이 세상이 합리적인 자연법에 따라 움직이도록 내버려 두고 있다고 주장했다. 그들은 우주를 안정된 합리적 법칙에 따르는 기계 장치로 간주한 뉴턴의 우주관을 환영했다.

더 오래되었다는 말이다.

유럽 농민의 추수 관습에서는 곡물정령을 곡물 속에 내재하는 존재로 간주하기도 하고, 혹은 곡물 바깥에 존재하는 것으로 보기도 한다. 이에 비해 그리스 신화에서는 데메테르가 곡물 속에 내재된 정령이라기보다는 오히려 곡물의 신으로 간주한다. 하여간 내재적 정령의 관념에서 외재적 신의 관념으로 넘어가는 사고의 변천 과정은 신인동형론적 인격신이 출현하는 과정이거나 혹은 내재적인 정령에 대해 점진적으로 더욱 많은 인간의 속성을 부여해 가는 과정이라 할 수 있다. 인간이 미개한 상태를 벗어나면서 신들을 인간화하는 경향이 강하게 나타나는 것이다. 그렇게 신들이 인간화하면 할수록 처음에는 그 속에 정령이나 영혼이 내재할 뿐이던 그런 자연물과 인간화한 신들 사이의 간격이 점점 더 벌어지게 마련이다.

그러나 미개 상태를 벗어나는 진보 과정에서 동시대를 사는 사람들이라고 해서 모두 어깨를 나란히 하고 함께 진보하는 것은 아니다. 예컨대 인격화된 새로운 신들이 보다 지적인 사람들의 종교적 요구를 충족시켜 줄 때, 지적으로 뒤떨어진 사회 구성원들은 여전히 낡은 정령신앙을 고수하려 든다. 그런데 곡물과 같은 어떤 자연물의 정령이 인간적 속성을 부여받고 그 자연물에서 분리되어 그것을 지배하는 신으로 전환될 때, 자연물 자체는 정령이 빠져나감으로써 생기를 잃게 된다. 이를테면 영적 진공 상태가 되는 것이다. 하지만 대중의 상상력은 그런 영적 진공 상태를 견디지 못하기 때문에, 다시 말해 생기 없는 사물의 존재를 상상할 수 없기 때문에, 곧바로 새로운 신화적 존재를 만들어서 그런 진공 상태의 자연물을 채우려 든다. 그 결과 신화 속에서는 동일한 하나의 자연물이 두 개의 구별되는 존재로 나타나게 된다. 하나는 자연물에서 떨어져 나와 신의 지위로 승격한 옛 정령이고, 다른 하나는 옛 정령이 더 높은 영역으로 승격함에 따라 생겨난 빈 곳을 채우기 위해 대중의 상상력이 새롭게 창조해 낸 새 정령이다.

이 경우에 드러나는 신화상의 문제점은 다음과 같다. 즉, 동일한 자연물에 대한 두 가지 다른 인격화를 어떻게 볼 것인가? 신화체계 내에서 그 양자의 상호관계를 어떻게 조정하고, 또 양자를 어떻게 자리매김해야 좋을 것인가? 옛 정령과 새로운 신이 문제의 자연물을 창조하거나 생산한다고 본다면 위의 물음은 쉽게 풀릴 수 있다. 즉, 자연물은 옛 정령에 의해 생산되고 새로운 신에 의해 생기를 부여받는다고 여겨지며, 따라서 새로운 신은 그 자연물의 영혼으로서 옛 정령에 그 존재를 의존할 수밖에 없다고 보기 때문이다. 그러므로 옛 정령은 새로운 신에 대해 생산자와 생산물의 관계, 즉 신화 속의 부모와 자식 관계에 놓이게 될 것이다. 여기서 양자를 모두 여성으로 간주한다면, 그들의 관계는 어머니와 딸의 관계가 된다. 이처럼 신화적 상상력은 곡물을 여성으로 보는 단일한 인격화에서 출발하여, 이윽고 어머니와 딸이라는 이중적 인격화에 이르게 되었을 성싶다.

그렇다고 데메테르와 페르세포네의 신화가 실제로 이런 과정을 통해 형성되었다고 성급히 단정지을 필요는 없다. 그럼에도 데메테르와 페르세포네 같은 신들의 이중적 인격화가 때때로 그런 과정을 통해 형성되었으리라고 추측해 볼 수는 있다. 예컨대 본서의 앞부분에서 다룬 배우자 신들 가운데 이시스와 반려자인 오시리스는 곡물의 인격화로 간주할 만한 근거가 있음을 규명한 바 있다. 방금 제기한 가설에 입각하면, 이시스는 옛 곡물의 정령이고 오시리스는 새로운 곡물의 정령에 해당되는데, 이때 새로운 정령과 옛 정령의 관계는 오빠라든가 남편혹은 아들의 관계 따위로 다양하게 나타날 수 있다. 말할 것도 없이 신화는 두 신의 공존에 대해 항상 한 가지 이상의 다양한 설명을 자유롭게 제시할 수 있기 때문이다. 그러나 데메테르와 페르세포네 혹은 이시스와 오시리스 등의 배우자 신들에 대한 이와 같은 설명은 다만 하나의 추측이자, 그저 하나의 가치 있는 개연성일 뿐이라는 점을 잊어서는 안 될 것이다.

제47장
리티에르세스

1. 곡물 수확자의 노래

앞에서 우리는 북유럽의 '곡물의 어머니'와 '추수의 아가씨'가 데메테르와 페르세포네의 원형이라는 점을 보여 주고자 시도했다. 하지만 양자 사이의 유사성을 말하려면, 또 하나의 본질적인 특징이 반드시 필요하다. 예컨대 그리스 신화에 나오는 중심 사건은 페르세포네의 죽음과 부활이다. 바로 그 사건이야말로 식물신으로서의 페르세포네 여신이 가지는 성격과 더불어 그 신화를 아도니스, 아티스, 오시리스, 디오니소스 숭배와 연결시켜 주는 요소이기 때문이다. 또한 바로 그 사건으로 말미암아 그 신화는 '죽어 가는 신Dying God'에 관한 우리의 논의 속에서 한 자리를 차지하게 된다. 그러므로 이와 같은 위대한 그리스와 동방적 종교에 두드러진 특징인 신의 연례적인 죽음과 부활이라는 관념의 기원이 과연 추수꾼과 포도 경작자들에 의해 옥수수 다발과 포도나무 사이에서 행해진 소박한 농촌 관습에 있는 것인지, 또는 양자 사이에 어떤 유사성이 정말 존재하는지 어떤지를 살펴보아야 하는 것이다.

앞에서도 고백했듯이, 고대인들 사이에 널리 퍼져 있던 신앙과 관습에 대해 우리가 아는 바는 거의 없다. 다행히도 고대 종교의 출발점을 둘러싼 애매모호한 점들은 오늘날 어느 정도 해명이 되었다. 가령 오시리스와 아도니스, 아티스 숭배는 앞서 살펴보았듯이 각기 이집트와 시리아, 프리기아를 본거지로 삼고 있었다. 이들 나라에서는 각기 추수기나 포도 수확기에 일정한 관습에 따라 의식을 거행한 것으로 알려져 있는데, 그 의식들 사이의 상호 유사성은 고대의 저술가들 스스로 놀라워할 정도였다. 이를 근대의 농민들이나 야만족들의 추수 관습과 비교해 본다면, 그 의식들의 기원에 대해 어떤 실마리를 얻을 수 있을 것이다.

이미 언급했듯이, 디오도로스의 전거에 의하면 고대 이집트의 추수꾼들은 첫 번째 곡식 다발을 애도하면서 곡물의 발견자인 여신 이시스에게 기원을 올렸다고 한다. 그리스인들은 이런 이집트 추수꾼들이 부르거나 외쳐 댄 구슬픈 노래와 소리를 '마네로스Maneros'라고 불렀다. 이 이름의 유래는 이집트 초대왕의 외아들인 마네로스가 농업을 발명했으나 일찍 죽는 바람에 백성들의 애도를 받았다는 전설에서 비롯된 것이라고 한다. 그러나 사실 마네로스라는 이름은 '마네라maa-ne-hra', 즉 '그대의 집으로 오라'를 의미하는 관용구를 잘못 이해한 데에서 생긴 것으로 보인다. 이 관용구는 『사자의 서Book of the Dead』[1]에 나오는 이시스의 추모가를 비롯하여 이집트의 여러 문서에 등장한다. 따라서 '마네라'의 영창은 추수꾼들이 베어 낸 곡식 앞에서 곡물정령(이시스 혹은 오시리스)의 죽음을 애도하고 그 부활을 위해 기도하는 만가輓歌였으리라고 보인다.

그 만가가 최초에 베인 이삭 다발에 대해 영창되었다는 점에서 추정해 볼 때, 이집트인들은 최초에 베인 곡식에 깃들어 있던 곡물의 정령이 낫질로 인해 죽음을 당한 것으로 믿었던 듯싶다. 앞에서 말레이 반도와 자바에서 최초의 벼 이삭이 '벼의 영혼'이나 '벼의 신부', '벼의 신랑'으로 표상된다는 점을 살펴본 바 있다. 러시아의 여러 지방에서는 최초의 곡식 다발을 다른 여러 나라에서 마지막 곡식 다발을 다루는 것과 동일한 방식으로 처리한다. 즉, 주부가 최초의 곡식 다발을 베어 집으로 가지고 돌아와 성화 옆에 모셔 둔다. 나중에 그것은 다른 곡식 다발들과 구별하여 따로 탈곡하며, 일부 낟알은 다음 해에 파종할 종자와 섞는다. 애버딘셔에서는 마지막 곡식 다발로 흔히 '클리아크clyack'라 부르는 곡식 다발을 만드는 데 사용했으며, 드물기는 하지만 때때로 최초의 곡식 다발에 여자 옷을 입혀서 집으로 운반하는 의식이 행해지기도 했다.

페니키아와 서아시아에서는 포도 수확기나 혹은 (유추하면) 추수기에 이집트 추수꾼들이 영창한 것과 비슷한 노래를 부른 것으로 보인다. 그리스인들은 이런 페니키아 노래를 '리누스Linus'[2] 혹은 '아일리누스Ailinus'라고 불렀으며, 그것

---

1 고대 이집트의 장례식에 관한 글 모음집. 내용은 주문 또는 마술 공식으로 이루어져 있고, 죽은 사람을 내세에서 보호하고 돕는다고 믿어 무덤에 넣어 주었다. 기원전 16세기에 편찬, 개정된 듯한 모음집은 기원전 2000년경으로 거슬러 올라가는 '관 본문Coffin Texts'과 기원전 2400년경으로 소급되는 '피라미드 본문 Pyramid Texts' 및 그 외 글들이 실려 있다. 후대의 편집본들에는 태양신 라Ra에게 바치는 찬송들이 첨가되었다. 이 모음집은 수많은 저자·편집자·자료에 힘입었다. 필사자들은 이 본문들을 파피루스 두루마리에 베껴 쓰되 때로는 화려한 삽화도 그려 넣어 장례식을 치르려는 사람들에게 팔았다. 이집트의 무덤에서 많은 사본이 발견되었지만, 거의 200장에 이르는 내용 전체를 실은 사본은 발견되지 않았다. 직역하면 '낮의 출현에 관한 장들Chapters of Coming-Forth-by-Day'이 되는 현재의 모음집 제목은 1842년에 본문들을 수집하여 최초로 출판한 독일의 이집트 학자 리하르트 렙시우스가 명명한 것이다.

『사자의 서』에서 이시스와 이시스의 상징(암소 뿔)이 등장하는 부분

을 '마네로스'의 경우와 마찬가지로 '리누스'라는 이름을 가진 젊은이의 죽음을 애도하기 위한 노래라고 설명했다. 어떤 전설에 의하면, 리누스는 한 목동에 의해 키워졌으나 목동이 기르던 개에 의해 물려 죽었다고 한다. 그러나 마네로스도 그랬듯이 리누스나 아일리누스라는 명칭도 언어적 착각에서 생겨난 것으로 보인다. 그것은 아마도 페니키아인들이 아도니스를 애도할 때 외치던 '아이 라누ai lanu' 곧 '아아, 슬프도다!'를 의미하는 말이었을 것이다. 그래서 사포Sappho[3]는 아도니스와 리누스를 동일시했던 모양이다.

비티니아[4]의 마리안디니아 지방에서는 추수꾼들이 '보르무스Bormus' 혹은 '보리무스Borimus'라는 구슬픈 노래를 부른다. 보르무스는 잘생긴 청년으로서, 우피아Upia족[5] 왕의 아들이었거나 어떤 집안의 부유하고 고귀한 태생이었다고 한다. 그는 어느 여름 날, 자기 밭에서 일하는 추수꾼들을 감독하면서 그들에게 물 한 사발을 갖다준 것을 마지막으로 그 후 소식이 끊겼다. 그래서 추수꾼들은 구슬픈 노래를 부르면서 그를 찾아다녔다고 하는데, 그 이래로 이 노래가 수확 때마다 불렸던 것이다.

2. 곡물정령의 살해

프리기아에서는 추수할 때와 탈곡할 때 추수꾼들이 불렀던 이와 유사한 노래를

---

2 그리스 신화에서 애가哀歌의 화신化身. 리누스라는 이름은 장례식을 치를 때 후렴으로 되풀이하여 외치는 '아일리누스ailinos'에서 유래했다. 아르고스나 테베와 각기 연관된 두 가지 전설이 애가의 기원을 설명하기 위해 생겨났다. 아르고스의 전설에 따르면 아폴론(빛·진리·예언의 신)과 프사마테(아르고스 왕인 크로토포스의 딸)의 아들인 리누스는 태어나자마자 들판에 버려져 들개들에게 갈기갈기 찢겼다. 아폴론은 그 앙갚음으로 복수의 정령精靈인 포이네를 보내어 아르고스의 어린아이들을 모조리 죽게 했다. 그러자 영웅 코로이보스가 포이네를 죽였다. 그리하여 아르니스, 또는 개 죽이는 날(쿠노폰티스) 축제가 제정되어 떠돌아다니는 들개들을 죽이고 제물을 바치면서 리누스와 프사마테를 애도했다. 테베의 전설에 따르면 리누스는 천문을 관장하는 뮤즈인 우라니아와 음악가인 암피마로스 사이에 태어난 아들로서 그 자신도 위대한 음악가였다. 리누스는 「리누스의 노래」를 만들었지만 감히 아폴론의 경쟁자로 나섰다는 이유로 그에게 죽음을 당했다. 후에 만들어진 재미있는 전설에 따르면, 리누스는 그리스의 영웅 헤라클레스의 음악 선생이었는데 제자의 잘못을 고쳐 주려고 하다가 제자에게 목숨을 잃었다고 한다.
3 기원전 610~기원전 580년경 소아시아 레스보스섬에서 활동한 유명한 여류 서정시인을 가리키는 듯하다.
4 아나톨리아 북서부에 있었던 고대 지역. 마르마라해, 보스포루스 해협, 흑해와 맞닿아 있다.
5 나이지리아 남동부지역에 사는 종족

'리티에르세스Lityerses'라고 한다. 어떤 전설에 의하면, 리티에르세스는 프리기아 왕 미다스Midas[6]의 서자庶子로서 켈라이나이에 거주했다고 한다. 그는 곡식 베는 일을 했으며 식욕이 왕성했다. 어쩌다 이방인이 그의 밭에 들어가거나 그 옆으로 지나가면, 리티에르세스는 그에게 먹을 것과 마실 것을 넉넉히 내준 다음 마이안 더 강둑에 있는 밭으로 그를 데려가서 강제로 자기와 함께 곡식을 베는 일을 시켰다. 그리고 이방인을 곡식 다발로 감싼 후 낫으로 그의 머리를 잘라 내고 짚으로 싸맨 몸뚱이를 가져가는 것이 리티에르세스 의례였다. 그러나 결국 헤라클레스가 리티에르세스와 함께 곡식을 베다가 그의 목을 낫으로 잘라 내고 시체를 강물에 던져 버렸다.

헤라클레스는 리티에르세스가 이방인들을 살해한 것과 같은 방식으로 리티에르세스를 살해한 것이다.[7] 여기서 리티에르세스도 자신이 죽인 희생물의 몸뚱이를 강물에 던져 버렸을 것이라고 추정할 수 있다. 이 전설의 다른 판본에 의하면, 미다스의 아들 리티에르세스는 사람들과 곡식 베는 내기를 즐겼으며, 자기가 내기에서 이기면 진 사람을 사정없이 매질했다고 한다. 그런데 어느 날 자기보다 곡식을 더 잘 베는 사람을 만나 그에게 살해당했다고 한다.

리티에르세스 전설 속에 우리는 프리기아의 추수 관습을 읽어 낼 수 있다. 즉,

---

6 그리스 신화에 나오는 프리기아(고대 아나톨리아의 중서부지방)의 왕. 그는 만진 것은 무엇이든 다 황금으로 변하게 해 달라고 디오니소스에게 부탁했다. 그런데 음식과 술마저 변하자, 그는 결국 자신의 탐욕을 깨닫고 용서를 빌었다.

7 프레이저가 이 전설의 전거로 삼은 주요한 고전은 3세기의 비극작가 소시테우스Sositheus가 쓴 희곡 『다프니스Daphnis』이다. 본문에 언급된 헤라클레스의 무용담은 흔히 말하는 '열두 가지 노역'에 속한 것이 아니라 나중에 리디아 여왕 옴팔레Omphale 밑에서 노예살이를 할 때 일어난 것이다. 로버트 그레이브스Robert Graves는 『그리스 신화The Greek Myths』에서 다음과 같이 그 뒷이야기를 서술하고 있다. "켈라이나이에는 미노스 왕의 서자인 농부 리티에르세스가 살고 있었다. 그는 나그네를 환대했지만, 자기하고 곡식 베는 경기를 하도록 강요했다. 저녁이 되어 나그네들의 기력이 떨어져 경기에 이기고 나면 리티에르세스는 그들을 매질하고 목을 자른 뒤 구슬픈 노래를 부르며 시체를 곡식단 속에 숨겼다. 그러던 중 헤라클레스가 헤르메스의 아들인 목동 다프니스를 구하러 켈라이나이를 방문했다. 다프니스는 해적들에게 납치된 연인 핌플레아Pimplea를 찾아 세상을 돌아다니다가 마침내 리티에르세스의 여자 노예들 중에서 그녀를 발견한 참이었다. 다프니스 또한 곡식 베기 경기를 하도록 강요받았다. 그러나 헤라클레스가 대신 나서서 리티에르세스를 제압하여 그의 목을 낫으로 자른 다음 몸통을 마이안데르강에 던져 버렸다. 다프니스는 핌플레아를 되찾았고, 거기다 헤라클레스는 핌플레아에게 리티에르세스의 궁전을 지참금으로 주었다. 프리기아의 추수꾼들은 리티에르세스를 기려 추수 만가를 부르는데, 그 만가는 추수 밭에서 죽은 이집트 초대왕의 아들 마네로스를 기리는 노래와 아주 흡사하다." 이런 리티에르세스의 전설에 대한 프레이저의 해석은 전적으로 만하르트의 저서 『신화학 연구』(1884)에 의존한 것이다. 이 저서에서 만하르트는 리티에르세스를 유럽의 추수 풍속에 적용하고 있다. 로버트 프레이저 편, 앞의 책, 514쪽 편주 참조

「미다스 왕과 바쿠스」 니콜라 푸생, 1628~1630년경

프리기아에서는 특정한 인물들, 특히 추수 밭을 지나가는 이방인들을 흔히 곡물정령의 화신으로 간주하였으며, 추수꾼들은 그를 붙잡아 곡식 다발로 감싸고 머리를 잘라 낸 다음 짚으로 싸맨 그의 시체를 나중에 강물에 던졌는데, 이는 강우주술의 일종이었을 것이다. 이렇게 볼 수 있는 근거로서 첫째, 리티에르세스 전설과 유럽 농민들의 추수 관습이 유사하다는 점, 둘째, 들판을 더 비옥하게 만들기 위해 미개인들이 종종 인신제물을 바쳤다는 점 등을 들 수 있다. 아래에서는 이런 근거에 대해 차례로 살펴보기로 하겠다. 먼저 첫 번째 근거부터 검토해 보자.

리티에르세스 전설을 유럽의 추수 관습과 비교할 때, 다음과 같은 세 가지 측면에 특히 주목할 필요가 있다. 1. 누가 더 빨리 베느냐 하는 곡식 베기 시합과 그렇게 벤 곡식 다발로 진 사람을 감싸는 관습 2. 곡물의 정령 혹은 그 표상을 살해하는 관습 3. 추수 밭을 방문하는 자 혹은 그 옆을 지나가는 이방인들을 거칠게 다루는 관습.

1. 첫 번째 측면과 관련하여, 앞서 언급했듯이 근대 유럽에서는 흔히 마지막 곡식 다발을 자르거나 묶거나 혹은 타작한 자를 동료 추수꾼들이 거칠게 다루었다. 그를 마지막 곡식 다발로 꽁꽁 묶어서 끌고 다니거나 혹은 수레에 태워 운반했으며, 두들겨 패고 물에 담그고 거름 더미에 던지기도 했다. 또는 그렇게 난폭하게 다루지 않는다 해도, 최소한 그를 조롱거리로 삼거나, 그가 그해 안에 어떤 재난을 당할 거라고 여겼다. 그래서 추수꾼들은 당연히 마지막 곡식 다발을 베거나 묶거나 타작하는 일을 꺼렸으므로, 추수가 끝나갈 무렵이 되면 추수꾼들은 서로 꼴찌가 되는 불명예를 피하기 위해 가능한 한 빨리 자기 일을 마치려고 경쟁이 벌어지게 마련이었다.

프로이센의 미텔마르크 지방에서는 마지막 호밀 다발을 묶어야 할 때가 되면, 모든 여자들이 각각 호밀 다발과 새끼줄을 앞에 갖다 놓고 서로 얼굴을 마주한 채 두 열로 줄지어 선다. 그리고 신호에 따라 일제히 다발을 묶기 시작하는데, 여기서 꼴찌한 여자는 조롱거리가 된다. 게다가 그녀가 묶은 다발은 인형으로 만들어져서 '영감'이라 부르게 되며, 그녀는 '영감'을 집 마당까지 메고 가야만 한다. 거기서 추수꾼들은 그녀와 인형을 둘러싼 채 둥글게 원을 지어 춤춘다. 그런 다음 일동은 '영감'을 농장주에게 건네주면서 "어르신께 영감을 바칩니다. 새것이 만들어질 때까지 잘 간수해 주십시오"라고 말한다. 그 후 '영감'은 나무에 걸린 채 오랫동안 웃음거리로 방치된다.

바바리아의 아슈바흐에서는 수확이 끝날 무렵이 되면, 추수꾼들이 "자, 이제 영감을 몰아내자"라고 말한다. 그리고 누가 더 빨리 곡식 다발을 베는지 시합을 벌인다. 거기서 꼴찌로 마지막 곡식 다발을 벤 자에 대해 사람들은 "영감은 네 거야"라고 외치면서 조롱한다. 때로 사람들은 꼴찌한 자의 얼굴에 검은 가면을 씌우거나 여자 옷을 입히기도 한다. 이때 꼴찌가 여자인 경우에는 남자 옷을 입힌다. 이어 춤판이 벌어진다. 저녁식사 때에 '영감'은 남들보다 두 배의 음식을 먹어야 한다. 타작 때에도 이와 유사한 방식의 의식이 행해진다. 거기서는 마지막으로 도리깨질을 한 자가 '영감'이 된다. 저녁식사 때 '영감'은 주걱으로 밥을 먹어야 하며, 술을 왕창 마셔야 한다. 사람들은 온갖 방법을 동원하여 '영감'을 조롱하고 괴롭힌다. 그런 괴롭힘을 더 당하지 않으려면 '영감'은 사람들에게 술을 한턱내야 한다.

이상의 사례들은 꼴찌가 됨으로써 당하는 조롱과 수모를 피하기 위해 추수꾼들이 곡식을 베고 타작하고 묶는 작업에서 누가 먼저 끝내는지를 두고 경쟁했다는 점을 잘 보여 준다. 여기서 우리는 제일 마지막에 곡식을 베거나 묶거나 타작한 자가 곡물정령으로 표상되었으며, 그와 같은 관념이 꼴찌한 자를 곡식 다발로 묶었다는 데에서 가장 잘 드러난다는 사실을 기억할 필요가 있다. 꼴찌한 자를 곡식 다발로 묶는 관습에 대해서는 앞서 설명한 바 있으나 몇 가지 사례를 더 부연하고자 한다. 슈테틴[8] 근방의 클록신에서는 추수꾼들이 마지막 곡식 다발을 묶은 여자에게 "당신은 영감을 얻었으니 그를 잘 보살펴야만 하오"라고 외친다.

19세기 전반까지만 해도 추수꾼들은 여자를 완두덩굴로 감싼 뒤 헛간으로 데려가서 그 덩굴이 다 떨어져 나갈 때까지 그녀와 춤을 추는 관습이 있었다. 스테틴 근방의 다른 마을들에서는 마지막 수레에 마지막 곡식 다발을 실을 때가 되면, 꼴찌가 되지 않으려고 여자들 사이에 경쟁이 벌어졌다. 그 수레에 제일 꼴찌로 다발을 실은 여자가 '영감'이 되어 곡식 다발에 꽁꽁 묶여지기 때문이었다. 사람들은 그녀를 꽃으로 단장하고 밀짚모자를 씌운다. 그런 다음 그녀는 엄숙한 행렬을 따라 대지주에게 가서 그의 머리 위에 '수확의 왕관'을 씌워 주면서 축하의 한마디를 건넨다. 이윽고 벌어지는 춤판에서는 '영감'에게 춤 상대를 선택할

---

8 슈체친Szczecin이라고도 한다. 폴란드 북서부 끝 슈체친주의 주도이자 항구도시

권리가 주어진다. 이때 사람들은 '영감'과 춤추는 것을 명예로 여긴다. 마그데부르크 근교의 고메른에서도 마지막 곡식 다발을 벤 자는 다발로 감싸 그 안에 사람이 들어 있는지조차 알아볼 수 없을 정도로 꽁꽁 묶는다. 그리고 힘센 추수꾼이 그것을 등에 짊어지고 다른 추수꾼들의 흥겨운 외침 소리가 울려 퍼지는 가운데 들판을 돌아다닌다.

메르제부르크[9] 근방의 노이하우젠에서는 마지막 곡식 다발을 묶은 자를 귀리 짚에 싸서 '귀리 남자'라고 불렀는데, 사람들은 그를 둘러싸고 춤을 춘다. 아이슬드 프랑스Isle de France의 브리에에서는 최초의 곡식 다발로 농장주를 묶는다. 에르푸르트 지방의 딩겔슈테트에서는 19세기 전반까지만 해도 마지막 곡식 다발 속에 사람을 넣어 묶는 관습이 남아 있었다. 사람들은 그 사람을 '영감'이라고 불렀으며, 환호성과 음악이 울려 퍼지는 가운데 그를 마지막 수레에 태워 집으로 싣고 간다. 이윽고 농장 뜰에 도착하면 그를 헛간 속에 던져 굴리면서 물세례를 퍼붓는다. 바바리아의 뇌르틀링겐에서는 타작 때에 마지막으로 도리깨질한 자를 짚으로 싸서 타작마당에 뒹굴렸다. 바바리아 오버팔츠[10]의 어떤 지역에서는 "영감을 얻었다"고 불리는 자를 짚으로 둘둘 감싸서 아직 타작을 마치지 못한 이웃 농부에게 데려간다. 슐레지엔에서는 마지막 곡식 다발을 묶는 여자가 호되게 욕을 먹고 괴롭힘을 당한다. 사람들은 그녀를 이리저리 밀치고 눕혀서 곡식 다발로 꽁꽁 묶은 다음 '곡물인형Korn-popel'이라고 불렀다.

이상의 모든 사례에서 곡물정령, 즉 식물의 '영감'은 마지막으로 베이거나 탈곡된 곡식에서 추방당하여 겨울 내내 헛간에서 지낸다는 관념을 읽을 수 있다. 그러다가 파종기가 되면 '영감'이 다시 들판으로 나와 곡식이 잘 싹틀 수 있도록 활력을 부여해 준다고 여겼던 것이다.

2. 리티에르세스 전설과 유럽의 추수 관습을 비교하는 두 번째 측면으로 넘어가 보자. 여기서 우리는 유럽의 추수 관습에서 곡물정령이 종종 추수나 타작 때에 살해당한다고 믿었던 사실을 읽어 낼 수 있어야 한다. 노르웨이의 롬스달[11]이나 그 밖의 여러 지방에서는 건초 만드는 작업이 끝났을 때 "건초 영감이 죽었다"고 말한다. 바바리아의 몇몇 지방에서도 타작 때에 마지막 도리깨질을 한 자

---

9 독일 중동부 작센안할트주의 도시
10 독일 남부 바이에른주 중동부에 있는 행정구
11 노르웨이 서부의 주. 노르웨이해에 접해 있다.

가 곡물의 종류에 따라 '곡물 남자'라든가 '귀리 남자' 혹은 '밀 남자'를 죽였다고 말한다. 로렌[12]의 틸로트주에서는 마지막 곡식을 타작할 때 사람들은 도리깨질 장단에 맞추어 "우리가 할망구를 죽인다네! 우리가 할망구를 죽인다네!"라고 외친다. 이때 집 안에 노파가 있는 경우, 그녀는 몸조심하지 않으면 매맞아 죽게 될 거라는 경고를 받는다. 리투아니아의 라그니트 인근에서는 마지막 한 줌의 곡식을 베지 않고 남겨 놓은 채 "저기 할망구Boba가 앉아 있다"고 말한다. 젊은 추수꾼 하나가 잘 손질한 낫으로 일격에 그것을 베어 내면, 사람들은 "그가 할망구의 머리를 잘랐다"고 말한다. 그가 농장주에게 수고비를 받으면 농장주의 아내는 그의 머리에 한 항아리 가득 물을 퍼붓는다. 다른 설명에 의하면, 리투아니아 추수꾼들은 모두 자기 몫의 일을 빨리 마치려고 서두른다. 왜냐하면 마지막 호밀 줄기에는 '호밀 할망구'가 살고 있으며, 따라서 마지막 줄기를 베는 자는 곧 '호밀 할망구'를 죽이는 것이 되어 재앙을 입게 될 거라고 믿는다. 틸지트[13] 지방의 빌키슈켄에서는 마지막 곡식 다발을 베는 자를 '호밀 할망구의 살해자'라고 부른다.

리투아니아에서는 추수 때만 아니라 타작 때에도 곡물정령이 살해당한다고 믿는다. 그때 타작할 곡식이 딱 한 이랑만 남게 되면, 모든 타작꾼들은 마치 명령이라도 받은 듯이 갑자기 몇 걸음 뒤로 물러선다. 그리고 다시 타작 일을 시작하여 아주 잽싸고 격렬하게 도리깨질을 하면서 마지막 곡식 다발을 향해 다가선다. 이때 그들은 거의 광적인 분노에 휩싸여 온힘을 다해 소낙비처럼 도리깨질을 해댄다. 이는 지휘자가 날카롭게 "그만!"이라는 구령을 외칠 때까지 계속된다. 그만하라는 구령이 떨어진 후에 마지막으로 도리깨질을 하는 사람은 곧바로 다른 사람들에게 둘러싸이며, 그들은 "저 자가 호밀 할망구를 때려죽였어!"라고 소리친다. 그는 자기 행동에 대한 대가로 사람들에게 술을 대접해야만 한다. 그는 마지막 곡식 다발을 벤 자와 마찬가지로 '호밀 할망구의 살해자'라고 불렀다. 리투아니아에서는 종종 살해당한 곡물정령을 인형으로 표현하기도 한다. 가령 곡식 줄기로 여자 인형을 만들어 옷을 입히고 그것을 마지막으로 타작할 곡식 더미 아래 놓아둔 다음, 누구든 마지막 타작질을 하는 자에게 "네가 할망구를 때려죽였

12 프랑스 북동부의 보주·뫼즈·뫼르트에모젤·모젤 주州들을 포함하는 지역
13 러시아 서부에 있는 네만강의 하항河港 소베트스크Sovetsk의 옛 이름

다"고 말한다.

앞에서 곡물정령을 나타내는 인형이 불태워지는 사례에 대해 많이 살펴보았다. 예컨대 요크셔[14] 동쪽 지구에서는 추수하는 마지막 날에 '늙은 마녀의 화형식'이라는 의식이 행해졌다. 이때 사람들은 들판에서 그루터기를 태우는 불에 조그만 곡식 다발을 함께 태우는데, 그 불에 완두콩을 구워서 후하게 제공되는 맥주와 함께 먹는다. 그리고 젊은 남녀들이 모닥불 주위를 뛰어다니며 얼굴에 서로 검댕 칠을 하면서 노닥거린다. 혹은 때때로 마지막 곡식 다발 아래 누운 한 남자를 곡물정령으로 표상하기도 한다. 사람들은 이 남자의 몸 위에서 마지막 곡식 다발을 타작하면서 "영감이 맞아 죽는다"고 말한다. 앞서 살펴보았듯이, 이때 종종 농장주의 아내를 마지막 곡식 다발과 함께 탈곡기 아래로 밀어 넣어 마치 그녀를 탈곡할 듯한 시늉을 한 다음 이번에는 그녀를 키질하는 흉내를 낸다.

티롤의 볼더스에서는 타작할 때 마지막 도리깨질을 하는 자의 목 뒤에 곡식 껍데기들을 붙이고 밀짚 화환으로 목을 졸라맨다. 이때 그 사람의 키가 크면 다음 해에 곡식도 크게 자랄 것이라고 믿는다. 어쨌든 사람들은 그를 곡식 다발로 묶어 강물에 던져 버린다. 오스트리아의 카린티아에서는 마지막 도리깨질을 하는 타작꾼과 마지막 곡식 다발을 타작마당에 풀어 놓는 일꾼의 손발을 새끼줄로 결박하고 머리에 밀짚왕관을 씌운다. 그리고 이들이 서로 얼굴을 마주보게 해서 썰매 위에 묶어, 온 마을을 끌고 다니다가 냇물에 던져 버린다. 이처럼 곡물정령으로 간주되는 대표자를 물에 던지는 관습은 그런 자에게 물을 끼얹는 관습과 마찬가지로 통상 강우주술의 일종이라 할 수 있다.

3. 위에서 살펴본 곡물정령의 대표자는 일반적으로 마지막 곡식 다발을 베거나 묶거나 혹은 타작하는 남자 혹은 여자였다. 이번에는 (리티에르세스 전설에서처럼) 추수 밭을 지나가는 이방인이나 처음 그곳에 온 방문객을 곡물정령으로 간주하는 사례에 대해 살펴보기로 하자. 독일 전역에는 추수꾼이나 타작꾼이 지나가는 이방인을 붙잡아 벌금을 낼 때까지 곡식 줄기를 꼬아 만든 새끼줄로 묶어 놓는 관습이 있었다. 농장주나 손님 중 한 사람이 밭이나 타작마당에 처음 들어갈 때에도 그렇게 하는데, 이때 새끼줄로 그의 팔다리나 목을 감아 놓기도 하고 혹은 정식으로 그를 곡식 다발로 싸서 묶기도 한다. 노르웨이의 솔뢰르에서는 농

---

14 영국 잉글랜드의 옛 주

장주든 이방인이든 간에 밭에 들어오는 자는 모두 곡식 다발로 묶은 다음 몸값을 지불하게 한다. 또한 소에스트[15] 근방에서는 처음으로 아마를 뽑는 일꾼들을 방문한 농장주의 온몸을 아마로 칭칭 감는다. 지나는 행인들도 여자들에게 둘러싸여 아마로 묶인 채 술을 한턱 낼 것을 강요당한다. 뇌르틀링겐에서는 이방인들을 새끼줄로 포박하여 벌금을 낼 때까지 곡식 다발로 묶어 놓는다. 서부 보헤미아 하젤베르크의 게르만족은 농장주가 타작마당에 마지막 곡식 다발을 내놓자마자 그를 곡식 다발로 묶고 케이크를 선물로 내놓아야만 풀어 주었다.

노르망디의 퓌탕주주에서는 지주를 마지막 밀 다발로 감싸는 관습이 지금까지도 행해지고 있다. 아니 최소한 사반세기 전까지는 확실하게 행해졌다. 그 관습은 오직 여자들에 의해서만 실행되었다. 여자들이 지주에게 달려들어 그의 팔다리와 몸뚱이를 붙잡아 땅 위에 넘어뜨리고 밀 다발 위에 때려눕힌다. 그런 다음 그를 묶는 시늉을 하면서 추수 잔치 때에 그가 해야 할 일들을 명한다. 그가 그대로 하겠다고 승낙하면 그를 풀어 준다. 아이슬 드 프랑스의 브리에서는 누구든 농장 식구가 아닌 자가 추수 밭을 지나가면 추수꾼들이 그를 추격한다. 그를 붙잡아 곡식 다발로 묶은 다음 차례로 그의 이마를 물어뜯으면서 "네놈에게 밭 열쇠를 주겠다"고 고래고래 소리지른다. 여기서 "열쇠를 준다"는 말은 추수꾼들이 마지막 곡식 다발을 베거나 묶거나 타작하는 것을 의미한다. 이 말은 마지막 곡식 다발을 베거나 묶거나 타작하는 자에게 하는 "당신이 영감을 얻었다"라든가 "당신은 영감이다"라는 말과 같은 뜻이다. 따라서 브리에의 경우처럼 곡식 다발에 묶인 이방인에게 "밭의 열쇠를 건네주는" 것은 그가 곧 곡물정령을 표상하는 '영감'이라는 것을 뜻한다. 홉 수확기에 잘 차려입은 이방인이 홉 밭을 지나가게 되면, 여자들은 그를 붙잡아 큰 자루 속에 집어넣어 잎사귀들로 덮어 버린 다음 벌금을 낼 때까지 풀어 주지 않는다.

고대의 리티에르세스처럼, 근대 유럽의 추수꾼들도 지나가는 이방인을 붙잡아 곡식 다발로 묶는 관습을 행했던여기서 것이다. 물론 근대 유럽의 농민들은 이방인의 목을 베지는 않았으므로 양자의 관습이 완전히 일치하는 것은 아니다. 하지만 그들이 그렇게 극단적인 행위는 하지 않았다 하더라도, 최소한 그들의 말투와 몸짓은 마치 이방인의 목이라도 벨 것 같은 기세를 보여 준 것만은 틀림없

---

15 독일 서부 노르트라인베스트팔렌주의 도시

다. 가령 메클렌부르크에서는 추수하는 첫날에 농장주나 그의 부인 혹은 이방인이 밭에 들어온다든지 그냥 밭 옆을 지나가기만 해도, 모든 추수꾼들이 그 쪽을 노려보면서 이제부터 베어 버리겠다는 기세로 일제히 숫돌에 낫을 갈기 시작한다. 그리고 추수꾼들을 지휘하는 여자가 그(녀)에게 다가서서 그(녀)의 왼팔을 새끼줄로 칭칭 동여맨다. 그(녀)가 거기서 풀려나려면 벌금을 내야만 한다.

라체부르크 근방에서는 농장주나 낯선 사람이 밭에 들어오거나 그 옆을 지나가면, 모든 추수꾼이 작업을 중지한 다음 우르르 그쪽으로 몰려간다. 이때 선두에 선 추수꾼들은 손에 낫을 들고 간다. 그와 마주치면 추수꾼들은 남녀별로 열을 지어 선다. 남자들은 낫을 갈 때처럼 낫자루를 땅에 꽂고 모자를 벗어 낫 위에 걸어 놓는다. 그리고 추수꾼의 지휘자가 앞에 나와서 일장 연설을 한다. 연설이 끝나면 그들은 잠시 동안 요란하게 일제히 낫을 간 다음 다시 모자를 쓴다. 이때 곡식 다발을 묶는 여자들 가운데 두 사람이 앞으로 나선다. 한 여자는 농장주나 이방인을 (흔히 그러하듯이) 곡식 이삭이나 비단 띠로 묶고, 또 한 여자는 운율에 맞춘 연설을 한다. 다음 인용문은 이때 행해진 연설의 일부이다. 포메라니아Pomerania의 몇몇 지방에서는 추수기에 새끼줄을 쳐서 밭을 지나가는 외부인들의 모든 통행을 가로막는다. 만일 이를 어기는 통행인이 있으면, 추수꾼들은 그 사람 주위를 둥글게 둘러싼 채 낫을 시퍼렇게 갈고 우두머리는 이렇게 말한다.

사람 준비도 되어 있것다,
낫 준비도 끝났것다,
곡식도 모두 갖추어져 있것다,
그러니 이젠 선생의 목을 벨 차례올시다.

그동안 사람들은 계속 낫을 간다. 슈테틴 지방의 나빈에서는 추수꾼들이 이방인을 가운데 세워 놓고 이렇게 연설한다.

자, 이 선생을 베어 버리자,
우리의 날선 칼로.
그것으로 목장과 밭을 베어 내자.
왕자와 임금도 베어 내자.

일꾼들은 자주 목이 마르지.

그러니 선생이 맥주와 브랜디를 내신다면,

농담은 이제 그만두겠소.

하지만 만일 우리말을 듣지 않겠다면,

할 수 없이 칼로 내리칠 수밖에.

타작마당에서도 이방인은 곡물정령의 화신으로 간주된다. 비딩하르데에서는 이방인이 타작마당에 나타나면 "도리깨춤을 가르쳐 드릴까?"라고 묻는다. 그가 승낙하면 사람들은 마치 그가 곡식 다발이기나 한 것처럼 그의 목에 도리깨 자루를 대고 거의 질식할 정도로 꽉 눌러 댄다. 베름란드의 몇몇 지방에서는 타작꾼들이 일하고 있는 타작마당에 이방인이 들어서면, 그들은 "타작 노래를 가르쳐 드리지"라고 말한다. 그리고 도리깨를 이방인의 목에 대고 그의 몸을 새끼줄로 칭칭 감는다. 또한 앞서 살펴보았듯이, 낯선 여자가 타작마당에 들어오면 타작꾼들은 그녀 몸에 도리깨를 들이대고 그녀 목을 곡식 줄기로 칭칭 감으면서 "곡물 계집을 보라! 보라! 곡물 계집이 어떻게 생겼는지를 보라!"라고 외친다.

이처럼 근대 유럽의 추수 관습에서는 마지막 곡식 다발을 베거나 묶거나 타작하는 자가 곡물정령으로 간주된다. 그래서 그(녀)를 곡식 다발로 감싸고 농기구로 죽이는 시늉을 하며 물 속에 던지기도 한다. 이는 리티에르세스 전설과 일치한다. 이런 일치는 리티에르세스 전설이 고대 프리기아 추수 관습의 순수한 원형이라는 점을 보여 주는 증거라 할 수 있다. 그러나 근대 유럽 농민들의 사례에서는 곡물정령을 대표하는 사람이 살해되지 않으며, 기껏해야 그런 시늉이 행해질 뿐이다. 이에 반해 미개사회에서는 밭의 풍요와 다산을 촉진하려는 농경의례에서 일반적으로 인신제물을 바쳤다. 다음의 여러 사례는 이 점을 잘 보여 준다.

3. 농작물을 위한 인신제물

에콰도르의 과야킬[16]에 살던 인디언들은 밭에 씨를 뿌릴 때 인간의 피와 심장을 제물로 바쳤다. 카냐르Cañar(오늘날 에콰도르의 쿠엥카족)족은 매년 추수 때마다 백 명의 어린애들을 인신제물로 바쳤다. 페루의 잉카족인 키토Quito의 왕들과 스페인 사람들조차 상당 기간 이 피비린내 나는 의식을 막지 못했다. 멕시코의 한 수확제에서는 계절의 첫 결실을 태양에게 바칠 때, 서로 기대놓은 커다란 두 개의 돌 사이에 죄인 한 사람을 세워 놓고 돌이 쓰러지면서 거기에 깔려 죽게 했다. 그의 유해가 매장되고 난 후에는 향연과 춤판이 벌어졌다. 이런 희생제의를 '돌들의 회견'이라고 불렀다. 앞서 살펴본 대로, 고대 멕시코인은 옥수수 성장의 각 단계에 상응하는 나이의 인간을 제물로 바쳤다. 파종기에는 갓난애를, 발아기에는 어린이를, 곡식이 다 익으면 노인을 제물로 바쳤다. 그들은 이렇게 인신제물의 나이와 곡물의 성장 상태를 일치시킴으로써 희생제의의 효과를 더 증대할 수 있다고 믿었음에 틀림없다.

포니Pawnee족은 매년 봄, 밭에 파종할 때마다 인신제물을 바쳤다. 그들은 샛별 혹은 그 샛별이 사자로 파견한 새가 이 희생제의를 행하도록 명령했다고 여겼다. 그래서 그 새를 박제로 만들었으며, 강력한 부적으로서 보존했다. 그들은 희생제의를 행하지 않으면 옥수수나 콩, 호박 등이 전부 흉년이 들 거라고 생각했다. 이때 바친 인신제물은 남자 혹은 여자 포로였다. 포로에게는 화려하고 값비싼 옷을 입히고 기름진 음식을 먹여 포동포동 살찌게 만들었으며, 자신의 운명을 눈치 채지 못하도록 각별히 조심했다. 포로가 적당히 살이 오르면 사람들 앞으로 끌어내어 십자가에 묶은 다음 엄숙하게 춤을 추면서 그의 머리를 도끼로 쪼개고 화살을 쏘아댔다. 어떤 상인이 전해 준 말에 의하면, 이때 원주민 여자들은 인신제물의 몸에서 살덩이를 도려내어 그것으로 제 몸뚱이에 기름칠을 해 댔다고도 한다. 하지만 희생제의의 장면을 목격한 또 다른 상인에 의하면, 그런 일은 없었다고 한다. 어쨌든 희생제의가 끝나는 즉시 사람들은 밭에 씨를 뿌리기 시작한다.

전하는 말에 따르면, 1837년 혹은 1838년 4월에 포니족은 수Sioux족 소녀 한 명을 인신제물로 바쳤다. 그 소녀는 열네댓 살 정도였으며, 6개월 동안 억류되면서 귀한 대접을 받았다. 이윽고 희생제의가 행해지기 이틀 전에 그녀는 추장과 전사 일행을 따라 이 오두막에서 저 오두막으로 돌아다닌다. 그때 그녀는 오두막에서 받은 조그만 나무토막과 물감을 옆에 있는 전사에게 건네준다. 이런 식으로 그녀는 마을 안의 모든 오두막집을 돌면서 조그만 나무토막과 물감을 받는다. 마침내 4월 22일에 그녀는 제물이 되기 위해 전사들에게 끌려나오는데, 이때 전사

---

16 에콰도르에서 가장 큰 도시이자 주요 항구

「포니족 전사」 조지 캐틀린, 1832

들은 각각 그녀에게서 건네받은 나무토막을 두 개씩 들고 있었다. 소녀의 몸뚱이는 절반은 붉게, 절반은 검게 칠해져 있었다. 그녀는 일종의 교수대에 묶인 채 잠시 약한 모닥불로 그슬린 다음 화살에 맞아 숨을 거두었다. 그런 다음 제의 최고 집행관이 소녀의 심장을 파내어 날름 집어먹는다. 그녀의 살덩이는 아직 온기가 남아 있는 동안에 뼈와 분리되어 갈기갈기 잘게 찢긴 채 조그만 광주리들에 담겨져 근처의 곡식 밭으로 운반된다. 거기서 대추장이 광주리에서 살덩이를 집어내어 피 한 방울을 짜내어 새로 뿌려질 씨앗 위에 떨어뜨린다. 그러면 다른 자들도 각각 대추장이 한 대로 씨앗 위에 피 한 방울씩을 떨어뜨린다. 그렇게 모든 씨앗에 피가 뿌려지면 그 위에 흙을 덮는다. 전하는 말에 의하면, 이 인신제물의 살덩이들은 풀처럼 반죽되어 옥수수뿐만 아니라 감자와 콩, 기타 씨앗들의 풍요를 위해 뿌려졌다고 한다. 포니족은 이 희생제의를 통해 풍성한 수확을 기원했던 것이다.

서아프리카의 어떤 여왕은 3월에 남녀 한 사람씩을 제물로 바쳤다고 한다. 그들은 쟁기와 곡괭이로 살해당한 후 방금 경작한 밭 한가운데에 묻혔다. 기니아의 라고스에서는 매년 춘분이 지나자마자 풍작을 얻기 위해 나이 어린 처녀를 산 채로 꼬챙이에 꿰어 죽이는 관습이 있었다. 이와 동시에 양과 염소도 제물로 바쳤는데, 그것들은 얌과 옥수수, 바나나 따위와 함께 처녀 몸뚱이의 양쪽에서 삐죽 튀어나온 꼬챙이에 걸렸다. 여기서 인신제물이 될 사람들은 특별히 왕의 후궁에서 양육되었으며, 그들이 자기 운명을 기꺼이 받아들이도록 사제에 의해 철저히 교육되었다. 기니아의 베냉에서도 매년 이와 유사한 인신제물을 바쳤다. 베추아나Bechuana족에 속한 마리모Marimo족도 농작물의 풍요를 위해 사람을 제물로 바쳤다. 보통 키가 작고 다부진 사람이 제물로 선택되었다. 사람들은 그를 강제로 혹은 술에 취하게 해서 붙잡아 밭으로 끌고 간다. 그리고 그를 종자(그들은 그렇게 말했다)로 이용하기 위해 밭 한가운데서 살해한다. 그가 흘린 피를 햇볕에 말린 다음, 이마 뼈와 거기 붙은 살점 그리고 골과 함께 불에 태운다. 이렇게 해서 타고 남은 재를 밭에 뿌려 풍요를 기원했던 것이다. 몸뚱이의 나머지 부위는 사람들이 나눠 먹었다고 한다.

필리핀 제도에 속한 민다나오섬의 바고보Bagobo족은 벼를 파종하기 전에 인신제물을 바쳤다. 이때 노예를 제물로 바치는데, 그는 숲속에서 토막토막 잘려진다. 필리핀 제도의 일부인 루손섬[17] 내륙에 사는 본톡Bontoc족은 대단한 식인종이다. 그들이 즐겨 사람 사냥을 나가는 계절은 모를 심는 때와 수확 때이다. 순조로운 벼농사를 위해서는 각 농가마다 파종기와 모심기 때 각각 사람 모가지를 적어도 하나씩은 마련해야 했다. 사람 사냥을 나갈 때는 두 사람 혹은 세 사람이 한조가 되어 잠복해 있다가 남자건 여자건 붙잡으면 목과 양팔과 두 다리를 토막내어 마을로 급히 돌아온다. 그러면 마을 사람들은 환호성을 지르며 이들을 맞이한다. 먼저 그 모가지는 의자 대용의 커다란 돌들로 둘러싸인 마을 광장에 서 있는 두세 그루의 죽은 나뭇가지에 걸어 놓는다. 그런 다음 모가지 둘레에서 춤을 추며 잔치와 술판이 벌어진다. 모가지에 붙은 살덩이가 다 부식되고 나면, 모가지를 사냥해 온 자가 그것을 집으로 가지고 가서 성물聖物로서 잘 보관한다. 시체의 나머지 손발도 마찬가지 방식으로 동료들에 의해 보관된다. 루손섬에 사는 다른 부족인 아포야오Apoyao족도 이와 유사한 관습을 행한다.

브라마푸트라[18] 계곡 깊이 둘러싸인 첩첩산중의 꼬불꼬불하고 험준한 미로를 따라 오지로 들어가면 여러 미개 부족들이 살고 있는데, 로타나가Lhota Naga족도 그중 하나이다. 이들의 관습에서는 만나는 사람의 목과 양팔, 두 다리를 잘라서 곡물의 풍작을 빌기 위해 그것을 밭에 세워 둔다. 그것은 잔인한 짓임에 틀림없지만, 살해당한 자에게 특별히 악의를 품어서 그런 것은 아니다. 어쨌든 그들은 이전에도 한 소년을 산 채로 가죽을 벗겨 갈기갈기 찢은 다음 그 살덩이를 모든 마을 사람들에게 분배한 적이 있었다. 사람들은 그것을 액운 방지를 위한 부적으로 삼거나 혹은 곡물의 풍작을 소원하기 위해 곡식 자루에 넣어 보관했다. 인도의 드라비다 인종에 속한 곤드Gond족[19]은 브라만 계급의 소년들을 유괴하여 이런저런 희생제의에 사용하기 위해 제물용으로 키웠다. 파종기와 수확기에 마치 개선행렬 같은 의식을 치른 후 한 소년을 독화살로 쏘아 죽였다. 그의 피는 경작한 밭이나 성장한 곡물 위에 뿌려졌고, 그의 살덩이는 먹어 치웠다.

인도 초타나그푸르[20] 지방의 오라온Oraon족 혹은 우라온Uraon족은 '안나쿠아리Anna Kuari'라 부르는 여신을 숭배했다. 이 여신은 풍작과 부를 가져다준다고 하

---

17 필리핀 제도에서 가장 크고 중요한 섬. 필리핀의 수도 마닐라와 케손시가 있다.
18 중앙아시아와 남아시아를 흐르는 큰 강 및 그 주변 지역인 인도 동쪽 끝 아삼 지방의 히말라야 변경 지역을 가리킨다.
19 인도 중부의 원주민 집단
20 인도 동부 비하르주에 있는 고원

는데, 이를 위해 인신제물을 바쳐야 했다. 영국 정부의 경고에도 불구하고 그런 희생제의가 지금까지도 비밀리에 계속 행해진다고 한다. 이때 바쳐지는 제물은 불쌍한 부랑자나 미아들이 대부분이다. 왜냐하면 그런 자들은 실종되어도 누구 하나 관심을 갖는 사람이 없기 때문이다. 4월과 5월은 오라온족이 사람 사냥을 나가는 달이다. 그래서 그 무렵에 타관 사람들은 혼자서 그 지방을 돌아다니지 않았으며, 부모들은 자녀가 밀림 속에 들어가거나 가축을 방목하는 일도 하지 못하게 한다. 하여튼 사람 사냥꾼이 산 제물을 발견하면 먼저 목을 찌른 다음 약 손가락의 윗부분과 코를 베어 가지고 돌아간다. 이런 인신제물을 바치면 그때부터 여신이 그 집에 거하면서 그 집의 밭에 두 배의 수확을 가져다준다고 믿었다. 이때 집에 모셔 둔 여신상은 조그만 어린아이의 모습을 하고 있다. 가장은 아직 탈곡하지 않은 볏단을 집에 가지고 들어와, 그 여신상을 볏단 위에 굴린다. 그러는 사이 여신상에 볏단이 들러붙어 두 배의 크기가 된다. 하지만 여신은 이내 성을 내는데, 이때 신선한 인신제물의 피를 바쳐야 여신을 달랠 수 있다고 한다.

그런데 풍작을 확보하기 위해 인신제물을 바친 조직적 희생제의 가운데 가장 널리 알려진 사례로서 벵골 지방에 사는 드라비다 인종인 콘드Khond족 혹은 칸드Kandh족의 경우를 들 수 있다. 우리는 이들에 대해 19세기 중엽에 희생제의 관습 퇴치에 종사했던 영국 관리들이 남긴 기록에서 많은 정보를 얻을 수 있다. 그 기록에 의하면, 이들은 대지의 여신 '타리펜누Tari Pennu' 혹은 '베라펜누Bera Pennu' 에게 인신제물을 바쳤다. 이들은 그런 희생제의가 풍작을 가져다주고 모든 질병과 사고를 막아 주며, 특히 심황turmeric[21] 재배를 보장해 준다고 믿었다. 콘드족은 사람의 피를 뿌리지 않으면 심황이 짙은 붉은색을 띠지 않는다고 여겼다. '메리아Meriah'라 부르는 인신제물은 돈을 주고 사거나, 처음부터 제물로 운명지어진 자(인신제물이 된 자의 자식)이거나, 아버지나 후견인에 의해 어릴 때부터 바쳐진 자에 한해 여신에게 바쳐졌다. 콘드족은 여신의 축복에 대해 확신을 가지고 있었으며, 따라서 인신제물의 죽음이 인류 동포를 위해 가장 명예로운 일이라고 생각했으므로 궁색하면 자기 자식을 제물로 팔았던 것이다.

한번은 한 파누아Panua족 남자가 콘드족 남자를 저주하면서 그의 얼굴에 침을 뱉은 적이 있었다고 한다. 왜냐하면 파누아족 남자가 결혼하고 싶어 했던 여자가

---

21 물감, 건위제, 조미료 등의 원료로 쓰이는 인도산 식물

바로 콘드족 남자의 딸이었는데, 그 딸을 아버지가 제물로 팔아넘겼기 때문이다. 이 장면을 바라보고 있던 콘드족 사람들은 "네 딸은 인류 동포를 구하기 위해 죽은 것이다. 대지의 여신께서 네 얼굴의 침을 씻어 주실 것이다"라고 말하면서 딸을 팔아넘긴 남자를 위로했다고 한다. 제물로 바쳐질 자는 종종 희생제의가 행해지기 몇 해 동안 양육되기도 했다. 그는 성스러운 인간으로서 뭇사람들의 존경과 애정을 한 몸에 받았으며, 어디를 가나 환대받았다. '메리아', 즉 인신제물로 바쳐질 젊은 청년은 적당한 시기가 되면 장가를 가는 것이 보통이었는데, 그와 결혼한 여자 또한 '메리아'가 된다. 그에게는 아내와 함께 먹고 살 만큼의 토지와 농기구가 주어졌다. 그들의 자식 또한 '메리아'가 된다. 이 같은 인신제물은 정기적인 희생제의나 혹은 특별한 경우마다 부족이나 마을별로 여신에게 바쳐졌다. 정기적인 희생제의는 부족별로 각각의 가장마다 자기 밭에 파종할 때 그 살덩이를 조달할 수 있도록 조정하여 최소한 1년에 한 번씩 집행하였다.

그러한 부족별 희생제의의 집행 절차는 다음과 같다. 먼저 희생제의가 거행되기 10일 전이나 12일 전에 그때까지 다듬지 않고 아무렇게나 기른 머리카락을 자름으로써 희생자를 성화聖化한다. 이윽고 부족의 모든 남녀들이 희생제의를 구경하기 위해 모여든다. 이때 빠지는 사람이 있어서는 안 된다. 희생제의는 모든 인류 동포를 위한 것이라고 전해지기 때문이다. 이들은 며칠 동안 신나게 떠들고 술을 마시며 잔치를 벌인다. 마침내 희생제 전날이 되면 사람들은 희생자에게 새 옷을 입힌 다음 음악과 춤이 수반된 엄숙한 행렬을 지어 그를 '메리아'의 숲, 즉 마을에서 좀 떨어진 곳에 있으며 도끼질을 한 번도 한 적이 없는 울창한 숲으로 데려간다. 그곳에 도착하면 사람들은 그를 말뚝에 묶거나 때로는 두 그루의 산키사르sankissar 관목 사이에 묶는다. 그런 다음 쇠기름과 심황을 그의 몸에 바르고 꽃으로 장식한다. 그리고 하루 종일 숭배와 진배없는 존경심으로 그를 대한다. 사람들은 아무리 사소한 것이라 하더라도 그의 몸에서 성물을 얻고자 너도나도 난리를 피운다. 그의 몸뚱이에 바른 심황 한 조각 혹은 그의 침 한 방울이라도 지고한 효험이 있다고 여겨 특히 여성들에게 인기가 좋았다. 이어 사람들은 음악에 맞추어 말뚝 주위를 돌며 춤을 춘다. 그러면서 대지에게 "신이시여, 이제 당신에게 이 산 제물을 바치나이다. 우리에게 풍작과 좋은 계절과 건강을 내려 주소서"라고 기도한다. 그런 다음 제물을 향해 "우리는 대가를 지불하고 당신을 사들였소. 훔쳐 온 것은 아니란 말이요. 우리는 관습에 따라 당신을 제물로 바치는 것이니, 우리에겐 아무런 죄가 없소이다"라고 말한다.

희생제의의 마지막 날 아침이 되면, 그때까지 한밤중에도 계속되어 온 난장판이 다시 한 번 뻑적지근하게 벌어지고 점심때가 돼서야 막을 내린다. 그런 다음 희생제의의 마지막 절차가 행해진다. 사람들은 희생자에게 다시 한 번 기름을 바르고 각자 그렇게 성화된 부위를 손으로 만지고 자기 이마로 기름을 문질러 닦아낸다. 어떤 마을에서는 이때 사람들이 행렬을 지어 희생자를 마을 집집마다 끌고 다닌다. 그때 집주인은 희생자의 머리카락을 뽑아 가지거나 혹은 그의 침 한 방울을 얻어 자기 머리에 바른다. 희생제의를 거행할 때 인신제물이 말뚝에 묶이려 하지 않거나 혹은 저항을 하면 안 되므로, 사람들은 그의 팔목을 부러뜨리거나 필요한 경우 다리를 분지르기도 한다. 하지만 이때 그를 아편으로 마취시키기 때문에 그런 예방책은 대개 없어도 그만이었다. 하여간 제물을 죽이는 방식은 마을에 따라 다양했다. 아마도 가장 일반적인 방식 중 하나는 교살하거나 질식사하는 방식이었던 것으로 보인다. 이를테면 상록수 가지를 꺾어 그 한가운데를 몇 센티미터 정도 아래로 쭉 쪼갠다. 그리고 희생자의 목(때로는 가슴)을 그 쪼개진 틈 사이에 집어 놓고 사제가 조수의 도움을 받아 온힘을 다해 힘껏 조인다. 그리고 희생자에게 도끼로 약간 상처를 내면, 사람들이 개떼처럼 달려들어 그의 머리와 내장만 남겨놓고 뼈에서 살덩이를 전부 도려낸다.

경우에 따라서는 산 채로 희생자의 살덩이를 도려내는 수도 있다. 친나키메디에서는 사람들이 둘러싸고 구경하는 가운데 살아 있는 제물을 밭으로 끌고 다니면서 머리와 내장만 남겨 둔 채 그의 숨이 넘어갈 때까지 손칼로 살덩이를 도려낸다. 이 지방에서 제물을 죽이는 데에 흔히 사용된 또 다른 방식이 있다. 그것은 견고한 말뚝 위에서 빙빙 돌아가도록 설치된 목제 코끼리의 코에 제물을 묶고 그가 절명할 때까지 사람들이 그의 살덩이를 도려내는 방식이다. 캠벨 소령은 몇몇 마을에서 희생제의 때 사용된 그와 같은 목제 코끼리를 14개나 목격했다고 한다. 한편 어떤 지방에서는 제물을 불에 그슬려 서서히 죽이기도 한다. 이 경우 사람들은 양편이 지붕 모양처럼 경사진 나지막한 무대를 만들고 그 위에 제물을 올려놓는다. 이때 그가 꼼짝 못하도록 새끼줄로 그의 사지를 꽁꽁 묶는다. 그리고 불붙인 뜨거운 햇불을 그에게 들이대는데, 이때 그가 가능한 한 오랫동안 무대의 양측 경사면을 위아래로 구르도록 한다. 왜냐하면 그가 고통에 못 이겨 눈물을 많이 흘리면 흘릴수록 그만큼 충분한 비가 내릴 것이라고 여겼기 때문이다.

다음날 사람들은 그의 몸뚱이를 갈기갈기 찢었다.

이렇게 찢겨진 살덩이는 곧바로 각 마을에서 파견된 사람들에 의해 집으로 운반된다. 이때 그것을 가능한 한 빨리 집으로 가져가기 위해 종종 릴레이 방식이 행해져 멀리 80~90킬로미터 떨어진 곳까지도 신속한 배송이 이루어진다. 각 마을에서는 살덩이가 도착할 때까지 집에 있는 모든 자들이 엄격하게 단식을 행한다. 마침내 살덩이를 가져온 자가 공회당에 도착하면 사제나 가장들이 그것을 인수한다. 사제는 그것을 두 조각으로 나누어, 한 조각을 대지의 여신에게 바친다. 이때 사제는 등을 뒤로 한 채 뒤돌아보지 않고 그것을 땅에 파놓은 구멍에 묻는다. 그러면 사람들이 각자 그 위에 흙을 한 줌씩 던지고, 사제는 그 위에 표주박으로 물을 붓는다. 나머지 한 조각은 모여든 가장의 숫자만큼 분배된다. 가장은 그것을 나뭇잎에 둘둘 말아 자기 밭에서 뒤로 돌아선 채 뒤돌아보지 않고 파묻는다. 지방에 따라서는 자기 밭에 물을 대는 냇가에 말뚝을 박고 거기에 걸어 두기도 한다. 그리고 며칠 동안 집안 청소를 하지 않는다. 또 어떤 지방에서는 그 기간에 일체 침묵을 지켰고, 불도 때지 않았으며, 나무를 베거나 이방인을 집에 들여놓는 일도 금했다. 제물의 나머지 부분(머리, 내장, 뼈 따위)은 희생제의가 행해진 날 밤에 힘센 사제에 의해 지켜졌다가, 다음날 아침에 양 한 마리와 함께 화장터에서 불태운다. 그 재는 전답에 살포하거나 혹은 반죽해서 집이나 곡식에 바른다든지 또는 독충을 제거하기 위해 햇곡식에 뿌린다. 그러나 때로는 머리와 뼈를 화장하지 않은 채 그대로 땅에 묻기도 한다.

어쨌든 이러한 인신공희의 관습이 탄압을 받게 되자, 어떤 지방에서는 제물을 다른 것으로 대체했다. 친나키메디의 수도에서는 인신제물 대신 염소를 바쳤으며, 또 다른 곳에서는 물소를 제물로 삼았다. 그들은 그것을 성스러운 숲속의 나무 말뚝에 묶고 그 주위에서 칼을 휘두르며 미친 듯이 춤을 추다가 살아 있는 물소에게 달려들어 조금씩 살덩이를 도려냈다. 이때 사람들이 일제히 싸움하다시피 달려들기 때문에 물소는 몇 분이 지나지 않아 갈가리 찢겨지고 만다. 그런 다음 살점 하나를 손에 넣은 자는 자기 밭에 그것을 묻기 위해 전속력으로 달려 집으로 향한다. 일몰 전에 그것을 밭에 묻는 것이 전통적인 관례이며, 어떤 자들은 집이 너무 멀어서 서둘러야만 했다. 모든 여자들은 그렇게 서둘러 달려가는 남자들에게 흙덩이를 던지는데, 어떤 경우는 아주 정확하게 겨냥해서 맞추기도 한다. 그리하여 조금 전까지만 해도 난장판이던 성스러운 숲은 을씨년스러울 정도로 조용해져서 몇 사람 외에는 사람 그림자도 찾아볼 수 없게 된다. 남은 몇 사람은 물소의 잔해를 지키면서 물소의 머리와 뼈, 내장이 의식과 함께 꼬챙이에 꿰어져 소각되는 광경을 물끄러미 바라볼 뿐이다.

이 같은 콘드족의 희생제의에서 '메리아'는 보통 대지의 여신을 위무하기 위해 바친 제물이었다고 설명되어 왔다. 그러나 희생제물의 생전과 사후에서 그것을 취급하는 방식을 고려해 보면, 이 관습은 단순히 위무를 위한 것만은 아니었다고 보인다. 물론 살덩이의 일부를 여신에게 바친 것은 사실이다. 하지만 이미 살펴보았듯이, 그 나머지 부위는 각 가장을 위해 밭에 묻었으며, 또 다른 부위를 소각한 재는 밭에 뿌린다든지, 반죽해서 곡식에 바른다든지, 햇곡식에 섞었다. 여기서 우리는 신의 호의를 얻기 위해 메리아를 제물로 바친다고 하는 간접적 효험뿐만 아니라, 그것과는 별도로 농작물을 잘 자라게 하는 직접적 혹은 내재적 효험이 메리아의 신체에 깃들어 있다는 관념을 엿볼 수 있다. 달리 말해, 희생제물의 살덩이와 재에 의해 대지를 풍요롭게 만드는 주술적 혹은 물리적 힘이 부여되어 있다고 믿었던 것이다. 메리아의 피와 눈물에도 이와 동일한 내재적 힘이 깃들어 있다고 여겼다. 즉, 그의 피는 심황을 붉게 만들고, 그의 눈물은 비를 내리게 한다는 관념이 그것이다. 적어도 눈물은 본래부터 단순히 비의 징조로만 생각된 것이 아니라 비를 내리게 할 수 있다고 여겼음에 틀림없다.

마찬가지로 매장된 메리아의 살덩이 위에 물을 붓는 관습 역시 비를 청하는 주술임에 분명하다. 또한 메리아의 속성으로 주어진 주술적 힘은 머리카락이나 침과 같이 그의 신체에 관련된 모든 것 안에 지고한 효험이 깃들어 있다고 여기는 관념에서도 확인할 수 있다. 즉, 이런 힘이 메리아에게 있다고 믿었다는 점에서 그를 단순히 신을 위무하기 위해 바친 제물이라고만 볼 수 없으며, 그 이상의 의미가 있음을 알 수 있다. 나아가 그에게 바치는 대단한 존숭에서도 우리는 동일한 결론을 얻을 수 있다.

이에 대해 캠벨 소령은 "메리아는 무언가 인간 이상의 존재로 간주되었다"고 말했으며, 맥퍼슨S. C. Macpherson 소령도 "숭배나 진배없는 존경심을 메리아에게 바쳤다"고 지적한 바 있다. 요컨대 '메리아'는 신으로 간주되었다고 보인다. 신으로서의 메리아는 원래 대지의 여신 혹은 식물의 신을 표상했을 것이다. 그러다가 후대에 와서 신이 지핀 화신이라기보다는 오히려 신에게 바치는 제물이 된 것이리라. 그런데 메리아가 신이 아니라 제물이었다는 이런 후대의 관점은 콘드족 종교를 서술한 유럽의 저술가들에 의해 부당하게 강조된 듯싶다. 즉, 유럽의 관찰자들은 신을 위무함으로써 그 은총을 입기 위해 희생제물을 바친다고 하는 후대의 관념에 너무 익숙해진 나머지, 걸핏하면 모든 종교적 도살을 그런 의미로 해석하기 십상이었다. 또한 그들은 도살이 행해지는 곳마다 그 도살을 즐겨 받아들이는 신이 필연적으로 존재할 것이라고 여겼다. 따라서 이런 그들의 선입관이 무의식적으로 착색되어 원시인들의 의례에 대해 왜곡된 해석을 내리게 된 것이라고 보인다.

콘드족의 의례에는 신의 화신을 살해하는 관습이 현저한 흔적으로 남아 있다. 그런 관습은 어쩌면 전술한 다른 인신공희의 사례에서도 찾아낼 수 있을지 모른다. 가령 마리모족의 경우, 살해당한 제물의 재를 들판에 뿌렸으며, 브라만의 피도 곡물과 들판에 뿌렸다. 나가Naga족의 경우는 살해당한 제물의 살덩이를 곡식 자루 속에 보관했다. 수족은 소녀의 피를 씨앗 위에 뿌렸다. 제물을 곡물과 동일시하는 관념, 즉 제물이 바로 곡물정령이거나 혹은 그 화신이라고 믿는 관념은 그 제물과 그것이 구현하거나 표상하는 자연물과의 물리적 상응성을 확보하기 위해 행한 여러 노력에서 분명하게 나타난다. 멕시코인들은 어린 곡식을 위해서는 어린 제물을, 다 익은 곡식을 위해서는 늙은 제물을 바쳤던 것이다. 마리모족은 '종자'로서 키가 작고 다부진 사나이를 제물로 바쳤는데, 여기서 키가 작아야 하는 이유는 어린 곡물의 키와 상응한다고 보았기 때문이며, 다부져야만 하는 이유는 곡물이 튼튼해야 한다고 여겼기 때문이다. 포니족 역시 이와 동일한 관념에서 제물용 인간을 양육했을 것이다. 제물과 곡물의 이 같은 동일시는 제물을 쟁기와 괭이로 살해하는 아프리카의 관습이나, 제물을 곡물처럼 두 바위 사이에 놓고 짓이겨 죽이는 멕시코의 관습에서도 찾아볼 수 있다.

그런데 원시인들의 관습에서 주의할 만한 점이 하나 더 있다. 예컨대 포니족 추장은 수족 소녀의 심장을 먹어치웠고, 마리모족과 콘드족은 제물의 살덩이를 먹었다. 만일 우리가 생각하는 것처럼 그들이 산 제물을 신으로 믿었다면, 숭배자들은 그의 살덩이를 먹음으로써 신의 육신을 얻을 수 있다고 믿었던 것이다.

현대의 나가족 남자

4. 곡물정령을 표상하는 인간의 살해

방금 언급한 야만적 의례들은 유럽의 수확의례와 유사성을 보여 준다. 그러니까 곡물정령이 가진 풍요와 다산의 힘은 산 제물의 피나 재를 곡물의 종자에 섞는 원시인들의 관습이나 혹은 마지막 곡식 다발에서 따낸 알곡을 봄이 되면 어린 곡식에 섞는 유럽의 관습에서도 확인할 수 있다. 또한 인간과 곡물의 동일시는 산 제물의 나이와 신장을 곡물의 실제 나이와 신장 혹은 앞으로 성장할 거라고 기대되는 나이와 신장에 맞추어 결정하는 원시인의 관습 속에 표현되어 있다.

스코틀랜드와 시칠리아 농민들의 관습에서 곡물정령이 '딸'이나 '아가씨'로 간주될 경우에는 마지막 곡식 다발을 어린 처녀가 베었으며, 그것이 '곡물의 어머니'로 간주된 경우에는 노파가 베었는데, 거기서도 우리는 인간과 곡물의 동일시를 엿볼 수 있다. 마찬가지로 '할망구'가 살해될 때, 즉 마지막 곡식 다발이 타작될 때, 마을의 노파들에게 몸조심하라고 경고한 로렌 지방의 사례에서도 이 점을 확인할 수 있다. 그뿐만 아니라 타작 때에 마지막 도리깨질을 하는 자의 키가 크면 이듬해에 작물도 크게 자랄 것이라고 기대한 티롤 사람들의 사례에서도 인간과 곡물의 동일시를 찾아볼 수 있다. 다시 한 번 말하거니와, 이 같은 동일시는 곡물정령의 화신을 쟁기와 괭이로 죽인다든지, 바위와 바위 사이에서 압사시킨다든지, 혹은 낫이나 도리깨질로 살해하는 시늉을 하는 원시인들의 관습에서도 확인된다. 나아가 매장된 산 제물의 살덩이에 물을 붓는 콘드족의 관습은 곡물정령의 화신에게 물을 끼얹거나 혹은 그것을 강물에 던지는 유럽의 관습에 상응한다. 이때 콘드족의 관습이나 유럽의 관습은 모두 비를 청하는 강우주술의 일종이라 할 수 있다.

여기서 다시 리티에르세스의 이야기로 돌아가자. 이미 살펴보았듯이 미개 사회에서는 농작물의 성장을 촉진하기 위해 인간을 살해하는 일이 흔히 있었다. 프리기아와 유럽에서도 한때 사람들이 같은 목적에서 인간을 살해했으리라고 가정한다 해도 큰 무리가 없을 것이다. 또한 프리기아의 전설과 유럽의 민속이 공통적으로 인간 살해의 관습을 보여 주므로, 우리는 최소한 잠정적으로라도 위의 결론을 받아들이지 않을 수 없다. 나아가 리티에르세스 전설과 유럽의 추수 관습은 희생자가 곡물정령의 대표자 자격으로 살해당했음을 시사한다는 점에서 일치하며, 그런 일치는 곡물의 풍작을 위해 살해하는 제물에 대해 일부 미개인들이 보여 주는 관념과 잘 부합된다. 따라서 우리는 프리기아와 유럽에서 곡물정령의 대표자가 해마다 추수 밭에서 살해당했다고 가정해도 무방할 것이다. 마찬가지로 유럽에서 나무정령의 대표자가 해마다 살해당했다고 볼 만한 여러 근거에 대해서는 이미 제시한 바 있다. 하지만 너무나도 흡사한 두 가지 관습과 관련된 증거들은 서로 완전히 독립적이다. 그렇기 때문에 더더욱 양자의 일치성은 서로에게 유익한 새로운 추정의 근거를 제공해 주는 것이다.

곡물정령의 대표자를 어떻게 선택했느냐는 문제에 대해 앞서 한 가지 답변을 제시한 바 있다. 리티에르세스 전설과 유럽의 민속은 양자 모두 지나가는 이방인을 추수한 곡식 혹은 타작한 곡식에서 빠져 달아나는 곡물정령의 화신으로 간주하여 붙잡아 죽였음을 보여 준다. 그러나 이것만이 우리가 그 근거를 확인할 수 있는 유일한 답변은 아니다. 프리기아의 전설에 의하면, 리티에르세스의 제물은 단지 지나가는 이방인에만 한정되지 않았다. 가령 곡식 베기 시합에서 리티에르세스에게 패함으로써 나중에 곡식 다발에 묶인 채 목이 잘린 사람들도 제물과 다름없었기 때문이다. 이는 곡물정령의 대표자를 추수 밭에서 시합을 통해 선정하기도 했으며, 그 시합에서 패배한 경쟁자에게 그런 운명적인 영예를 받아들이도록 강요했다는 점을 잘 보여 준다. 유럽의 추수 관습도 이와 같은 가정의 타당성을 뒷받침해 준다.

우리는 앞에서 마지막 곡식 다발을 타작하는 자가 곡물정령의 대표자 자격으로 모의 살해당했다는 점, 타작꾼들만이 아니라 마지막 곡식 다발을 베는 자와 묶는 자도 이미 살펴보았듯이 마찬가지로 곡물정령의 대표자로 간주하였다는 점, 그래서 추수꾼들은 너나 할 것 없이 모두 곡식 다발을 베거나 묶거나 타작하는 일에서 꼴찌가 되기 싫어했다는 점 등을 언급했다. 이로써 미루어 보건대, 마지막 곡식 다발을 타작하는 자뿐만 아니라 그것을 베는 자와 묶는 자도 통상 모의적으로 살해당했을 것이며, 고대에는 그런 살해가 실제로 행해졌을 것이라고 짐작해 볼 수 있다. 이러한 짐작은 마지막 곡식 다발을 베는 자는 머지않아 죽을 거라고 믿었던 미신적 신앙에 의해 확증된다. 때로는 밭에서 마지막 곡식 다발을 묶는 자가 다음 해에 죽는다고 여겨지기도 했다.

이처럼 마지막 곡식 다발을 베거나 묶거나 타작하는 자를 곡물정령의 대표자로 간주한 것은 아마도 다음과 같은 이유에서였을 것이다. 즉, 사람들은 곡물정령이 곡식을 베거나 묶거나 타작하는 자를 피해서 가능한 한 오랫동안 곡식 속에 숨어 있으려 한다고 생각했다. 하지만 마지막 곡식 다발을 베거나 묶거나 혹은 마지막 알곡을 타작하는 과정에서 강제로 은신처에서 쫓겨나면, 그 곡물정령은 하는 수 없이 지금까지 자신의 옷이나 신체 역할을 했던 곡식 줄기와는 다른 형상을 취할 수밖에 없게 된다. 이때 방금 쫓겨난 곡식에서 가장 가까이 있는 사람의 형상보다 더 자연스럽게 곡물정령이 택할 수 있는 형상은 달리 없을 것이다. 그런데 마지막 곡식 다발을 베거나 묶거나 타작하는 자야말로 제일 가까이 있는 사람이다. 따라서 사람들은 그런 남자나 여자를 붙잡아서 곡물의 정령으로 취급했던 것이다.

곡물정령의 대표자로 간주되어 추수 밭에서 살해당한 사람은 지나가는 이방인일 수도 있고, 곡식 베기나 묶기 및 타작하기에서 꼴찌한 추수꾼일 수도 있다. 그러나 고대의 전설과 근대의 추수 관습이 공통적으로 시사하는 제3의 가능성도 생각해 볼 수 있다. 예컨대 리티에르세스는 이방인들을 죽이기만 한 것이 아니라 그 자신도 살해당했다. 그는 명백히 다른 사람에게 한 것과 똑같은 방식으로 곡식 다발에 묶이고 머리가 잘려 강물에 던져졌다. 이는 리티에르세스 자신의 밭에서 일어난 일이었을 것으로 추정된다. 근대의 추수 관습에서도 이와 비슷하게 이방인만큼이나 종종 주인 자신(농장주나 지주)을 모의적으로 살해했다고 보인다. 그런데 리티에르세스가 프리기아 왕의 아들이었다는 점과 일설에 스스로 왕이라 자칭했다는 점을 상기해 보건대, 그리고 그가 명백히 곡물정령의 대표자 자격으로 살해당했다는 전설을 결부시켜 보건대, 우리는 서아시아 여러 지역과 특히 프리기아에서 종교적인 영향력을 행사한 신성왕 또는 사제왕을 해마다 살해하던 관습의 또 다른 흔적을 발견하게 된다. 앞서 언급했듯이 그 관습은 여러 지역에서 왕 대신 왕자를 살해하는 방식으로 크게 바뀌었다. 리티에르세스 전설은 바로 그렇게 변형된 관습들 가운데 적어도 하나의 판본이 아닐까 싶다.

그러면 이번에는 프리기아의 리티에르세스와 아티스의 관계에 대해 생각해 보자. 독자 여러분은 사제왕의 거주지였던 페시누스에서 대사제가 식물의 신 아티스의 대역으로 해마다 살해당했으며, 그는 고대 문헌에서 아티스가 '베어 낸 곡식'으로 묘사되었다는 사실을 기억할 것이다. 그렇다면 곡물정령의 화신으로서 해마다 대리인에 의해 살해당한 아티스는 궁극적으로 리티에르세스와 동일 인물이며, 후자는 공식적으로 아티스 종교가 발달하기 이전의 소박한 원형에 불과하다고 볼 수 있다. 이는 아마 사실일 것이다. 반면에 유럽 민속을 근거로 엄밀하게 유추해 보면, 동일한 민족이 숭배하는 별개의 두 식물신은 각기 별개의 인격적 대리자를 가지며, 그들은 1년 중 상이한 시기에 신의 대리자로서 살해당했다고 볼 수도 있다. 앞서 살펴보았듯이, 유럽에서는 흔히 봄에 나무정령의 대역으로서 한 사람이, 그리고 가을에 곡물정령의 대역으로서 한 사람이 살해당했다. 프리기아에서도 아마 그랬을 것이다. 아티스는 특히 나무의 신이었고, 그와 곡식의 관련성은 그가 '수확의 오월제' 등의 관습이 보여 주는 나무정령의 힘을 소지했다는 정도에 불과하다. 한편 아티스의 대리자는 봄철에 살해당한 반면, 리티에르세스는 프리기아의 추수기인 여름이나 가을에 살해당했음에 틀림없다.

따라서 리티에르세스를 아티스의 원형으로 보기는 어렵다. 하지만 양자를 동일한 종교적 이념이 낳은 유사한 산물이라고 볼 수는 있다. 사실 양자는 유럽에서 추수기의 '영감'이 봄의 '야생인'이나 '나뭇잎 사나이' 등에 대해 갖는 것과 같은 관계를 지녔을 것이다. 양자는 모두 식물정령 혹은 신이었고, 공통적으로 그 인격적 대리자가 해마다 살해당했다. 그런데 아티스 숭배는 국교 차원으로까지 지위가 높아져 이탈리아에까지 전파된 반면, 리티에르세스 의례는 발상지인 프리기아의 범위를 넘어선 적이 없었다. 리티에르세스 의례는 항상 추수 밭의 농민들이 거행하는 소박한 시골풍의 의례에 머물렀기 때문이다. 기껏해야 그 의례는 콘드족의 경우처럼 몇몇 마을이 합동하여 그들의 공동 이익을 위해 곡물정령의 대리인으로서 살해당할 인신제물을 취하는 정도였다. 그때의 인신제물은 사제왕 혹은 군소 왕들의 가족 중에서 취했는데, 이 점은 프리기아 왕 혹은 그 왕의 아들이었던 리티에르세스의 전설적 성격을 잘 설명해 준다. 몇 개의 마을이 합동하지 않는 경우라면, 각 마을이나 농장은 그곳을 지나가는 이방인이나 혹은 마지막 곡식 다발을 베거나 묶거나 타작한 자를 죽임으로써 자기네들이 필요로 하는 곡물정령의 대리자를 취한 듯싶다.

고대에는 곡물의 성장을 촉진하는 수단으로서 사람 사냥이 행해졌다. 아마도 그런 관습이 아삼, 버마, 필리핀, 동인도 제도 등의 원시적 농경민족들 사이에서뿐만 아니라 유럽과 서아시아의 몽매한 여러 민족들 사이에서 최근까지 아니 지금까지도 널리 행해지고 있다고 보인다. 말할 것도 없이 유럽에서와 마찬가지로 프리기아에서는 추수 밭이나 타작마당에서 사람을 살해하는 오래된 야만적 관습이 고전시대 훨씬 이전부터 이미 단순한 모의 살해로 변형되어 행해졌다. 그래서 추수꾼이나 타작꾼들은 수확 때에 벌어지는 야단법석을 지나가는 이방인이나 동료 일꾼 혹은 농장주에 대해서조차 허용되는 좀 지나친 장난거리에 불과하다고 여겼던 것이다.

이상에서 리티에르세스 노래에 관해 장황하게 살펴보았다. 왜냐하면 그것이 유럽이나 원시민족의 관습과 많은 비교점을 제공해 주기 때문이다. 이에 비해 앞서 주의를 환기시킨 바 있는 서아시아와 이집트의 추수 노래에 대해서는 매우 간단히 다룰 것이다. 예컨대 비티니아의 보르무스와 프리기아의 리티에르세스 사이에 존재하는 유사성을 검토함으로써 보르무스에 대한 기존의 해석을 입증할 수 있기 때문이다. 보르무스도 리티에르세스와 마찬가지로 왕의 아들이거나 혹은 최소한 부유하고 신분이 높은 사람의 자식이었는데, 추수꾼들은 매년 그의 죽음 내지 실종을 슬퍼하며 애도의 노래를 불렀다. 보르무스는 자기 밭에서 추수꾼들이 일하는 것을 지켜 보던 중 그들을 위해 물을 길어 갔다가 실종되어 버렸다. 어떤 판본에 의하면, 그는 물의 정령에게 끌려갔다고 한다. 이때 물의 정령은 말할 것도 없이 그가 물을 길어 갔던 샘이나 연못, 강물의 정령이었을 것이다. 리티에르세스 전설과 유럽 민속에 비추어 보건대, 이런 보르무스의 실종은 농부를 곡식 다발로 싸서 물 속에 던진 관습의 기억이 아닌가 싶다. 그러니까 추수꾼들이 부른 슬픈 노래는 실은 베인 곡물이나 인간 대리인으로서 살해당한 곡물정령의 죽음에 대한 슬픔인 셈이다. 그리고 추수꾼들이 보르무스에게 호소한 외침은 아마도 그가 새로운 활력을 얻어 다음 해에 다시 돌아오라는 기도였을 것이다.

한편 우리가 호메로스에게 배운 바에 따라 추정컨대, 페니키아의 「리누스의 노래」가 최소한 소아시아 서부에서 포도 수확기에 불렸던 것으로 보인다. 그것이 실레우스Syleus 전설과 결부되고, 그럼으로써 이는 고대에 포도 재배자와 수확자들이 지나가는 이방인들을 추수꾼 리티에르세스와 거의 똑같은 방식으로 다루었으리라는 점을 시사한다. 전설에 의하면, 리디아의 실레우스는 통행인을 붙잡아 강제로 자기 포도밭을 경작하게 했다고 하는데, 마침내 헤라클레스가 나타나 실레우스를 죽이고 그의 포도나무들을 뿌리째 망가뜨렸다고 한다. 이 이야기는 리티에르세스 전설과 매우 흡사하다. 하지만 고대 저술가나 근대의 민속적 관습은 이에 관해 상세한 정보를 주지 않는다.

어쨌든 「리누스의 노래」는 페니키아의 추수꾼들에게 의해서도 불려졌다. 이미 살펴보았듯이, 헤로도토스는 「리누스의 노래」를 이집트의 추수꾼들이 베어낸 곡물에 대해 외쳤던 애가哀歌 「마네로스의 노래」와 비교하고 있기 때문이다.

나아가 리누스는 아도니스와 동일시되었고, 아도니스는 흔히 주장하듯이 특히 곡물의 신으로 간주되었다. 그러므로 수확 때에 부른 리누스 애가는 아도니스 애가와 동일한 것이었다고 볼 수 있다. 양자 모두 추수꾼들이 죽은 곡물정령에 대해 외친 애가였던 것이다. 그러나 아도니스가 아티스와 마찬가지로 신화 속의 중심적인 신이 되어 그의 고향 페니키아의 한계를 훨씬 넘어서서 여러 대도시에서 널리 숭배되고 애도받은 데에 반해, 리누스는 곡물이나 포도 수확꾼들에 의해서만 불린 소박한 노래로 남고 말았다.

리티에르세스 및 유럽과 여러 원시민족들의 민속 사이에 존재하는 유사성은 페니키아에서 살해당한 곡물정령, 즉 죽은 아도니스가 이전에는 인신제물로 표상되었음을 시사한다. 이와 같은 시사는 탐무즈(아도니스)가 그의 뼈를 돌절구에 빻아 바람에 날려 버린 잔인한 주인에 의해 살해당했다는 하란Harran의 전설을 통해 그 타당성이 확인된다. 왜냐하면 앞서 살펴보았듯이, 멕시코에서는 수확 때에 인신제물을 두 바위 사이에 넣고 압살시켰기 때문이다. 또한 아프리카나 인도에서도 인신제물의 재나 살덩이를 들판에 뿌렸다. 그러나 하란의 전설은 곡물을 돌절구에 찧거나 혹은 종자를 뿌린 것을 신화적으로 표현한 것에 불과할 수도 있다.

여기서 우리는 로우스Lous달 16일에 바빌로니아에서 열린 사카이아 축제에서 매년 살해당한 임시왕이 탐무즈 그 자체를 표상한 것일 수도 있다는 점을 상기해 볼 만하다. 바빌로니아 의례와 시기를 기록한 역사가 베로수스Berosus[22]는 마케도니아 역법을 사용했다고 여겨진다. 이때 그는 자신이 기록한 역사를 안티오코스 소테르Antiochos Soter[23]에게 바쳤다. 그런데 당시 마케도니아의 '로우스' 달은 바빌로니아의 '탐무즈'[24] 달에 해당된다고 추정된다. 따라서 이 같은 나의 추정에 오류가 없다면, 사카이아의 임시왕이 신의 자격으로 살해당했으리라는 해석이 가능한 것이다.

이집트에서는 살해당한 곡물정령, 즉 죽은 오시리스가 인신제물로 표상되었

22　본서 제24장의 옮긴이 주 44번 참조

23　시리아 셀레우코스 왕국의 왕 안티오코스 1세(재위 기원전 280~기원전 262). 여기서 '소테르(구제자)'라는 칭호는 안티오코스 왕 덕택에 갈리아인의 침략을 피할 수 있었던 이오니아의 도시국가에서 그를 신이라 부르며 환호하면서 붙여 준 것이다.

24　본서 제29장 옮긴이 주 1번 참조

음을 보여 주는 훨씬 더 많은 증거가 있다. 추수꾼들은 추수 밭에서 그 인신제물을 살해하고, 그리스인들이 언어 착오로 마네로스라 이름 붙인 장송가를 부르며 그의 죽음을 애도했다. 왜냐하면 부시리스Busiris전설은 이집트인들이 한때 오시리스를 숭배하면서 바쳤던 인신제물의 흔적을 보여 주기 때문이다. 여기서 부시리스는 모든 이방인을 제우스의 제단에 제물로 바친 이집트 왕이었다고 한다. 그런 관습은 9년 동안 이집트 땅을 괴롭힌 기근에서 비롯되었다. 어떤 키프로스인 예언자가 부시리스 왕에게 말하기를, 해마다 제우스 신에게 인신제물을 바치면 기근이 멈출 것이라고 했다. 이 말에 따라 부시리스가 희생제의를 제정했던 것이다. 그런데 헤라클레스가 이집트에 와서 제물이 되어 제단에 끌려갔을 때, 몸을 결박한 끈을 잘라 버리고 부시리스와 그의 아들을 살해했다고 한다. 이 신화는 이집트에서 해마다 흉작을 막기 위해 인신제물을 바쳤다는 것을 시사한다. 거기에는 만일 희생제의를 올리지 않으면, 그 제의로 막아 내고자 했던 흉작이 반드시 재발할 것이라는 신앙이 내포되어 있다. 이와 마찬가지로 북아메리카의 포니족은 곡식을 심을 때 인신제물을 바치지 않으면, 작물을 완전히 망치게 된다고 믿었다.

어쨌든 부시리스라는 이름은 실상 '오시리스의 집pe-Asar'을 뜻하는 도시의 명칭이었다. 그렇게 부르게 된 것은 그 도시에 오시리스의 무덤이 있었기 때문이다. 사실 오늘날 몇몇 권위 있는 연구자들은 부시리스가 오시리스의 원래 본거지였으며, 거기에서 오시리스 숭배가 이집트의 다른 지역으로 퍼져 나갔다고 생각한다. 오시리스의 무덤 위에서 인신공희가 행해졌으며, 붉은 머리털의 남자들을 인신제물로 바쳤고, 재는 키질을 해서 곳곳에 뿌렸다. 우리는 여러 비문의 증거들을 통해 오시리스의 무덤에서 행해진 인신공희에 관한 이와 같은 전승을 확인할 수 있다.

이상의 논의에 비추어 보건대, 부시리스에 관한 이집트 전설은 체계적이고 개연성 있는 것이라고 볼 수 있다. 곡물정령 오시리스는 매년 추수 때마다 잘 익은 곡식을 나타내는 붉은 머리털의 한 이방인에 의해 표상되었다. 그 이방인은 오시리스의 대리자로서 추수 밭에서 추수꾼들에 의해 살해당하고 애도받았다. 동시에 추수꾼들은 다음 해에 그 곡물정령이 소생하여 새로운 활력을 가지고 복귀mââ-ne-rha, Maneros할 것을 기원했다. 마지막으로 제물의 어떤 부위는 화장되었고, 그 재는 체로 쳐서 풍요를 위해 밭에 뿌렸다. 이때 인신제물의 선택이 그가 표상하는 곡물과 그 자신의 유사성에 입각하여 이루어졌다는 점은 앞서 언급한 멕시코나 아프리카의 관습과 일치한다. 마찬가지로 멕시코의 하지 축제에서 곡물정령의 자격으로 살해당한 여자는 곡물의 빛깔을 나타내는 노란색으로 얼굴을 색칠했으며, 또한 옥수수의 수염을 본떠 털이 달린 화관을 썼다. 한편 '흰 옥수수의 여신'을 기리는 축제에서 멕시코인들은 문둥이를 제물로 바쳤다.

이에 비해 로마인들은 시리우스 별이 일으킨다는 엽고병葉枯病[25]을 피하기 위해, 봄이 되면 붉은 털의 강아지를 제물로 바쳤다. 그래야 농작물이 잘 자란다고 믿었기 때문이다. 하란 원주민들은 태양과 달과 별에게 인신제물을 바쳤는데, 그 제물은 천체와 제물 사이의 유사성에 입각하여 선정하였다. 가령 사제는 붉은 옷을 입고 피를 바른 다음, 붉게 칠한 데다 붉은 장막이 둘러진 신전 안에서 붉은 수염을 한 붉은 볼의 사나이를 '붉은 별인 화성'에게 바쳤다. 신이나 혹은 신적 표상으로서의 자연물에게 제물을 바치는 이런 사례는 결국 공감주술 혹은 모방주술의 원리에 입각한 것이다. 그 근본 관념은 의례가 목적하는 어떤 결과와 유사한 제물을 바침으로써 의도하는 바를 쉽게 이루고자 하는 데에 있었다.

오시리스의 몸뚱이 조각이 여기저기 뿌려지고 그 자리에 이시스가 오시리스의 유해를 매장했다는 이야기는 이를테면 인신제물을 갈가리 찢어 그 조각을 때로는 몇 킬로미터씩이나 간격을 두고 매장한 콘드족의 그것과 유사한 관습의 흔적이라 할 수 있다. 따라서 나의 설명이 타당하다면, 오시리스의 비의祕儀를 해명하는 열쇠는 이집트 추수꾼들의 애절한 외침 소리에 있다고 보인다. 로마시대에 이르기까지 사람들은 매년 밭에서 오시리스의 시골풍 원형인 곡물정령의 죽음을 애도하는 외침 소리를 들을 수 있었다. 앞서 언급했듯이, 이와 유사한 외침 소리가 서아시아의 모든 추수 밭에서도 울려퍼졌다. 고대인들은 그것을 노래라고 한 것이다. 그러나 리누스와 마네로스라는 이름에서 판단하건대, 그 노래는 아마도 멀리 떨어진 곳에서도 들을 수 있을 만큼 길게 늘어진 운율의 몇 마디에 불과했을 성싶다. 어쨌든 근처를 지나가던 나그네들은 많은 사람들이 동시에 악을 써대는 듯한 외침 소리에 귀를 기울이지 않을 수 없었을 것이다. 또한 몇 번이고 반복되는 외침 소리는 멀리서도 들을 수 있었을 것이다. 그러나 아시아나 이집트

---

25 농작물에 생기는 병으로 잎에 황백색의 반점이 생기거나 군데군데 부정형 황백색의 반문이 줄지어 생긴 후, 그 부분이 흑갈색으로 변한다. 일명 '잎마름병'이라고 한다.

방면을 여행 중인 그리스의 나그네들에게 그 외국어가 별 의미를 갖지 못했을 터이고, 때문에 그것을 추수꾼들이 누군가의 이름(마네로스, 리누스, 리티에르세스, 보르무스 등)을 부르는 것이라고 잘못 오해했을지도 모른다. 만일 그의 여행이 추수기 무렵의 바티니아나 프리기아, 페니키아, 이집트 등을 두루 지나가는 노정이었다면, 그는 상이한 민족들의 온갖 수확의 노래들을 비교할 수 있었을 것이다.

그렇다면 왜 이런 추수의 노래들이 그리스인들에 의해 그토록 자주 주목받고 비교되었는지를 잘 이해할 수 있을 것이다. 만일 그것이 보통의 가요였다고 한다면, 그렇게 많은 나그네들의 주의를 끌지는 못했을 것이다. 또한 설령 나그네가 들을 수 있는 거리에 있었다 하더라도, 그 외침 소리에 별로 귀를 기울이지 않았을 것이다. 근자에 이르기까지 데번셔[26]의 추수꾼들도 그런 종류의 노래를 불렀으며, 나의 견해가 옳다면 그들은 오시리스 비의의 원형이라 할 수 있는 것과 매우 유사한 의식을 들판에서 거행했을 것이다. 이 외침 소리와 의식에 대해 19세기 전반의 한 관찰자는 다음과 같이 보고하고 있다.

"밀 수확이 끝난 뒤, 북부 데번셔의 농장에서는 대부분 추수꾼들이 '모가지의 절규'라는 의식을 행했다. 나는 이런 관습이 그 지방의 농장에서 거의 매년 빠짐없이 행해졌다고 알고 있다. 그것은 다음과 같이 행해졌다. 즉, 그 의식을 잘 알고 있는 어떤 노인이나 그 밖의 누군가가 해당 계절(농민들이 밀밭에서 마지막 추수를 할 때)이 되면, 곡식 다발 주위로 가서 가장 훌륭한 알곡이 달린 다발을 몇 단 골라낸다. 그리고 지푸라기를 아주 깨끗하고 단정하게 가다듬어 그 다발을 다시 묶는다. 이렇게 다듬어진 다발을 밀 이삭의 '모가지'라고 한다. 추수가 다 끝나고 건초 쌓는 일꾼이 한 번 더 돌아본 뒤에, 추수꾼과 다발 묶는 일꾼과 여자들이 원을 지어 둥글게 선다. 이때 '모가지'를 가진 자가 그것을 두 손으로 잡고 무리의 한가운데에 선다. 그리고 허리를 구부리고 '모가지'를 땅바닥에 세우는 시늉을 하면, 둘러서 있는 사람들도 모자를 벗고 같은 동작을 한다. 이윽고 일동은 목청을 길게 뽑으며 일제히 음을 맞추어 '모가지!'라고 외치면서 천천히 몸을 일으키고 팔과 모자를 머리 위로 들어올린다. '모가지'를 가진 자도 그것을 높이 치켜든다. 이런 행동이 세 번 되풀이된다. 그런 다음 일동은 구호를 바꾸어 '위 엔, 웨이

---

26 현재는 데번Devon이라 한다. 영국 잉글랜드에서 세 번째로 큰 주. 영국 사우스웨스트 반도의 일부를 이루며 서쪽으로는 콘월주, 동쪽으로는 도싯·서머싯 주들과 접하고 있다.

엔' 하고 소리친다. 이 외침 또한 이전 외침과 마찬가지로 일제히 음을 맞추어 길고 느리게 세 번 반복한다. 마지막 세 번째 외침과 더불어 그들은 앞서 '모가지'를 외칠 때와 같은 동작을 한다. (…) 이렇게 '모가지'라든가 '위 엔, 웨이 엔'이라는 구호를 세 번씩 외친 다음, 그들은 모두 신나게 웃음을 터뜨리며 모자를 공중에 던지거나 펄쩍펄쩍 뛰거나 혹은 아가씨들과 입을 맞추기도 한다. 그리고 누군가가 '모가지'를 받아들고 쏜살같이 헛간으로 달려간다. 그곳에는 젖 짜는 아가씨나 젊은 하녀가 물동이에 물을 담아 기다리고 있다. 이때 만일 '모가지'를 가지고 온 사나이가 어떻게든 은밀히 헛간에 들어서거나 혹은 아가씨가 기다리고 있는 문과는 다른 문으로 들어갈 수만 있다면 그는 공공연히 아가씨에게 입을 맞추어도 된다. 하지만 그렇게 하지 못할 때는 물동이 물로 물벼락을 맞아야 한다. 맑게 갠 가을 저녁의 '모가지의 절규'는 멀리서도 썩 잘 들린다. 그것은 조지 고든 바이런George Gordon Byron(1788~1824) 경[27]이 기독교 국가의 모든 종소리보다도 월등히 뛰어나다고 극구 칭찬했던 터키 회교도들의 기도 소리보다도 훨씬 더 멋졌다. 나도 한두 번인가 스무 명가량의 남자들과 간간이 같은 수의 여자들 목소리가 합쳐져 외쳐 대는 '모가지의 절규'를 들은 적이 있다. 3년 전에는 그 지방 사람의 안내로 추수철에 고지에 서서 하룻밤 사이에 6, 7회나 '모가지!' 하고 외치는 소리를 들은 적도 있는데, 내가 알기로 그중 어떤 소리는 6킬로미터나 떨어진 곳에서 들려온 것이었다. 어쨌든 그 소리는 상당히 먼 거리에서 조용한 저녁 하늘에 울려퍼졌다."

브레이Bray 부인은 데번셔를 여행했을 때 보고 들은 것을 다음과 같이 보고하고 있다. "추수꾼들이 오르막길 위에서 둥글게 줄지어 서서 각자 낫을 높이 치켜들고 있는 광경을 보았다. 가운데에 선 사람이 꽃으로 묶인 약간의 곡물 이삭을 높이 들어올리자, 일동은 '아르나크, 아르나크, 아르나크, 우리는 얻었다, 우리는 얻었다, 우리는 얻었다'고 세 번 외쳤다. 그런 다음 그들은 여자와 어린애들을 데리고 손에 꽃가지를 든 채 외치고 노래하면서 집으로 돌아갔다." 브레이 부인을 모시던 한 일꾼은 "저건 그들이 수확의 정령에게 하는 장난이지요. 저들은 노상 저래요"라고 말했다. 번Burne 양에 의하면, "'아르나크, 우리는 얻었다!arnack, we

---

27 영국의 낭만파 시인, 풍자가. 대표작으로 『차일드 해럴드의 여행Childe Harold's Pilgrimage』(1812~1818)과 『돈 주안Don Juan』(1819~1824)이 있다. 그리스의 독립을 위해 투쟁하다가 열병과 출혈로 죽었다.

haven!'는 말은 분명 데번 방언으로 '모가지!neck!(또는 nack) 우리는 그것un을 얻었다!we have!'를 뜻한다"고 한다.

1839년에 트루로Truro에서 기록된 이 오래된 관습에 대한 다른 보고는 다음과 같이 기록되어 있다. "헬리건에서는 곡식이 전부 베어지면 농장의 사내들과 처녀들이 집 앞에 모여든다. 그들은 작달막한 마지막 곡식 다발을 들고 있는데, 그것은 헝겊이나 꽃으로 단장되어 있고 목을 표시하기 위해 한쪽이 단단히 묶여 있다. 그들은 있는 힘을 다해 큰 소리로 '우리 편, 우리 편!' 하고 외친다. 그런 다음 젖 짜는 아가씨가 그것을 농장주에게 건네준다. 그것을 받아던 농장주는 '그를 얻었다, 그를 얻었다, 그를 얻었다!'라고 세 번 소리지른다. 그러자 농부 한 사람이 큰 소리로 '무엇을 얻었소? 무엇을 얻었소? 무엇을 얻었소?' 하고 외친다. 이에 농장주는 '모가지, 모가지, 모가지!'라고 대꾸한다. 그러면 모든 사람들이 환호성을 질러 댄다. 그들은 이런 문답을 세 차례 반복한다. 그리고 한 번 멋지게 외친 후 해산하여 저녁을 먹고 춤추며 노래한다."

또 다른 보고에 의하면, "마지막 곡식이 베어지면 모두 그 밭으로 나가 '모가지'에 리본을 달아 주고 나서 그것을 둘러싸고 춤판을 벌인다. 그런 다음 '모가지'를 만찬장으로 가지고 가면 이윽고 만찬이 시작된다. 거기서 그들은 '히프, 히프, 학크, 헥크, 너를 얻었다. 너를 얻었다. 너를 얻었다'고 외쳤다. 그런 후 '모가지'는 광에 걸어 두었다"고 한다. 또 다른 설명에 의하면, 그들 가운데 한 사람이 마지막 곡식 다발을 들고 밭에서 도망치면, 다른 농부들이 물그릇을 들고 그를 추격한다. 그가 헛간으로 들어가기 전에 물을 끼얹어야 한다는 것이다.

이상의 관습에서는 통상 마지막 곡식 다발이 곡물정령의 '모가지'로 간주되고 있다. 이 곡물정령은 마지막 곡식 다발이 베일 때 같이 목을 잘린다고 여겼던 것이다. 마찬가지로 슈롭셔[28]에서는 모든 곡식을 다 베어 내고 마지막으로 남은 한 줌의 이삭 다발을 흔히 '모가지' 혹은 '거위의 모가지'라고 불렀다. 그 '모가지'를 한 다발로 묶고 나면, 추수꾼들은 열 걸음이나 스무 걸음쯤 물러서서 '모가지'를 향해 낫을 던졌다. 누구든 그것을 맞춘 자는 "거위 모가지를 잘랐다"는 말을 듣게 된다. 그 '모가지'는 농장주의 부인에게 건네지며, 그녀는 다음 추수철이 올 때까지 행운을 가져다준다 하여 '모가지'를 집 안에 잘 간수한다.

---

28 영국 잉글랜드 서부의 주. 웨일스에 인접해 있다.

트레베스[29] 근방에서는 마지막 곡식 다발을 베는 자가 "염소 모가지를 잘랐다"는 말을 듣는다. 가렐로크Gareloch(또는 Dumbartonshire)[30]의 파슬레인에서는 마지막 곡식 다발을 때로 '머리'라고 부른다. 동東프리슬란트[31]의 아우리히에서는 마지막 곡식 다발을 자른 자가 "토끼 꼬리를 잘랐다"는 말을 듣는다. 프랑스의 추수꾼들은 마지막 곡식 다발을 벨 때 "고양이 꼬리를 붙잡았다"고 외친다. 브레스Bresse(또는 Bourgogne)[32]에서는 마지막 곡식 다발이 여우를 표상하는데, 여우 꼬리를 나타내는 스무 알 정도의 이삭을 남겨놓고 추수꾼들이 그쪽으로 낫을 던진다. 그것을 벤 자는 "여우 꼬리를 잘랐다"는 말을 들으며, 이때 사람들은 그의 영예를 칭찬하면서 "요우 코우 코우!"라고 외친다.

이 사례들은 의심할 나위 없이 데번셔와 콘월[33] 지역의 사람들이 마지막 곡식 다발에 대해 쓴 '모가지'라는 말의 의미를 잘 보여 준다. 즉, 거기서 곡물정령은 사람이나 동물의 형상을 하고 있으며, 마지막 곡식 다발은 목이나 머리, 꼬리 등과 같이 그 몸뚱이의 일부로 표상된다. 앞서 살펴보았듯이, 때로는 마지막 곡식 다발이 탯줄로 간주되기도 한다. 끝으로 '모가지'를 얻은 자에게 물을 끼얹는 데번셔의 관습은 누누이 언급했듯이 강우주술의 일종이라 할 수 있다. 이 점은 오시리스 비의와 유사하다. 즉, 오시리스 비의에서도 오시리스 신상이나 혹은 그 신을 표상하는 사람에게 물을 끼얹는 관습이 행해졌기 때문이다.

29 트리어Trier라고도 한다. 독일 남서부 라인란트팔츠주에 있는 도시
30 영국 스코틀랜드 서부에 있는 역사상의 지역이자 옛 주
31 독일 북서부에 있는 문화적 지역
32 프랑스의 중부 코트도르, 손에루아르, 니에브르, 욘 주들을 포함하는 지역
33 영국 잉글랜드 남서부에 있는 주

제48장
동물로서의 곡물정령

1. 곡물정령의 동물 화신

마지막 곡식 다발에 붙이는 '모가지'라는 명칭의 의미를 확정짓기 위해 앞에서 인용한 몇몇 사례에서 곡물정령은 거위, 염소, 토끼, 고양이, 여우 등 동물의 모습으로 등장했다. 이는 곡물정령의 새로운 측면을 우리에게 제기하고 있으므로 이제 그 문제에 대해 살펴보기로 하자. 그럼으로써 우리는 신을 살해하는 관습과 관련하여 새로운 사례를 확보할 수 있게 될 뿐만 아니라, 아도니스, 아티스, 오시리스, 디오니소스, 데메테르, 비르비우스 등의 신화와 의례에서 모호하게 남아 있던 몇 가지 문제들을 해명할 수도 있을 것이라고 기대한다.

곡물정령이 취하는 동물 형상으로는 늑대, 개, 토끼, 여우, 수탉, 거위, 메추라기, 고양이, 염소, 암소(수소), 돼지, 말 따위가 있다. 곡물정령은 종종 이런 여러 동물 중 한 형상으로 곡식 속에 존재하다가 마지막 곡식 다발에서 붙잡히거나 또는 살해당한다고 여겼다. 예컨대 곡식이 베어질 때 그 동물은 추수꾼에게서 달아난다. 그래서 추수꾼이 밭에서 병이 생기면, 사람들은 그가 자기도 모르는 사이에 곡물정령과 맞부딪혀서 곡물정령이 불경스러운 침입자에게 벌을 내린 것이라고 여겼다. 이런 경우에 사람들은 "호밀 늑대가 그를 덮쳤다", "수확의 염소가 그를 들이받았다"고 말한다. 그리하여 마지막 곡식 다발을 베거나 묶는 자는 그 농물의 이름을 따서 '호밀 늑대'라든가 '호밀 돼지', '귀리 염소' 등으로 불렸으며, 한 해의 일정 기간 그런 이름을 지니게 된다. 또한 그 동물은 종종 마지막 곡식 다발이나 나무와 꽃 따위로 단장한 인형으로 표현되며, 마지막 수레에 실려 환호성 속에서 집으로 운반된다. 심지어 마지막 곡식 다발을 동물 형상으로 만들지 않는 곳에서도, 그 호칭은 흔히 '호밀 늑대', '호밀 토끼', '호밀 염소' 따위로 붙인다.

일반적으로 곡물마다 각기 고유한 동물을 가지고 있는 것으로 여겼으며, 그것은 마지막 곡식 다발 속에 붙잡혀 농작물의 종류에 따라 '호밀 늑대', '보리 늑대',

'귀리 늑대', '완두콩 늑대', '감자 늑대' 따위로 불렀다. 그러나 때로 동물 인형은 마지막 곡식을 거두어들일 때에 한하여 단 한 번 만들어지기도 한다. 또한 마지막 낫질이 그 동물을 살해한다고 여겨지기도 하지만, 보통은 타작이 끝날 때까지 살아 있다가 마지막으로 타작할 곡식 속에서 붙잡힌다고 여겼다. 그래서 마지막 도리깨질을 하는 자는 '곡식 돼지'나 '타작하는 개' 등을 잡았다는 식의 말을 듣는다.

타작이 끝나면 동물 형상의 인형을 만들어 마지막 곡식 다발을 타작한 사람이 아직 타작을 끝내지 못한 이웃 농장으로 그것을 가지고 간다. 이 점은 아직 타작이 끝나지 않은 곳에서는 곡물정령이 살아 있다고 믿는 사실을 재차 확인시켜 준다. 때로는 마지막 곡식 다발을 타작하는 일꾼 자신이 동물로 표상되기도 한다. 만약 그가 아직 타작 중인 이웃 농장 사람들에게 붙잡히면, 그는 농장 사람들에 의해 돼지우리에 갇힌다. 그들은 돼지한테 하는 식으로 그를 대접한다. 다음은 사례를 통해 이와 같은 일반적인 서술을 입증해 보기로 하자.

2. 늑대 혹은 개로서의 곡물정령

먼저 곡물정령이 늑대나 개로 표상되는 사례부터 살펴보자. 이런 관념은 프랑스와 독일, 슬라브계 나라에서 많이 나타난다. 그런 나라에서는 바람이 불어 곡식이 파도치듯 흔들리면, 농부들이 흔히 "늑대가 곡식 사이를 지나간다", "호밀 늑대가 밭에서 달려간다", "늑대가 곡식 속에 들어가 있다", "미친개가 곡식 속에 들어가 있다", "큰 개가 저기 있다" 따위로 말한다. 그래서 아이들이 곡식 밭에 들어가 이삭을 떼어 내거나 곡식의 파란 꽃을 따려고 하면, 어른들은 "큰 개가 곡식 속에 앉아 있단다", "늑대가 곡식 속에 앉아 있다가 너를 갈기갈기 찢어 버린단다", "늑대가 너를 잡아먹는단다"라는 식으로 겁을 주어 말린다. 이때 아이들을 겁주기 위해 지칭한 늑대는 보통 늑대가 아니라 흔히 '곡식 늑대'나 '호밀 늑대' 따위의 특별한 늑대를 가리킨다.

이렇게 사람들은 "얘들아, 호밀 늑대가 와서 너희들을 잡아먹는단다"라든가 "호밀 늑대가 너희들을 데려간단다"라는 식으로 말한다. 물론 그것은 외양적으로 보통 늑대와 똑같다. 파일렌호프(동부 프로이센) 주변 지방에서는 늑대가 밭을 지나 달려가는 것이 눈에 띄면, 농부들은 늑대의 꼬리가 공중을 향해 서 있는지 아니면 땅에 끌리는지를 살펴보곤 한다. 만일 꼬리가 땅에 끌리면 농부들은 늑대를 쫓아가서 복을 가져다준 것에 감사하며, 심지어 먹을 것을 그 앞에 던져 주기도 한다. 하지만 꼬리가 높이 들려 있으면 그들은 늑대를 저주하고 잡아 죽이려한다. 이때의 늑대는 꼬리에 생식력이 있는 곡물정령으로 간주되기 때문이었다.

어쨌든 개와 늑대는 모두 추수 관습에서 곡물정령의 화신으로 등장한다. 그래서 슐레지엔의 몇몇 지방에서는 마지막 곡식 다발을 베거나 묶는 자를 '밀 개'나 '완두콩 발발이'라고 부른다. 하지만 '곡식 개'의 관념이 가장 명확히 드러나는 곳은 프랑스 동북부지방의 추수 관습에서다. 거기서는 어떤 추수꾼이 질병이나 권태, 게으름 때문에 앞에 가는 추수꾼들을 따라잡지 못하면, 사람들은 "하얀 개가 그 옆으로 지나갔다"라든가 "그가 하얀 암캐를 데리고 있다"라든가 "그가 하얀 암캐에게 물렸다"는 식으로 말한다. 보주Vosges에서는 '추수의 오월'을 '추수 개'라고 부르며, 마지막 한 줌의 건초나 밀을 베는 자에 대해 "개를 죽인다"고 말한다. 쥐라[1]의 롱르소니에 근방에서는 마지막 곡식 다발을 '암캐'라고 부른다. 베르[2] 인근 지방에서는 추수가 끝나면 "이제 개를 죽여야지"라고 말한다. 에피날[3]에서는 작물에 따라 "밀 개나 호밀 개 혹은 감자 개를 죽일 거야"라고 말한다. 로렌에서는 마지막 곡식 다발을 베는 자에게 "추수 개를 죽인다"고 말한다. 티롤의 둑스에서는 타작할 때에 마지막 도리깨질을 하는 자에 대해 "개를 내려친다"고 말하며, 슈타데[4] 근방의 아네베르겐에서는 작물에 따라 그런 자를 '옥수수 발발이'라든가 '호밀 발발이', '밀 발발이' 따위로 부른다.

늑대의 경우도 마찬가지다. 슐레지엔에서는 추수꾼들이 마지막 곡식 다발을 베기 위해 모였을 때 "늑대를 잡으려 한다"고 말한다. '곡식 늑대'에 대한 신앙이 특히 널리 퍼져 있는 메클렌부르크의 여러 지방에서는 마지막 곡식 다발 속에 늑대가 앉아 있다는 이유로 모든 사람이 그것을 베기를 꺼린다. 때문에 추수꾼들은 너나 할 것 없이 꼴찌가 되지 않으려고 전력을 다한다. 여자들 역시 "늑대가 들어 있다"는 이유 때문에 마지막 곡식 다발을 묶고 싶어 하지 않는다. 그래서 추

1 프랑스 동부 프랑슈콩테 지방에 있는 주
2 프랑스 북동부 로렌 지방 뫼즈주에 있는 도시
3 프랑스 동부 로렌 지방 보주주의 도시
4 독일 중북부 니더작센주에 있는 도시

수꾼들과 곡식 다발 묶는 일꾼들은 꼴찌가 되지 않으려고 경쟁을 벌이게 된다. 독일에서는 일반적으로 "마지막 곡식 다발 속에 늑대가 앉아 있다"는 말이 속담처럼 쓰인다. 가령 어떤 지역에서는 사람들이 추수꾼에게 "늑대를 조심하라"고 소리친다. 혹은 "저 사람이 늑대를 곡식에서 몰아내고 있다"고 말하기도 한다. 메클렌부르크에서는 마지막 곡식 다발을 흔히 '늑대'라고 부르며, 그것을 베는 자에 대해서는 "늑대를 잡았다"고 말한다. 나아가 특정한 작물에 따라 '호밀 늑대'라든가 '밀 늑대', '보리 늑대' 따위로 그 동물을 지칭한다. 또한 마지막 곡식 다발을 베는 사람을 '늑대'라고 부르기도 한다.

가령 곡식이 호밀이면 그 사람을 '호밀 늑대'라고 부르는 것이다. 메클렌부르크의 여러 지역에서 그런 사람은 다른 추수꾼들을 물어뜯는 시늉을 하거나 혹은 늑대처럼 울부짖음으로써 늑대로서의 역할을 충실히 연출해야 한다. 한편 마지막 곡식 다발도 '늑대' 또는 (작물에 따라) '호밀 늑대'라든가 '귀리 늑대' 따위로 부르며, 그것을 묶는 여자에 대해 "늑대가 여자를 물었다"라든가 "여자가 늑대를 잡았다"라든가 "여자가 늑대를 (곡식 속에서) 끌고 나와야 한다"는 식으로 말한다. 나아가 그녀 자신을 '늑대'라고 부르기도 한다. 그래서 사람들은 그녀한테 "너는 늑대야"라고 소리치며, 그녀는 1년 내내 그 이름을 가지고 살아야 한다. 때로는 작물에 따라 그녀를 '호밀 늑대'나 '감자 늑대'라고 부르기도 한다.

뤼겐섬[5]에서는 마지막 곡식 다발을 묶는 여자를 '늑대'라고 부르며, 그녀는 집에 돌아가서 집안의 여주인과 여종들을 물어뜯고 그 대가로 커다란 고깃덩어리를 받는다. 하지만 아무도 이런 '늑대'가 되는 것을 좋아하지 않는다. 한편 동일한 여자가 계속해서 호밀과 밀, 그리고 귀리의 마지막 다발을 묶으면, 그녀는 '호밀 늑대'이자 '밀 늑대'인 동시에 '귀리 늑대'가 된다. 콜로뉴 지방 뷔르에서는 마지막 곡식 다발을 늑대 모양으로 만들었다. 그들은 타작을 전부 마칠 때까지 그것을 헛간에 보관하다가 농장주에게 가져가면 농장주는 거기에 맥주나 브랜디를 뿌려야 한다. 메클렌부르크의 브룬스하우프텐에서는 마지막 밀 다발을 묶는 젊은 여자가 밀 줄기를 한 줌 뽑아 '밀 늑대'를 만들곤 한다. 그것은 길이 1미터에 높이 30센티미터 정도 되는 늑대 인형으로, 다리는 **뻣뻣한** 줄기로 꼬리와 갈기는 밀 이삭으로 표현한다. 그녀가 이 '밀 늑대'를 가지고 추수꾼들의 선두에 서서 마

---

5 발트해에 있는 독일에서 가장 큰 섬

을로 돌아오면, 사람들은 그것을 농장 착유소搾乳所의 높은 곳에 올려놓고 오랫동안 보관한다. 한편 '늑대'라고 부르는 곡식 다발을 사람 모양으로 만들어 옷을 입히는 곳도 많다. 이는 사람 형상으로 상상한 곡물정령과 동물 형상으로 상상한 그것 사이에 일어난 개념적 혼동을 시사한다. 일반적으로 '늑대'는 마지막 수레에 실려 즐거운 함성 속에서 집으로 운반된다. 그래서 마지막 수레에 실린 짐 자체를 '늑대'라고 부르기도 한다.

또한 '늑대'는 도리깨질에 의해 마지막 다발에서 쫓겨날 때까지 곡식창고에 쌓인 곡식 안에 숨어 있다고 여겼다. 그래서 마크데부르크 근방의 반츨레벤에서는 타작을 마친 후 농부들이 다 타작된 밀짚으로 감싸인 한 남자를 쇠사슬로 묶어 행렬을 지어 끌고 간다. 이때 그 남자를 '늑대'라고 부른다. 그는 타작한 곡식에서 달아나다가 붙잡힌 곡물정령을 표상한다. 트레베스 지방에서는 타작할 때 '곡식 늑대'가 살해당한다고 여긴다. 그래서 사람들은 마지막 곡식 다발이 남을 때까지 쉬지 않고 타작한다. 그렇게 해야 마지막 곡식 다발 속에 숨어 있는 '곡식 늑대'가 확실하게 죽는다고 믿기 때문이다.

프랑스에서도 추수 때에 '곡식 늑대'가 등장한다. 마지막 곡식 다발을 베는 추수꾼에게 사람들은 "늑대 잡겠네"라고 소리친다. 샹베리[6] 인근에서는 사람들이 둥글게 원을 지어 마지막 곡식 다발을 둘러싼 채 "늑대가 저기 있다"고 소리친다.

피니스테르[7]에서는 곡식 베는 일이 거의 끝나갈 무렵이면, 추수꾼들이 이렇게 외친다. "늑대가 있다. 우리가 잡자!" 그들은 각자 자기가 베어 낼 구역을 정한 뒤에 일을 시작하는데, 가장 먼저 일을 마친 사람이 "늑대를 잡았다"고 소리친다. 기엔[8]에서는 마지막 곡식 다발을 벤 뒤에 거세한 숫양 한 마리를 밭에 끌고 다닌다. 이 숫양을 '밭의 늑대'라고 불렀으며, 뿔에는 꽃다발과 곡식 이삭으로 장식하고 목과 몸뚱이도 화환과 리본 따위로 감싼다. 모든 추수꾼들이 그 뒤를 따라 노래를 부르며 행진한다. 그런 다음 숫양을 밭에서 살해한다. 프랑스의 이 지방에서는 마지막 곡식 다발을 '쿠줄라주coujoulage'라고 부르는데, 이 말은 거세한 숫양을 뜻하는 방언이다. 따라서 숫양을 죽이는 것은 마지막 곡식 다발 속에 들어 있다고 믿는 곡물정령의 죽음을 의미한다. 하지만 거기에는 늑대로서의 곡물정령

---

6 프랑스 남동부 론알프 지방 사부아주의 도시
7 프랑스 북서부 브르타뉴 지방에 있는 주
8 프랑스 서남부의 옛 지명

과 숫양으로서의 곡물정령이라는 두 가지의 서로 다른 관념이 섞여 있다.

때로는 마지막 곡식 다발 속에 갇힌 '늑대'가 농가에서 겨울을 지내면서 봄에 곡물정령으로 새롭게 활동할 준비를 한다고 여겼다. 그리하여 낮이 점점 길어지면서 봄이 가까웠음을 알리는 동지가 되면, '늑대'가 다시 모습을 드러낸다. 폴란드에서는 성탄절이 되면 머리에 늑대 가죽을 뒤집어쓴 남자가 마을 이리저리로 끌려다녔다. 혹은 박제된 늑대가 돈을 거두는 사람들에 의해 운반되기도 했다. 나뭇잎으로 감싼 '늑대' 남자를 끌고 다니던 호송자들이 사람들에게 돈을 거두는 오래된 관습의 흔적이 여러 지방에 아직도 많이 남아 있다.

3. 수탉으로서의 곡물정령

곡물정령은 종종 수탉의 형상으로 관념되기도 했다. 오스트리아에서는 아이들이 곡식 밭을 어지럽히면 '곡식 수탉'이 거기 앉아 있다가 눈을 쪼아 먹는다고 아이들에게 주의를 주곤 한다. 북부 독일의 사람들은 "수탉이 마지막 곡식 다발 속에 앉아 있다"고 말한다. 그래서 마지막 곡식 다발을 벨 때 추수꾼들은 "이제 수탉을 몰아내자"고 외친다. 또한 그것을 베어 낸 다음에는 "수탉을 잡았다"고 말한다. 트란실바니아의 브랄러에서도 추수꾼들이 마지막 곡식 다발을 베어 낼 때 "이제 수탉을 잡자"고 외친다. 한편 퓌르스텐발데[9]에서는 마지막 곡식 다발을 묶기 직전에 주인이 수탉 한 마리를 광주리에 담아 와서 풀어놓고 밭을 뛰어다니게 한다. 그러면 모든 추수꾼들이 수탉을 잡을 때까지 쫓아다닌다. 다른 지방에서는 추수꾼들이 모두 나서서 베어낸 마지막 곡식 다발을 서로 차지하려고 야단법석이다. 마침내 그것을 차지한 자는 닭 울음소리를 흉내 내야 한다. 그러면 사람들은 그를 '수탉'이라고 부른다.

벤드Wend족의 관습에서는 마지막 곡식 다발이 밭에 놓여 있으면 농장주가 그 밑에 살아 있는 수탉을 숨기곤 했으며, 지금까지도 그렇게 한다. 이 경우 곡식을 한 군데로 모을 때 그 곡식 다발을 우연히 발견한 추수꾼이 수탉을 잡으면 수탉을 차지할 권리가 주어졌다. 이것이 추수제의 말미를 장식하는 행사로서 '수탉

<hr>

9 독일 동부 브란덴부르크주에 있는 도시

잡기'라고 부른다. 이때 추수꾼들에게 돌리는 맥주는 '수탉 맥주'라는 이름으로 통한다. 또한 마지막 곡식 다발은 '수탉', '수탉 다발', '추수 수탉', '추수 암탉', '가을 암탉' 등으로 불렸으며, 농작물의 종류에 따라 '밀 수탉'이니 '콩 수탉'이니 하는 식으로 구분되었다. 튀빙겐의 뷘센술에서는 마지막 곡식 다발로 수탉 모양을 만들어 '추수 수탉'이라고 부른다. 사람들은 나무와 판지, 곡식 이삭과 꽃 따위로 만든 수탉 인형을 추수 수레의 앞쪽에 싣는다. 특히 베스트팔렌에서는 그렇게 실은 수탉의 부리에 땅에서 나는 온갖 종류의 열매를 담는다. 때때로 수탉 인형은 마지막 추수 수레에 실은 오월제 나무의 꼭대기에 매달기도 한다.

다른 지방에서는 살아 있는 수탉이나 수탉 인형을 추수제 왕관에 매달아 장대로 운반한다. 갈리치아[10]를 비롯한 여러 지방에서는 이렇게 살아 있는 수탉을 곡식 이삭이나 화관에 매달아 여자 추수꾼들의 지도자가 추수제 행렬의 선두에 서서 행진할 때 머리에 쓴다. 슐레지엔에서는 살아 있는 수탉을 쟁반에 담아 주인에게 선물로 바친다. 추수제 만찬은 '추수 수탉'이라든가 '그루터기 수탉' 등으로 불렸으며, 적어도 몇몇 지방에서는 수탉 요리가 주요 메뉴로 나온다. 만약 마부가 추수 수레를 넘어뜨리면 "마부가 추수 수탉을 엎질렀다"고 하여, 그는 수탉 요리 곧 추수제 만찬을 먹지 못한다. 수탉 인형을 실은 추수 수레는 농가를 한 바퀴 돌아 헛간으로 들어간다. 그런 다음 수탉을 다음 추수 때까지 농가의 문 위나 옆 또는 박공博栱에 못질해서 매달아 둔다. 동東프리슬란트에서는 타작 때에 마지막 도리깨질하는 자를 '꼬꼬댁 암탉'이라고 부르며, 마치 암탉에게 모이를 주듯이 그 앞에 알곡을 뿌려 준다.

곡물정령은 수탉의 형태로 살해당하기도 한다. 독일, 헝가리, 폴란드, 피카르디[11] 등지에서 추수꾼들은 살아 있는 수탉을 제일 마지막에 수확할 곡식 사이에 풀어놓고 밭에서 추격하거나 혹은 모가지만 나오게 하고 땅에 묻어 버린다. 그랬다가 나중에 낫으로 수탉의 모가지를 쳐낸다. 베스트팔렌의 여러 지방에서는 추수꾼들이 농장주에게 나무로 만든 수탉 인형을 가져다주면 농장주는 대신 살아 있는 수탉을 내준다. 그러면 사람들은 그 수탉을 회초리나 막대기로 때려죽이거나, 무딘 칼로 모가지를 따내거나, 헛간에 있는 소녀들에게 던져 주거나, 여주인

---

10 동유럽에 있는 역사적 지역
11 프랑스 북부의 우아즈·솜·엔 주를 포함하는 지방

에게 주어 요리하게 한다. 하지만 추수 수탉이 엎질러지지 않았을 때, 즉 어떤 수레도 쓰러뜨리지 않았을 때는 추수꾼이 농가 마당의 수탉에게 돌을 던지거나 모가지를 잘라서 죽일 권리를 얻었다. 이런 관습이 폐지된 곳에서도 여전히 농장주의 아내는 추수꾼들을 위해 닭고기 부추국을 끓이거나 혹은 수프용으로 잡은 수탉의 머리를 일꾼들에게 보여 주는 것이 관례로 되어 있다.

트란실바니아의 클라우젠부르크[12] 인근에서는 수탉을 추수 밭에 모가지만 나오게 하고 파묻는다. 그런 다음 한 젊은이가 낫을 들고 단칼에 수탉의 모가지를 댕강 잘라 버린다. 이때 단번에 해내지 못하면 그에게는 1년 내내 '빨간 수탉'이라는 별명이 따라다니며, 사람들은 다음 해 농사가 흉작이 될 거라고 우려한다. 트란실바니아의 우드바르헬리 부근에서는 살아 있는 수탉을 마지막 곡식 다발에 묶어 꼬챙이로 찔러 죽인다. 그리고 수탉의 껍질을 벗겨 살코기는 내다버리고 껍질과 깃털만 다음 해까지 보존한다. 이윽고 봄이 되면 마지막 곡식 다발에서 추려 낸 낟알을 수탉 깃털과 섞어 경작할 밭에 뿌린다.

수탉과 곡물정령의 동일시를 이보다 더 분명하게 보여 주는 사례는 다시없을 것이다. 즉, 수탉을 마지막 곡식 다발에 묶어 죽임으로써 곡식과 동일시되고, 그 죽음은 곡식 베기와 동일시된다. 나아가 그 깃털을 봄까지 보존했다가 수탉을 묶었던 곡식 다발에서 털어 낸 종자와 섞어 밭에 뿌리는 데에서 수탉과 곡식의 동일성이 재차 강조된다. 그리하여 곡물정령의 화신으로서 수탉이 가지는 생장력과 생식력을 가장 단순명료하게 보여 주는 것이다. 이처럼 수탉 형태의 곡물정령은 추수철에 살해당하지만 봄철에 새로운 생명으로 다시 태어나 활동을 재개한다고 여겼다. 그리고 수탉을 땅에 묻은 채 그 모가지를 낫으로 쳐내는(곡식 알곡을 쳐내듯이) 관습 또한 이에 못지않게 수탉과 곡식의 동일성을 잘 드러내 준다.

4. 산토끼로서의 곡물정령

산토끼도 일반적인 곡물정령의 화신에 속한다. 가령 갤러웨이[13]에서는 마지막 곡식 다발을 베는 것을 '산토끼 베기'라고 부르는데, 그 방식은 다음과 같다. 곡

---

12 루마니아 북서부의 공업 도시인 크루주 나포카에 해당하는 독일어명

식을 벨 때 마지막까지 남아 있는 한 줌의 곡식을 '산토끼'라고 부르는데, 그것을 세 부분으로 나누어 엮고 이삭은 하나의 매듭으로 묶는다. 그런 다음 추수꾼들은 몇 야드 뒤로 물러서서 '산토끼'를 자르기 위해 차례대로 거기에 낫을 던진다. 이때 반드시 매듭 아래쪽으로 낫을 던져 잘라야 한다. 추수꾼들은 누구든 먼저 매듭 아래 줄기를 베는 데에 성공할 때까지 한 사람씩 계속해서 낫을 던진다. 마침내 '산토끼'를 베는 데에 성공하면, 그것을 집으로 운반하여 부엌일을 하는 하녀에게 건네주면 하녀는 그것을 부엌문 안쪽에 걸어 둔다. 때로는 그것이 다음 추수 때까지 보존되기도 한다. 미니가프 교구에서는 미혼의 추수꾼들이 '산토끼'를 베고 난 다음 집을 향해 전속력으로 달리기 시합을 하는데, 거기서 1등을 한 자는 제일 먼저 장가들도록 되어 있었다.

독일에서도 마지막 곡식 다발을 칭하는 이름 중 하나가 '산토끼'였다. 안할트[14]의 몇몇 지방에서는 곡식을 추수하고 약간의 줄기만이 남았을 때 "산토끼가 곧 나올 거야"라고 말한다. 또 추수꾼들은 서로 "산토끼가 뛰쳐나오는 것을 잘 보라"고 외쳐 댄다. 동부 프로이센에서는 '산토끼'가 마지막 곡식 줄기 안에 앉아 있으니, 꼴찌 추수꾼이 그것을 몰아내야 한다고 말한다. 이때 추수꾼들은 저마다 '산토끼를 몰아내는' 역할에 걸리지 않기 위해 열심히 작업을 서두른다. 왜냐하면 마지막 곡식 다발을 베는 자는 큰 웃음거리가 되기 때문이다. 앞서 살펴보았듯이, 아우리히에서는 마지막 곡식을 베는 것을 "산토끼의 꼬리를 자른다"고 말한다.

이에 비해 독일, 스웨덴, 네덜란드, 프랑스, 이탈리아 등지에서는 마지막 곡식을 베는 것을 흔히 "산토끼를 죽인다"고 표현한다. 그밖에 노르웨이에서는 "산토끼를 죽인다"는 말을 들은 사람은 마치 브랜디 같은 '산토끼 피'를 동료들에게 주어 마시도록 해야만 한다. 레스보스[15]에서는 추수꾼들이 인접한 두 밭에서 작업할 때 서로 먼저 추수를 끝내려고 애쓴다. 이는 '산토끼'를 이웃집 밭으로 몰아내기 위해서였다. 그렇게 하는 데에 성공한 추수꾼은 다음 해에 풍작이 될 것이라고 믿는다. 아울러 그들은 작은 곡식 다발을 단장하여 다음 추수 때까지 성화聖畫 옆에 보존한다.

---

13 영국 스코틀랜드 남서부의 옛 주
14 할레주와 마그데부르크주에 해당하는 독일의 옛 주
15 에게해에 있는 섬 가운데 크레타섬과 에보이아섬 다음으로 큰 그리스의 섬

5. 고양이로서의 곡물정령

곡물정령은 때로 고양이의 형태를 취하기도 한다. 키일[16] 근방에서는 아이들이 곡식 밭에 들어가지 못하도록 주의를 준다. 왜냐하면 "거기에 고양이가 앉아 있다"고 여겼기 때문이다. 아이제나흐[17]의 고지대에서는 아이들에게 "곡식 고양이가 와서 널 데려갈 거야"라든가 "곡식 고양이가 곡식 사이를 지나간다"라고 말한다. 슐레지엔의 몇몇 지방에서는 마지막 곡식 다발을 벨 때 "고양이가 잡혔다"고 말한다. 그리고 타작 때에 마지막 도리깨질을 하는 자를 '고양이'라고 불렀다. 리옹[18] 근처에서는 마지막 곡식 다발과 추수 만찬을 모두 '고양이'라고 칭했다. 브줄[19] 근방에서는 마지막 곡식 다발을 벨 때 "고양이 꼬리를 잡는다"고 말한다. 도피네[20] 지역의 브리앙송[21]에서는 곡식을 베기 시작할 때 고양이 한 마리를 리본과 꽃, 곡식 이삭 따위로 단장하고 그것을 '공球가죽 고양이le chat de peau de balle'라고 부른다. 곡식 베는 일꾼이 작업 중에 다치면 이 고양이에게 그 상처를 핥게 한다. 곡식 베기를 마칠 때도 한 번 더 고양이를 리본과 곡식 이삭으로 치장한다. 그리고 춤판을 벌려 한바탕 놀고 나면 소녀들이 엄숙하게 고양이의 장식을 벗겨낸다.

슐레지엔의 그뤼네베르크에서는 마지막 곡식을 베는 추수꾼을 '수고양이'라고 부른다. 사람들은 그를 호밀 줄기와 푸른 실가지들로 감싸고 길게 엮은 꼬리를 붙인다. 때로 그는 그와 비슷한 차림의 '(암)고양이'라 불리는 남자를 거느리기도 한다. 이들의 임무는 그들의 눈에 띈 사람들을 쫓아가서 기다란 막대기로 때리는 것이다. 아미앵[22] 부근에서는 추수를 마칠 때 "그들이 이제 고양이를 죽이려 한다"고 말한다. 마지막 곡식 다발을 베고 난 후, 사람들은 농장에서 실제로 고양이 한 마리를 죽인다. 프랑스 일부 지방에서는 타작 때에 산 고양이 한 마리를 마지막으로 타작할 곡식 다발 아래 놓고 도리깨로 쳐죽인다. 그런 다음 일요

---

16 독일 북동부 슐레스비히홀슈타인주의 도시
17 독일 중부 튀링겐주에 있는 도시
18 프랑스 중동부 론주의 도시
19 프랑스 동부 오트소느주의 도시
20 프랑스의 황태자령
21 프랑스 남동부 프로방스알프코트다쥐르 지방 오트잘프주의 도시
22 프랑스 파리 북쪽에 위치한 피카르디 지방 솜주의 도시

일에 그것을 주말 특별 요리로 구워 먹는다. 보주 산지에서는 건초 작업이나 추수가 끝나는 것을 '고양이 잡기'라든가 '개 죽이기' 혹은 드물게 '산토끼 잡기' 따위로 부른다. 고양이나 개, 산토끼 등은 농사가 풍작이냐 흉작이냐에 따라 살찌거나 여윈다고 한다. 마지막 한 줌의 건초나 밀을 자르는 자는 "고양이나 산토끼를 잡았다든지" 또는 "개를 죽였다든지" 하는 말을 듣는다.

6. 염소로서의 곡물정령

더 나아가 곡물정령은 종종 염소의 형태로 등장한다. 프로이센 일부 지방에서는 바람이 불어 곡식이 고개를 숙이면 "염소들이 서로 쫓아내고 있다"라든가 "바람이 염소들을 곡식 밭에서 내몰고 있다"라든가 "염소들이 저기서 돌아다닌다"고 말하면서 풍작이 될 거라고 기대한다. 또한 "귀리 염소가 귀리밭에 앉아 있다"라든가 "곡식 염소가 호밀밭에 앉아 있다"는 식으로 말한다. 아이들은 곡식의 푸른 꽃을 따러 곡식 밭에 들어가거나, 콩을 따러 콩밭에 들어가지 못하도록 주의를 받는다. 그랬다가는 '호밀 염소', '옥수수 염소', '귀리 염소', '콩 염소' 등이 숨어 있다가 아이들을 잡아가거나 죽일 거라며 겁을 준다. 추수꾼이 병이 들거나 작업할 때에 동료들보다 뒤처지면, 사람들은 그에 관해 "추수 염소가 저 사람을 들이받았다"라든가 "곡식 염소에게 들이받혔다"라고 말한다. 브라운스베르크(동부 프로이센) 근방에서는 귀리를 묶을 때 모든 추수꾼들이 "곡식 염소에게 들이받히지 않기 위해" 일을 서두른다. 노르웨이의 외포텐에서는 추수꾼들이 자기가 벨 밭뙈기를 할당받는데, 옆의 동료들이 일을 마친 후에까지도 자기 몫을 다 베지 못한 추수꾼이 있으면 "저 사람은 섬에 남아 있다"라고 말한다. 이때 뒤처진 사람이 남자일 경우 사람들은 숫염소를 부를 때 내는 소리를 흉내 내고, 여자일 경우는 암염소를 부르는 소리를 흉내 낸다.

남부 바바리아의 슈트라우빙[23] 근방에서는 마지막 곡식 다발을 베는 사람에게 작물의 종류에 따라 '옥수수 염소'라든가 '밀 염소' 혹은 '귀리 염소'를 잡는다고 말한다. 그밖에도 마지막 곡식 다발 위에 뿔 두 개를 세워 놓고 '뿔 달린 염소'

---

23 독일 남동부 바이에른주의 도시

라고 부르기도 한다. 동부 프로이센의 크로이츠부르크에서는 마지막 곡식 다발을 묶는 여자에게 "염소가 곡식 다발 위에 앉아 있다"고 소리친다. 슈바벤의 가블링겐에서는 농장 주위의 마지막 귀리밭을 추수할 때, 추수꾼들이 나무를 깎아 염소 모양의 인형을 만든다. 그리고 콧구멍과 입에 귀리 이삭을 끼우고 화환으로 장식한 다음 그것을 밭에 세우고 '귀리 염소'라는 이름을 붙여 준다. 곡식 베기가 거의 끝나갈 무렵이 되면, 추수꾼들은 자기가 맡은 몫을 먼저 끝내기 위해 제각기 서두른다. 꼴찌로 일을 끝내는 사람에게 '귀리 염소'가 돌아가기 때문이다. 또한 마지막 곡식 다발 자체를 '염소'라고 부르기도 한다.

바바리아의 비젠트 계곡에서는 밭에 묶어 놓은 마지막 곡식 다발을 '염소'라고 칭하는가 하면, "밭이 염소를 낳아야만 한다"는 격언도 있다. 헤세의 슈파하브뤼켄에서는 마지막에 베어 낸 한 줌의 곡식을 '염소'라고 부르며, 그것을 벤 자는 큰 놀림거리가 된다. 바덴의 뒤렌뷔히와 모스바흐 근방에서도 마지막 곡식 다발을 '염소'라고 부른다. 때로는 마지막 곡식 다발을 염소 모양으로 만들어 "염소가 안에 앉아 있다"고 말하기도 한다. 또한 마지막 곡식 다발을 베거나 묶는 자를 '염소'라고 칭하기도 한다. 메클렌부르크 지방에서는 마지막 곡식 다발을 묶는 여자에게 "당신은 추수 염소다"라고 소리친다. 하노버의 윌첸[24] 인근에서는 추수제의 개막 행사로서 '추수 염소 데려오기'가 행해진다. 이는 마지막 곡식 다발을 묶는 여자를 밀짚으로 감싸고 추수 왕관을 씌워 외바퀴 수레에 태운 다음 마을로 데려와서 원을 지어 한바탕 춤판을 벌이는 행사이다. 뤼네부르크[25] 인근에서도 마지막 곡식 다발을 묶는 여자를 곡식 이삭 왕관으로 치장하고 '곡식 염소'라고 부른다. 바덴의 뮌제스하임에서는 마지막 한 줌의 옥수수나 귀리를 베어 낸 추수꾼을 '옥수수 염소'나 '귀리 염소'라고 부른다.

스위스의 생갈[26] 지방에서는 밭에서 마지막 곡식 다발을 베거나 마지막 추수 수레를 헛간으로 모는 사람을 '곡식 염소'나 '호밀 염소' 또는 그냥 '염소'라고 부른다. 투르가우[27] 지방에서는 그런 자를 '곡식 염소'라고 부른다. 사람들은 그의 목에 염소처럼 방울을 걸고 개선행진을 하듯이 끌고 다니면서 그에게 술을 끼얹

---

24 독일 뤼네부르크 지방의 엘베-사이텐 운하를 낀 도시
25 독일 중북부 니더작센주 북동부의 행정구
26 장크트갈렌Sankt Gallen이라고도 한다. 스위스 북동부의 주
27 스위스 북동부의 주

는다. 스티리아 지방에서도 마지막 곡식 다발을 베는 자를 '곡식 염소'라든가 '귀리 염소' 따위로 부른다. 보통 이렇게 '곡식 염소'라는 이름이 붙은 사람은 다음 추수 때까지 1년 내내 그 이름을 가지고 살아야 한다.

어떤 견해에 따르면, 염소나 기타 형상으로 붙들린 곡물정령은 농가나 헛간에서 겨울을 난다. 그래서 각 농장에는 저마다 고유한 곡물정령의 화신이 존재하게 마련이다. 또 다른 견해에 의하면, 곡물정령은 한 농장의 곡식만이 아니라 모든 곡식의 수호신이다. 따라서 한 농장의 곡식이 모두 베어지면, 곡물정령은 아직 베지 않은 곡식이 남아 있는 다른 농장으로 달아난다. 이런 관념은 스카이섬[28]에서 예전에 행해졌던 추수 관습에서 찾아볼 수 있다. 제일 먼저 추수를 끝낸 농장주는 남자나 여자 한 명을 시켜 아직 일이 끝나지 않은 이웃 농장주에게 곡식 다발을 보낸다. 그러면 그 농장주는 자기 일을 끝마치는 대로 다시 그 곡식 다발을 아직 추수가 끝나지 않은 이웃에게 보낸다.

이런 식으로 곡식 다발은 추수가 전부 끝날 때까지 마을 농장들을 한 바퀴 돌게 된다. 이 곡식 다발을 '절름발이 염소'라고 불렀다. 이런 관습은 오늘날까지도 사라지지 않은 것 같다. 몇 년 전까지만 해도 스카이에서 그런 관습이 행해졌다는 보고가 있었다. 어쨌든 이처럼 곡물정령을 절름발이로 표현한 것은 아마도 곡식을 벤다는 것은 곧 곡물정령을 베는 것과 같고, 그래서 불구가 되었다는 의미였을 것이다. 때문에 마지막 곡식 다발을 집에 가져오는 노파는 간혹 의무적으로 한 발을 절어야 한다.

때로는 염소 형태의 곡물정령이 추수 밭에서 낮에 베어 살해당했다고 여겨지기도 한다. 모젤[29] 강변의 베른카스텔 근방에서는 추수꾼들이 추첨으로 순서를 정해서 그 순서에 의해 각자 앞 사람을 뒤쫓아 따라가며 추수 작업을 한다. 이때 첫 번째 순서로 추첨된 자는 '선두 추수꾼', 꼴찌는 '꼬리를 가진 자'라고 부른다. 한 추수꾼이 앞에 있는 사람보다 먼저 자기 몫을 끝내면 그는 앞에 있는 자를 지나쳐 빙 둘러간다. 그러다 보면 뒤처진 추수꾼은 자기 몫의 밭뙈기에 혼자 남게 된다. 사람들은 이렇게 추수 작업이 느려터진 밭뙈기를 '염소'라고 부른다. 그리하여 혼자 남아 '염소를 베는' 처지가 된 느려터진 추수꾼은 그날 하루 종일 동료

---

28 영국 스코틀랜드 이너헤브리디스 제도의 최북단에 있는 가장 큰 섬
29 라인강의 왼쪽편 지류

들에게 놀림감이 된다. 이 '꼬리를 가진 자'가 마지막 곡식 이삭을 베어 내는 것을
두고 사람들은 "그가 염소 모가지를 자르고 있다"고 말한다.

그르노블[30] 근방에서는 추수가 끝날 무렵이 되면 살아 있는 염소를 꽃과 리본
으로 장식해서 밭에 풀어놓는다. 그러면 추수꾼들이 그 염소를 뒤쫓아다니며 잡
으려 한다. 마침내 염소가 잡히면 농장주의 아내가 그것을 꼼짝 못하게 붙잡고
있는 동안 농장주는 염소의 모가지를 댕강 잘라 낸다. 염소의 살코기는 추수 만
찬을 준비하는 데에 쓰는데, 이때 살코기 한 덩이는 따로 떼어 내어 소금에 절여
다음 추수기에 또 다른 염소를 잡을 때까지 보관한다. 그런 다음 모든 추수꾼들
이 살코기를 나누어 먹고, 같은 날 염소 가죽으로는 외투를 만든다. 농장주는 일
꾼들과 함께 일하면서 비가 내리거나 날씨가 좋지 않으면, 추수 때 반드시 그 외
투를 입어야 한다. 그런데 어떤 추수꾼이 등이 아프다고 하면, 농장주는 염소 가
죽 외투를 그에게 건네주어야 한다. 이는 아마도 등의 통증이 곡물정령 때문에
생긴 것이라고 여겨 염소 가죽 외투로 그것을 치료할 수 있다는 의미인 것 같다.

마찬가지로 다른 지역에서는 추수꾼이 곡식을 베다가 상처를 입으면 곡물정
령의 표상인 고양이에게 그 상처를 핥게 한다. 몬Mon섬[31]의 에스토니아인들은
추수 때에 첫 곡식 이삭을 베는 자는 등에 통증이 생긴다고 생각했는데, 이는 아
마도 곡물정령이 첫 상처에 원한을 품는다고 여겼기 때문일 것이다. 그래서 트란
실바니아의 색슨계 추수꾼들은 등의 통증을 피하기 위해 처음 베어 낸 곡식 이삭
으로 허리를 묶었다. 이때의 곡물정령은 치료나 보호의 목적으로 활용되기는 하
지만, 염소나 고양이의 형태가 아닌 원래의 식물 형태를 그대로 유지한다.

나아가 사람들은 때로 염소 형태의 곡물정령이 헛간에 쌓아둔 곡식 속에 숨어
있다가 도리깨에 맞아 쫓겨난다고 여겼다. 바덴에서는 마지막으로 타작할 곡식
다발을 '곡식 염소'라고 부르거나, 곡물의 종류에 따라 '밀 염소'나 '귀리 염소' 따
위로 부른다. 또한 북부 바바리아의 마르크틀 인근에서는 곡식 다발을 '밀짚 염
소'나 혹은 그냥 '염소'라고 부른다. 그것을 넓은 들판에 높이 쌓아놓고 남자들이
서로 마주보며 두 줄로 늘어서서 타작을 한다. 그들은 도리깨질을 하면서, 곡식
줄기 속에 '밀짚 염소'가 보인다는 내용의 노래를 부른다. 마지막 염소, 즉 마지막

---

30 프랑스 남동부(도피네) 론알프 지방 이제르주의 도시
31 덴마크의 멘섬을 가리키는 듯하다.

곡식 다발은 제비꽃을 비롯한 여러 꽃들로 만든 화환과 실에 꿴 과자 꾸러미 따위로 장식하여 그것을 높이 쌓아놓은 노적가리 한가운데에 놓아둔다. 그러면 타작꾼 몇 사람이 그 마지막 염소에 달려들어 제일 좋은 알곡들을 뜯어 낸다. 이때 다른 타작꾼들이 도리깨를 마구 휘둘러 대는 통에 때로는 거기에 맞아 머리통이 깨지는 사람도 나온다.

티롤의 오베린탈에서는 마지막 타작꾼을 '염소'라고 부른다. 서부 보헤미아의 하젤베르크에서도 귀리를 타작할 때 마지막 도리깨질하는 자를 '귀리 염소'라고 부른다. 뷔르템베르크의 테트낭에서는 마지막 곡식 다발을 뒤집기 전에 마지막 도리깨질하는 자를 '숫염소'라고 부르면서 "저 자가 숫염소를 몰아냈다"고 말한다. 마지막 곡식 다발을 뒤집은 후에 마지막으로 도리깨질하는 자는 '암염소'라고 불렸다. 이런 관습은 곡식 속에 암수 한 쌍의 곡물정령이 거한다는 관념을 암시적으로 보여 준다.

또한 타작 때에 염소 형태로 포획한 곡물정령을 아직 타작이 끝나지 않은 이웃에게 건네주는 일도 있다. 프랑슈콩테에서는 타작이 끝나자마자 젊은이들이 아직 타작 중인 이웃 농가의 마당에 밀짚으로 만든 염소 인형을 세워 놓는다. 이웃 농장주는 그들에게 보답으로 포도주나 돈을 내놓아야 한다. 뷔르템베르크의 엘반겐에서는 타작 때에 마지막 곡식 다발로 염소 인형을 만든다. 즉, 막대기 네 개로 다리를 만들고 두 개로 뿔을 만드는데, 마지막 도리깨질을 하는 자는 그 염소를 아직 타작 중인 이웃의 헛간에 가져가서 바닥에 내동댕이쳐야 한다. 그런데 그러다가 붙잡히면 사람들은 그의 등에 염소를 묶는다. 이와 유사한 관습을 북부 바바리아의 인데르스도르프에서도 찾아볼 수 있다. 거기서는 밀짚 염소를 이웃집 헛간에 내던진 자가 염소 울음소리를 흉내 낸다. 사람들이 그를 붙잡으면 그의 얼굴에 검댕 칠을 하고 염소를 등에 묶는다. 알자스의 사베른[32]에서는 농장주가 이웃들보다 일주일 이상 타작이 늦어지면, 사람들이 그의 문 앞에 박제로 된 실제 염소나 여우를 세워 놓는다.

때로는 염소 형태의 곡물정령이 타작 때에 살해당한다고 간주된다. 북부 바바리아의 트라운슈타인 지방에서는 귀리 염소가 마지막 귀리 다발 속에 거한다고 믿는다. 그 귀리 염소는 머리를 나타내는 헌 냄비와 함께 한쪽 끝에 세워 놓은 낡

---

32 프랑스 북동쪽 국경 지대에 있는 알자스 지방의 주

은 갈퀴로 표상된다. 사람들은 아이들을 시켜 이 귀리 염소를 죽이도록 한다.

7. 수소, 암소, 거세한 수소로서의 곡물정령

곡물정령으로 상정되는 또 다른 형태로는 황소와 암소를 들 수 있다. 바람에 곡식들이 술렁일 때 서부 프로이센의 코니츠[33]에서는 "수송아지가 곡식 사이를 달리고 있다"라고 말한다. 동부 프로이센의 몇몇 지방에서는 곡식이 어떤 곳에서 억세고 무성하게 자라면 "황소가 곡식 속에 누워 있다"라고 말한다. 서부 프로이센의 그라우덴츠[34] 지방에서는 어떤 추수꾼이 과로한 나머지 비틀거리면 "황소가 들이받았다"고 말한다. 이 경우 로렌에서는 "그가 황소를 얻었다"고 표현한다. 이 두 가지 표현은 그가 뜻하지 않게 신성한 곡물정령과 마주쳤는데, 곡물의 정령이 그 불경스러운 침입자에게 절뚝거리는 벌을 내렸다는 것을 의미한다.

마찬가지로 샹베리 인근에서는 추수꾼이 낫질하다 다치면 "황소에게 상처를 입었다"고 말한다. 분츨라우 지방에서는 간혹 마지막 곡식 다발로 뿔 달린 황소 모양의 인형을 만들어서 삼베 조각들로 속을 채워 넣고 곡식 이삭으로 감싼다. 이 인형은 '영감'이라고 불렸다. 보헤미아의 몇몇 지방에서는 마지막 곡식 다발로 사람 모양의 인형을 만들어 그것을 '수컷 물소'라고 부른다. 이는 인간 형태의 곡물정령과 동물 형태의 곡물정령이 혼동된 경우라 할 수 있다. 거세한 숫양을 늑대라고 부르면서 죽이는 사례에서도 그런 혼동을 엿볼 수 있다.

슈바벤 전역에서는 밭에 남은 마지막 곡식 다발을 '암소'라고 부른다. 또한 마지막 곡식 이삭을 베는 것은 "암소를 얻는 것"이며, 그 자는 '암소' 혹은 농작물의 종류에 따라 '보리 암소'나 '귀리 암소'라고 불렸다. 그는 추수 만찬 때 꽃과 곡식 이삭으로 만든 화환을 받으며, 다른 사람들보다 더 실컷 술을 마실 수 있었다. 하지만 그는 사람들한테 놀림거리가 되고 괴롭힘을 당하기 때문에 아무도 '암소'가 되고 싶어 하지는 않는다. '암소'는 간혹 곡식 이삭과 꽃으로 만든 여자 인형으로 표현되기도 한다. 그것은 마지막 곡식 다발을 벤 남자에 의해 농가로

---

33 오늘날 작센주에 있는 코르트니츠Cortnitz인 듯하다.
34 폴란드 중북부의 그루지옴츠에 해당하는 독일어명

운반된다. 농장주가 그에게서 '암소'를 인수할 때까지 아이들은 그의 뒤를 쫓아다니며 귀찮게 굴고, 이웃 사람들도 밖에 나와 그를 놀려 댄다. 여기서도 우리는 인간 형태의 곡물정령과 동물 형태의 곡물정령이 혼동되고 있는 것을 분명히 확인할 수 있다.

스위스의 여러 지방에서는 마지막 곡식 이삭을 베는 추수꾼을 '밀 암소', '곡식 암소', '귀리 암소', '곡식 황소' 따위로 불렀으며, 이런저런 놀림거리의 표적이 된다. 한편 북부 바바리아의 로젠하임 지방에서는 한 농장주가 이웃보다 늦게 수확물을 거두어들이면, 사람들이 그의 땅에 이른바 '밀짚 황소'를 세운다. 이는 나무 골격에다 그루터기들을 갖다붙이고 거기에 꽃과 나뭇잎으로 장식해서 만든 거대한 황소상이다. 이 황소상에는 우스꽝스러운 시를 휘갈겨 쓴 종이쪽지들이 붙어 있는데, 거기에는 밀짚 황소가 세워진 땅의 주인을 조롱하는 내용이 적혀 있다.

황소 형태의 곡물정령은 추수가 끝날 무렵 밭에서 살해당한다. 디종[35] 부근의 푸일리에서는 마지막 곡식 이삭을 베기 직전에 리본과 꽃, 곡식 이삭 따위로 장식된 황소 한 마리를 끌고 밭을 한 바퀴 도는데, 이때 모든 추수꾼들이 춤을 추며 그 뒤를 따른다. 그런 다음 '악마'로 분장한 한 남자가 마지막 곡식 이삭을 베고 그 자리에서 즉시 황소를 도살한다. 황소의 살코기 일부는 추수 만찬 때 먹고, 일부는 소금에 절여서 이듬해 봄의 첫 파종 때까지 보관한다. 퐁타무송[36] 등지에서는 추수가 끝나는 날 저녁에 꽃과 곡식 이삭으로 장식한 송아지를 끌어내어, 사람들이 그 송아지를 미끼로 유혹하거나 막대기로 몰거나 혹은 농장주의 부인이 밧줄로 묶어 끌면서 농장 마당을 세 번 돈다. 이 의식을 위해 선발되는 송아지는 그해 봄에 농장에서 처음 태어난 송아지이며, 의식이 끝나면 모든 추수꾼들이 농기구를 손에 든 채 송아지를 앞세우고 행진한다. 그런 다음 송아지를 풀어 주고 추수꾼들이 그 뒤를 쫓는다. 이때 송아지를 잡는 자는 누구든 '송아지의 왕'이라고 부른다. 마지막으로 이 송아지를 엄숙하게 도살한다. 이때 뤼네빌[37]에서는 그 마을의 유대인 상인이 백정 역할을 한다.

때때로 곡물정령은 곡식 창고에 보관된 수확 곡식 속에 숨어 있다가 타작할

---

35 프랑스 중동부 부르고뉴 지방 코트도르주의 도시
36 프랑스 북동부 뫼르트에모젤주의 마을
37 프랑스 동부 로렌 지방 뫼르트에모젤주에 있는 도시

때에 황소나 암소의 형태로 다시 나타나기도 한다. 튀링겐의 부름링겐에서는 타작 때에 마지막 도리깨질하는 자를 '암소' 혹은 더 정확하게는 작물의 종류에 따라 '보리 암소', '귀리 암소', '완두콩 암소' 따위로 부른다. 사람들은 그의 온몸을 밀짚으로 감싸고 머리에는 뿔 모양의 막대기 두 개를 꽂는다. 그런 다음 청년 두 명이 밧줄로 그를 묶어 우물가로 데려가서 물을 먹인다. 우물가로 가는 동안 그는 암소처럼 음매 하고 울어야 하며, 그 후에도 오랫동안 그는 '암소'라는 호칭으로 불린다. 슈바벤의 오베르메들링겐에서는 타작이 거의 끝날 무렵이 되면 일꾼들은 저마다 마지막 도리깨질을 하는 자가 되지 않으려고 애쓴다. 마지막 도리깨질을 하는 자가 "암소를 얻는다"고 되어 있기 때문이다. 이때의 '암소'는 헌 누더기 속치마와 두건, 스타킹 따위를 입힌 밀짚인형을 가리킨다. 사람들은 그것을 새끼줄로 마지막 도리깨질을 한 자의 등에 묶는다. 또한 그의 얼굴에 검댕 칠을 하고 새끼줄로 묶어 외바퀴 수레에 싣고 마을을 한 바퀴 돌린다. 여기서도 우리는 다른 관습에서 보았듯이, 인간 형태의 곡물정령과 동물 형태의 곡물정령이 혼동되고 있음을 엿볼 수 있다.

샤프하우젠[38] 지방에서는 마지막 곡식 다발을 타작하는 사람을 '암소'라고 불렀으며, 투르가우 지방에서는 그를 '곡식 황소'라고 부른다. 취리히주에서는 그를 '타작꾼 암소'라고 부르면서 밀짚으로 감싸서 과수원 나무에 묶어 놓는다. 헝가리의 아라드[39]에서는 타작 때에 마지막 도리깨질하는 자를 밀짚으로 감싸고, 뿔이 그대로 달려 있는 암소 가죽을 뒤집어씌운다. 드레스덴[40]의 페스니츠에서는 마지막 도리깨질하는 자를 '황소'라고 부른다. 그는 밀짚인형을 만들어서 이웃집 창가에 세워 놓아야 한다. 다른 많은 사례에서와 마찬가지로, 우리는 여기서도 곡물정령이 아직 타작을 끝내지 못한 이웃에게 넘겨지고 있음을 분명히 확인할 수 있다. 가령 튀링겐의 헤르브레히팅겐에서는 제일 늦게 타작을 끝낸 농장주의 헛간에 누더기 차림의 노파 인형을 던져 놓는다. 이때 그것을 던진 자는 "당신 몫의 암소가 여기 있소"라고 외친다. 그러면 타작꾼들이 그를 붙잡아 하룻밤 동안 연금함으로써 추수 만찬에 참가하지 못하는 벌을 준다. 이런 관습에서도 인간 형태의 곡물정령과 동물 형태의 곡물정령이 혼동되고 있음을 엿볼 수 있다.

---

38 스위스의 가장 북쪽에 있는 주
39 루마니아 서부 무레슈 강변의 도시
40 독일 동부 작센주의 도시

나아가 황소 형태의 곡물정령이 때때로 타작 때에 살해당했다고 여겨지기도 한다. 오세르에서는 마지막 곡식 다발을 타작할 때에 사람들이 "우리는 황소를 잡고 있다"고 열두 번 외친다. 보르도 근방에서는 추수가 끝난 직후 밭에서 백정이 황소를 도살하는데, 거기서는 타작 때에 마지막 도리깨질을 하는 자에게 "그가 황소를 죽였다"고 말한다. 샹베리에서는 마지막 곡식 다발을 '젊은 황소의 곡식 다발'이라고 부르며, 모든 추수꾼이 누가 먼저 그것을 베느냐 하는 시합을 벌인다. 거기서 마지막 도리깨질이 행해지면 사람들은 "황소가 죽었다"고 말한다. 그리고 마지막 곡식을 벤 자에 의해 그 자리에서 즉각 살아 있는 진짜 황소가 도살당한다. 황소의 살코기는 만찬 때 타작꾼들이 먹어 치운다.

앞에서 우리는 다음 해에 곡식의 성장을 촉진하는 임무를 맡은 젊은 곡물정령이 추수 밭에서 '곡식 아기'로 태어난다고 여기는 몇몇 사례들을 살펴보았다. 마찬가지로 베리[41] 지방에서는 젊은 곡물정령이 때때로 밭에서 송아지 형태로 태어난다고 여겼다. 이를테면 곡식 묶는 일꾼이 새끼줄이 부족해서 모든 곡식을 다 묶을 수 없을 때, 그는 남겨진 곡식을 그냥 놓아둔 채 음매 하고 암소 울음소리를 흉내 낸다. 이때 그것은 "곡식 다발이 송아지를 낳았다"는 것을 뜻한다. 퓌드돔[42] 지방에서는 곡식 묶는 남녀 일꾼이 앞서가는 다른 일꾼을 따라잡지 못하면, "저 여자(또는 남자)가 송아지를 낳는다"고 말한다. 프로이센의 몇몇 지방에서는 이런 때 사람들이 그 여자에게 "황소가 온다"고 소리치면서 황소 울음소리를 흉내 낸다.

이러한 사례들에서 그 여자는 '곡식 암소' 혹은 늙은 곡물정령으로 간주되는 반면, 사람들이 '송아지'라고 일컫는 것은 '곡식 송아지' 혹은 젊은 곡물정령으로 간주된다. 오스트리아의 일부 지방에서는 봄에 싹트는 곡식 속에서 어떤 '신화적인 송아지Muhkälbchen'가 나타나 아이들을 들이받는다고 여겼다. 또한 바람에 곡식이 일렁이면 사람들은 "송아지가 돌아다닌다"고 말한다. 만하르트의 지적대로, 이 같은 봄철의 송아지는 향후 추수기에 살해당한다고 여긴 동물과 동일한 존재임에 분명하다.

---

41 프랑스 중부의 앵드르주와 셰르주를 포함하는 역사·문화 지역
42 프랑스 중부 오베르뉴 지방에 있는 주

8. 말 혹은 암말로서의 곡물정령

때때로 곡물정령은 수말이나 암말의 형태로 나타나기도 한다. 칼프[43]와 슈투트 가르트[44] 지역에서는 바람이 불어 곡식이 고개를 숙이면 "저기 말이 달려간다" 고 말한다. 바덴 라돌프첼 근방의 볼링겐에서는 마지막 귀리 다발을 '귀리 종마種馬'라고 부른다. 하트퍼드셔[45] 지방에서는 예나 지금이나 추수가 끝나면 '암말의 외침'이라는 의식을 행한다. 거기서는 밭에 남은 마지막 곡식 줄기를 모두 하나로 묶은 다음 그것을 '암말'이라고 부른다. 추수꾼들이 멀찌감치 떨어져서 거기다 낫을 던지는데, 그것을 베는 자는 환호와 칭찬을 듣고 상을 받는다. 이렇게 '암말'을 벤 다음 추수꾼들은 큰 소리로 "암말을 잡았다!"고 세 번 외친다. 그러면 다른 사람들이 "무엇을 잡았다고?"라며 세 번 묻는다. 이에 "암말이다! 암말이다! 암말이다!"라고 대답하면, 다시 "누구 건데?"라고 세 번 반문한다. 이에 추수꾼들은 "아무개의 것이다!"라고 그 소유자의 이름을 세 번 지목한다. 또다시 "누구한테 보낼 건데?"라고 물으면, "아무개한테"라고 아직 곡식을 다 베지 못한 이웃집 사람의 이름을 댄다. 이 관습에서는 암말 형태의 곡물정령이 추수를 끝낸 농장에서 아직 추수를 다 끝내지 못한 농장으로 건네진다. 왜냐하면 곡물정령이 당연히 추수를 다 끝내지 못한 곳으로 피신할 수 있다고 여겼기 때문이다.

슈롭셔의 관습도 이와 비슷하다. 거기서는 꼴찌로 추수를 마치는 바람에 암말을 다른 데로 보내지 못한 농장주는 "겨울 내내 암말을 보관하라"는 말을 듣는다. 혹은 이렇게 뒤처진 이웃에게 모의적으로 암말을 보내는 시늉을 하면, 그에 응하여 모의적으로 그 암말의 도움을 받아들이는 시늉을 한다. 당시 어떤 조사자의 질문에 대해 한 노인이 이렇게 대답했다고 한다. "우리가 만찬을 하는데 한 사람이 굴레를 가지고 와서 암말을 데려갔다오." 어떤 지역에서는 진짜 암말을 보내기도 했는데, 그 말을 타고 간 자는 이를 달갑지 않게 여긴 농가에서 푸대접을 받곤 했다.

릴[46] 근방에서는 곡물정령이 말의 형태를 취한다는 관념이 분명하게 남아 있

---

43 독일 남서부 바덴뷔르템베르크주에 있는 도시
44 독일 남서부 바덴뷔르템베르크주의 도시
45 영국 잉글랜드 남부에 있는 주
46 프랑스 북부 노르파드칼레 지방 노르주의 도시

다. 거기서는 추수꾼이 일하다 지치면 "그에게 지친 말의 피로가 덮쳤다"고 말한다. 또한 '말의 십자가'라고 부르는 첫 번째 곡식 다발을 헛간의 회양목 십자가 위에 놓아두며, 농장에서 가장 어린 말이 그것을 밟고 지나가야 한다. 추수꾼들은 마지막 곡식 다발을 둘러싸고 춤을 추면서 "말 시체를 보라!"고 외친다. 이 마지막 곡식 줄기를 묶은 다발은 그 지방에서 가장 어린 말에게 던져 주어 먹게 한다. 만하르트의 지적대로, 그 지방에서 가장 어린 말은 다음 해의 곡물정령을 상징하는 '곡식 망아지'임에 틀림없다. 그 망아지는 마지막에 베어 낸 곡식을 먹음으로써 늙은 '곡식 말'의 정령을 흡수하는 것이다. 일반적으로 그렇듯이, 늙은 곡물정령은 마지막 곡식 다발을 최후의 피신처로 삼기 때문이다. 이 경우 마지막 곡식 다발을 타작하는 자는 "말을 때린다"고 말한다.

9. 돼지로서의 곡물정령

우리가 주목할 만한 곡물정령의 마지막 동물 형태는 바로 돼지(수돼지와 암돼지)이다. 튀링겐에서는 바람이 불어 어린 곡식이 일렁이면 때로 "수돼지가 곡식 밭에서 뛰어다닌다"고 말한다. 외젤섬[47]의 에스토니아인들은 마지막 곡식 다발을 '호밀 수돼지'라고 부르며, 그것을 가진 자에게는 "호밀 수돼지를 등에 업었군요"라고 외치며 인사한다. 이에 대해 그는 풍작을 기원하는 노래로써 응답한다. 아우크스부르크[48] 근방의 콜러빈켈에서는 추수가 다 끝나도록 남아 있는 마지막 곡식 다발을 모든 추수꾼들이 돌아가며 한 줄기씩 베어 낸다. 이때 마지막 줄기를 벤 자는 "암돼지를 차지했다" 하여 사람들의 조롱을 받았다. 슈바벤 지역의 다른 마을에서도 마지막 곡식 다발을 벤 자가 "암돼지 혹은 호밀 암돼지를 얻었다"는 말을 듣는다. 바덴의 라돌프첼 근방에 있는 볼링겐에서는 마지막 곡식 다발을 작물의 종류에 따라 '호밀 암돼지', '밀 암돼지' 따위로 부른다. 바덴의 뢰렌바흐에서는 마지막 곡식 다발이 될 마지막 곡식을 한아름 가지고 온 자에 대해 '곡식 암돼지'나 '귀리 암돼지'라는 호칭을 붙인다.

---

47 에스토니아 서해안 발트해의 리가만 입구에 있는 사레마섬의 독일어명
48 독일 남부 바이에른주에 있는 도시

슈바벤의 프리딩겐에서도 마지막 도리깨질을 하는 타작꾼을 '암퇘지' 혹은 작물의 종류에 따라 '보리 암퇘지'나 '곡식 암퇘지' 따위로 부른다. 온스트메팅겐에서는 타작할 때 마지막 도리깨질을 하는 자가 "암퇘지를 얻었다"는 말을 듣는다. 이때 그는 종종 곡식 다발에 감싸인 채 새끼줄에 묶여 땅에 질질 끌려다닌다. 일반적으로 슈바벤에서는 마지막 도리깨질을 하는 자를 '암퇘지'라고 부른다. 그러나 그는 '암퇘지'임을 표시하는 상징물인 새끼줄을 이웃에게 넘겨줌으로써 그 달갑지 않은 영예를 벗어던질 수도 있다. 그는 다른 집에 가서 새끼줄을 던져 넣으면서 "자, 여기 암퇘지를 가져왔네"라고 외친다. 그러면 그 집안사람들이 다 뛰쳐나와 그를 뒤쫓아 간다. 사람들이 그를 붙잡으면 매질을 한 다음, 몇 시간 동안이나 돼지우리에 가둬 놓고 '암퇘지'를 도로 가져갈 것을 강요한다.

북부 바바리아의 여러 지방에서는 타작 때에 마지막 도리깨질을 하는 자가 "돼지를 운반해야" 한다. 그것은 돼지 모양의 밀짚인형이거나 혹은 단순히 한 다발의 새끼줄을 가리킨다. 그는 이 '돼지'를 아직 타작이 끝나지 않은 이웃 농장에 가지고 가서 헛간에 던져 넣는다. 타작꾼들이 그를 붙잡으면 매질을 하고, 얼굴에 검댕이나 오물을 칠하며, 쓰레기 더미에 집어던지고 등에 암퇘지를 묶는 등 험하게 다룬다. 만약 여자가 '암퇘지'를 가지고 온 경우라면 그녀의 머리를 홀랑 깎아버린다. 한편 추수 만찬 자리에서는 '돼지를 가지고 온' 남자에게 돼지 모양의 고기만두를 한 개 이상 제공한다. 그리고 하녀들이 고기만두를 접대하는 동안, 식탁에 모인 사람들은 돼지를 부를 때 내는 소리를 흉내 내어 "쉬즈, 쉬즈, 쉬즈!" 하고 소리지른다. 때로는 만찬이 끝난 다음 '돼지를 가지고 온' 남자 얼굴에 검댕 칠을 하고 수레에 태워 마을을 한 바퀴 끌고 다닌다. 그러면 사람들이 뒤쫓아가면서 돼지를 부를 때 하듯이 "쉬즈, 쉬즈, 쉬즈!" 하고 외친다. 혹은 마을을 한 바퀴 돈 다음에 거름 더미에 처박히기도 한다.

돼지 형태의 곡물정령은 추수기뿐 아니라 파종기에도 등장한다. 쿠를란드[49]의 노이아우츠에서는 그해 처음으로 보리씨를 뿌릴 때, 농장주의 아내가 돼지 등뼈와 꼬리를 삶아 밭에서 씨 뿌리는 일꾼에게 가져간다. 일꾼들은 이것을 먹을 때, 꼬리를 잘라 밭에 꽂아 놓는다. 그렇게 하면 곡식 이삭이 그 꼬리만큼 길게 자란다고 믿는다. 이는 돼지가 곡물정령이며, 그 생식력이 특히 꼬리 부위에 내재

---

49 발트해 연안의 서쪽 드비나강 남쪽 지역

한다고 여겼기 때문이다. 이 곡물정령은 파종기에 돼지 형상으로 땅에 묻혔다가 추수기에 무르익은 곡식 속에서 돼지 형상으로 다시 나타난다고 여겼다. 앞서 살펴보았듯이, 인접 지역의 에스토니아인들은 마지막 곡식 다발을 '호밀 수퇘지'라고 불렀다.

이와 비슷한 관습이 독일에도 있다. 마이닝겐[50] 부근의 잘차Salza[51] 지방에서는 특정한 돼지뼈를 '키질당하는 유대인'이라고 부른다. 이 뼈에 붙은 살코기는 '참회의 화요일'에 삶아 먹으며, 뼈는 성 베드로St. Peter 축일(2월 22일)에 이웃들끼리 선물로 교환하는 재 속에 묻어 두었다가 나중에 종자 곡식과 섞는다. 마이닝겐의 헤세Hesse 전 지역과 그 밖의 지방에서는 사람들이 '재의 수요일'이나 성촉절聖燭節[52]에 말린 돼지갈비와 함께 돼지고기 수프를 먹는다. 그런 다음 갈비뼈는 따로 모아 파종기까지 방 안에 걸어 두었다가 파종기가 되면 씨 뿌린 밭에 꽂아 두거나 혹은 아마씨를 담은 주머니 속에 넣어 둔다. 그렇게 하면 해충과 두더지 피해를 확실히 막아 주어 아마가 크게 잘 자란다고 믿었다.

곡물정령이 돼지 형태로 화신한다는 이런 관념은 스칸디나비아의 '성탄절 수퇘지Yule Boar' 관습에서 가장 분명하게 나타난다. 스웨덴과 덴마크에서는 성탄절에 수퇘지 모양의 빵을 굽는 관습이 있다. 사람들은 바로 이것을 '성탄절 수퇘지'라고 부르는데, 그것은 종종 마지막 곡식 다발의 곡식을 가지고 만들어진다. '성탄절 수퇘지'는 성탄절 내내 식탁 위에 세워져 있다. 그것은 종종 봄철 파종기까지 보존되며, 그때가 되면 일부는 종자 곡식에 섞고, 일부는 쟁기꾼과 쟁기 끄는 말 혹은 황소에게 나누어 먹여 풍작을 기원한다. 이 관습에서 마지막 곡식 다발에 내재한다고 믿는 곡물정령은 한겨울에 마지막 곡식 다발의 곡식으로 만든 돼지 형상으로 표상된다. 이때 '성탄절 수퇘지' 일부를 종자 곡식에 섞거나 혹은 쟁기꾼과 그 가축에게 나누어 먹이는 관습에서 우리는 곡물정령이 곡식에 미치는 생장력에 대한 관념을 엿볼 수 있다. 앞에서 '곡식 늑대'도 이와 비슷하게 한겨울, 즉 계절이 봄철로 기울어 가기 시작하는 시기에 등장하는 것을 살펴본 바 있다. 아마도 옛날에는 성탄절에 진짜 수퇘지를 제물로 도살했을 것이고, 아울러 '성

---

50 독일 중부에 있는 튀링겐주의 도시
51 마이닝겐도 잘차도 튀링겐주의 지명이지만 양자는 가깝지 않다. 아마도 오늘날 잘차와는 별개의 지역인 듯하다.
52 본서 제10장 옮긴이 주 38번 참조

탄절 수퇘지' 역할을 하는 사람을 인신제물로 바쳤을 것이다. 적어도 이는 지금까지 행해지고 있는 스웨덴의 성탄절 관습에서 추리해 낼 수 있다. 그 관습에서는 한 남자를 가죽으로 감싸고 밀짚 다발을 그의 입에 집어넣어 삐져나온 밀짚들이 수퇘지의 억센 털처럼 보이게 한다. 그런 다음 칼을 가져오면, 얼굴에 검댕칠을 한 노파가 그를 살해하는 시늉을 하는 것이다.

에스토니아의 외젤섬 일부 지역에서는 성탄절 전야에 양끝이 위쪽으로 구부러진 기다란 케이크를 굽는다. 사람들은 이것을 '성탄절 수퇘지'라고 부르면서, 그것을 설날 아침까지 식탁 위에 세워 놓았다가 소 떼에게 나누어 먹인다. 이 섬의 다른 지역에서는 케이크가 아니라 3월에 태어난 새끼 돼지를 '성탄절 수퇘지'라고 부른다. 집안의 주부는 종종 다른 가족들 몰래 그 새끼 돼지를 통통하게 키운다. 성탄절 전야가 되면 그 새끼 돼지를 은밀하게 도살해서 오븐에 구워 식탁 위에 네 발로 세워 놓는데, 며칠 동안 그런 자세를 유지하게 한다. 섬의 또 다른 지역에서는 성탄절 케이크의 이름도 모양도 모두 수퇘지와는 거리가 멀지만, 그것을 새해 설날까지 보관했다가 집안의 모든 가족과 네 발 달린 가축들에게 그 절반을 나누어 준다. 케이크의 나머지 절반은 파종기까지 보관했다가, 씨 뿌리는 날 아침에 새해 설날 관습과 마찬가지로 사람들과 가축들에게 나누어 먹인다.

에스토니아의 또 다른 지역에서는 추수 때에 처음 베어 낸 호밀로 이른바 '성탄절 수퇘지'를 굽는다. 그것은 원뿔 모양으로 생겼는데, 돼지뼈나 열쇠 같은 걸로 눌러서 새겨진 십자가 무늬가 있거나 혁대나 숯 토막으로 눌러 세 군데 움푹 들어간 자국을 만든다. 사람들은 이 '성탄절 수퇘지'를 축제 기간 내내 식탁 위에 세워 두고 그 옆에 불을 밝혀 놓는다. 새해 설날이나 공현절公顯節[53]이 되면 해 뜨기 전에 그 케이크의 일부를 소금과 함께 부스러뜨려 소 떼에게 먹인다. 나머지는 봄에 소 떼가 처음 풀 뜯으러 나가는 날까지 잘 보관했다가, 그날이 되면 그것을 소치는 일꾼의 자루 속에 넣어 두었다가 저녁때 소 떼에게 나누어 먹인다. 그렇게 해야 소떼를 사악한 주술과 재앙에서 보호할 수 있다고 여겼다. 또 어떤 지역에서는 작물의 소출을 더 늘릴 목적으로 보리 파종기에 '성탄절 수퇘지'를 농장 하인들과 소 떼에게 나누어 먹이기도 한다.

---

53 본서 제37장 옮긴이 주 6번 참조

10. 곡물정령의 동물 화신에 관하여

북유럽 민속에서 나타나는 곡물정령의 동물 화신에 대해서는 이 정도로 마치기로 하자. 어쨌든 그런 관습들은 추수 만찬의 상징적 성격을 잘 보여 준다. 사람들은 곡물정령이 동물의 형상으로 화신한다고 여겼으며, 그 신성한 동물을 죽여 살코기와 피를 추수꾼들이 나누어 먹었다. 예컨대 추수꾼들은 의례적으로 수탉, 산토끼, 고양이, 염소, 황소 따위를 먹었으며, 봄철에 쟁기꾼들은 의례적으로 돼지를 먹었던 것이다. 또는 신성한 존재의 진짜 살코기 대신 그 형상으로 만든 빵이나 고기만두를 의례적으로 먹기도 했다. 돼지 모양의 고기만두는 추수꾼들이 먹고, 수퇘지 모양의 빵(성탄절 수퇘지)은 봄에 쟁기꾼과 그 가축들이 먹었다.

이제 독자 여러분은 인간 형태의 곡물정령과 동물 형태의 곡물정령에 대한 관념이 전적으로 유사하다는 점을 눈치챘을 것이다. 그런 유사성을 간단히 요약하면 이렇다. 즉, 곡식이 바람에 일렁일 때는 '곡물 어머니' 또는 '곡식 늑대' 등이 곡식 밭을 지나간다고 말한다. 아이들은 이 '곡물 어머니' 또는 '곡식 늑대' 따위가 밭에 있다는 이유로 곡식 밭에 들어가 돌아다니지 않도록 주의받는다. 마지막에 베어 낸 곡식이나 마지막에 타작한 곡식 다발에는 '곡물 어머니' 혹은 '곡식 늑대' 따위가 내재한다고 여겼다. 그래서 마지막 곡식 다발 자체를 '곡물 어머니' 혹은 '곡식 늑대' 따위로 부르고, 그것을 여자나 늑대의 형상으로 만들었다. 마지막 곡식 다발을 베거나 묶거나 타작하는 사람은 곡식 다발 자체에 부여된 명칭에 따라 '할망구'나 '늑대' 따위로 불렸다. 일부 지역에서는 곡식 다발을 사람 모양으로 만들어 '아가씨'라든가 '옥수수 어머니' 따위로 부르면서, 곡물정령의 지속적인 축복을 받기 위해 그것을 추수 때부터 다음 추수 때까지 보관했다.

마찬가지로 어떤 지역에서는 '추수 수탉'이나 '염소'의 살코기를 이와 비슷한 목적을 위해 추수 때부터 다음 추수 때까지 보관했다. 어떤 지역에서는 풍작을 위해 '곡물 어머니'의 알곡을 종자 곡식에 섞었다. 또 어떤 지역에서는 수탉의 깃털을, 스웨덴에서는 '성탄절 수퇘지'를 이와 유사한 목적으로 봄까지 보관했다가 종자곡식에 섞는다. 성탄절에 '곡물 어머니' 또는 '아가씨'의 일부분을 소 떼에게 먹이거나, 처음 쟁기질하는 말들에게 먹이듯이 '성탄절 수퇘지'의 일부분도 봄에 쟁기질하는 말이나 황소에게 나누어 먹인다. 끝으로 곡물정령의 죽음은 그 표상으로서의 인간 혹은 동물을 실제로 죽이거나 또는 죽이는 척하는 것으로 표현되었다. 숭배자들은 그 신성한 존재를 표상하는 대리자의 실제 살과 피 혹은 그 형상으로 만든 빵을 의례적으로 나누어 먹었다.

곡물정령이 취하는 그 밖의 동물 형태로는 여우, 수사슴, 노루, 양, 곰, 노새, 생쥐, 메추라기, 황새, 고니, 솔개 등이 있다. 그렇다면 왜 곡물정령이 이처럼 다양한 동물 형태로 나타난다고 여기게 된 것일까? 어쩌면 원시인은 곡식 밭에 어떤 동물이나 새가 우연히 나타난 것만 보고도 그 동물과 곡식 사이에 어떤 신비한 연관성이 있다고 생각했을지도 모른다. 이런 정도로 위의 물음에 대한 답변을 대신 하기로 하자. 먼 옛날에는 밭에 울타리를 치지 않았을 것이고, 그래서 온갖 동물들이 마음대로 밭에 돌아다녔을 것이다. 이 점을 상기해 보건대, 오늘날 아주 드문 경우가 아니면 영국의 곡식 밭에서 돌아다니는 것을 볼 수 없는 말이나 소 따위의 큰 동물까지 곡물정령과 동일시한 사실에 대해 그렇게 놀랄 필요는 없을 것이다.

곡물정령의 동물 화신이 아직 추수하지 않은 마지막 곡식 다발 속에 숨어 있다고 믿는 매우 일반적인 사례들에서도 마찬가지 설명을 할 수 있다. 왜냐하면 추수 때는 산토끼나 집토끼, 자고새 따위의 수많은 야생동물들이 추수가 진척됨에 따라 마지막 곡식 다발 속에 쫓겨 들어갔다가 그 마지막 곡식을 벨 때 거기서 뛰쳐나오는 일이 흔히 있을 수 있기 때문이다. 그런 일이 되풀이해서 일어나면, 추수꾼들과 여러 사람들이 종종 막대기나 총을 든 채 마지막 곡식 다발을 둘러싸고 서 있다가, 동물이 곡식 줄기 사이의 마지막 피난처에서 뛰쳐나올 때 죽여버리곤 한다. 이 경우 주술적인 변신을 전적으로 믿었던 원시인이라면, 곡물정령이 무르익은 곡식 속의 피난처에서 이리저리 내쫓기다가 마침내 추수꾼의 낫이 마지막 곡식 다발을 자를 때 동물 형상으로 화신하여 뛰쳐나와 달아나는 것을 지극히 당연하게 여겼을 것이다.

그러므로 곡물정령을 특정 동물과 동일시하는 태도와 곡물정령을 지나가는 이방인과 동일시하는 태도 사이에는 유사성이 존재한다. 즉, 근대 유럽인들이 추수 밭이나 타작마당 주변에 갑자기 나타난 이방인을 추수 중이거나 타작 중인 곡식에서 빠져나와 달아나는 곡물정령과 쉽게 동일시한 것처럼, 원시인들은 베어 낸 곡식에서 갑자기 뛰쳐나오는 동물을 자기 은신처에서 빠져나와 달아나는 곡물정령과 쉽게 동일시했던 것이다. 이 두 가지 동일화는 매우 비슷하기 때문에 어떤 식으로 설명하든 따로 떼 놓고 다루기 어렵다. 만일 누군가가 후자의 동일화, 즉 곡물정령을 이방인과 동일시하는 것에 대해 위에서 제시한 것과 다른 설명을 가한다면, 그는 그 설명을 전자의 동일화, 즉 곡물정령을 동물과 동일시하는 것에 대해서도 마찬가지로 적용할 수 있다는 점을 증명해야 할 것이다.

제49장
동물로서의 고대 식물신

1. 염소와 수소로서의 디오니소스

어떻게 설명하든 간에 농촌 민속에서 매우 보편적으로 곡물정령을 동물 형태로 상상하거나 표현해 왔다는 것은 엄연한 사실이다. 그렇다면 이 사실이 디오니소스, 데메테르, 아도니스, 아티스, 오시리스 등과 같은 고대 식물신들이 특정 동물에 대해 지녔던 관계를 설명해 줄 수는 없을까?

이런 물음과 관련하여 디오니소스부터 시작해 보자. 앞서 살펴보았듯이, 이 신은 염소로 혹은 황소로 표상되었다. 염소 모습의 디오니소스는 판Pan[1]과 사티로스Satyros 또는 실레노스Silenos[2] 같은 작은 신들과 구별하기 어렵다. 왜냐하면 이 작은 신들은 모두 디오니소스와 밀접하게 연관되어 있으며, 어느 정도 완벽하다고 말할 수 있을 만큼 염소 형태로 표현되기 때문이다. 판은 조각과 회화에서 염소의 얼굴과 다리를 지닌 형태로 등장한다. 사티로스도 때로는 뾰족한 염소 귀를 가진 모습으로, 때로는 불쑥 솟은 뿔과 뭉땅 꼬리를 가진 모습으로 나타난다. 이 두 신은 때로 그냥 염소라고 불렸으며, 연극 속에서는 염소 가죽을 뒤집어쓴 남자가 그 역할을 연출했다. 한편 미술 작품에 묘사된 실레노스도 염소 가죽을 걸친 모습으로 나온다. 나아가 그리스의 판이나 사티로스와 닮은꼴인 이탈리아의

---

1 그리스 신화에 나오는 짐승의 모습에 가까운 다산多產의 신. 로마인들은 판 신을 파우누스와 연관지어 생각했다. 판은 본래 아르카디아 지방의 신으로, 판이라는 이름은 파온paon(목축)이 도리아식으로 줄어든 것이지만, 고대인들은 보통 판pan(모든 것)이라는 단어와 관계 있는 것으로 생각했다. 일반적으로 판의 아버지는 헤르메스이고, 어머니는 페넬로페라고 여겼는데, 페넬로페는 같은 이름의 오디세우스의 아내와 다른 사람이었을 것이나 사람들은 종종 동일인으로 혼동했다. 그래서 호메로스의 『오디세이아』에 나오는 몇몇 인물들이 판의 아버지로 여겨지기도 했다. 판은 일반적으로 원기왕성하고 기운 찬 모습에 염소의 뿔과 다리와 귀를 가진 것으로 묘사되었으나, 후세의 예술에서는 그의 모습에서 인간적인 부분을 더 많이 강조했다. 높은 언덕에 자주 나타나며 주된 일은 농업이 아니라 소 떼와 양 떼를 키우는 일이었다. 정오에는 목자牧者처럼 피리를 불며 쉬었다.

2 사티로스와 실레노스에 관해서는 본서 제36장 본문과 옮긴이 주 2, 3번 참조

파우누스Faunus[3]도 염소의 발과 뿔을 지닌 반인반양￥人￥￥의 모습을 하고 있다.

또한 염소 모습을 한 이 작은 신들은 모두 어느 정도 분명하게 숲 지대의 신이라는 공통점을 보여 준다. 아르카디아인들은 판을 '숲의 주인'이라고 불렀으며, 실레노스는 나무의 요정들과 어울려 다녔다고 묘사되는가 하면, 파우누스도 명백하게 숲의 신으로 통한다. 이 같은 공통된 특성은 그 신들의 이름 자체가 시사하듯이, 그들이 숲의 정령인 실바누스Silvanus[4]와 연관 짓거나 심지어 동일시된다는 데서 한층 더 두드러지게 나타난다. 끝으로 사티로스와 실레노스, 파우누스와 실바누스가 서로 결부되어 있다는 점에서 사티로스 또한 숲의 신이었다고 추정할 수 있다.

염소 모습을 한 이 숲의 정령들은 북유럽의 민속에서도 닮은꼴 형태로 등장한다. 러시아어로 레시Ljeschie('숲'을 뜻하는 ljes에서 유래)[5]라는 숲의 정령은 사람의 모습을 하고 있으면서도 염소의 뿔과 귀와 다리를 가지고 있다. 레시는 자기 키를 마음대로 바꿀 수 있다. 그래서 숲속을 거닐 때는 나무만큼이나 키가 커지지만, 풀밭을 걸을 때는 풀보다도 키가 작아진다. 레시는 숲의 정령인 동시에 곡물의 정령이기도 하다. 레시는 추수 전에는 곡식 줄기만큼이나 키가 컸다가 추수 후에는 그루터기만 한 키로 작아진다. 앞서 언급했듯이, 이는 나무정령과 곡물정령의 밀접한 연관성을 시사하며, 또한 전자가 얼마나 쉽게 후자로 변형할 수 있는지를 잘 보여 준다. 마찬가지로 파우누스는 나무정령이면서 동시에 농작물의 성장을 돕는다고 여겼다. 앞서 살펴보았듯이, 민간적 관습에서는 곡물정령이 흔히 염소로 표현되었다. 그렇다면 만하르트의 주장대로, 판과 사티로스, 파우누스는 아마도 염소 모습으로 상상된 나무정령의 광범위한 부류에 속해 있다고 볼 수 있다. 염소는 숲속을 돌아다니며 나무껍질을 즐겨 뜯어먹기 때문에 나무에게는 가장 파괴적인 존재라 할 수 있다. 이 점은 어째서 나무정령이 흔히 염소 모습으로

---

3 본서 제21장 11절 옮긴이 주 46번 참조

4 본서 제12장 옮긴이 주 2번 참조

5 슬라브족 신화에 나오는 숲의 정령. 사람들을 짓궂게 속이기를 좋아하는 명랑한 남자 요정인데, 화가 나면 위험한 존재이기도 하다. 레시는 거의 눈에 보이지 않지만 목소리는 숲에서 들리는 웃음소리·휘파람소리·노랫소리로 들을 수 있다. 레시는 대개 인간의 모습을 하고 있지만 눈썹과 속눈썹, 오른쪽 귀가 없고 머리는 약간 뾰족하며 모자와 허리띠를 착용하지 않기 때문에 쉽게 알아볼 수 있다. 레시는 고향인 숲에서는 나무만큼 키가 크지만 숲 밖으로 나오면 순식간에 풀만한 크기로 줄어든다. 숲이 울창한 지역에 사는 대다수의 슬라브족에게는 친숙한 존재이며, 어느 지역에서나 상당히 비슷한 특징을 갖고 있다.

「판 신」 세븐 발렌틴

염소 모습의 실레노스 두상을 묘사한 그리스 모자이크

상상되었는지를 매우 분명하게 설명해 준다.

식물의 화신인 식물신이 식물을 먹고 산다는 모순은 원시인들이 생각하기에 그렇게 충격적인 일은 아니었을 것이다. 그런 모순은 신을 식물 속에 내재하는 존재로 간주하는 대신 식물의 주인이나 소유자로 볼 때 생겨난다. 왜냐하면 식물을 소유한다는 관념은 자연스럽게 그것을 먹고 산다는 관념으로 이어지기 때문이다. 곡물정령은 애당초 곡식 속에 내재한다고 상상되었지만, 나중에는 곡식의 주인으로 여겨지게 되었다. 이처럼 곡식의 주인으로서의 곡물정령은 곡식을 먹고사는 존재가 되고, 따라서 인간에게 곡식을 빼앗기면 가난하고 궁핍한 존재가 된다고 여겼다. 그래서 곡물정령이 종종 '가난한 남자' 혹은 '가난한 여자'라고 일컬어졌던 것이다. 때문에 사람들은 종종 마지막 곡식 다발을 '가난한 할멈'이나 '호밀 할멈'을 위해 밭에 그대로 세워 두기도 했다.

어쨌든 염소 모습으로 표상된 나무정령의 관념은 매우 보편적이며, 원시인들이 보기에 그것은 너무나 자연스러운 일이었다. 앞서 살펴보았듯이, 나무의 신 디오니소스도 때로 염소 모습으로 표상되었다. 이 점을 염두에 두건대, 그와 같은 표상은 단지 나무의 신으로서의 디오니소스가 지닌 고유한 특성의 일부분일 뿐이라고 결론 짓지 않을 수 없다. 그러니까 서로 구별되고 독립적인 두 가지 숭배가 혼합된 것, 즉 디오니소스가 원래는 나무의 신이었는데 거기에 염소 숭배가 결합된 것이라고 설명할 수는 없다는 말이다.

앞서 살펴보았듯이, 디오니소스는 황소 모습으로 나타나기도 한다. 전술한 논의에 입각하건대, 황소 형상은 식물신의 특성을 보여 주는 또 다른 표현에 불과한 것이라고 보아도 큰 무리가 없을 듯싶다.[6] 특히 황소는 북유럽에서 흔히 나타나는 곡물정령의 화신이기 때문에 더더욱 그렇다. 또한 엘레우시스 의례에서 디오니소스가 데메테르나 페르세포네와 밀접한 관계를 가진다는 사실은 그가 적어도 농업과 강력하게 연관되어 있다는 점을 시사한다.

만일 디오니소스 의례 이외의 다른 의례에서 고대인들이 식물정령의 대리자

---

6 프레이저는 초판 『황금가지』에서 디오니소스가 황소의 모습으로 나타나는 이유 중 하나로 다음과 같은 가능성에 대해 언급하고 있다. 즉, 황소로서의 디오니소스 관념과 식물신으로서의 디오니소스 관념은 원래 전혀 별개의 것이었는데, 이를테면 황소 신을 숭배한 부족과 나무 신을 숭배한 부족이 융합하면서 두 관념의 융합이 이루어졌을 수도 있다는 것이다. 하지만 프레이저는 "황소의 모습을 한 디오니소스는 황소 토템의 숭배에서 발전했거나 혹은 그 숭배를 이어받은 것"(*Myth, Ritual, and Religion*, 1887)이라고 본 앤드류 랭 Andrew Lang(1844~1912)의 견해에 대해서는 부정적이다. 『初版金枝篇下』, 앞의 책, 47쪽 참조

로서 황소를 죽였다는 사실을 보여 줄 수만 있다면, 위의 견해는 보다 설득력을 가질 수 있을 것이다. 이 사실은 '황소의 살해bouphonia'라고 알려진 아테네의 희생 제의에서 확인된다. 그 의식은 6월 말이나 7월 초, 곧 아테네에서 타작이 거의 끝나 갈 무렵에 거행되었다. 전설에 의하면, 이 의식은 그 지방에 닥친 가뭄과 기근을 해소하기 위한 것이었다고 한다. 이 의식은 다음과 같이 진행되었다. 보리와 밀을 섞은 곡식이나 그것으로 만든 케이크를 아크로폴리스에 있는 '제우스 폴리에우스Zeus Polieus'의 청동제단 위에 놓는다. 그런 다음 황소들을 제단 주위로 몰고 간다. 이때 제일 먼저 제단 위로 올라가 공물을 먹는 황소를 제물로 바치는 것이다. 거기서 황소를 죽일 때 쓰는 도끼와 칼은 '물 운반인'이라고 부르는 처녀들이 가져온 물로 미리 적셔 놓는다. 그런 다음 그 무기들을 날카롭게 갈아서 도살꾼들에게 건네준다. 그 도살꾼 중 한 사람이 도끼로 황소를 쓰러뜨리면 다른 사람이 칼로 목을 딴다. 이때 황소를 쓰러뜨린 도살꾼은 즉시 도끼를 내던지고 도망친다. 황소 목을 딴 자도 똑같이 따라 한다. 한편 황소의 가죽을 벗긴 다음 모든 참석자들이 날고기를 나눠 먹는다. 그리고 나서 황소 가죽 속에 밀짚을 채워 꿰맨 다음 속을 채운 황소를 일으켜 세워 쟁기질하는 모양으로 매 놓는다. 이윽고 왕(사람들이 그렇게 일컫는 호칭)의 주재에 따라 누가 황소를 살해했는지 판정하기 위한 재판이 열린다. 이때 물을 나른 처녀들은 도끼와 칼을 간 사람들을 비난한다. 이에 대해 도끼와 칼을 간 사람들은 무기를 도살꾼들에게 건네준 사람을 비난한다. 또한 무기를 도살꾼에게 건네준 사람은 도살꾼을 비난한다. 한편 도살꾼들은 도끼와 칼을 비난한다. 그리하여 마침내 도끼와 칼이 유죄를 선고받고 바다에 던져진다.

'황소의 살해'라는 이 의식의 명칭과 살해에 가담한 사람들이 서로 다른 사람에게 책임을 전가하기 위해 전전긍긍하는 장면, 형식적인 재판 장면, 도끼나 칼또는 그 양자에게 벌을 내리는 장면 등에서 우리는 황소가 단순히 신에게 바치는 제물일 뿐만 아니라 더 나아가 그 자체가 신성한 동물이며, 그런 황소를 살해하는 것이 신성모독 내지 살인죄로 간주하였다는 사실을 엿볼 수 있다. 이 점은 고대 아테네에서는 황소를 죽이는 것이 죽을죄에 해당된다는 바로Varro의 진술에 의해 입증된다. 한편 거기서 제물을 선택하는 방식은 제단 위의 곡식을 먹은 황소가 곧 자신의 것을 취하는 곡물의 신으로 간주되었다는 점을 시사해 준다. 이와 같은 해석은 다음과 같은 관습에 의해 뒷받침된다.

오를레앙[7] 지역의 보스에서는 4월 24일이나 25일에 '위대한 몽다르mondard'라 부르는 밀짚인형을 만든다. 늙은 '몽다르'가 이제 죽었기 때문에 새것을 만들어야 한다는 것이다. 사람들은 엄숙한 행렬을 지어 마을을 돌면서 밀짚인형을 들고 다니다가 가장 오래된 사과나무 위에 걸어 놓는다. 사과를 수확할 때까지 계속 거기에 걸어 두었다가 사과 수확기가 되면 그것을 끄집어 내려 물에 던진다. 이때 사과나무에서 첫 열매를 따는 사람이 '위대한 몽다르'라는 칭호를 계승한다. 여기서 '위대한 몽다르', 즉 가장 오래된 사과나무 위에 걸려 있던 밀짚인형은, 겨울에 죽었다가 사과꽃이 피어날 때 다시 살아나는 나무정령을 상징한다. 따라서 나무에서 첫 열매를 따는 바람에 '위대한 몽다르'라고 부르게 될 사람은 나무정령을 대표한다고 보아야 할 것이다.

원시인들은 보통 특정한 의식을 행함으로써 나무 열매를 먹는 것이 안전하고 경건한 일이 되기 전까지는, 어떤 작물이든 그해의 첫 결실을 먹으려 하지 않는다. 이는 첫 결실을 신의 것이라고 여겼거나, 아니면 그 속에 실제로 신이 깃들어 있다고 믿었던 듯싶다. 따라서 사람이든 동물이든 간에 누군가 대담하게도 그 신성한 첫 결실을 먹는 것이 원시인들의 눈에 띄었을 때, 그들은 당연히 그 사람이나 동물을 자기 것을 취하는 신 자신으로 간주했던 것이다. 이와 관련하여 아테네의 희생제의를 올리는 시기가 타작이 끝날 무렵이었다는 점은, 제단 위에 놓인 밀과 보리가 추수 제물이었다는 것을 말해 준다. 또한 이어 행해진 공찬供餐(모든 참석자가 신성한 동물의 날고기를 나누어 먹는 것)의 성례전적 성격은 근대 유럽의 추수 만찬에 비견될 만하다. 앞서 살펴보았듯이, 추수 만찬에서도 추수꾼들이 곡물정령을 상징하는 동물의 고기를 나누어 먹었기 때문이다. 나아가 가뭄과 기근을 해소하기 위해 희생제의를 행했다는 이야기는 그것이 수확제였다는 점을 보여 주는 좋은 증거라 할 수 있다. 그러니까 박제한 황소를 일으켜 세워 쟁기를 매어 주는 것으로서 재현된 곡물정령의 부활은 대리인인 '야인Wild Man'의 모습으로 화신한 나무정령의 부활에 비견될 수 있다.

세계의 다른 지역에서도 황소는 곡물정령의 상징으로 등장한다. 기니아의 그레이트바상[8]에서는 풍작을 위해 해마다 두 마리의 황소를 도살한다. 이때 희생

---

7 프랑스 중북부 상트르 지방의 중심지이자 루아레주의 도시
8 지금의 수도인 아비장 동쪽 약 48킬로미터 지점에 있는 그랑바상을 옛 수도로 삼았던 상아 해안을 가리킨다.

제의가 효험을 가지려면 반드시 황소가 울어야 한다. 그래서 마을의 모든 여자들은 황소 앞에 앉아 이렇게 노래한다. "황소가 울 거야. 아무렴, 황소가 울 거야!" 그리고 때때로 한 여자가 황소 주위를 돌면서 카사바 녹말가루나 야자열매술을 황소, 특히 눈에다 뿌린다. 그러면 황소의 눈에서 눈물이 흘러나오는데, 이에 사람들은 춤추며 "황소가 운다! 황소가 운다!" 하고 노래한다. 이윽고 두 남자가 황소의 꼬리를 붙잡아 단칼에 베어 낸다. 거기서 꼬리가 단칼에 잘리지 않으면 그해에 커다란 불행이 닥칠 것이라고 여겼다. 그리하여 황소가 도살되면 추장들이 그 날고기를 나누어 먹었다. 여기서 황소의 눈물은 콘드족과 아즈텍Aztec족[9]이 바치는 인신제물의 눈물과 마찬가지로 아마도 비를 청하는 주술이었을 것으로 추정된다.

앞서 살펴보았듯이, 동물 모습을 한 곡물정령의 효험은 때로 꼬리 속에 내재되어 있다고 여겼으며, 마지막 곡식 다발이 곡물정령의 꼬리로 간주되기도 했다. 이런 관념은 미트라교에서 미트라Mithra[10]가 황소 등에 무릎 꿇고 앉은 채 황소 옆구리를 칼로 찌르는 모습을 묘사한 수많은 조각에 생생하게 나타나 있다. 그 중 몇몇 조각에는 황소 꼬리 끝에 곡식 줄기가 세 가닥 달려 있고, 그중 하나에는 칼에 찔린 상처에서 피 대신 곡식 줄기가 솟아 있는 장면이 표현되어 있다. 미트라교 의례의 주된 특징은 황소를 제물로 바치는 것인데, 방금 언급한 조각적 표현

<hr />

9 15세기부터 16세기 초까지 지금의 멕시코 중부와 남부 지역에서 큰 제국을 지배했던 종족. 나와틀어語를 썼다. 아즈텍이라는 부족명은 멕시코 북부에 있었던 것으로 보이는 이들의 발상지 아스틀란('흰 땅')에서 유래했다. '테노츠'라는 시조始祖의 이름을 따서 테노치카족이라고 했고, 텍스코코호의 신화적인 명칭 메출리아판('달의 호수')을 따서 멕시카족이라고도 했다. '테노치카'에서 테노치티틀란이라는 아즈텍족의 대도시 명칭이 생겨났으며, 또한 '멕시카'에서 아즈텍의 수도를 대신하게 된 도시와 주변 계곡을 가리키는 멕시코라는 이름이 생겨났다. 아즈텍 제국은 군대가 지배하는 전제주의 국가였다. 사제와 관료 계급이 제국의 행정을 맡았으며, 사회 맨 밑바닥에는 농노, 하인, 순수 노예계급이 있었다. 아즈텍의 신들 가운데 가장 중요한 신은 전쟁의 신 우이칠로포치틀리, 태양신 토나티우, 비[雨]의 신 틀랄록, 반인반신의 날개 달린 뱀 케찰코아틀 등이다. 아즈텍족의 종교의례에서는 일반적으로 인간을 희생제물로 바쳤으며, 특히 심장을 태양신에게 바쳤다. 아즈텍 종교와 밀접한 연관이 있는 것은 역법曆法이었다. 사제가 담당하는 제의와 의식의 정교한 주기는 아즈텍력曆에 바탕을 두고 있었다. 아즈텍력은 중앙아메리카 대부분에서 일반적으로 사용했는데, 365일을 주기로 하는 태양년과 260일을 주기로 하는 신성한 해로 이루어져 있었다. 두 주기는 함께 순환하면서 52년으로 된 더 큰 주기를 이루었다. 아즈텍 제국은 영토를 확장하는 등 계속해서 사회가 발전하는 도중에 1519년 스페인 탐험가들이 나타남으로써 결국 멸망하게 되었다. 마지막 황제 몬테수마 2세(재위 1502~1520)는 에르난 코르테스의 포로가 되어 감옥에서 죽었다. 아즈텍족과 아즈텍 제국에 관해서는, 전규태, 『환상의 아스테카 왕국』, 서문당, 1981 참조
10 미트라, 미트라교에 관해서는 본서 제37장의 본문과 옮긴이 주 2번 참조

아즈텍족의 인신공희를 묘사한 일러스트

은 바로 그 황소가 적어도 부분적으로는 곡물정령의 화신으로 간주되었다는 점을 잘 보여 준다.

황소를 곡물정령의 화신으로 보는 관념은 중국의 모든 지역에서 행하는 봄맞이 의식에서 보다 분명하게 나타난다. 봄의 첫날, 그러니까 보통 중국의 설날이기도 한 2월 3일 내지 4일에 각 지방의 지방관들은 행렬을 이끌고 고을 동문으로 가서 신농씨神農氏[11]에게 제사를 올린다. 바로 이 신농씨는 사람 몸에 황소 머리를 한 형상으로 묘사된다. 이때 사람들은 제사를 위해 황소나 암소, 물소를 나타내는 커다란 인형을 준비하여 동문 밖에 세우고 그 옆에 농기구를 갖다 놓는다. 그 인형은 맹인의 손으로 혹은 점쟁이의 지시에 따라 동체에 알록달록한 색종이들을 붙여 만든다. 종이의 색깔은 다가올 한 해의 징후를 미리 알려준다. 예컨대 빨간색이 많으면 불이 많이 날 것이고, 흰색이 많으면 홍수와 비가 많을 것이라는 식이다. 그 밖의 색깔에도 제각기 의미가 담겨 있다. 어쨌든 관리들은 황소 모양을 한 종이 인형의 주위를 천천히 걸으면서 한 걸음 내디딜 때마다 갖가지 색깔의 장대로 인형을 세게 내려친다. 오곡을 채워 놓은 인형이 장대에 맞아 찢어지면서 오곡이 쏟아져 나오면, 종잇조각들에 불을 붙인다. 이때 불타는 종잇조각을 서로 차지하기 위해 쟁탈전이 벌어진다. 그것을 하나 얻으면 1년 내내 재수가 좋다고 믿었기 때문이다. 그런 다음 살아 있는 물소를 죽여 관리들이 그 고기를 나누어 먹는다. 어떤 설명에 의하면, 황소 인형을 진흙으로 만들어 지방관이 장대로 때린 뒤에 사람들이 돌을 던져 파괴했는데, 그렇게 하면 풍년이 든다고 한다. 이 의식에서는 곡물정령을 명백히 곡식을 채운 황소로 표현하고 있다. 따라서 그 황소의 파편들이 풍년을 가져다준다고 볼 수 있다.

전체적으로 보면, 염소 형태든 황소 형태든 간에 디오니소스는 본질적으로 식물신이었다고 결론내릴 수 있다. 위에서 사례로 든 중국과 유럽의 관습들은 디오니소스 의례에서 살아 있는 황소나 염소를 찢어 죽인 관습에 대한 해명의 실마리를 제공해 줄 법하다. 동물을 갈기갈기 찢는 것은 콘드족이 희생제물을 조각내는 것과 마찬가지로 숭배자들에게 각기 생명과 풍요를 가져다주는 신적 영험을

---

11 고대 중국 신화에 나오는 삼황三皇 중 두 번째 황제. 정식 이름은 염제炎帝. 기원전 28세기에 인신우두人身牛頭의 형상을 하고 태어났다고 전해진다. 마차와 쟁기를 만들었으며, 소를 길들이고, 말에게 멍에를 씌웠다. 또한 백성들에게 불로써 토지를 깨끗하게 하는 법을 가르쳤다. 신농은 중국을 확고한 농경사회로 만드는 데 기여했다고 알려져 있다. 그가 작성한 365종의 약초에 관한 목록은 후대 식물의학의 기초가 되었다.

한몫씩 차지할 수 있도록 하기 위한 것이다. 그 살코기는 성찬의식을 통해 날것으로 먹었다. 또한 식물신의 생장력이 대지의 풍요를 초래하도록 하기 위해 그중 일부는 집에 가져가 밭에 묻거나 기타 방식으로 처리했을 것으로 보인다. 나아가 신화가 말하는 디오니소스의 부활은 아테네에서 '황소의 살해'와 마찬가지로 죽인 황소를 박제로 만들어 세워 놓는 의식을 통해 재현되었을 것이다.

2. 돼지와 말로서의 데메테르

이제 곡물의 여신 데메테르로 넘어가자. 유럽 민속에서 돼지가 일반적인 곡물정령의 화신이라는 점을 상기해 볼 때, 우리는 이런 물음을 던져 볼 만하다. 즉, 데메테르와 매우 밀접하게 연관되어 있던 돼지는 원래 동물 모습을 한 여신이 아니었을까? 돼지는 데메테르에게 바친 동물이었고, 미술 작품에도 돼지를 나르거나 돼지와 함께 있는 여신의 모습이 등장하기 때문이다. 또한 그녀에게 바치는 신비의식에서도 정례적으로 돼지가 제물로 사용되었다. 그 까닭은 돼지가 곡식을 해치는 동물이고, 그래서 여신의 적이기 때문이었다. 그러나 앞서 살펴보았듯이, 어떤 동물을 신으로 상정하거나 혹은 어떤 신이 동물로 상정된 이후에, 때로 신이 자신의 동물 형상을 벗어 버리고 순수하게 인격신의 형태로서 나타나기도 한다. 그럴 경우 처음에는 신이라고 여겼기 때문에 살해한 동물이 이제는 신의 적이라는 이유로 인해 신에게 바쳐지는 제물로 간주하기에 이른다. 요컨대 신 스스로가 자기 자신의 적이라는 이유 때문에 자기 자신에게 제물로 바쳐지는 셈이다. 바로 이런 일이 디오니소스에게 일어났으며, 또 데메테르에게도 일어났을 가능성이 있다.

사실 데메테르 의례 중 하나인 '테스모포리아Thesmophoria'[12]는 돼지가 원래 곡물의 여신 자신, 즉 데메테르이거나 그 딸이자 닮은꼴인 페르세포네의 화신이었다는 해석을 뒷받침해 준다. 아테네의 테스모포리아 의식은 10월에 여자들만 참

---

12 테스모포리아에서의 '테스모스thesmos'는 고대 그리스어로 법이나 정해진 관습을 가리키는 말이다. 해마다 열리는 가을 축제에서는 데메테르를 '데메테르 테스모포로스', 즉 '법의 전달자 데메테르'라는 별칭으로 예찬했다. 이는 테스모포리아 축제가 안정적인 농경사회의 성립에 따른 사회적 관습의 정착과 관련이 있음을 시사한다. 로버트 프레이저 편, 앞의 책, 563쪽 편주 참조. 본서 제35장 옮긴이 주 2번 참조

가하는 가을 축제였다. 거기서 사람들은 페르세포네(또는 데메테르)가 지하세계로 내려간 것을 애도의 의식으로 표현하는 한편, 그녀가 죽음으로부터 귀환한 것을 기뻐하는 환희의 의식으로 표현했다고 보인다. 그래서 그 첫날을 가리켜 사람들은 '하강'이라든가 '상승' 따위의 명칭을 다양하게 사용했으며, 축제 셋째 날에 대해서는 '칼리게네이아Kalligeneia'('아름답게 태어났다'는 뜻)[13]라고 불렀다. 그런데 테스모포리아 의식에는 돼지와 밀가루를 반죽해서 구운 케이크, 소나무 가지 등을 신성한 동굴이나 지하실이었던 것으로 보이는 이른바 '데메테르와 페르세포네의 구덩이'에 던져 넣는 의식이 포함되어 있었다. 그 동굴 혹은 지하실에는 그곳을 지키는 뱀들이 있어서, 사람들이 던져 넣은 돼지와 케이크 따위를 대부분 먹어 치웠다고 한다. 그 후(틀림없이 다음 해 축제 때) '꺼내는 자'라고 부르는 여자들이 돼지와 케이크, 소나무 가지의 썩은 찌꺼기를 끄집어 내어 가져갔다. 이 여자들은 사흘 동안 정결의식의 규정을 준수한 뒤 동굴로 내려갔으며, 손뼉을 쳐서 뱀들을 겁주어 쫓아 버린 다음 찌꺼기들을 주워 올려 제단 위에 갖다 놓았다. 이때 사람들은 그 썩은 고기와 케이크 조각을 가져가서 종자 곡식과 함께 밭에 뿌리면 틀림없이 풍년이 들 것이라고 믿었다.

다음의 전설적 이야기는 이렇게 조야하고 고대적인 테스모포리아 의식에 대해 잘 설명해 주고 있다. 플루토가 페르세포네를 지하세계로 납치했을 때, 에우불레우스Eubuleus라는 돼지치기가 우연히 그 현장에서 돼지를 돌보고 있다가 플루토가 페르세포네를 데리고 사라진 구덩이 속으로 돼지 떼와 함께 빠졌다고 한다. 그래서 에우불레우스와 돼지 떼의 실종을 기념하기 위해 해마다 테스모포리아 의식을 거행할 때 돼지들을 구덩이에 던져 넣는 것이다. 여기서 우리는 테스모포리아 의식 때 구덩이에 돼지를 던져 넣는 것은 곧 페르세포네가 저승세계로 하강한 신화적 사건을 부분적으로나마 극적으로 재현한 것이라는 결론을 도출해 낼 수 있다. 하지만 거기서 페르세포네 신상을 구덩이에 던져 넣은 것 같지는 않으므로, 돼지의 하강은 페르세포네의 하강에 수반된 부수물이라기보다는 하강 그 자체였다고 추리해 볼 수 있다. 단적으로 말해, 돼지는 바로 페르세포네 자신이었던 셈이다.

---

13 프레이저는 이를 fair-born이라고 영역하고 있지만, 그리스어 칼리게네이아는 원래 '아름다운 것을 만들어 내는'이라는 뜻의 형용어구다.

그런데 후대에 이르러 페르세포네 혹은 데메테르(양자는 동격이므로)가 인간의 형상을 취하게 되자, 그녀의 축제 때에 돼지를 동굴에 던져 넣는 관습을 설명할 만한 다른 이유가 필요했을 것이다. 그래서 플루토가 페르세포네를 데려갈 때, 돼지 몇 마리가 우연히 근처에 있다가 그녀와 함께 구덩이에 빠졌다는 식의 이야기를 지어 낸 것이리라. 하지만 그런 이야기는 명백히 돼지 형상의 곡물정령이라는 낡은 관념과 인간 형상의 여신이라는 새로운 관념 사이의 간격을 메우기 위한 서투른 억지 시도에 불과하다. 다시 말해 그 이야기 속에는 낡은 관념의 흔적이 남아 있다. 가령 슬픔에 잠긴 어머니가 실종된 페르세포네를 찾아다니다가 딸의 발자국이 돼지 발자국 때문에 지워져 있는 것을 발견했다는 이야기가 그것이다. 그러나 돼지 발자국은 원래 페르세포네와 데메테르 자신의 발자국이었으리라고 짐작된다.

　　어쨌든 위의 전설에서 돼지치기 에우불레우스가 트리프톨레무스의 형제였다는 이야기는 돼지와 곡물 간의 밀접한 연관성에 대한 인식을 잘 드러내 준다. 왜냐하면 트리프톨레무스는 데메테르가 곡식의 비밀을 처음 전해 준 인물이었기 때문이다. 사실 같은 이야기를 전하는 다른 판본에 의하면, 에우불레우스와 그 형제인 트리프톨레무스는 둘이 함께 페르세포네의 운명을 알려준 보답으로 데메테르에게 곡식을 선물로 받았다고 한다. 여기서 더 나아가 우리는 테스모포리아 의식에서 여자들이 돼지고기를 먹은 것 같다는 점에 주의해야 한다. 만약 나의 견해가 옳다면, 그 식사는 숭배자들이 신의 몸뚱이를 나누어 먹는 엄숙한 성찬의식이었음에 틀림없다.

　　이렇게 보건대, 테스모포리아 의식은 앞서 살펴본 북유럽의 민속과 유사성이 있다. 즉, 테스모포리아 의식(곡물의 여신을 기리는 가을 축제)에서는 돼지고기를 일부는 먹고, 일부는 다음 해까지 동굴에 보관해 두었다가 다시 꺼내어 풍작을 위해 종자 곡식에 섞어 밭에 뿌렸다. 이와 비슷하게 그르노블 근방에서도 추수 밭에서 염소를 잡아 일부는 추수꾼들이 먹고, 일부는 소금에 절여 다음 해 파종하는 첫째 날까지 보관했다가, 봄이 되면 그것을 종자 곡식에 섞거나 혹은 쟁기꾼들에게 나눠 먹이거나, 아니면 두 가지를 다 행했던 것이다. 마찬가지로 푸일리에서도 밭에서 도살된 수소를 일부는 일꾼들이 먹고, 일부는 봄의 파종기까지 소금에 절여 두었다. 이 경우도 아마 봄이 되면 그것을 종자에 섞거나 일꾼들이 먹거나 혹은 그 두 가지를 다 행했을 것이다.

그와 비슷하게 우드바르헬리에서도 추수 때 도살한 수탉의 깃털을 마지막 곡식 다발 안에 넣어 봄까지 보관했다가 종자에 섞어 밭에 뿌렸다. 헤세와 마이닝겐에서는 '재의 수요일'이나 성촉절에 돼지고기를 먹고, 그 뼈를 파종기까지 보관했다가 씨 뿌린 밭에 파묻거나 자루에 담긴 종자와 섞었다. 그리고 마지막 곡식 다발에서 거둔 곡식은 성탄절까지 보관했다가 '성탄절 수돼지'를 만들어서 나중에 봄철 파종기 때 잘게 부수어 종자 곡식에 섞었다. 그러니까 일반적으로 말하면 이렇다. 즉, 곡물정령은 가을에 동물 형태로 살해당하고, 숭배자들은 그 육신의 일부를 성찬으로 먹고, 일부는 곡물정령에 내재된 활력의 연장과 재생을 보장하는 담보로서 다음 파종기나 추수기까지 보관하는 것이다.

만약 까다롭고 별스러운 취향의 사람들이 반론을 내세워, 그리스인들이 데메테르와 페르세포네가 돼지 형태로 나타난다고 상상했을 리 없다고 주장할지도 모른다. 그에 대해서는 아르카디아의 피갈리아[14] 동굴 속에 그려져 있는 '검은 데메테르'가 여자의 몸에 말의 머리와 갈기가 달린 형상을 하고 있다는 대답으로 맞설 수 있다. 돼지 모양을 한 여신의 초상과 말머리를 가진 여신의 초상은 둘 다 야만적이라는 점에서 별 차이가 없다.

피갈리아의 데메테르에 관한 신화는 말[馬]이 근대 유럽에서와 마찬가지로 고대 그리스에서도 곡물정령을 나타내는 동물 형상의 하나였음을 잘 보여 준다. 그 신화에 의하면, 데메테르는 딸을 찾아다니는 동안 포세이돈의 구애를 피하기 위해 암말로 변신했으며, 포세이돈의 끈질긴 요구에 분개하여 피갈리아에서 멀지 않은 서부 아르카디아 고원지대의 한 동굴에 몸을 숨겼다. 거기서 그녀가 검은 옷을 입고 오랫동안 머무르는 바람에 대지의 열매는 모두 말라 죽을 지경이 되었다. 이때 만약 판Pan이 성난 여신을 달래서 동굴을 떠나도록 설득하지 않았더라면 인류는 기근으로 사멸했을 것이라고 한다. 이 사건을 기념하여 피갈리아인들은 그 동굴 속에 검은 데메테르 신상을 세웠는데, 그것은 긴 옷을 걸친 여자

---

14 아르카디아 남서부 네다강 연안에 있던 고대 그리스의 도시. 아폴론 에피쿠리오스의 신전이 있는 곳이다. 2세기에 살았던 그리스 지리학자 파우사니아스는 이 신전을 놓고 펠레폰네소스 반도에서 테게아에 있는 아르테미스 신전 다음으로 아름답다고 했다. 이 신전은 또한 아테네의 파르테논 신전과 헤파이스토스 신전 다음으로 잘 보존된 그리스 신전이기도 하다. 그리스의 역사서는 피갈리아에 대해 거의 언급하지 않았지만, 파우사니아스는 이 도시의 종교적 특성과 신비주의적 예배의식을 기술하고 있다. 피갈리아에서 섬겨진 신들 중에는 말머리를 가진 검은 데메테르 여신과 물고기 꼬리를 가진 아르테미스 에우리노메 여신 등이 있었다.

의 몸에 말의 머리와 갈기가 달린 형상으로 표현되어 있다. 그녀가 부재하는 동안 대지의 열매가 말라 죽었다고 하는 검은 데메테르는, 여름의 푸른 옷을 벗어 버린 앙상한 겨울의 대지를 상징하는 신화적 표현임이 분명하다.

3. 아티스, 아도니스, 돼지

이제 아티스와 아도니스로 넘어가자. 동일 부류의 다른 신들과 마찬가지로 이 식물신들도 동물 형상의 화신을 지니고 있었다는 것을 보여 주는 몇 가지 사실에 주목할 필요가 있다. 우선 아티스 숭배자들은 돼지고기 먹는 것을 금했다. 이는 돼지가 아티스의 화신이었음을 시사한다. 아티스가 멧돼지에 의해 살해당했다는 이야기[15]도 마찬가지 맥락에서 이해할 수 있다. 왜냐하면 염소로서의 디오니소스와 돼지로서의 데메테르에 비추어 보건대, 신에게 상해를 입힌 동물이 원래 신 자신이었다는 사실은 거의 정식화되었다고 보이기 때문이다. 아마도 아티스 숭배자들이 외쳤던 "히에스 아티스!Hyes Attes! 히에스 아티스!Hyes Attes!"라는 소리는 바로 "돼지 아티스! 돼지 아티스!"라는 의미였을 것이다. 여기서 '히에스'는 '돼지'를 뜻하는 그리스어 '히스hys'의 프리기아어 형태일 가능성이 크기 때문이다.

아도니스에 관해 살펴보면, 그와 멧돼지의 연관성은 단지 멧돼지가 그를 살해했다는 이야기만 가지고 다 설명될 수는 없다. 다른 이야기에 의하면, 멧돼지가 어금니로 나무껍질을 찢었더니 거기서 아기 아도니스가 태어났다고 하며, 또 다른 이야기에서는 그가 레바논 산에서 멧돼지를 사냥하던 중 헤파이스토스Hephaestos[16]에 의해 살해당했다고도 한다. 이 같은 판본의 다양성은 아도니스와 멧돼지의 연관성이 확실하기는 하지만 그런 연관성의 까닭을 알 수 없어서 결국 그것을 설명하기 위해 여러 가지 상이한 이야기들이 창안된 것임을 보여 준다. 확실히 돼지는 시리아인들 사이에서 신성한 동물로 손꼽힌다. 유프라테스 강변의 위대한 종교 중심지인 히에라폴리스에서는 돼지를 제물로 쓰지 않으며 먹지도 않는다. 또한 만일 어떤 사람이 돼지를 만지면 그날 하루 동안 부정 탄다고 여

---

15 본서 제34장 참조
16 본서 제24장 3절 옮긴이 주 37번 참조

겠다.

혹자에 의하면 이는 돼지가 부정하기 때문이라고 하고, 또 다른 혹자에 의하면 돼지가 신성하기 때문이라고도 했다.[17] 이와 같은 견해 차이는 신성과 부정의 관념이 아직 뚜렷하게 구별되지 않는 종교사상의 모호한 상태를 시사한다. 거기에는 신성과 부정의 관념이 우리가 터부taboo라고 부르는 일종의 휘발성 용액 속에 뒤섞여 있다. 돼지가 신성한 아도니스의 화신이라는 주장은 이런 상태에 썩 잘 어울린다. 또한 디오니소스와 데메테르의 유사성에서 유추해 보건대, 돼지가 아도니스의 적이었다는 이야기는 곧 신이 돼지로 화신했다는 옛 견해가 후대에 이르러 왜곡된 것에 지나지 않는다고 보는 것이 타당하다. 아티스의 숭배자들은 물론이고, 짐작컨대 아도니스의 숭배자들도 보통 돼지를 제물로 삼지 않았으며 먹지도 않았을 것이다. 그렇다고 그들의 의식에서 돼지를 신의 대리자로서 엄숙하게 살해한 다음 신자들이 함께 나누어 먹었을 개연성이 사라지는 것은 아니다. 사실 동물에 대한 성례전적 살해와 공찬은 그 동물이 신성하며 일반적으로 평소에는 죽이지 않았다는 사실을 의미하기 때문이다.

돼지에 대한 유대인의 태도는 돼지에 대한 이교도 시리아인들의 태도만큼이나 애매했다. 그래서 그리스인은 유대인이 돼지를 숭배하는지 혐오하는지 판단을 내릴 수가 없었다. 유대인의 율법에서는 돼지를 먹어서도 안 되고, 또한 죽여서도 안 되기 때문이다. 전자의 율법이 돼지의 부정함을 말해 준다면, 후자의 율법은 훨씬 더 강력하게 돼지의 신성함을 말해 준다. 두 규칙 모두 돼지가 신성하다는 가정에 입각하여 해석할 수 있으며, 그중 하나는 반드시 그렇게 해석해야 한다. 이에 반해 어느 규칙이든 반드시 돼지가 부정하다는 가정에 입각하여 해석할 필요는 없으며, 그중 하나는 그렇게 해석하기가 불가능하다. 따라서 만약 전자의 가정을 선호한다면, 최소한 원래 이스라엘인들이 돼지를 혐오했다기보다는 오히려 숭배했다고 결론 짓지 않을 수 없다. 이런 결론은 예컨대 이사야Isaiah 시대에 이르기까지만 해도 일부 유대인들이 종교적 의식에서 돼지와 쥐의 고기를 먹기 위해 은밀히 동산에 모였다는 사실에 의해 뒷받침된다. 그것은 돼지와 쥐를 신성한 존재로 숭배하고, 그 고기를 신의 피와 살로 삼아 어쩌다 행해지는

---

17 출처는 고대 그리스의 웅변가이자 풍자작가 루키아노스Lucianos(120년경~180년경)의 『시리아의 여신에 관하여』

엄숙한 성례전을 통해 함께 나누어 먹었던 시대에서 비롯된 매우 고대적 의식이었음에 틀림없다. 그렇다면 일반적으로 모든 부정한 동물들은 원래 신성했다고 말할 수도 있을지 모른다. 요컨대 신성하기 때문에 어떤 동물을 먹지 않는다는 말이다.

4. 돼지와 수소로서의 오시리스

언뜻 보면 돼지는 부정함이 신성함보다 더 두드러지게 나타나 보이지만, 역사시대 이후의 고대 이집트에서는 돼지가 시리아나 팔레스타인에서와 마찬가지로 애매한 이중적 위상을 지니고 있었다. 그리스 저술가들의 말에 의하면, 이집트인들은 보통 돼지를 더럽고 기분 나쁜 동물로 혐오했다고 한다. 길을 지나다가 돼지와 슬쩍 스치기만 해도 옷을 모두 입은 채 강물에 뛰어들어 더러워진 부분을 씻어 낼 정도였다. 또한 돼지젖을 마시면 나병에 걸린다고 믿었으며, 돼지치기는 설령 이집트인이라 해도 신전에 출입할 수 없었다. 오직 돼지치기만이 그런 식으로 배척당했다. 그래서 돼지치기에게 딸을 시집보내거나 혹은 돼지치기의 딸에게 장가가려는 자는 아무도 없었다. 돼지치기들은 자기네들끼리 결혼해야만 했다. 그런데도 이집트인들은 매년 한 차례씩 달[月]과 오시리스에게 돼지를 제물로 바쳤으며, 단지 제물로 바칠 뿐만 아니라 그 고기를 먹기까지 했다. 그날 외에 다른 날에는 절대 돼지를 제물로 바치거나 돼지고기를 먹는 일이 없었다. 너무 가난한 나머지 돼지를 바치지 못한 자는 밀가루 반죽을 구워 만든 케이크로 대신했다.[18] 이 점은 돼지가 매년 한 차례씩 신자들이 성례적으로 먹는 신성한 동물이라는 가정을 떠나서는 설명하기 어렵다.

이집트에서 돼지가 신성한 동물이었다는 견해는 근대 유럽인들이 보기에는 반대 증거로 비칠 수도 있는 여러 사실들에 의해 뒷받침된다. 앞서 언급했듯이, 이집트인들은 돼지젖을 마시면 나병에 걸린다고 여겼는데, 이런 관념은 가장 신성시한 동식물에 대해 미개인들이 가지고 있는 관념과 너무도 흡사하다. 예컨대 웨타르섬(뉴기니와 셀레베스 사이에 있는 섬) 원주민들은 각기 자신이 멧돼지, 뱀,

---

18 헤로도토스, 박광순 옮김, 『역사』, 앞의 책, 144쪽 참조

악어, 거북이, 개, 뱀장어 따위 여러 동물 중 어느 하나의 후손이라고 믿었다. 때문에 자기 조상이 되는 동물은 먹어서는 안 된다고 여겼다. 만약 그것을 먹었다가는 나환자가 되거나 미쳐 버린다고 믿었다. 또한 북아메리카의 오마하Omaha족 인디언들 가운데 고라니를 토템으로 숭배하는 부족은 수컷 고라니의 고기를 먹으면 온몸에 부스럼과 하얀 반점이 생긴다고 믿었다. 같은 오마하 인디언들 가운데 빨간 옥수수를 토템으로 숭배하는 부족은 그것을 먹으면 입 언저리에 온통 염증이 생긴다고 믿었다. 마찬가지로 토템을 숭배하는 수리남의 부시족 흑인들은 '카피아이capiai'(돼지 비슷한 동물)[19]를 먹으면 나병에 걸린다고 여겼다. '카피아이'는 아마도 그들이 믿는 토템 중 하나일 것이다. 한편 물고기를 신성시한 고대 시리아인들은 물고기를 먹으면 온몸에 종기가 나고 발과 위장이 흉측하게 부풀어 오를 거라고 믿었다. 인도 오리사 지방의 카사Chasa족[20]은 그들이 숭배하는 토템 동물에게 상처를 입히면 나병에 걸리고 혈통이 끊어진다고 여겼다. 이러한 사례들은 사람들이 흔히 신성한 동물을 먹으면 나병이나 기타 피부병이 생긴다고 믿었다는 것을 입증해 준다. 이는 돼지가 신성한 동물이었음에 틀림없다는 견해를 뒷받침해 준다. 왜냐하면 이집트인들은 돼지젖을 마시면 나병에 걸린다고 믿었기 때문이다.

한편 돼지와 접촉했을 때 자기 몸과 옷까지 씻어 냈던 관습도 돼지가 신성한 동물이라는 견해를 뒷받침해 준다. 왜냐하면 어떤 사람이 신성한 물건과 접촉했을 때는 그것이 야기할지도 모를 영향을 물로 씻어 내든지 혹은 기타 방법으로 제거해야만 비로소 동료들과 마음대로 어울릴 수 있다고 여기는 관념이 일반적이었기 때문이다. 유대인은 성서를 읽고 나서 손을 씻으며, 대사제는 속죄 제물을 바친 후 성소에서 나오기 전에 목욕재계하고 성소에서 입은 의복을 벗어야 했다. 그리스 의식의 경우는 속죄 제물을 바칠 때 사제가 제물을 만져서는 안 되며, 제물을 바친 후에는 몸과 의복을 강물이나 샘물로 씻고 나서야 시가지와 집에 들어갈 수 있었다.

폴리네시아인들은 신성한 물건과 접촉함으로써 생기는 이른바 신성한 감염력을 자기 몸에서 제거하기 위해 다양한 의식을 거행했다. 앞서 살펴보았듯이,

---

19 남아메리카 강변에 서식하는 설치류 중 가장 몸집이 큰 동물
20 네팔 인구의 5분의 3과 인접한 인도 지방의 다수 인구를 차지하는 혼혈종족 카사Khasa족 혹은 파하리 Pahari족을 가리키는 듯하다.

통가에서는 우연이든 아니든 신성한 추장과 접촉하거나 혹은 그의 개인 소유물을 만진 자는 일정한 의식을 거치고 난 다음에야 자기 손으로 음식을 먹을 수 있었다. 그렇게 하지 않으면 종기가 나서 죽거나, 아니면 최소한 연주창이나 그 밖의 질병에 걸린다고 믿었다. 뉴질랜드에서도 신성한 물건과 접촉하면 실제로 어떤 치명적인 결과가 초래된다고 여겼다. 요컨대 원시인들은 신성한 것은 곧 위험한 것이라고 믿었다. 그것은 일종의 전기電氣 같은 신성성을 띠고 있어서 그것과 접촉하는 자는 누구든 설령 죽지 않는다 해도 최소한 충격을 받는다는 것이다.

따라서 미개인들은 특히 신성하다고 여겨지는 것은 건드리지 않았고, 심지어 보려고도 하지 않는다. 그래서 악어 씨족Crocodile clan인 베추아나족은 악어를 만나거나 보는 것을 '혐오스럽고 재수 없는' 일로 생각했다. 보는 것만으로도 눈에 염증이 생긴다고 여겼다. 그런데 악어는 그들이 가장 신성시하는 대상이다. 그들은 악어를 아버지라고 부르면서 악어에 대고 맹세하며 악어를 기리는 축제를 행한다. 한편 마데나사나 부시먼Bushman족[21]은 염소를 신성시한다. 그럼에도 그들은 "염소를 쳐다보면 한동안 부정을 탈 뿐만 아니라 이상한 불안에 사로잡히게 된다"고 여겼다. 오마하족 인디언 가운데 고라니 씨족Elk clan은 수컷 고라니를 만지기만 해도 몸에 종기와 하얀 반점이 생긴다고 믿었다. 또한 같은 오마하 인디언 중에 뱀 씨족Snake clan 사람들은 뱀을 만지거나 냄새만 맡아도 머리카락이 허옇게 센다고 여겼다. 한편 나비를 신으로 숭배하는 사모아인들은 나비를 잡는 자는 죽게 된다고 믿었다.

사모아에서는 보통 붉게 물들어 시든 바나나 나뭇잎을 음식 담는 접시로 이용했는데, 야생비둘기 씨족Wild Pigeon family에서는 그런 용도로 바나나 잎을 사용하면 류머티즘성 종기나 수두 따위가 온몸에 발진해서 고생하게 된다고 여겼다. 중부 인도의 빌Bhil족 가운데 모리Mori씨족은 공작을 토템으로 숭배하면서 곡식을 제물로 바친다. 하지만 이 씨족의 구성원들은 공작이 지나간 자국에 발이 닿기만 해도 나중에 어떤 병에 걸린다고 여겼으며, 여자가 공작을 보면 얼굴을 가리고 눈길을 돌려야 한다고 생각했다. 이와 같은 미개인들의 원시적 사고방식에서는 신성성을 일종의 위험한 바이러스 같은 것으로 여긴 듯싶다. 그래서 신중한 사람

---

21 코이코인(호텐토트)족과 관련이 있는 아프리카 남부의 원주민. 주로 보츠와나, 남서아프리카(나미비아), 남
    아프리카의 북서부에 산다. 부시먼은 네덜란드인, 즉 보어인들이 쓰는 영어식 이름이다. 코이코인족은 이들
    을 산San족이라고 부른다.

부시먼족의 암벽화에 묘사된 염소

이라면 가능한 한 그것을 멀리하려 들며, 어쩌다 그것과 접촉하게 되면 일종의 정결의식을 통해 조심스럽게 오염을 제거해야 한다고 믿었다.

이와 같은 여러 유사한 사례들에 비추어 보건대, 돼지와의 접촉에 대해 이집트 인들이 가졌던 신앙과 관습은 아마도 돼지를 부정하다기보다는 오히려 너무 신성하다는 관념에 바탕을 둔 것이라고 설명할 수 있다. 더 정확히 말하면, 이집트 인들은 돼지를 단순히 더럽고 혐오스러운 존재가 아니라 고도의 초자연적 능력을 지닌 존재로 간주했으며, 그것을 숭배와 혐오의 감정이 거의 비슷하게 뒤섞인 원초적인 종교적 외경심과 두려움의 대상으로 바라보았던 것이다. 고대의 저술 가들도 돼지가 이집트인들에게 불러일으키는 공포심에 또 다른 측면이 존재한다는 사실을 알아차린 듯싶다.

그리스의 천문학자이자 수학자였던 에우독소스Eudoxos(기원전 400년경~기원전 350년경)[22]는 이집트에 14개월 동안 체류하면서 사제들과 대화를 나눈 끝에, 이집트인들이 혐오감 때문에 돼지를 멀리하는 것이 아니라 농사일에 유용하기 때문에 돼지를 아끼는 것이라는 결론을 내렸다. 그에 의하면, 이집트인들은 범람한 나일 강물이 빠지면 돼지 떼를 밭에 풀어 놓아 축축한 땅속에 씨앗이 파묻히도록 했다고 한다. 그러나 이처럼 어떤 존재에게 모순되는 양가감정이 애매하게 뒤섞여 있는 경우, 그 존재는 불안정한 평형 상태에 놓여 있다고 말할 수 있다. 따라서 시간이 흐르면 그 모순된 양가감정 중 한쪽이 다른 쪽보다 우세해지는데, 이때 다른 쪽을 압도하는 감정이 숭배감이냐 혐오감이냐에 따라 그 감정의 대상물은 신으로 승격하든가 아니면 악마로 전락하든가 하는 것이다.

이집트에서 돼지의 운명은 대체로 후자였다. 왜냐하면 역사시대에 들어와서는 돼지에 대한 두려움과 공포가 한때 그 동물에게 바쳤던 존경과 숭배의 감정을 훨씬 압도했기 때문이다. 물론 그렇게 전락한 상태에서도 돼지를 존경하고 숭배한 감정의 흔적이 완전히 사라진 것은 아니지만 말이다. 어쨌든 그리하여 이집트 인들은 돼지를 악마로 여긴다든지, 오시리스의 적인 '세트' 혹은 '티폰'의 화신으로 간주하기에 이르렀다. 티폰이 검은 돼지의 형상으로 호루스 신의 눈을 다치게 하자, 호루스 신이 그 돼지를 불태워 제물로 삼았고, 또한 태양신 라가 돼지를 혐

---

22 고대 그리스의 수학자·천문학자. 천문학 분야에 기하학을 도입했으며, 처음으로 태양·달·행성의 운동에 관하여 체계적으로 설명했다. 그는 넥타네보 1세(재위 기원전 380~기원전 363) 치세 중 14개월을 이집트에서 보내면서, 헬리오폴리스(지금의 카이로 근처)에서 천문학을 비롯한 성직자의 지혜를 배웠다.

오스러운 동물로 선포했기 때문이다. 혹은 티폰이 멧돼지 사냥을 나갔다가 오시리스의 몸뚱이를 발견하고 토막을 냈으며, 그런 연유로 해서 매년 한 차례씩 돼지를 제물로 바치게 되었다는 이야기도 있다.[23] 이 이야기는 더 오래된 이야기, 즉 오시리스가 아도니스와 아티스처럼 멧돼지 혹은 멧돼지 형상을 한 티폰에 의해 살해당하여 토막났다는 이야기를 현대식으로 각색한 것임에 틀림없다. 그러니까 해마다 오시리스에게 돼지를 제물로 바치는 관습은, 신을 살해하거나 토막 낸 적대적인 동물에게 복수하는 것이라고 해석하는 편이 자연스러울지도 모른다.

그런 해석에 대해서는 여러 반론이 가능하다. 첫째, 일반적으로 어떤 동물이 그처럼 엄숙한 제물로서 매년 오직 한 차례씩 살해당한다는 것은 항상 그 동물이 신성한 존재라는 사실, 1년 중 나머지 기간에는 신으로서 존경과 보살핌을 받는다는 사실, 그리고 어디까지나 신의 자격으로 살해당했다는 사실을 의미한다.[24] 둘째, 아티스와 아도니스는 제외하더라도, 디오니소스와 데메테르의 사례를 통해 우리는 신의 적이기 때문에 신에게 제물로 바쳤던 동물은 원래 신 자신이었을지도 모른다는 점을 이해할 수 있다. 따라서 오시리스에 대한 그 동물의 적대성과 결부시켜 보건대, 해마다 오시리스에게 돼지를 제물로 바쳤던 관습은 돼지가 원래 신이었으며, 그 신이 곧 오시리스였다는 것을 말해 준다.

그런데 후대에 오시리스가 인격신으로 바뀌면서 돼지와의 본래적 연관성이 잊히자, 신화 작자들은 먼저 그 동물을 신에게서 분리하고 뒤이어 신의 적으로서 대립시켰다. 신화 작자들로서는 그 동물이 신의 적이라는 것 말고는, 혹은 플루타르코스의 말대로 신들에게 소중한 것보다는 그 반대인 것을 제물로 삼기가 더 적합하다는 것 말고는, 오시리스 숭배와 관련하여 돼지를 살해하는 이유를 달리 생각할 수 없었던 것이다. 사실 후기 단계에서 곡식밭을 헤치는 멧돼지의 못된 소행은 그것을 곡물정령의 적으로 간주할 만한 그럴듯한 이유를 제공해 준다. 하지만 만약 나의 견해가 틀리지 않다면, 본래는 멧돼지가 곡식밭을 마음대로 휘젓고 다니는 바로 그 자유로움이 사람들로 하여금 멧돼지를 곡물정령과 동일시하게 만든 것이며, 그러다가 후대에 이르러 멧돼지가 곡물정령의 적으로서 대립하게 된 것이라고 할 수 있다.

---

23 출처는 플루타르코스의 『이시스와 오시리스』

24 이 중요한 원리를 최초로 인식한 자는 로버트슨 스미스였다. W. Robertson Smith, "Sacrifice", *Encyclopedia Britannica*, 9ed, 1888 참조

돼지를 오시리스와 동일시하는 견해는 오시리스가 살해당했다는 바로 그날에 돼지를 제물로 바친 관습에 의해 강력하게 뒷받침된다. 왜냐하면 돼지의 죽음은 곧 오시리스의 죽음을 연례적으로 재현하는 것이기 때문이다. 이는 테스모포리아 의식에서 돼지를 동굴에 던짐으로써 페르세포네가 지하세계로 하강한 사건을 연례적으로 재현한 것과 마찬가지이다. 더 나아가 이 양자의 관습은 염소나 수탉 등을 추수기에 곡물정령의 표상으로 간주하여 살해하는 유럽의 관습과도 유사성을 가진다.

또한 원래 오시리스 자신이었던 돼지를 후대에 그의 적인 티폰의 화신으로 간주하게 되었다는 이론은, 빨강머리 남자와 붉은 황소가 티폰에 대해 갖는 유사한 관계에 의해 뒷받침된다. 앞에서 우리는 불태워 죽인 뒤 그 유해를 키질해 공중에 뿌린 빨강머리 남자와 관련해서 그 의미라든가, 근거에 대해 살펴본 바 있다. 요컨대 그는 원래 로마에서 봄에 살해하던 붉은 털 강아지와 마찬가지로 곡물정령 자신, 즉 오시리스의 대리인이었으며, 그를 살해하는 목적은 명백히 곡식들이 붉게 혹은 황금빛으로 여물도록 하기 위한 데에 있었다. 그런데 후대에 이르러 그는 오시리스가 아니라 오시리스의 적인 티폰의 대리인으로 여기게 되었고, 나아가 그를 살해하는 것을 오시리스의 적에게 복수하는 행위로 간주하게 된 것이다. 이와 마찬가지로 이집트인들은 붉은 황소가 티폰과 유사성을 가지기 때문에 그것을 제물로 바친 것이라고 말했다. 하지만 원래 붉은 황소는 곡물정령 오시리스와 유사성을 가지기 때문에 살해당했을 가능성이 더 크다. 이와 관련하여 우리는 황소가 곡물정령의 일반적인 표상이며, 곡물정령의 자격으로 추수밭에서 살해당했다는 점을 살펴본 바 있다.

오시리스는 통상 멤피스의 황소 아피스나 헬리오폴리스의 황소 음네비스 Mnevis[25]와 동일시되었다. 이 황소들이 방금 언급한 붉은 황소와 마찬가지로 곡물정령인 오시리스의 화신이었는지, 아니면 원래는 전혀 별개의 신이었다가 후대에 오시리스와 융합된 것인지를 판단하기는 쉽지 않다. 아피스와 음네비스에 대한 숭배가 광범위하게 행해졌다는 사실을 고려하면, 그 황소들은 순전히 국지적인 숭배의 대상이었던 여타의 신성한 동물들과는 다른 맥락을 가졌던 것으

---

25 이집트의 성스러운 여러 황소 중 하나. 태양신 헬리오폴리스의 레(라) 아툼과 밀접하게 연관되어 있다. 음네비스 황소의 색깔은 검정색이거나 얼룩이 졌고, 조각과 회화에서는 뿔 사이에 태양 원반이 있는 형상으로 묘사된다.

로 보인다. 그리고 아피스와 오시리스의 원래 관계가 어쨌든 간에, 아피스의 경우 신을 살해하는 관습에 대한 연구에서 간과해서는 안 될 중요한 사실이 한 가지 있다. 즉, 황소 아피스는 깊은 존경심이 수반된 매우 화려한 의식과 더불어 신으로 숭배되었지만, 신성한 경전에 기록된 일정 기간을 넘어서 살 수는 없었다. 정해진 기간이 끝나면 사람들은 아피스를 성스러운 샘물에 빠뜨려 살해했다.[26] 플루타르코스에 의하면, 그 기간은 25년이었다. 하지만 그것이 강제 규정은 아니었던 듯하다. 근대에 이르러 아피스 황소들의 무덤이 발굴되었는데, 무덤의 비문에는 제22왕조에 신성한 수소 두 마리가 26년 이상 살았다고 기록되어 있기 때문이다.

5. 비르비우스와 말

이제 우리는 아리키아의 신성한 '숲의 왕' 중 최초의 인물이었던 비르비우스 Virbius가 히폴리투스Hippolytus의 자격으로 말[馬]들에게 살해당했다는 전설의 의미에 대해 하나의 가설을 제시할 지점에 와 있다. 우리는 곡물정령이 종종 말의 형태로 표상되었다는 점, 그리고 후대의 전설에서 신을 해쳤다고 전해지는 동물이 원래 신 자신이었다는 점을 살펴보았다. 마찬가지로 비르비우스나 히폴리투스를 살해했다고 전해지는 말들도 실은 식물신인 비르비우스의 화신이었을 거라고 짐작한다. 비르비우스가 말에게 살해당했다는 신화는 아마도 그의 숭배에서 나타나는 어떤 특징, 특히 그의 신성한 숲에 말이 들어가지 못하도록 했던 관습을 설명하기 위해 고안된 것으로 보인다. 신화는 변하더라도 관습은 종종 그대로 남아 있을 수 있기 때문이다. 즉, 어떤 관습을 행하는 이유에 대해서는 망각해 버린 지 오래되었더라도, 사람들은 자기 눈앞에서 부모들이 행하던 관습을 오랫동안 그대로 행하곤 한다. 이 점에서 종교의 역사란 낡은 관습에 새로운 이유를 갖다붙이거나 혹은 부조리한 관습에 보다 정합성 있는 이론을 부여해 온 장구한 시도라 할 수 있다.

---

26 그러나 헤로도토스에 의하면 이집트인들은 암소를 제물로 쓰지 않았다. 왜냐하면 암소는 이미 여신 이시스에게 신성하게 바쳐졌기 때문이다. 헤로도토스, 박광순 옮김, 『역사』, 앞의 책, 140쪽 참조

확실히 지금 우리가 다루고 있는 사례에서는 신화가 관습보다 더 최근의 것이다. 따라서 그것은 성스러운 숲에 말이 들어가지 못하도록 했던 본래적 이유를 전혀 설명해 주지 못한다. 물론 말이 배제당한다는 점에서 우리는 그 말이 숲의 신을 상징하는 신성한 동물이나 화신일 수 없다고 추리해 낼 수 있을지도 모른다. 하지만 그것은 경솔한 추리이다. 아테나 여신을 '이지스aegis', 즉 염소 가죽을 걸친 모습으로 표현하는 관습에서 짐작할 수 있듯이, 염소는 한때 아테나 여신의 신성한 동물 혹은 화신으로 간주되었다. 그러나 일반적으로 염소는 그녀에게 바치는 제물이 아니었으며, 아테네에 있는 그녀의 대성소인 아크로폴리스에는 염소가 들어갈 수 없었다. 이에 대해서는 흔히 염소가 아테나 여신의 성스러운 나무인 올리브나무를 해쳤기 때문이라고 설명해 왔다. 따라서 여기까지는 염소와 아테나 여신의 관계가 말과 비르비우스의 관계와 비슷하다. 두 동물 모두 신에게 해를 끼쳤다는 이유로 성소에서 배척당한 것이다.

하지만 바로Varro의 지적대로, 아크로폴리스에서 염소를 배척하는 규칙에는 예외가 있었다. 그에 의하면, 아테네인들은 매년 한 차례씩 염소를 아크로폴리스에 몰고 가서 의식을 행했다고 한다.[27] 앞서 언급했듯이, 어떤 동물을 매년 단 한 차례씩 제물로 바칠 경우 그것은 신에게 바치는 희생제물이 아니라 신 자신의 대리자로서 살해당했던 것이다. 그러므로 만약 염소가 매년 단 한 차례씩 아크로폴리스에서 제물로 바쳐졌다면, 그것은 아테나 여신의 자격으로 희생된 것이라 할 수 있다. 추측컨대 사람들은 제물로 바친 동물의 가죽을 여신상에 뒤집어씌워 '보호 방패aegis'[28]로 삼았을 것이며, 그것을 매년 갱신했을 것이다. 마찬가지로 이집트 테베에서는 숫양을 신성시했기 때문에 그것을 제물로 삼지는 않았지만 1년에 하루는 숫양을 죽여서 그 가죽을 암몬Ammon[29] 신상에 뒤집어씌웠다.

만일 우리에게 아리키아 숲의 의식에 관한 더 많은 정보가 있다면, 아테네의 아크로폴리스에서 염소를 배척하는 관습이 그랬듯이 아리키아 숲의 의식에서도 말을 배척하는 관습에 매년 단 한 차례씩 예외적으로 행해졌다는 사실을 알 수

---

27 출처는 바로의 『농사론De re rustica』
28 원래는 그리스 신화에서 제우스가 아테나 여신에게 받은 '제우스의 방패'를 가리키는 말이었는데, 이것이 '보호', '비호'의 뜻으로 쓰이게 되었다. 미국의 이지스 함대도 이를 본뜬 이름이다.
29 제우스의 이집트어 이름. 아문 또는 아몬이라고도 한다. 본서 제12장 옮긴이 주 61번 참조. 헤로도토스, 박광순 옮김, 『역사』, 앞의 책, 140쪽 참조

있을지도 모른다. 다시 말해, 매년 단 한 차례씩 숲속에 말을 끌고 가서 비르비우스 신의 화신으로서 살해했을 가능성이 있는 것이다. 그리고 데메테르와 오시리스에게 바친 돼지 혹은 디오니소스나 아테나에게 바친 염소가 그러했듯이, 이렇게 살해된 말도 오래지 않아 비르비우스 신의 적으로서 바친 제물로 간주하기에 이르렀을 것이다. 이런 오해는 흔히 있는 일이다. 그런데 기록자들이란 원래 예외를 무시한 채 통상적인 관례 중심으로 기록하는 경향이 있다. 때문에 아리키아 숲의 관습에 대한 여러 기록에 내가 말하는 예외가 전혀 언급되지 않는다 해서 이상하게 생각할 필요는 없다. 만일 우리에게 아테나이오스Athenaeos[30]와 플리니우스Plinius의 기록밖에 전해지지 않는다면, 우리는 아테네에서 염소 제물을 금하고 아크로폴리스에 염소가 들어가지 못하도록 하는 관습밖에는 알지 못했을 것이다. 그러나 다행히도 바로의 기록이 남아 있어서 우리는 중요한 예외를 알 수 있었던 것이다.

아리키아 숲에서 매년 한 차례씩 숲의 신을 표상하는 말을 제물로 바쳤으리라는 나의 추정은, 그것과 비슷하게 로마에서 1년에 한 번씩 거행하던 말 희생제의에 의해 뒷받침될 수 있다고 보인다. 즉, 로마에서는 매년 10월 15일에 '마르스Mars의 벌판'에서 전차 경주가 벌어졌다. 경주가 끝나면 풍작을 기원하는 뜻으로 승리한 전차의 말 가운데 오른쪽 말을 창으로 찔러 마르스 신에게 제물로 바쳤으며, 그 머리를 잘라 끈으로 엮은 빵 덩어리로 장식했다. 그런 다음 '거룩한 길'과 '수부라Subúra'라고 부르는 두 행정구역의 주민들이 그 머리를 서로 차지하기 위해 다투었다. 이때 '거룩한 길' 사람들이 그것을 차지하면 왕궁 벽에 걸어 놓았고, '수부라' 사람들이 그것을 차지하면 마밀리아 탑에 걸어 놓았다. 한편 사람들은 말꼬리를 잘라 신속하게 왕궁으로 운반했다. 이는 왕궁 화로에 그 피를 떨어뜨리기 위해서였다. 이와 더불어 말의 피를 따로 받아서 4월 21일까지 보존하기도 했다. 그러다가 4월 21일이 되면 베스타 여사제들Vestal Virgins이 그것을 6일 전에 암소 배에서 끄집어 낸 배냇송아지의 피와 섞었다. 이렇게 섞은 피를 목동들

---

30 200년경에 활동한 그리스어 문법가. 『미식가Deipnosophistai』의 저자이다. 이 책은 귀족적 심포지엄의 형식을 취한 작품으로, 여러 명의 지식인과 갈레노스 등 실제 인물의 이름을 지닌 사람들이 향연에서 만나 음식과 기타 주제에 관해 이야기하는 내용이다. 이 책은 800명 가까이 되는 고대 작가들의 미전승 작품들에서 상당량을 인용했으며, 고대인들의 삶의 온갖 양상들에 대한 진귀한 정보를 다양하게 싣고 있다는 점에서도 큰 가치가 있다.

에게 나누어 주었고, 목동들은 그 피를 태운 연기로 가축 떼를 그슬려 정화시켰다고 한다.[31]

이 의식에서 끈에 엮은 빵 덩어리로 말머리를 장식한다든지 의식의 목적이 풍작을 이루는 데에 있었다는 사실은, 그 말이 곡물정령을 표상하는 동물로서 살해당한 것임을 시사한다. 한편 말꼬리를 자르는 관습은 풍작을 위해 황소 꼬리를 잘라 제물로 바치는 아프리카의 관습과 비슷하다.[32] 즉, 로마와 아프리카 두 곳의 관습에서 모두 말은 명백히 곡물정령을 표상하며, 그 생식력이 특히 꼬리에 있는 것으로 간주한다. 이미 언급했듯이, 후자의 관념은 유럽 민속에서도 찾아볼 수 있다. 또한 봄철에 말의 피를 태워 그 연기로 가축 떼를 그슬려 정화시키는 관습은 봄이나 성탄절에 '할망구'나 '아가씨' 혹은 '클리아크clyak'라든가 곡식 다발을 마소의 여물로 주거나, 봄에 '성탄절 수퇘지'를 쟁기 끄는 마소에게 주어 먹이는 관습에 비견될 만하다.[33] 이 모든 관습들의 목적은 농가와 농부들에게 곡물정령의 은총을 보장해 주고, 그것을 다음 해까지 보존하는 데에 있었다.

'10월의 말October horse'이라 부르는 로마의 희생제의는 후에 그 대도시의 천하고 누추한 일개 구역으로 편입된 '수부라'가 아직 독립된 마을로 존재하던 옛 시절로 우리를 데려간다. 수부라의 주민들은 당시 시골의 작은 소읍이던 로마 인접 지역 사람들과 추수 밭에서 우호적인 경쟁을 벌였다. 그 경쟁이 벌어졌던 마르스 벌판은 티베르 강변에 있었는데, 왕정이 폐지될 때까지는 왕실 영지에 속해 있었다. 전설에 의하면, 마지막 왕이 로마에서 쫓겨날 때 강변의 왕실 영지에는 무르익은 곡식이 낫에 의해 베어질 날만을 기다리고 있었다. 그러나 아무도 저주받은 곡식을 먹으려 하지 않았기 때문에 그것들은 다발째 강물에 던져졌다. 그리하여 여름 땡볕에 강물이 줄어 곡식 다발들이 하나의 섬을 이룰 정도였다고 한다. 말의 희생제의는 이처럼 왕의 곡식밭에서 추수를 마칠 무렵에 행해지던 옛 가을 풍습이었다. 곡물정령을 상징하는 말꼬리와 피는 왕실로 가져가서 보관했다.

이는 독일에서 '추수 수탉'을 농가의 박공이나 문 위에 못으로 박아 놓는 관습이라든지, 스코틀랜드 고원지방에서 '아가씨' 형태의 마지막 곡식 다발을 집에 가져가서 벽난로 위에 보관하는 관습과 매우 흡사하다. 그렇게 함으로써 곡물정

---

31 출처는 오비디우스의 『로마의 축제들Fasti』
32 본서 제49장 1절 참조
33 본서 제48장 참조

령의 축복이 왕의 집과 벽난로 쪽으로 옮겨 가고, 그곳에서 다시 왕국 전체와 집안 전체로 퍼져 간다는 것이다. 마찬가지로 북유럽의 봄가을 풍습에서는 때때로 시장의 집 앞에 '오월제 기둥'을 세우며, 추수 때 마지막 곡식 다발을 마을 우두머리인 시장에게 가져간다.

그러나 로마의 희생제의에서는 왕이 말 꼬리와 피를 차지한 반면, 한때는 그것과 유사한 의식을 독립적으로 거행했음이 틀림없는 수부라의 인접 마을에서는 말의 머리를 상품으로 내걸고 서로 경쟁하는 것에 만족해야 했다. 거기서 수부라 사람들이 말머리를 가져오는 데 성공했을 때 그것을 걸어 놓던 마밀리아 탑은, 그 마을의 호족이었던 옛 마밀리아 가문의 성탑 혹은 요새였던 것으로 보인다. 어쨌든 도시 전체와 이웃 마을들을 대표하여 왕의 밭과 궁성에서 행해진 희생제의는 마을마다 각기 자기네 밭에서 비슷한 의식을 거행하던 시기에 이루어졌다. 로마의 소읍들이 각자 거행했던 추수제가 왕의 토지에서 거행하는 공동 제전으로 통합된 이후에도, 라티움의 농촌 마을에서는 오랫동안 각자의 밭에서 그것과 유사한 의식이 계속 이어졌을 것이다.

아리키아의 신성한 숲은 바로 로마의 마르스 벌판처럼 공동 추수제가 행해진 장소였다. 따라서 거기서도 여러 이웃 마을들을 대표하여 소박한 의식을 거행하면서 말을 희생제물로 바쳤으리라고 가정한다 해도 큰 무리가 없을 것이다. 그 말은 풍요를 가져다주는 나무정령과 곡물정령 모두를 상징하는 것이다. '수확의 오월' 풍습에서 알 수 있듯이, 양자의 관념은 서로 융합되어 나타나기 때문이다.

제50장
신을 먹는 관습

1. 첫 수확의 성찬

우리는 곡물정령이 때로는 사람 형태로 때로는 동물 형태로 표상되며, 두 경우 모두 그 대리자의 신분으로 살해되고 성찬을 통해 먹힌다는 점에 대해 살펴보았다. 거기서 우리는 곡물정령의 대리자를 실제로 살해하는 사례를 찾아보기 위해 어쩔 수 없이 미개 민족의 경우를 참조하지 않을 수 없었다. 이에 비해 유럽 농민들의 추수 만찬은 곡물정령을 표상하는 동물을 성찬으로 먹는 관습과 관련하여 분명한 실례들을 보여 주었다. 그뿐만 아니라 충분히 예상되듯이, 새로 수확한 햇곡식도 성찬에서 곡물정령의 육신으로써 먹는다. 스웨덴의 베름란드에서는 농장주의 아내가 마지막 곡식 다발의 알곡으로 작은 소녀 모양의 빵을 구워 집 안의 모든 사람이 나누어 먹게 한다. 이 빵은 아가씨 형태의 곡물정령을 상징한다. 이는 스코틀랜드에서 마지막 곡식 다발을 여자 모양으로 만들어 '아가씨'라고 부르며, 곡물정령의 상징으로 보는 관습과 유사하다.

사람들은 곡물정령이 통상 마지막 곡식 다발 속에 거한다고 믿었다. 따라서 마지막 곡식 다발로 만든 빵을 먹는 것은 곡물정령 자체를 먹는 것이 된다. 마찬가지로 프랑스의 라팔리스[1]에서는 밀가루 반죽으로 남자 인형을 만들어 마지막 추수 수레로 실어온 전나무에 걸어 놓는다. 그리고 그 나무와 밀가루 인형을 시장의 집으로 운반하여 포도 추수가 끝날 때까지 보관한다. 그런 다음 추수가 끝난 것을 기념하는 잔치 석상에서 시장이 밀가루 인형을 잘게 부수어 사람들한테 나누어 먹인다.

이 사례들에서는 곡물정령을 사람의 형태로 표상할 뿐만 아니라 먹기까지 한다. 다른 경우에는 햇곡식을 사람 모양의 빵 덩어리로 굽지는 않지만 그것을 먹

---

1 프랑스 중부 오베르뉴 지방에 있는 알리에주에 속한 군

는 엄숙한 의식이 행해진다. 이는 곡물정령이 성찬, 즉 곡물정령의 육신으로 공유된다는 것을 잘 말해 준다. 리투아니아 농민들은 햇곡식을 먹을 때 다음과 같은 의식을 행한다. 즉, 가을 파종기가 되어 모든 곡식의 추수가 끝나고 이제 막 타작을 시작할 무렵에, 각 농장주는 '사바리오스Sabarios', 즉 '뒤섞기 혹은 던지기'라 부르는 축제를 연다. 이때 농장주는 밀, 보리, 귀리, 아마, 콩, 렌즈콩 따위의 작물을 각각 한 줌 가득 아홉 번씩 취한 다음, 각 한 줌을 세 부분으로 나눈다. 그렇게 27개 부분으로 나눈 곡식을 모두 던져 한 무더기로 만들어 뒤섞어 버린다. 이런 목적으로 취하는 곡식은 다른 것보다 먼저 타작하고 키질해서 따로 보관해 놓은 것이어야 한다. 이렇게 한데 뒤섞은 곡식의 일부는 온 집안 식구들에게 하나씩 돌아가도록 작은 빵 덩어리를 굽는 데 쓰고, 나머지는 보리나 귀리를 섞어 맥주를 빚는다. 이렇게 빚은 첫 번째 맥주는 농장주와 그 가족들이 마시고, 두 번째 맥주는 하인들이 마신다.

맥주가 준비되는 대로 농장주는 손님이 찾아올 일이 없는 날 밤을 택해 빈 맥주통 앞에 꿇어앉아 주전자 하나 가득 맥주를 따라 맥주통 주둥이에 부어 넣으면서 이렇게 말한다. "오, 결실의 대지여! 호밀과 보리와 온갖 곡식들이 풍성하게 자라도록 하소서!" 그런 다음 그는 부인과 자식들이 기다리고 있는 응접실로 맥주 주전자를 가지고 간다. 응접실 마루 위에는 그해에 부화한 수탉과 암탉이 각각 한 마리씩 묶인 채 놓여 있다. 두 마리 닭은 같은 색에 같은 종류여야 하며, 색깔은 검은색이나 흰색 혹은 알록달록한 색(붉은색은 안 된다)이어야 한다. 이어서 농장주가 맥주 주전자를 손에 든 채 무릎을 꿇고 앉아 수확에 대해 신에게 감사드리고, 다음 해의 풍작을 기원하는 기도를 올린다. 그런 다음 온 가족이 함께 양손을 치켜들고 이렇게 말한다. "오 신이시여! 그리고 그대, 오 대지여! 이 수탉과 암탉을 마음의 선물로 당신께 바치나이다!" 이와 함께 농장주는 닭을 도살하는데, 그때 닭의 머리가 떨어져 나가는 일이 없도록 나무 숟가락으로 때려서 잡는다.

첫 번째 기도를 올린 후에 맥주를 주전자의 3분의 1 정도 쏟아붓고, 수탉을 도살한 후와 암탉을 도살한 후에도 그렇게 한다. 그러면 그의 부인은 한 번도 쓴 적이 없는 새 냄비에 닭을 삶는다. 그리고 두 말들이 큰 통을 마루에 엎어 놓고, 그 위에 앞서 언급한 작은 빵 덩어리와 삶은 닭을 올려 놓는다. 그런 다음 새로운 맥주를 날라 오고, 아울러 이 의식에서만 사용하는 국자와 둥근 주전자를 세 개 가져온다. 농장주가 국자로 맥주를 떠서 둥근 주전자에 부으면, 가족들은 큰 통 주위에 무릎을 꿇고 앉는다. 이어 가장이 기도를 하고 맥주 세 잔을 죽 들이키면, 나머지 가족들도 그를 따라 한다. 그러고 나서 빵과 닭고기를 먹고 다시 맥주를 한순배 돌리는데, 이런 식으로 모든 사람이 세 잔을 각각 아홉 번 비울 때까지 의식이 계속된다. 이때 음식을 조금이라도 남겨서는 안 된다. 어쩌다 남는 음식이 있으면 다음날 아침에 똑같은 의식을 행하여 다 먹어 치운다. 닭뼈다귀는 개한테 줘서 먹였고, 개가 먹다 남긴 찌꺼기는 외양간의 소똥 속에 파묻었다. 이런 의식은 10월 초에 행하는데, 그날은 나쁜 말을 입에 담아서는 안 되었다.

이 관습은 지금으로부터 약 200여 년 전에 행해진 것이다. 오늘날 리투아니아에서는 햇감자나 햇곡식으로 만든 빵을 먹을 때, 식탁에 앉은 모든 이들이 서로 머리카락을 잡아당긴다. 그런 관습의 의미는 분명치 않지만, 리투아니아 이교도들이 엄숙한 희생제의를 거행할 때에도 이와 비슷한 관습이 수반되었음에 분명하다. 외젤섬의 에스토니아인들은 햇곡식으로 구운 빵을 먹기 전에 반드시 먼저 쇳조각을 한 입 깨문다. 그 쇳조각은 곡식 속에 있는 정령이 해를 끼치지 못하도록 하기 위한 주물呪物이었음에 분명하다. 오늘날 서덜랜드셔에서는 햇감자를 캐면 반드시 가족 전원이 그것을 맛보아야 한다. 그렇게 하지 않으면 감자 속의 정령이 화를 내서 감자가 오래가지 못한다고 믿는다. 요크셔의 어떤 지역에서는 지금까지도 성직자들이 햇곡식을 수확하는 관습이 남아 있다. 내게 정보를 제공해 준 자는 그렇게 베어 낸 곡식이 성찬 의식용 빵을 만드는 데에 쓰인다고 믿고 있었다. 그것이 사실이라면(아마도 사실일 것이다), 이는 가톨릭의 영성체 의식이 그것보다 훨씬 더 이전부터 있었던 고대적 성찬의식을 흡수하여 형성된 것임을 시사한다.

일본의 아이누족은 여러 종류의 수수를 각기 암수로 갈라 서로 합쳐놓고 '신성한 부부 곡식'이라고 불렀다. 따라서 수수를 찧어 모든 사람이 먹을 떡을 만들기 전에, 노인들은 자기 몫으로 먼저 의식용 떡 몇 개를 만들게 한다. 떡이 준비되면 그들은 거기에 대고 매우 진지하게 기도하면서 이렇게 말한다. "오 그대 곡물의 신이시여, 우리는 당신을 섬깁니다. 올해에 당신은 아주 잘 자라주었고, 맛도 그만일 것입니다. 당신은 훌륭합니다. 불의 여신이 기뻐할 것이며, 우리들 역시 즐겁기 한량없습니다. 오 그대 신이시여, 오 그대 거룩한 곡물이시여, 당신은 백성들에게 자양분을 나누어 줍니다. 이제 내가 그대를 먹겠습니다. 당신을 섬기며 당신에게 감사드립니다." 예배자들은 이렇게 기도를 드린 후 떡을 집어먹는다. 그런 다음에야 비로소 다른 모든 사람들도 햇수수를 먹을 수 있었다. 이런 무수한 경배의 표현이나 기도의 언어와 함께 아이누족의 안녕을 위해 수수를 바치는 것이다. 이렇게 봉헌된 곡식은 말할 것도 없이 신에게 바치는 공물로 간주하였다. 그런데 이때의 신은 다름 아닌 수수 종자 그 자체이다. 그것은 오직 인간의 몸을 유익하게 해 주는 한에서만 비로소 신일 수 있다.

동부 인도에 위치한 부루섬에서는 벼 수확이 끝날 무렵에 각 씨족들이 합동으로 성찬을 하기 위해 모인다. 그때 씨족의 모든 성원은 각각 햅쌀을 조금씩 가지고 온다. 이 식사는 '쌀의 영혼을 먹기'라고 부르는 데에서도 알 수 있듯이, 명백히 성찬의 성격을 보여 준다. 거기서 사람들은 쌀 일부를 떼어 내어 쌀의 정령에게 바친다. 셀레베스 지방의 미나하사에 사는 알푸르Alfoor족 사이에서는 사제가 밭마다 찾아다니면서 최초의 파종을 하며, 또한 무르익은 벼 이삭을 최초로 수확한다. 사제는 그것을 불에 볶아 가루를 만들어 그 일부를 가족들에게 일일이 나누어 준다. 셀레베스의 또 다른 지방인 볼랑몽곤도에서는 벼를 수확하기 전에 돼지나 닭을 제물로 바친다. 그런 다음 사제가 먼저 자기 밭부터 시작해서 이웃 사람들의 밭을 돌면서 벼를 수확한다. 이렇게 그가 베어 낸 모든 볏단을 손수 말려 다시 밭주인들에게 돌려주면, 사람들은 그것을 빻아 밥을 짓는다. 여자들이 이 밥을 달걀과 함께 다시 사제에게 가져가는데, 사제는 이중 달걀은 신에게 바치고 밥은 여자들에게 되돌려준다. 그러면 어린애들에 이르기까지 모든 가족이 함께 그 밥을 먹는다. 이런 의식이 끝나야 비로소 누구나 자유롭게 벼를 수확할 수 있다.

인도 남부 닐기리 구릉지대에 사는 부르거Burgher족 또는 바다가Badaga족은, 처음 한 줌의 종자를 뿌리고 또 첫 곡식 다발을 베는 일을 쿠룸바Curumbar족 남자에게 맡긴다. 부르거족은 쿠룸바족 남자를 마법사로 간주한다. 첫 곡식 다발에 들어 있는 알곡은 "그날 중에 음식과 과자로 만들어 첫 결실의 제물로 봉납한다. 그런 다음 그것을 도살한 동물의 고기와 함께 부르거족 남자와 그의 모든 가족이 함께 나누어 먹는다." 이때 처음 햇곡식으로 만든 음식은 마을 전체가 공동으로 바친 희생제물의 고기로 간주한다.

인도 남부의 힌두인들 사이에서는 햅쌀 먹는 일을 '퐁골Pongol'이라 부르며, 이는 가족 잔치의 장이 된다. 이때 햅쌀은 새 냄비에 담아 힌두족 점성술사들의 지

코끼리 머리를 한 인도의 가네샤 신

시에 따라 태양이 남회귀선으로 들어가는 날 정오에 붙인 불로 밥을 짓는다. 온 가족들은 냄비가 끓는 것을 조마조마한 가슴으로 지켜본다. 왜냐하면 뿌연 밥물이 끓는 양상에 따라 다가오는 해의 농작물 상태가 결정되기 때문이다. 만일 밥물이 빨리 끓으면 그해는 농작물이 잘될 것이지만, 밥물이 천천히 끓으면 그 반대가 될 것이다. 어쨌든 이렇게 지은 햅쌀밥의 일부는 가네샤Ganésa[2] 신상 앞에 바치고, 나머지는 모두 나누어 먹는다. 인도 북부의 몇몇 지방에서는 햇곡식의 축제를 '나반Navan', 즉 '햇곡식'이라고 부른다. 곡식이 무르익으면 주인은 길일을 택해 밭에 나가, 봄 작물 중에서 보리 대여섯 이삭을, 그리고 가을 수확물 중에서 수수 한 이삭을 뽑는다. 그것들을 집으로 가져가 불에 구워서 거친 설탕과 버터, 굳은 우유 등과 섞는다. 그렇게 만든 음식물을 일부는 마을의 신들과 죽은 조상들의 이름으로 불에 던져 넣고, 나머지는 가족들이 나누어 먹는다.

나이저 강변의 오니차에서는 다음과 같이 햇감자 얌을 먹는 의식[3]이 행해졌다. "추장이 얌을 여섯 개 가져오고, 종려나무의 어린 가지를 잘라 자기 집 대문 앞에 놓는다. 그런 다음 얌 세 개를 굽고 약간의 콜라kola 열매와 생선을 준비한다. 얌이 구워지면 '리비아Libia'라 일컫는 마을 주의가 얌을 집어들고 문질러 가루를 낸 다음 절반으로 쪼갠다. 그리고 한 조각을 집어 새로 수확할 얌을 먹게 될 사람들의 입술 위에 얹어 놓는다. 그들은 뜨거운 얌에서 모락모락 피어나는 김을 호호 불면서 통째로 입 안에 집어넣고 이렇게 말한다. '새 얌을 먹도록 허락해 주신 것을 신께 감사드리나이다.' 그리고 생선과 함께 그것을 정성껏 씹어 먹기 시작한다."

영국령 동부아프리카의 난디족은 가을이 되어 곡식이 익기 시작하면, 밭이 있는 모든 여자들은 딸들을 데리고 밭에 나가서 무르익은 곡식 줄기 약간을 꺾는다. 그리고 여자들은 저마다 곡식 알곡 한 알을 자기 목걸이에 꿰어 넣고, 또 한

---

2 시바와 파르바티의 아들이며, 코끼리 머리를 한 힌두교의 신. 사람들은 이 신이 장애를 제거해 준다고 믿고 있다. 예배를 드릴 때나 새로운 일을 시작할 때 제일 먼저 찾는 신이며, 그의 형상은 사원이나 주택의 입구에서 종종 볼 수 있다. 문학과 학문의 보호자이며, 『마하바라타』(바라타 왕조의 대서사시)를 받아 적었다고 하는 전설적인 서기書記이다. 또한 가나(시바의 시종)들의 우두머리이기도 하다. 가네샤는 보통 붉은색으로 묘사된다.

3 치누아 아체베Chinua Achebe의 소설 『신의 분노 Arrow of God』는 이 관습에 대해 자세히 묘사하고 있다. 이 소설에서 한 사제가 햇감자 얌을 먹지 않음으로써 한 해 농사의 모든 과정이 멈춰 버리고 만다. 로버트 프레이저 편, 앞의 책, 584쪽 편주 참조

알은 입에 넣어 씹은 다음 그것을 뱉어 이마나 목, 앞가슴 등에 바른다. 그녀들에게서는 전혀 기쁨의 표정이 새어나오지 않는다. 오히려 모두 슬픈 표정으로 햇곡식을 광주리 가득 따서 집에 가져가 다락방에 넣어 두고 말린다. 다락방이라고는 하지만 천장이 엉성한지라 다량의 알곡들이 벌려진 틈새로 떨어진다. 그것들은 아래 피워 놓은 모닥불에 떨어져 탁탁 소리를 내며 타들어 간다. 하지만 아무도 이런 낭비를 막으려 하지 않는다. 그들은 불 속에서 알곡들이 타들어 가는 소리를, 사자의 영혼들이 그것을 먹고 있는 신호라고 믿는다. 그렇게 며칠이 지나면 햇곡식으로 죽을 쑤어 우유와 곁들여 저녁식사를 한다. 이때 온 가족이 죽을 나누어 먹고, 그것을 오두막 벽이나 지붕 등에 뿌린다. 게다가 그 죽을 약간 입에 머금고 동쪽을 향해 내뱉기도 한다. 그런 다음 가장이 약간의 알곡을 손에 든 채 건강과 힘과 우유를 내려 주십사 신에게 기도한다. 나머지 가족들도 그를 따라 이런 기도를 되풀이한다.

나탈[4]과 줄룰란드의 카프레족은 카프레력曆의 정월에 해당되는 12월 말경이나 혹은 1월 초에 행해지는 의식이 끝날 때까지는 아무도 새 곡물을 먹을 수 없다. 그때가 되면 사람들은 왕의 집에 모여 잔치를 벌이고 춤을 춘다. 그리고 헤어지기 전에 '백성들의 헌상'이라 부르는 의식을 거행한다. 사람들은 밀, 옥수수, 호박 등 다양한 땅의 소출물을 큰 냄비 속에 넣고 거기에 산 제물로 바친 짐승의 살코기와 '주약呪藥'을 섞어 함께 삶는다. 그런 다음 왕이 손수 그 음식을 사람들 입속에 조금씩 넣어 주는 것이다. 이처럼 성화된 소출을 함께 나누어 먹으면 한 해 내내 모든 이가 성화되고, 또한 즉시로 햇곡식을 먹을 수 있게 된다. 이때 누구든 이런 의식을 행하기 전에 새 곡물을 먹으면 그 사람은 죽는다고 여겼다. 그런 사실이 밝혀지면 그는 사형에 처해지거나, 최소한 가축들을 모두 몰수당한다. 새 곡물은 반드시 이런 의식에만 사용하는 특별한 냄비에 넣고 주술사가 붙인 새 불로 조리해야 한다. 그리고 새 불은 '남편과 아내'라고 부르는 두 개의 나무토막을 마찰시켜 일으켜야 한다. 이와 같은 규칙에서 우리는 새 곡물이 지닌 신성성에 대한 관념을 엿볼 수 있다.

베추아나족의 관습에서는 새 작물을 먹기 전에 먼저 목욕재계를 해야 한다. 이 정화의식은 추장이 정한 신년 초 정월의 길일에 집행한다. 그것은 모든 성년

---

4 남아프리카 공화국 동부지역의 옛 주

남자들이 모인 마을 대공회당에서 시작한다. 그들은 각자 손에 '레로체lerotse'(호박의 일종)라 일컫는 조롱박 잎사귀를 가지고 나온다. 그리고 그 잎을 으깨어 거기서 나온 즙으로 두 엄지발가락과 배꼽에 바른다. 많은 이들은 이 즙을 온몸의 모든 관절 부분에 바르기도 하지만, 마을의 해박한 장로들은 이를 전통적인 관습과는 다른 천박한 짓이라고 말한다. 어쨌든 대공회당에서 행하는 이런 정화의식이 끝나면, 남자들은 각자 자기 집으로 돌아가서 남녀노소 할 것 없이 모든 가족을 다 집합시키고는 그들에게 '레로체' 즙을 발라 준다. 이와 아울러 잎사귀 몇 개를 더 으깨어 커다란 나무 접시에 담은 다음 우유와 섞어 개에게도 핥아먹게 한다. 그런 다음 가족들이 죽을 담아 먹는 접시도 하나하나 레로체 잎사귀로 닦아 낸다. 이 같은 정화의식을 거친 후에야 비로소 사람들은 자유롭게 새 곡물을 먹을 수 있었다. 그러기 전에는 절대 새 곡물을 먹어서는 안 된다.

브라질의 보로로Bororo족 인디언은 주술사에게 축복을 받기 전에 새 옥수수를 먹으면 반드시 죽는다고 믿었다. 이때의 축복의식은 다음과 같다. 반쯤 익은 옥수수의 껍질을 씻어서 주술사 앞에 갖다 놓는다. 이때 주술사는 몇 시간 동안이나 춤추고 노래하고 끊임없이 담배를 피워 대는 통에 엑스터시 상태에 빠져 있다. 그는 손발을 덜덜 떨고 때때로 고래고래 고함을 지르면서 다짜고짜 옥수수 껍질을 물어뜯는다. 보로로족은 큰 짐승이나 물고기를 죽일 때에도 어김없이 이와 비슷한 의식을 행한다. 그들은 그런 정화의식을 행하기 전에 누군가가 아직 성화되지 않은 옥수수나 고기를 만지면, 그 사람뿐만 아니라 부족 전체가 죽게 된다고 철썩같이 믿고 있었다.

북아메리카의 크리크Creek족 인디언들은 '부스크busk'라 부르는 첫 수확제를 한 해의 가장 중요한 의식으로 행한다. 그것은 곡식들이 다 익을 무렵, 묵은해가 지나가고 새해가 시작되는 7월이나 8월에 행한다. 이 의식을 행하기 전까지는 어떤 자도 새 곡물을 먹거나 만져서는 안 된다. 때로는 각 마을마다 고유한 부스크를 집행하기도 하고, 때로는 몇몇 마을이 합동으로 그 의식을 행하기도 한다. 부스크를 기념하기에 앞서, 사람들은 옷과 살림 도구, 가구 따위를 새로 장만한다. 그리고 헌 옷가지와 걸레 따위를 묵은 곡식이나 기타 묵은 식량들과 함께 한데 모아 산더미처럼 쌓아 놓고 불을 질러 태워 버린다. 또한 부스크 의식을 위한 준비로서, 마을의 모든 불기[火氣]를 끄고 재도 깨끗이 치운다. 특히 신전 화로와 제단은 철저하게 청소하고, 재는 남김없이 내다 버린다. 그러면 대사제가 약간의 푸른 담배 잎사귀와 새 곡물, '단추뱀button-snake'이라 부르는 식물의 뿌리 몇 개를 화로 밑바닥에 갖다 놓는다. 그런 다음 그 위에 흰 진흙을 덮고 깨끗한 물로 적신다. 이어 초록빛 어린 나뭇가지들을 두텁게 얹어 만든 정자가 제단 위에 세워진다.

그동안 주부들은 새 불과 새 곡물을 받아들일 준비를 하기 위해 집안 대청소를 하고, 낡은 화덕을 새로 꾸미며, 모든 주방 도구들을 깨끗이 닦는다. 신성한 공공 광장도 '첫 수확의 제물을 더럽히지 않도록' 지난해 축제 때 남은 부스러기 하나라도 눈에 띄지 않도록 정성들여 청소한다. 또한 지난해에 사용했던 음식물 제기祭器들은 해가 지기 전에 모두 신전 밖으로 내다 버린다. 그런 다음 그 한 해 동안 첫 수확의 봉헌 규칙과 결혼 규칙을 범한 적이 없는 모든 남자들을 거룩한 광장에 모이도록 소리쳐 불러 모은다. 그들은 광장에서 엄숙한 단식에 들어간다. 이때 여자들(여섯 명의 노파를 제외한)과 아이들, 전사戰士 계급에 들지 못한 모든 사람들은 이 광장에 들어갈 수 없다. 게다가 광장 구석구석마다 감시원들을 배치해서 정결하지 못한 사람이나 동물은 일절 들어오지 못하도록 한다. 이런 상황 하에서 엄숙한 단식이 이틀 밤과 하루 낮 동안 꼬박 계속된다.

그리고 의식에 참가한 자들은 '배 속의 내용물을 다 토해 냄으로써 부정한 육신을 깨끗이 하기 위해' 단추뱀 식물 뿌리의 쓰디쓴 즙을 마셔야 한다. 또한 광장 바깥에 있는 사람들의 정화를 위해 노인 한 사람이 광장 귀퉁이에 상당량의 푸른 담뱃잎을 놓아두면, 한 노파가 그것을 광장 바깥의 사람들에게 나누어 준다. 그러면 사람들은 '자기 영혼을 학대하기 위해' 그것을 씹어 삼킨다. 단식 기간 동안 여자들과 아이들과 허약한 남자들은 점심때가 지나야 음식을 먹도록 허락되었고, 오전 중에는 아무것도 먹어서는 안 된다. 단식이 끝나는 날 아침이 되면 여자들이 묵은해의 음식물 상당량을 거룩한 광장 바깥으로 내온다. 그러면 그 음식불은 광장 안으로 운반되어 단식으로 굶주린 사람들 앞에 놓인다. 사람들은 그것을 정오 이전까지 남김없이 다 먹어 치워야 한다.

이윽고 태양이 중천에서 기울기 시작하면, 집안에서 두문불출할 것이며, 일체의 나쁜 짓을 하지 말 것이며, 묵은 불을 어김없이 다 끄고 재까지 싹 치울 것 등을 모든 이들에게 명하는 외침 소리가 광장에 울려 퍼진다. 그러자 광장은 물을 끼얹은 듯 고요해진다. 이때 사제가 점잖게 일어나 나무토막 두 개를 비벼서 새 불을 피워 그것을 푸른 정자 아래에 있는 제단 위에 올려놓는다. 크리크족 인디언들은 새 불이 살인죄를 제외한 묵은해의 모든 죄악을 다 씻어 준다고 믿는다. 이어 새 수확물들이 담긴 광주리가 도착한다. 사제는 거기서 각종 수확물들을 조금씩 집어 내어 곰 기름으로 문지른 다음, 약간의 고기와 함께 '첫 수확의 제물과 묵은해의 속죄 제물로서 자애롭고 성스러운 불의 정령에게' 바친다. 또한 그는 신성한 토사제(단추뱀 식물 뿌리와 검은 음료) 약간을 불에 끼얹어 태움으로써 성화한다.

이제 광장 바깥의 사람들이 아직 거룩한 광장에 들어가는 것은 허락되지 않더라도 좀 더 가까이 몰려든다. 그러면 대사제가 그들에게 일장 설교를 한다. 거기서 그는 부족의 전통적인 의식과 관습을 잘 준수하도록 사람들에게 간곡히 훈계하면서, 새로운 성화가 묵은해의 죄악들을 불살랐음을 선포한다. 또 여자들을 향해서는, 만일 묵은해의 묵은 불을 끄지 않은 자가 있거나 혹은 깨끗하지 못한 행위를 한 자가 있으면 '성화가 그녀뿐만 아니라 다른 사람들까지도 해칠 염려가 있으니' 이곳을 즉시 떠나라고 엄중히 경고한다. 그런 후 성화를 채화하여 거룩한 광장 바깥으로 가지고 나간다. 이에 여자들은 기쁨에 차서 그 불씨를 집으로 가지고 가서 오염되지 않은 새 화덕에 불을 붙인다. 여러 마을이 합동으로 이 의식을 거행하는 경우에는 성화가 수 킬로미터 떨어진 곳까지 운반되었을 것이다.

사람들은 새 수확물을 새 불에 삶아서 곰 기름을 곁들여 먹었는데, 이때 곰 기름을 반드시 준비해야 한다. 이 축제의 어떤 시점에서 남자들은 새 곡물을 양손 사이에 넣고 비벼 그것을 얼굴과 앞가슴에 문지른다. 계속 이어지는 축제에서 전사들은 전투복 차림으로 머리에는 흰 깃털을 꽂고 손에도 깃털을 들고 성화가 타고 있는 제단의 정자 주위를 돌면서 춤춘다. 이 의식은 여드레 동안 계속되었으며, 그 기간에는 엄격한 금욕생활을 해야 한다. 축제의 종반부에 이르러 전사들은 모의 전투를 벌인다. 그것이 끝나면 남녀가 함께 세 패거리로 나뉘어 성화 주변에서 춤을 춘다. 끝으로 모두 흰 진흙을 몸에 바르고 흐르는 냇물에 가서 목욕재계한다. 그것으로 지금까지 행한 모든 죄가 씻긴다고 여겼다. 그럼으로써 그들은 마음 가득히 기쁨과 평화를 안고 그 자리를 떠나는 것이다.

방금 언급한 크리크족 인디언들과 같은 족속인 플로리다의 세미놀Seminole족[5]

---

5 무스코기어족의 말을 쓰는 북아메리카 인디언

인디언들은 오늘날까지도 매년 햇곡식 성찬을 위한 '푸른 곡물의 춤'이라는 의식을 행한다. 이 의식을 행하기 전날 밤에, 그들은 구토와 설사를 일으키는 메스꺼운 '검은 음료'를 마신다. 그들은 이 음료를 마시지 않는 자는 햇곡식을 안전하게 먹을 수 없으며, 게다가 그해에 반드시 병으로 고생하게 될 거라고 믿는다. 이 음료를 마시는 동안 춤판이 벌어지고 주의도 거기에 참여한다. 그들은 다음날 햇곡식을 먹고 그 다음날은 단식을 하는데, 이는 속된 음식물을 먹으되면 어제 먹은 배 속의 신성한 음식물이 오염될 위험성이 있다고 생각했기 때문이다. 사흘째 되는 날에는 성대한 잔치가 베풀어진다.

직접 토지를 경작하지 않는 부족들이라 해도 야생과일을 처음 따거나 해당 계절에 처음 나는 구근류를 채집할 때마다 때로 위와 비슷한 의식을 행한다. 북서 아메리카의 살리시Salish족[6] 인디언과 티네Tinneh족 인디언들은 "젊은이들이 최초의 딸기나 해당 계절에 처음 나는 구근류를 캐 먹을 때는 반드시 그 열매나 식물에게 말을 걸어 호의와 협조를 구해야만 한다. 몇몇 부족들은 매년 야생과실을 따거나 구근류를 채집하는 시기가 되면 정례적인 첫 수확의 의식을 거행한다. 연어를 먹는 부족은 '소케이sockeye' 연어가 올라올 무렵에 그런 의식을 행한다. 이런 의식들은 추수감사제라기보다는 풍작을 보증받거나 혹은 특별히 원하는 것을 얻기 위한 관습이었다고 보인다. 왜냐하면 만일 그 의식을 정해진 절차에 따라 경건하게 행하지 않으면, 필요로 하는 대상물의 '정령'을 화나게 해서 원하는 것을 얻지 못하게 된다고 믿었기 때문이다." 이 인디언들은 야생딸기의 어린 싹을 즐겨 먹는데, 해당 계절에 나는 첫 수확물을 먹기 전에 반드시 엄숙한 의식을 거행한다. 이때 어린 싹은 새 냄비로 조리한다. 그 주위에서 사람들이 눈을 감은 채 둥글게 원형으로 모여 서 있는 동안, 의식을 집전하는 추장이나 주의는 그 식물의 정령에게 자기들한테 복을 주고 새싹을 풍성하게 베풀어 달라고 기도하며 호소한다. 이런 의식이 끝난 후, 조리된 새싹을 새 쟁반에 담아 참석자들에게 조금씩 나누어 주면, 그들은 황송해하며 예의 바르게 그것을 먹는다.

브리티시컬럼비아의 톰프슨 인디언들은 해바라기 뿌리를 조리해서 먹는데, 그것을 일종의 신비스러운 존재로 여기므로 이와 관련하여 수많은 터부들을 지

---

6 컬럼비아·프레이저 강과 그 지류들이 흐르는 오늘날 브리티시컬럼비아, 워싱턴 및 아이다호 북부지역, 몬태나 서부지역에 살았던 아메리카 인디언

킨다. 예컨대 그 뿌리를 캐거나 조리하는 여자들은 금욕생활을 해야 하며, 여자들이 조리하는 화롯가에는 결코 남자가 접근해서는 안 된다. 또한 젊은이들은 햇딸기나 구근류, 기타 계절의 과실을 먹을 때 '해바라기 뿌리'를 향해 이렇게 기도해야 한다. "당신을 먹게 된 것을 신고하나이다. 당신께서는 우리가 높은 곳에 오를 때 도와주시어 반드시 산봉우리에 이를 수 있게 하고, 또한 헛발을 내딛지 않도록 지켜 주소서! 해바라기 뿌리시여, 이것을 당신께 비나이다. 당신께서는 모든 자 가운데 가장 위대하고 신비스러운 분이십니다!" 만일 이런 기도를 생략하면, 그 음식물을 먹는 사람은 게을러지고 늦잠을 자게 된다고 여겼다.

아메리카 북서부 톰프슨강 유역의 인디언들과 그 밖의 인디언 여러 부족들이 행하는 이와 같은 관습은 매우 시사적이다. 왜냐하면 그 관습은 계절의 첫 수확물을 먹을 때 행하는 의식의 밑바닥에 어떤 동기가 깔려 있는지를 명확히 보여 주기 때문이다. 그 동기는 바로 인격적이며 상당히 강력한 정령에 의해 식물의 생명이 유지되며, 따라서 정령의 몸의 일부라고 여겨지는 과실이나 구근류를 먹기 위해서는 정령을 위무해야 한다는 데에 있었다. 만일 야생과실이나 구근류에 대해 이것이 사실이라면, 우리는 얌 감자와 같은 경작 과실이나 구근류에 대해서도 그것이 사실일 가능성이 있다고 추론할 수 있다. 특히 밀, 보리, 귀리, 쌀, 옥수수 등과 같은 곡물에 대해서는 더욱 그렇다. 이 모든 경우에서 미개인들은 첫 번째 수확한 작물을 먹는 일을 주저주저 하면서 그것을 극복하기 위해 의식을 거행했다. 이런 의식은 대체로 그들이 먹으려는 식물이 정령이나 신에 의해 생명을 유지하고 있으며, 따라서 안전하게 첫 수확물을 먹기 위해서는 먼저 정령이나 신의 허락을 받든지, 아니면 호의를 구하지 않으면 안 된다는 태도에 바탕을 두고 있다고 보아도 무방할 것이다.

아이누족의 사례는 이 점을 매우 분명하게 보여 주고 있다. 그들은 수수를 '신의 곡식' 혹은 '곡식의 신'이라고 부르면서, 햇수수로 만든 과자를 먹고자 할 때에는 먼저 예배를 드리고 기도한다. 또한 첫 수확물에 거주하는 신이 명시되지 않은 경우라 할지라도, 이 점은 그것을 먹기 전의 엄격한 준비라든가 혹은 일정한 의식을 행하기 전에 감히 그것을 먹는 자는 위험에 처하게 될 것이라는 관념에 암시적으로 나타나 있다. 그러므로 우리는 이 모든 경우에서 첫 수확물을 먹는 일은 신 혹은 강력한 정령과의 성례적 교류, 즉 일종의 성찬이라고 보아도 큰 무리가 없을 것이다.

이러한 결론에 합치되는 관습으로서, 새 수확물을 담을 때 새 그릇이나 특별히 마련한 그릇을 사용하는 관습, 안전하게 신과의 엄숙한 공찬에 들어가기에 앞서 먼저 참여자의 몸을 정화하는 관습을 들 수 있다. 그때 행하는 정화의식 가운데, 햇곡식을 먹기 전에 강력한 하제下劑를 사용하는 크리크족과 세미놀족의 관습만큼 그 의식이 가지는 성찬으로서의 성격을 분명하게 보여 주는 사례는 다시없을 것이다. 거기서 하제를 사용하는 목적은 햇곡식을 먹는 자의 배 속에 들어 있는 속된 음식물과 섞여서 신성한 음식물이 오염되는 것을 방지하는 데에 있었다. 가톨릭 신자들도 이것과 같은 이유로 성체성사를 받기 전에 단식을 한다. 또한 동부아프리카의 유목민 마사이족의 젊은 전사들은 오직 고기와 우유만 먹고 사는데, 이때 며칠 동안은 우유만 마시고 또 그 다음 며칠 동안은 고기만을 먹는다. 그런데 이처럼 우유에서 고기로 혹은 고기에서 우유로 음식물을 바꿀 때에는 반드시 배 속에 이전 음식물이 남아 있지 않게 해야 한다. 이를 위해 그들은 강력한 하제와 구토제를 복용한다.

이상에서 살펴본 몇몇 사례에서 첫 수확물을 나누어 먹는 성찬의 관습은 그 첫 수확물을 신이나 정령에게 제물로 바치는 관습과 결부되어 있다. 그러나 시간이 흐르면서 성찬의 측면은 첫 수확물을 제물로 바치는 관습에서 완전히 사라진 것은 아니지만 점차 약화되는 경향을 보인다. 그럼으로써 이제는 단지 신이나 정령에게 첫 수확물을 공물로 바치는 것만으로도 새 곡물을 먹기 위한 준비로 충분하다고 생각하기에 이르렀다. 그러니까 지고한 신들은 신들대로 자기 몫을 받으면 그만이고, 인간은 그 나머지를 자유롭게 누리면 된다고 여기게 된 것이다. 새 곡물에 대한 이 같은 사고방식은 첫 수확물이 더 이상 신적 생명이 깃들어 있는 그런 것이 아니라 그저 신들이 인간에게 수여해 준 선물로 간주하고 있음을 보여 준다. 따라서 이제 인간은 신의 하사품, 즉 첫 수확물의 일부를 신에게 돌려줌으로써 신에게 받은 은혜에 보답하고, 아울러 신에게 감사와 존경을 표해야 한다고 생각하게 되었다.

2. 신을 먹는 아즈텍 의식

빵을 신의 몸으로 간주하여 성찬으로 먹는 관습은 스페인 사람들이 멕시코를 발견하고 정복하기 이전부터 아즈텍족[7]에 의해서도 행해졌다. 그들은 매년 두 차례, 5월과 12월에 밀가루 반죽을 빚어 멕시코의 위대한 신 우이칠로포치틀리 Huitzilopochtli[8] 또는 비칠리푸스틀리Vitzilipuztli의 신상을 만든 다음 그것을 잘게 부수어 엄숙하게 나누어 먹었다. 역사가 아코스타[9]는 이런 오월제에 대해 다음과 같이 적고 있다.

"멕시코인들은 5월에 비칠리푸스틀리 신을 기리는 중요한 축제를 열었다. 이 축제가 시작되기 이틀 전에 전술한 처녀들(신전에 갇혀 유폐되어 있는 일종의 종교적 무녀들)이 구운 옥수수에 다량의 사탕무 씨앗을 섞어 벌꿀로 버무린 다음 그것을 반죽하여 목제 신상과 같은 크기의 신상을 만든다. 거기에 녹색과 청색 혹은 백색 유리알을 눈[目]으로 박아 넣고 이빨은 전술한 여러 장식, 장신구들을 부착한 옥수수 알갱이로 대신한다. 그런 다음 모든 귀족들이 와서 진짜 신상을 대하듯이 거기에 아름답고 화려한 의상을 입힌다. 그렇게 단장한 신상을 하늘색 의자에 앉혀 놓고 어깨에 짊어질 수 있도록 가마에 태운다. 축제날 아침이 되면 해가

---

7 본서 제49장 옮긴이 주 9번 참조
8 아즈텍족이 믿는 태양과 전쟁의 신. 비칠리푸스틀리라고도 함. 아즈텍 사람들은 죽은 전사戰士들이 벌새들로 환생한다고 믿었고 남쪽을 세계의 왼쪽으로 간주했기 때문에, '우이칠로포치틀리'라는 이름은 '되살아난 남쪽의 전사'라는 뜻을 갖고 있었다. 이 신이 동물로 변장한 모습은 독수리였다. 전승에 따르면, 우이칠로포치틀리는 툴라시 근처에 있는 코아테펙산 위에서 태어났다. 그의 어머니 '코아틀리케'는 지모신地母神으로 하늘에서 떨어진 벌새 깃털 뭉치(전사의 영혼)를 가슴에 품은 뒤 그를 잉태했다. 그의 형제들이며 남쪽 하늘의 별들인 '센촌 우이츠나우(400명의 남녘인들)'와 누이이자 달의 신 '코욜사우키'가 그를 죽이기로 결심했으나, 우이칠로포치틀리는 자기 무기인 '히우코아틀(청록색 뱀)'을 가지고 그들을 죽였다. 우이칠로포치틀리의 명령에 따라 1325년 멕시코 계곡의 호수에 떠 있는 작은 바위섬에 아즈텍족의 수도 '테노크티틀란'이 창건되었다. 이 신전은 사제들이 바위에 앉아 뱀을 먹고 있는 독수리를 발견한 지점에 세워졌다. 아즈텍족의 군주들은 대대로 그 신전을 증축하다가, 마침내 1487년에 황제 아우이초틀이 웅장한 신전으로 완성하여 봉헌했다. 우이칠로포치틀리의 상징물들은 대개 벌새 모습 혹은 벌새 깃털로 만든 무기와 투구 및 청록색 뱀을 지닌 전사의 모습을 하고 있다. 제사력 열다섯 번째 달 '판케찰리스틀리(고귀한 깃털로 짠 깃발의 축일)'는 우이칠로포치틀리와 그의 부관 '파이날'을 기리는 달이었다. 그 달 동안 아즈텍 사람들은 신전 앞 광장에서 밤마다 춤을 추었다. 그리고 근처의 신성한 샘으로 전쟁 포로들이나 노예들을 데리고 가서 목욕시킨 다음 인신제물로 바쳤다. 이때 사제들은 이 신의 주요 무기를 상징하는 커다란 황갈색 뱀을 함께 태웠다. 마지막으로 옥수수로 만든 우이칠로포치틀리의 형상에 화살을 쏘아 죽이는 의식을 거행했다. 그런 다음 '우이칠로포치틀리의 살'을 먹었는데, 이 살을 먹은 청년들은 1년 동안 의무적으로 그를 섬겨야 했다. 아즈텍 사람들은 태양신이 매일 인간의 피와 심장들을 먹어야 하며, '태양의 백성'인 자기들은 태양신에게 제물을 바칠 의무가 있다고 믿었다. 그래서 이들은 심장 제물들을 태양, 즉 '콰우틀레 우니틀(떠오르는 독수리)'에게 바친 다음 '콰욱시칼리(독수리의 단지)'에 넣어 불태웠다. 우이칠로포치틀리의 대사제 '케찰코아틀 토텍 틀라마카스키(깃털 달린 뱀, 우리 주의 사제)'는 비雨의 신 '틀랄록'의 대사제와 함께 아즈텍 성직자들의 두 우두머리 가운데 하나였다.
9 본서 제46장 옮긴이 주 1번 참조

대양과 전쟁의 신 우이칠로포치틀리(오른쪽 상단).
코아테펙 산정에 서서 누이 코욜사우키(달의 신)와
형제 400명(별의 신)을 죽이는 장면

뜨기 한 시간 전에 모든 처녀들이 새 장신구에 흰옷을 차려입고 나온다. 그녀들은 이날 하루 동안 비칠리푸스틀리 신의 자매라고 불린다. 그녀들은 불에 굽거나 그슬려 아자하르azahar 오렌지꽃 모양으로 만든 옥수수 화관을 머리에 쓰고 있다. 또한 목 둘레에도 같은 재료로 만든 커다란 화환을 두른 채 그것을 어깨에 차는 칼주머니처럼 왼팔 아래로 늘어뜨리고 있다. 양볼에는 연지를 바르고, 양팔은 팔꿈치부터 손목까지 빨간 앵무새의 깃털로 덮여 있다."

그런 다음 이 처녀들처럼 옥수수 화관을 쓰고 붉은 옷을 입은 청년들이 신상을 가마에 싣고, 피리·트럼펫·코넷·북 따위의 음악에 맞추어 좁고 가파른 계단을 올라가 거대한 피라미드 모양의 신전 아래로 운반한다. "이들이 신상을 끌어올리는 동안, 사람들은 모두 크나큰 외경심과 두려움에 휩싸인 채 신전 안마당에 서 있다. 이윽고 청년들이 신전 꼭대기까지 올라가 미리 설치된 조그만 장미의 집에 신상을 안치하면, 다른 젊은이들이 나타나 온갖 꽃들을 신전 안팎에 뿌린다. 그러면 암자에 거하는 모든 처녀들이 사탕무와 구운 옥수수를 섞은 반죽 덩어리를 가지고 나온다. 반죽 덩어리는 신상을 만든 반죽과 동일한 것이며, 커다란 뼈 모양으로 만들어져 있다. 처녀들이 그것을 청년들에게 건네주면 그들은 그것을 신상 아래로 가지고 올라간다. 그렇게 더 이상 놓을 자리가 없어질 때까지 반죽 덩어리들을 계속 나른다. 사람들은 이런 반죽 덩어리를 비칠리푸스틀리의 뼈와 살이라고 부른다. 이 뼈와 살들이 죽 펼쳐지면, 신전 장로와 사제와 보좌역, 기타 성직자들이 모두 위계와 관례에 따라(이들 사이에는 엄격한 위계질서가 있다) 각기 지위와 직책에 걸맞은 온갖 빛깔과 무늬의 베일을 걸친 채 머리에는 화관을 쓰고 목에는 화환을 두른 모습으로 차례차례 등장한다. 이어서 그들이 숭배하는 신과 여신들을 표방한 자들이 다양한 형상에 똑같은 의상을 하고 앞의 성직자들을 따라 나온다. 그런 다음 이제 반죽 덩어리 주변에 질서 있게 자리잡고는 노래와 춤이 수반된 어떤 의식을 거행한다. 그럼으로써 성직자들과 신들은 신상의 뼈와 살로 축복받고 성화되는 것이다. 이 같은 의식과 축복(그 결과 성직자들과 신들이 신상의 뼈와 살로 간주되는 과정)이 끝나면, 사람들은 그 반죽 덩어리들을 그들의 신 비칠리푸스틀리를 대하듯이 경배한다. (…) 모든 시민들이 이 굉장한 광경을 구경하러 몰려든다. 비칠리푸스틀리 축제날에는 전술한 반죽으로 만든 것 외에는 일절 먹지 못하도록 되어 있으며, 이 명령은 전국에 걸쳐 매우 엄격하게 지켜진다. 그것은 해뜨기 직전에 먹어야만 하며, 그 후 점심때가 되기 전까지는 아무것도 먹지 말아야 한다. 물 한 모금조차 마셔서도 안 된다. 이런 규칙을 어기는 것은 불길한 징조이며, 신성모독죄로 간주한다. 하지만 이 의식이 끝나면 무엇이든 먹을 수 있었다. 그래서 이 의식이 행해지는 동안 사람들은 어린애들이 물을 마시지 못하도록 감추고, 이를 어기면 신의 노여움 때문에 죽게 될 터이니 무슨 일이 있어도 물을 마셔서는 안 된다고 아이들을 훈계한다. 이윽고 모든 의식과 춤과 희생제의가 끝나면, 그들은 옷을 모두 벗고 알몸이 된다. 한편 신전 사제들과 장로들은 반죽 덩어리로 만든 신상을 가져와 모든 장식물을 다 벗겨 낸 다음 그것을 성별聖別된 몽둥이로 산산조각 내 버리고 그 몽둥이까지도 부숴 버린다. 그런 다음 그 파편들을 성찬의 형식으로 사람들에게 나누어 준다. 이때 높은 사람부터 시작하여 남자와 여자 그리고 어린애들까지 차례로 나누어 준다. 사람들은 그것을 두려움과 외경심에 가득 찬 채 눈물을 흘리면서 황송하게 받는다. 그리고 신의 살과 뼈를 먹는다고 말하면서 애도를 표한다. 집에 환자가 있는 사람은 대단한 외경심과 경건한 마음으로 그것을 받아 집에 가져간다."[10]

이 흥미진진한 인용에서 우리는 고대 멕시코인들이 기독교 선교사들의 도래 이전부터 이미 화체化體, transubstantiation의 교의를 십분 터득하고 있었으며, 그 교의에 입각하여 엄숙한 종교의례를 거행했다는 점을 알 수 있다. 그들의 신앙에 의하면, 사제는 빵을 성화함으로써 그것을 신의 육신으로 변형할 수 있고, 따라서 성화한 빵을 먹는 자는 신의 육신의 일부를 섭취함으로써 그 신과 신비적인 교감을 하게 된다는 것이다. 화체의 교의, 즉 빵이 주술적으로 신의 몸으로 변화한다는 관념은 기독교가 전파되기 이전부터 혹은 기독교가 출현하기 이전부터 고대 인도의 아리안인들 사이에 널리 퍼져 있었다. 예컨대 브라만들은 희생공회 때 바치는 떡은 인간을 대신하는 표상이며, 그것은 사제가 올바른 의식 절차를 따르기만 하면 실제로 인간 육신으로 변화한다고 가르쳤다. 이와 관련하여 다음과 같은 구절이 전승되어 내려온다. "그것(떡)이 아직 쌀가루로 있을 때는 사람의 머리카락에 불과하다. 그러나 거기에 물을 부으면 그것은 사람의 피부가 된다. 다시 그것을 반죽하면 사람의 살이 되고, 구우면 사람의 뼈가 된다. 그것을 구우면 어느 정도 단단해지며, 단단한 것은 뼈이기 때문이다. 그리하여 그것을 (불에

---

10 출처는 아코스타의 『인도 제도의 자연사와 도덕사』

서) 꺼내 버터를 뿌리면 그것은 골수로 변한다. 이로써 이른바 5단계의 동물공희라 부르는 의식이 완결된다."

이제 우리는 멕시코인들이 신과의 엄숙한 교감을 하는 날, 점심때까지 신의 살과 뼈 그 자체로서 예배받은 성화한 빵 이외에는 어떤 음식도 먹지 않은 이유를 충분히 이해할 수 있다. 말할 것도 없이 그들은 속된 음식물과의 접촉에 의해 배 속에 들어간 신의 몸 조각이 오염될 것을 염려했던 것이다. 앞서 지적했듯이, 크리크족 인디언과 세미놀족 인디언들도 이와 같은 경건한 두려움 때문에 첫 수확물의 성찬에 참여하기 전에 강력한 하제로 몸을 깨끗이 했던 것이다.

아즈텍족은 12월의 동지 축제 때에 먼저 우이칠로포치틀리 신의 인형을 살해한 다음 나중에 그것을 먹었다. 이와 같은 경건한 의식의 예비 단계로서 그들은 온갖 종류의 씨앗으로 사람 모양의 신상을 만들었다. 이때 그 씨앗들은 가루로 빻아 어린아이의 피로 반죽했다. 한편 신의 뼈는 아까시나무로 만들었다. 이 신상은 신전의 중심 제단에 안치되었으며, 축제일에 왕은 거기에 분향했다. 그 신상은 축제 다음날 일찍 철거되어 두 발로 선 자세로 널찍한 광 안에 세워진다. 그런 다음 케찰코아틀Quetzalcoatl[11] 신과 동일한 이름으로 불리면서 그 신의 역할을 연출하던 사제가 끝에 부싯돌을 매단 창살을 반죽 덩어리 신상의 가슴에 던져 수차례 관통시킨다. 이를 '우이칠로포치틀리 신을 살해하여 그의 몸을 먹는 의식'이라고 한다. 그런 다음 한 사제가 신상의 심장 부분을 도려내어 왕에게 바치고, 나머지 부분은 작은 조각으로 쪼개서 요람 속의 사내아이에 이르기까지 모든 사람들이 하나씩 나누어 먹는다. 하지만 여자는 그 조각을 먹지 못한다. 이 의식을 '테오콸로teoqualo', 즉 '신을 먹는 것'이라고 불렀다.

멕시코의 다른 축제에서는 구름에 덮인 산을 나타내는 조그만 인형이 만들어졌다. 그것은 갖가지 씨앗들을 반죽해서 빚은 것인데, 사람들은 거기에 종이옷을 입혔다. 어떤 이는 그런 인형을 5개, 또 어떤 이는 10개 혹은 15개를 만들기도 했다. 어쨌든 이렇게 만든 인형을 각 가정의 신단 앞에 모셔 놓고 예배를 드렸다. 그 의식의 한밤중에는 네 차례나 조그만 그릇들에 음식을 담은 제상이 차려졌다. 예배자들은 날이 새도록 그 앞에서 노래를 부르고 피리를 연주했다. 이윽고 새벽이 밝으면 사제들은 조각칼 같은 것으로 신상을 찔렀으며, 그 목을 베고 심장 부분

---

11 멕시코 아즈텍족의 '바람의 신'. 날개 달린 뱀의 형상을 한 반신반인으로 묘사되며 하늘과 땅을 나타낸다.

날개 달린 뱀의 형상을 한 케찰코아틀 신상

을 도려내서 그것을 녹색 접시에 담아 집집마다 가장들에게 보낸다. 그러면 모든
가족들이 그것을 나누어 먹었다. 특히 '그것을 먹으면 이 신에 대한 예배를 게을
리하는 사람만 걸린다는 병을 예방할 수 있다'고 믿어서 하인들까지도 모두 그
것을 즐겨 먹었다.

3. 아리키아의 무수한 마니우스들

이로써 우리는 "아리키아에는 수많은 마니Manii들이 있다"는 속담에 대해 설명
할 수 있게 되었다.[12] 즉, 로마인들은 사람 모양으로 만든 특정한 빵 덩어리를 '마
니아이maniae'라고 불렀는데, 특히 아리키아에서도 그런 빵을 만들었다고 보인
다. 이 빵의 단수 명칭인 '마니아Mania'는 콤피탈리아Compitalia 축제 때 남녀 털실
인형을 바치는 '영혼의 어머니 혹은 할머니'를 가리키는 명칭이기도 했다.[13] 당시
로마에서는 집집마다 이런 인형들을 문에 매달아 놓았다. 그 집안의 모든 자유민
을 위해 인형 하나를 매달았고, 모든 노예들을 위해 또 다른 종류의 인형을 매달
았다. 이는 그날 죽은 자들의 유령이 돌아다니다가 호의적으로든 아니면 단순한
착각에서든 집안의 산 사람 대신 문에 매단 인형을 붙잡아 가기를 바랐다. 전승
에 의하면, 이 털실 인형은 사람을 제물로 바치던 옛 관습이 대체된 것이라고 한
다. 물론 그렇게 단편적이고 불확실한 전승만으로는 무어라고 확실하게 단정내
리기는 어렵다. 그러나 흔히 아리키아에서 구워졌다고 하는 사람 모양의 빵 덩어
리가 다름 아닌 성찬의 빵이었으며, 예전에 신성한 '숲의 왕'이 해마다 살해당하
던 때에는 멕시코나 인도, 유럽의 반죽 덩어리 신상처럼 그의 형상으로 빵 덩어
리를 만들어 성찬의식과 함께 신자들이 나누어 먹었으리라고 짐작해 볼 만하다.
우이칠로포치틀리를 기리는 멕시코의 성찬의식도 인신제물의 희생을 수반한 것
이었다. 따라서 마니우스Manius라는 사람이 아리키아의 신성한 숲의 창시자였고,
그를 조상으로 하여 수많은 마니들이 생겨났다는 전설이 있는데, 그것은 아마도
이런 성찬 빵에 붙인 '마니아이'라는 명칭을 설명하기 위해 고안된 어원 신화일

---

12 본서 제1장 1절 참조
13 마니아Mania는 고대 로마의 가정, 도로, 해로 등의 수호신 라레스Lares의 어머니로서 죽음의 여신

것이다. 빵 덩어리와 인신제물의 본래적 연관성은 콤피탈리아 축제에서 마니아에게 바친 인형이 인신제물의 대체물이었다는 이야기에서 그 희미한 흔적을 찾아볼 수 있다. 그러나 그 이야기 자체는 별 근거가 없다고 보인다. 왜냐하면 영혼이나 악마의 주의를 살아 있는 사람에게서 다른 것으로 돌리기 위해 인형을 걸어두는 관습은 로마뿐만 아니라 일반적으로 널리 행해졌기 때문이다.

티베트인들은 '늙은 어머니 퀸-마Khon-ma'의 권위에 따르는 무수한 대지의 악마들을 두려워했다. 로마인들이 말하는 '마니아', 즉 '영혼의 어머니' 또는 '영혼의 할머니'와 비견될 만한 이 여신은 황금빛 옷을 입고 손에는 황금 사슬을 든 채 숫양을 타고 있었다. '늙은 어머니 퀸-마'를 아내로 삼고 있는 이 더러운 악마들을 주거지에서 몰아내기 위해서는 집의 바깥 문 위에 샹들리에 비슷한 세공물을 달아 놓아야 한다. 그 안에는 수컷 염소의 두개골 하나, 금과 은과 터키옥 등의 보석, 쌀과 보리와 콩 등의 마른 곡식 약간, 남녀·집 모양이 그려진 그림 따위를 넣어 둔다. 이때 "남녀·집 모양이 그려진 그림을 사용하는 목적은, 그런 제물을 바쳐도 여전히 악마가 침입할 경우에 그들을 속이려는 데에 있다. 즉, 전술한 그림 속의 남녀가 이 집의 거주자라고 믿게 하여 그들의 분노를 거기에 폭발시킴으로써 재난을 모면하려는 것이다." 이 모든 준비가 갖추어지면, 한 사제가 '늙은 어머니 퀸-마'에게 기도를 올린다. 거기서 사제는 그녀가 맛있는 제물을 기꺼이 받아들이고, 악마가 집에 침입하여 위해를 가하지 못하도록 대지의 열린 문을 닫아 달라고 기원한다.

한편 질병을 예방하고 치료하는 수단으로서 인형을 사용하는 경우도 있다. 말하자면 병마가 인형을 실제 인간이라고 착각하거나 혹은 인형 속에 들어가도록 설득한다든지 강요한다든지 해서, 어떻게든 살아 있는 사람들의 안녕과 건강을 지키고자 하는 것이다. 셀레베스섬의 미나하사에 사는 알푸르족은 때때로 환자를 다른 집에 옮겨 놓고 베개와 옷가지로 만든 인형을 그 환자가 쓰던 침상 위에 놓아둔다. 그러면 악마가 이 인형을 환자로 착각하여 진짜 환자가 치료된다는 것이다. 이런 예방과 치료법은 특히 보르네오의 원주민들이 많이 쓴다. 카토엔고우 강변의 다약족은 역병이 돌면, 병마가 인형을 살아 있는 사람으로 착각하여 사람 대신 그 인형을 데려가기를 기대하면서 문 입구에 나무인형들을 걸어 둔다. 올로웅가쥬Oloh Ngadju족은 환자가 망령 때문에 고생한다고 여겨지면 보릿가루나 쌀가루로 인형을 만들어 환자 대용품으로 삼아 마루 밑에 던져둔다. 그러면 망령을 떨쳐 버릴 수 있다고 믿었다.

보르네오 서부지역에서는 사람이 갑자기 심하게 앓으면, 통상 그 지방에서 의사로 정해진 한 노파가 나무인형을 만들어 그것을 환자 머리에 일곱 번 문지르며 이렇게 말한다. "이 인형은 환자 대신이다. 병마야, 이 인형에게로 들어오렴!" 그리고 그 인형과 함께 쌀과 소금과 담배 따위를 조그만 광주리에 넣고, 악령이 그 환자에게 지폈을 만한 곳을 찾아간다. 그런 다음 땅 위에 인형을 똑바로 세우고 다시 병마를 향해 "오 악마야, 여기 환자를 대신하는 인형이 있다. 환자의 영혼을 풀어 주고 대신 이 인형을 서둘러 괴롭혀 다오. 이 인형이 환자보다 더 예쁘고 좋으니까 말이야!"라고 외친다. 바탁족 주술사들도 환자의 몸에서 병마를 유인하여 인형 안으로 들어가게 한다. 이때의 인형은 사람 얼굴 모양에 주술적 약초를 바른 바나나 나무로 만들어진다. 주술사는 이 인형을 마을 변두리에 갖다 버리거나 묻어 버린다. 때로는 환자의 성별에 따라 남자나 여자 옷을 입힌 인형을 사거리나 사람들이 많이 지나다니는 곳에 놓아두기도 한다. 지나가던 행인이 그것을 보고 "아이고! 아무개가 죽었구나"라고 통곡하기를 바라면서 말이다. 이는 그 통곡 소리를 들은 병마가 이제 자신의 파괴적인 목적이 달성되었다고 믿음으로써 환자에게서 떠나도록 하기 위한 것이다.

말레이 반도의 사카이Sakai 부족에 속한 마이다라트Mai Darat족은 모든 질병이 '니아니nyani'라는 정령에게서 비롯된다고 믿는다. 다행히 주술사가 환자의 몸에서 이 유해한 존재를 꾀어서 밖으로 나오게 한 다음 지푸라기 인형 속에 그 거주지를 옮길 수 있다고 여겼다. 이 인형은 집 바깥에 껍질을 다 벗긴 나뭇가지로 장식한 작은 종 모양의 사당 안에 걸어 둔다. 에웨Ewe족 토인들은 천연두가 유행하면 때로 마을 변두리의 한 장소를 깨끗이 치우고 거기에 낮은 흙무덤들을 수없이 쌓은 다음, 그 위에 마을 사람 수효만큼의 조그만 진흙 인형들을 즐비하게 늘어놓는다. 그리고 천연두의 병마가 먹도록 음식과 물이 담긴 단지들을 차려 놓는다. 이는 그 병마가 진흙 인형들에게 달라붙음으로써 살아 있는 사람들을 괴롭히지 못하게 하기 위한 것이다. 이를 보다 확실히 하기 위해, 사람들은 마을로 통하는 길을 전부 폐쇄하여 병마가 왕래하지 못하도록 했다.

이상의 사례를 통해 우리는 고대 로마에서 콤피탈리아 축제 때에 문에 걸어 놓은 털실 인형에 관해 다음과 같이 추정해 볼 수 있다. 즉, 털실 인형은 그 이전에 바쳤던 인신제물의 대용품이 아니라, 오히려 '영혼의 어머니' 또는 '영혼의 할머니'에게 바친 대리 제물이었다. 그리고 이는 마을을 돌아다니는 망령에게 인형이 그 집의 실제 거주자라고 믿도록 착각하게 함으로써 사람들을 다음 1년 동안 안전하게 살 수 있도록 하기 위한 의식이었다. 매년 5월에 로마에서 사제들과 베스타 처녀들이 수블리키아 다리에서 티베르 강물에 던졌던 등심초 인형들도 원래는 이와 동일한 의미를 지니고 있었다고 보인다. 그러니까 그런 의식의 목적은 악마들의 주의를 인간에게서 인형으로 옮아가게 하고, 나아가 기분 나쁜 악마 패거리들을 강물에 처박아 멀리 바다로 흘려보냄으로써 마을을 악마들의 영향에서 벗어나게 하려는 데에 있었다.

구舊칼라바르의 원주민들도 정확히 이와 동일한 방법을 써서 마을을 괴롭히는 악마들을 정기적으로 몰아냈다. 이때 그들은 경솔하고 부주의한 악마들을 속여 비참하게 보이는 무수한 허수아비들 안으로 들어가도록 해서 그것들을 강물에 던져 버렸다. 로마의 관습에 대한 이와 같은 해석은 로마의 의식을 "가장 뛰어난 정화의식"이라고 지적한 플루타르코스의 증언에 의해서도 어느 정도 뒷받침된다.

제51장
육식의 공감주술

지금까지 농경사회에 도달한 여러 민족을 중심으로 신을 살해하는 관습에 관해 살펴보았다.[1] 우리는 곡물정령이나 혹은 기타 경작 식물의 정령이 보통 사람이나 동물의 형태로 표상되며, 어떤 지방에서는 그렇게 사람이나 동물로 표상된 신을 매년 살해하는 관습이 성행했다는 사실을 알 수 있었다. 그런 표상물을 통해 곡물정령을 살해하는 이유에 대해서는 본서의 앞부분에서 이미 한 가지 해석을 제시한 바 있다. 즉, 그 목적은 그 또는 그녀(곡물정령은 흔히 여성으로 간주하므로)가 노령으로 인해 쇠약해지는 것을 막기 위해 아직 건강하고 원기왕성할 때 젊고 활기찬 후계자의 몸에 영혼을 옮기려는 데에 있었던 것이 아닌가 한다. 이처럼 곡물정령의 신성한 생기를 갱신하는 것이 바람직하다는 사실은 차치하더라도, 곡물정령이 추수꾼들의 낫이나 칼에 의해 살해당하는 것은 피할 수 없는 일로 여겼으므로, 그의 숭배자들은 그런 슬픈 필연성에 묵묵히 따를 수밖에 없다고 느꼈을 것이다.

그런데 더 나아가 우리는 성찬으로서 신을 먹는 관습이 널리 퍼져 있다는 사실도 확인할 수 있었다. 그때의 신은 사람이나 동물 형태를 하고 있거나 혹은 사람이나 동물 모양으로 만든 빵의 형태로 나타났다. 그렇게 신의 몸을 먹는 이유는 원시인들이 보기에 매우 단순한 것이었다. 즉, 미개인들은 보통 사람이나 동물의 고기를 먹으면 그 사람이나 동물에 특유한 신체적 성질뿐만 아니라 도덕적·지적 성질까지 함께 획득할 수 있다고 믿었다. 따라서 그 대상물이 신성한 것일 때, 저 단순한 미개인들은 자연스럽게 그 물질적 실체와 더불어 그 신성성의 일부분까지 흡수할 수 있다고 기대했을 것이다. 심지어 그런 동물성 음식이 신

---

1 '신을 살해하는 관습'에 대한 프레이저의 기술은 기본적으로 스미스Robertson Smith의 『셈족의 종교 *Religion of the Semites*』(1890)에 나오는 '살해당하는 신'의 개념을 토대로 한 것이었다. 이와 관련하여 프레이저는 초판 『황금가지』의 서문에서 "이 책의 중심 명제, 즉 '살해당하는 신'이라는 개념은 사실 직접적으로 스미스로부터 나온 것이라고 말하지 않을 수 없다"고 적고 있다. 『初版金枝篇上』, 앞의 책, 15쪽 참조

의 살이나 피로 이루어져 있기 때문에 먹는다는 핑계가 없을 경우라도, 그와 같은 동물성 음식을 매개로 여러 가지 선이나 혹은 악을 획득할 수 있다고 여겼던 일반적인 믿음에 대해서는 여러 사례들을 들어 예증할 필요가 있다. 그런 원리는 광범위하게 퍼져 나간 공감주술 혹은 동종주술 체계의 일부를 구성하기 때문이다.

북아메리카 인디언 가운데 크리크족이나 체로키족, 기타 부족들은 "자연에는 사람과 동물에게 그들이 먹는 음식물 속에 들어 있거나 그들의 감각기관이 접하는 사물에 내재된 속성을 주입시켜 주는 경향이 있다고 믿는다. 가령 사슴고기를 먹은 사람은 사슴의 속성이 주입됨으로써 우둔한 곰이나 거름 더미 속의 무기력한 닭이나 느림보 소나 구덩이에서 뒹구는 살찐 돼지를 먹은 사람보다도 더 민첩하고 총명하다는 식이다. 때문에 어떤 장로들의 충고에 의하면, 옛날의 위대한 추장들은 식사할 때 일정한 규칙을 준수했으며, 성질이 우둔하거나 동작이 느린 동물의 고기를 먹으면 그의 신체 조직 전반이 둔해지므로 군사적·행정적·종교적 직무를 수행하는 데에 필요한 활력을 잃게 된다고 생각하여 먹지 않았다는 것이다." 에콰도르의 자파로Zaparo족 인디언들은 "정말로 궁핍할 때가 아니면 표범이나 멧돼지 같은 무거운 짐승 고기는 먹지 않았고, 새나 원숭이 혹은 사슴이나 물고기 따위만 먹었다. 왜냐하면 무거운 짐승을 먹으면 그 짐승처럼 움직임이 둔해지고 민첩성을 잃어 사냥하는 데 적합하지 않게 된다고 생각했기 때문이다." 마찬가지로 어떤 브라질 인디언들은 행동이 느린 동물이나 새 혹은 물고기를 먹으면 민첩성을 잃어버려 적의 공격을 피할 수 없게 된다는 이유로 그것들을 먹지 않았다. 카리브Carib족[2]은 돼지고기를 먹으면 돼지처럼 눈이 작아진다고 여겨 돼지고기 먹는 것을 금했다. 또한 거북고기를 먹으면 거북처럼 둔하고 멍청해진다 하여 먹지 않는다. 서아프리카의 판Fan족도 이와 비슷한 이유로 한창 때의 남자들이 거북고기를 먹지 않는다. 만약 거북고기를 먹으면 그들은 기력과 민첩성을 잃게 된다고 생각했다. 하지만 노인이라면 거북고기를 마음껏 먹어도 그만이다. 그들은 이미 달리는 능력을 잃어버렸기 때문에 느린 동물의 고기를 먹어도 별로 해로울 것이 없었다.

이처럼 많은 미개인들이 느림보 동물의 고기를 먹으면 자기 다리도 둔해진다

2　스페인 정복기에 소小앤틸리스 제도와 인접한 남아메리카 해안의 여러 곳에 살던 아메리카 인디언

고 여긴 반면, 남아프리카의 부시먼족은 의도적으로 그런 동물의 고기를 먹었다. 그들이 그렇게 하는 이유는 원시철학의 기묘한 세련미를 보여 준다. 그들의 생각에 의하면, 그들이 쫓고 있는 동물은 사냥꾼의 체내에 있는 음식물에 의해 공감적인 영향을 받게 되므로, 만일 사냥꾼이 빨리 달리는 동물을 먹으면 사냥감도 더 빨리 달려 결국 놓쳐 버린다는 것이다. 이와 반대로 사냥꾼이 둔한 동물을 먹으면, 사냥감도 빨리 달리지 못하게 되어 그것을 쉽게 사냥할 수 있다고 여겼다. 그래서 사슴을 사냥하는 자는 사슴고기를 먹지 않으며, 사슴 곁에도 가지 않으려 한다. 이는 사슴이 참으로 날쌘 동물이며 밤에도 잠을 자지 않기 때문이다. 그래서 그런 사슴고기를 먹으면, 지금 그가 추격하는 동물도 밤에 잠을 자지 않을 것이며, 그렇게 되면 어떻게 그놈을 잡을 수 있겠는가?

나마콰Namaqua족[3]은 토끼고기를 먹으면 토끼처럼 겁쟁이가 된다는 이유로 먹지 않으려 했다. 이와는 반대로, 표범이나 사자의 용기를 얻기 위해서는 사자고기를 먹거나 혹은 표범과 사자의 젖을 마셔야 한다고 생각했다. 부시먼족은 재칼의 심장을 먹으면 재칼처럼 비겁해질 염려가 있다 하여 아이들에게 그 고기를 먹이지 않는다. 반대로 표범처럼 용감하게 기르기 위해 아이들에게 표범의 심장을 먹인다. 동아프리카의 와고고Wagogo족은 사자를 사냥하면 사자처럼 용감해지기 위해 그 심장을 꺼내 먹었다. 그러나 닭의 심장을 먹으면 닭처럼 겁쟁이가 된다고 생각했다. 줄루족 마을에 치명적인 질병이 돌면 주의는 늙은 개의 뼈다귀나 혹은 나이든 수소와 암소, 그밖에 나이가 많은 동물의 뼈를 푹 고아서 환자와 건강한 자 모두에게 먹인다. 그러면 그들이 먹은 뼈의 원래 동물처럼 장수를 누리게 된다고 여겼다. 이와 마찬가지로 마녀 메데이아Medea[4]도 늙은 아이손Aeson 왕[5]

---

3 나마Nama족이라고도 한다. 나미비아 남부의 건조지대에 사는 코이코이(호텐토트)족

4 그리스 신화에 나오는 마녀. 콜키스의 왕 아이에테스의 딸로, 이르고선船의 지도자 이아손이 황금 양털을 찾으러 콜키스에 왔을 때 도와주었다. 아마도 예언 능력을 지닌 여신이었을 것이며, 마법을 써서 이아손을 도와주고 그와 결혼했다. 그들은 양털을 가지고 콜키스에서 도망쳤고 양털을 가져오라고 이아손을 보냈던 이올코스의 펠리아스 왕에게 복수했다. 그 다음의 이야기는 에우리피데스의 『메데이아Medeia』에서 이어진다. 그들이 코린트로 도망쳐 살던 때를 배경으로 하는 이 희곡에서, 이아손은 크레온 왕의 딸 때문에 메데이아를 버리며 메데이아는 그 복수로 크레온 왕과 그의 딸, 심지어 자기의 두 아들까지 죽여 남편에게 복수한 후 아테네의 아이게우스 왕에게로 피난한다. 오비디우스는 『변신 이야기』에서 그 다음 이야기를 전한다. 코린트로 도망간 메데이아는 아이게우스의 아내가 되지만 아이게우스의 아들 테세우스를 독살하려다 실패하여 쫓겨난다는 것이다. 그리스 역사가 헤로도토스는 메데이아가 아테네를 떠나 아시아의 한 지방으로 갔으며, 그 지방이 메데이아의 이름을 따 메디아가 되었고 주민들도 자신들을 메데스라 했다고 전한다. 메데이아는 또 에우리피데스의 희곡을 기초로 한 세네카의 비극 『메데이아』의 주인공으로 나오기도 한다.

을 젊어지게 하려고 나이 든 사슴의 간장, 인간 나이로 9세대만큼 오래 산 까마귀 머리를 달여서 그의 혈관 속에 주입했던 것이다.

보르네오 북서부에 사는 다약족의 경우, 젊은이와 전사는 사슴고기를 먹지 못하도록 금했는데, 이는 사슴처럼 겁쟁이가 될 것을 염려했기 때문이다. 하지만 여자와 노인들은 먹어도 괜찮았다. 반면 같은 지방에 사는 카얀족은 사슴고기에 대해서는 다약족과 마찬가지로 부정적인 생각을 가지고 있지만, 밖에서 조리한 사슴고기라면 남자들도 상관없이 먹는다. 왜냐하면 겁 많은 사슴의 영혼이 이미 밀림 속으로 도망쳐 버렸으므로 그것을 먹는 자에게 아무런 영향을 끼치지 않는다고 여겼기 때문이다. 아이누족의 신앙에 의하면, 물새는 웅변에 뛰어나며 그 심장이 매우 영리하다고 한다. 그래서 물새를 잡으면 심장이 식기 전에 그것을 꺼내어 곧바로 삼켜 버린다. 그것을 먹으면 웅변도 잘하고 현명해져서 반대자의 의견 따위를 쉽게 논파할 수 있다고 여겼다. 한편 북부 인도 사람들은 올빼미의 눈알을 파먹으면 밤눈이 밝아진다고 생각했다.

칸사스kansas족 인디언들은 싸우러 나가기 전에 촌장 집에서 연회를 베푸는데, 그때의 주된 요리는 개고기이다. 그들에 의하면, 개는 매우 용감하며 그 몸이 갈기갈기 찢어지는 한이 있어도 주인을 지키려 하기 때문에 개고기를 먹으면 용맹무쌍해진다고 믿었다. 동인도 제도의 부루섬과 아루섬에서는 전투에서 대담하고 민첩해지기 위해서 개장국을 먹는다. 뉴기니의 포트모르즈비[6]와 모투모투 지방에 사는 파푸아족은 해당 동물이나 물고기의 힘을 얻기 위해 소년들이 힘센 돼지와 왈라비(작은 캥거루)와 큰 생선 따위를 먹는다. 북부오스트레일리아의 원주민들은 캥거루나 에뮤 고기를 먹으면 이전보다 더 잘 뛰어오르고, 더 빨리 달리게 된다고 믿었다. 아삼 지방의 미리Miri족은 호랑이고기를 즐겨 먹는데, 그것을 먹으면 힘과 용기가 생긴다고 여겼기 때문이다. 그러나 "호랑이고기는 여자들에게는 좋지 않다. 왜냐하면 그것을 먹으면 여자들의 고집이 세지기 때문이다." 조선에서는 호랑이 뼈가 용기를 북돋워 주는 영약으로 여겨 표범 뼈보다도 값이 많

---

5 그리스 신화에 나오는 인물. 테살리아에 있는 이올코스의 왕으로서 영웅 이아손Iason의 아버지. 이복형제 펠리아스가 이올코스의 정권을 잡자 그는 안전을 위해 이아손을 켄타우로스인 키론에게 보냈다. 청년이 되어 돌아온 조카에게 펠리아스는 황금 양털을 가져오면(이는 거의 불가능한 일이었다) 왕권을 물려주겠다고 약속했다.

6 오늘날 파푸아뉴기니의 수도

이 나간다고 한다. 그래서 조선의 한양에 살던 한 중국인은 용감하고 사나워지고 싶어 호랑이를 사서 통째로 먹었다는 이야기도 있다.[7] 북유럽의 전설에 의하면, 아우눈드Aunund 왕의 아들 잉기알드Ingiald가 젊었을 때는 겁쟁이였는데, 늑대의 심장을 먹은 다음부터 대담한 사람이 되었다고 한다. 또한 히얄토Hialto라는 인물은 곰의 심장과 피를 마시고 나서부터 힘과 용기를 얻었다고 한다.

모로코에서는 수면병 환자에게는 개미를 먹이면 효험이 있고, 겁쟁이에게는 사자고기를 먹이면 용감해진다고 믿었다. 그러나 닭고기는 겁쟁이가 된다는 이유로 먹지 않는다. 중앙아시아의 터키인들은 어린아이가 늦게까지 말을 못할 때는 특정 새의 혀를 먹인다. 북아메리카의 한 인디언은 화주火酒를 심장과 혀로 삶은 물이라고 생각했다. 그의 말을 빌리면, "왜 그런고 하니, 화주를 마시면 어떤 것도 무서운 것이 없어지고 마구 이상한 말을 지껄이게 되기 때문"이란다. 자바에는 때때로 탁상시계의 벨소리처럼 울어 대는 조그만 벌레가 있다. 선술집에서 노래하고 춤추는 색시가 직업상 목을 너무 많이 써서 목소리가 쉬면, 극단주가 그녀에게 그 벌레를 먹였다. 그러면 그녀는 본래 목소리를 되찾아 전처럼 고음부의 노래를 부를 수 있게 된다는 것이다. 중앙아프리카의 다르푸르Darfur족은 영혼이 간장 속에 살고 있다고 믿었다. 그래서 짐승의 간을 먹으면 자기 영혼을 더 크게 만들 수 있다고 여겼다. "짐승을 잡으면 반드시 그 간을 내어 먹는다. 하지만 그것은 신성한 것이므로 절대 손으로 만지지 않도록 조심해야 한다. 간은 잘게 썰어 날로 먹어야 하며, 칼이나 날카로운 막대기 끝으로 찍어 입으로 가지고 간다. 실수로 간에 손이 닿거나 하면 그것을 먹어서는 안 된다. 이런 일을 당한 자는 간을 먹지 못한다는 사실을 가장 불행한 일로 생각한다." 그런데 여자들은 간을 먹어서는 안 된다. 왜냐하면 여자에게는 영혼이 없기 때문이라고 한다.

심지어 죽은 사람의 고기와 피를 먹거나 마시는 일도 흔히 있었다. 죽은 자가 용감했거나 현명했다면 그런 특성들이 그대로 죽은 자의 고기와 피를 먹거나 마시는 자에게 옮겨진다고 믿었다. 이때 그런 특성들이 죽은 자의 어떤 특정 부위에 들어 있다고 여겨 그런 부분만 먹기도 했다. 가령 동남아프리카 산악지대에서 사는 부족들은 젊은이들을 비밀결사에 가입시키는 여러 가지 입사식을 거행하는데, 그 가운데에는 신참자에게 용기와 지혜, 그 밖의 성질을 주입하기 위한 의

---

7 출처는 *Proceedings of the Royal Geographical Society*, New Series, 1886

식이 있었다. 이때 뛰어난 용기를 보여 준 적의 시체를 다음과 같은 방식으로 먹는 것이다. 즉, 용기가 들어 있는 간장, 지혜가 들어 있는 귀, 인내심이 들어 있는 이마의 가죽, 힘이 들어 있는 불알, 그 밖의 여러 덕성들이 들어 있다고 여겨진 부위를 잘라 내어 재로 만든다. 그 재를 수소의 뿔 속에 잘 보관했다가 할례 의식 때에 다른 것들과 혼합하여 죽처럼 반죽한 다음 부족의 사제가 그것을 신참자들에게 나누어 먹인다. 그렇게 함으로써 죽은 자의 힘과 용기와 지혜, 그 밖의 덕성이 그 시체를 먹는 자에게 옮겨진다고 믿었다.

마찬가지로 산악지대에 사는 바수토Basuto족은 강한 적을 죽이면 즉석에서 그 심장을 도려내어 먹었는데, 그러면 전쟁터에서 용기와 힘이 생긴다고 믿었다. 그래서 1824년에 아샨티Ashantee족이 찰스 매카시Charles McCarthy 경을 살해했을 때, 그들의 추장이 그의 심장을 먹어 치웠다고 한다. 그렇게 함으로써 찰스 경의 용기를 자기 것으로 삼을 수 있다고 생각했기 때문이다. 한편 그의 시체는 건조시켜 이와 동일한 목적으로 부하들이 나눠 먹었고, 그 뼈는 부족의 부적으로서 쿠마시[8]에 오랫동안 보존되었다고 한다. 신新그라나다의 나우라Naura족 인디언들은 카스틸리아Castilia 기병들처럼 대담해지고자, 기회가 있을 때마다 스페인 사람들의 심장을 먹었다. 수Sioux족 인디언들은 용감한 적의 심장을 빨아서 그 가루를 마셨다. 그럼으로써 죽은 자의 용기를 얻고자 기대했다.

이처럼 죽은 자의 심장을 먹는 일반적인 관습은 그 원래 주인이 지닌 특성을 얻기 위한 데에 목적이 있었다. 하지만 앞서 살펴보았듯이, 그런 목적으로 먹어 치우는 신체 부위는 심장만이 아니었다. 동남부 오스트레일리아의 테도라Theddora족과 응가리고Ngarigo족은 자기들이 살해한 적의 손발을 먹어 치웠다. 그렇게 하면 죽은 자의 자질과 용감성을 얻을 수 있다고 믿었기 때문이다. 또한 뉴사우스웨일스의 카밀라로이Kamilaroi족[9]은 용감한 적의 용기를 얻기 위해 그의 심장과 아울러 간까지 먹었다. 통킨에서도 용감한 사람의 간은 그것을 먹는 자를 용감하게 만든다는 믿음이 널리 퍼져 있었다. 마찬가지 목적에서 중국인들은 처형당한 악명 높은 비적들의 쓸개를 먹었다. 사라왁의 다약족은 자신들의 손발을 튼튼하게 하기 위해 살해한 적의 손바닥과 무릎 살을 먹곤 했다. 중부 셀레베스

---

8   서아프리카 가나 아샨티주의 도시
9   카밀라로이어를 사용하는 뉴사우스웨일스 중부 및 북서부 근방의 원주민

수족 전사

의 악명 높은 사람 사냥꾼 부족인 톨랄라키Tolalaki족은 용감해지기 위해 희생자들의 피를 마시고 뇌수를 들이켰다. 필리핀 제도의 이탈론Italone족은 살해한 적의 용기를 얻기 위해 그 피를 마셨으며, 머리 뒷부분과 창자를 날것으로 먹었다. 같은 이유에서 필리핀의 에푸가오Efugao족도 적의 뇌수를 빨아먹었다. 독일령 뉴기니의 카이Kai족도 이와 마찬가지로 살해한 적들의 힘을 얻기 위해 그 뇌수를 먹었다. 서아프리카의 킴분다Kimbunda족[10]은 새 왕이 즉위할 때면 왕이나 귀족들이 힘과 용기를 얻기 위해 용감한 전쟁 포로들을 도살해서 그 고기를 먹었다.

줄루족의 악명 높은 추장 마투아나Matuana는 자신을 더 강하게 해 줄 거라는 믿음으로 자기가 멸망시킨 부족의 추장 서른 명의 담즙을 마셨다. 또한 줄루족은 적의 이마 가운데 부위와 눈썹을 먹으면 두려워하는 마음의 흔들림 없이 적을 바라볼 수 있는 능력을 얻는다고 생각했다. 셀레베스섬의 미나하사 원주민들은 원정을 나가기에 앞서 용기를 얻기 위해 살해당한 적의 모발을 물에 끓인 다음 그것을 전사들에게 마시도록 했다. 뉴질랜드의 추장은 '아투아atua', 즉 신이었다. 그런데 신 중에는 힘 있는 신도 있고 힘없는 신도 있었다. 모든 추장들은 당연히 힘 있는 신이 되고 싶어 했다. 그래서 그들은 다른 사람의 정기를 자기 것과 합치는 방법을 택했다. 예컨대 어떤 추장은 적의 추장을 죽이자마자 즉시 그의 눈을 도려내어 그 자리에서 삼켜 버렸다. 눈 속에는 '아투아통가atua tonga', 즉 '신성'이 깃들어 있다고 여겼기 때문이다. 이런 식으로 그는 적의 육신뿐만 아니라 영혼까지 차지하고자 했다. 결과적으로 그는 적의 추장을 많이 죽이면 죽일수록 그의 신성도 더욱 올라간다고 믿었다.

이상의 사례들을 통해 왜 미개인들이 신성하다고 여긴 동물이나 사람의 고기를 먹으려 했는지를 쉽게 이해할 수 있을 것이다. 그것은 신의 몸을 먹음으로써 신의 속성과 능력을 분유分有할 수 있다고 믿었기 때문이다. 그 신이 곡물신이면 곡물은 그의 본래적 몸proper body이 된다. 그 신이 포도나무의 신이면 포도즙은 그의 피와 다름없다. 그러므로 빵을 먹고 포도주를 마실 때, 예배자는 그 신의 진짜 몸과 피를 먹는 셈이 된다. 이렇게 보건대, 디오니소스 같은 포도나무 신의 축제에서 흥청망청 포도주를 마시는 것은 방종이 아니라 엄숙한 성찬이라 할 수 있다. 그러나 이성적인 사람이라면, 제정신을 가진 사람이 어떻게 빵을 먹고 포도

---

10 앙골라 중서부에 사는 반투계 부족

주를 마시는 것이 곧 신의 살과 피를 먹고 마시는 일이라고 상상할 수가 있는지 도저히 이해하기 어렵다고 느낄지 모른다. 다음과 같이 말한 마르쿠스 툴리우스 키케로Marcus Tullius Cicero(기원전 106~기원전 43)[11]도 그랬던 모양이다. "우리는 통상적인 어법에서 곡식을 케레스라 부르고, 포도주를 바쿠스라고 부른다. 그러나 자기가 먹는 음식을 신이라고 믿을 만큼 얼빠진 사람이 또 어디 있겠는가?"

---

11 로마의 정치가·법률가·학자·작가. 오늘날 그는 가장 위대한 로마의 웅변가이자 수사학의 혁신자로 알려져 있다. 그는 종교에서는 거의 평생 동안 불가지론자였지만, 엘레우시스를 처음 방문했을 때와 기원전 45년에 딸이 죽었을 때는 심오한 종교적 체험을 했다고 한다.

제52장

신성한 동물의 살해

1. 신성한 독수리의 살해

앞의 여러 장에서 우리는 주로 농경만으로 살아갈 수 있을 만큼 발달한 여러 공동체에서 자신들의 곡물신을 옥수수나 쌀 등의 형태라든가, 혹은 사람이나 동물의 형태로서 살해하고 먹어 치우는 관습에 대해 살펴보았다. 이제 농경민족뿐만 아니라 수렵민족, 목축민족에게도 각자의 숭배 대상을 살해하는 관습이 있었음을 보여 줄 차례이다. 숭배되는 여러 존재나 신들 가운데에서 사냥꾼과 목양자들이 숭배하고, 또 살해한 존재는 단순한 동물이었다. 즉, 그것은 여타 초자연적 존재의 화신으로 간주되는 동물이 아니었다는 말이다. 첫 번째 사례를 우리는 캘리포니아 인디언들에게서 찾아볼 수 있다. 그들은 비옥한 땅과 맑고 온화한 하늘 아래 살면서도 가장 미개한 수준에서 생활하고 있다.

아카그케멤Acagchemem족[1]은 위대한 독수리를 숭배하면서 매년 한 차례씩 '파네스Panes', 즉 '새의 축제'라는 대제전을 열었다. 이 축제를 위해 선정된 날은 축제 전날 밤에 대중들에게 통보되었으며, 그 즉시 특별한 신전vanquech을 세울 준비가 시작되었다. 신전에는 원형 또는 타원형의 울타리가 둘러쳐지고, 그 울타리 위에 '치니그치니치Chinigchinich'라는 신을 표상하는 박제한 큰 늑대를 세워 놓은 것으로 보인다. 신전의 준비가 끝나면, 사람들이 엄숙한 행렬을 지어 독수리를 가져와서 특별히 마련된 제단 위에 올려놓는다. 그런 다음 기혼이든 미혼이든 구별 없이 모든 젊은 여자들이 신전 주위를 도는데, 어떤 이는 이쪽으로 돌고 어떤 이는 저쪽으로 돌면서 미친 듯이 날뛰며 돌아다닌다. 늙은 남녀들은 그저 말없이 이 장면을 구경한다.

한편 마을의 소추장들은 안료와 깃털로 분장한 채 그들이 숭배하는 독수리 둘

---

1 캘리포니아 남서부의 산판카피스트라노 지방에 사는 인디언

레를 돌며 춤을 춘다. 이런 의식이 끝나면, 그들은 독수리를 대신전으로 운반하고, 사람들은 춤추고 노래하는 소추장들을 선두로 하여 성대한 행렬을 이룬 채 그 뒤를 따른다. 이윽고 신전에 도착하면, 그들은 한 방울의 피도 흘리게 하지 않고 독수리를 죽인다. 그 가죽은 완전히 벗겨 깃털과 함께 성물聖物로 보관하거나 혹은 '파엘트paelt'라는 의식용 의상을 만드는 데 쓴다. 독수리의 나머지 몸체는 신전의 동굴 속에 묻는다. 그러면 노파들이 그 묘지 앞에 모여 슬피 울고, 여러 가지 씨앗이나 음식물들을 그 위에 던지면서 이렇게 외친다. "왜 가셨나이까. 우리와 함께 좀 더 오래 있어야 할 것을. 그러면서 당신도 우리처럼 '피놀리pinole(죽의 일종)'를 쑤어야 하셨는데. 당신이 이렇게 가시지 않았다면, 파네스Panes를 열 필요도 없었을 텐데." 의식이 끝난 뒤에도 춤판은 사흘 밤낮없이 계속 이어진다. 이들에 의하면, 파네스란 원래 여자였는데, 산으로 도망쳐 치니그치니치 신에 의해 독수리로 변신했다고 한다. 그들은 이 새를 매년 제물로 바쳐도 다시 살아나 고향인 산으로 돌아간다고 믿었다. 또한 그들은 이렇게 생각했다. "이 새는 아무리 많이 죽여도 늘어났다. 왜냐하면 매년 각 마을의 소추장들이 동일한 파네스 축제를 거행하는데, 거기서 제물로 바친 새는 늘 하나이고 같은 암컷 독수리라고 믿기 때문이다."

캘리포니아 인디언들이 말하는 '일즉다一卽多'의 관념은 매우 주목할 만하다. 그것은 신성한 새를 살해하는 그들의 동기가 무엇인지를 설명해 주기 때문이다. 우리에게 개체의 생명과 종種의 생명은 서로 다른 것이라는 관념이 지극히 당연한 것으로 보이고 또 이해하기 용이할지 몰라도, 캘리포니아 인디언들에게 그것은 이해하기 어려운 관념이었던 모양이다. 때문에 그들은 종의 생명과 개체의 생명을 동일한 것으로 인식했으며, 종의 생명이 위험과 재난에 직면하게 되면 개체의 생명도 마침내 위협을 받아 파괴된다고 생각했다. 확실히 그들은 종적 생명도 개체적 생명처럼 늙어 죽는다고 여겼으며, 따라서 그들이 신성하게 여긴 특정한 종이 소멸되지 않도록 하기 위해서는 모종의 조처를 취해야 한다고 생각했다. 이때 그런 파국을 피하기 위해 그들이 생각해 낸 유일한 방법은, 그 혈관 속에 생명의 파도가 물결치면서 아직 늙거나 쇠약해지지 않은 동종同種의 일원을 살해하는 일이었다. 그들은 이렇게 하나의 수로에서 벗어난 생명이 더욱 신선하고 자유롭게 다른 새로운 수로에 흘러들어 갈 것으로 생각했던 것이다. 다시 말해, 살해당한 동물은 청춘의 샘물과 활력을 가지고 다시 소생하여 새로운 생애를 살게 된다는 것이다.

우리에게 이런 관념과 관습은 분명 부조리한 것으로 보인다. 여기서 사모아인들도 개체의 생명과 종의 생명을 혼동했다는 사실에 주목할 필요가 있다. 사모아의 각 가정은 어떤 특정한 종의 동물을 신으로 가지고 있었다. 하지만 어떤 가정에서 신으로 믿는 올빼미가 죽는다 해서 그것이 곧 신의 죽음을 뜻하는 것은 아니었다. '신은 아직 살아 있으며, 존재하는 모든 올빼미 안에 화신한다'고 믿었다.

2. 신성한 숫양의 살해

방금 검토한 캘리포니아 인디언들의 소박한 의식은 고대 이집트의 종교와 매우 유사한 점을 가지고 있다. 테베의 신 암몬[2]을 숭배했던 테베인과 다른 모든 이집트인들은 숫양을 신성시했기 때문에 그것을 희생제물로 삼지 않았다. 그러나 그들은 1년에 단 한 번, 곧 암몬 축제 때만은 숫양을 살해한 다음 그 가죽을 벗겨 신상에 덮어씌웠다. 그리고 숫양을 애도하며 신성한 무덤에 매장했던 것이다. 이런 관습은 언젠가 제우스가 양털 가죽을 걸치고 숫양의 머리를 뒤집어쓴 헤라클레스의 모습으로 화신했다는 신화를 통해 설명할 수 있다.[3] 물론 이때의 숫양은 단순히 테베의 동물신에 불과하다. 이는 늑대가 리코폴리스Lycopolis[4]의 동물신이었고, 염소가 멘데스Mendes[5]의 동물신이었던 것과 같다. 달리 말하면, 숫양은 암몬 신 자신이었던 것이다.

실제로 비문 유적들을 보면, 암몬은 사람 몸에 숫양 머리를 한 반인반수의 형상으로 나온다. 그러나 이는 다만 동물신이 원숙한 인격신으로 등장하기 이전에 예외 없이 거치는 일반적인 과도기 상태를 보여 줄 따름이다. 따라서 숫양은 암몬에게 바치는 희생제물이 아니라 암몬 신 자신으로서 살해당한 것이라고 말할 수 있다. 짐승과 신의 이 같은 동일성은 암몬 신상에 살해당한 숫양의 가죽을 입

---

2 본서 제12장 옮긴이 주 6번 참조

3 그리스인들은 종종 이집트 신들을 자신들의 판테온(신통기)에 동화시키곤 했다. 예컨대 헤로도토스의 이야기 속에서 이집트의 암몬 신은 제우스 신으로 등장하며, 또한 그리스 조각에서도 암몬 신은 흔히 숫양의 뿔을 가진 제우스의 형태로 나타난다. 로버트 프레이저 편, 앞의 책, 604쪽 편주 참조

4 이집트 중부 나일강 좌안左岸의 아슈트를 지칭하는 고대 그리스어명

5 이집트 나일강 삼각지의 동북부지역

히는 관습에서 명백히 엿볼 수 있다. 여기서 매년 숫양을 죽이는 이유는, 신을 살해하는 일반적인 관습과 신성한 독수리를 죽이는 캘리포니아의 특수한 관습에 대해 앞서 제시했던 이유와 다르지 않을 것이다.

그것을 이집트의 경우에 적용해 본다면, 이런 설명은 정해진 연수年數만 살도록 허용된 황소신 아피스를 유추해 보면 더 확실해진다.[6] 그런데 앞서 지적했듯이, 인신의 수명에 제한을 두는 의도는 노령으로 인한 쇠약을 막으려는 데에 있었다. 마찬가지로 테베의 숫양처럼 매해 동물신을 살해하는 관습(아마도 인신의 경우보다 더 오래된)을 설명할 때에도 이와 동일한 추론이 가능할 것이다.

이때 테베의 의식 가운데 하나, 즉 신상에 가죽을 덮어씌우는 관습은 특별히 주목할 만하다. 만일 신이 애당초 살아 있는 숫양이었다면, 신상으로 그를 표현하는 관습은 마땅히 더 후대에 생겨난 것이리라. 그렇다면 그것이 어떻게 생겨난 것일까? 이런 물음에 대한 대답은 아마도 신성한 존재로서 살해당한 동물의 가죽을 보존하는 관습에서 찾아볼 수 있을 것이다. 이미 살펴보았듯이, 캘리포니아 인디언들은 독수리 가죽을 보존했다. 곡물정령의 상징으로서 추수 밭에서 살해한 염소의 가죽도 여러 가지 신앙적 목적을 위해 보존했다. 이때 가죽은 사실상 신의 상징 또는 유물로서, 좀 더 정확히 말하면 그 속에 신적 생명의 일부가 깃들어 있는 성물로서 보존되었다. 따라서 그것은 박제를 만들거나 형틀에 씌우기만 하면 정식 신상이 될 수 있었다.

처음에는 이런 종류의 신상을 해마다 갱신하면서, 해마다 살해한 동물의 가죽을 새로운 신상으로 만드는 데에 썼을 것이다. 그러나 연례적으로 갱신하는 신상에서 영구적인 신상으로의 전이는 그렇게 어려운 일이 아니었다. 앞서 살펴보았듯이, 해마다 새로운 오월제 나무를 베던 옛 관습도 영구적인 오월제 기둥을 보존하는 관습으로 대체되었다. 그러나 그 기둥은 해마다 새로운 잎과 꽃으로 장

---

6 희생제의에 관한 로버트슨 스미스의 논의에서 핵심적인 내용이 바로 아피스를 둘러싼 해석이었는데, 프레이저는 스미스의 해석에 대해 이견을 제기했다. 헤로도토스에 의하면, 멤피스에서는 '프타Ptah의 환생'이라고 불리며 숭배되는 아피스 황소를 커다란 애도와 함께 희생제물로 바친 다음 그 몸뚱이를 나누어 먹었다고 한다. 이와 관련하여 스미스는 『셈족의 종교』(1890)에서 숭배자들이 그 황소를 토템, 즉 친족집단의 일원으로 간주한 것으로 보면서 그들이 자기 동료 중 하나를 애도한 것이라고 해석했다. 그러나 프레이저는 스미스의 이와 같은 토템적 제물이론을 거부하면서 플루타르코스에게서 취한 다른 정보를 제시했다. 즉, 플루타르코스에 따르면 각각의 황소는 단지 25년 동안만 생존이 허락되었는데, 프레이저는 이를 활동 수명의 한도로 간주했다. 따라서 그는 아피스 희생공희가 그 황소 안에 갇혀 있는 정령을 낡아빠진 육신에서 해방시켜 새로운 육신으로 흘러들어 가게 하는 수단이라고 주장했다. 로버트 프레이저 편, 앞의 책, 604쪽 편주 참조

식되었고, 때로는 해마다 새로 자라난 어린 나무가 꼭대기에 씌워졌다.

이와 마찬가지로 신을 나타내는 박제된 가죽 신상이 나무나 돌 혹은 금속 따위로 만든 영구적인 신상으로 대체되면서, 그 영구적인 신상에 매년 살해한 동물의 새로운 가죽을 씌우게 된 것이다. 이런 단계에 도달하자 숫양을 죽이는 관습이 자연스럽게 신상에 희생제물을 바치는 관습으로 해석되기에 이르렀고, 그것을 암몬과 헤라클레스의 신화처럼 후대에 지어낸 이야기로 설명하게 된 것이다.

3. 신성한 뱀의 살해

서아프리카는 연례적으로 신성한 동물을 살해하여 그 가죽을 보존하는 또 다른 사례를 보여 준다. 페르난도포섬의 이사푸Issapoo족 토인들은 코브라 뱀을 자신들의 수호신으로 믿는데, 이 뱀은 그들에게 이익을 주기도 하고, 해를 끼치기도 하며, 부를 가져다주는가 하면 병이나 죽음을 초래하는 신으로 여겨지기도 한다. 그런 뱀의 껍질을 벗겨 광장의 가장 높은 나뭇가지에 그 꼬리를 걸어두는 의식이 매년 행해진다. 이 의식이 끝나면 곧바로 지난 1년 동안에 태어난 모든 갓난아기들을 데리고 나와 뱀꼬리 가죽에 손을 대게 한다.

이러한 관습의 목적은 갓난아기를 부족신의 수호 아래 두기 위한 데에 있었다. 마찬가지로 세네감비아의 이무기 씨족Python clan도 이무기가 생후 여드레 이내에 모든 갓난아기들을 찾아온다고 믿었다. 고대 아프리카의 뱀 씨족Snake clan인 프실리Psylli족도 뱀이 이 씨족 출신의 어린애들한테는 해를 끼치지 않는다고 믿어 아이들을 뱀 앞에 그냥 내버려 두곤 했다.

4. 신성한 거북의 살해

캘리포니아와 이집트, 페르난도포섬의 관습에서 동물숭배는 농업과는 아무런 관계가 없으므로 그 기원이 어쩌면 수렵 단계 혹은 유목 단계의 사회에까지 거슬러 올라갈지도 모른다. 이는 다음에 언급할 뉴멕시코 주니Zuni족[7]의 관습에도 해당한다. 주니족 인디언들은 현재 특수한 형태의 성벽이 있는 마을에 정주하면서 농업과 도자기, 방직 기술을 가지고 있지만 주니족의 관습은 앞의 장에서 다룬 여러 사례들과는 좀 색다른 특징들을 보여 준다. 그래서 한 목격자의 말을 빌려 이들의 관습에 대해 상세히 살펴보고자 한다.

"하지가 되면서 더위가 더욱 기승을 부렸다. 내 형제(즉, 의형제 인디언)와 나는 연일 서늘한 아래층 방에 죽치고 있었다. 나의 의형제는 특이한 대장간과 조잡한 도구들을 가지고 멕시코의 동전으로 팔찌, 띠, 귀걸이, 단추 따위와 같은 원주민들의 장신구를 만들기에 여념이 없었다. 그의 도구는 정말 형편없었지만, 인내와 기교로 만들어 낸 세공품들은 놀랄 만큼 아름다웠다. 어느 날 나는 그가 일하는 것을 바라보며 앉아 있다가, 50여 명 남짓한 사나이들의 행렬이 급히 언덕 아래로 내려가 들판 서쪽을 향해 지나가는 것을 보았다. 그 행렬의 선두에서 안료를 바르고 조가비로 단장한 사제가 엄숙하게 걷고 있었으며, 그의 뒤에서 횃불을 든 '슈루위치Shu-lu-wit-si', 즉 '불의 신'으로 분장한 사람이 따르고 있었다. 그들의 모습이 사라졌을 때, 나는 '저게 무어냐'고 내 형제에게 물었다. 그러자 그는 '그 사람들은 카카Ka-ka 마을과 우리 형제들 집에 가는 중입니다'라고 대답했다.

나흘 뒤 해가 질 무렵에 그들은 '카콕시Kak'ok-shi', 즉 '멋진 춤'이라 부르는 아름다운 장신구로 단장한 의상과 가면을 걸치고 두 줄로 늘어서서 똑같은 길로 되돌아왔다. 그런데 그들 각자의 손에는 스멀스멀 움직이는 거북이 가득 찬 광주리를 들고 있었다. 그들은 그것을 마치 어머니가 어린애를 다루듯이 소중하게 다루었다. 그 가련한 거북들 가운데 어떤 것은 조심스럽게 부드러운 모피에 싸인 채머리와 앞발이 바깥으로 삐죽 나와 있었고, 어떤 것은 깃털로 장식된 순례자들의 잔등에 올라타서 옆에서 보면 마치 어린애를 등에 업고 있는 듯한 우스꽝스럽고도 엄숙한 풍경을 연출하고 있었다. 그날 밤 내가 2층에서 저녁식사를 하고 있을 때, 총독의 의형제가 들어왔다. 가족들은 그를 마치 하늘에서 내려온 천사인 양 환대했다. 그는 손에 만신창이가 된 거북을 한 마리 들고 있었다. 손이나 발에 아직도 안료를 칠한 흔적이 남아 있었기 때문에, 나는 그가 저 신성한 행렬단의 한 사람임을 알아차릴 수 있었다. 나는 그에게 '그럼 당신도 카틀루엘론Ka-thlu-el-lon에 가셨단 말이죠?'라고 물었다.

---

7 미국의 애리조나주와 접하는 뉴멕시코주 중서부에 사는 북아메리카 인디언. 주니족의 주술적 관습에 대해서는 특히 주니족 사회를 '아폴론적'이라고 묘사한 루스 베네딕트, 김열규 옮김, 『문화의 패턴』, 까치글방, 1980, 74~91쪽 참조

그러자 이 우울해 보이는 남자는 '그렇소'라고 단조롭고 긴 여운을 남기는 목쉰 음성으로 대꾸하면서, 그를 위해 제공된 모피 카펫 위에 쓰러지듯 앉고는 거북을 마루 위로 조용히 내려놓았다. 거북은 자유의 몸이 되었다는 것을 알아차리자, 발을 절름거리면서도 빠르게 기어다녔다. 이때 가족들은 일제히 접시나 숟가락, 컵 따위를 내던지며, 거북을 물항아리나 연마용 물통이 놓인 자리까지 빙빙 돌아 결국 다시 마루 한가운데 이르기까지 방 구석구석을 뒤좇아다니면서 신성한 곡식가루를 거북의 잔등에 뿌려 대는 것이었다. 그런데 기이하게도 거북은 마침내 자신을 데려온 사나이의 무릎께로 가까이 다가갔다.

'하!' 하고 그는 감동하며 외쳤다. '보세요, 또 나한테 오잖아요. 만물의 어버이께서 오늘 저에게 이토록 복을 베풀어 주시다니요' 하며 손을 내밀어 스멀스멀 기는 거북을 정답게 쓰다듬었다. 그리고 손바닥에 대고 깊은 숨을 길게 들이마시며 신들의 은총을 구하는 기도를 올렸다. 이어 한 손으로 턱을 괸 채 생각에 잠긴 큰 눈망울을 굴리며 그의 못생긴 포로를 내려다보는 것이었다. 뿌려진 곡식가루 때문에 연신 눈을 껌벅거리는 거북은 마치 고향의 물을 그리워하는 듯이 모피가 깔린 부드러운 바닥을 발로 후벼 파고 있었다. 그때 나는 대담하게도 이렇게 물었다.

'왜 놓아주지 않죠? 거북에게 물이라도 좀 주지 그러세요?' 그러자 그는 조용히 나를 돌아보았다. 그의 얼굴에는 고뇌와 분노와 연민의 빛이 기묘하게 교차했으며, 경건한 가족들은 무언가 거룩한 두려움에 휩싸인 듯 나를 응시했다. '답답한 젊은 형제여!' 하고 마침내 그가 입을 열었다. '이 거북이 얼마나 고귀한 것인지 당신은 모를 거요. 저게 죽을지도 모른다 이거요? 절대 죽지 않아요. 맹세코 말하는데, 절대 그럴 리가 없고 말고요.'

'하지만 먹이나 물을 주지 않으면 죽고 말잖아요'라고 내가 말했다. '천만에! 죽을 리가 없어요. 다만 내일이면 이사를 해서 형제들의 집으로 돌아갈 따름이란 말이오. 답답한 친구군. 당신은 모를 거요.' 그는 잠시 생각에 잠기는 듯싶더니 다시금 맹인이 된 거북을 향해 이렇게 말했다. '아, 죽은 내 자식이냐? 돌아가신 조상님이시냐? 아니면 내 자매야? 어머님이야? 하지만 누가 그것을 알랴. 어쩌면 내 할아버지나 할머니일지도 모르지.' 이렇게 말한 다음 그는 주체할 수 없는 감정에 휩싸인 듯 두 손에 얼굴을 파묻고는 오열하며 울음을 터뜨렸다. 그러자 옆에 있던 여자들과 아이들도 함께 흐느껴 울기 시작했다. 이런 그의 슬픔이 아무리 종잡을 수 없는 것이라 할지라도, 거기에 연민을 느낀 나는 거북을 들어올려 그 차가운 등껍질에 입을 맞추어 주었다. 그런 후 나는 거북을 마루 위에 내려놓고 슬픔에 잠긴 가족들을 남겨 둔 채 물러 나왔다.

다음 날 이 불쌍한 거북은 기도와 부드러운 탄원과 깃털과 공물이 수반된 의식과 더불어 살해된 다음, '죽음의 호수 저 밑의 어두운 물속에서 친구들과 함께 다시 한 번 무한한 생명으로 돌아가도록' 그 고기와 뼈가 물속에 던져졌다. 등껍질은 살을 긁어낸 다음 말려서 무용할 때 쓰는 딸랑이로 만들어져 사슴 가죽에 싸인 채 지금도 내 형제 집의 서까래에 걸려 있다. 한번은 어떤 나바호Navajo족[8] 인디언이 국자와 그것을 바꾸려 한 적이 있었다. 그때 그 인디언은 호되게 욕을 먹고 그 집에서 쫓겨났다. 누구든 그 거북이 죽었다고 말하는 사람이 있으면, 그들은 그 말에 매우 슬퍼하면서 '거북은 다만 사는 집을 이사하여 저승으로 간 자들의 집에서 영원토록 살기 위해 떠났다'고 대답하곤 했다."[9]

우리는 이 관습에서 인간의 영혼이 거북의 몸으로 옮겨 가 산다고 믿는 신앙을 엿볼 수 있다. 이런 전이의 관념은 주니족과 같은 종족에 속한 모퀴Moqui족[10] 인디언에게서도 찾아볼 수 있다. 모퀴족 인디언은 곰 씨족, 사슴 씨족, 늑대 씨족, 토끼 씨족 따위의 토템 씨족들로 나뉘어져 있다. 그들은 씨족의 조상이 곰, 사슴, 늑대, 토끼 등이라고 믿으며, 각 씨족원들은 사람이 죽으면 각자 자신이 속한 씨족에 따라 곰이나 사슴 따위가 된다고 믿는다. 주니족 또한 여러 씨족으로 나뉘어져 있으며, 모퀴족과 마찬가지로 여러 동물 토템을 숭배한다. 그 토템 중 하나가 거북이었던 것이다. 다시 말해 사람이 죽으면 거북으로 전생한다는 그들의 신앙은 곧 이런 고유한 토템 신앙의 하나라 할 수 있다.

그렇다면 친족의 영혼이 깃들어 있다고 믿는 거북을 살해하는 이유는 무엇인

---

8 북아메리카 인디언. 미국의 인디언 부족 가운데 가장 인구가 많다. 20세기 말 현재 10만 명가량이 뉴멕시코주 남북부와 애리조나주, 유타주 남동부에 흩어져 살고 있으며 일족 관계에 있는 아파치족이 쓰는 말과 마찬가지로 아타바스카어족에 들어가는 아파치어를 쓴다. 나바호족은 농업, 예술 등에서 푸에블로 인디언의 영향을 받았다. 나바호족 의례에 사용되는 모래그림이라든가 널리 알려진 나바호 융단과 채색도기 같은 것이 모두 이러한 영향을 보여 주는 흔적이다. 나바호족의 낭만적인 신화와 아름다운 모래그림에 관해서는 특히 조지프 캠벨, 과학세대 옮김, 『신화의 세계』, 까치글방, 1998, 38~59쪽 참조

9 출처는 Frank H. Cushing, "My Adventures in Zuni", in *The Century Illustrated Monthly Magagine*, May 1883

10 북아메리카 푸에블로 인디언의 일파인 호피Hopi족의 옛 호칭. 나바호 인디언 보호구역 중앙부와 페인티드 데저트 가장자리, 곧 애리조나주 북동부에 해당하는 지역에 산다.

가? 그런 살해의 목적은 죽은 자의 영혼들이 거북이 되어 모인다고 여겨지는 타계他界와의 교류를 유지하는 데에 있음이 분명하다. 죽은 자의 영혼이 종종 옛 집으로 돌아온다는 신앙은 일반적으로 널리 퍼져 있다. 눈에 보이지 않는 이 손님은 살아 있는 자들의 환대를 받은 후 다시 돌아간다. 그러니까 주니족의 의식에서 죽은 자는 거북의 형태로 집에 돌아오며, 그 거북을 살해하는 것은 곧 죽은 자의 영혼을 다시 타계로 돌려보내는 방식인 셈이다. 따라서 신을 살해하는 관습에 대해 앞서 지적한 일반적인 설명은 주니족의 관습에는 적용되지 않는다. 사실 주니족 관습의 참된 의미는 분명치 않다. 이런 불확실성은 그들의 의식에 대해 후대인들이 제시한 보다 상세한 설명에 의해서도 다 해소되지 않을 성싶다.

다만 우리는 그 관습이 농작물을 위해 충분한 비가 내리도록 기원하고자 하지 때에 거행하는 정성어린 의식의 일부를 구성한다는 점을 알 수 있을 뿐이다. 그 의식에서는 죽은 자의 영혼들이 모여 있다고 믿는 거룩한 코틀루왈라와 호수에서 '그들의 분신인 거북들'을 데려오기 위해 사자가 파견된다. 그리하여 엄숙한 행렬과 함께 거북들이 주니족에게 돌아오면, 그것들을 물사발에 담아 놓고 그 옆에서 남신과 여신으로 분장한 남자들이 춤을 춘다. 이런 의식이 끝나면, 거북을 잡아 온 사람들은 각자 그 거북을 집으로 데려가서 아침까지 목을 매달아 두었다가 끓는 냄비 속에 집어 넣어 요리를 해 먹는다. 이 거북 알은 맛이 그만이라고 한다. 거북고기는 거의 손대지 않으며, 피부병에 잘 듣는 약으로 쓰일 따름이다. 고기의 일부는 '신들의 평의회Council of the Gods' 앞에 바치는 제물로서 '코하크와 kohakwa(흰 조개껍데기로 만든 목걸이)'와 터키석 목걸이 등과 함께 강물에 던진다.

어쨌든 이런 설명은 죽은 자가 거북으로 환생했다는 관념을 잘 보여 준다. 왜냐하면 거북은 주니족의 '분신'이기 때문이다. 거북들을 죽은 자들의 영혼이 떠다니는 호수에서 데려온다는 점에서 보건대, 주니족은 거북을 그 거북 몸 안에 깃든 죽은 자의 영혼으로 믿은 것이라고 추정할 수밖에 없다. 하지 의식에서 암송되는 기도문이나 춤의 주된 목적은 농작을 위한 비의 확보에 있다고 보인다. 따라서 주니족이 거북을 붙잡아 놓고, 그 앞에서 춤추는 목적은 거북의 중재를 통해 그 동물로 환생한 조상의 영혼들에게 기꺼이 살아 있는 그들의 자손을 위해 비를 내리도록 하기 위한 데에 있었을 것이다.

5. 신성한 곰의 살해

일본의 에조Yezo(또는 Yesso)섬[11]과 사할린 제도, 쿠릴 열도 남부 등지에 사는 아이누족의 곰 희생제의가 갖는 의미는 얼핏 보아도 의문이 든다. 곰에 대한 아이누족의 태도를 이것이라고 딱 잘라 정의하기란 쉽지 않다. 그들은 곰을 '카무이kamui', 즉 '신'이라고 부른다.[12] 그런데 이방인에 대해서도 똑같이 '카무이'라는 말을 쓰는 것을 보면, 그것은 초인간적이거나 비범한 능력을 가졌다고 여겨지는 존재를 의미하는 말일 수도 있다. 또 "곰은 그들의 주신主神"이라든가, "아이누족의 종교에서 곰은 중요한 부분을 차지한다"든가, "동물 중에서 특히 곰을 숭배"한다든가, "그들은 자기네 방식으로 곰을 숭배한다"든가, "그들에게는 이 사나운 짐승이 생명 없는 자연력보다도 더 숭배의 감정을 불러일으키는 것이 분명하며, 따라서 아이누족은 곰을 숭배하는 민족으로 분류될 수 있다"고 이야기하지만, 그들은 기회만 있으면 언제든지 곰을 죽인다.

예전에 아이누족은 곰 사냥이야말로 사람이 시간을 보낼 수 있는 가장 사내답고 유익한 일이라고 여겼다. 또한 남자들은 가을과 겨울, 봄을 사슴과 곰 사냥으로 보낸다. 그들은 공물이나 세금의 일부를 곰 가죽으로 지불하며, 말린 고기를 먹고 살아간다. 사실상 곰고기는 그들의 주식 중 하나이다. 그들을 곰고기를 날것으로 먹거나 혹은 소금에 절여 먹는다. 곰 가죽은 옷을 만드는 데 쓴다. 그런데 이 주제와 관련하여 여러 기록자들이 적고 있는 그들의 숭배는 주로 죽은 곰에 대한 것이었다고 보인다.

때문에 아이누족은 언제든지 곰을 죽이기는 했지만, 그들은 죽은 곰의 시체를 절개하는 과정에서 공손하게 절을 하고 사죄의 인사를 올림으로써, 자기들이 죽인 짐승으로 표상되는 신을 달래고자 애쓴다. 또한 아이누족은 곰을 죽인 후

---

11 蝦夷. 일본 홋카이도의 옛 명칭

12 일본어로는 신神을 '카미'라고 한다. 재야학자 김달수는 '카미'의 어원이 한국어 '곰'에서 유래된 것이라고 주장한다. 즉, 고대 한국어로 신성한 것을 뜻하는 '쿠마(코무=곰)'가 일본에 건너가서 '카미'가 되었다는 것이다, 가령 고대 일본어 쿠마시네舂稻(신에게 바치는 벼), 쿠마시로神稻代(신에게 바치는 벼를 경작하는 곳), 카무나비神奈備(신이 깃든 사물), 쿠마노熊野(신성한 나라) 등을 그 예로 들 수 있다. 현대 일본어에서도 곰을 '쿠마'라고 하고 있으며, 공주의 옛 이름은 쿠마나루熊津였다(지금도 그 지명이 남아 있다). 어쨌든 카미, 카무이, 쿠마, 곰 등이 상관성을 가지고 있으리라는 점은 분명한 듯싶다. 김달수, 『일본 속의 한국문화 유적을 찾아서』, 대원사, 1995, 69~72쪽 참조

에는 곧바로 자리에 앉아 곰을 찬양하고 곰에게 인사를 올리며 예배를 드리면서 '이나오$_{inao}$'[13]라는 제물을 바친다. 그뿐만 아니라 곰이 덫에 걸리거나 화살에 맞아 상처가 나면, 사냥꾼들은 사죄나 위로의 뜻이 담긴 의식을 거행한다. 살해한 곰의 두개골은 그들이 사는 오두막집의 성소에 안치되거나 혹은 오두막 바깥의 신성한 말뚝에 매달아 놓고, 커다란 존경의 대상으로 취급한다. 예컨대 수수로 빚은 맥주와 '사케$_{sake}$'라는 독한 술을 그 두개골에게 바친다든지, 그것을 '신성한 보호자' 혹은 '고귀한 신'이라고 부르기도 한다. 때로는 여우의 두개골을 오두막 바깥의 신성한 말뚝에 매달아 놓기도 한다. 그것은 악령을 막아 주는 부적으로 간주되며, 아이누족은 길흉을 점칠 때 그 두개골에게 물어보기도 한다. 하지만 사람들이 분명하게 말하듯이, 살아 있는 여우는 곰만큼의 존경을 받지 못한다. 오히려 사람들은 여우가 교활한 동물이라고 여겨 가능한 한 피하려 든다. 따라서 곰을 아이누족의 신성한 동물이라든가 토템이라고 말하기는 어렵다. 왜냐하면 그들 자신은 스스로를 곰의 씨족이라고 부르지 않으며, 그 짐승을 마음대로 죽이거나 먹어 치우기 때문이다.

그들에게는 곰에게서 아들을 낳았다는 한 여자에 대한 전설이 전해져 오고 있다.[14] 또한 산악지대에 사는 대다수의 아이누족은 자신이 곰의 후손이라는 것을 자랑스럽게 여긴다. 그런 사람들을 '곰의 후예$_{Kimun\ Kamui\ sanikiri}$'라고 부르는데, 이들은 진정한 자부심을 가지고 기꺼이 이렇게 말하곤 한다. "나는 산신의 자식이며, 산을 지배하는 거룩한 분의 후손이다." 여기서 '산신'이란 바로 곰을 가리킨다. 이로써 주요한 전거[15]인 존 배첼러$_{John\ Batchelor}$ 목사의 지적대로, 곰이 특정한 아이누 씨족의 토템이었을 가능성도 존재한다. 하지만 그런 가능성이 존재한다 해도, 그것만으로 아이누족 전체가 곰을 존숭한다는 사실이 다 설명될 수는 없다.

어쨌든 여기서 우리의 관심은 아이누족의 곰 축제[16]에 있다. 겨울이 끝나 갈 무

---

13 삼이나 흰 종이 따위를 오려 나뭇가지나 울타리에 묶어 제사의식에 사용한 목제 기둥

14 아이누족의 신화에 관해서는 사라시나 겐조, 이경애 옮김, 『아이누 신화』, 역락, 2000 참조

15 이 장에서 프레이저는 거의 전적으로 다음 책에 의거하고 있다. Revd. J. Batchelor, *The Ainu and Their Folklore*, London, 1901. 그러나 프레이저는 아이누족에 관해 이 책보다 더 오래된 정보를 가지고 있었다. 본서 제54장 1절에서 제시되었듯이, 프레이저는 아이누족의 곰 희생제의를 두 가지 동물 성찬의 유형 중 하나로 보았다. 또 다른 유형은 이집트의 암몬과 아피스 희생제의이다. 로버트 프레이저 편, 앞의 책, 607쪽 편주 참조

렵, 그들은 새끼 곰 한 마리를 잡아 마을로 끌고 온다. 그 새끼 곰이 너무 작으면 아이누족 여자가 젖을 먹여 기르는데, 마땅한 여자가 없을 때는 손이나 입으로 먹이를 준다. 곰 새끼는 낮 동안 오두막 안에서 아이들과 함께 놀며 많은 사랑을 받는다. 그러나 새끼가 자라서 사람들을 꽉 껴안거나 할퀴어서 상처를 입힐 정도가 되면, 그것을 튼튼한 나무우리에 가두어 놓고 잡아먹을 시기가 될 때까지 보통 2~3년간 물고기와 수수죽 따위를 먹여 기른다. 그런데 특히 놀라운 사실은 이 어린 곰 새끼를 단지 잡아먹기 위해서만 사육하는 것이 아니라, 오히려 일종의 물신物神, fetish 혹은 어떤 고귀한 존재로 간주하며 공경한다는 점이다.

에조섬에서는 통상 9월이나 10월경에 축제가 벌어진다. 아이누족은 이 축제가 열리기 전에 신들에게 사죄하는 의식을 올리며, 자기들이 최대한 친절하게 곰을 대접했으나 이제 더 이상 먹여 살릴 도리가 없기 때문에 어쩔 수 없이 죽여야 한다고 변명한다. 곰 축제를 주최하는 자는 친척과 친구들을 초대한다. 작은 마을에서는 온 동네 사람들이 축제에 참여한다. 실제로 먼 마을 사람들까지 부르는 경우도 있는데, 사람들은 공짜로 곰고기를 먹을 수 있다는 기대감을 가지고 모두 참석한다. 초대문 양식은 대체로 다음과 같다. "본인 아무개는 산 속에 사는 사랑스럽고 조그맣고 신성한 것을 제물로 바치고자 하오니, 친지 여러분과 어르신들께서 모쪼록 이 잔치에 와 주십시오. 그리하여 우리 모두 신을 떠나보내는 큰 기쁨을 함께 나누시길 바랍니다. 모두 오십시오."

이렇게 초대받은 이들이 모두 곰우리 앞에 모이면, 특별히 선발된 연사가 곰에게 말을 걸어 이제 그를 조상들에게 보낼 예정이라고 말한다. 그는 자신들이 하려는 일에 대해 용서를 구하면서 곰에게 화내지 말라는 소망을 전한다. 그런 다음 긴 여행길에 곰의 먹이를 위해 막대를 깎아 만든 신성한 '이나오inao'와 과자, 술을 함께 내주겠노라고 하며 짐승을 위로한다. 이에 대해 배첼러는 다음과 같은 연설을 들은 적이 있다고 한다. "오, 그대 신성한 분이시여. 당신은 우리의 사냥감으로 세상에 보내졌나이다. 오, 그대 사랑스럽고 작은 신이시여, 우리는 당신을 숭배하나이다. 부디 우리의 기도를 들어주소서. 우리가 많은 수고와 어려움을 겪으면서 당신을 먹이고 키운 것은 우리가 모두 그만큼 당신을 사랑하기 때문입니다. 이제 당신이 크게 자랐기 때문에 당신의 부모님에게 보내고자 합니다.

---

16 아이누족의 곰 축제는 '곰 환송'을 뜻하는 '이오만테'라고 불린다.

부모님에게 돌아가면 부디 우리에 대해 잘 말씀해 주시고 우리가 얼마나 친절했는지 이야기해 주십시오. 부디 우리에게 다시 오시기를 바라며, 이제 당신을 제물로 바치려 하나이다.”

그리하여 안전하게 곰을 밧줄로 묶은 다음 우리 바깥에 풀어놓고 무딘 화살을 빗발치듯 퍼부어 곰을 화나게 만든다. 곰이 헛되이 몸부림치다가 지치면, 말뚝에 묶어 재갈을 물리고 두 장대 사이에 목이 끼이게 한 다음 있는 힘껏 장대를 조른다. 이때 모든 사람들이 다 달라붙어 곰의 목을 졸라 죽인다. 동시에 활을 잘 쏘는 명사수 한 사람이 곰의 심장에 화살 하나를 쏘아 적중시킨다. 이때 피가 흐르지 않도록 해야 한다. 조금이라도 피가 땅에 흐르는 것을 불길한 징조로 여겼기 때문이다. 그리고 남자들은 종종 곰의 더운 피를 마심으로써 곰의 용감성과 다른 덕목이 자기한테 옮아오기를 바란다. 게다가 그들은 때로 사냥의 성공을 보장하기 위해 곰의 피를 자기 몸과 옷에 바르기도 한다. 이윽고 곰이 질식해서 죽으면, 그 가죽을 벗기고 머리를 잘라서 집의 동쪽 창문에 놓아둔다. 그리고 곰의 입 아래 곰고기를 한 점 놓고, 곰 고깃국 한 사발과 수수떡, 말린 생선 따위를 함께 차려 놓는다. 그런 다음 죽은 곰을 향해 기원을 올린다. 때로는 그 곰이 부모에게 갔다가 세상에 다시 돌아와서 또다시 제물로 바쳐질 수 있기를 기도하는 내용도 있다.

이윽고 곰이 자신의 고기를 다 먹었다고 생각되면, 잔치를 주재하는 자가 곰 고깃국 사발을 들어 경배한 다음, 그 내용물을 노소를 불문하고 모든 참석자들에게 골고루 돌아가도록 조금씩 나누어 준다. 이때의 사발은 방금 죽은 곰에게 바친 것이므로 ‘제물그릇’이라고 불렸다. 나머지 살코기가 요리되면 마찬가지로 모든 사람들에게 고기 한 조각씩이 골고루 돌아가도록 나누어 준다. 이때 잔치 음식을 받지 못한다는 것은, 변절자를 아이누족 공동체 바깥으로 추방하는 파문과 같은 것으로 간주하였다. 예전에는 뼈 외에는 곰고기의 각 부분을 남김없이 먹도록 되어 있었는데, 요즘에는 그런 규칙이 완화되었다. 가죽을 벗겨 낸 곰 머리는 집 바깥의 ‘이나오’, 즉 신성한 막대 옆에 세워 둔 긴 장대 위에 백골이 될 때까지 얹어 놓는다. 두개골은 그것이 없어지기 전까지는 곰 축제 때뿐만 아니라 평소에도 흔히 예배의 대상으로서 모셔진다. 아이누족들은 곰의 정령이 두개골에 깃들어 있다는 것을 믿어 의심치 않는다고 배첼러에게 단언하기까지 했다. 때문에 두개골을 ‘신성한 보호자’ 혹은 ‘고귀한 신’이라고 부른다는 것이다.

에조 또는 옛소라 부르는 섬의 화산만을 끼고 있는 마을 쿤누이Kunnui에서 쇼이베Scheube 박사[17]는 7월 10일에 곰 살해의식을 목격한 적이 있었다. 그 의례에 관한 박사의 흥미진진한 기술은 앞의 설명에서 언급되지 않은 특별한 측면들을 내포하고 있으므로, 아래에서 그의 말을 요약해 볼 가치가 충분히 있다고 여겨진다.

오두막에 들어서니까 성인 남녀, 어린애를 합쳐 약 20여 명 정도의 아이누족들이 모두 나들이옷을 입고 모여 있었다. 그 집의 가장이 먼저 화로 위에 불의 신을 위한 헌주를 바치고, 이어 모두가 그를 따라 했다. 다음에 오두막 구석의 신성한 장소에 안치된 터줏대감에게 헌주를 바쳤다. 그러는 동안 곰을 기른 주부는 말없이 슬픈 표정으로 혼자 구석에 앉아 때때로 흐느껴 울고 있었다. 그녀의 슬픔에는 일점의 가식도 없었으며, 의식이 진행됨에 따라 그 슬픔은 점점 깊어만 갔다. 이어 가장과 손님 몇 사람이 오두막 밖으로 나가 곰우리 앞에 헌주를 바쳤다. 그때 술 몇 방울을 접시에 담아 곰에게 주었지만 곰은 즉시 그 접시를 뒤집어 엎어 버렸다. 그런 다음 부인과 소녀들이 얼굴을 곰 쪽으로 향한 채 무릎을 꿇었다 폈다 하는가 하면 껑충껑충 뛰면서 춤을 추었다. 그녀들은 이렇게 춤추고 손뼉을 치며 단조로운 노래를 불러 댔다. 여러 마리의 곰을 길렀음 직한 경험 많은 몇몇 노파들과 주부는 눈물을 찔끔거리며 춤을 추다가 이따금 곰에게 손을 내밀고 정답게 이야기를 건넸다. 이에 비해 젊은이들은 다소 태연한 표정으로 웃으며 노래를 부르고 있었다. 사람들이 이렇게 법석대자, 이에 놀란 곰은 우리 안에서 날뛰며 구슬피 울부짖었다.

이어서 아이누족 오두막집의 바깥에 세워져 있는 '이나오' 혹은 '이나보스inabos', 즉 신성한 말뚝 앞에 헌주가 올려졌다. 말뚝의 높이는 1미터 정도였고, 끝이 둥글게 깎여 있었다. 사람들은 이 곰 축제를 위해 대나무 잎으로 장식된 새 '이나오' 다섯 개를 추가로 설치해 놓았다. 곰을 살해할 때에는 통상 그렇게 해 왔기 때문이다. 여기서 대나무 잎에는 곰이 다시 소생하게 될 것이라는 의미가 담겨 있다고 한다. 이윽고 곰이 우리에서 끌려 나왔다. 사람들은 곰의 목에 새끼줄을 매어 오두막 주위를 끌고 다녔다. 그러는 동안 남자들은 모두 추장의 명령으로 나무 살촉이 달린 화살을 곰에게 쏘았다. 쇼이베H. B. Scheube 박사도 그렇게 하지

---

17 아이누족에 관한 쇼이베 박사의 주요 저서는 H. B. Scheube, *Die Ainos*, Yokohama, 1881

않으면 안 되었다. 사람들은 곰을 성스러운 '이나오' 말뚝 앞에 끌고 가서 나무토
막으로 입을 틀어막고, 아홉 명의 사나이가 그 위로 덮쳐 통나무 들보로 곰의 목
을 사정없이 눌러 댔다. 5분쯤 지나자 곰의 숨이 끊어졌다. 그러는 사이에 여자들
은 남자들의 뒤쪽에 선 채 슬픔에 겨워 탄식하며, 혹은 곰의 목을 누르고 있는 사
나이들을 때리기도 하고 혹은 춤을 추기도 했다. 어쨌든 이렇게 살해당한 곰 시
체는 성스러운 말뚝 앞에 깔아 놓은 멍석 위에 놓였다. 그런 다음 사람들은 성스
러운 말뚝에서 칼과 화살통을 집어 그것을 죽은 곰의 목에 걸었다. 이 곰은 암컷
이었기 때문에 거기다 목걸이와 귀걸이도 달아 주었다. 이어서 곰의 피로 만든
죽과 떡, '사케' 한 단지가 곰에게 바쳐졌다. 사나이들은 멍석 위에 꿇어앉아 죽은
곰에게 헌주를 올리며, 곤드레만드레 술을 퍼마셨다. 그러는 동안 부인과 소녀들
은 이제 슬픔 따위는 전부 내던져 버리고 흥겹게 춤을 추었다. 특히 노파들이 가
장 즐거워했다. 잔치가 무르익자, 아까 우리에서 곰을 끌어낸 두 젊은이가 오두
막 지붕 위에 올라가 사람들 앞에 피떡을 던졌다. 그러자 사람들은 남녀노소 할
것 없이 저마다 그것을 먼저 줍겠다고 서로 밀치며 아우성이었다.

  이런 의식이 끝난 후, 사람들은 곰 가죽을 벗기고 간을 꺼냈으며 모가지를 잘
라 냈다. 이때 모가지에는 가죽이 그대로 붙은 채였다. 남자들은 선지피를 그릇
에 받아 벌컥벌컥 들이켰다. 여자와 아이들이 선지피를 마셔서는 안 된다는 규정
이 따로 있는 것은 아니지만, 여자와 아이들은 아무도 곰의 피를 마시지 않았다.
간은 잘게 썰어 날것 그대로 소금을 찍어 먹었는데, 여자와 아이들에게도 약간
의 몫이 돌아갔다. 살코기와 나머지 내장들은 하루 동안 두었다가 다음 날 이 의
식에 참가한 모든 사람들에게 분배되었다. 쇼이베 박사도 피와 간 약간을 받았
다. 곰의 창자를 꺼낼 때, 부인과 소녀들은 전날처럼 춤을 추었다. 하지만 이번에
는 곰우리가 아니라 신성한 말뚝 주위를 돌며 춤을 추었다. 그리고 전날에는 누
구보다도 즐거워하던 노파들이 이번에는 다시 눈물을 찔끔거리며 춤을 추었다.
그러는 동안 사람들은 곰머리에서 뇌수를 파내어 소금을 찍어 먹은 다음, 가죽
을 벗겨 낸 두개골을 신성한 말뚝 옆에 세워 놓은 장대 위에 걸어 놓았다. 곰을 죽
일 때 그 입을 틀어막는 데 사용했던 나무토막도 장대에 같이 묶어 놓았다. 또한
곰의 목에 걸어 놓았던 칼과 화살통도 장대에 함께 묶어놓았다. 이중 칼과 화살
통은 1시간 정도 후에 떼어 냈지만, 다른 것들은 그대로 놓아두었다. 그리고 남녀
참가자들이 모두 말뚝 앞에서 법석대며 춤을 추었다. 또 한 번 술판이 벌어졌고

이번에는 여자들도 끼었는데, 이로써 모든 축제가 막을 내렸다.

아마도 아이누족의 곰 축제에 관한 최초의 자료는 1652년에 어떤 일본인에 의해 세상에 알려진 보고서를 들 수 있다. 프랑스어로 번역된 그 보고서에는 다음과 같은 대목이 나와 있다. "아이누족은 새끼 곰을 발견하면 그것을 집으로 데리고 와서 부인이 자기 젖을 먹여 키운다. 곰이 자라면 생선이나 닭고기 등을 주어 기르다가, 겨울이 되면 간을 빼낼 목적으로 살해한다. 그들은 곰의 간을 해독제로서 그리고 벌레와 질병과 복통에 잘 듣는 약으로서 소중히 여겼다. 그 맛은 지독하게 쓰며, 여름에 살해한 곰은 아무런 효험이 없다고 한다. 어쨌든 이런 곰 도살은 일본력曆으로 1월부터 시작된다. 그들은 곰의 목을 두 몽둥이 사이에 끼워 남녀 50~60명이 꽉 눌러 조여 죽인다. 곰이 죽으면 그들은 고기는 먹어 치우고 간은 약으로 쓰기 위해 보존한다. 곰 가죽은 다른 사람한테 팔아 버리는데, 보통 길이가 3미터쯤 되며 어떤 것은 6미터나 되는 것도 있다. 곰 가죽을 다 벗기고 나면, 그것을 기른 사람들은 애도의 울음을 터뜨린다. 그런 다음 사람들은 곰의 선지피로 떡을 빚어 수고한 사람들에게 나누어 준다."

사할린의 아이누족도 새끼 곰을 키운 다음 위와 동일한 의식을 통해 살해한다. 하지만 그들은 곰을 신처럼 숭배하지는 않는다. 다만 그들은 곰을 사람들이 이런저런 임무를 부여하여 숲의 신에게 파견하는 사자라고 생각한다. 사람들은 이 짐승을 대략 2년 동안 우리에 가두었다가 축제 때 살해하는데, 그것은 반드시 겨울 한밤중에 행해진다. 그 희생제의가 행해지기 전날에는 사람들이 종일 애도를 표하며, 노파들이 곰우리 앞에서 교대로 울부짖는다. 한밤중 혹은 이른 새벽이 되면 어떤 연사가 곰에게 일장연설을 늘어놓는다. 이때 그는 자기네들이 곰을 정성껏 돌보아 주었다는 점, 곰에게 먹이를 잘 주었다는 점, 곰을 물가로 데려가 씻겨 주었다는 점, 곰을 따뜻하고 편안하게 해 주었다는 점 등을 상기시킨다. 그런 다음 연사는 이렇게 말한다.

"자, 이제 우리는 너를 위해 큰 잔치를 베풀고자 한다. 하지만 너를 해치려는 것은 아니니까 두려워할 건 없어. 다만 너를 죽여서 널 사랑하는 숲의 신에게 사자로 파견하려는 것뿐이야. 우리는 네가 여태껏 먹어 보지 못한 맛있는 만찬을 네게 베풀고자 한다. 그리고 우리 모두가 너를 위해 애도할 것이야. 너를 죽일 아이누인은 우리들 중에서 최고의 명사수란다. 보거라, 저 사수도 울면서 네게 용서를 구하고 있지 않느냐. 너는 거의 고통을 느끼지 않을 것이야. 아주 신속하게 처리할 것이니까. 너도 잘 알다시피 우리가 언제까지나 널 보살펴 줄 수는 없단다. 우린 너를 위해 할 만큼 해 주었어. 그러니까 이번에는 네가 우리를 위해 희생될 차례야. 겨울에는 수달피와 담비를, 여름에는 물개와 생선을 우리에게 많이 보내 주십사 하고 네가 숲의 신에게 가서 잘 좀 부탁드려 주시게나. 이 전갈을 절대 잊어서는 안 된다네. 우리는 널 정말로 사랑한다네. 우리 아이들도 너를 잊지 않을 것일세."

노파들이 다시 울기 시작하고 남자들은 울음을 삼키고 있는 그런 분위기 속에서 곰에게 마지막 식사가 주어진다. 그런 다음 상당한 위험을 무릅쓰고 곰을 묶어 우리에서 끌어낸다. 이때 곰이 어떻게 반응하느냐에 따라 쫓아다니기도 하고 끌어당기기도 하면서, 곰우리를 세 차례 돌고 이어 사육한 사람의 집과 연사의 집을 한 바퀴 빙 돈다. 그리고 흔히 볼 수 있는 신성한 '이나오' 말뚝들로 장식된 나무에 곰을 묶는다. 여기서 다시금 연사가 곰에게 장광설을 늘어놓는데, 그것은 때로 밤새워 계속되기도 한다.

"잊지 말게나, 네가 어떻게 살아왔는지를, 그리고 우리가 너를 얼마나 정성껏 보살펴 주었는지를 잊지 말게나. 이제 네가 너의 의무를 다해야 할 때가 왔네. 내가 너에게 부탁한 전갈을 잊어서는 안 된다네. 우리에게 풍요로운 부를 주시도록, 사냥꾼들이 진귀한 모피와 맛있는 짐승들을 잔뜩 짊어지고 산에서 돌아올 수 있도록 숲의 신들에게 전해 다오. 또한 어부들이 바닷가에서 물개 떼를 만날 수 있도록, 그들의 어망이 찢어질 정도로 생선이 많이 잡히도록 숲의 신들에게 전해 다오. 우리에게 희망은 너 밖에 없단다. 악령들은 우리를 비웃으며 언제나 불친절한 악의를 드러내고 있지만, 너를 만나면 항복할 수밖에 없을 것이기 때문이지. 우리는 네게 먹을 것을 주었고 즐거움과 건강을 베풀어 주었네. 이번에는 네가 그에 보답할 차례야. 네가 우리와 우리 아이들에게 풍요로움을 가져다줄 수 있도록 이제 너를 죽이고자 하네."

무슨 영문인지도 모르는 곰은 이런 일장연설을 들으면서 점점 더 흥분하여 안절부절 못하게 된다. 그리하여 연신 나무 주위를 빙빙 돌면서 슬프게 짖어 댈 따름이다. 이윽고 아침 햇살이 비춰오기 시작할 무렵, 사수가 곰의 심장을 향해 화살을 적중시킨다. 화살을 쏘자마자 사수가 활을 던져 버린 채 맨땅에 엎드리면, 노인과 여자들도 그렇게 따라 하면서 함께 통곡한다. 그런 다음 그들은 죽은 짐승에게 쌀과 야생감자로 만든 음식물을 바친다. 그리고 곰에게 유감의 뜻을 표하고 곰이 자신들을 위해 희생해 준 것에 감사해하면서, 곰의 머리와 사지를 잘라 성물로 보관한다. 이어서 곰고기와 피의 잔치가 시작된다. 예전에는 여자들이 잔치에서 배제되었지만, 근래에는 남자들과 함께 참가할 수 있게 되었다. 참석자 전원이 따뜻한 피를 들이마신다. 고기는 삶아 먹어야 하며 구워서는 안 된다. 이때 곰 시체는 대문을 넘어 집 안에 들여놓아서는 안 된다. 그런데 사할린에 사는 아이누족의 집은 창문도 달려 있지 않으므로, 한 남자가 지붕 위에 올라가 굴뚝 구멍을 통해 곰고기와 머리, 가죽을 내려 보낸다. 그런 다음 쌀과 야생감자를 곰의 머리 앞에 차려 놓고 담뱃대와 담배, 성냥 따위를 그 옆에 놓아둔다. 손님들은 이 잔치 자리를 떠나기 전에 남김없이 곰고기를 다 먹어 치우는 것이 관례이며, 식사 때에는 소금과 고춧가루를 사용하지 못한다. 또 곰고기를 조금이라도 개에게 주어서는 절대 안 된다. 잔치가 끝나면 사람들은 곰의 머리를 깊은 숲속으로 가져가 두개골 더미에 던져 버린다. 이 더미는 예부터 곰 축제 때마다 버려진 곰 시체들이 다 썩고 변색되어서 생긴 것이다.

시베리아 동부의 퉁구스Tungus족[18]에 속한 길랴크Gilyak족[19]도 매년 정월에 이와 유사한 종류의 곰 축제를 행한다. 거기서 "곰은 온 마을 사람들이 열망하는 대상이며, 그들의 종교적 의식에서 중요한 역할을 담당하고 있다"고 한다. 사람들은 늙은 암곰을 살해하고 붙잡은 새끼 곰을 마을에서 키우는데, 이때 젖을 먹이지는 않는다. 곰이 다 자라면 우리에서 끌어 내어 온 마을을 끌고 돌아다닌다. 이에 앞서 먼저 강가로 끌고 가는데, 그래야만 앞으로 집집마다 물고기가 잘 잡힌다고 믿었다. 그런 다음 마을로 끌고 와서 곰 앞에 생선과 술을 바친다. 이때 곰 앞에서 절을 하는 사람도 있었다. 곰을 집 안에 데리고 들어가면 그 집에 복이 찾아온다고 여겼다. 혹은 곰에게 바친 음식물에 코만 갖다 대어도 재수가 좋다고 믿었다. 그런데도 사람들은 짓궂게 조롱하거나 발길질을 해서 곰을 성나게 만든다. 어쨌든 이렇게 집집마다 곰을 끌고 다닌 후에, 말뚝에 묶어 놓고 화살을 쏘아서 곰을 죽인다. 곰의 머리는 따로 잘라 내어 대팻밥으로 장식한 다음 잔칫상 위에 올려 놓는다. 사람들은 여기서 곰에게 용서를 빌고 숭배했다. 곰고기는 삶은 다음 특

---

18 시베리아 동부, 몽골 북부, 중국 북동부 등에 산재하는 민족인 에벤키Evenki족의 옛 이름
19 아무르강 어귀와 사할린섬 가까이에 살고 있는 동東시베리아 민족. 1979년 인구조사에 따르면 4,400명이 있었다. 다른 어떤 언어와도 뚜렷한 관계가 없는 구舊시베리아어를 쓰며 스스로를 '인간'이라는 뜻의 니브흐Nivkh라고 부른다.

별히 잘 조각된 나무그릇에 담아 먹는다. 이들은 아이누족처럼 고기를 날것으로 먹거나 선지피를 마시거나 하지는 않는다. 뇌수와 내장은 마지막에 먹는다. 두개골은 대팻밥으로 장식해서 집 근처의 나무 위에 얹어 놓는다. 끝으로 남녀가 모두 함께 줄을 지어 곰 흉내를 내며 노래하고 춤춘다.

러시아의 여행가 폰 슈렌크L. von Schrenck는 1856년 1월에 길랴크족의 테바치 마을에서 행해진 곰 축제를 목격한 적이 있었다. 이 의식에 관해 그가 상세하게 기록한 보고서에는 방금 요약한 바 있는 간략한 서술에는 나오지 않는 특이한 관습이 언급되어 있는데, 그것을 정리하면 다음과 같다. 즉, 곰은 아무르[20] 지방과 시베리아 지방에서부터 멀리 캄차카 지방에 이르기까지 모든 부족들의 생활에서 큰 부분을 차지하는데, 그중에서도 길랴크족이 가장 곰을 중요시한다. 곰은 아무르 계곡의 광대한 지역에 두루 서식하며, 굶주리면 매우 사납고 또 신출귀몰하므로 그 지방에서는 가장 두려운 짐승으로 여겼다. 때문에 곰에 대한 길랴크족의 상상력이 매우 풍부했고, 또한 곰이 삶과 죽음 모두에 걸쳐 일종의 신앙적 공포의 후광으로 길랴크족을 감싸고 있다고 한들 전혀 이상할 것이 없었다. 어떤 길랴크인이 곰과의 격투에서 목숨을 잃으면, 사람들은 그의 영혼은 곰의 몸으로 전생한다고 믿는다. 그럼에도 곰고기는 길랴크족이 너무너무 좋아하는 기호식품이다. 그래서 길랴크족은 곰을 잡으면 일정 기간 그 짐승을 사육하면서 고기 맛에 특이한 향내가 나도록 하기 위해 곰에게 생선을 먹이는 경우도 있다. 하지만 그런 진미를 맛보기 위해서는 살아 있는 곰을 숭배하는 척 기만하거나 혹은 곰에게서 이탈한 영혼을 숭배하는 척함으로써 죽은 곰의 노여움을 회유할 목적으로 복잡한 절차의 의식을 행할 필요가 있다고 생각했다.

이런 숭배의 표시는 곰이 붙잡히면서부터 시작된다. 포획된 곰이 마을에 운반되어 우리 속에 갇히면, 모든 마을 사람들이 차례대로 곰에게 먹을 것을 가져다준다. 왜냐하면 그 곰이 사로잡힌 것이든 한 사람이 사들인 것이든 간에, 모든 곰은 어떤 의미에서 마을 전체의 공유물로 여겼기 때문이다. 마을 전체의 축제 때 곰고기를 사용할 것이므로 누구든 곰이 살아 있는 동안 그 곰을 돌봐 주어야 한다. 잡아 온 곰을 살려 놓는 기간은 그 곰의 나이에 따라 결정된다. 가령 늙은 곰은 몇 달 동안만 사육되지만, 새끼 곰은 다 클 때까지 사육된다. 잡아 온 곰의 피

하지방이 두꺼워지면 축제날이 가까웠음을 말해 주는 신호가 된다.

축제는 반드시 겨울에 행해졌으며, 보통은 12월에 혹은 경우에 따라 1월이나 2월에 집행한다. 러시아인 여행가들이 목격한 축제는 수일 동안 행해졌으며, 세 마리의 곰을 도살하여 먹어 치웠다고 한다. 거기서 사람들은 몇 차례 행렬을 지어 집집마다 곰을 끌고 돌아다녔다. 어느 집에서든 숭배의 표시로서 혹은 영접해야 할 손님이라는 것을 나타내기 위해 곰에게 먹이를 주었다. 그런데 곰을 끌고 그런 방문을 하기에 앞서 길랴크족은 곰 앞에서 줄넘기를 했다. 폰 슈렌크의 지적대로, 이는 아마도 곰에게 경의를 표하기 위한 행동이었을 것이다. 곰 세 마리는 도살당하기 전날 밤에 어슴푸레한 달빛 아래에서 꽁꽁 얼어붙은 강을 건너 먼 길을 끌려갔다. 그날 밤은 아무도 잠을 자지 않았다. 이튿날 곰은 다시 험준한 강둑을 따라 강가에까지 끌려가서 여자들이 물을 긷고 있는 얼음 구멍의 주위를 세 바퀴 돈 다음, 다시 마을 변두리의 지정된 장소로 끌려가 화살에 맞아 살해당했다. 곰이 살해당한 제장祭場 혹은 처형장에는 둘레에 껍질이 벗겨진 나무 말뚝들이 즐비하게 박혀 있었는데, 이는 곧 그곳이 신성한 장소라는 것을 의미한다. 말뚝 끝에는 대팻밥 같은 것이 감겨 있는데, 이와 같은 말뚝은 아이누족과 마찬가지로 길랴크족에게도 모든 종교적 의식에 반드시 필요한 상징이었다.

정해진 집에서 곰 시체를 받아들일 준비와 단장이 끝나면, 머리가 그대로 달려 있는 곰 가죽이 운반되는데, 그것은 출입구가 아니라 창문을 통해 집 안으로 반입한다. 그렇게 들여온 곰 가죽은 곰고기를 요리할 화덕 맞은편에 있는 일종의 교수대 같이 생긴 가설물 위에 걸어 놓는다. 길랴크족은 가장 나이 많은 영감이 곰고기를 삶는 일을 도맡는데, 이 일은 최고의 특권으로 간주된다. 거기에는 여자나 어린애 혹은 청년과 소년들은 얼씬도 하지 못한다. 곰고기를 삶는 일은 정성껏 시간을 들여 엄숙하게 행해졌다. 러시아인 여행가들에 의하면, 곰고기를 삶는 가마솥은 대팻밥으로 두텁게 감겨 있었고, 그 속에는 눈[雪]이 가득 담겨 있었다고 한다. 이는 곰고기를 삶을 때 물의 사용이 금지되어 있었기 때문이다. 한편 아라베스크 무늬와 갖가지 모양으로 멋지게 조각된 큰 나무쟁반이 곰의 코 밑에 바쳐진다. 그 쟁반 한쪽에는 곰 모양의 부조가, 다른 한쪽에는 두꺼비 모양의 부조가 새겨져 있다. 곰 시체를 자를 때 사지는 마치 가마솥 안에 던져지기 전에 떠나 달라고 간청이라도 하는 듯한 모습으로 그 곰 앞쪽의 땅 위에 내려놓는다. 고기가 다 삶아지면, 쇠갈고리로 찍어 내어 우선 그것을 곰에게 바치기 위해 곰 가죽 앞에 놓인 큰 나무 쟁반 위에 수북이 담는다. 또 기름덩이는 잘게 잘라 곧바로 곰 앞에 매달아 놓았다가 나중에 그 앞쪽의 땅바닥에 놓인 조그만 나무쟁반에 옮겨 담는다. 마지막으로 내장 또한 잘게 썰어 조그만 그릇에 담아 놓는다. 이와 동시에 여자들은 넝마로 붕대를 만들어, '곰의 눈에 넘쳐흐르는 눈물을 말리기 위해' 해가 진 다음 곰의 눈 아래 부위에 돌출한 코에 감아 놓는다.

불쌍한 곰의 눈물을 닦아 주는 이런 의식이 끝나면, 거기에 참석한 길랴크인들은 열심히 각자 몫의 곰고기를 먹기 시작한다. 고기를 삶은 물은 누군가 재빨리 마셔 버리고 만다. 곰고기와 고기국물을 먹는 데 사용하는 나무그릇과 쟁반, 숟가락 따위는 오로지 이 잔치를 위해서만 만들어진 것이며, 다른 때에는 사용하지 않는다. 거기에는 곰 모양의 조각이라든가, 곰과 곰 축제에 관련된 문양들이 정교하게 장식되어 있다. 사람들은 그것들을 함부로 다루는 데에 대해 신앙적인 강한 가책을 느낀다. 어쨌든 고기는 깨끗이 발라 먹고 뼈는 고기를 삶은 가마솥 속에 다시 넣어 끓인다. 식사가 끝나면 한 노인이 손에 전나무 가지를 들고 대문가에 서서 곰고기나 비계를 먹고 돌아가는 사람들을 하나하나 그 나뭇가지로 가볍게 때린다. 이는 아마도 존귀한 짐승을 함부로 다룬 것에 대해 벌을 준다는 의미가 아닌가 싶다. 오후가 되면 여자들이 기이한 춤을 추는데, 상체를 기묘한 자세로 굽히고 양손에 전나무 가지나 혹은 심벌즈 같은 것을 들고 춤을 추었다. 이와 동시에 다른 여자들은 막대기로 집 기둥을 두들기면서 일종의 반주를 넣었다. 폰 슈렌크는 곰고기를 먹은 다음 그 뼈와 두개골은 가장 나이 많은 노인들에 의해 엄숙하게 마을 변두리의 숲속에 있는 어느 장소로 운반되었으리라고 생각했다. 두개골을 제외한 뼈는 그곳에 묻혔을 것이다. 그 후 지면에서 몇 센티미터 정도 높이로 어린 나무를 베고, 그 나무를 쪼개어 두개골을 그 사이에 끼워 놓는다. 풀이 무성하게 그곳을 덮으면 두개골은 사람 눈에 띄지 않게 된다. 이것이 곰의 최후이다.

레오 슈테른베르크Leo Sternberg는 길랴크족의 곰 축제에 대해 다른 기술을 남겼다. 그의 설명은 본질적으로 앞의 것과 일치하지만, 몇몇 특이한 기술에 주목할 만하다. 레오 슈테른베르크에 의하면, 이 축제는 일반적으로 죽은 가족이나 친척의 공양을 위해 행해졌다고 한다. 즉, 죽은 가족과 가장 가까운 자가 새끼 곰을 사거나 산 채로 잡아 제물로 쓸 때까지 2~3년 정도 사육한다. 이들의 축제에서는 어떤 특별한 손님들만 곰고기를 먹을 수 있는 특권이 주어지며, 주인과 그 씨족원들은 곰고기로 만든 죽을 먹는다. 이때 대단한 분량의 죽을 만들어서 축제 기간에 다 먹어 치운다. 영예의 손님은 주인의 딸이라든가 주인 씨족에 속한 다른 여성들의 배우자 씨족들, 즉 주인의 사돈들에 국한되어 있다. 그 손님 가운데 한 명은 통상 그 집의 사위인데, 그에게는 화살 하나로 곰을 쏘아 죽일 의무가 주어진다. 도실된 곰의 모피와 머리, 고기는 대문이 아니라 지붕의 굴뚝 구멍을 통해 집 안으로 운반한다. 화살이 가득 들어 있는 화살통이 곰의 머리 앞에 놓이고 그 옆에는 담배와 설탕, 그 밖의 음식물이 차려진다. 그러면 곰의 영혼이 긴 여행길에 이런 제물들의 영혼들을 함께 데려간다고 여겼다.

곰고기를 삶는 데에는 특별한 그릇이 사용되며, 불은 부싯돌과 강철로 된 신성한 장치에 의해 지펴져야만 한다. 그것은 씨족의 소유로 되어 있으며 대대로 내려오는데, 이 엄숙한 행사 때 외에는 사용되는 법이 없다. 한편 모인 사람들이 먹을 음식으로 조리된 모든 요리의 일부를 특별한 그릇에 담아 곰머리 앞에 차려 놓는다. 이것을 '머리의 식사'라고 한다. 곰을 살해한 후, 암수 한 쌍의 개를 제물로 바친다. 이때 사람들은 개의 목을 조르기 전에 밥을 주면서, 높은 산 정상에 계시는 그들의 신에게 돌아가서 가죽을 바꾸어 입고 이듬해에는 곰이 되어 되돌아오라고 권장한다. 죽은 곰의 영혼도 같은 신에게 돌아가는데, 이 신은 동시에 원시림의 신이기도 하다. 곰의 영혼은 자기에게 바쳐진 이 제물을 짊어지고, 암수 개들의 영혼과 의식에서 중요한 역할을 담당하는 신성한 말뚝의 영혼에 의해 수호를 받으면서 머나먼 여행을 떠나는 것이다.

길랴크족의 인접 부족인 골디Goldi족[21]도 거의 비슷한 방식으로 곰을 다룬다. 그들은 곰 사냥을 나가 곰을 죽인다. 그러나 때로는 살아 있는 곰을 잡아 우리에 가두고 먹이를 충분히 주면서 그 곰을 자기 자식이나 형제라고 부른다. 대축제 때가 되면 곰을 우리에서 끌어내어 친절하게 주변을 데리고 다닌 다음 죽여서 먹는다. 두개골과 턱뼈, 귀는 악령을 쫓는 부적으로서 나무 위에 걸어 놓는다. 그러나 곰고기를 먹는 자는 누구든 사냥에 대한 열정이 타올라 용감한 자가 된다고 믿었으므로 너도나도 서로 먼저 먹겠다고 달려들었다.

아무르 지방의 퉁구스계 부족인 오로치Orotchi족도 대체로 같은 성격의 곰 축제를 거행한다. 새끼 곰을 사로잡은 자는 때가 되어 그것을 공개적으로 죽여 친

---

21 퉁구스족에 속한 나나이족의 구칭

구들과 함께 고기를 먹기 위해, 약 3년 동안 우리 속에 가두고 사육하는 것을 자신의 의무라고 생각한다. 곰 축제는 개인이 주최하는 것이기는 하지만 공식적인 행사이기 때문에, 각 오로치족 부락에서는 매년 교대로 그 축제를 개최한다. 곰이 우리에서 끌려나오면 창과 화살로 무장한 사람들에 의해 새끼줄로 묶인 채 마을 집집마다 빠짐없이 끌고 다닌다. 그러면 모든 집에서는 곰과 일행들에게 맛있는 음식물을 건네준다. 자기 마을뿐만 아니라 이웃 마을의 집들도 모두 방문하므로 이 의식은 며칠 동안 계속된다. 그 기간에 사람들은 즐거운 놀이와 여흥으로 시끌벅적하게 보낸다. 그런 다음 곰을 나무기둥에 묶고 사람들이 화살을 쏘아 곰을 죽인다. 곰고기는 구워 먹는다. 툰자[22] 강변에 사는 오로치족은 여자들도 곰 축제에 참가하는 데 반해, 비vi 강변에 사는 오로치족 여자들은 곰고기에 손도 대지 않으려 한다.

이상의 여러 부족들이 사로잡은 곰을 다루는 방식에는 종교적 숭배와 거의 구별되지 않는 특징이 내포되어 있다. 가령 살아 있는 곰과 죽은 곰에게 기도를 올린다든가, 곰의 두개골 앞에 곰고기를 비롯한 음식물을 바친다든가 하는 관습이 그것이다. 또한 살아 있는 곰을 강가로 끌고 가서 풍어豐漁를 기원한다든지, 곰을 집집마다 끌고 다니면서 그 가정에 곰의 축복이 깃들이기를 비는 길랴크족의 관습도 마찬가지이다. 특히 이 관습은 유럽에서 봄에 '오월의 나무' 또는 나무정령으로 표상되는 사람을 집집마다 끌고 다니면서 소생하는 자연의 새로운 활력을 사람들에게 스며들게 하려는 관습과 전적으로 동일한 것이다. 한편 엄숙하게 곰고기와 피를 나누어 먹는다든지, 특히 죽은 곰 앞에 바쳐 성화시킨 그릇 속의 음식물을 나누어 먹는 아이누족의 관습은 성찬의 관습과 완전히 일치한다. 이 같은 일치는 고기를 차려 놓거나 조리하기 위해 특별한 용기를 준비한다든지, 종교의례의 목적 이외에는 절대 사용하지 않는 신성한 도구로 불을 지피는 길랴크족의 관습에서도 엿볼 수 있다.

사실상 아이누족의 종교와 관련하여 우리가 인용하는 주된 전거의 제공자인 배첼러 목사는, 곰에 대한 아이누족의 의례적 존경심이 하나의 종교적 숭배였음을 분명히 지적하고 있다. 또한 그는 곰이 의심할 나위 없이 아이누족의 신들 가운데 하나였다고 확신하고 있다. 분명 아이누족은 신을 지칭하는 '카무이kamui'

---

22 불가리아 남부지역의 강

라는 말을 자연스럽게 곰에게도 쓰고 있다. 그러나 배첼러 목사 자신도 지적하고 있듯이, 이 용어는 여러 상이한 의미로 사용되고 있으며, 극히 다양한 대상에 대해 적용되고 있다. 때문에 곰을 그 용어로 부른다고 해서 곧 곰이 실제로 신으로서 숭배되었다고 섣불리 단정할 수는 없다. 실제로 사할린의 아이누족은 곰을 신이 아니라 단지 신의 사자로 여길 뿐이다. 이는 그들이 곰을 살해한 후 곰에게 전언을 위탁하는 데에서도 잘 알 수 있다.

마찬가지로 길랴크족도 명백히 곰을 사자로서 간주한다. 즉, 그들은 자신들의 안녕을 관장하는 '산신령'에게 보낼 선물과 함께 사자로서 곰을 파견하는 것이다. 이와 동시에 그들은 곰을 인간보다 훨씬 더 높은 차원의 존재, 즉 하위신으로서 취급하기도 한다. 마을에서 곰이 사육되고 있는 동안 곰의 존재는 축복의 원천으로 여겼다. 특히 항상 마을에 잠복하면서 사람들을 기다리고 있다가 재물을 강탈하거나 질병을 주어 신체를 파괴하는 악마들을 얼씬도 하지 못하게 해주는 것이 바로 곰이라고 믿었다. 나아가 길랴크족과 아이누족, 골디족은 모두 공통적으로 곰고기나 피 혹은 고깃국을 먹음으로써 그 동물의 절대적인 위력의 일부분, 특히 그 용기와 체력을 획득할 수 있다고 믿었다. 따라서 그들이 곰을 은인으로 대하고, 곰에게 최고의 숭배와 애정을 쏟는다 해도 전혀 이상할 것이 없는 것이다.

곰에 대한 아이누족의 불명확한 태도에 관해서는, 그들이 다른 동물에 대해 보이는 유사한 태도와 비교함으로써 어느 정도 해명이 가능할 것이라고 생각한다. 가령 그들은 사람에게 닥치는 재난을 울음소리로 경고해 주고 그 재앙에서 수호해 주는 선신으로서 수리부엉이를 숭배한다. 그래서 수리부엉이는 인간과 창조주 사이의 중재자로서 사랑과 신뢰를 받으며, 진심으로 숭배받는다. 그들은 수리부엉이를 다양한 호칭으로 부르는데, 그 호칭들은 수리부엉이가 가지는 신성과 중재자라는 두 영역의 성격을 가리킨다. 그들은 기회만 있으면 이 신성한 새를 사로잡아 새장 안에 넣고 키우면서 '귀여운 하느님'이나 '사랑스러운 작은 하느님'이라는 이름으로 부른다. 그럼에도 이 '귀여운 하느님'의 목을 졸라 죽여서 보다 상위의 신들 또는 창조주에게 전언을 보내기 위한 중재자로서 파견할 때가 찾아오게 된다. 다음 글은 수리부엉이를 죽이기 전에 바치는 기도문의 한 사례이다.

"귀여운 하느님이시여, 우리는 당신을 사랑하기 때문에 당신을 키워 왔고 이

제 당신을 아버지에게 돌려보내고자 합니다. 여기 음식물과 이나오와 술과 과자를 차려 놓았습니다. 이것들을 당신의 부친께 선사하면 매우 기뻐하실 겁니다. 당신이 부친께 가거든 이렇게 말씀해 주십시오. '저는 오랫동안 아이누족과 함께 살아왔습니다. 어떤 아이누족 아버지와 어머니께서 저를 길러 주셨지요. 그러다가 이제 아버지 슬하로 돌아왔습니다. 좋은 선물들을 듬뿍 가지고 왔어요. 아이누 땅에서 살고 있을 때, 저는 그들이 겪는 많은 고난을 보았습니다. 어떤 이는 악령에게 시달림을 받았고, 어떤 이는 야수에게 상처를 입었습니다. 어떤 이는 산사태로 크게 다쳤고, 또 어떤 이는 배가 파선되었습니다. 또한 많은 이들이 병으로 고생하는 것을 보았습니다. 사람들은 지금 궁핍한 생활에 어려움을 겪고 있습니다. 아버지신이시여, 제 말을 귀담아 들으시고 서둘러 아이누족을 보시어 그들을 도와주십시오.' 당신이 이렇게 말해 준다면 당신의 아버지께서 분명 우리를 구해 주실 것입니다."

또한 아이누족은 독수리를 새장에 넣어 키우면서 신으로 숭배한다. 그러면서 사람들을 재앙에서 자신들을 지켜 달라고 기원하면서 독수리를 제물로 바친다. 이때 그들은 다음과 같이 기도한다. "오, 위대한 신이시여, 신이신 새여. 내 말을 들어 보시오. 당신은 이 세상에 속한 존재가 아닙니다. 당신의 집은 창조주와 그 황금독수리가 살고 있는 곳에 있기 때문입니다. 그래서 우리는 당신에게 이나오와 과자, 그 밖의 귀한 물건들을 선물합니다. 당신은 이 이나오를 타시고 영광의 하늘에 있는 그대의 집으로 돌아가십시오. 그곳에 도착하면 그대의 친구 신들을 불러 모아, 이 세상을 통치해 준 것에 대해 감사한다고 전해 주시오. 그대에게 바라건대, 다시 돌아와 우리를 다스려 주십시오. 오, 존경해 마지않는 그대여, 조용히 떠나 주십시오." 나아가 아이누족은 매를 숭배하여 그것들을 새장에 넣고 키우다가 제물로 바치기도 한다. 매를 살해할 때 올리는 기도문은 다음과 같다. "오, 신의 매여, 그대는 훌륭한 사냥꾼입니다. 그대의 지혜를 우리에게도 내려 주소서!" 매를 사육하는 동안 극진하게 대접해 주고 매를 살해할 때 위와 같이 기도하면, 매가 사냥꾼에게 협조를 아끼지 않을 것이라고 믿었던 것이다.

이상에서 아이누족은 그들이 신성시하는 동물을 죽임으로써 여러 가지 이익을 얻으려 했다. 그들은 그 동물들이 천상에 있는 동족이나 신들에게 가서 자신들을 위해 전언해 주기를 기대했다. 그들은 그 동물들의 신체 일부를 섭취하거나 혹은 어떤 방식으로든 그 동물들의 힘을 나누어 가지고 싶어 했다. 나아가 그들은 분명히 그 동물들이 지상에서 몸을 가지고 다시 부활할 것을 기대했다. 그래야만 그들이 다시 그 동물을 잡아 죽일 수 있을 것이고, 그럼으로써 이전에 그 동물을 취하여 얻은 이익을 다시 얻을 수 있게 될 것이기 때문이다. 그들이 숭배하는 곰과 독수리의 머리를 때려죽이기 전에 올리는 기도에서 그들은 그 동물들에게 다시 돌아오라고 권하는데, 이는 분명 그 동물들이 장차 부활할 것이라는 믿음을 보여 준다. 만일 이 점에 대해 어떤 의문이 든다면, 그것은 배첼러 목사가 제시한 증거를 통해 해소될 수 있다. 그에 의하면, 아이누족은 "사냥할 때 살해하거나 희생제물로 바친 새와 짐승의 영혼이 지상에 다시 돌아와서 육신을 입고 살아간다고 굳게 믿는다. 나아가 그것들이 인간들 특히 아이누족 사냥꾼들을 위해 나타난다고 믿는다." 배첼러 목사에 따르면, 아이누족은 "곰을 키워 잡아먹으면, 그 대신 다른 곰이 또 나타나 같은 방식으로 키워 잡아먹을 수 있게 되기를 바라는 것이다." 또한 동물을 제물로 바칠 때도 "마치 그렇게 살해당해 먹히는 것이 그 동물에게 영광이고 기쁨이라도 된 듯이, 그 동물에게 다시 돌아와서 다른 잔치의 음식물이 되어 달라고 부탁하는 기도를 올린다. 사실 그들은 그렇게 생각했다." 문맥상으로 볼 때 이 마지막 이야기는 특히 곰 제사와 관련된 것으로 보인다.

이렇게 아이누족이 숭배하는 동물을 살해하여 얻고자 하는 이익 중에서 가장 실질적인 것은 현재와 향후에 있을 수많은 기회에 살코기와 피를 배불리 포식하는 일이다. 그런 즐거운 전망은 죽은 동물의 영적 불멸성과 육체적 부활에 대한 확고한 신앙에서 생겨난 것이다. 세계 각지의 여러 미개인 사냥꾼들이 이와 유사한 신앙을 공유하고 있는데, 그것이 후술할 여러 기묘한 관습들을 낳은 것이다. 한편 아이누족과 길랴크족, 다른 여러 부족들이 우리에 가두어 키운 곰을 존경과 애도를 표하면서 살해하는 엄숙한 의식이, 사냥꾼이 숲에서 우연히 죽인 야생 곰에 대해 행하는 것과 비슷한 의식의 연장 내지 미화에 지나지 않는다는 사실을 살펴볼 필요도 있다. 우리는 길랴크족의 사례를 통해 그것이 명백한 사실임을 확인할 수 있다. 슈테른베르크에 의하면, 길랴크족이 행하는 의식의 의미를 이해하려면 "흔히 잘못 가정하듯이, 사육한 곰을 살해할 때에만 곰 축제를 거행하는 것은 아니다. 길랴크족이 곰 사냥에 성공할 때마다 그런 곰 축제가 열린다는 사실을 무엇보다 먼저 기억해야 한다. 그때의 축제는 규모면에서 크지 않지만, 본질적으로 다른 곰 축제와 동일하다. 예컨대 숲에서 죽인 곰의 머리와 가죽을 마을로 가져올 때에도 음악과 엄숙한 의례를 통해 마치 개선식을 치르듯이 맞이하는 것이다. 곰머리는 성화된 선반 위에 안치되고, 사육한 곰의 경우와 마찬가지로 먹이가 주어지며 공물을 바친다. 또한 영광스러운 손님들도 모여든다. 그뿐만 아니라 개를 제물로 바치며, 이때도 사육한 곰의 경우와 똑같이 뼈는 일정한 장소에 묻어 숭배의 표식으로서 보존한다. 그러니까 전술한 겨울의 대축제는 곰을 죽일 때마다 그때그때 행하는 의식의 연장일 뿐이다."

따라서 이런 부족들의 관습에서 나타나는 명백한 모순, 즉 자신들이 숭배하고 거의 신처럼 모시는 동물을 관례적으로 사냥하고 죽이고 먹는 것이 우리가 언뜻 보고 생각하는 것처럼 그렇게 부자연스러운 일은 아니다. 그들이 그렇게 하는 데에는 매우 실제적이고 현실적인 이유가 있기 때문이다. 피상적인 관찰자들이 흔히 오해하듯이, 미개인들은 그렇게 비논리적이거나 비실제적이지 않다. 그들은 자신과 직접 관련된 문제에 대해 깊이 생각하고 추리한다. 그들의 결론이 종종 우리의 생각과 큰 차이가 있을지라도, 그들이 인간 생존의 어떤 근본적인 문제들에 대해 인내심을 가지고 오랫동안 성찰해 왔다는 사실을 부정해서는 안 된다.

앞서 살펴보았듯이, 그들은 곰을 인간의 필요성에 전적으로 봉사하는 동물로 취급하면서도, 그 종의 특정한 개체를 골라 거의 신을 대하는 듯한 존경심을 표한다. 그렇다고 그들을 비이성적이며 일관성이 결여되어 있다고 성급하게 평가절하할 필요는 없다. 그보다는 그들의 관점에 서서 그들의 눈으로 사물을 바라봄으로써 우리 자신의 세계관에 깊이 각인되어 있는 선입관에서 벗어나고자 애써야 할 것이다. 그렇게 할 때 우리는, 그들의 행동이 비록 우리 눈에는 어리석게 비칠지 몰라도, 미개인들도 그들 나름대로 자신이 제한적으로 경험한 사실들과 조화를 이루는 일련의 추리 과정에 입각하여 행동했다는 점을 알게 될 것이다. 다음 장에서는 바로 이 점을 보여 주고자 한다. 나는 아이누족과 동북아시아의 다른 부족들이 행하는 엄숙한 곰 축제가, 미개인들이 자기가 소박한 철학에 근거하여 자신이 잡아먹은 동물에게 관례적으로 존경심을 표하는 전형적인 사례일 뿐이라는 점을 살필 것이다.

제53장
사냥꾼에 의한 야생동물의 회유

미개인은 영혼이 내재하며 실제로 불멸한다는 이론에 입각한 생명관을 사람에게만 국한하지 않고 생물 일반으로 확대했다. 이 점에서 미개인은 흔히 동물에게는 불멸성의 특권을 인정하지 않은 채 오직 자신에게만 불멸성이 있다고 주장하는 문명인들보다 훨씬 더 관대하고 보다 논리적으로 보인다. 미개인들은 문명인들처럼 오만하지 않다.[1] 일반적으로 그들은 동물도 사람과 마찬가지로 감정과 지적 능력을 가지고 있으며, 사람처럼 영혼이 있어서 그 영혼은 육체가 죽은 뒤에까지 살아남아 실체 없는 유령으로 떠돌아다니거나 혹은 동물 형태로 다시 태어난다고 믿었다.

따라서 살아 있는 모든 생물을 실질적으로 인간과 동등한 입장에서 바라보는 미개인은 동물을 죽이고 먹는 행위에 대해 우리와는 매우 다르게 생각했음이 분명하다. 우리는 동물의 지적 능력은 인간보다 훨씬 열등하며 동물에게는 불멸의 영혼이 존재하지 않는다고 생각한다. 이와 달리 동물을 죽인 원시인 사냥꾼은 자신의 소박한 철학에 입각하여, 육체에서 분리된 동물의 정령이나 혹은 해당 동물 전체가 자신에게 복수할 위험이 있다고 믿었다. 다른 동물들도 인간과 마찬가지로 종족의 유대와 피의 원한에 대한 의무로 함께 결속되어 있으므로, 구성원 중 하나에게 가해진 위해에 대해 보복한다고 여겼다. 그리하여 미개인들은 절박하게 죽여야 할 이유가 없는 동물이나 혹은 최소한 동족이 살해당했을 때 피의 보복을 할 우려가 있는 사납고 위험한 동물의 생명은 빼앗지 않는 것을 규칙으

---

1 이 대목에서 프레이저는 현대 생태학적인 문제의식과 통하는 발상을 하고 있는 듯이 보인다. 이와 관련하여 그는 체로키족 인디언의 신화를 예로 들면서, 다음과 같이 인용하고 있다. "사람과 동물 사이에는 본질적인 차이가 없다. 태초에는 그것들이 전혀 분화되어 있지 않았으며, 모든 생물이 똑같이 조화와 공생 관계 속에서 함께 살아가며 활동했다. 그런데 인간이 출현하면서부터 그 공격성과 다른 생물의 권리를 무시하는 태도로써 적개심을 불러일으키자, 곤충과 새와 물고기와 파충류와 네 발 짐승들이 모두 힘을 합쳐 인간과 대적하게 되었다. 이때부터 그들의 삶이 각기 분화되었지만, 그 차이는 항상 정도의 차이일 뿐이다." 로버트 프레이저 편, 앞의 책, 615쪽 참조

로 삼았다. 이를테면 악어도 그런 동물에 속한다. 이 동물은 오직 더운 나라에서만 서식한다. 그런 곳에는 일반적으로 먹을 것이 풍부하므로, 원시인은 딱딱하고 맛도 없는 악어고기를 얻을 목적으로 그것을 죽일 필요가 없었다. 때문에 미개인들은 함부로 악어의 생명을 빼앗지 않았으며, 다만 악어에게 살해당한 동족의 복수를 위해서만 악어를 죽였다.

보르네오의 다약족은 악어가 먼저 사람을 죽이지 않는 한 그것을 죽이는 법이 없다. "다약족에 의하면, 자신과 친척들이 얼마든지 악어에게 복수할 수가 있으므로 구태여 악어를 공격할 필요가 없다고 여긴다. 그러나 만일 악어가 동족을 죽였을 경우, 그 유족들에게는 악어에게 보복할 신성한 의무가 주어진다. 그리하여 그들은 범죄자를 처단하는 재판관의 정신으로 사람을 잡아먹은 악어에게 덫을 놓아 잡으려 한다. 이때 그 유족들과 직접 관계가 없는 다른 사람들은 이 복수극에 끼어드는 것을 꺼리기 때문에 모두 뒷전으로 물러선다. 사람을 죽인 악어는 정의의 네메시스Nemesis가 추적한다고 믿는다. 그래서 누군가 악어를 잡으면, 그 놈이야말로 죄를 범한 악어이거나 혹은 공범자라고 굳게 믿는 것이다."[2]

다약족과 마찬가지로, 마다가스카르섬의 원주민들 또한 "살해당한 친구에 대해 보복하는 경우가 아니라면 결코 악어를 죽이지 않는다. 그들이 믿는 바에 의하면, 이 동물을 실수로라도 죽이게 되면 '탈리오의 법칙lex talionis'[3], 즉 '동해법同害法'에 따라 반드시 인간도 죽게 된다고 한다." 마다가스카르의 이타시 호수 근방에 사는 종족은 해마다 악어들에게 선포식을 행한다. 거기서 그들은 친구가 악어에게 물려 죽으면 그 숫자만큼 악어를 죽여 보복할 것이라고 선포하면서, 자신들은 사람을 죽이는 사악한 악어하고만 싸울 뿐이니, 모든 선량한 악어들은 비켜 있으라고 경고한다. 마다가스카르의 여러 부족들은 자신을 악어의 후손이라고 여기며, 따라서 저 비늘 덮인 파충류를 사실상 인간이며 형제라고 믿는다. 그래서 만일 이 동물 가운데 한 마리가 체면도 없이 친족인 인간을 잡아먹은 경우에는, 부족의 추장 혹은 추장이 부재중이면 부족의 관습에 따라 가장 나이 많은 장로가 사람들을 데리고 물가에 가서 유족들을 앞에 놓고 이제 자기가 범죄자를

---

2 출처는 Rev. J. Perham, "Sea Dyak Religion", in *Journal of the Straits Branch of the Royal Asiatic Society*, No. 10, December 1882

3 피해자가 입은 손해만큼 똑같은 분량의 손해를 가해자에게 입힌다는 고대의 보상 원칙. 우리가 흔히 말하는 '눈에는 눈으로, 이에는 이로'라는 원칙으로, 구약성서 『레위기』(24장 17~21절)에도 등장한다.

정의의 무기로 처단하겠다는 요지를 선언한다. 그리고 갈고리에 미끼를 꿰어 강물 속에 던진다. 다음 날 죄가 있는 악어 형제 혹은 그 일원을 강물에서 끌어올려 엄격한 심사를 거쳐 단죄하고 사형선고한 다음 처형한다. 이렇게 정의감을 실현하는 동시에 율법의 존엄성을 지키고 나면, 죽은 악어에 대해서는 마치 친족이나 되는 듯이 애도하며 매장한다. 악어 시체 위에 봉분을 쌓고 악어의 머리 위치를 나타내기 위해 돌 하나를 세운다.

호랑이도 미개인들이 되도록 건드리지 않으려는 위험한 동물 중 하나이다. 자칫 호랑이를 죽임으로써 다른 호랑이들의 적의를 자극할 수가 있기 때문이다. 수마트라의 원주민들은 자기 방어를 위해서나 혹은 친구나 친척이 호랑이에게 물려 죽은 직후가 아니면, 무슨 일이 있어도 호랑이를 잡거나 상처를 입히려 하지 않는다. 혹 유럽인들이 호랑이 덫을 장치해 놓으면, 인근 부족 사람들이 그날 밤 현장에 가서, 이 덫은 우리가 장치한 것이 아니며 우리는 절대 동의하지 않았다고 크게 외친다. 벵골의 라자마할 근방에 사는 사람들은 호랑이에게 친족이 잡아먹히지 않는 한 결코 그것을 죽이지 않는다. 하지만 친족이 호랑이에게 잡아먹히면 호랑이 사냥을 나간다. 그 사냥에 성공하면 호랑이 시체 위에 화살을 놓고 친족에 대한 보복이었노라며 신에게 고한다. 이런 복수가 끝난 후, 유사한 도전 행위가 없는 한 다시는 호랑이를 죽이지 않겠다고 맹세하기도 한다.

캐롤라이나의 인디언들은 뱀을 만나면 괴롭히지 않고 피해 간다. 만일 뱀을 죽이면, 그 뱀의 동족이 그들의 형제와 친구, 친척들을 차례차례 죽일 거라고 여겼기 때문이다. 마찬가지로 세미놀족 인디언들은 살해당한 방울뱀의 영혼이 자기 동족에게 자신을 대신하여 복수하도록 부추길 거라고 생각하여 방울뱀을 죽이지 않는다. 체로키족 인디언들은 방울뱀을 뱀 씨족의 추장이라고 믿어 두려워하고 공경한다. 그래서 어쩔 수 없는 경우를 제외하고는 감히 방울뱀을 죽이려 드는 일이 거의 없다. 만일 죽일 경우에도 스스로 혹은 사제의 중재로 일정한 방식에 따라 그 뱀의 영혼에게 용서를 빌지 않으면 안 된다. 그런 절차를 밟지 않으면 죽은 뱀의 동족들이 복수를 위해 그중 한 마리를 파견해서 동족 방울뱀을 죽인 사람을 기습하여 물어 죽인다고 믿는다. 나아가 그들은 할 수 있는 한 늑대도 죽이지 않는다. 늑대를 죽이면 그 동족이 반드시 복수한다고 여겼다. 또한 늑대를 죽일 때 썼던 무기는 주술사에 의해 정화하지 않는 한 다시 사용할 수 없다. 하지만 그런 범죄를 씻을 수 있는 속죄의식을 알고 있는 사람도 있다. 그런 사람은 늑대를 죽여도 벌을 받지 않기 때문에, 가축이나 물고기 덫이 늑대에게 피해를 입었을 때는 그런 사람을 고용하기도 한다. 동부 수단의 제벨누바 지방에서는 영국의 검은지빠귀 비슷하게 생긴 검은 새의 보금자리를 만지거나 그 새끼를 잡지 못하도록 금지하고 있다. 만일 이를 어겼을 때는 그 어미새가 폭풍을 일으켜 추수를 망치는 복수를 할 것이라고 믿었다.

그렇다고 미개인들이 일절 동물을 죽이지 않고서는 살아갈 수가 없다. 어떤 동물을 잡아먹지 않으면 굶주릴 판이고, 그래서 그가 죽느냐 짐승이 죽느냐 하는 양자택일의 상황에 직면한 경우에는, 그들도 신앙의 이유를 불문하고 부득이 동물의 생명을 빼앗지 않을 수 없다. 아울러 그들은 자신이 죽인 동물이나 그 동물의 동족들을 달래기 위해 온갖 노력을 기울인다. 예컨대 어떤 동물을 살해하면서도 그 동물에 대해 존경의 마음을 표한다든지, 죽일 수밖에 없는 인간 입장을 해명한다든지, 시종일관 자신의 책임을 숨긴다든지, 혹은 자신이 살해한 동물의 시체를 정중하게 처리해 주겠노라고 약속한다든지 등이 그렇다. 이렇게 죽음의 공포를 제거함으로써 희생의 운명을 감수하도록 동물을 달래 주며, 또한 그 동물의 동족들을 이쪽으로 오도록 유인해서 잡아 죽이려는 것이다.

캄차카 반도의 원주민들 사이에서는 반드시 먼저 동물에게 용서를 빌고 결코 나쁘게 생각지 말아 달라며 간청하기 전에는 절대 육지나 바다의 동물을 죽이지 않는 것을 규칙으로 삼았다. 나아가 그들은 동물에게 삼나무 열매 따위를 바쳤다. 이는 그 동물이 제물로서가 아니라 어디까지나 잔치에 초대된 손님으로서 처리된다는 것을 믿도록 하기 위한 것이다. 그렇게 하면 같은 종류의 다른 동물들이 머뭇거리지 않고 사람들 앞에 모습을 드러내서 사람들이 용이하게 사냥할 수 있다고 믿었다. 가령 곰을 죽이고 그 고기로 잔치를 베푼 뒤에, 주인은 그 곰의 머리를 참석한 사람들 앞에 가져가 그것을 이파리나 풀로 감싸고 갖가지 장식물과 백랍白蠟 따위로 치장한다. 그런 다음 곰을 죽인 책임을 러시아 사람들에게 전가하면서 곰에게 노여움을 그쪽으로 돌려 달라고 부탁한다. 더불어 그들은 자기네가 죽인 곰에 대해, 그 곰이 정말 후한 대접을 받았으며, 따라서 앞으로도 두려워하지 말고 꼭 찾아와 달라는 요지의 말을 다른 곰들에게 전해 달라고 부탁한다. 캄차카 반도의 사람들은 물개와 강치, 그 밖의 동물에 대해 위와 동일한 의례적 숭배의 마음을 가지고 취급했다. 그들은 살해당한 동물의 주둥이 속에 곰풀처럼 생긴 나뭇가지를 쑤셔 넣는다. 그리고 이빨을 드러낸 곰 두개골을 향해 타이르면서, 두려워하지 말고 다른 친구들에게 가서 그들도 사람들에게 잡히면 이렇게 훌륭한 환대를 받을 수 있을 거라고 말해 줄 것을 부탁한다.

오스탸크Ostiak족[4]은 곰 사냥을 하면 그 목을 베어 나무에 걸어 둔다. 그리고 그 둘레에 둥글게 모여 앉아 경건하게 기도를 올린다. 그런 다음 곰 시체 쪽으로 뛰어가서 슬픈 목소리로 이렇게 말한다. "누가 널 죽였는가? 러시아인들이 그랬지. 누가 네 목을 베었는가? 러시아인들의 도끼였지. 누가 네 가죽을 벗겼는가? 러시아인들이 만든 손칼이지." 또한 그들은 곰을 죽인 화살에 힘을 부여한 깃털은 이상한 새의 날개에게서 온 것이며, 그들은 활을 쏘았을 뿐이고 다른 짓은 하지 않았노라고 변명한다. 이렇게 죽은 곰을 달래지 않으면, 곰의 망령이 호시탐탐 기회를 엿보아 자신들을 공격할 것이라고 믿었다. 나아가 그들은 살해당한 곰 가죽 안에 건초를 채워 박제를 만들기도 한다. 이어 그들은 곰을 우롱하는 노래를 부르며 승리를 축하하고, 침을 뱉거나 발길질을 한 후 뒷발로 세워 놓는다. 상당한 기간 그들은 죽은 곰을 수호신처럼 숭배한다.

코랴크Koryak족 사람들이 곰이나 늑대를 죽였을 때, 그 가죽을 벗긴 다음 누군가 한 사람에게 그 가죽을 뒤집어씌운다. 그리고 그 동물을 죽인 자는 자기들이 아닌 다른 사람, 예컨대 러시아인들의 짓이라고 말하면서, 가죽을 쓴 사람의 주위를 돌며 춤춘다. 여우를 잡아 죽였을 때에는 그 가죽을 벗긴 다음 여우 시체를 풀로 감싼다. 그리고 죽은 여우로 하여금 동료 여우들에게 가서, 사람들이 이렇게 자기를 따뜻하게 맞이하며 낡은 옷 대신 새 옷을 입혀 주더라고 전해 줄 것을 부탁한다. 이들의 의식에 대한 보다 상세한 설명이 근대의 한 저술가에 의해 기록되었다. 그의 설명에 의하면, 살해당한 곰이 집 안으로 운반되면 여자들이 한 손에 횃불을 들고 춤을 추며 맞이한다. 곰 가죽은 통째로 벗겨지고, 한 여자가 그것을 몸에 걸치고 춤을 추면서 제발 성내지 말고 사람들에게 친절히 대해 달라고 곰에게 부탁한다. 이와 동시에 나무쟁반에 담은 곰고기를 죽은 곰 앞에 차려 놓고 "친구여, 잡수시오"라고 권한다. 이어서 죽은 곰 혹은 그 영혼을 그의 고향집으로 돌려보내기 위한 의식이 행해진다. 그의 여행길을 위해 순대처럼 생긴 음식과 풀 망태기로 감싼 사슴고기 따위를 준비한다. 그런 다음 사람들은 곰 가죽 안에 풀을 채워 집 둘레를 돈다. 그렇게 하면 곰의 영혼이 해가 뜨는 쪽을 향해 떠난

---

4 시베리아 서부 오비강의 중하류 지역에 사는 수렵어로민족. 한티족이라고도 한다.

다고 믿는 것이다. 이러한 의식의 목적은 살해당한 곰과 그 친족들의 노여움에서 사람들을 지킴으로써 이후 곰 사냥의 성공을 보장하기 위한 데에 있었다.

핀Finn족[5]은 곰을 죽인 것은 자기들이 아니라 나무에서 떨어져 죽었거나 혹은 다른 사고로 죽은 것이라고 살해당한 곰을 설득한다. 그리고 곰을 위한 장례식을 거행하며, 의례 끝부분에서 곰에게 경의를 표하는 노래를 부른다. 이때 노래를 부른 자들은 다른 곰들도 너처럼 이곳에 와서 죽어 주고, 또 네가 정말 후한 대접을 받았다는 것을 다른 곰들에게 알려 달라고 살해당한 곰을 정성스럽게 설득한다. 라프Lapp족은 곰을 포획하는 데 성공하면 그 곰이 자기들을 상처 입히지 않은 데 대해 치하하고, 또한 곰에게 치명상을 입힌 몽둥이나 창 따위가 손상되지 않은 것에 대해 감사해한다. 아울러 그 곰이 폭풍을 일으키거나, 그 밖의 방법으로 자기들을 파멸로 몰아넣지 말아 달라고 기도한다. 그런 다음 사람들은 곰고기로 잔치를 열었다.

이처럼 주기적으로 곰을 잡아먹는 사냥꾼들의 곰 숭배는 베링 해협[6]에서 라플란드[7]에 이르기까지 구대륙의 북부 전 지역에 걸쳐 찾아볼 수 있으며, 북아메리카에서도 비슷한 관습을 엿볼 수 있다. 아메리카 인디언들에게도 곰 사냥은 그 준비를 위한 오랜 단식과 정화의식이 수반되는 중요한 행사였다. 이들은 곰 사냥을 출발하기에 앞서, 이전에 살해당한 곰의 영혼에게 속죄의 제물을 바치면서 사냥꾼들에게 호의를 베풀어 달라고 간청한다. 곰을 죽이면 사냥꾼들은 담배 파이프에 불을 붙여 곰 주둥이 사이에 꽂고는 입으로 불어 담배 연기가 곰의 입 안에 가득 차게 한다. 그러면서 자기들이 곰을 죽인 것에 대해 곰이 노여워한다든지 앞으로 사냥을 방해한다든지 하지 말아 달라고 부탁한다. 곰고기는 통째로 구워 먹는데, 이때 한 점도 남겨서는 안 된다. 곰머리에는 빨간색과 파란색 칠을 해서 말뚝 위에 꽂아 놓고 거기에 말을 걸면서 살해당한 곰을 높이 칭송한다.

오타와Ottawa족[8] 인디언의 곰 씨족은 곰을 죽이면 그 고기를 곰에게 제물로 바치면서 "우리가 너를 죽였다고 해서 원한을 품지 말아 다오. 너는 이해심이 깊잖

---

5 주로 스칸디나비아 반도에 사는 종족. 핀·우그리아어족에 속해 있다.
6 북극해와 베링해를 이어주고 아시아 대륙과 북아메리카 대륙이 가장 근접한 곳에서 이 두 대륙을 갈라놓는 해협
7 대부분이 북극권에 속하는 북유럽 지역. 노르웨이·스웨덴·핀란드의 북부와 러시아의 북서부 끝에 걸쳐 있다.
8 알공킨어를 사용하는 북아메리카 인디언. 오늘날의 오타와·프렌치강, 조지아만, 미시간 북부지역과 인근에 살았다.

아. 우리 자식들이 배를 주리고 있다는 걸 누구보다도 잘 알거야. 그들은 너를 매우 좋아해. 그래서 배 속에 너를 모시고 싶어 한단다. 게다가 추장 어른의 도련님들께 먹히다니 그런 영광이 또 어디 있겠니"라는 말을 한다. 브리티시컬럼비아의 누트카족 인디언들은 곰을 죽이면 그 시체를 집 안으로 운반한 다음 대추장 앞에 똑바로 세워 놓고, 곰의 머리에 추장의 관을 씌워 주고 추장 옷을 입히며 하얀 깃털을 온몸에 뿌린다. 그리고 그 앞에 음식을 차려 놓고 먹을 것을 권하는 말이나 시늉을 한다. 그런 다음 가죽을 벗기고 고기를 삶아 먹었다.

다른 위험한 동물에 대해서도 정기적으로 그것을 잡아 죽이는 사냥꾼들이 숭배의 마음을 표한다. 카프레족 사냥꾼들은 코끼리를 잡으려고 창을 던질 때, "어르신, 우리를 죽이지 말아요. 추장 어른, 우리를 치거나 밟지 말아요"라고 외친다. 코끼리가 죽으면 그것은 순전히 실수로 저지른 사고인 양 거듭 용서를 구한다. 그리고 코끼리를 숭배한다는 표시로 엄숙한 의식을 거행하면서 코끼리 코를 매장한다. 이는 '코끼리는 대왕이며 그 코는 그의 손'이라고 여겼기 때문이다. 아막소사의 카프레족은 코끼리를 공격하기에 앞서 큰 소리로 외치며, 코끼리에 대한 숭배의 뜻을 표한다. 자기들은 목걸이의 구슬이나 필수품의 보급을 위해 반드시 코끼리 상아가 필요하다는 점을 분명하게 털어 놓는다. 그리고 이제부터 그 작업을 착수할 것이니, 코끼리 도살을 용서해 달라고 말한다. 코끼리를 죽인 다음에는 코의 끝부분과 함께 이전에 상아를 팔아서 얻은 물건 약간을 땅속에 묻는데, 이렇게 하면 다가올 재난을 피할 수 있다고 믿었다.

동부아프리카의 몇몇 부족들은 사자를 죽이면 왕 앞에 가지고 간다. 왕은 땅에 엎드려 사자의 콧등에 얼굴을 비벼 대면서 숭배의 뜻을 표시한다. 서부아프리카의 어떤 지방에서는 표범을 죽인 자의 손을 묶어 추장 앞에 끌고 간다. 거기서 그는 그들과 같은 동료인 표범을 죽인 죄로 심문받는다. 이때 그는 표범은 숲의 두목이며 따라서 이방인이 아니냐고 변명한다. 그러면 그는 풀려나고 상까지 받는다. 한편 사람들은 죽은 표범에게 추장의 관을 씌운 다음 마을에 세워 놓고, 밤이 되면 그 주변을 돌면서 춤을 춘다. 바간다Baganda족은 자기네들이 죽인 들소의 영혼을 매우 두려워하여 항상 그 위험스러운 정령을 달래려고 애쓴다. 그들은 살해한 들소의 머리를 절대 마을이나 바나나 농장 근처에 들여오지 않는다. 그들은 들소의 머리고기를 들판에서 먹고, 두개골은 특별히 설치된 작은 오두막에 안치한다. 그런 다음 술을 제물로 바치고는, 그 자리에 꼼짝 않고 서서 사람들을 해치지 말아 달라고 들소의 영혼에게 비는 것이다.

고래 또한 미개인 사냥꾼들이 즐겨 사냥하면서도 두려워하고, 전율하면서 살해하는 여타 위험한 동물 중 하나이다. 동부 시베리아의 해안가에 사는 코랴크족은 고래를 죽인 다음 마을 축제를 벌이는데, 축제의 핵심 부분은 살해당한 고래가 마을에 찾아온다는 관념, 고래가 잠시 마을에 묵고 있는 동안 극진히 대접해야 한다는 관념, 그런 다음 다시 바다로 돌아갔다가 다음 해에 다시 찾아올 것이라는 관념, 그 고래는 사람들이 자기한테 친절하게 대접해 주었다는 점을 다른 고래들에게 알려준다는 관념 등에 입각하고 있다. 코랴크족에 의하면, 다른 동물들과 마찬가지로 고래도 하나의 부족, 하나의 가족과 친족을 형성하고 있으며, 코랴크족처럼 촌락을 이루어 산다고 여겼다. 그래서 어떤 고래가 죽으면 그 복수를 하며, 어떤 고래가 융숭한 대접을 받으면 거기에 대해 감사하기도 한다는 것이다.

마다가스카르섬 북쪽에 있는 세인트메리섬의 원주민들은 고래를 잡으러 나갈 때 공격 목표로서 어린 고래들을 선택하고는, "자기들이 이 새끼 고래들을 죽이지 않을 수 없는 이유를 밝히면서 어미 고래에게 정중히 용서를 구한다. 또한 자기네들이 고래 새끼들을 잡는 동안 어미 고래는 조용히 바다 밑으로 내려가 있어 달라고 부탁한다. 새끼 고래들이 죽는 모습을 보면 흥분한 어미 고래의 모성 본능이 작동하여 화를 낼 것이기 때문이다."

아줌바Ajumba족 사냥꾼들은 서아프리카의 아징고 호수에서 암컷 하마를 잡으면, 그 동물의 머리를 자르고 사지와 내장을 제거한다. 그리고 알몸이 된 사냥꾼이 속이 비어 있는 하마의 갈빗대 안으로 들어가 무릎을 꿇고 온몸을 하마의 배설물과 피로 범벅이 되게 한다. 그러면서 장래 어미가 되고자 했던 하마의 소망을 꺾어 버린 데 대해 원한을 품지 말아 달라고 하마의 영혼에게 사죄한다. 이와 동시에 그들은 다른 하마들이 그 하마의 죽음에 대해 복수하고자 카누를 뒤엎거나 하는 일이 없도록 빈다.

브라질 인디언들은 표범과 비슷한 동물인 살쾡이를 두려워한다. 살쾡이는 특히 잔인하게 먹이를 약탈하기 때문이다. 그들은 살쾡이를 덫으로 잡아 죽인 다음 마을로 가지고 돌아온다. 그러면 여자들이 갖가지 빛깔의 깃털로 살쾡이 시체를 장식하고 발에 팔찌를 끼워 주며, 슬프게 흐느끼면서 이렇게 말한다. "너 자신의 무지 때문에 잡혀 죽은 것에 대해 우리 자식들에게 복수하지 말아다오. 너를 속인 것은 우리가 아니니까. 너는 네 자신에게 속은 것이니까. 우리 남편들은 다만 먹고 싶은 다른 짐승들을 잡기 위해 덫을 놓았을 뿐이야. 그들은 네가 걸려들 줄은 꿈에도 몰랐단다. 그러니까 네 친구들과 잘 의논해서 우리 자식들에게 복수하지 않도록 말 좀 잘 해주렴!"

블랙풋Blackfoot족 인디언들은 덫을 놓아 독수리를 잡아 죽인 다음, 그것을 맞이하기 위해 집 바깥에 세워놓은 '독수리집'으로 가지고 돌아온다. 그런 다음 죽은 독수리를 땅 위에 늘어놓고 머리가 위로 향하도록 막대기로 떠받친다. 그러면서 그 영혼이 친구들에게 가서 자기가 인디언들에게 얼마나 후한 대접을 받았는지를 말하도록 그 입에 마른 고기 한 점을 넣어 준다. 오리노코 지방의 인디언 사냥꾼들도 동물을 죽이면 그 입을 벌려 그들이 즐겨 마시는 술을 몇 방울 떨어뜨린다. 이는 죽은 동물의 영혼이 자기 친구들에게 가서 자신이 받은 후한 대접에 대해 말함으로써 그 친구들이 솔깃하여 인디언들에게 찾아가서 기꺼이 죽어 줄 수 있도록 하기 위한 것이다.

테턴Teton족[9] 인디언은 여행 중에 회색 거미나 노란 발을 가진 거미를 만나면 곧 죽여 버린다. 그렇게 하지 않으면 재앙이 닥쳐온다고 믿었다. 이때 그는 자기가 거미를 죽이려 한다는 것을 그 거미가 눈치채지 못하도록 매우 조심한다. 만일 거미가 그것을 알아채면, 그 거미의 영혼이 다른 거미들에게 그 사실을 알릴 것이고, 그러면 다른 거미가 자기 친족의 죽음에 대해 복수할 것이 뻔하다고 여겼다. 그래서 거미를 죽일 때 테턴족 인디언은 "오, 거미 아저씨, 벼락이 당신을 죽이려고 해요"라고 말한다. 그러면 죽은 거미의 영혼이 다른 거미들에게 가서 벼락 때문에 죽었다고 말할 것이며, 따라서 자신들은 거미들에게 아무런 위해도 받지 않을 것이라고 믿었다. 그 거미들이 어떻게 벼락과 대항할 수 있단 말인가?

미개인들이 우호적인 관계를 유지하고자 하는 것은 단지 위험한 동물들에 대해서만이 아니다. 그들이 야수들에게 표하는 존경은 사실 상당 부분 그 야수의 힘과 사나움에 비례한다. 캄보디아의 미개한 스티엔Stien족은 모든 동물이 영혼을 가지고 있으며 따라서 사후에도 그 영혼이 배회한다고 믿기 때문에, 어떤 동물을 죽인 경우에는 그 영혼이 자기를 찾아와 괴롭히지 않도록 용서를 빈다. 그

---

9 북아메리카의 수Sioux족 인디언에 속한 종족. 서부수족이라고도 하며, 시하사파(블랙풋)족·상하브룰레족·훈크파파족·미니콘조족·오글랄라족·산스아르크족·오헤논파(투케틀)족 등으로 이루어져 있다.

러면서 제물을 바치는데, 이때 제물은 살해당한 동물의 크기와 힘에 비례한다. 예컨대 코끼리를 죽였을 경우에 행하는 의식은 굉장히 성대하며 이레 동안이나 행해진다. 북아메리카 인디언들도 이와 마찬가지 차등을 둔다. 그래서 "곰이나 들소, 바다살쾡이 등은 먹을 것을 공급해 주는 '마니도manido'(신)이다. 곰은 두렵지만 고기 맛이 좋다. 그들은 곰이 살해당해 먹히는 것을 좋아하지 않는다는 사실을 알면서도, 그 고기를 먹게 해 달라고 용서를 비는 의식을 행한다. 우리는 그대를 죽이고 있으나 그대들의 종족이 멸종하지는 않을 것이라고 기도하는 것이다. 그 머리와 앞다리는 숭배의 대상이 된다. (…) 다른 동물들도 같은 이유로 동일한 대우를 받는다. (…) 자라나 족제비, 스컹크처럼 위험하지 않은 여타의 많은 동물 '마니도'들은 종종 경멸의 대상으로 대접받는다."[10]

이처럼 차등을 두는 관습은 다음과 같은 점을 시사한다. 즉, 두려운 동물, 먹기 좋은 동물 또는 그 양쪽 모두에 해당되는 동물에 대해서는 의식을 행하며 숭배한다. 반면 무섭지도 않고 먹을 수도 없는 동물은 천대받는다. 두렵거나 혹은 먹기 좋은 동물을 숭배하는 사례에 대해서는 앞서 살펴보았다. 한편 무섭지는 않으나 먹을 수 있다든지 혹은 모피가 좋은 동물을 숭배하는 관습에 대해서는 설명할 필요가 있다.

시베리아 사냥꾼이 검은 담비를 잡았을 때에는 다른 사람들에게 보여 주지 않는다. 또한 그 동물이 좋다든가 나쁘다든가 하는 말을 입 밖에 내면 다음에는 더이상 검은 담비가 잡히지 않게 된다고 생각하는 것이다. 한 사냥꾼은 검은 담비가 멀리 모스크바에 떨어져 있어도 사람들이 자기에 대해 하는 이야기도 들을 수있다는 믿음을 표했다. 사냥꾼들의 말에 의하면, 오늘날 담비가 잘 잡히지 않는 주된 이유는 몇 마리의 살아 있는 담비를 모스크바에 보냈는데, 그곳에서 이상한 짐승이라고 놀림을 당하여 견딜 수 없었기 때문이라는 것이다. 그는 검은 담비의 포획이 줄어든 부차적인 이유로는, 옛날보다도 세상이 더 나빠져서 사냥꾼들이 잡은 검은 담비를 시장에 내놓지 않고 숨기기 때문이라고도 주장한다. 담비는 이에 대해서도 참을 수가 없었단다. 알래스카 사냥꾼들은 검은 담비와 바다살쾡이의 뼈를 개가 다니지 않는 곳에 1년 동안 잘 보관했다가 정중하게 매장한다. 이는 바다살쾡이와 검은 담비를 지켜보는 정령이 그 뼈를 소홀히 다룬다고 생각하면,

---

10 출처는 Schoolcraft, *Indian Tribes of the United States*, 1954

다시는 검은 담비나 바다살쾡이를 잡을 수 없게 될 우려가 있기 때문이다.

캐나다의 인디언들 또한 바다살쾡이의 뼈나 혹은 그 일부를 개가 물어 가지 못하도록 철저히 단속한다. 그들은 그 뼈를 세심하게 긁어모아 보관하며, 바다살쾡이가 어망에 걸리면 그것을 강물에 내다 버린다. 바다살쾡이가 자기 뼈가 어찌될지 알게 뭐냐고 묻는 어느 예수회 선교사에게 그들은 이렇게 대답했다. "당신은 바다살쾡이 사냥에 대해 아무것도 모르면서 아는 체하지 마시오. 바다살쾡이는 완전히 숨이 넘어가기 직전에 그 영혼이 자신을 죽인 자의 집에 들어가서 그들이 자기 뼈를 어떻게 처리하는지 소상하게 지켜본답니다. 만일 그것을 개 따위에게 던져 주거나 하면, 다른 바다살쾡이들에게 그 사실을 알려 앞으로 사람들에게 붙잡히지 않도록 모의하게 됩니다. 그러나 그 뼈를 불이나 강물 속에 던져 넣으면, 그것들이 매우 흡족해하지요. 그러면 기꺼이 어망에 걸려 들어온 답니다."

그래서 그들은 바다살쾡이를 잡기 전에 먼저 바다살쾡이 대왕에게 엄숙한 기도를 올리면서 담배를 바친다. 사냥이 끝나면 설교자가 죽은 바다살쾡이를 위무하면서 장례식 설교를 한다. 거기서 그는 바다살쾡이의 영혼과 지혜를 찬미하면서 이렇게 말한다. "그대는 이제 그대에게 명령하던 추장들의 목소리를 더 이상 듣지 못하게 되었구려. 모든 전사 바다살쾡이들 가운데에서 율법을 제정하도록 그대가 선발한 추장들의 목소리를 말이오. 주술사라면 완벽하게 알아들을 수 있을 그대의 목소리도 저 호수 밑바닥에서 이젠 들려오지 않는구려. 그대는 더 이상 잔인한 강적 수달피와 싸워 이길 수도 없게 되었구려. 안됐구려, 바다살쾡이들이여! 하지만 그대의 모피는 우리가 무기를 구입하는 데에 꼭 필요하오. 우리는 불에 그슬린 그대의 고기를 어린 자식들에게 줄 것이오. 우리는 그대의 단단한 뼈를 개들이 먹지 못하도록 할 것이오."

아메리카 인디언들은 큰 영양이나 사슴 따위에 대해서도 이와 마찬가지 이유로 동일한 의식을 거행하면서 숭배했다. 예컨대 그들은 이 동물들의 뼈를 개에게 던지거나 불 속에 던지지도 않았고, 그 기름덩어리를 불 위에 떨어뜨리지도 않았다. 그렇게 했다가는 죽은 동물의 영혼이 자기 뼈에 대한 처리를 보고, 산 놈이든 죽은 놈이든 다른 동족들에게 그 사실을 알릴 것이라고 믿었기 때문이다. 즉, 이 동물들은 자기 시체가 부당하게 처리되면 이승에서나 저승에서나 사람들에게 잡히지 않도록 조심한다는 것이다. 파라과이의 치퀴트Chiquite족 주술사는 환자들에게 흔히 사슴고기나 바다거북 따위의 고기를 버린 적이 없느냐고 묻는다. 만일 그런 사실이 있다고 하면, "그것이 당신을 죽이고 있소. 사슴이나 바다거북의 영혼이 당신의 잘못에 대해 복수하려고 당신 몸 안에 들어와 있는 거란 말이오"라고 말한다. 캐나다 인디언들은 사냥을 마칠 무렵이 아니고는 절대 사슴의 새끼를 먹지 않는다. 그랬다가는 어미 사슴이 수치를 느낀 나머지 사람들에게 잡히려 들지 않는다는 것이다.

인도 제도의 티모르라우트섬에서는 어부가 잡은 바다거북의 뼈를 남김없이 지붕 밑에 걸어 둔다. 어부는 다른 바다거북을 잡으러 나가기 전에, 그가 잡은 마지막 바다거북의 해골에게 말을 건네면서 턱 사이에 참마를 끼워 넣은 다음, 죽은 바다거북의 영혼에게 바다에 사는 다른 친족들을 구슬려서 잘 잡히게 해 달라고 기도한다. 중부 셀레베스의 포소 지방에서는 사냥꾼들이 자기가 잡은 사슴이나 멧돼지의 턱뼈를 자기 집의 화롯가에 잘 보관한다. 그리고 그 턱뼈에 대고 "네 할아비나 조카, 어린애들이 도망치지 않도록 소리쳐 일러다오"라고 말한다. 이는 죽은 사슴이나 멧돼지의 영혼이 자기 턱뼈 근처를 배회하면서 살아 있는 사슴이나 멧돼지의 영혼을 유혹하여 사냥꾼의 덫에 걸리도록 해 준다고 여겼기 때문이다. 이렇게 꾀 많은 미개인들은 살아 있는 동물을 잡기 위해 죽은 동물을 이용했던 것이다.

그란차코의 렝과족 인디언들은 타조 사냥을 즐겨한다. 그들은 이 새를 잡아 마을로 가지고 돌아올 때, 원한을 품고 있을 망령을 기만하기 위해 갖가지 방법을 강구한다. 그들은 죽음 직후의 첫 번째 자연적 충격이 지나가면 타조의 영혼이 몸에서 빠져나온다고 여겼다. 이런 관념에 입각하여 렝과족 인디언들은 타조 가슴의 깃털을 뽑아 간격을 두고 길 여기저기에 뿌려 놓는다. 그러면 타조의 영혼이 그 깃털을 보고 멈춰 서서 이렇게 생각한다는 것이다. "이건 내 몸의 전부일까 아니면 일부분일까?" 그렇게 왔다 갔다 하면서 깃털 하나하나에 대해 생각하느라 귀중한 시간을 허비한 끝에 모든 깃털을 다 확인할 즈음이면 사냥꾼은 이미 안전하게 마을에 도착해 있다는 것이다. 이런 식으로 기만당한 타조의 영혼은 마을 주변을 배회할 뿐 감히 마을에 들어올 용기를 내지 못한다고 한다.

베링 해협 근처의 에스키모인은 물개나 해마, 고래와 같은 바다동물들의 영혼이 그 방광에 붙어 있다고 믿는다. 그래서 방광을 바다에 되돌려 주면 망령이 새로운 육신으로 다시 태어나 번식함으로써 앞으로도 많이 포획할 수 있다고 여겼다. 사냥꾼들은 모두 이런 신앙에 입각하여 자기가 죽인 바다동물의 방광을 조심스럽게 꺼내어 소중하게 보존한다. 그리고 매년 겨울마다 한 차례씩 열리는 엄숙한 축제 때가 되면 공회당에 모여 춤을 추면서, 한 해 동안 잡은 바다동물들의 영혼이 지펴 있는 방광을 기리고 음식을 대접한 다음, 그것들을 얼음 구덩이를 통해 물속에 되돌려 준다. 단순한 에스키모인들은 그렇게 하면 바다동물들의 영혼이 자기들이 받은 대접을 기꺼워하여 후에 다시 물개나 해마, 고래 따위로 태어나 사냥꾼들의 갈퀴와 창에 찔려 죽기 위해 모여든다고 믿었다.

마찬가지 이유에서, 고기잡이에 생계의 전부 혹은 일부를 의존하는 부족은 최대의 경의와 숭배하는 마음으로 조심스럽게 바다동물들을 다룬다. 페루 인디언들은 그들이 가장 많이 잡는 어류를 숭배했다. '저 위의 세상'(그들은 천국을 이렇게 부른다)에서 창조된 최초의 물고기가 같은 종류의 모든 물고기들을 태어나게 했으며, 그 어족의 생존을 위해 어린 물고기들을 많이 보내 준다고 여겼다. 그리하여 정어리가 많이 잡히는 지방에서는 정어리를 숭배했다. 같은 이유로 어떤 지방에서는 홍어를, 어떤 지방에서는 돔발상어를 숭배했다. 예쁘다는 이유로 황금빛 물고기를 숭배하는 곳도 있었다. 또 어떤 곳에서는 가재를 숭배했다. 한편 게보다 더 큰 어류가 없다든지, 게 이외에는 다른 어류가 잡히지 않는다든지, 혹은 다른 물고기를 잡을 줄 모르는 곳에서는 게를 숭배하기도 했다. 요컨대 그들은 자기들이 가장 필요로 하는 어류를 신으로 모셨던 것이다.

브리티시컬럼비아의 콰키우틀족 인디언들은 연어가 죽으면 그 영혼이 연어의 나라로 되돌아간다고 믿었다. 그래서 연어를 소생시키기 위해, 그 영혼이 연어로 다시 태어날 수 있도록 뼈나 고기 부스러기 따위를 정성껏 바다에 던진다. 이때 만일 뼈를 불에 그슬리거나 하면 그 영혼도 함께 죽어 결과적으로 연어가 소생할 수 없게 된다. 마찬가지로 캐나다의 오타와족 인디언들도 죽은 물고기의 영혼이 다른 물고기에게 옮겨 간다고 믿었다. 만일 그 영혼의 기분을 상하게 하면 두 번 다시 어망에 걸려들지 않을 것이므로 그들은 생선뼈를 불에 굽거나 하는 법이 없다.

휴런Huron족도 생선뼈를 불에 굽거나 하면 그 영혼이 다른 물고기에게 가서 사람들에게 붙잡히지 않도록 경고할 우려가 있다고 여겨 생선뼈를 불에 굽지 않는다. 이들에게는 물고기를 향해 어망에 많이 걸리게 해 달라고 설교하는 전문가가 따로 있었다. 뛰어난 설교자는 그들 사이에서 너도 나도 데려가려고 했다. 그런 설교자의 설득은 물고기들이 어망에 잘 걸리도록 하는 효험이 있다고 믿었기 때문이다. 프랑스 선교사 사가르Gabriel Sagard가 머물렀던 휴런족의 한 어촌에서는 물고기를 설득하는 자가 자신의 웅변에 대해 자부심을 가지고 있었으며, 이는 그들 사이에서는 매우 화려한 직업이었던 것 같다. 그는 매일 저녁식사가 끝난 후 한자리에 모인 마을 사람들이 조용해지면 물고기들에게 설교를 시작했다. 그 설교의 주제는 휴런족이 생선뼈를 불에 굽지 않는다는 내용이었다. "그는 기이한 열정으로 이런 주제를 더 확대해 말했다. 즉, 그는 물고기들이 두려워하지 말고 용기 있게 자기네한테 잡히도록 물고기들을 설득하고 유인하거나 정중히 초대하여 간청했다. 왜냐하면 물고기를 숭배하면서 그 뼈를 불에 굽지 않는 자기네들한테 봉사하는 것이야말로 가장 중요한 일이라는 것이었다."[11]

듀크오브요크Duke of York섬의 원주민들은 매년 카누를 꽃과 이끼 같은 것으로 장식하고는 거기다 조개 화폐를 싣거나 혹은 실은 것으로 가정하고는, 지금까지 잡힌 물고기들에게 보상하고자 그것을 바닷가로 흘려보낸다. 이때 최초로 잡힌 물고기는 특히 우대할 필요가 있다. 이는 다른 물고기들을 달래기 위한 것으로서, 이런 행위는 나중에 잡힐 물고기들에 대해서도 영향을 미친다고 여겼다. 그래서 마오리족은 항상 '다른 물고기들이 찾아와 잡히도록 권고해 달라'고 빌면서 처음 잡은 생선을 바다에 놓아주었다.

해당 계절에 처음 잡는 물고기에 대해서는 그것을 잡는 절차가 보다 엄격하다. 북아메리카 태평양 연안의 인디언 여러 부족들처럼 주로 생선만 먹고 사는 사람들은, 연어가 잡히는 강에서 봄이 되어 연어들이 물을 따라 거슬러 올라오기 시작하면 그것들을 극진히 숭배하며 맞이한다. 브리티시컬럼비아의 인디언들은 연어가 올라오기 시작하면 최초의 연어를 맞이하기 위해 나간다. 그들은 연어들에게 아첨하며 이렇게 말한다. "물고기여, 그대들은 모두 추장이라오. 그렇고말고. 모두 추장이십니다." 알래스카의 틀링깃Tlingit, Thlinkeet족[12]은 어로기에 잡힌 최초의 넙치를 추장으로서 공손하게 다루고, 그것을 기리는 의식을 거행한다. 그런 후에 넙치잡이를 시작하는 것이다.

캘리포니아의 카로크Karok족은 봄이 되어 남쪽에서 미풍이 불면서 연어가 클

11 출처는 F. Gabriel Sagard, *Le Grand Voyage du pays des Hurons*, 1865
12 야쿠트만에서 폭스곶에 이르는 알래스카 남부 해안과 섬들에 거주하는 북아메리카 인디언

틀링깃족이 연어철의 풍어의례에서 사용한 연어 모양 딸랑이

래머스강[13]을 거슬러 올라오기 시작하면, 풍어를 위해 춤을 춘다. 이때 '카레야 Kareya', 즉 '신의 인간'이라고 부르는 한 인디언이 산속에 들어가 열흘 동안 단식을 행하는데, 그가 마을로 돌아오면 사람들이 모두 도망친다. 그는 강으로 가서 최초에 잡은 연어를 약간 먹은 다음, 그 나머지를 가지고 습기 찬 오두막집 안에서 성화聖火를 피운다. "설령 가족들이 굶어 죽는 한이 있어도, 인디언들은 이 의식이 끝날 때까지 연어를 잡아서는 안 되며, 또한 의식이 끝난 후에도 열흘 동안 연어를 잡아서는 안 된다." 카로크족은 창을 보관하는 오두막을 짓기 위해 어부가 강가에서 막대기를 줍다가 연어에게 들키면 향후 연어를 잡지 못하게 된다고 믿는다. 그래서 이들은 산속 꼭대기에서 막대기를 구해 가져온다. 또한 어부는 작년과 똑같은 막대기로 오두막을 짓거나 혹은 그것을 어살로 사용하면 '늙은 연어가 그 사실을 어린 연어에게 알려주었을 것이므로' 헛수고만 하게 되리라고 여겼다.

5, 6월경이 되면 아이누족이 좋아하는 물고기가 강물에 나타난다. 이때 아이누족은 정화의식을 위한 여러 규칙들을 준수하면서 고기잡이 준비를 한다. 이들이 고기를 잡으러 나간 사이에 집에 남아 있는 여자들은 엄격히 침묵을 지켜야만 한다. 그렇지 않으면 물고기들이 그 말을 알아듣고 모두 도망친다고 믿었다. 최초의 물고기를 잡으면 집으로 가지고 오는데, 이때 정문이 아니라 오두막 끝 한쪽에 뚫린 구멍으로 들여와야 한다. 만일 정문을 지나게 되면 '다른 물고기들이 그 장면을 목격하고 모두 도망칠 것이 뻔하다'고 여겼기 때문이다. 이는 다른 미개 부족들이 포획물을 집으로 가지고 올 때 정문이 아니라 창문이나 굴뚝 구멍 혹은 오두막 뒤쪽에 별도로 뚫어 놓은 구멍을 통해 들여오는 관습과 유사한 점이 있다.

어떤 미개민족들은 사냥에서 잡은 포획물의 뼈나 혹은 그들이 일상적으로 먹는 동물의 뼈를 숭배한다. 그렇게 숭배하는 특별한 이유 중 하나는, 그 뼈를 보존하면 결국 거기에 살덩이가 붙어 다시 살아난다고 믿었던 것이다. 그래서 뼈를 보존하는 일은 사냥꾼의 이익을 위한 관습이라 할 수 있다. 만일 그 뼈를 손상하면 장래 사냥감이 줄어들 것이라고 여겼다. 많은 미네타리Minnetaree 인디언들은, 그들이 잡아서 살코기를 먹고 난 다음에 남은 들소뼈는 살이 붙어 소생하여 통

---

13 미국 오리건주 클래머스폴스 바로 위쪽에 있는 어퍼클래머스호에서 발원하는 강

통하게 살이 쪄서 이듬해 6월이 되어 잡아먹기 좋은 때에 다시 나타난다고 믿었다. 그래서 아메리카 서부의 대초원에서는 들소의 두개골이 부활의 날을 기다리며, 좌우로 둥글게 산더미처럼 쌓여 있는 모습을 흔히 볼 수 있다.

다코타Dacota족[14]은 개를 잡아 잔치를 벌인 다음, 주의 깊게 그 뼈를 모아 잘 닦고 깨끗이 씻어서 묻는다. "알다시피 이는 한편으로, 비록 개장국 잔치를 벌이기는 했지만 그것이 개들을 존중하지 않아서가 아니라는 점을 다른 개들에게 보여 주기 위한 것이다. 다른 한편으로 그것은 개의 뼈가 부활하여 또 한 마리의 개가 된다는 신앙 때문이다."[15] 라프족은 동물을 제물로 바쳤을 때 반드시 그 뼈와 눈, 귀와 염통, 심장과 생식기(수컷의 경우), 그밖에 사지에서 잘라 낸 고기 몇 점을 따로 간수한다. 그리고 고기를 먹고 난 다음, 그 뼈와 나머지 부스러기들을 해부학적 순서에 따라 관 속에 넣고 관례적인 의식을 통해 관을 묻는다. 이는 그 동물을 바친 신이 뼈에 새 살을 입혀 지하에 있는 사자의 나라인 '자브메아이모Jabme-Aimo'에 다시 태어나게 한다고 믿기 때문이다. 라프족은 때로 곰을 잡아 잔치를 연 후에도 기꺼이 그 뼈를 같은 방식으로 매장한다. 이처럼 라프족은 죽인 동물의 부활이 저승에서 이루어진다고 믿었다.

이 점에서는 캄차카 반도의 원주민들도 마찬가지다. 캄차카 반도의 원주민들도 모든 동물은 가장 작은 파리에 이르기까지 모두 죽음에서 소생하여 지하세계에 살고 있다고 믿는다. 반면에 북아메리카의 인디언들은 동물의 부활이 이승에서 이루어지기를 기대했다. 특히 몽골 계통의 여러 민족들은 제물로 바친 동물의 가죽을 박제로 만들거나 혹은 그 모피를 나무기둥 같은 곳에 붙여 놓는 관습이 있었다. 이는 바로 동물의 부활이 이승에서 이루어지기를 바라는 신앙에 속한다고 볼 수 있다. 일반적으로 미개민족들은 그들이 먹거나 제물로 바친 동물의 뼈를 훼손해서는 안 된다고 믿었다. 이 같은 관념은 그 동물이 부활할 거라는 신앙에 입각한 것이거나, 아니면 같은 종류에 속한 다른 동물들을 위협한다든지 또는 살해당한 동물의 영혼을 성나게 한다든지 하는 것을 두려워했기 때문에 생겨난 것이라고 보인다. 즉, 북아메리카 인디언들이나 에스키모인들이 동물의 뼈를 개들에게 던져 주지 않으려 했던 것도 따지고 보면, 단순히 뼈의 파손을 예방하

---

14 북아메리카 인디언
15 출처는 William H. Keating, *Narrative of an Expedition to the Source of St. Peter's River,* 1825

기 위한 것이었다고 볼 수 있다.

그러나 죽은 포획물의 부활을 원치 않는 경우도 있다. 그런 경우에 사냥꾼들은 동물의 허벅지 힘줄을 잘라 냄으로써 그 동물이나 그 영혼이 일어서서 도망치지 못하도록 해서 부활을 방해하는 것이다. 라오스의 쿠이Koui족 사냥꾼들의 관습을 예로 들 수 있다. 그들은 사냥할 때에 그들이 외우는 주문이 주술적 효력을 상실할 수 있으며, 그 결과 살해당한 동물이 다시 살아나서 도망칠 수도 있다고 믿었다. 이런 불상사를 방지하기 위해 그들은 포획물을 죽이자마자 바로 그 허벅지의 힘줄을 잘라 버린다. 알래스카의 에스키모인도 여우를 잡으면 그 영혼이 시체를 되살려 도망치지 못하도록, 여우의 모든 다리 힘줄들을 조심스럽게 잘라 버린다. 하지만 이런 힘줄 절단만이 사냥꾼들에 의해 살해당한 동물의 영혼을 무력하게 만드는 유일한 방법은 아니다. 옛날에 아이누족은 사냥을 나가 처음으로 여우를 잡으면, 그 영혼이 빠져나가 동족들에게 가서 사냥꾼이 왔다는 사실을 경고하지 못하도록 여우의 입을 단단히 묶었다. 아무르 강변의 길랴크족은 죽은 동물의 영혼이 자기를 죽인 사냥꾼을 눈여겨보았다가 나중에 복수로서 사냥을 방해하지나 않을까 싶어, 포획한 물개의 눈을 전부 도려냈다.

그 힘과 사나움 때문에 미개인들이 두려워한 동물도 있고, 거기서 기대할 수 있는 이익 때문에 그들이 숭배한 동물이 있는가 하면, 때로는 숭배와 제사를 통해 회유할 필요가 있다고 여겨진 또 다른 부류의 동물들도 있다. 가령 농작물이나 가축을 해치는 벌레나 짐승들이 그것이다. 농부들은 이 무서운 적들에 의한 피해를 막기 위해 갖가지 미신적 방책들을 고안해 냈다. 그중 어떤 것은 온건한 방책으로서, 이를테면 땅의 결실과 가축을 도와 달라고 달래거나 설득하는 것을 목적으로 삼는다. 외젤섬의 에스토니아인 농부들은 곡식에 치명적인 해를 입히는 곤충인 바구미를 대단히 두려워했다. 그래서 그들은 이 곤충에게 좋은 이름을 지어 주고, 만일 아이들이 그것을 죽이려 하면 "안 돼! 우리가 그놈을 죽이면 죽일수록, 그놈은 우리를 더 해친단다"라고 나무란다. 따라서 이들은 바구미를 발견하면 죽이지 않은 채 그냥 땅에 묻는다. 어떤 자는 그것을 들판의 돌 아래에 갖다놓고 거기다 곡식을 제물로 바치기도 한다. 바구미와 화해하면 해를 입지 않을 것이라고 믿었던 것이다.

트란실바니아의 색슨Saxon족은 곡식에 참새가 접근하지 못하도록 하기 위해, 씨 뿌리는 자는 처음 한 줌을 어깨 너머로 뿌리면서 "참새야, 이건 네 몫이야"라고 외친다. 또한 엽충葉蟲들이 곡식을 해치지 못하도록 하기 위해, 눈을 감은 채 세 줌의 귀리를 사방에 뿌리는 경우도 있다. 그렇게 공물을 바치면 틀림없이 엽충들이 곡식의 성장을 도와줄 것이라고 믿었다. 모든 새와 짐승과 곤충에게서 곡식을 지키는 트란실바니아식 방법 중 하나는 이렇다. 파종이 거의 끝나면, 씨 뿌리는 자가 빈손으로 손만 휘저으며 파종하는 시늉을 하면서 밭 구석구석을 한 바퀴 빙 돈다. 그러면서 다음과 같이 말한다. "나는 짐승들을 위해 이것을 뿌리노라. 이 씨앗을 어버이이신 하느님의 이름으로, 날짐승과 길짐승, 걷는 짐승과 서 있는 짐승, 우는 짐승과 뛰는 짐승들을 위해 뿌리노라." 이에 비해 밭에서 벌레들을 몰아내는 독일식 방법은 이렇다. 해가 진 다음이나 한밤중에 그 집의 주부나 혹은 다른 여자가 기다란 빗자루를 끌고 다니면서 밭을 한 바퀴 빙 돈다. 이때 뒤를 돌아보면 안 되며, "안녕하세요, 풀쐐기 아줌마! 남편과 함께 울타리문에나 가시지 그래요"라고 계속 중얼거려야만 한다. 물론 밭의 문짝은 다음 날 아침까지 활짝 열어 놓는다.

농부들은 해충들을 다룰 때 때로는 가혹하게 때로는 관대하게 중용의 덕을 발휘한다. 그러니까 친절하면서도 엄격하게 채찍과 당근을 함께 쓰는 것이다. 고대 그리스의 어떤 농서는 쥐의 피해로부터 토지를 지키려는 농부에게 다음과 같이 할 것을 권한다. "종이 한 장에 이렇게 써라. '이곳에 있는 그대 쥐들이여, 본관은 그대들에게 엄중히 명하노라. 그대들은 내게 피해를 입히지 마라. 또한 다른 쥐새끼들도 그런 짓을 하지 못하도록 하라. 나는 그대들에게 저 건너편 땅을 주겠다.' 이때 그 땅을 정확히 지정해 주어야 한다. '그런데도 만일 여기서 그대들을 체포하게 되면, 우리 신들의 어머니 이름으로 그대들을 일곱 토막 내어 능지처참할 것이니라.' 이렇게 써서 해가 뜨기 전에 밭에 있는 돌들 가운데 깨지지 않은 돌에 붙여 놓아라. 이때 글을 쓴 부분이 위로 향하도록 조심할 것."

아르덴 지방에서는 쥐 피해를 막기 위해 다음과 같은 말을 되풀이한다. "수컷 쥐여, 암컷 쥐여! 위대한 신의 이름으로 그대에게 명하노라. 내 집과 나의 모든 소유지에서 썩 꺼져라. 그렇고 그런 곳으로 이사 가서 죽을 때까지 거기서 살지어다." 그리고 똑같은 문구를 종이에 써서 접은 다음 한 장은 쥐가 드나드는 문 밑에, 그리고 다른 한 장은 쥐가 잘 다니는 길 위에 놓아둔다. 이 부적은 해가 뜰 때 붙여야 한다. 몇 해 전 일인데, 아메리카의 한 농부가 쥐에게 권고장을 발송한 적이 있다고 한다. 거기에는 그의 농작물이 부족해서 겨울 동안 쥐들을 사육할 수 없으며, 지금까지 쥐들에게 친절을 다했으니, 이제는 제발 곡식이 더 많은 이웃 집으로 가줄 수 없겠냐는 요지의 내용이 적혀 있었다. 그는 이 편지를 쥐들이 읽 도록 자기 곳간 지붕에 핀으로 붙여 놓았다고 한다.

때로는 증오하는 동물 종족 가운데 선택된 한두 마리는 매우 정중하게 취급하 고, 나머지 것들에 대해서는 가차없이 혹독하게 추방함으로써 소기의 목적을 이 룰 수 있다고 여겨지기도 했다. 동부 인도의 발리섬에서는 밭을 망가뜨리는 쥐들 을 수없이 많이 잡아서 마치 사람을 화장하듯이 불에 태워 죽인다. 그런데 잡힌 쥐들 가운데 한두 마리만은 석방한다. 그 쥐들을 흰 천에 싸고, 마치 신을 예배하 듯이 그 앞에 엎드려 절을 한 다음 놓아주는 것이다. 사라왁 지방의 다약족 혹은 이반Iban족은 새들이나 곤충 때문에 밭이 망가진 경우, 그 새나 곤충의 각 표본(가 령 참새 한 마리, 메뚜기 한 마리 따위)을 하나씩 잡아 나무껍질로 만든 조그만 배에 태운다. 이때 그 배에는 먹이를 가득 실어 준다. 그런 다음 이 못된 손님들을 강에 띄워 보낸다. 그런데도 여전히 상황이 달라지지 않으면, 다약족은 목적 달성을 위해 보다 효험이 있을 거라고 여기는 방책에 의지한다. 즉, 진흙으로 실물 크기 의 악어를 만들어 밭 속에 넣어 두고 그 앞에 음식물과 술과 옷가지 등을 차려 놓 은 다음, 닭이나 돼지 따위를 희생제물로 바친다. 이렇게 후한 대접으로 위무를 받으면, 저 사나운 악어가 즉시 곡식을 해치는 모든 조무래기들을 처치해 줄 거 라고 믿었다.

알바니아에서는 전답이나 포도밭이 메뚜기나 딱정벌레 따위에 의해 망가진 경우, 여자 몇 명이 산발한 채 모여 그 곤충을 몇 마리 잡아 장례식을 치르는 시늉 을 하고, 행렬을 지어 그것들을 샘이나 강으로 가져가서 내다 버린다. 그러고 나 서 한 여자가 "우리보다 먼저 돌아가신 메뚜기와 딱정벌레여" 하고 읊기 시작하 면, 다른 여자들도 그 만가를 따라 합창한다. 이렇게 몇 마리의 메뚜기와 딱정벌 레에 대한 장례식을 집행함으로써 메뚜기 떼와 딱정벌레 무리들을 모조리 없앨 수 있다고 믿었다. 시리아에서는 풀쐐기들이 포도밭을 해치면, 처녀들이 모여 풀 쐐기 한 마리를 잡아 한 처녀가 그 벌레의 어머니 역할을 연출한다. 그런 다음 애 도를 표하면서 그 벌레를 매장한다. 그리고 일동은 밭에서 모든 풀쐐기들이 떠나 도록 하기 위해, '어머니'를 위로하며 그녀를 벌레가 있는 밭으로 데리고 간다.

제54장
성례전적 동물 살해의 유형

1. 이집트형과 아이누형

이제 우리는 곰에 대한 아이누족과 길랴크족의 애매한 행동을 이해할 수 있는 단계에 이른 듯싶다. 앞서 살펴보았듯이, 근대인들이 인류와 하등 동물 사이에 설정해 놓은 것과 같은 첨예한 경계선이 미개인들에게는 존재하지 않는다. 그래서 미개인들은 야성적 힘과 지적 능력에서 많은 다른 동물들이 자신과 동격이거나 혹은 심지어 자기보다 뛰어나다고 여긴다. 때문에 비록 선택적이든 필연적이든 어쩔 수 없이 동물의 생명을 빼앗아야 할 때에도, 미개인은 자신의 안전을 고려하면서 단지 살아 있는 동물뿐만이 아니라 죽은 동물의 영혼에 대해서도 가급적 불쾌감을 주지 않도록 행동해야 한다고 느낀다. 마치 미개인 부족이 자기 부족원에게 가해진 상해나 모욕에 대해 보복을 하듯이, 동물들도 같은 종족에게 가해진 무례에 대해 보복한다고 믿는다.

앞서 살펴보았듯이, 미개인들이 희생된 동물에게 행한 잘못을 속죄하는 수많은 방식 중 하나는, 그 동물과 같은 종 가운데 소수의 선택된 개체를 특별히 숭배하는 것이다. 그럼으로써 손 닿는 범위 내에서 나머지 모든 동류들을 다 죽일 수 있다고 여겼기 때문이다. 이런 원리가 언뜻 혼란스럽고 모순된 듯이 보이는 아이누족의 곰에 대한 태도를 설명해 줄 수 있을지도 모른다. 이를테면 곰고기와 가죽은 통상 그들의 식량과 의복이 되어 준다. 그러나 곰은 영리하고 힘센 동물이므로 곰 족속에 대해 수많은 동족의 죽음으로 겪게 된 손실을 보상해 줄 필요가 있다. 그런 보상은 새끼 곰을 길러서 살아 있는 동안 공경하다가 특별한 슬픔과 애정을 표하며 죽이는 것으로 해결한다. 그럼으로써 다른 곰들이 위안을 얻어, 동족의 죽음 때문에 그 살해자를 공격하거나 혹은 그 지역을 떠나 아이누족의 생계 수단을 박탈하는 식으로 보복하지 않게 될 것이라고 여겼다.

이처럼 미개민족들의 동물숭배는 어떤 면에서 상호 반대되는 두 가지 형태로 나타난다. 즉, 한편으로 동물은 숭배의 대상이기 때문에 죽이거나 먹지 않는다. 하지만 다른 한편으로 동물은 관례적으로 죽여서 먹기 때문에 숭배의 대상이 되기도 한다. 이런 두 가지 형태의 숭배에서 미개민족들이 동물들을 공경하는 목적은 거기서 모종의 적극적 이익과 소극적 이익을 얻어 내고자 하는 데에 있었다. 전자의 숭배 형태에서는 동물이 인간에게 제공하는 보호와 충고, 협조 등 적극적인 형태로서의 이익과, 인간이 동물에게서 받는 피해를 모면하기 위한 소극적인 형태로서의 이익이 발생한다. 한편 후자의 숭배 형태에서는 동물 고기와 가죽이라는 물질적 형태로 이익을 얻는다. 이 두 가지 숭배 형태는 상당 부분 대조적이다. 전자에서는 동물을 숭배하기 때문에 그 동물을 먹지 않는 반면, 후자에서는 동물을 먹기 때문에 그 동물을 숭배한다. 하지만 하나의 동일한 민족이 동시에 이 두 가지 숭배 형태를 보여 주기도 한다.

앞서 북아메리카 인디언들의 사례에서 살펴보았듯이, 그들은 분명 토템 동물을 숭배하기 때문에 그 동물을 죽이지 않는 반면, 다른 한편으로 자신들의 생존을 위해 먹어 치우는 동물이나 어류도 마찬가지로 숭배한다. 오스트레일리아 원주민들은 우리가 알고 있는 한 가장 원시적인 형태의 토테미즘을 지니고 있다. 그러나 이들이 방금 언급한 북아메리카의 인디언들처럼 죽여서 먹는 동물을 회유한다는 명백한 증거는 찾아보기 힘들다. 그들이 풍부한 포획물의 공급을 확보하기 위해 채용하는 방법은, 본래 회유에 기초한 것이 아니라 공감주술의 원리에 입각하고 있다. 물론 북아메리카 인디언들도 동일한 목적을 달성하기 위해 공감주술의 원리에 의존한다. 그런데 오스트레일리아 원주민들은 분명 인류의 발전 단계에서 아메리칸 인디언들보다도 더 초기의 원시적인 단계를 보여 준다. 때문에 오스트레일리아 원주민 사냥꾼들은 풍부한 포획물의 공급을 확보하기 위한 방법으로서, 그 동물의 숭배를 생각해 내기 이전에 먼저 공감주술에 의해 그 목적을 이루고자 한 듯싶다. 또한 공감주술이야말로 인간이 필요에 따라 자연의 여러 힘들을 이용하고자 노력했던 가장 초기 단계의 한 방법이었음을 보여 준다. 그렇게 볼 만한 이유가 충분히 있는 것이 사실이다.

전술한 동물숭배의 두 형태와 대응하여, 동물신을 살해하는 관습에도 두 가지 형태가 있다. 먼저 숭배하는 동물을 통상 먹지 않는 경우라 할지라도 간혹 아주 드물게 그 동물을 살해하거나 혹은 먹기도 한다. 이와 관련된 사례에 대해서는 앞에서 언급하면서 설명한 바 있다. 다른 한편으로 숭배 대상의 동물을 일상적으로 살해하는 경우, 그 종족의 한 마리를 죽이는 일은 곧 신을 죽이는 것을 의미하기 때문에 속죄의 제물을 바침으로써 용서를 빈다. 그 동물이 강력하고 위험한 경우는 특히 그렇게 해야 한다. 이러한 보통의 일상적 속죄 형태 외에 연례적 특수한 속죄 형태도 있다. 그 경우에는 해당 동물의 종족 가운데 선택된 한 마리가 비상할 정도의 숭배와 봉헌을 받으면서 살해당한다.

이러한 두 유형의 성례전 살해sacramental killing를 분류상 이집트형과 아이누형이라고 불러도 좋을 것이다. 그런데 양자는 확실히 관찰자에 따라 혼동되기 쉽다. 그래서 어떤 특정한 사례가 어떤 유형에 속하는지를 단언하기에 앞서, 먼저 성례전으로 살해되는 동물이 평소에는 죽이지 않는 종족에 속해 있는지, 아니면 그 동물이 일상적으로도 도살되는 종족에 속해 있는지를 확인할 필요가 있다. 전자의 경우가 이집트형에 속한다면 후자의 경우는 아이누형에 속한다.

유목민 부족의 관습은 이 두 유형에 속한 성례전 살해의 사례를 모두 보여 준다. 이와 관련하여 아돌프 바스티안Adolf Bastian(1826~1905)[1]은 다음과 같이 지적하고 있다. "유목민 부족들은 때로 동물의 뼈를 함부로 다루는 외국인들에게도 가축들을 팔지 않을 수 없는 때가 있을 것이다. 이럴 때 그들은 가축들 중 한 마리를 숭배 대상으로 성화함으로써 그와 같은 독성瀆聖이 야기할지도 모를 위험을 피하고자 한다. 이 경우 그들은 문을 걸어 잠근 채 가족끼리 성례전으로 그 동물의 고기를 먹는다. 그런 다음 그 동물의 뼈를 숭배하는 의식을 행한다. 이 의식은 엄밀히 말하면 모든 가축에게 다 행해져야 할 것이지만, 특히 대표적인 동물을 선택하여 행함으로써 모든 가축에게 행한 것으로 간주한다. 이 같은 가족 성찬은 여러 민족들, 특히 코카서스 지방의 민족들에게서 찾아볼 수 있다. 가령 아브하즈Abchase족[2]의 목동들은 봄이 되면 허리띠와 막대기를 손에 든 채 공동 식사를 하는데, 이는 하나의 성찬이라고 볼 수 있는 동시에 상호원조, 상호부조의 서

---

1 독일의 민족학자. 모든 민족에게는 일정한 기본적 관념을 공유하도록 만드는 보편적인 심리적 통일성이 존재한다는 이론을 제시했다. 또 다양한 민족 집단의 문화 특성·민담·신화·신념은 문화적 진화 법칙에 따라 각 집단에서 생성된 것으로서 본질적으로는 동일하며 단지 지리적 환경에 따라 그 형식만을 달리할 뿐이라고 주장했다. 그의 견해는 말리노프스키를 비롯한 다수의 저명한 인류학자에게 영향을 미친 것으로 평가되고 있다. 또 심리학자 카를 융이 제시한 집단무의식 개념도 바스티안의 아이디어에서 나온 것으로 보인다. 바스티안은 1851년 남아메리카·서인도 제도·오스트레일리아·중국·인도·아프리카 등을 일주했다. 주요 저서로는 『역사 속의 인간Der Mensch in der Geschichte』 전3권(1860)이 있다. 동양에서 5년 동안 지낸 뒤 『동아시아인Die Völker des östlichen Asien』 전6권(1866~1871)을 출간했다.
2 흑해 연안에 사는 그루지야인을 말한다.

약이라고도 볼 수 있다. 이들은 성스러운 음식을 함께 나누면서 한 약속을 가장 강력한 서약으로 간주한다. 그렇게 맺은 서약을 파기한 자는 곧 자기 체내에 신성한 음식물을 통해 흡입된 신에 의해 복수를 당하게 될 것이라고 믿었다."[3]

이런 종류의 성찬은 아이누형 혹은 속죄형에 속한다고 볼 수 있다. 왜냐하면 성찬의 의도는 종족 전체에 대해 개체의 잘못을 속죄하는 데에 있기 때문이다. 양고기를 주식으로 하는 칼무크Kalmuck족[4]은 이와 원리는 같지만 세부적인 점에서 차이를 보이는 속죄의식을 양들에게 바친다. 부유한 칼무크족에게는 '하늘의 숫양' 혹은 '정령의 숫양'이라는 이름으로 흰 숫양을 성화하는 관습이 있다. 이 숫양은 결코 털을 깎지도 않으며 파는 일도 없다. 하지만 그것이 늙어서 새로운 놈으로 바꾸고 싶어 할 경우, 주인은 그 나이 먹은 놈을 도살한 다음 이웃을 초대하여 함께 고기를 나누어 먹는다. 그 시기는 대체로 양의 살이 포동포동하게 오르는 가을 무렵인데, 주인이 길일을 택하면 주술사가 젖을 뿌린 다음 늙은 양을 도살한다. 이렇게 살코기를 먹어 치운 다음 그 뼈는 기름기 일부와 함께 뗏장 제단 위에서 불태워진다. 그리고 머리와 발이 붙어 있는 가죽은 매달아 놓는다.

한편 이집트형 성찬의 사례로는 주로 물소 젖을 생존 수단으로 삼는 남인도의 유목민 토다족을 들 수 있다. 이들 사회에서는 물소가 어느 정도 신성시되며, 사람들은 물소에게 친절히 대하고 심지어 숭배하기까지 한다. 그들은 암컷 물소를 절대 먹지 않는다. 수컷 물소도 일반적으로 거의 먹지 않지만 딱 한 번 예외가 있다. 즉, 매년 한 차례씩 마을의 모든 성인 남자들은 빠짐없이 생후 한 달이 채 못된 수송아지를 도살하여 먹는 의식에 참가한다. 그들은 이 동물을 숲속 깊은 곳으로 끌고 가서 토다족의 신목神木, Millingtonia으로 만든 몽둥이로 때려죽인다. 그런 다음 막대기를 마찰하여 성화聖火를 일으켜 숯불을 피운 다음, 그것으로 고기를 구워 남자들만 먹는 것이다. 여자들은 이 모임에서 제외된다. 토다족이 물소 고기를 먹는 경우는 오직 이 때뿐이다. 중앙아프리카의 마디Madi족[5] 혹은 모루Moru족은 농사도 짓지만 주된 재산은 가축이다. 이들도 어떤 엄숙한 기회에 새끼 양을 성례전으로 도살한다. 이런 관습에 대해 펠킨R. W. Felkin 박사는 다음과 같이

---

3 출처는 A. Bastian, in *Verhandlungen der Berliner Gesellschaft fur Anthropologie, Ethnologie, und Urgeschichte,* 1870~1871

4 칼미크족이라고도 한다. 주로 칼미키야 공화국에 거주하는 몽골족

5 우간다 북서부와 수단의 나일강 양쪽 기슭에 사는 종족을 말한다.

기록하고 있다.

"놀라운 관습이 매년 한 차례씩 일정한 시기에 행해지고 있다. 이 의식이 과연 무엇을 의미하는지는 분명치 않다. 그러나 그것은 사람들의 마음을 위로하는 역할을 한다고 여겨진다. 왜냐하면 의식을 행하기 전에는 매우 슬퍼 보였던 사람들이 의식이 완전히 끝난 다음에는 매우 유쾌하게 보였기 때문이다. 그 의식은 이렇게 행해진다. 즉, 노소를 막론하고 수많은 군중이 모여들어 골목길(정말 좁은 길이다) 옆에 세워놓은 원주형의 돌무더기 둘레에 앉는다. 그러면 한 소년이 엄선된 새끼 양을 끌고 와서 군중들의 주위를 네 차례 돈다. 사람들은 양이 자기 앞을 지날 때 그 털을 조금씩 뽑아서 자기 머리카락 사이에 끼워 놓거나 혹은 자기 몸의 다른 부위에 붙여 놓는다. 그런 다음 새끼 양을 돌무더기 위에 올려 놓고 일종의 사제직에 속한 자가 도살한 후, 그 피를 네 바퀴 사람들에게 뿌린다. 그리고 사제가 직접 사람들 몸에 피를 발라 준다. 이때 사제는 어린애들한테는 가슴뼈 아래쪽에 양의 피로 조그마한 동그라미를 그려 준다. 여자의 경우는 앞가슴 위쪽에, 남자의 경우는 양어깨에 각각 피를 발라 준다. 계속해서 사제는 이 의식에 대해 설명하면서 사람들에게 친절을 베풀어 달라고 간곡히 요청한다. (…) 때로는 이 설교가 장시간 계속되기도 하는데, 어쨌든 그것이 끝나면 사람들은 일어서서 각자 하나의 나뭇잎을 돌무더기 위나 옆에 놓고 매우 즐거운 표정으로 그 자리를 떠난다. 새끼 양의 해골은 돌무더기 옆에 걸어 두고 살코기는 가난한 자들이 먹는다. 이 의식은 때로 소규모로 행해지기도 한다. 만일 어떤 가족이 병이나 죽음으로 슬픔에 빠져 있을 때에는, 친구나 이웃이 그 집에 찾아와서 새끼 양을 도살하는 경우도 있다. 그렇게 하면 질병이나 죽음이 사라진다고 믿었다. 동일한 관습이 죽은 친구의 묘지에서 행해질 때도 있고, 또한 오랫동안 부재중이던 자식이 돌아왔을 때처럼 경사가 났을 때 행해지기도 한다."[6]

여기서 우리는 새끼 양을 도살할 때 마디족 사람들이 보여 주는 슬픔은 도살되는 새끼 양이 신성한 동물 또는 신으로서의 동물이라는 점, 그래서 숭배자들이 그 죽음을 슬퍼한다는 점, 이는 캘리포니아 원주민들이 신성한 독수리의 죽음을 애도하고 혹은 이집트인들이 테베 숫양의 죽음을 애도하는 것과 마찬가지

---

6 출처는 R. W. Felkin, "Notes on the Madi or Moru tribe of Central Africa", in *Proceedings of the Royal Society of Edinburgh*

라는 점을 알 수 있다. 또한 사제가 참가자 각자에게 새끼 양의 피를 발라 주는 행위는 신과의 영적 교제를 나타내는 한 형태라 할 수 있다. 다시 말해 피를 마시거나 혹은 고기를 먹는 경우가 신적 생명의 매개체를 내적으로 취하는 형태라고 한다면, 마디족의 경우는 그 신적 생명의 매개체를 외적으로 취하는 형태라고 할 수 있다.

2. 신성한 동물의 행렬

신성한 동물을 집집마다 끌고 다니면서 모든 이들에게 그 신적 효험이 옮아가기를 바라는 교제의 형태는, 곰을 도살하기 전에 온 마을을 끌고 다니는 길랴크족의 관습에서도 엿볼 수 있었다. 한편 펀자브 지방의 어느 뱀 씨족은 신성한 뱀과 교제하는 형태를 잘 보여 준다. 거기서는 매년 한 차례씩 9월의 아흐레 동안 모든 계급의 모든 종파인이 뱀을 예배한다. 8월 말이 되면 특히 뱀 씨족에 속한 미라산 Mirasan족은 밀가루 반죽으로 뱀을 만들어 검은색과 붉은색 칠을 하여 체바구니 위에 올려놓는다. 사람들은 체바구니를 온 마을로 가지고 다니면서 각 집에 들어서면 "신이 그대와 함께 있으니, 모든 재난이 사라질 것이다. 우리 수호신Gugga의 말씀에 영광 있을지어다!"라고 말한다. 그리고 뱀이 들어 있는 바구니를 선물로 주면서 또 이렇게 말한다. "밀가루로 만든 조그만 과자와 버터 한 조각만 주시오. 이 뱀에게 복종한다면 그대와 그대의 집이 번성할 것이니." 엄밀히 말하면 이 요구대로 과자와 버터를 일행에게 내주어야 하지만, 그건 드문 일이다. 각 집에서는 보통 한 줌의 밀가루 혹은 소량의 곡물을 내놓는 것이 고작이다. 새로 신부를 맞이한 집이나 시집을 보낸 집, 또는 아들이 태어난 집에서는 1과 4분의 1루피 혹은 약간의 천조각을 내놓는다. 때로 뱀을 가지고 다니는 일행들은 이렇게 노래하기도 한다.

이 뱀에게 천조각을 베푸시오.
그러면 뱀이 건강한 신부를 보내 줄 것이니.

그래서 집집마다 방문이 끝나면, 밀가루 반죽으로 만든 뱀을 땅에 묻고 조그만 무덤을 만든다. 그러면 9월의 아흐레 동안 여자들이 그곳에 와서 예배를 드린다. 그녀들은 각자 굳은 우유가 든 사발 하나씩을 가져와 그 일부를 뱀 무덤 앞에 바치면서 이마가 땅에 닿도록 엎드려 절한다. 그런 다음 집에 돌아가서 남은 우유를 어린애들에게 나누어 준다. 여기서는 말할 것도 없이 밀가루 반죽으로 만든 뱀이 진짜 뱀을 대신하고 있다. 하지만 실제로 뱀이 많은 지방에서는 밀가루 반죽으로 만들어진 뱀의 묘지가 아니라 뱀들이 사는 숲을 향해 예배를 올린다. 모든 이들이 참여하는 연례적인 예배 외에도 뱀 부족의 구성원들은 동일한 방식으로 새로운 달의 아침마다 예배를 드린다. 펀자브 지방에는 뱀 부족이 흔하다. 그 부족의 구성원들은 뱀을 죽이지 않으며, 뱀한테 물려도 해를 입지 않는다고 말한다. 만일 죽은 뱀이 눈에 띄면 그놈에게 옷을 입혀 관습에 따라 장례식을 치러 준다.

이런 인도의 뱀 숭배와 아주 비슷한 의식들이 근래까지 유럽에 잔존해 있었는데, 그것들이 매우 원시적인 이교주의Paganism에서 비롯된 것임은 두말할 나위도 없다. 그중 가장 많이 알려져 있는 사례로서 '굴뚝새 사냥'이라고 부르는 의식을 들 수 있다. 고대 그리스인, 로마인, 근대 이탈리아인, 스페인인, 프랑스인, 독일인, 덴마크인, 스웨덴인, 영국인, 웨일스인 등의 무수한 유럽인에 의해 굴뚝새는 왕, 작은 왕, 새의 왕, 울타리의 왕 따위로 불렸으며, 그것을 죽이면 재수가 없다고 알려져 왔다. 영국에서는 굴뚝새를 죽이거나 그 둥지를 해치면, 그해에 뼈가 부러지거나 혹은 암소가 젖 대신에 피를 분비하는 등 재앙들이 일어난다고 믿었다. 스코틀랜드에서는 굴뚝새를 가리켜 '하늘 암탉의 여왕'이라 하면서 소년들이 이런 노래를 부른다.

저주를 받으라, 저주를 받으라, 열 번 이상이나,
하늘 암탉의 여왕을 괴롭힌 자는.

브르타뉴의 생도낭에서는 어린애들이 둥지 속의 굴뚝새 새끼를 만지면 얼굴이나 두 다리, 그 밖의 부위에 종기가 생긴다고 믿었다. 프랑스의 다른 지방에서는 만일 누군가 굴뚝새를 죽이거나 그 둥지를 건드리면, 그 사람 집에 벼락이 떨어지거나, 만진 손가락이 불구가 되거나, 그 사람의 소가 병에 걸린다고 믿었다.

이러한 민간신앙에도 불구하고, 프랑스를 비롯한 유럽의 여러 나라에서는 매년 굴뚝새를 죽이는 관습이 널리 행해졌다. 맨Man섬에서는 18세기 무렵까지 이런 관습이 성탄절 전야 혹은 성탄절 아침에 행해졌다. 12월 24일 저녁이 되면 모든 하인들은 휴가를 얻는다. 그들은 잠도 자지 않고 자정에 모든 교회의 종소리가 울려 퍼질 때까지 거리를 배회한다. 기도를 한 다음 그들은 굴뚝새를 잡으러 가서, 한 마리쯤 잡게 되면 그 새의 날개를 펴서 기다란 막대기 끝에 묶는다. 그리고 그들은 장대를 들고 행렬을 지어 집집마다 다니면서 다음과 같은 운문의 노래[7]를 불렀다.

우리는 알나리깔나리의 로빈을 위해 굴뚝새를 사냥했네.
우리는 깡통 같은 잭을 위해 굴뚝새를 사냥했네.
우리는 알나리깔나리의 로빈을 위해 굴뚝새를 사냥했네.
우리는 모든 이들을 위해 굴뚝새를 사냥했네.

집집마다 돌아다니면서 모을 수 있을 만큼 돈을 모으면 굴뚝새를 상여에 싣고 행렬을 지어 교회 묘지까지 가서 무덤을 만들고 거기에 굴뚝새를 매장한다. 이때 사람들은 맹크Mank족 언어로 장엄하게 장송가를 부르며 그 새의 죽음을 알린다. 이 의식이 끝나면 성탄절이 시작되는 것이다. 장례식을 마친 다음 사람들은 교회 묘지 바깥에서 둥글게 원을 그리며 음악에 맞추어 춤을 추었다.

18세기의 어느 저술가에 의하면, 아일랜드에서는 지금까지도 성탄절 날에 농민들이 굴뚝새를 잡아 죽인다. 그리고 다음 날인 성 스테파노 축일St. Stephen's Day[8]에는 직각으로 교차시켜 상록수 가지와 리본으로 장식한 두 굴렁쇠 가운데 죽은 새의 다리를 묶어, 마을마다 남녀와 어린애들이 행렬을 지어 돌아다닌다. 이때 굴뚝새가 모든 새들의 왕이라는 내용의 익살스러운 아일랜드 민요를 부른다. 지금도 이런 '굴뚝새 사냥'이 렌스터[9]와 코노트[10] 지방에서 행해지고 있다. 거기서는 성탄절 당일 또는 성 스테파노 축일에 소년들이 굴뚝새를 잡아 빗자루 끝에 담쟁이덩굴로 묶어서 들고, 다음과 같은 노래를 부르면서 집집마다 돌아다닌다.

---

7 이 노래는 모든 행이 wren(굴뚝새)에 맞추어 n음의 각운으로 끝난다.
8 신약성서 「사도행전」 6~7장에 나오는 기독교 최초의 순교자 스테파노를 기념하는 축일
9 아일랜드 남동부에 있는 주
10 아일랜드 서부와 북서부 지역에 있는 주

모든 새들의 왕 굴뚝새야, 굴뚝새야,
성 스테파노 축일에 바늘금작화에게 붙잡혔구나.
몸집은 작아도 그 일족은 크다네.
마음씨 좋은 아줌마, 아무쪼록 우리들을 잘 대접해 주세요.

사람들이 돈이나 음식물(빵, 버터, 달걀 등)을 건네주면, 소년들은 그것으로 저녁때 잔치를 연다. 19세기 전반까지 프랑스 남부의 여러 지방에서도 이런 관습이 행해지고 있었다. 카르카손[11]에서는 매년 12월의 첫 번째 일요일에 생장 거리의 젊은이들이 막대기를 들고 나와 수풀을 두들겨 굴뚝새를 찾는 관습이 있었다. 이때 젊은이들은 제일 먼저 굴뚝새를 잡은 자를 왕으로 선포한다. 그런 다음 막대기 끝에 새를 묶은 채 왕이 행렬의 선두에 서서 거리로 돌아온다. 그리고 그해의 마지막 날 저녁에, 굴뚝새를 잡으러 갔던 모든 젊은이들과 왕이 북치고 피리 부는 자들을 앞세우고 손에 횃불을 들고 거리를 행진한다. 집집마다 찾아다니면서 문 앞에 도달하면 그들 중 한 명이 분필로 현관에 이제 막 시작될 새해의 연도와 '왕 만세!'라는 문구를 적어 넣는다. 12야Twelfth Night[12]의 아침이 되면 왕은 왕관과 푸른 망토를 걸치고 왕홀을 손에 든 채 다시금 화려한 행렬을 지어 행진한다. 왕 앞에는 굴뚝새가 묶인 막대기를 든 자가 걸어간다. 막대기는 올리브나무나 떡갈나무, 떡갈나무 기생목 따위의 푸릇푸릇한 화환으로 장식되어 있다. 왕은 성 빈센트 교회 교구의 미사에 참석한 후, 부하들과 호위병들을 거느리고 주교와 시장과 장관, 기타 주요 유지들을 내방하여 돈을 거둬들임으로써 그날 밤에 개최되는 연회와 춤 경연대회의 비용을 충당한다.

'굴뚝새 사냥'의 관습과 전술한 여러 관습들 가운데 어떤 것, 특히 길랴크의 곰 행렬이나 인도의 뱀 행렬 등은 너무도 뚜렷한 유사성을 보여 준다. 따라서 그런 관습들이 모두 동일한 사고 유형에 속해 있다는 점은 의심할 나위가 없다. 거기서는 매년 한 차례씩 숭배하는 동물을 엄숙하게 살해한다. 그 동물의 죽음을 전후하여, 사람들은 죽은 동물신 혹은 죽어 가는 동물신에게 기대하는 영험의 일부가 각각의 숭배자에게 옮겨지도록 하기 위해 그 동물을 가지고 집집마다 찾아다

---

11 프랑스 남부 오드주의 도시
12 성탄절이 지난 후 제12일째 되는 날, 즉 1월 6일을 말한다. 공현절Epiphany이라고도 한다.

닌다. 민속에 잔존하는 무수한 흔적들을 고려해 보건대, 그런 종교적 행렬이 선사시대 유럽인들의 성례전에서 큰 위치를 차지했음에 분명하다.

스코틀랜드의 고지대에서는 '호그마니Hogmanay'라 부르는 한 해의 마지막 날에, 한 남자가 암소 가죽을 두른 채 이파리가 붙어 있는 작대기로 무장한 젊은이들의 부축을 받으면서 집집마다 찾아다닌다. 그러면서 이 남자는 집 둘레를 빙빙 돈다. 이때 그는 그 집이 자기 오른편에 오도록 하면서 태양의 운행 방향에 따라 세 바퀴 돈다. 한편 다른 사람들은 그를 뒤쫓으면서 작대기로 쇠가죽을 때려 북소리 같은 큰 소리가 나도록 한다. 사람들은 이런 소란을 피우면서 집 벽을 두들기기까지 한다. 어쨌든 집주인이 집 안에 들어와도 좋다고 허락하면, 한 사람이 현관에 들어서서 다음과 같은 말로 가족들을 축복한다. "신이시여 바라옵건대, 이 집과 이 집에 속한 모든 것들, 가축과 돌과 재목에 이르기까지 모두 축복해 주소서! 항상 고기와 잠자리와 입을 것이 풍성하게 하시고 가족들의 건강을 지켜 주소서!"

그런 다음 사람들은 각자 막대기 끝에 붙은 쇠가죽의 한쪽을 불에 그슬린다. 각자 그렇게 그슬린 쇠가죽을 집으로 가지고 가서 모든 가족과 가축들의 코 앞에 내민다. 이렇게 하면 다가오는 한 해 동안 질병이나 그 밖의 재난, 특히 사악한 마술로부터 안전할 수 있다고 믿는다. 이 모든 의식 절차를 '칼루인calluinn'이라 부르는데, 이 호칭은 쇠가죽을 두드릴 때 들리는 소리에서 비롯되었다. 이 관습은 적어도 18세기 후반까지만 해도 세인트킬다[13]를 포함한 헤브리디스 제도에서 행해졌으며, 19세기에 들어와서도 상당 부분 그대로 남아 있었다.

---

13 영국 스코틀랜드 아우터헤브리디스 제도에 속한 대서양에 있는 3개의 작은 섬군

제55장
재앙의 전이

1. 무생물로의 전이

지금까지 우리는 수렵, 유목, 농경 단계 사회의 여러 민족들 사이에 나타나는 신을 살해하는 관습에 대해 살펴보았다. 그러면서 나는 사람들이 그렇게도 기묘한 관습을 행하게 된 동기를 설명하고자 시도했다. 하지만 그런 관습의 한 측면은 아직 설명되지 않은 채 남아 있다. 죽어 가는 신은 때로 민족 전체의 누적된 불행과 죄악을 떠맡아 영원히 짊어지고 감으로써, 그 민족이 죄에서 벗어나 행복하게 살도록 해 준다고 믿었다. 이처럼 자신들의 죄와 고통을 다른 어떤 존재에게 떠넘겨 그것을 감당하게 만든다는 발상은 미개인들에게 매우 익숙한 사유방식이었다. 그것은 육체적인 것과 정신적인 것, 물질적인 것과 비물질적인 것을 혼동하는 데에서 생겨난 사유방식임에 분명하다. 그러니까 그들은 나무나 돌 따위의 짐을 자기 등에서 다른 사람의 등으로 옮기듯이, 자기의 고통과 슬픔이라는 짐을 다른 사람에게 옮겨 그가 대신 감당하도록 하는 것도 가능하다고 상상했던 것이다.

미개인들은 이와 같은 사유방식에 입각하여 행동했으며, 그 과정에서 자신이 감당하고 싶지 않은 고통을 다른 누군가에게 떠넘기기 위해 이런저런 불유쾌한 수단들을 고안해 냈다. 요컨대 기독교에만 대속代贖 원리가 있는 것이 아니라 사회적·지적으로 문화 수준이 낮은 종족들 또한 일반적으로 그런 원리를 이해하고 실행했던 것이다. 아래에서 나는 세련된 형이상학이나 복잡 미묘한 신학의 가식에 물들지 않은 미개인들의 적나라하고 단순한 이론과 관행들을 원형 그대로 보여 주고자 할 것이다.

영리하고 이기적인 미개인들이 자기 이웃을 희생시킴으로써 평안을 얻기 위해 의지했던 수단은 매우 다양하다. 그 수많은 사례 가운데 여기서는 다만 전형적인 몇 가지만 인용해 보자. 먼저 우리는 어떤 사람이 재앙을 몰아내고자 할 때 반드시 그것을 같은 사람에게 전이하는 것만은 아니라는 점에 주목해야 한다. 동물이나 무생물에게 전이하는 수도 있기 때문이다. 재앙을 무생물에 전이할 때 그 사물은 다만 맨 처음 그것을 만지는 사람에게 불운을 전달해 주는 매개체 역할을 할 따름이다.

동인도 제도의 몇몇 지방에서는 특정한 나무 이파리로 환자의 얼굴을 때린 다음 그것을 내다 버리면 간질병을 치료할 수 있다고 생각한다. 그렇게 하면 병을 나뭇잎으로 전이하여 그것과 함께 버릴 수 있다는 것이다. 오스트레일리아의 어떤 원주민들은 치통을 치료하기 위해 불에 달군 투창기spear-thrower[1]를 뺨에 비빈 다음 그것을 내던진다. 이렇게 하면 치통이 '카리치karriitch'라 부르는 검은 조약돌로 변해 사라져 버린다고 믿었다. 이런 종류의 검은 돌은 오래된 묘지나 모래밭에 많이 널려 있다. 그래서 사람들은 조심스럽게 그것들을 주워 적들이 있는 쪽으로 던진다. 그러면 치통이 적들에게 전이된다고 믿었다. 우간다의 유목민 바히마Bahima족은 흔히 악성 종기로 고통을 받곤 했는데, "이 종기에 대한 그들의 치료법은, 주의에게서 약초를 받아 환부에 문지른 다음 그것을 사람들이 자주 왕래하는 길에 묻어 놓음으로써 다른 사람에게 질병을 전이하는 방법이었다. 즉, 땅에 묻힌 약초를 처음 밟는 사람에게 병이 옮아가고, 그러면 환자는 회복된다는 것이다."

병에 걸렸을 때 그것을 다른 사람에게 전이하기에 앞서 예비 수단으로서 먼저 인형에게 병을 전이하는 경우도 있다. 가령 바간다족은 때때로 주의가 진흙으로 환자의 모형을 만든다. 그리고 환자의 친지들이 그 인형을 환자의 몸에 접촉시킨 후 길에 묻거나 길 옆의 잡초 속에 숨겨 둔다. 그러면 그 인형을 처음 밟거나 혹은 옆으로 지나친 사람에게 병이 전이된다고 여겼다. 때로 이 인형을 사람 모양으로 보이기 위해 바나나 꽃으로 묶어 만들기도 한다. 이것도 전술한 진흙 모형의 경우와 마찬가지로 사용한다. 하지만 이렇게 나쁜 목적으로 인형을 사용하는 것을 가장 못된 죄악으로 여겼다. 그래서 사람들이 많이 다니는 길에 그런 인형을 묻는 자가 발각되면 그는 가차없이 사형에 처해졌다.

티모르섬 서부지역에서는 남자건 여자건 장기간 고생스러운 여행을 계속할 경우에는, 이파리가 붙어 있는 나뭇가지로 부채질을 한 다음, 전통적으로 선조

---

1 창에 짧은 줄을 감아 공중에서 창이 회전하도록 하는 도구

들이 그랬던 것처럼 특정한 장소에 그것을 내다 버린다. 그렇게 하면 피로감이 나뭇잎으로 전이되어 없어진다고 믿었다. 이때 이파리 대신 돌을 사용하는 경우도 있다. 마찬가지로 바바르 제도에서는 사람들이 피로를 느끼면 돌로 제 몸을 두들기는데, 그렇게 하면 피로가 돌에게 전이된다고 여겼다. 이때 그들은 특별히 지정된 장소에 그 돌을 버렸다. 이와 유사한 신앙과 관습이 세계의 여러 지역에서 행해졌다. 그리하여 여행자들은 흔히 길 옆에서 돌이나 막대기, 이파리들이 쌓여 있는 모습을 목격할 수 있는데, 그 지방의 원주민들은 누구나 그곳을 지나가면서 돌이나 막대기, 이파리 따위를 얹어 놓는다.

솔로몬과 뱅크스 제도의 원주민들은 험준한 비탈길 어귀에 있는 퇴적 더미 위에 돌이나 막대기, 이파리 따위를 던지면서 "피로가 내게서 떠났다"고 말한다. 이런 행위는 종교의식이라고 할 수 없다. 왜냐하면 퇴적 더미 위에 던진 것은 영적 존재에게 바치는 제물이 아니며, 그런 행위에 수반되는 말들도 기도가 아니기 때문이다. 그것은 피로를 제거하기 위한 주술적 의식에 불과할 뿐이다.[2] 단순한 미개인들은 피로감을 막대기나 나뭇잎, 돌에 전이함으로써 피로를 없앨 수 있다고 생각했던 것이다.

2. 동물로의 전이

재앙을 옮겨 담거나 혹은 전이하는 매개적 그릇으로서 때로 동물이 사용되기도 한다. 가령 무어Moor[3]인은 두통으로 고생할 때, 그것을 동물에게 전이함으로써 치료가 가능하다고 여겼다. 그래서 암염소나 수산양을 잡아다가 그놈이 쓰러질 때까지 두들겨 팼다. 흔히 모로코의 부유한 무어인들은 정령jinn이나 악마들이 말[馬] 대신 멧돼지에게 들어가도록 외양간에 멧돼지를 기른다. 남아프리카의 카프레족 원주민들은 이런저런 방법을 써도 안 될 때는 때로 환자의 머리맡에 염소를 끌어다 놓고 그 앞에서 마을 사람들이 지은 죄를 고백한다. 때로는 환자의 피몇 방울을 염소의 머리에 떨어뜨린 후 인적이 없는 초원에 내쫓기도 한다. 그렇

---

2 오늘날 종교학에서는 주술적 의식 자체도 크게 종교의 범주에 들어가는 것으로 본다.

3 아랍인, 스페인인, 베르베르인의 혼혈인 스페인계 이슬람교도. 오늘날 영어권에서 무어인이라는 표현은 모로코인을 가리키는 말로 쓰인다.

게 하면 병이 염소에게 전이되어 사막에서 없어진다고 믿었기 때문이다. 아라비아에서는 역병이 돌면 동물의 몸에 병을 전이하기 위해 낙타를 마을 구석구석까지 끌고 돌아다닌다. 그리고 신성한 장소에서 그것을 목 졸라 죽임으로써 낙타와 역병을 한꺼번에 없애 버렸다고 믿는다. 포르모사Formosa[4]의 원주민들은 천연두가 유행하면 병마를 새끼 돼지 속에 몰아넣은 다음 그 귀를 잘라 불에 태운다. 그렇게 하면 역병을 추방할 수 있다고 믿었다.

말라가시 원주민들은 재앙을 옮겨 담는 그릇을 '파디트라faditra'라고 불렀다. "이 파디트라는 누군가의 행복과 평안과 번영을 해치는 모든 재앙이나 질병을 제거하기 위해 '시키디sikidy(점쟁이 위원회)'가 선정한 어떤 것을 가리킨다. 시키디에 의해 지정된 것이라면, 그것이 재[灰]건 분할화폐cut money[5]건 양¥이건 호박이건 그 밖의 어떤 것이건 간에 다 파디트라가 될 수 있다. 어떤 특정한 대상이 파디트라로 선정되면, 사제가 그것을 향해 사람에게 해가 될 만한 모든 재앙을 죽 열거한다. 그리고 그 재앙들을 파디트라에 실어 영원히 추방하는 것이다. 만일 파디트라가 재인 경우에는 그것을 바람에 날아가도록 뿌린다. 그것이 돈인 경우는 깊은 물속이나 혹은 찾아낼 수 없는 곳에 던진다. 양인 경우에는 한 남자가 그것을 어깨에 메고 먼 곳으로 운반하는데 파디트라의 액운이 양 속에 들어 있다고 간주하기 때문에, 그는 대단히 분노한 듯 투덜거리며 가능한 한 빨리 달려야 한다. 또한 파디트라가 호박인 경우에는 그것을 어깨에 짊어지고 조금 가다가 분노와 경멸의 몸짓을 하며 냅다 던져 깨뜨린다." 어떤 말라가시인은 자신이 비참한 최후를 맞이할 운명에 놓여 있지만, 의식을 집행하면 그 운명에서 벗어날 수 있다는 말을 점쟁이에게서 들었다. 이때 그는 피가 가득 담긴 작은 접시를 머리에 얹은 채 수소 잔등에 올라타서, 접시의 피가 수소 머리에 흘러내리도록 해야 했다. 그런 다음 수소를 광야로 추방하여 다시는 돌아오지 못하도록 했다.

수마트라의 바탁족은 '저주의 추방'이라 부르는 의식을 거행한다. 예컨대 여자가 불임인 경우에는, 각각 소머리와 물소와 말을 표상하는 세 마리의 메뚜기 신에게 제물을 바친다. 그런 다음 제비 한 마리를 놓아준다. 이때 저주가 그 새에게 전이되어 함께 멀리 날아가라는 기도를 올린다. "말레이인들은 통상 사람과

함께 살지 않는 동물이 집 안으로 들어오는 것을 재앙의 불길한 징조라고 생각한다. 그래서 가령 들새가 집 안에 날아들면 조심스럽게 그것을 잡아 기름을 바른 다음 주문을 외우며 공중에 다시 놓아준다. 이때의 주문 내용은 집주인의 모든 액운들을 함께 가지고 떠나라는 명령으로 이루어져 있다." 고대 그리스에서도 여자들이 집 안에 들어온 제비를 그런 식으로 다루었던 것 같다. 즉, 제비에 기름을 발라 날려 보냈는데, 이는 분명 집안의 불행을 제거하는 데에 목적이 있었다고 보인다. 카르파티아의 후줄Huzul족은 봄에 첫 제비를 보면, 흐르는 물에 얼굴을 씻으면서 "제비야, 제비야, 내 주근깨를 가져가고 대신 발그레한 뺨을 다오"라고 말한다. 그러면 제비에게 주근깨가 전이된다고 여겼다.

남인도의 닐기리 구릉지대에 사는 바다가족은 누군가 죽으면 그 사람의 모든 죄를 새끼 물소에게 전이해야 한다고 믿는다. 이를 위해 사람들은 시체 주변에 모여 그를 마을 바깥으로 운반한다. 그리고 부족의 한 장로가 시체 머리맡에 서서 보통의 바다가족이라면 누구라도 범할 수 있는 죄목들을 장황하게 나열하며 암송한다. 그러면 다른 사람들은 각 죄목의 마지막 구절을 따라 한다. 이 같은 죄의 고백이 세 차례 반복된다. "이들의 전통적인 표현방식에 따르면, 한 사람의 인간이 범했다고 여겨지는 죄의 총계는 1,300가지라고 한다. 집행자는 죽은 자가 이 모든 죄를 범했음을 인정하면서 큰 소리로 '신의 깨끗한 발 아래로 날아가려는 자를 붙잡지 말라'고 외친다. 그의 말이 끝나면 모인 사람들도 입을 모아 '날아가려고 하는 자를 붙잡지 말라'고 큰 소리로 화답한다. 집행자는 다시금 세부적인 죄목들을 지적하면서 '그는 기어가는 뱀을 죽였다. 이것이 죄다'라고 외친다. 그러면 모인 사람들은 그 마지막 구절을 되풀이하며 '이것이 죄다!'라고 외친다. 이에 집행자는 송아지 위에 손을 얹어 죽은 자의 죄를 송아지에게 전이한다. 목록에 들어간 모든 죄들이 이런 인상적인 방식으로 송아지에게 전이되는 것이다. 하지만 그것이 전부는 아니다. '모든 이들에게 평안을!'이라는 마지막 외침이 사그라지면, 집행자가 교체되고 다시금 고백이 행해지며 모든 사람이 '이것이 죄다'라고 외친다. 이런 과정이 세 차례 반복된다. 그런 후 엄숙한 침묵 속에서 송아지가 풀려나는 것이다. 유대인들의 희생양과 마찬가지로, 이 송아지도 결코 일상적인 노동을 위해 부려서는 안 된다."

클레이턴A. C. Clayton 목사가 실제로 목격한 바다가족의 장례식에서는 사람들이 새끼 물소를 상여 둘레에 세 차례 끌고 다녔으며, 죽은 자의 손을 그 송아지 머리에 얹었다. "그럼으로써 죽은 자의 모든 죄가 송아지에게 전이된다고 여겼다. 송아지는 다른 사람들을 오염시키지 못하도록 아주 멀리 추방되었다. 이 송아지는 결코 팔리는 법이 없으며, 신에게 바친 신성한 동물로 간주되었다." 이런 의식의 의미는 죽은 자의 죄가 송아지에게 전이됨으로써 죄를 사면받는다는 데에 있었다. 그들의 말에 의하면, 이 송아지는 곧바로 어디론가 사라져 보이지 않게 되며, 그 울음소리도 다시는 듣지 못하게 된다고 한다.

3. 인간으로의 전이

때로는 타인을 위협하는 재앙을 이편으로 전이함으로써, 인간이 희생양의 역할을 하는 경우도 있다. 실론섬에서는 의사도 어찌할 수 없는 중병을 앓으면 악마의 춤을 추는 자를 초대하여 그로 하여금 악마에게 제물을 바치게 했다. 그는 악마를 표상하는 가면을 쓰고 춤을 춤으로써 병마를 하나하나 환자에게서 꾀어내어 자기 안에 들어오도록 한다. 이런 식으로 병의 원인을 끌어내는 데에 성공하면, 이 꾀 많은 춤꾼은 상여 위에 누워 죽은 척한다. 이어서 사람들이 그를 마을 바깥의 들판으로 운반한 다음 거기에 혼자 남겨 놓고 모두 돌아온다. 그러면 그는 곧바로 툭툭 털고 일어나 서둘러 마을로 돌아와 사람들에게 보수를 요구한다.

1590년경에 아그네스 샘슨Agnes Sampson이라는 스코틀랜드의 여자 마술사가 로버트 커스Robert Kers라는 자의 병을 치료했다는 이유로 유죄 선고를 받은 적이 있었다. 그 병은 그가 덤프리스6에 있을 때 서부의 한 마술사에 의해 전이된 것이었다. 그녀는 그 병을 자기 몸에 옮겨 다음 날 아침까지 끙끙 앓았다. 당시 시끄러운 소음소리가 집 바깥까지 새어 나왔다고 한다. 이 소음은 그녀가 의복을 사용하여 고양이나 개에게 병을 옮겨 주려고 하다가 생겨난 소리였다. 하지만 불행히도 그 시도는 실패로 끝났다. 물론 로버트 커스는 회복되었다. 그 병은 동물에게 전이되는 대신 달케이스 지방의 알렉산더 더글러스Alexander Douglas라는 자에게 옮겨졌고, 결국 그는 시름시름 앓다가 죽고 말았다.

---

6 영국 스코틀랜드 남서부 덤프리스갤러웨이주에 있는 니스스데일 행정구의 구청 소재지

뉴질랜드의 어떤 지방에서는 사람들이 대속의식을 필수적인 것으로 생각했다. 그래서 어떤 사람에게 의식을 행하면 부족 전체의 죄가 그에게 전이된다고 여겼다. 이때 사람들은 그의 몸에 미리 양치류 줄기를 감아 놓는다. 그러면 그는 강물에 뛰어들어 그 줄기를 풀어내는데, 그것이 사람들의 죄를 안고 바다로 흘러가게 되는 것이다.

마니푸르의 왕 라자Rajah는 큰 위기에 처했을 때 자기 죄가 보통 한 죄수에게 전이된다고 여겼다. 이 죄수는 그런 대속적 고통을 통해 자신의 범죄를 사면받게 되는 것이다. 그런 죄의 전이를 이루기 위해 라자와 그의 아내는 화려한 옷을 입고 광장에 세워 놓은 구조물 위에서 목욕재계한다. 이때 죄수는 구조물 아래서 웅크리고 있다. 이윽고 물이 흘러서 죄수에게 떨어지면 그들의 죄도 함께 씻겨 인간 희생양에게 떨어져 내린다고 여겼다. 죄의 전이의식을 완성하기 위해, 라자와 그의 아내는 화려한 옷을 대리인에게 건네주고, 그들은 새 예복으로 갈아 입은 후 저녁때까지 백성들과 함께 어울려 지낸다.

트라방코르[7]에서는 라자의 죽음이 임박하면, 선발된 어떤 성스러운 브라만이 1만 루피의 사례금을 받고 죽어 가는 라자의 죄를 자기 몸에 전이하는 데에 동의한다. 이 브라만 성자는 제단에 자신을 제물로 바칠 준비가 끝나면, 임종의 방으로 안내되어 빈사 상태의 라자를 끌어안고 이렇게 말한다. "왕이시여, 불초 소인이 모든 죄와 병환을 한 몸에 짊어지겠나이다. 왕께서는 부디 만수무강하옵소서!" 이렇게 죽어 가는 라자의 죄를 인수하고 나면, 브라만은 나라에서 추방되어 다시는 돌아올 수 없다. 유진 셔일러Eugene Schuyler(1840~1890)는 투르키스탄[8] 지역의 우치쿠르간에서 죽은 자의 죄를 인수하는 것으로 생계를 유지한다는 어떤 노인을 만난 적이 있었다. 그 노인은 평생 죽은 자들의 영혼을 위해 기도하는 데에 생애를 바쳤다고 한다.

우간다에서는 군대가 전쟁터에서 돌아왔을 때 신들이 신탁을 내려 어떤 재앙이 전사에게 붙어 있다고 경고한 경우, 포로 가운데 한 여자를 골라 전리품인 암소, 염소, 닭, 개 한 마리씩과 함께 강력한 호위병들을 대동하여 그것들을 탈취해 온 나라의 국경까지 되돌려 보내는 관습이 있다. 거기서 호위병들은 그것들의 손

---

7 인도 남서부에 있던 옛 왕국. 오늘날 케랄라주의 일부이다.
8 북쪽으로 시베리아, 남쪽으로 티베트·인도·아프가니스탄·이란, 동쪽으로 고비 사막, 서쪽으로 카스피해 사이에 있는 중앙아시아의 여러 지역

발을 부러뜨려 죽을 때까지 방치해 놓는다. 우간다까지 기어서 돌아올 수 없을 만큼 불구자로 만드는 것이다. 그리고 이 대리자들에 대한 재앙의 전이를 보다 확실하게 하기 위해 풀 더미를 인간이나 가축에게 문질러서 희생자들에게 묶었다. 그런 다음에야 비로소 군대는 정화되었다고 선포되며, 성 안으로 들어가도 좋다는 허락을 받았다. 우간다의 새 왕이 즉위할 때는 왕이나 왕비에게 붙어 있을지도 모를 일체의 부정을 제거하기 위해 희생양으로서 한 남자를 상처내어 그를 부뇨로[9]에 보내는 관습이 있었다.

4. 유럽에서의 재앙의 전이

앞에서 서술한 재앙의 전이 사례들은 주로 미개인이나 야만인들의 관습을 인용한 것이다. 그러나 질병이나 재난, 죄 따위의 무거운 짐을 한 인간에서 다른 인간에게 혹은 동물이나 사물에 전이하는 관습은 고대나 근대 유럽의 문명화된 여러 민족들 사이에서도 일반적으로 행해졌다. 가령 로마에서는 열병을 치료하기 위해 환자의 손톱을 자른 다음 거기다 밀랍을 섞어 해가 뜨기 전에 이웃집 문틈에 꽂아 놓는다. 그러면 환자의 열이 이웃 사람에게 전이된다고 여겼다. 그리스인들도 이와 비슷한 방식에 의존했던 것 같다. 이상 국가를 위한 법률을 규정한 플라톤은 밀랍인형이 자기 집 대문이나 양친의 묘지 비문에 붙어 있거나 혹은 교차로에 버려져 있는 것을 발견했을 때 사람들은 매우 두려워한다고 말했다.[10]

4세기에 보르도의 마르켈루스Marcellus는 혹 떼는 법을 처방했다. 이 처방은 지금도 유럽 여러 지역의 미신적인 대중들 사이에서 널리 유행하고 있다. 처방에 따르면, 혹의 숫자만큼 작은 조약돌로 혹을 문지른 다음에, 그 조약돌을 담쟁이 덩굴 잎으로 싸서 거리에 버린다. 이때 그것을 주운 자는 혹이 생긴 반면, 환자는 혹이 없어진다고 한다. 오크니 제도[11]에서는 환자를 물로 씻긴 다음 그 물을 현관 앞에 뿌린다. 그러면 현관 앞을 최초로 통과하는 자에게 병이 전이되고 환자는

---

9 부뇨로Bunyoro족은 바뇨로Banyoro족이라고도 하는데, 우간다의 바간다족과 이웃해 있으면서 오랫동안 경쟁관계에 있었다.

10 출처는 플라톤의 『법률Nomoi』

11 영국 스코틀랜드 본토의 북쪽 약 32킬로미터 지점에 무리지어 있는 70개 이상의 섬들

회복된다고 한다. 바바리아에서는 열병을 치료하기 위해 종이쪽지에 "열이여, 물러가라. 나는 지금 집에 없어"라고 쓴 다음 그 종이를 다른 사람의 주머니에 집어넣는다. 그러면 그 사람에게 열병이 전이되고 환자가 낫는다고 한다. 그런가 하면 보헤미아의 열병 치료법은 이렇다. 빈 병을 들고 교차로에 나가 그것을 던진 다음 도망친다. 그 병을 최초로 찬 사람이 열병을 앓을 것이며 환자는 낫게 된다고 한다.

유럽에서도 원시인들과 마찬가지로 종종 인간들의 고통이나 병을 동물에게 전이하려는 시도가 행해졌다. 고대의 점잖은 저술가들이 권고한 바에 의하면, 전갈에게 물렸을 때는 노새에 올라타 얼굴을 그 노새의 꼬리 쪽으로 향하도록 하거나 혹은 노새의 귀에 대고 "전갈에게 물렸어"라고 속삭여야 한다. 그렇게 하면 고통이 인간에서 노새 쪽으로 전이된다고 믿었다. 이 같은 다양한 요법들이 마르켈루스에 의해 기록으로 남아 전해지고 있다. 가령 치통에 대한 요법은 다음과 같다. 탁 트인 집 바깥으로 나가 장화를 신고 서서 개구리 머리를 잡고 그 아가리에 침을 뱉는다. 그리고 치통을 없애 달라고 부탁한 다음 개구리를 놓아준다. 하지만 이 요법은 길한 날과 시간을 택해 행해야 한다. 체셔에서는 흔히 어린애가 입이나 목이 아플 때 개구리 새끼를 잡아 그 머리 쪽을 환자의 입 속에 잠시 넣어 두면 병이 낫는다고 믿었다. 이런 요법을 행한 어떤 노파는 다음과 같이 말했다. "불쌍하게도 그 뒤 며칠 동안 개구리는 연신 숨을 씩씩거리고 기침을 해댔다우. 정말이지, 저 가련한 개구리가 뜰에서 기침하는 소리를 들을 때는 내 맘도 여간 괴로운 것이 아니었다우."

노샘프턴셔와 데번셔, 웨일스 등지에서는 기침을 치료하는 요법으로 환자의 머리카락 하나를 빵 속에 끼워 그것을 개에게 먹인다. 그러면 개는 기침을 하게 되고 환자는 낫는다고 여겼다. 한편 어떤 동물과 음식물을 나누어 먹음으로써 병이 전이되는 경우도 있다. 올덴부르크[12]에서는 열병을 앓는 자가 있으면, 달콤한 우유 사발을 개 앞에 놓고 "착하지, 개야, 네가 병에 걸리고 나는 낫게 되기를!"이라고 말한다. 그리고 개가 우유를 핥아 먹으면 환자도 같이 우유를 삼켜야 한다. 개와 환자가 이렇게 세 번을 반복하면 개는 열병을 앓게 되고 환자는 완치된다고 한다.

---

12 독일 북서부 니더작센주의 도시

보헤미아에서는 열병을 치료하는 요법으로, 먼저 해가 뜨기 전에 숲으로 가서 도요새의 보금자리를 찾는다. 그것을 발견하면 새끼 한 마리를 끄집어내어 집에서 사흘간 길렀다가 다시 숲에 놓아준다. 그러면 도요새 새끼에게 열병이 전이되었기 때문에 즉시 환자의 열병이 낫는다고 믿었다. 마찬가지로 베다 시대의 힌두인들은 파란 어치새에게 폐병을 전이했다. 그들은 "오, 폐병이여, 날아가거라. 어치새와 함께 멀리 사라지거라. 모진 폭풍과 회오리바람에 쓸려 함께 꺼져 버려라"라고 외쳤다. 웨일스의 랜드글라 마을에는 처녀 순교자 성 테클라St. Thecla를 기리는 교회가 있는데, 거기서 사람들은 간질병을 닭에게 전이했다. 환자는 먼저 근처의 성스러운 샘물에서 손발을 씻은 다음, 제물로서 4펜스를 샘물 속에 던지고 샘물 주위를 세 바퀴 돌면서 세 차례 주기도문을 외운다. 그리고 닭을 광주리에 담아 샘물 주위를 돌고 또 교회 주위를 돌아야 한다. 이때 닭은 환자가 남자냐 여자냐에 따라 수컷이나 암컷으로 정해진다. 어쨌든 그런 다음 그는 교회 안에 들어가 날이 샐 때까지 성찬용 탁자 아래 누워 있다가, 다시 제단에 6펜스의 공물을 바친 후 닭을 그대로 놓아둔 채 그곳을 떠난다. 만일 닭이 죽으면 간질병이 닭에게 전이된 것으로 간주하였고, 물론 환자는 완치된다고 여겼다. 1855년까지만 해도 이 마을의 나이 든 교회 목사는 간질병이 전이되어 비틀거리는 닭을 목격한 적이 있노라고 생생하게 기억했다.

고통받는 자들은 때로 자신의 병이나 불행의 무거운 짐을 어떤 무생물에게 전이하고자 시도한다. 예컨대 아테네에는 고대 양식의 기둥으로 세워진 조그마한 성 세례 요한St. John the Baptist 교회가 있었는데, 열병 환자는 거기에 가서 밀랍 먹인 실을 그 기둥 안쪽에 붙이면 열병이 환자에게서 기둥으로 전이된다고 믿었다. 브란덴부르크의 마르크에서는 현기증 환자가 일몰 후 벌거벗은 채 삼밭 주위를 세 번 달리면 현기증이 삼나무로 전이되고 환자는 완쾌한다고 여겼다.

유럽에서 일반적으로 질병이나 그 밖의 고통을 옮기는 매개체로 이용된 것은 주로 나무였다. 가리아에서는 열병을 치료하는 요법으로, 해가 뜰 때 버드나무를 세 번 돌면서 "너는 열 때문에 떨 것이고, 나는 햇볕으로 따뜻해질 것이다"라고 외친다. 그리스의 카르파소스섬에서는 사제가 환자의 목에 빨간 실을 묶는다. 그러면 다음 날 아침, 환자의 친구들이 그 실을 풀어 가지고 산으로 가서 나무에 그것을 묶는다. 그럼으로써 병이 나무한테 전이된다고 믿었다. 마찬가지로 이탈리아인들도 나무에 실을 묶어 열병을 고치려고 했다. 즉, 환자는 밤중에 왼쪽 팔목에 실을 감아 두었다가 날이 새면 그것을 나무에 묶는다. 그러면 열이 나무에 묶여 환자의 병이 낫는다고 믿었다. 이때 환자는 그 나무 밑을 다시 지나가지 않도록 조심해야 한다. 그렇지 않으면 열이 그 실을 끊고 그에게 다시 엄습해온다고 여겼기 때문이다.

플랑드르[13]인들은 학질을 치료하는 요법으로, 아침 일찍 늙은 버드나무 밑에 가서 가지 하나에 세 개의 매듭을 만든 다음 "버드나무님, 편히 주무셨나? 너에게 학질을 선물하겠다. 안녕, 버드나무님!"이라고 말한다. 그리고 등을 돌려 뒤도 돌아보지 않고 도망친다. 존넨베르크에서는 통풍을 치료하기 위해 어린 떡갈나무한테 가서 그 가지 하나에 매듭을 만들고 "고귀한 떡갈나무여, 평안하신가. 내 통풍을 그대에게 선물하지. 자, 여기다 매듭을 하나 묶고 그 속에 통풍을 봉하자꾸나"라고 말한다.

인간이 나무한테 통풍을 전이하는 또 다른 방식은 다음과 같다. 즉, 환자의 손톱을 자르고, 다리에서 털을 약간 뽑는다. 그리고 떡갈나무에 구멍을 뚫고 그 속에 손톱과 털을 쑤셔 넣은 다음 그 위에 쇠똥을 발라 놓는다. 그 후 3개월 이내에 병이 나으면, 사람들은 떡갈나무에 병이 전이된 것이라고 믿었다. 체셔에서는 사마귀를 떼어 내기 위해 베이컨 조각을 사마귀에 문지른 다음, 그것을 물푸레나무 껍질 사이에 끼워 둔다. 그러면 사마귀가 곧 없어질 것이고, 그 대신 나무껍질에 혹이 생길 것이라고 여겼다. 잉글랜드 남부 하트퍼드셔 지방의 버크햄프스테드에는 학질을 고치는 유명한 떡갈나무가 있었다고 한다. 그 나무에 병을 전이하는 방법은 간단하지만 고통이 수반된다. 환자는 머리카락을 한 줌도 뽑지 않은 채 머리를 그대로 나무 속에 단단히 쑤셔 박는다. 그런 다음 갑자기 머리를 뒤틀면 머리카락이 빠지면서 동시에 학질도 나무에 달라붙게 된다고 한다.

---

13 중세에 북해 연안의 저지대 남서부에 있던 공국. 이 지역은 오늘날 프랑스의 노르주와 벨기에의 동플랑드르·서플랑드르 주, 네덜란드의 젤란트주로 나뉘어 있다.

제56장
재앙의 공적 추방

1. 악마의 편재성

앞에서는 다른 사람이나 동물, 사물에게 재앙을 전이하는 원시적인 원리에 대해 설명하면서 사례들을 살펴보았다. 그런데 전체 공통 사회를 해치는 재난에서 벗어나는 데에도 이것과 동일한 수단이 사용된다. 쌓이고 쌓인 집단적 슬픔들을 즉시에 제거하려는 시도는 결코 희귀하거나 예외적인 것은 아니었다. 반대로 여러 지역에서 그런 시도들이 이루어졌으며, 그 빈도수에서 점차 주기적인 것 혹은 연례적인 것으로 발전하는 경향을 보인다.

그런 시도의 정신적 배경을 이해하기 위해서는 상당한 노력이 필요하다. 미개인들은 자연에서 인격성을 벗겨 내는 철학, 혹은 우리의 감각기관에 주어지는 일련의 질서 잡힌 자연현상을 미지의 원인으로 환원하는 철학에 푹 빠져 있었다. 그로 인해 우리는 미개인들의 입장에서 바라보기가 쉽지 않다. 그들은 자연현상을 정령의 형태로 인식하거나 혹은 정령에 의해 생겨난 것으로 여겼다. 옛날에 우리와 지극히 가까운 곳에 있었던 정령들의 군단軍團은 서서히 우리에게서 멀어져 갔고, 급기야 과학이라는 마법의 지팡이에 의해 추방되고 말았다. 이제 정령들은 화롯가와 가정에서, 폐허가 된 승원과 담쟁이덩굴이 무성한 고탑에서, 한낮에도 어두운 수풀과 을씨년스러운 호숫가에서, 번갯불이 번쩍이는 음산한 구름에서, 은빛 달을 베개 삼거나 혹은 불타는 듯한 붉은 비늘로 황금빛 노을을 장식하는 아름다운 구름에서 사라져 가고 만 것이다. 정령들은 심지어 하늘 위에 있는 그들의 마지막 보루에서조차 그 모습을 감추고 말았다. 다시 말해 저 푸른 하늘은 더 이상 인간의 눈에 천계의 영광을 가려 주는 장막으로 비치지 않게 되었다. 그저 어린애들이나 그렇게 믿을 뿐이다. 이제 하늘은 다만 시인들의 꿈속이나 혹은 감격적인 성극에만 등장할 뿐이다. 그것도 패주하는 군대 깃발의 마지막 펄럭거림으로서 말이다. 우리는 눈에 보이지 않게 된 날갯짓소리와 조롱하는 웃음소리와 멀리 사라져 가는 천사의 노랫가락을 듣는다.

그러나 미개인들의 경우는 판이하게 달랐다. 그들이 상상하는 세계 속에는 정체를 알 수 없는 존재들이 득실거리고 있었다. 물론 후에 그 존재들은 이성적인 철학자들에 의해 폐기되어 버렸지만 말이다. 미개인들의 주변에는 아직도 요정과 도깨비, 유령과 악마들이 자나깨나 배회하고 있다. 그러면서 미개인들의 뒤를 따라다니며 그들의 감각을 흐리게 하거나, 그들 안에 들어가서 장난삼아 혹은 악의에 찬 온갖 방식으로 그들을 괴롭히고 기만하며 고통을 안겨주었다. 미개인들은 자신에게 덮쳐 오는 재난과 자신이 당하는 손실 혹은 자신이 견뎌 내야만 하는 고통을 적들의 주술 탓으로 돌릴 수 없는 경우, 그것을 대체로 정령들의 원한이나 노여움 혹은 변덕 탓으로 돌리곤 했다. 정령들의 끊임없는 출몰은 그들을 지치게 만들고, 잠들 줄 모르는 정령들의 원한은 그들을 성마르게 했다.

미개인들은 자나깨나 그런 정령들을 추방하고자 갈망했다. 그러다가 때로 궁지에 몰리면 완전히 자제심을 잃어버린 채 정령들을 향해 맹렬히 몸을 돌려 그 패거리들을 모조리 한데 묶어 국외로 추방하고자 절망적인 시도를 했다. 이는 정령들이 득실대는 공기를 맑게 해서 잠시만이라도 제대로 숨 쉬며 자유롭게 걷고 싶은 간절한 소망에서였다. 그리하여 모든 재난을 말끔히 없애고자 하는 미개인들의 노력은 대체로 악령이나 망령들을 대대적으로 사냥하거나 소탕하는 형태를 취했다. 그들은 그 저주스러운 고문자들을 말끔히 털어 낼 수만 있다면, 행복하고 천진난만한 삶을 향해 새롭게 출발할 수 있으리라고 여겼다. 이를테면 에덴동산의 이야기라든가 옛 시인들이 노래한 황금시대가 실현되리라고 생각했다.

2. 재앙의 수시 추방

우리는 미개인들이 왜 종종 재앙의 대청소라는 수단에 의지하는지, 왜 통상 악령에 대한 강제 추방 형태를 취하게 되는지에 대한 이유를 이해할 수 있게 되었다. 미개인들은 자신들이 겪는 재난의 전부는 아니더라도 대부분의 원인을 이런 악령들의 탓으로 여긴다. 만일 그런 악령들에게서 벗어날 수만 있다면 만사가 다 잘 풀릴 것이라고 생각한다. 여기서 전체 공동체의 누적된 재앙을 추방하는 공적 시도는 추방당하는 재앙이 비물질적이고 비가시적인 것이냐, 아니면 물질적인 매개체이고 희생양으로 구현된 것이냐에 따라 두 종류로 나누어진다. 전자를 재앙의 직접적·무매개적 추방이라 한다면, 후자는 간접적·매개적 추방 혹은 희생양을 통한 추방이라고 부를 수 있다. 먼저 전자의 사례부터 살펴보기로 하자.

뉴기니와 뉴브리튼섬 사이의 루크섬에서는 어떤 재난이 닥쳐오면, 원주민들이 다 같이 뜀박질하면서 절규하고 저주하고 포효한다. 그러면서 몽둥이로 허공을 후려치고, 그 재난의 원인이라고 여겨지는 악령을 내쫓는다. 재난이 일어난 장소에서 한 걸음 한 걸음 악령을 바다 쪽으로 몰고 가서 해변에 도달하면, 사람들은 섬에서 그 악령을 추방하기 위해 배로 악을 쓰며 포효한다. 그러면 악마는 대체로 바다나 로틴섬으로 퇴각한다고 여긴다. 뉴브리튼섬의 원주민들도 질병이나 한발, 흉작 따위의 모든 재난을 악령의 짓이라고 생각한다. 그래서 우기가 시작되어 많은 사람들이 병들어 죽게 되면, 그 지역의 주민들이 대거 나뭇가지나 몽둥이 등으로 무장하고 달밤에 들판으로 나가 다음 날 아침까지 소란을 피우면서 땅을 치거나 쿵쿵 발을 굴린다. 그러면 악령들이 쫓겨 나갈 것이라고 믿는 것이다. 또는 같은 목적으로 햇불을 들고 온 마을을 돌아다니기도 한다. 뉴칼레도니아섬의 원주민들도 어떤 강력하고 사악한 악령에 의해 모든 재난이 일어난다고 믿는다. 그들은 악령을 마을에서 추방하기 위해 종종 큰 구덩이를 파고 그 둘레에 부족 전체가 모인다. 그런 다음 악령을 저주하며 그 구덩이를 메우고는 악을 쓰며 짓밟는다. 이를 '악마 묻기'라고 한다. 중앙오스트레일리아의 디에리Dieri족은 중병에 걸리면 주술사가 박제된 캥거루 꼬리로 오두막 바깥의 땅을 두드리며 '쿠치Cootchie'라는 악령을 추방하는데, 이때 오두막에서 상당히 떨어진 곳까지 중단하지 않고 추격한다.

셀레베스 지방의 미나하사 원주민들은 마을에 재난이 잇달아 일어난다든지 역병이 돌면, 그것을 마을에 침입한 악령들의 짓이라고 여겨 몰아내려고 한다. 이른 아침, 그들은 남녀노소를 막론하고 모든 주민들이 가재도구를 짊어진 채 집에서 나와 변두리에 임시로 세운 오두막으로 이사한다. 며칠 동안 거기서 묵으면서 제물을 바치고 마지막 의식을 거행할 준비를 한다. 이윽고 가면을 쓰거나 얼굴에 검댕 칠을 한 남자들이 칼이나 총 혹은 창이나 빗자루 따위로 무장한 다음, 몰래 그곳을 빠져나와 살그머니 텅 빈 마을로 들어간다. 그리고 사제의 신호에 따라 마을 곳곳을 누비고 뛰어다니면서 집 안이나 집 밑(이들의 오두막은 땅에 박아 놓은 말뚝 위에 세워져 있다)으로 돌진한다. 이때 고래고래 고함을 지르고 벽이나 창문 등을 두드리면서 악령을 몰아내는 것이다. 그런 다음 사제들과 나머지 주민들이 성화를 들고 마을로 들어와 한 집 둘레를 아홉 번, 그리고 그 집에 오르는 사다리 둘레를 세 번씩 돈 다음, 성화를 부엌으로 가지고 들어간다. 이 불은 사흘 동안 끄지 않고 계속 타도록 간수해야 하며, 이제 악령들이 물러났다 하여 모두들 크게 기뻐한다.

할마헤라[1]의 알푸르족은 자신들을 잡아가려고 다른 마을에서 온 악령 때문에 역병이 돈다고 생각한다. 이런 역병을 마을에서 몰아내기 위해서는 주술사가 악령을 추방해야 한다. 주술사는 마을 사람들에게서 값나가는 옷들을 얻어 그것을 네 개의 광주리에 나눠 가지고 숲으로 가서 악령이 있을 법한 곳에 놓아둔다. 그리고 조롱 섞인 어투로 악령에게 빨리 이곳을 떠나라고 명한다. 뉴기니의 남서쪽에 있는 케이섬에서는 죽은 자의 망령과는 전혀 다른 존재로 간주되는 악령들이 강력한 무리를 지어 행세한다고 믿는다. 그 악령들은 거의 모든 나무나 동굴들에 서식하고 있으며, 성질이 지독히 고약해서 조금만 건드려도 발끈 성을 낸다고 한다. 악령은 질병이나 재난을 일으켜 불쾌한 심사를 드러낸다. 그래서 역병이 창궐하거나 마을 전체에 재난이 엄습하여 더 이상 어쩔 도리가 없다고 여겨지면, 전 주민들은 사제를 앞세우고 마을 변두리의 특정한 장소로 간다. 그리고 해가 질 무렵에 두 개의 말뚝을 박은 다음 그 사이에 횡목 하나를 걸쳐 놓고, 거기다 쌀자루와 나무총, 꽹과리, 팔찌, 그 밖의 잡동사니들을 걸어 둔다. 이어서 모든 사람들이 그 말뚝을 향해 자리를 잡고 앉는다. 이윽고 죽음과 같은 정적이 흐르는 순간, 사제가 소리를 높여 악령들을 향해 그들이 알아들을 만한 언어로 다음과 같이 선포한다. "호! 호! 호! 나무에 사는 악령들아, 동굴 속에 사는 악령들아, 땅 위에 사는 악령들아, 우리는 이 총과 꽹과리와 그 밖의 물건들을 너희들에게 주겠다. 그러니 이제 그만 질병을 거두고 많은 사람들을 죽게 만들지 말거라!" 그런 다음 모두 발바닥에 불이 나도록 마을로 도망친다.

니아스섬에서는 누군가 중병을 앓아 백방이 무효할 경우에는, 마술사가 그 병의 원인이라고 여기는 악령을 추방한다. 그는 환자의 집 앞에 말뚝 하나를 세우고, 야자잎으로 만든 새끼줄을 말뚝 꼭대기에서 지붕까지 닿도록 걸쳐 놓는다.

---

1 뉴기니와 술라웨시 사이에 위치한 동부 인도네시아의 섬

그런 다음 마술사는 돼지 한 마리를 안고 지붕에 올라가 그곳에서 돼지를 도살하여 아래로 굴려 떨어뜨린다. 그러면 이를 본 악령이 돼지를 먹기 위해 새끼줄을 타고 말뚝으로 내려온다고 여겼다. 이때 마술사는 선량한 정령을 불러들여 악령이 다시 지붕으로 올라가지 못하도록 막는다. 그래도 효험이 나타나지 않을 때는 다른 악령들이 아직 집에 달라붙어 있는 것으로 간주한다. 그럴 때는 다음과 같은 대대적인 추방작전을 펼친다. 지붕에 달린 창문만을 남겨 놓고 그 밖의 모든 창문과 문들을 닫는다. 집 안에 앉아 있는 남자들은 꽹과리나 북소리에 장단을 맞추어 칼로 허공을 찔러 댄다. 그러면 공포를 느낀 악령들이 지붕으로 난 창문을 통해 빠져나가 야자잎 새끼줄을 타고 도망친다는 것이다. 이때 지붕으로 난 창문 외에 문이나 창문이 모두 닫혀 있기 때문에 악령은 다시 집 안으로 들어올 수 없다고 믿는다. 역병이 돌 경우에도 이와 동일한 의식 절차를 밟는다. 이를테면 마을의 출입문을 하나만 남겨 놓고 모두 닫는다. 그런 다음 모두가 있는 대로 소리를 지르고, 꽹과리와 북을 치며, 칼로 허공을 찔러 댄다. 그렇게 악령을 추방하고 나면 유일하게 열어 놓은 문도 닫아 버린다. 그로부터 여드레 동안은 온 마을이 일종의 계엄 상태에 놓여 그 누구도 들어갈 수 없게 된다.

버마의 어떤 마을에서는 콜레라가 유행하면, 장정들이 지붕에 올라가 대나무와 몽둥이를 가지고 마구 지붕을 두들겨 댄다. 그러는 동안 다른 사람들은 노소를 막론하고, 그 아래에서 북을 치고 나팔을 불어 대는가 하면 소리 지르며, 마루와 벽과 냄비 등 무엇이든 소리 나는 물건들을 마구 두들겨 댄다. 이런 소동이 사흘간 계속되는데, 그것이 콜레라 악령을 추방하는 데에 매우 효과가 있다고 여겼다. 인도 동남부의 쿠미Kumi족은 천연두가 처음 발병하면, 이를 '아라칸Aracan'[2]에서 온 악령이라고 생각한다. 이때 마을 전체는 계엄 상태에 놓여 아무도 들락거릴 수가 없으며, 사람들은 원숭이 한 마리를 땅에 내동댕이쳐 죽인 다음 그 송장을 마을 입구에 걸어 둔다. 그리고 원숭이 피에 모래를 섞어 집집마다 뿌리고, 원숭이 꼬리로 모든 집의 대문 근처를 쓸면서 병마가 물러갈 것을 촉구한다.

서아프리카의 황금해안에서는 역병이 돌면 사람들이 종종 몽둥이나 횃불로 무장한 채 악령을 추방하기 위해 행진한다. 그러다가 정해진 신호에 따라 모든 주민들이 소리를 질러 대며 집 구석구석을 두들긴다. 그런 다음 사람들은 마치

---

2 미얀마의 벵골만 북동쪽 해안에 있는 아라칸Arakan주를 가리키는 말이다.

미친 사람처럼 마을을 질주하며 횃불을 휘두르고 마구 허공을 후려친다. 이에 겁먹고 놀란 악령들이 마을 입구를 통해 도망쳤다는 누군가의 보고가 나올 때까지 이런 소동은 계속된다. 이때 사람들은 악령을 추격하여 멀리 숲속까지 몰아내고, 두 번 다시 돌아오지 말라고 협박한다. 이렇게 악령을 추방하고 나면, 사람들은 마을의 수탉들을 모두 도살한다. 이는 수탉이 우는 소리를 듣고 추방된 악령이 마을로 다시 돌아오지 못하도록 하기 위해서였다.

휴런족 인디언 마을에서는 질병이 만연하여 어떠한 처방도 듣지 않을 경우, '로누이로야Lonouyroya'라 부르는 의식을 집행한다. 이는 "그들이 믿는 바에 의하면, 육체적·정신적으로 겪는 일체의 병과 질환의 원인이 되거나 그것을 유발하는 악령과 악마를 마을에서 추방하기 위한 주된 발명이자 가장 적절한 방법이다." 사람들은 한밤중에 미친 듯이 거리를 뛰어다니며 오두막의 물건들을 닥치는 대로 때려 부수거나 내동댕이친다. 혹은 거리에 횃불을 내던지거나 밤새껏 포효하고 노래 부르며 뛰어다닌다. 그리고 아침이 되면 손칼이나 개, 모피나 그 밖의 무엇이든 상관없이 어떤 것을 꿈속에서 보았다며, 집집마다 돌아다니면서 선물을 요구한다. 그들은 꿈속에서 본 물건을 손에 넣을 때까지 선물을 거두며 묵묵히 돌아다닌다. 하지만 원하던 물건을 얻으면 축복의 말을 전해 주고 환호성을 지르며 오두막에서 뛰쳐나온다. 왜냐하면 그렇게 꿈에서 본 물건을 손에 넣으면 앞으로 건강이 보장된다고 믿기 때문이다. 이와는 반대로 원하는 물건을 얻지 못한 경우에는 자신의 운명이 끝장났다고 여겨 상심한다.

때로는 병마를 집에서 추방하는 대신에 얌전히 환자 속에 거하도록 남겨둔 채 반대로 사람들이 도망쳐 악령이 쫓아오지 못하도록 피하는 수도 있다. 파타고니아인들은 천연두가 악령 때문에 생긴다고 여기는데, 이 병이 유행하면 환자를 그대로 놓아둔 채 모두 도망친다. 그들은 무서운 병마가 따라오지 못하도록 무기로 허공을 휘두르며 자기 주변에 물을 뿌린다. 그렇게 하면 무서운 추적자가 더 이상 쫓아오지 못한다고 여겼다. 그들은 이레 동안 계속 걷다가 악령이 미치지 못할 거라고 여기는 장소에 이르면, 마치 적의 공격에 대비하듯 모든 무기의 날선 끝을 도망쳐 온 방향을 향하도록 배치한다. 이와 마찬가지로 그란차코의 룰레Lule족 혹은 토노코테Tonocote족 인디언들도 역병이 돌면, 반드시 도망침으로써 액땜한다. 이때 그들은 똑바로 달리지 않고 꼬불꼬불 돌면서 달린다. 이는 병마가 추격해 올 때 꼬불꼬불 따라오거나 멀리 돌아서 오는 동안 지쳐 버려 자기가 있는 데까지 이르지 못한다고 여기기 때문이다. 뉴멕시코의 인디언들은 천연두나 그 밖의 역병이 돌면 매일 거주지를 바꾼다. 가령 산 속 깊은 곳에 가서 가시가 많이 있는 장소를 골라 숨는다. 이는 천연두가 추격해 오다가 가시에 찔리도록 하기 위해서였다. 한번은 친Chin족 몇 명이 랑군[3]을 방문하던 중에 콜레라의 습격을 받았는데, 그들은 병마를 위협하기 위해 칼을 빼들고 걸었으며 낮에는 병마에 발각되지 않도록 덤불 속에 숨어 지냈다.

3. 재앙의 정기적 추방

재앙의 추방은 일시적인 행사에서 정기적인 행사로 바뀌는 경향이 있다. 즉, 사람들은 매년 한 차례씩 정해진 시기에 악령 추방의식을 거행함으로써, 오랫동안 쌓여 온 모든 나쁜 영향에서 벗어나 새롭게 인생을 출발할 수 있도록 하는 것이 바람직하다고 여기게 된 것이다. 오스트레일리아의 어떤 토인들은 매년 죽은 자의 망령을 자기네 영토에서 추방했다. 리들리W. Ridley 목사는 바원[4] 강둑에서 행해진 이 의식을 목격한 적이 있다. "노소를 막론하고 20여 명 정도로 구성된 합창단이 부메랑을 두드리며 박자를 맞추어 노래를 부르고 있었다. (…) 갑자기 얇은 나무껍질 천 아래에서 파이프 점토로 하얗게 몸을 칠한 남자가 뛰쳐나왔다. 그의 머리와 얼굴에는 붉은색과 노란색으로 알록달록한 줄무늬가 그려져 있었고, 머리에 쓴 관에는 깃털 술이 달린 약 1미터 정도의 막대기가 매달려 있었다. 그는 20여 분 동안 위쪽을 바라보며 꼼짝도 하지 않은 채 서 있었다. 그 옆에 서 있던 한 원주민은 그가 죽은 자들의 망령을 보고 있는 것이라고 말해 주었다. 이윽고 그가 아주 느릿느릿 움직이기 시작하다가 곧이어 전속력으로 여기저기 질주하며 눈에 보이지 않는 적을 쫓아내려는 듯이 나뭇가지를 휘둘러 댔다. 이런 무언극이 거의 끝났다고 생각될 즈음, 그와 비슷하게 치장한 열 명의 사람들이 나무 뒤에서 불쑥 나타나 알 수 없는 침입자와 격한 싸움을 벌였다. (…) 그들은 온힘을 다해 격렬한 몸짓을 몇 차례 더 연출한 후, 밤을 꼬박 새우고 해가 뜬 뒤

---

3 미얀마의 수도
4 다링강의 지류

까지도 몇 시간 더 이어진 흥분된 상태를 진정시키고 휴식을 취했다. 그들은 앞으로 12개월 동안의 망령 추방에 만족한 듯이 보였다. 강을 따라 자리 잡고 있는 다른 모든 마을에서도 똑같은 의식이 행해졌는데, 이는 연례적 관습이라고 한다."[5]

이때 한 해의 특정한 시기가 악령을 한꺼번에 추방할 수 있는 적기로 자연스럽게 간주되기도 한다. 그 시기는 북극의 겨울이 끝날 무렵, 즉 몇 주 혹은 몇 달 동안의 공백 뒤에 태양이 지평선으로 다시 떠오르는 때에 해당한다. 그래서 알래스카 혹은 아메리카 대륙의 최북단에 위치한 배로곶에서는 에스키모들이 태양이 다시 뜨는 시기에 '투냐Tuna'라는 악령 추방의식을 각자의 집에서 거행한다. 배로곶에서 겨울을 보낸 미합중국 극지탐험 대원들이 이 의식을 목격했다. 그들의 말에 의하면, 이때 에스키모들은 공회당 앞에 불을 피워 놓고 모든 집 현관마다 할머니를 한 사람씩 배치했다. 남자들이 공회당 주변에 모여 있는 동안, 젊은 여자들과 소녀들은 칼로 침대와 사슴 가죽 아래를 푹푹 쑤셔 대며 '투냐'에게 썩 꺼지라고 소리친다. 악령이 집 안의 모든 구멍과 구석에서 쫓겨 나왔다고 여겨지면, 그들은 마루 구멍으로 악령을 밀어낸 다음, 바깥에 나가 고함을 지르고 열광적으로 몸을 흔들며 추격전을 벌인다. 한편 집 현관을 지키는 할머니는 긴 칼로 허공을 휘두르며 악령이 침입해 들어오는 것을 막는다. 사람들은 각기 불이 있는 쪽으로 악령을 몰아 불 속에 들어가도록 유인한다. 그런 다음 모든 사람들이 불을 둘러싸고 반원형으로 모여든다. 그 가운데 지도급 인사 몇 사람이 앞에 나와 악령에 대해 미주알고주알 비난을 퍼붓는다. 각자 연설을 마친 다음, 자기 옷을 힘껏 털어 내면서 악령더러 자기한테서 떠나 불 속에 들어가라고 압박한다. 이때 두 남자가 빈 탄창을 채운 소총을 들고 앞으로 걸어 나오는가 싶더니, 이내 제3의 인물이 오줌통을 가져와 불 속에 던졌다. 동시에 한 남자가 불 속을 향해 총을 한 방 쏘았다. 그러자 연기가 구름처럼 솟아올랐고, 그는 또 한 번 방아쇠를 당겼다. 이로써 악령은 당분간 꼼짝 못할 것이라고 여겼다.

폭풍우가 육지에 몰아치며 아직 얼어붙은 바다를 가볍게 묶어 놓고 있는 얼음판이 깨져 나가 느슨해진 얼음 덩어리들이 서로 부딪쳐 요란한 소리를 내며 무질서하게 둥둥 떠다니는 늦가을에, 배핀랜드의 에스키모들은 재앙의 내음이 배어

---

5 출처는 Rev. William Ridley, in *J. D. Lang's Queensland*, 1861

있는 공기 중에 정령들이 떠다니는 소리가 들린다고 한다. 그때가 되면 죽은 자의 망령이 오두막집 문을 거칠게 두드린다고 하며, 통상 죽은 자의 망령들은 오두막집으로 들어갈 수 없지만, 운 나쁘게도 망령에게 붙잡힌 사람은 이내 재앙을 입어 병들어 죽고 만다고 한다. 이 무렵에는 털이 없는 큰 개의 유령이 살아 있는 개를 쫓아다닌다는데, 개가 그 유령을 보면 발작과 경련을 일으켜 죽어 버리고 만다. 게다가 헤아릴 수 없을 만큼 많은 악령들이 바깥에 돌아다니며, 에스키모들에게 질병과 죽음과 악천후를 가져다주고 사냥을 실패하게 만든다.

이 모든 유령 방문객들 가운데 저승세계의 여왕인 '세드나Sedna'[6]와 죽은 에스키모를 자기 몫으로 차지하는 그녀의 아버지야말로 가장 두려운 존재이다. 다른 정령들은 공중이나 물속에 거하지만, 세드나는 땅속에서 솟아오른다. 이 시기가 되면 마법사들은 매우 분주해진다. 마법사들이 희미하게 등불을 밝힌 오두막 뒤편의 신비한 어둠 속에 웅크리고 앉아 정령들을 불러내기 위해 노래하고 기도하는 장면이 적잖이 목격된다. 그들에게 가장 어려운 일거리는 바로 세드나를 추방하는 일이다. 이 의식은 가장 능력 있는 마법사들에게 맡겨지고, 다음과 같이 진행된다.

먼저 밧줄 하나를 커다란 오두막집의 마루 위에 둘둘 감는데, 꼭대기에 작은 구멍이 하나 남도록 감는다. 그 구멍은 물개의 숨구멍을 나타낸다. 그 옆에 마법사 두 명이 서 있는데, 한 사람은 마치 한겨울에 물개 구멍을 지키듯이 창을 움켜쥐고 있으며, 다른 한 사람은 작살줄을 들고 서 있다. 그리고 제3의 마법사가 오두막 뒤편에 앉아 세드나를 그곳으로 유인하기 위해 마법의 노래를 부른다. 그러면 세드나가 숨을 헐떡거리며 오두막집 마루 밑으로 다가오는 소리가 들린다고 한다. 이윽고 세드나가 구멍에 나타나면 그녀에게 작살을 꽂는다. 작살을 맞은 세드나는 화를 내며 황급히 구멍 아래로 떨어져 작살줄을 끌고 들어간다. 그때 두 마법사가 전력을 다해 줄을 잡아당긴다. 양자 사이에 격렬한 싸움이 벌어지지만, 세드나는 필사적으로 몸을 비틀어 줄을 끊고 '아들리분Adlivun'[7]에 있는 자

---

6 에스키모 신화에 나오는 외눈박이의 불길한 바다의 여신. 거인 부모에게서 태어난 세드나는 기회만 있으면 고기를 움켜쥐고 마구 먹는 다루기 힘든 아이였다. 어느 날 밤, 세드나는 잠자는 부모의 팔과 다리를 먹기 시작했다. 깜짝 놀란 부모는 탐욕스러운 딸을 작은 배에 태우고 먼 바다로 나가 바다에 던졌다. 떨어지지 않으려는 세드나가 뱃전을 붙잡고 놓지 않자, 그녀의 아버지는 그녀의 손가락을 하나씩 잘라 냈다. 이렇게 잘려 나간 세드나의 손가락들은 물결에 닿아 고래와 물개, 그 밖의 여러 고기들로 변했다. 바다 밑바닥으로 내려간 세드나는 명부冥府의 여왕으로 즉위했다.

기 처소로 되돌아간다. 어쨌든 작살을 구멍에서 끌어올릴 때 피가 뚝뚝 떨어지는데, 마법사들은 이것이 자기들의 능력을 보여 주는 증거라고 간주하여 자랑스럽게 과시한다. 마침내 세드나와 다른 악령들이 추방되고, 다음 날 노소가 함께 어울려 악령 추방을 기리는 대축제를 벌인다. 하지만 아직 방심해서는 안 된다. 왜냐하면 부상당한 세드나가 분을 참지 못해 집 밖에 나와 있는 사람들을 보는 대로 족족 잡아간다고 여기기 때문이다. 그래서 사람들은 모두 두건 위에 세드나를 막는 부적을 붙이고 다니는데, 그것은 그들이 태어난 후 처음 입었던 옷에서 잘라낸 천으로 만들어진다.

이로쿼이족 인디언들은 특정한 시기에 휴런족 인디언들이 그랬던 것처럼 '꿈의 축제'를 벌이며, 1월 2일 혹은 3월(이 시기는 일정치 않다)에 새해를 축복했다. 모든 의식은 며칠 동안 혹은 몇 주일 동안 계속되어 일종의 사투르날리아Saturnalia[8]의 형태를 취한다. 이때는 다양하게 분장한 남녀들이 집집마다 다니면서 닥치는 대로 때려 부수거나 물건들을 내던진다. 다시 말해 이 시기에는 어떠한 방종도 허락되었던 것이다. 이때는 모든 사람들이 미쳐 버린다고 간주되었고, 어떤 짓을 하든지 책임이 면제되었다. 따라서 많은 사람들은 이때를 절호의 기회로 여겨 평소 마음에 들지 않던 자를 흠씬 두들겨 팬다든지, 얼음처럼 차가운 물을 끼얹는다든지, 오물이나 뜨거운 재를 뿌린다든지 해서 오래된 원망을 풀곤 했다. 혹은 이글거리며 타는 석탄을 아무에게나 마구 던지기도 했다. 이런 봉변을 당하지 않으려면 오직 한 가지, 그 망나니가 무슨 꿈을 꾸었는지를 알아맞혀야만 했다. 축제 기간 중 어느 날은 마을에서 악령을 추방하기 위한 의식이 거행되었다. 사람들은 짐승 가죽을 입고 기묘한 가면으로 얼굴을 가린 채 손에 거북껍데기를 들고 무시무시한 소리를 지르며 집집마다 찾아다닌다. 그들은 집에 들어서면 맨손으로 화로에서 불타는 뜨거운 숯이나 재 따위를 끄집어내어 마루 위에 뿌려 댔다. 이 의식에 앞서 행해지는 죄의 고백은 악령들의 공적 추방을 위한 준비라 할 수 있다. 그것은 사람들의 마음에서 무거운 도덕적 짐을 제거하는 방법, 즉 그 짐들을 모아 다시 버리는 방법이었다.

---

7 에스키모 신화에 나오는 세드나의 지배 영역. 생전에 세드나에게 복종하지 않았던 사람들의 영혼이 살고 있다고 한다. 아들리분의 대극에는 초라한 생활을 한 사람들이나 남에게 관대했던 사람들의 안식처인 쿠들리분Qudlivun이 있다.

8 본서 제14장 옮긴이 주 17번과 제58장 3절 참조

페루의 잉카에서는 9월에 '시투아Situa'라는 축제를 거행하는데, 축제의 목적은 수도와 인근 지역에서 모든 질병과 재난을 추방하는 데에 있었다. 축제는 9월에 행했는데, 그것은 대체로 그 무렵에 장마가 시작되고, 또 최초의 비와 함께 질병이 시작되기 때문이다. 사람들은 축제 준비를 위해 추분 이후 첫 번째 달의 첫날에 단식을 행했다. 하루 종일 단식하고 밤이 되면 옥수수로 과자를 만든다. 과자는 두 종류로 만들어진다. 그중 하나는 다섯 살에서 열 살까지의 어린아이 피로 반죽하여 만들어졌는데, 그 피는 눈썹 사이 미간에 상처를 내어 흘린 피였다. 두 종류의 과자는 따로따로 구워지는데, 이는 용도가 각기 다르기 때문이다. 어느 가족이나 축제를 행하기 위해서는 맏형 집에서 모인다. 손위 형제가 없을 경우에는 손위의 친척 집에서 모인다. 이날 밤 종일 단식을 행한 자들은 모두 목욕재계하고 피로 반죽해서 만든 과자를 조금씩 떼어서 머리와 얼굴, 가슴과 어깨, 팔다리에 문지른다. 이는 그 과자가 그들의 모든 약함과 질병을 씻어 내 줄 것이라고 믿는다. 이런 의식이 끝나면 가장은 집 입구에도 그 과자를 문지른다. 그런 다음 그 집 식구들이 정화의식을 통해 육체의 얼룩들을 모두 없앴다는 표시로서 과자를 그곳에 남겨 둔다.

그러는 동안 태양 신전에서도 대사제에 의해 동일한 의식이 행해진다. 태양이 떠오르자마자 모든 사람들이 그곳에 모여 예배를 드리면서, 수도에 일체의 재난이 추방되기를 기도한다. 그리고 피를 섞지 않고 만든 과자를 먹음으로써 단식을 끝낸다. 이렇게 그들은 정해진 시간에 예배를 드리고 단식을 마친다. 이는 모두가 태양신을 한 사람의 인간으로서 숭배하기 때문이다. 이때 성城에서 태양신의 사자를 표상하는 한 고귀한 혈통의 잉카인이 등장한다. 그는 아름다운 의상에 망토를 걸치고 손에는 창을 들고 있다. 창은 창끝에서 손잡이까지 각양각색의 깃털과 황금 고리로 장식되어 있다. 그는 창을 휘두르며 성에서 광장 중앙까지 동산을 달려 내려온다. 광장에는 옥수수를 발효시킨 즙을 제물로 바칠 때 쓰는 황금 항아리가 마치 분수 모양으로 서 있다. 거기에는 고귀한 혈통의 잉카인 네 사람이 각각 창을 들고 망토를 입은 채 그를 기다리고 있다. 사자는 자신의 창을 네 사람의 창에 부딪치면서, 태양신께서 그들을 자신의 사자로 삼아 수도에서 모든 재앙을 추방하도록 명했노라고 일러준다. 그러자 네 사람은 각기 흩어져서 수도에서 세계의 네 방면으로 통하는 네 왕도王道를 달려 내려간다.

그들이 달려가는 동안, 모든 사람들은 귀천을 가리지 않고 자기 집 앞에 서서 기쁨에 찬 환호성을 지르며 마치 먼지라도 털 듯이 각자 자기 옷을 흔들어 댄다. 그러면서 "재앙이여, 물러가라! 우리는 얼마나 이 축제를 기다렸던가! 만물의 창조자시여, 우리가 이런 축제를 다시 기릴 수 있도록 또 한 해를 허락해 주소서!"라고 외친다. 사람들은 자기 옷을 흔들어 댄 다음, 마치 물로 씻을 때 그렇게 하듯이 머리와 얼굴과 팔다리 따위를 손으로 문지른다. 이는 모두가 집에서 재앙을 추방하며, 또한 태양의 사자들이 수도에서 일체의 재앙을 추방하도록 하기 위한 몸짓이다. 그 의식은 잉카의 왕족들이 달려가는 수도 거리에서뿐만 아니라 수도의 모든 변두리에서도 행해졌다.

잉카의 왕족들도 일반인들 속에 섞여 함께 춤을 추었으며, 강물과 샘물에 들어가 목욕재계를 했다. 그러면 몸에서 질병이 빠져나간다고 여겼다. 그런 다음 사람들은 노끈으로 묶은 짚 다발에 불을 붙여 높이 추켜든다. 그렇게 불이 붙어 있는 짚 다발은 다음 사람에게 차례로 넘겨지는데, 사람들은 그 횃불로 서로 때리면서 "재앙이여, 물러서라!"고 외친다. 한편 달리기 주자들은 창을 들고 수도 변두리로 1.2킬로미터 정도 뛰어나간다. 거기에 다른 네 사람의 잉카인들이 기다리고 있다가 그들의 손에서 창을 건네받아 또다시 달리는 것이다. 이렇게 창은 달리기 주자들의 중계로 24킬로미터 내지 29킬로미터 정도 운반되며, 마지막 주자들은 자신의 몸과 창을 강물로 씻은 뒤, 그곳에 창을 세워 놓고 추방된 재앙이 다시 수도 안으로 들어오지 못하도록 경계선 표시로 삼는다.

기니아의 토인들은 매년 특별히 정해진 시기에 성대한 의식을 행하면서 모든 마을에서 재앙을 추방한다. 황금해안의 악심Axim에서는 이런 연례적인 재앙 추방에 앞서 여드레 동안 의식을 행하며, 그 기간에는 잔치와 환호성, 춤과 노래로 마을이 시끌벅적하다. 그리고 "철두철미한 풍자의 자유가 허용되며 어떤 말을 해도 처벌받지 않고, 손아래 사람뿐만 아니라 윗사람들의 잘못과 죄와 속임수에 대해서도 얼마든지 자유롭게 풍자할 수 있다." 그들은 여드레째가 되면 기묘한 외침 소리와 함께 추격전을 벌이며 몽둥이나 돌멩이 따위를 닥치는 대로 들고 악령을 내쫓는다. 그렇게 변두리까지 멀리 추격한 다음 모두 되돌아오는 것이다. 이러한 의식은 100여 마을에서 동시에 이루어지며, 악령이 다시는 마을로 돌아오지 못하도록 하고, "모든 오염과 악령을 제거하기 위해" 여자들은 일체의 나무그릇과 토기그릇들을 씻고 문지른다.

1844년 10월 9일, 황금해안의 케이프코스트[9] 성城에서 한 영국인이 이런 의식을 직접 목격했다. 그의 기록에 의하면, "오늘 밤 악령 '아본삼Abonsam'을 마을에서 추방하는 연례적 의식이 거행되었다. 8시를 알리는 대포소리가 성에서 울려 퍼지자, 사람들은 악령을 위협하기 위해 각자 자기 집에서 총을 쏘거나, 가구들을 남김없이 밖으로 내동댕이치거나, 몽둥이로 방 구석구석을 후려치면서 악을 쓰며 고함을 질러 댔다. 그렇게 집에서 악령을 내쫓았다고 여겨지자, 그들은 거리로 뛰쳐나갔다. 이번에는 마을에서 바다로 악령을 내쫓기 위해 불붙은 짚 다발을 던지거나, 욕설을 퍼붓고 비명을 지르거나, 몽둥이를 서로 휘두르거나, 헌 냄비를 두들기는 등 난리를 피웠다. 그들은 이런 관습적 행사가 있기 전에 4주일 동안 엄격히 침묵을 지켜 왔다. 그 기간에는 총을 쏘아서도 안 되고, 북을 쳐서도 안 되고, 사람과 사람 사이의 상거래를 해서도 안 되었다. 만일 이 기간에 두 사람의 토인이 의견 차이로 마을에서 떠들기라도 하면 즉시 체포되어 왕 앞에 끌려가 많은 벌금을 내야 했다. 또 개나 돼지, 양, 염소 따위를 거리에 방치하여 눈에 띄면, 누구나 그 동물들을 도살하거나 가져갈 수 있었다. 그럼에도 그 주인은 어떤 보상도 요구할 수 없었다. 이 같은 침묵은 악령 아본삼을 기만하기 위해 고안된 것이다. 경계심을 늦춘 악령이 갑자기 놀란 나머지 마을에서 도망가게 만들자는 것이다. 그래서 침묵의 기간에 누군가 죽었다 해도, 4주일이 지날 때까지는 일가친척조차도 울어서는 안 된다."

연례적 악령 추방 시기는 때로 농경력과 관련하여 정해지기도 한다. 서아프리카 토골란드[10]의 호Ho[11]족은 사람들이 새 참마를 먹기 전에 매년 악마를 추방한다. 이때 추장들은 사제나 주술사를 소집하여 민중들이 새 참마를 먹을 즐거운 계절이 왔으니, 너희들이 마을을 정화시켜 악령을 몰아내야 한다고 말한다. 사제나 주술사는 사람들을 괴롭히는 악령과 사악한 마법사와 온갖 재앙들을 나뭇잎이나 덩굴 다발 속에 담아 말뚝에 묶은 다음 변두리 길가에 세워 둔다. 그날 밤에는 결코 불을 지펴서는 안 되며, 음식물을 취해서도 안 된다. 다음 날 아침, 여자들은 자기 집 화로와 방들을 청소하고 쓰레기를 부서진 나무그릇에 담는다. 그리고 모두 기도하면서 "우리 몸속에 있으면서 우리를 괴롭히는 일체의 병마들이

---

9   서아프리카 가나 해안의 중앙부에 있는 도시
10 이전에 독일 보호령이었던 서아프리카의 지역. 지금은 토고 공화국과 가나 공화국으로 분리되었다.
11 인도 동북부의 갠지스 평원 이남에 사는 민족

여, 오늘 그대들을 버리노라"라고 말한다. 그런 다음 아다클루산 쪽을 향해 전속력으로 달려가 자기 입을 두드리며 "오늘 나가라! 오늘 나가! 살인자여, 오늘 나가! 악령이여, 오늘 나가! 우리 머리를 아프게 하는 자여, 오늘 나가거라! 안로산과 아다클루산이야말로 모든 악한 자들이 갈 곳이다!"라고 외친다. 그러다 아다클루산의 어떤 나무 앞에 이르면, 지니고 있던 모든 것을 버리고 집으로 되돌아온다.

뉴기니 동남부의 키리위나에서는 새 참마를 수확하면, 사람들이 잔치를 베풀고 며칠 동안 춤판이 이어진다. 이때 사람들은 팔찌나 화폐 등의 귀중품을 미리 준비해 놓은 높은 단 위에 즐비하게 늘어놓는다. 이 의식이 끝나면 모두 한자리에 모여 큰 소리로 고함치거나 집 기둥을 두드리면서, 악령이 숨어 있다고 여겨지는 물건들을 샅샅이 뒤집어엎어 마을에서 추방한다. 그들이 한 선교사에게 설명해 준 바에 의하면, 먼저 악령들을 초대하여 잘 대접하고 귀중품을 나누어 준 다음 이번에는 너희들이 우리를 대접할 차례다, 그러니 너희들이 나가주는 것이 우리를 대접하는 것이라고 말한다. 이때 악령들은 춤을 구경하고 노래를 들으며 참마의 정령을 배불리 먹고 나서 높은 단 위에 늘어놓은 돈이나 그 밖의 귀중품들의 영혼을 마음껏 즐긴다는 것이다. 그렇게 악령들을 대접하여 만족시켰으니, 마땅히 마을에서 나가 주어야 한다는 말이다.

인도 동북부의 호족에게는 1월에 행하는 수확제가 가장 큰 의식이었다. 이 시기의 곳간에는 곡식이 가득 차 있으며, 그들의 표현을 빌리면 인간은 악령으로 가득 차 있다고 한다. 이 시기의 남녀 모두 지극히 악한 성향을 몸에 가득 지니고 있기 때문에 인간의 안전을 위해서는 격정의 출구를 활짝 열어 줌으로써 그 악한 것들을 바깥으로 내쫓아야만 한다고 여긴다. 이는 참 기묘한 발상이라 아니할 수 없다.

이들의 의식은 마을 수호신에게 세 마리의 닭(수탉 한 마리와 암탉 두 마리. 그중 한 마리는 검은색 암탉이어야 한다)을 제물로 바치면서 시작된다. 제물과 더불어 팔라나무 꽃과 쌀가루로 만든 빵, 깨의 씨를 바친다. 제물은 마을 사제에 의해 바쳐진다. 사제는 이제 시작될 1년 동안 어른이나 아이 할 것 없이 재앙과 질병에서 안전하도록, 또한 계절마다 필요한 비를 내려 주고 풍작이 되도록 해 달라고 기도한다. 몇몇 지방에서는 죽은 자의 영혼을 위해서도 기도한다. 이때 악령이 그곳에 출현한다고 믿으므로, 그것을 추방하기 위해 남녀노소 할 것 없이 모두 행렬을 지어 손에는 몽둥이를 들고 마치 사냥을 하듯 추격전을 벌인다. 또한 악을 쓰고 노래를 부르거나 귀청이 떨어져나갈 만큼 큰 소리로 고함을 지르면서, 악령들이 견딜 수 없을 때까지 마을 구석구석을 돌아다닌다. 그런 다음 온종일 잔치를 벌이고 술에 취해 엉망이 될 때까지 쌀막걸리를 마셔 댄다. 축제는 사투르날리아 같은 난리법석판이 된다. 하인들은 주인에 대한 의무를 망각하고, 자식들은 부모에 대한 존경심을 잃어버리며, 남자는 여자에 대한 배려를 잊고, 여자는 근신이나 수치감 혹은 정숙 따위를 송두리째 내다 버린다. 누구 할 것 없이 모두 술에 취해 정신을 잃는다. 평소 호족은 조용한 편이고 여자에 대해서도 예의가 깍듯하지만 축제 기간에는 그들의 성질이 일시적으로 바뀌는 것 같다. 아들딸들은 거친 말로 부모를 욕하며, 부모들도 자식들에게 험한 욕설을 퍼붓는다. 남자든 여자든 모두 동물처럼 되어 서로가 성욕에 탐닉하게 된다.

호족의 친족이자 이웃인 문다리Mundari족도 이와 거의 유사한 방식으로 축제를 베푼다. "이는 사투르날리아(농신제)와 거의 흡사하며, 축제가 진행되는 동안 일꾼들은 주인에게 환대를 받고 주인에 대해 무엇이든 말할 수 있는 완전한 자유가 주어진다. 이것이 수확제이다. 한 해 동안의 노고를 결산하는 잔치이며, 동시에 새로운 시작을 위한 일시적인 휴식인 것이다."[12]

호족이나 문다리족의 경우와 마찬가지로 여러 힌두쿠시 부족들도 수확이 끝난 뒤에 악령을 추방한다. 가을의 마지막 수확이 끝나면, 곳간에서 악령을 내쫓아야 한다고 여겼다. 이때 사람들은 일종의 죽 같은 것을 먹고, 가장이 마루에 총을 쏜 다음 밖으로 나가 다시 장전을 하고는 뿔로 만든 화약통이 다 빌 때까지 계속 쏘아 댄다. 이웃 사람들도 모두 똑같은 행위를 한다. 다음 날에는 종일 즐거운 잔치를 연다. 치트랄[13]에서는 이런 축제를 '악마 추방'이라고 부른다.

한편 인도의 콘드족은 수확 때가 아니라 파종 때에 악령을 몰아낸다. 그들은 이때 모든 형태의 증식과 수확의 신 '피테리 펜누Pitteri Pennu'를 예배한다. 의식의 첫날에 사람들은 약간의 막대기들을 덮어씌우고 거기다 대나무 바퀴축을 묶은 바구니 수레를 만든다. 사제는 수레를 먼저 추장의 집으로 가지고 간다. 농경에 관한 일체의 의식을 집행하는 동안 추장에게 최상석이 주어지기 때문이다. 거기

---

12 출처는 Dalton, in *Descriptive Ethnology of Bengal*, 1872
13 파키스탄 북서부에 있는 도시

서 사제는 각종 씨앗과 깃털 약간씩을 수여받는다. 그런 다음 사제는 집집마다이 수레를 끌고 다니는데, 각 집에서도 각종 씨앗과 깃털 약간을 선물로 내준다. 마지막으로 수레는 젊은이들의 호위하에 마을 변두리 들판으로 운반되는데, 이때 그들은 서로 치고받고 하면서 긴 막대기로 허공을 후려친다. 어쨌든 이렇게 운반된 씨앗들은 '씨앗을 망치는 악령들'의 몫이라고 말한다. "악령들도 수레와 함께 추방된다고 여겼다. 즉, 수레와 그 안에 실린 것들을 모두 악령들한테 줘 버리면, 다음에 악령들은 다른 씨앗들을 망칠 구실이 없어진다는 것이다."

자바 동쪽에 있는 발리섬에서는 주기적으로 대대적인 악령 추방을 행한다. 보통 그 시기는 아홉 번째 달인 '어두운 달'로 정해진다. 악령들을 오랫동안 방치해두면 국토가 '더워진다'고 한다. 그래서 발리섬이 살기에 적합한 곳으로 남기 위해, 사제는 폭력을 써서라도 악령들을 추방하도록 명한다. 정해진 날이 되면 마을 주민들이 주±신전에 모여 십자로에서 악령에게 제물을 바친다. 그러면 사제가 기도문을 반복적으로 영창한 뒤에, 뿔피리 소리로 악령들을 불러들여 제물로 바친 음식물을 먹게 한다. 동시에 다수의 사람들이 앞에 나와 대사제 앞에서 불타는 성화를 자기 횃불에 옮긴다. 곧바로 사람들은 구경꾼들을 데리고 사방으로 흩어져 "떠나라, 없어져라!"고 외치면서 마을의 거리나 골목길을 행진하며 샅샅이 돌아다닌다. 이때 집에 있는 사람들은 행진 대열이 집 앞을 지나갈 때면, 문짝이나 집 기둥 혹은 미곡 받침대 따위를 두들기며 귀청이 떨어져 나갈 만큼 큰 소리를 낸다. 이는 악령들을 쫓아내기 위해서였다. 이렇게 쫓겨난 악령들은 그들을 위해 미리 차려 놓은 연회 자리로 날아간다. 하지만 그곳에는 사제가 악령들을 저주하면서 기다리고 있다. 악령들은 그 위력에 밀려 다시 쫓겨나고 만다. 마지막 악령이 추방되고 나면 이 대단한 소동도 끝나고 죽음 같은 침묵이 깔린다. 이런 침묵은 다음 날까지 계속된다.

사람들은 이렇게 추방된 악령들이 원래 살던 옛집을 그리워하며 되돌아가고 싶어 할 거라고 생각했다. 때문에 악령들에게 발리섬은 예전의 발리섬이 아니며 다만 황폐한 섬이라고 생각하도록 만들기 위해 24시간 동안 아무도 자기 집에서 바깥으로 나가지 않는다. 그동안 취사는 물론이고 일상적인 가사도 모두 중단한다. 다만 경비를 담당한 자들만이 거리를 돌아다닐 뿐이다. 이와 더불어 타 지역 사람들이 들어오는 것을 막기 위해 마을의 모든 입구에 가시덩굴을 쳐 놓는다. 이런 계엄 상태가 사흘간 계속되며, 그 상태가 해지되기 전까지는 심지어 밭에서 일을 해서도 안 되고, 시장에서 매매를 해서도 안 된다. 사람들은 대개 집안에서 카드나 주사위놀이 같은 것을 하면서 시간을 보낸다.

통킨에서도 매년 한 차례씩 악의에 찬 정령들을 추방하는 '텍키도theckydaw' 의식이 행해졌다. 특히 사망자들이 속출하거나, 장군의 코끼리나 말이 죽거나, 민가의 가축 따위가 죽을 경우에 그런 의식을 행했다. "그들은 그와 같은 죽음의 원인이 반역이나 음모를 꾀하여 왕과 장군 혹은 왕족의 생명을 노리고 폭동을 일으켰다는 이유로 사형당한 사람들의 소행 때문이라고 생각한다. 즉, 그들이 자신이 받은 벌에 대한 보복을 하기 위해 모든 것을 파괴하는 무시무시한 폭력을 저지르는 거라고 여겼다. 이를 막기 위해 고안해 낸 것이 바로 '텍키도'이다. 그것은 악령을 추방하여 국토를 정화하는 적절한 수단이라고 간주되었다." '텍키도' 의식을 위해 지정되는 날은 일반적으로 2월 25일로서, 1월 25일에 해당되는 설날부터 한 달이 지난 시점이다. 그 사이의 한 달 동안은 잔치를 벌이거나 그밖에 모든 종류의 환락을 즐기면서 철저히 방종하는 시기이다. 한 달 내내 옥쇄는 엎어둔 채 상자 속에 넣어 두고 일절 쓰지 않으며, 법률은 사실상 휴면 상태에 들어간다. 모든 재판소도 폐쇄된다. 채무자들이 체포되는 일도 없고, 좀도둑이나 싸움질, 가벼운 폭행 따위의 범죄도 처벌받지 않는다. 다만 반역과 살인죄만은 예외인데, 그 경우에도 옥쇄를 다시 쓰게 될 때까지 보류된다.

이런 난리법석의 마지막 단계에 이르러 악령들을 추방한다. 보병과 포병의 대부대가 군기를 휘날리며 위풍당당한 장관을 드러내며, 장군은 죄를 많이 저지른 악령이나 악마 따위에게 고기를 제물로 바쳐 초대한다.(사형수의 사형을 집행하기 전에 그에게 잔치를 베풀어 주는 것은 이들 사이에서 통상적인 관례였다) 그리고 갑자기 악령들이 범했음 직한 죄과를 열거하면서, 나라를 불안에 빠뜨리게 했다는 사실과 자신의 코끼리와 말을 죽였다는 사실은 마땅히 이 나라에서 추방이라는 벌을 받아야 한다는 둥, 기묘한 말과 몸짓으로 악령들을 저주한다. 세 발의 대포가 의식의 마지막 신호로서 발사된다. 그러면 무서운 굉음으로써 악령들이 추방되도록 모든 총포들이 일제히 발사된다. 무지한 그들은 그렇게 해야만 효과적으로 악령을 추방할 수 있다고 확신했다.

캄보디아에서는 악령의 추방이 3월에 행해졌다. 그때가 되면 악령들의 서식처라고 간주되는 부서진 석상이나 돌 부스러기 등이 수도로 운반되었다. 그리고 가능한 한 많은 코끼리들이 동원되었다. 이윽고 만월의 밤이 되면 일제히 총포가 발사되고, 코끼리들이 무서운 힘으로 악령들을 몰아낸다. 이 의식은 사흘 동안 계속되었다. 시암에서는 악마의 추방이 매년 마지막 날에 행해졌다. 궁중에서 신호를 알리는 대포 소리가 울려 퍼지면 그 옆에 있는 성루에서 대포를 쏘아 응답한다. 이런 식으로 인접한 성루에서 쏘는 대포 소리가 계속 이어지면서 마지막 성루까지 도달한다. 그럴 때마다 악령들은 한 발짝씩 쫓겨난다는 것이다. 이런 의식이 끝나면 추방당한 악령들이 다시 돌아오지 못하도록 성화시킨 새끼줄을 수도의 성벽 둘레에 돌아가며 묶어 놓는다. 이 새끼줄은 질긴 개밀짚으로 꼬아 만든 것으로서, 빨강과 노랑, 파랑 등으로 각각 염색되어 있다.

악령과 여자 마법사와 악마 따위를 연례적으로 추방하는 의식은, 오늘날까지 남아 있는 그 후손들의 관습을 통해 판단해 보건대, 유럽의 이교도들 사이에서도 일반적으로 행해져 온 듯싶다. 동부 러시아의 핀족계인 이교도 보티악Wotyak족은 한 해의 마지막 날이나 설날이 되면 마을의 모든 처녀들이 모인다. 그녀들은 각각 끝이 아홉 갈래로 갈라진 막대기로 무장한다. 그리고 그 막대기로 집이나 안뜰 구석구석을 두드리며 "우리는 지금 악마를 마을에서 쫓아내고 있다!"고 외친다. 그런 다음 막대기를 마을 아래쪽으로 흐르는 강물 속에 던지는데, 그러면 그것과 함께 악마도 다음 마을로 흘러간다고 여겼다. 물론 이웃 마을에서도 같은 방식으로 악마를 추방한다.

하지만 어떤 마을에서는 이와 다른 방식으로 추방이 이루어진다. 예컨대 총각들이 마을 집집마다 돌아다니며 찧은 귀리와 고기, 술 따위를 모은다. 그것들을 들판으로 가지고 나가 전나무 아래 불을 지피고 귀리를 삶으면서 "들판으로 사라져라, 집으로 돌아오지 마라!"고 외친다. 그리고 가져온 음식물을 나눠 먹는다. 그들은 마을로 돌아와 처녀들이 있는 집집마다 들어가서 그녀를 붙잡아 눈 속에 내동댕이치며 "병마가 네게서 떠나가기를!"이라고 외친다. 찧은 귀리와 그 밖의 남은 음식물이 선사받은 분량에 따라 각 집에 다시 분배되면 가족들이 그것을 나눠 먹는다. 말미즈 지방의 어떤 보티악족이 말한 바에 의하면, 이때 젊은이들이 집 안에 있는 남녀노소를 불문하고 그들을 모두 눈 속에 내던지며, 이를 '악마 추방'이라고 부른다고 한다. 그리고 "오, 신이시여. 우리를 질병과 역병 따위로 괴롭히지 마소서. 우리를 산 속 정령들의 먹이로 주지 마소서!"라는 기도와 함께, 귀리 한 줌을 불 속에 던진다.

이러한 의식의 가장 오래된 형태는 카잔Kasan[14] 행정구의 보티악족에게서 찾아볼 수 있다. 그들은 먼저 점심때쯤에 악마를 위해 제물을 바친다. 그리고 모든 마을 사람들이 말을 타고 광장에 모여 어느 집부터 착수할 것인가를 결정하는데, 때로 이 문제로 격론이 벌어진다. 어쨌든 결정이 나면, 말뚝에 말을 매어 두고 회초리와 참피나무 막대기 혹은 불붙인 나뭇가지 다발 따위로 무장한다. 이중 불붙은 나뭇가지 다발은 악마가 가장 두려워하는 것이라고 한다. 어쨌든 이렇게 무장한 다음에, 소리를 지르며 집이나 안뜰 구석구석을 두들기며 돌아다니다가 대문을 닫고 도망가는 악마에게 침을 뱉는다. 악마가 남김없이 다 추방될 때까지 이런 식으로 집집마다 돌아다니는 것이다. 그러고 나서 말에 올라타 고래고래 고함을 지르고 막대기를 사방으로 휘두르면서 마을 바깥으로 달려간다. 마을 변두리에 도착하면, 그들은 막대기를 던져 버리고 한 번 더 악마에게 침을 뱉는다.

동부 러시아의 핀족계인 체레미스Cheremis족[15]은 참피나무 막대기로 벽을 두드려 집 안의 악마를 내쫓는다. 같은 목적으로 총을 쏘거나, 손칼로 땅을 쑤시거나, 갈라진 틈 사이로 뻘건 숯덩이를 집어넣기도 한다. 또는 옷을 펄럭이며 화톳불을 뛰어넘는 수도 있다. 또 어떤 지역에서는 참피나무 껍질로 만든 나팔을 오랫동안 불어서 악마를 위협한다. 이윽고 악마가 숲속으로 도망쳐 버리면 잔치에 내놓았던 치즈 과자나 달걀 따위를 나무에 내던지는데, 이는 악마들에 대한 대접이라고 한다.

기독교화된 유럽에서도 매년 정해진 시기에 악의 힘을 추방하는 오랜 이교적 관습이 지금까지 남아 있다. 칼라브리아의 어떤 마을에서는 3월이 되면 마녀를 추방하기 시작한다. 이 의식은 밤에 교회의 종소리와 함께 시작되는데, 이때 사람들은 "3월이 왔도다" 하고 외치며 거리를 뛰어다닌다. 그들의 말에 의하면, 마녀들이 거리를 배회하는 시기가 바로 3월이기 때문에 3월의 매주 금요일 밤마다 의식이 반복된다고 한다. 짐작하다시피, 교회 의식에는 흔히 고대의 이교적 의식과 결합된 부분이 많다. 예컨대 알바니아에서는 젊은이들이 부활절 전야에 송진이 많은 나무에 불을 붙여 그 횃불을 휘두르며 마을을 행진한다. 행진이 끝나면 마지막으로 횃불을 강물에 던지면서 "자, 아가씨여! 우리는 이 횃불과 함께 너를 물속에 던지노라. 그러니 두 번 다시 돌아오지 말거라!" 하고 외친다. 슐레지엔

---

14 유럽 및 러시아 중동부에 걸쳐 있는 타타르스탄 공화국의 수도
15 특히 볼가강 중류 지역에 사는 우고르족

농민들이 믿는 바에 의하면, 마녀는 '수난의 금요일Good Friday'에 거리를 배회하며 굉장한 힘을 가지고 못된 짓을 한다는 것이다. 그래서 슈트렐리츠 인근의 웰스에서는 그날이 되면 헌 빗자루를 무기로 삼아 고함을 치고 소음을 내면서 집과 농장과 외양간에서 마녀들을 추방한다.

중부 유럽에서는 마녀들의 사악한 능력이 최고도로 발휘되는 때가 오월제 전야인 '발푸르기스의 밤Walpurgis Night'[16]이라고 여겼다. 다른 지방과 마찬가지로 티롤에서도 이 시기에 악의 힘을 추방할 목적으로 의식을 행하는데, 이를 '마녀 화형식'이라고 부른다. 이 의식은 오월제 당일에 거행되지만, 사람들은 며칠 전부터 준비에 분주하다. 이를테면 목요일 자정에는 관솔 다발, 검붉은 반점이 있는 독미나리풀, 백화채 나무, 로즈메리 상록수, 자두나무 잔가지 따위로 장작 다발을 만든다. 이 장작 다발은 교회에서 처음으로 정식 사면을 받은 남자들에 의해 보관되다가 오월제에서 불태워진다. 4월의 마지막 사흘 동안 모든 사람들은 집을 깨끗이 청소하고, 노간주나무 열매와 루타나무 잎으로 향을 피운다. 마침내 오월제가 되어 저녁종이 울리고 땅거미가 질 무렵에 '마녀 화형식'이 시작된다. 이때 성인 남자들과 소년들은 채찍과 종, 항아리와 냄비 따위를 두들겨 요란한 소음을 내고, 여자들은 향로를 운반한다. 묶여 있던 개들도 풀려나 마구 짖으며 뛰어다닌다. 이윽고 교회종이 울리자마자 장대에 묶은 나뭇가지 다발에 점화가 되고 향이 피어오른다. 이어서 집 안에 있는 모든 종과 저녁 식사 종이 울리면, 모든 사람들이 항아리와 냄비를 부딪쳐 요란한 소리를 만들어 낸다. 이런 와중에 모든 이들은 다음과 같이 고함을 지른다.

마녀야 꺼져라, 여기서 도망가라.
도망가지 않으면 네게 화가 미치리라.

이어서 사람들은 집과 안뜰과 마을을 일곱 번씩 달린다. 그러면서 연기를 쏘

---

16 성 발푸르기스St. Walpurgis 혹은 성 발부르가St. Walburga의 유골이 아이히슈테트로 이장된 4월 30일 밤에 행해진 축제. 이날 밤에는 마녀들이 하르츠 산지에 모인다는 이야기가 있다. 잉글랜드 출신으로 여자 대수도원장을 지내다가 죽은 뒤 하이덴하임에 묻혔고, 훗날 아이히슈테트에 있는 성십자가 교회로 이장되었다. 그녀의 유골을 덮고 있는 바위에서 신비한 액체가 흘러나왔는데, 그것이 기적적인 치유력을 갖고 있다는 소문이 돌았다. 죽은 직후부터 그녀에 대한 기억과 기독교 이전 시대의 다산多産의 여신 왈드보르그에 대한 기억이 서로 혼동되었던 것 같다.

미하엘 헤르의「브로켄산의 마녀 집회」작품을 재연, 마테우스 메리안, 1629

여 마녀들을 은신처에서 쫓아내는 것이다. 발푸르기스의 밤에 마녀를 추방하는 관습은 바바리아의 여러 지방과 보헤미아의 게르만족 사이에서 지금까지도 혹은 30~40년 전까지만 해도 행해졌다. 그래서 바바리아와 보헤미아를 가로지르는 뵈머발트[17] 산지에서는 해가 진 다음 마을의 모든 젊은이들이 언덕이나, 특히 교차로 같은 곳에 모여 있는 힘을 다해 한동안 채찍을 휘두른다. 그러면 마녀들이 쫓겨 나갈 것이며, 채찍 소리가 들리는 한 그 사악한 존재는 아무런 해악도 끼치지 못할 거라고 여겼다. 어떤 곳에서는 젊은아들이 채찍을 휘두르는 동안 목동들이 뿔피리를 불기도 한다. 밤의 정적을 깨고 멀리까지 들리는 긴 여운의 뿔피리 소리가 마녀를 추방하는 데 매우 효과적이라고 믿었다.

마녀를 추방하는 또 다른 시기는 성탄절과 공현절[18] 사이의 12일 동안이다. 슐레지엔의 몇몇 지방에서는 성탄절과 새해 사이에 밤새껏 소나무로 모닥불을 피운다. 이는 자극이 강한 연기로 마녀나 악령들을 집과 마을에서 먼 곳으로 추방하기 위해서였다. 또한 성탄절 전야와 그믐날 밤에는 악령들의 못된 소행을 막기 위해 들판이나 목장, 관목 숲이나 나무들을 향해 총을 쏘아 댄다. 한편 과일나무는 짚으로 감싸 놓는다. 보헤미아의 젊은이들은 성 실베스테르 축일St. Silvester's Day[19]에 해당되는 그믐날, 즉 새해 전야에 청년단을 조직하여 총으로 무장하고 하늘을 향해 세 번 발포한다. 이는 '마녀 쏘기'라 하여 마녀를 위협해서 추방하는 데 효험이 있다고 여겼다.

신비스러운 12일간의 마지막 날은 '공현절' 또는 '12야Twelfth Night'로서, 유럽의 여러 지방에서는 갖가지 악의 힘을 내쫓는 적기로 이날을 정하고 있다. 루체른 호수[20]의 브룬넨[21]에서는 12야 당일에 소년들이 줄지어 횃불을 들고 다니면서 뿔피리를 불고 종을 친다든지 혹은 회초리로 큰 소리를 냄으로써 '스트루델리Strudeli'와 '스트레텔리Stratteli'라 부르는 숲의 두 여자 요정을 위협하여 추방한다. 이때 충분히 큰 소리를 내지 않으면 그해에는 과일이 거의 열리지 않을 거라고 여겼다. 또한 남부 프랑스의 라브뤼기에르 지방에서는 12야에 마구 종을 치

---

17 주로 독일과 체코 국경에 접해 있는 보헤미아 대산괴 남서부에 있는 산림이 우거진 고원지대
18 본서의 제37장 옮긴이 주 6번 참조
19 성 실베스테르는 기독교를 공인한 콘스탄티누스 대제 때 활동한 교황. 325년 니케아 공의회를 열어 아리우스파를 이단으로 파문시켰으며, 성 베드로 성당을 비롯한 성당들을 많이 세웠다.
20 스위스 중부의 주요 호수. 루체른·니트발덴·우리·슈비츠 주들에 둘러싸여 있다.
21 스위스 슈비츠주의 마을

며 냄비를 두들기는 한편, 모든 방법을 동원하여 귀에 거슬리는 소음을 내며 거리를 뛰어다닌다. 그리고 횃불이나 불타는 장작더미를 휘두르며, 고막이 찢어지는 듯한 고함을 외침으로써 집과 마을을 배회하는 악령들을 추방하고자 했다.

제57장
공적 희생양[1]

1. 구상화된 재앙의 추방

앞의 장에서 우리는 내가 '직접적'이라고 부른 유형의 재앙과 관련된 일반적인 추방에 대해 살펴보았다. 그런 유형의 재앙은 눈에 보이지 않는다. 적어도 보통 사람의 눈에는 보이지 않는다. 그리고 그 추방은 많은 경우 허공을 치거나 고함을 지르거나 해서 악령을 위협하여 쫓아내는 방식으로 이루어진다. 이제 우리는 두 번째 재앙의 추방 유형을 설명하고자 한다. 이 유형은 악의 힘이 눈에 보이는 유형 물질로 구상화되어 나타나거나 혹은 적어도 물질적 중개물에 깃들어 있다. 그 물질적 중개물은 주로 인간과 마을에서 재앙을 떨쳐 버리기 위한 운반 수단으로 이용된다.

캘리포니아의 포모Pomo족[2]은 7년마다 악마의 추방을 행한다. 이때 악마는 인간이 분장한 모습으로 표상된다. 20~30명 정도의 남자들이 광대 복장과 거친 안료로 분장하고 송진이 들어 있는 그릇을 머리 위에 얹는다. 그리고 남몰래 주변 산속으로 들어간다. 그들이 악마의 역할을 연출하는 것이다. 한편 마을에서는 한 사자使者가 공회당 지붕에 올라가 모인 군중들을 향해 일장연설을 한다. 이윽고 저녁이 되면 미리 약속한 신화에 따라 분장한 사람들이 산에서 내려온다. 그들은 머리 위에 그릇을 이고 있는데, 그 안에는 물에 타는 송진이 들어 있다. 또한 그들은 악마를 표현하기 위해 고안해 낸 소리와 동작과 복장을 연출하고 있다. 이들을 본 여자들과 어린애들이 놀라 필사적으로 도망치는 가운데, 마을의 장정

---

1 영어의 scapegoat는 우리말로 희생양 혹은 속죄양으로 번역이 가능하다. 두 번역어 모두 본문 내용을 담는 데에 큰 문제는 없지만, 미묘한 뉘앙스의 차이를 감안하여 경우에 따라 적절하게 때로는 희생양으로, 때로는 속죄양으로 번역했다.

2 호칸어를 쓰는 캘리포니아 인디언. 주로 오늘날의 샌프란시스코 북쪽의 러시언강 유역에 거주했으나, 클리어호 주변과 내륙의 산지에서도 살았다.

들이 이들을 포위한다. 그리고 불을 가지고 악마와 싸운다는 원칙에 따라 불타는 나무토막을 공중에 던지고 악을 쓰면서 잔인하고 피에 굶주린 악마를 향해 미친 듯이 돌진한다. 무시무시하게 연출된 이 광경을 보고 그 자리에 있던 수백 명의 여자들은 큰 공포에 떤다. 여자들은 비명을 지르며 기절하거나 혹은 담력 있는 보호자에게 매달린다. 결국 악마들이 공회당 진입에 성공하고, 마을 장정들 가운데 가장 용기 있는 자들이 안으로 들어가 악마들과 결판을 낸다. 이 신파극의 결과는 마을 장정들이 용기백배하여 공회당에서 악마들을 몰아내고, 그렇게 밀린 악마들이 장렬한 모의 전투와 소동 끝에 산속으로 추방당하는 것으로 막을 내린다.

북아메리카의 만단족 인디언들은 봄이 되어 강변에 버들잎이 휘영청 늘어질 무렵에 매년 대축제를 벌인다. 그때 특징적 의식 중 하나가 악마의 추방이다. 악마로 분장하고 검댕 칠을 한 사나이가 초원에서 마을로 들어와 여자들을 쫓아다니며 위협한다. 그리고 한 해 동안 물소의 풍성한 공급을 확보하는 데에 그 목적이 있는 물소 춤에서 물소 역할을 한다. 하지만 여자들이 쉿쉿 소리를 내고 비명을 지르거나 혹은 막대기로 악마를 때리거나 쓰레기 따위를 던지거나 해서, 마침내 악마를 마을에서 쫓아낸다.

오스트레일리아 퀸즐랜드 중부지역에 사는 몇몇 원주민 부족들은 '몰롱가 Molonga'라는 사악한 존재가 있다고 믿는다. 이 악마는 사람 근처를 배회하지만 눈에는 보이지 않으며, 특정한 의식을 거행하지 않으면 남자들을 죽이거나 여자들을 범한다고 여겼다. 그 의식은 닷새 동안 계속되었고 춤판이 벌어졌는데, 거기에는 기괴한 칠을 하고 환상적인 복장을 한 남자들만이 참여했다. 닷새째 밤이 되면 붉은 흙과 깃털로 분장한 채 창끝에 깃털을 묶은 긴 창을 가진 몰롱가 역할의 한 남자가 어둠 속에서 구경꾼들 쪽으로 뛰어 들어가 군중들 사이를 지나가는 시늉을 한다. 그러면 군중들 사이에서 기이한 흥분과 비명소리와 분노에 찬 함성이 들끓는다. 그러나 악마는 공격하는 척하다가 다시 어둠 속으로 사라진다.

캄보디아의 왕궁에서는 한 해의 그믐날 밤에 악마를 추방한다. 그때 얼굴에 분칠을 하고 악마로 분장한 사람들이 왕궁 뜰에서 몇 마리의 코끼리에게 쫓긴다. 이렇게 악마들이 추방되면 성화된 무명실을 왕궁 둘레에 쳐서 다시는 들어오지 못하도록 한다. 남인도 미소르 지방의 문제라바드에서는 콜레라나 천연두가 발

「만단족」 카를 보트머, 1834

생하면, 주민들이 모여 병마를 목상 속에 꾀어 몰아넣고 통상 한밤중에 이웃 마을로 운반한다. 그러면 이웃 마을 주민들도 마찬가지로 그것을 다음 마을로 운반한다. 이렇게 차례차례 마을에서 마을로 운반된 끝에 마지막으로 그것은 강물에 던져진다.

일반적으로 이렇게 추방되는 악마들은 특정 대상으로 표상되지는 않는다. 그보다는 사람 눈에는 보이지 않지만 그것을 운반하는 물질적이고 가시적인 매개물 속에 존재한다고 상상된다. 여기서 우리는 편의상 악마 추방을 임시적인 것과 정기적인 것으로 구분하고자 한다. 먼저 임시적 수시 추방에 대해 생각해 보자.

2. 물질적 매개물에 의한 재앙의 수시 추방

악마를 운반하는 매개물에는 여러 종류가 있다. 그중 흔히 쓰이는 것이 배이다. 세람섬[3] 남부지방에서는 마을에 역병이 유행하면 작은 배를 만들어 거기에 사람들이 기부한 쌀과 담배와 달걀, 그 밖의 것들을 실은 다음 조그만 돛대를 세운다. 이런 준비가 다 끝나면 한 남자가 다음과 같이 큰 소리로 외친다. "너희들 역병이여, 다들 잘 들어라. 천연두와 학질, 홍역, 그 밖의 역병들이여, 너희들은 여기에서 오래 묵으면서 우리들에게 말할 수 없는 고통을 주었다. 그러나 이제 더이상 우리를 괴롭히지 말거라. 너희들을 위해 여기 배를 만들고 항해하기에 충분한 음식물을 실어놓았다. 너희가 먹을 음식물과 구장蒟醬이파리와 빈랑檳榔나무 열매와 담배가 모자르지는 않을 것이다. 그러니 즉시 여기서 출항하라. 그리고 이 근처에는 두 번 다시 얼씬도 하지 말라. 먼 나라로 가라. 모든 조류와 바람들이 너희들을 그곳까지 신속하게 데려다줄 것이다. 앞으로는 우리 마을 사람들이 건강하게 살게 해 다오. 너희들 위로 해가 떠오르는 것을 우리가 다시 보지 않게 해 다오!"

그런 다음 열 명 내지 열두 명의 남자들이 배를 바닷가로 운반한 다음 바람이 불기를 기다렸다가 바다에 띄워 보낸다. 그럼으로써 이제 영원히 혹은 적어도 당

---

3 인도네시아의 섬. 북쪽으로 세람해, 남쪽으로는 반다해에 접하며 마니파 해협을 사이에 두고 동쪽으로 뉴기니섬, 서쪽으로 부루섬이 자리 잡고 있다.

분간은 마을 사람들이 병으로 고생하지 않을 거라고 굳게 믿는 것이다. 만일 병마가 다시 그들을 엄습하면, 그것은 이전 것과는 다른 병마라고 여기며, 적당한 때에 같은 방법으로 추방한다. 악마를 태운 배가 시야에서 사라지면 그 배를 바닷가까지 운반했던 사람들은 마을로 돌아와 그중 한 사람이 "병마가 떠났소. 아주 꺼져 버렸소. 멀리 쫓아 버렸단 말이요. 바다 저 너머로 사라져 버렸소"라고 외친다. 이 말을 들은 사람들은 모두 집에서 뛰쳐나와 징이나 딸랑이 같은 것을 치고 환호하며 이웃에 전달한다.

이와 유사한 의식이 동부 인도의 여러 섬에서도 흔히 행해졌다. 가령 티모르라우트에서는 병을 일으킨 악마를 속여 멀리 출항시키기 위해 식량과 사람 모양의 인형을 실은 작은 '프로아proa'[4]를 풍랑에 맡겨 띄워 보낸다. 그 배가 떠내려가면 사람들은 "병이여, 여기서 떠나라. 돌아가라. 이 가난뱅이 나라에서 뭘 먹고 살겠다는 거냐?"라고 외친다. 이런 의식을 행한 뒤 사흘이 지나면, 사람들은 돼지를 잡아 고기의 일부를 태양 속에 산다고 믿는 '두딜라Dudilaa'에게 바친다. 그때 가장 연장자가 이렇게 기도한다. "어르신네께 비나이다. 우리 손자와 자식과 여자와 남자들이 모두 건강하게 하소서. 돼지와 쌀과 야자술이 풍성하게 하소서. 우리는 약속을 지키겠나이다. 이 제물을 드시고 마을 사람들이 모두 건강하게 살도록 해 주십시오." 이때 만일 그 작은 배가 사람 사는 곳에 표착하면, 악마는 그곳에서 날뛰게 된다. 그래서 그곳에 사는 사람들은 바짝 긴장하여 경계를 게을리하지 않는다. 우물쭈물 하는 사이에 병마가 배에서 빠져나올까 봐 그들은 서둘러 배를 불사르는 것이다.

동인도 제도에 있는 부루섬의 경우 병마를 실어 보내는 배 길이가 10미터 정도 되는데, 거기에는 돛대와 노, 닻 따위가 갖추어져 있으며 식량도 제법 실려 있다. 사람들은 하루 동안 징이나 북을 치면서 악마를 위협하기 위해 뛰어다닌다. 다음 날 아침에는 열 명의 장정들이 미리 물항아리에 담가 놓았던 나뭇가지들로 마을 사람들을 후려친다. 곧이어 장정들은 해변으로 달려가서 그 나뭇가지를 작은 배에 싣는다. 서둘러 다른 작은 배로 병마가 실린 배를 수평선 저 멀리까지 끌고 나간다. 거기서 병마가 실린 배를 띄워 보내면서 한 젊은이가 이렇게 소리 지른다. "천연두 할아버지, 다른 나라로 돌아가세요. 기꺼이 가세요. 여행을 위해

---

4 인도네시아 지방의 쾌속선

식량을 준비해 두었어요. 더 드릴 건 없어요." 함께 타고 갔던 장정들은 뭍으로 돌아와 한 사람도 빠짐없이 바닷물로 목욕을 한다. 이 의식에서 사람들을 나뭇가지로 후려치는 까닭은 그들에게서 병마를 내쫓기 위해서였다. 그럼으로써 병마가 나뭇가지로 전이된다고 믿는다. 그래서 서둘러 나뭇가지를 배에 실어 바다 멀리 끌고 나간 것이다.

마찬가지로 세람섬의 내륙지방에서도 천연두와 기타 역병이 유행하면, 사제가 모든 집들을 성화된 나뭇가지로 후려친다. 그런 다음 나뭇가지를 강물에 버려 바다로 흘러나가게 한다. 러시아의 보티악족도 마을에서 악마를 추방할 때 사용한 막대기를 강물에 버린다. 그럼으로써 물길이 저 재앙의 막대기를 쓸어가도록 하는 것이다. 환자를 표상하는 꼭두각시를 배 안에 실어 악마들이 그 뒤를 쫓아가도록 유인하는 방책도 흔히 사용된다. 가령 보르네오 해안에 사는 여러 이교도 부족들은 다음과 같은 방법으로 역병을 몰아낸다. 먼저 야자수로 하나 혹은 그 이상의 인형을 만들어 그것을 쌀이나 그 밖의 음식물과 함께 작은 배에 싣는다. 배는 야자수 꽃과 잎, 리본 등으로 장식하며, 밀물 때에 바다로 떠나보낸다. 그러면 주민들의 소망에 따라 병도 함께 떠내려간다고 여긴다.

공동 사회 전체를 위협하는 악마나 병마들을 운반하는 매개물이 동물이나 희생양인 경우도 있다. 중부 인도에서는 마을에 콜레라가 발생하면, 주민들이 일몰 후에 모두 집으로 들어가 일절 나오지 않는다. 그리고 사제들이 거리를 행진하면서 각 집의 지붕에서 지푸라기를 하나씩 뽑아 쌀과 오이, 심황 등과 함께 마을 동쪽에 있는 성전에서 불사른다. 이와 동시에 빨간 점이 있는 닭을 연기 나는 방향으로 내몬다. 그러면 그 닭이 병마를 짊어진다고 믿는다. 만일 이 방법이 실패로 끝나면 다음에는 염소를, 그래도 안 되면 마지막에 돼지를 가지고 시도한다.

인도의 바르Bhar족[5], 말란Mallan족, 쿠르미Kurmi족[6]은 콜레라가 유행하면 염소나 물소를 끌고 나와(어떤 경우든 암컷이어야 하고, 검은 빛깔일수록 좋다), 그 잔등에 약간의 곡식과 정향丁香과 연단鉛丹[7]을 노란 천으로 싸서 매달고 마을 바깥으로 내쫓는다. 그리하여 마을 경계 저편으로 추방하여 다시 못 돌아오게 한다. 때로는 물소에 빨간 물감으로 표시하여 이웃 마을로 내쫓기도 한다. 그러면 물소가 그

---

5 인도 중부의 코우르족에 속한 종족
6 원래 쿠르미는 농업 카스트 계급에 속한 일원을 가리키는 말이다.
7 산화납으로 만든 안료

마을로 역병을 짊어지고 간다고 믿었다.

백나일White Nile 계곡의 유목민 딩카Dinka족은 모든 가정마다 신성한 암소를 키운다. 그러다가 나라가 전쟁이나 기근, 그 밖의 총체적 위기에 직면하면, 마을 촌장이 특정 가정에 희생양으로 쓸 신성한 암소를 내놓으라고 요구한다. 이 암소는 여자들에 의해 강가로 끌려가서 강 건너 저편으로 내쫓긴다. 그리하여 거기서 들판을 어슬렁거리다가 호시탐탐 먹이를 노리는 야수에 의해 잡아먹히도록 내버려 두는 것이다. 그런 다음 여자들은 침묵을 지키며 뒤도 돌아보지 않고 돌아온다. 만일 조금이라도 뒤를 돌아보면, 이 의식의 효험이 사라진다고 믿었던 것이다. 1857년에 볼리비아와 페루의 아이마라Aymara족[8] 인디언들은 역병으로 고통을 받았다. 이때 그들은 환자의 옷에 술을 뿌린 다음 그것을 검은 낙타에 실어 산으로 끌고 가 풀어 주었다. 그러면 낙타가 역병을 먼 곳으로 가지고 간다고 여겼던 것이다.

때때로 사람을 희생양으로 삼기도 한다. 우간다의 왕은 적대적인 바뇨로족이 왕과 백성들을 병들어 죽도록 주술을 걸었다는 내용의 신탁을 받는 수가 있다. 그런 재난을 피하기 위해 왕은 적국 바뇨로의 국경으로 희생양을 보낸다. 이때 어떤 특별한 표시나 혹은 육체적 결함 때문에 선발된 한 남자와 소년 혹은 한 여자와 그 자식이 희생양이 된다. 이 특별한 표시나 결함은 그 사람이 희생제물임을 알 수 있도록 신들에 의해 미리 정해진 것이라고 믿었다. 이와 같은 인신제물과 함께 암소와 염소, 닭과 개를 각각 한 마리씩 보낸다. 이것들은 건장한 병사의 호위를 받으며 신이 지정해 준 지점까지 끌려간다. 그곳에 도착하면 다시 우간다로 돌아가지 못하도록 제물들의 사지를 꺾어 불구로 만들었으며, 그 상태로 적지에서 말라죽도록 방치한다. 그럼으로써 역병이 제물들에게 전이되고, 그것이 원래 있던 곳으로 되돌아갈 거라고 믿었다.

중국의 몇몇 부족들은 역병을 막기 위해 근육질의 남자 한 명을 선발하여 희생양으로 삼는다. 그리고 모든 병마와 악마들이 얼굴에 분칠을 한 남자의 몸에 들어가도록 하기 위해 그에게 온갖 광대놀음을 시킨다. 이때 그는 한 사제의 도움을 받는다. 마침내 희생양은 징과 북을 치는 남녀들에게 황급히 쫓겨나 마을 바깥으로 추방된다. 펀자브 지방에서는 소의 전염병을 치료하기 위해 '차마르

---

8 페루와 볼리비아에 속한 안데스 산맥 중부, 바람이 거세고 광대한 티티카카 고원에 사는 남아메리카 인디언

Chamar'[9] 계급의 남자 한 명을 고용한다. 그리고 그의 얼굴을 마을 변두리 쪽으로 향하게 하고 불에 달군 낫으로 낙인을 찍은 다음, 소의 전염병을 운반해 가도록 밀림 속으로 내쫓는다. 이때 그는 절대 뒤를 돌아보아서는 안 된다.

3. 물질적 매개물에 의한 재앙의 정기적 추방

이 같은 희생양이나 다른 물질적인 매개물을 통한 재앙의 추방 또한 비가시적인 재앙의 직접적인 추방과 마찬가지 이유에서 주기적인 것으로 바뀌는 경향이 있다. 인도 제도의 레티섬과 라코르섬에서는 일반적으로 매년 3월에 일체의 질병을 바다로 추방한다. 이때 길이 3미터 정도의 조그만 배를 만들어 거기다 돛대와 노와 사닥다리와 기타의 도구들과 각각의 집에서 걷은 약간의 쌀, 과일, 닭 한 마리, 달걀 두 알, 밭을 해치는 곤충 따위를 싣는다. 그리고 "여기서 모든 질병을 가지고 나가거라. 그것을 다른 섬들과 다른 나라들에 가지고 가거라. 그것을 해 뜨는 동녘 나라에 뿌려다오"라고 외치면서 바다로 떠나보낸다. 보르네오의 비아자Biaja족도 매년 모든 주민의 죄와 재난을 실은 작은 배를 만들어 바다로 흘려보낸다. 항해 중인 배가 행여 이 불길한 배와 만나면 선원들은 거기 실려 있는 모든 재난들을 겪게 된다고 믿었다.

영국령 북부 보르네오의 투아란 지방에 사는 두순Dusun족 또한 이와 유사한 관습을 매년 시행한다. 그들은 이 의식을 한 해 중에 가장 중요한 행사로 여겼다. 의식의 목적은 지난 열두 달 동안 각 가정의 안팎에 쌓였다고 생각되는 일체의 악령들을 엄숙하게 추방함으로써 다음 한 해 동안 마을에 행운이 찾아오도록 하는 데에 있었다. 이때 악령들을 꾀어 추방하는 일은 주로 여자들의 몫이다. 이를 위해 여자들은 제일 좋은 나들이옷을 입고 마을을 행진한다. 그중 한 여자는 아직 젖이 떨어지지 않은 새끼 돼지를 광주리에 넣어 등에 짊어진다. 그리고 적당한 때에 다른 여자들이 막대기로 돼지를 두들기는데 돼지의 비명에 악령들이 주목하도록 만드는 것이다. 그러는 동안 집에 있는 여자들은 짝짝이나 놋쇠 심벌즈를 두들긴다든지 놋쇠 딸랑이를 두 손으로 흔들며 춤추고 노래한다. 마을의

---

9 가죽 세공을 직업으로 하는 인도의 카스트 계급

모든 집에서 이런 의식이 반복적으로 행해진 다음, 행렬이 강 쪽으로 이동한다. 그러면 여자들이 집에서 내쫓긴 악령들도 모두 행렬을 따라 강가로 이동한다고 여겼다. 그곳에는 미리 준비해 놓은 작은 배가 기다리고 있다. 그 배 안에는 음식물과 의복과 냄비, 식칼 따위가 실려 있으며, 갑판에는 야자잎으로 만든 인형들이 가득 쌓여 있다. 이 인형들은 남자와 여자, 짐승과 새의 모양을 하고 있다. 이렇게 악령들이 전부 실렸다고 여겨지면, 배를 강으로 밀어 넣어 떠나보낸다. 만일 배가 얕은 여울목에 걸쳐 좌초되면, 눈에 보이지 않는 저 악령들이 상륙하여 마을로 돌아오지 못하도록 여자들이 신속히 달려들어 힘껏 밀쳐 낸다. 한편 비명을 지르게 하여 악령을 꾀어내는 데 사용했던 새끼 돼지는 최후에 도살당한 후 버려진다.

인도 벵골만에 있는 카니코바르 제도의 원주민들은 매년 가뭄이 시작될 무렵이면, 조그만 배 모형을 만들어 마을 안에 들고 다닌다. 그러면서 집집마다 악령들을 몰아내어 배 안으로 끌어모은 다음, 그 배를 바람 부는 대로 먼 곳으로 떠내려 보낸다. 1897년 7월에 카니코바르 제도에서 이 의식을 목격한 한 전도사가 있었다. 그에 의하면, 사람들은 사흘 동안 카누 모양의 거선 두 척을 만드느라 정신이 없었다고 한다. 배가 완성되자 거기다 돛대를 세우고 악마 추방에 효험이 있는 특별한 나뭇잎들을 실었다. 젊은이들이 이 일을 하는 동안, 주술사와 장로들은 집에 앉아 교대로 노래를 부른다. 그러면서 종종 밖에 나와 막대기로 무장한 채 해변을 돌아보며 악마들이 마을에 들어오지 못하도록 경계한다. 의식의 나흘째 되는 날은 '돛대로 악마를 추방하는 날'이라고 부른다. 이날 저녁에는 마을 사람들이 모두 모인다. 이때 여자들은 재가 들어 있는 광주리와 악마를 쫓는 나뭇잎 다발 묶음을 들고 나온다. 이 나뭇잎은 곧바로 노소를 가리지 않고 모두에게 골고루 분배된다. 모든 준비가 끝나면 주술사의 호위병을 대동한 일단의 장정들이 공동묘지 오른쪽 해변으로 배 한 척을 운반하여 바닷물에 띄워 보낸다. 장정 무리가 마을로 돌아오자마자, 또 다른 일단의 장정들이 남은 한 척의 배를 이번에는 공동묘지의 왼쪽 해변으로 운반하여 바닷물에 띄워 보낸다. 이렇게 악마가 실린 배가 물에 띄워지면, 여자들은 해변에서 재를 뿌리고 모인 군중들은 함께 "악마여, 멀리 도망가라. 멀리 꺼져라. 절대 다시 오지 말라!"고 소리친다. 바람과 조수가 순조로운 탓에 두 척의 배는 순식간에 흘러간다. 그날 밤에는 모든 사람들이 모여 크게 기뻐하며 잔치를 벌인다. 악마가 이미 초우라 지방 쪽으로 떠났다고 보았기 때문이다. 이 밖의 다른 섬에서도 매년 한 차례씩 이와 유사한 의식이 행해졌다. 하지만 그 시기는 마을마다 달랐다.

중국의 여러 부족들은 매년 3월에 큰 제사를 집행한다. 이는 지난 열두 달 동안에 쌓인 모든 재앙들을 몰아내는 의식이기 때문에 큰 기쁨 속에서 진행된다. 재앙의 추방은 다음과 같은 방법으로 행하면 큰 효과를 거둘 수 있다고 여겼다. 먼저 큰 항아리 속에 화약과 돌, 쇠붙이 따위를 넣고 땅속에 묻는다. 그리고 항아리에서 화약으로 연결되는 도화선을 장치한 다음 도화선에 불을 붙인다. 항아리가 폭발하면서 그 속에 든 것들도 산산조각 나 흩어진다. 여기서 돌과 쇠붙이는 지난해의 질병과 재난들을 표상하는데, 항아리가 폭발하면서 그것들이 흩어짐에 따라 질병이나 재난도 제거된다고 믿었다. 이 의식은 요란한 술판과 난리법석 속에 행해졌다.

기니아 해안의 구舊칼라바르에서는 공식적으로 2년에 한 번씩 악마와 망령을 추방한다. 이때 은거지에서 추방되는 정령들 가운데는 지난번 추방의식 이래 사망한 사람들의 망령도 포함되어 있었다. 어떤 기록에 의하면, 이 의식은 11월에 집행하였다. 그에 앞서 3주일에서 1개월 동안 사람들은 인간, 악어, 표범, 코끼리, 수소, 새 따위의 모양을 한 인형들을 나무로 깎아 만든다. 그런 다음 거기에 천을 두르거나 겉만 번지르르하게 꾸며 각각의 집 입구에 세워 둔다. 마침내 의식을 행하는 날 새벽 3시경에 모든 주민이 거리로 쏟아져 나와 귀청이 터져라 큰 소리로 외쳐 댄다. 그러면서 사람들은 최고조로 흥분된 상태에서 곳곳에 숨어 있는 모든 악령과 망령들을 인형 안에 몰아넣는 것이다. 그러면 망령이 인형과 함께 마을에서 추방될 수 있다고 믿었다. 사람들은 이를 위해 크게 고함을 지르며 각 집의 문을 쾅쾅 두드리고 총을 쏘거나, 북을 치고 뿔피리를 불거나, 혹은 종을 치고 냄비를 두들기는 등 있는 대로 모든 소음을 만들어 내면서 거리를 돌아다닌다. 이런 대소동이 새벽녘까지 계속되다가 날이 새면서 끝이 난다. 그때까지 사람들은 집 구석구석을 말끔히 청소한다. 그리고 이에 놀란 악령들이 남김없이 각 집에서 쫓거나 인형이나 팔랑거리는 천 속에 숨어 버린다고 여긴다. 그 인형들은 집에서 쓸어 낸 다른 쓰레기나 어제 피운 모닥불의 잿더미 속에 던져진다. 거기서 사람들은 악령이 옮겨 붙은 인형들을 급히 낚아채서 소란스러운 행렬을 지어 강가로 운반한 다음, 북소리와 함께 물속에 던져 버린다. 그러면 썰물 때에 인형들이 바다로 흘러가 버려서, 다음 2년 동안은 악마와 망령들이 하나도 없는 마을

이 되기를 기대했던 것이다.

구상화된 재앙의 연례적인 추방은 유럽에서도 행해졌다. 가령 남부 유럽의 집시들은 부활절 일요일 저녁에 두 개의 나뭇조각을 교차시켜 요람처럼 버팀목을 삼은 나무 상자를 하나 마련한다. 그리고 그 속에 향료식물과 약용식물을 말린 뱀이나 도마뱀 따위와 함께 집어넣는다. 이때 그 장소에 모인 사람들은 그것을 넣기 전에 손으로 만져야 한다. 그런 다음 이 상자를 흰색과 붉은색 털실로 싸서 제일 나이 많은 남자가 모든 천막마다 들고 다닌다. 마지막으로 그것을 흐르는 물속에 던지는데, 그에 앞서 사람들이 거기에 한 번씩 침을 뱉고 마술사가 주문을 외운다. 그들은 이런 의식을 집행함으로써, 그대로 놓아두면 그 해에 사람들을 해치게 될 일체의 질병을 추방할 수 있다고 믿었다. 또한 누군가 그 상자를 발견하여 호기심에 열어 보기라도 한다면, 그 당사자와 가족들은 다른 사람들에서 쫓겨나온 모든 질병을 앓게 된다고 믿었다.

한 해 동안에 쌓인 모든 불행을 공식적으로 추방하는 수단으로서 그 희생양이 동물인 경우도 있다. 아삼 지방의 가로Garo족은 "개인적인 불행에 대해 바치는 제물 외에도, 매년 한 차례씩 공동체나 마을 전체 단위로 의식을 행한다. 의식의 목적은 다음 한 해 동안 주민들을 숲의 위험과 질병, 불행에서 보호하는 데에 있었다. 전형적인 사례로서 '아송타타Asongtata' 의식을 들 수 있었다. 이 지역에서는 모든 큰 마을의 입구에 많은 돌들이 무질서하게 세워져 있는 것을 흔히 볼 수 있다. 그 돌무더기는 '아송asong'이라 부르며, 그 위에 '아송타타'가 요구하는 살아 있는 제물을 바친다. 이때 먼저 염소를 제물로 바친 다음, 그로부터 한 달 후에 '랑구르langur', 즉 엔텔러스Entellus 원숭이나 대나무쥐를 제물로 바친다. 이때 선정된 동물의 모가지를 새끼줄로 묶어, 두 사내가 양옆에서 그것을 끌고 마을의 가가호호를 돌아다닌다. 그리고 차례대로 그것을 집 안에 끌고 들어가면, 모여든 마을 사람들은 바깥에서 집 벽을 두들기면서 집 안에 숨어 있을 모든 악마들을 위협하여 내쫓는 시늉을 한다. 이렇게 마을을 다 돌고 나면, 원숭이나 대나무쥐를 마을 변두리로 끌고 가서 '다오dao'로 일격을 가해 죽인 다음, 창자를 끄집어내고 땅에 박아 둔 대나무 십자가에 못 박아 매단다. 이처럼 십자가에 못 박힌 동물의 둘레에는 길고 뾰족하게 깎은 대꼬챙이를 즐비하게 꽂아 울타리[10]로 삼는다. 이 대나무 울타리는 원래 적들이 침입하지 못하도록 마을 주위를 빙 둘러 쳐 놓았던 것인데, 지금은 질병이나 숲속 동물들의 위협에서 인간의 목숨을 지켜 주는 수호자의 상징이 되어 있다. 어쨌든 이런 의식에 필요한 '랑구르' 원숭이는 며칠 전에 잡아 온 것인데, 만일 잡지 못했을 경우에는 갈색의 다른 원숭이를 대신 사용한다. 단 '훌로크hulock' 원숭이는 쓸 수 없다." 이 경우 대나무에 책형당한 원숭이나 쥐는 공적인 희생양에 해당한다. 즉, 그것들은 사람들을 대신하여 고난과 죽음을 당함으로써 다가올 한 해 동안의 질병과 재난에서 사람들을 구제해 준다고 믿었다.

서부 히말라야 주하르 지방의 보티야Bhotiya족은 매년 정해진 날에 개 한 마리를 택하여 술과 대마를 주어 취하게 하고, 사탕과자를 배불리 먹인 다음 온 마을을 끌고 다니다가 풀어 준다. 그리고 그 개를 따라가 몽둥이와 돌멩이로 때려죽이는데, 그러면 그 해에 질병이나 재난이 마을에 일어나지 않는다고 여겼다. 브러돌번[11]의 몇몇 지방에는 설날에 개를 집 문 앞으로 끌고 나와 빵을 좀 주고 "꺼져라, 이 개야! 올해가 끝날 때까지 이 집안에서 사람이나 소가 죽으면 그 모든 화가 네 머리에 미칠 것이다"라고 말하며 내쫓는 관습이 있다. 유대인 대사제는 일곱 번째 달의 열 번째 날인 '속죄일Day of Atonement'[12]에 살아 있는 염소 머리에 양손을 얹고 이스라엘 자손들의 모든 죄를 고백한다. 그럼으로써 민족 전체의 죄를 그 동물에게 전이시킨 다음 광야로 내쫓는다.[13]

백성들의 죄를 주기적으로 짊어지는 희생양이 사람일 경우도 있다. 나이지리

---

10 옛날 네덜란드 북부의 프리슬란드주에서 적의 말[馬]들을 막기 위해 세운 울타리

11 오스트리아에도 이런 지명이 두 군데나 있지만, 여기서는 아마도 스코틀랜드의 지명인 듯하다.

12 욤키푸르Yom Kippur라 부르는 유대교의 가장 엄숙한 종교 절기. 음력 티슈리 달(9~10월경) 10일에 지키며, 이날 유대인들은 자기 죄를 씻고 하느님과 화해하려고 노력한다. 티슈리 달 1일에 로시 호샤나(신년절)와 함께 시작되는 '10일의 참회'를 마무리 짓는 날이다. 성서는 욤키푸르를 가리켜 샤바트 샤바톤('엄숙한 휴식의 안식일', 혹은 '안식일들 가운데 안식일')이라고 하는데, 그것은 이 절기가 주중週中에 해당하더라도 일을 완전히 중단하고 욤키푸르를 엄숙히 지켜야 하기 때문이다. 이날을 제정한 목적은 다른 사람들의 죄를 용서해 주고 하느님께 지은 죄를 진실로 회개함으로써 개인과 집단을 정결하게 하려는 데 있다. 이날의 특징은 음식·음료·성교를 금하는 것이다. 극단적인 정통파 유대인들은 가죽신을 신고 기름을 바르는 것조차 금한다.

13 '희생양' 혹은 '속죄양'을 뜻하는 영어 단어 scapegoat의 출전인 구약성서 『레위기』 16장에는 다음과 같은 구절이 나온다. "아론은 자신을 위한 속죄 제물로 황소를 드려 자기의 죄와 자기 집안의 죄를 벗는 예식을 올려야 한다. 그리고 숫염소 두 마리를 끌어다가 만남의 장막 문간, 야훼 앞에 세워 놓고 숫염소 두 마리 가운데서 제비를 뽑아, 한 마리는 야훼께 바치고 다른 한 마리는 아자젤에게 보내야 한다. 아론은 야훼의 몫으로 뽑힌 숫염소를 끌어다가 속죄제를 드리고 아자젤의 몫으로 뽑힌 숫염소는 산 채로 야훼 앞에 세워 두었다가 속죄제물로 삼아 빈들에 있는 아자젤에게 보내야 한다."(공동번역성서 『레위기』 16장 6~10절) 공동번역성서의 주석은 여기서 아자젤을 '들귀신의 이름'이라고 풀고 있는데 이는 적절한 번역이다. 유럽에서는 오랫동안 악마 아자젤을 성 제롬의 오역을 좇아 '속죄양caper emissarius'이라고 간주했다. 로버트 프레이저 편, 앞의 책, 665쪽 편주 참조

MAURYCY GOTTLIEB מאוריצי גוטליב
DAY OF ATONEMENT

「속죄일에 유내교 회당에서 기도하는 유내인」 마우리키 고틀리프, 1878

아의 오니차에서는 그 지방에서 일어난 모든 죄를 씻기 위해 매년 두 사람을 인신제물로 바쳤다. 희생자는 공적 기부금으로 사들였다. 그러니까 지난 1년 동안 방화, 도둑, 간음, 마법 등과 같은 중죄를 범한 자들은 모두 2파운드 이상의 돈을 기부해야만 한다. 내무성은 이렇게 모인 돈으로 두 명의 병약한 인간을 샀던 것이다. 그 희생자들은 "백성들의 모든 중죄를 씻어 내기 위한 인신제물로서 한 사람은 육지에, 그리고 한 사람은 강물에 바쳐졌다." 아울러 이들을 죽이기 위해 이웃 마을에서 한 사나이를 고용했다.

1858년 2월 27일에 테일러J. C. Taylor 목사는 한 인간이 제물로 바쳐지는 장면을 목격했다. 그 인신제물은 열아홉이나 스무 살 정도의 여자였다. 사람들은 이 여자를 넘어뜨린 다음 왕궁에서부터 강가까지 약 3킬로미터쯤 되는 길을 산 채로 질질 끌고 갔다. 그녀를 뒤따르던 군중들은 저마다 "못된 년! 못된 년!" 하고 외쳐 댔다. 의식의 목적은 '나라의 죄악'을 제거하기 위해서였다. 인신제물의 육체는 마치 그들의 모든 무거운 죄를 짊어지고 가기라도 하는 듯이 매우 참혹하게 끌려갔다.[14] 나이저강의 삼각주 지방에 사는 많은 부족들은 아직까지도 영국 정부의 감시의 눈을 피해 이와 유사한 관습을 몰래 행한다고 한다.

서아프리카의 요루바족은 "자유인이나 노예 혹은 귀족이거나 부자이거나 천민 가운데서 제물로 바칠 사람을 선정하여 그를 '올루워Oluwo'라고 불렀다. 그는 비록 감금되었지만, 억류 기간 동안에 그에게 충분한 음식이 주어지며 원하는 물건은 무엇이든 다 제공되었다. 이윽고 제물로 바쳐질 때가 되면, 보통 그를 이끌고 왕궁과 도시와 이곳저곳을 행진한다. 왕은 모든 백성의 죄와 재난과 죽음 따위를 남김없이 제거하고, 그의 정부와 휘하의 모든 가족과 개인의 안녕을 위해 이 제물을 바친다. 이때 관례적으로 재와 분필을 이용하여 이 인신제물의 신원을 숨기는데, 그의 머리 위에 재를 마구 뿌리고 얼굴에는 분필을 칠한다. 사람들은 종종 집에서 뛰쳐나와 그에게 손을 댐으로써 자신들의 죄와 허물과 문젯거리와 죽음 따위를 그에게 전이시키려 한다." 이런 행진이 끝나면, 사람들은 그를 내밀한 성소로 끌고 가서 목을 잘랐다. 그의 마지막 유언이나 죽어 가는 신음소리를 신호로 하여 바깥에 모인 사람들은 환호성을 터뜨린다. 사람들은 그가 인신제물로 받아들여졌고, 그래서 이제 신의 분노가 진정될 것이라고 믿는다.[15]

---

14 출처는 S. Crowther and J. C. Taylor, *The Gospel on the Banks of the Niger*, 1859

시암에는 지나치게 방탕한 나머지 건강을 해친 여자 한 명을 선정하여, 매년 정해진 날에 그녀를 들것에 싣고 북과 피리를 연주하며 거리를 돌아다니는 관습이 있었다. 이때 군중은 마구 욕을 해 대며 그녀에게 흙덩이를 던졌다. 이렇게 마을 전체를 다 돌고 나면, 성 밖의 퇴비에 혹은 가시덤불 울타리에 그녀를 내던지면서 두 번 다시 마을 안으로 들어오지 말라고 명령한다. 이렇게 하면 그녀가 공중에 떠다니는 사악한 힘이나 악령들을 빨아들일 거라고 믿었던 것이다. 수마트라의 바탁족은 국토를 정화하고 신들의 호의를 얻기 위해 공적 제물로서 붉은 말이나 물소를 바친다. 이전에는 한 남자를 물소와 함께 말뚝에 묶어 놓았다가 물소가 도살된 후에 풀어 주었다고 한다. 이때 그를 맞이하거나 그와 이야기를 나누거나 그에게 음식물을 주어서는 안 된다. 말할 것도 없이 그는 사람들의 죄와 재난을 짊어진 인물이기 때문이다.

때로 사람들은 신성한 동물을 희생양으로 삼기도 한다. 말라바르 사람들은 암소에 대한 힌두교의 숭배를 공유해서 암소를 도살하여 먹는 일을 살인죄나 혹은 고의적인 살해에 못지않은 죄악으로 간주했다. 그런데도 브라만은 한 마리 혹은 그 이상의 암소에게 백성들의 죄를 전가하였으며, 죄악을 짊어진 암소는 브라만이 정해 놓은 장소로 끌려갔다. 고대 이집트인들은 수소를 제물로 바치면서, 그냥 놓아두면 당연히 그들 자신과 국토에 엄습해 올 일체의 재난과 불행을 그 수소의 머릿속으로 끌어들인 다음 그 머리를 그리스인들에게 팔거나 혹은 강물에 던져 버렸다. 그러니 우리에게 알려진 이집트 왕조시대에 수소 숭배가 일반적이었다고 말할 수는 없다. 왜냐하면 고대 이집트인들은 일상적으로 수소를 도살하여 먹었기 때문이다.

그럼에도 이집트인들이 암소와 수소를 비롯한 모든 소를 신성시했다고 결론지을 만한 근거들이 많이 남아 있다. 그들이 모든 암소들을 다 신성시하여 제물로 바쳤던 것은 아니며, 수소조차도 특정 종류의 자연적인 표징이 없는 한 제물이 되지 않았다. 수소를 제물로 바칠 경우는 사제가 미리 그런 표징이 있는지를

---

15 이 부분의 출처는 프레이저의 아프리카 정보원 중 한 사람이었던 비숍 제임스 존슨 주교이다. 나이지리아 출신의 노벨문학상 수상 작가인 윌레 소잉카Wole Soyinka의 희곡 『강한 종족The Strong Breed』(1963)에도 요루바족의 의식이 등장한다. 1960년대 서부 나이지리아를 무대로 한 이 희곡은 매년 부락이 지은 죄에 대한 속죄양으로 마을 사람 중에서 국외자 한 사람을 골라내는 전통적인 의식에 대해 주의를 환기시키는 작품이다. 거기서는 '에만'이라는 한 이방인이 희생양이 되어 강제로 나무에 매달려 살해당한다. 로버트 프레이저 편, 앞의 책, 666쪽 편주 참조

검사했다. 정당한 표징이 있으면 제물로 바쳐도 좋다는 증명으로서 그 동물에게 낙인을 찍어 주었다. 이런 낙인이 없는 수소를 제물로 바친 자는 사형에 처해졌다. 더욱이 수소 아피스Apis와 음네비스 숭배가 성행했고, 특히 전자의 숭배는 이집트 종교에서 중요한 위치를 차지하고 있었다. 자연사한 수소는 도시 외곽에 정중하게 매장되었으며, 그 뼈는 나중에 이집트 전 지역에서 수거되어 한 장소에 재매장되었다. 또한 이시스 대축제에서 수소를 제물로 바칠 때 모든 숭배자들은 가슴을 치며 애도의 뜻을 표했다. 따라서 전체적으로 보건대, 원래 수소는 암소와 마찬가지로 이집트인들에 의해 신성한 동물로 간주되었으며, 나아가 백성들의 불행을 그 머리에 짊어지고 도살된 수소는 본래 신적인 희생양이었다고 볼 수 있다.

중앙아프리카의 마디족이 매년 도살했던 새끼 양도 신적인 희생양이었을 가능성이 있으며, 주니족이 희생제물로 삼았던 바다거북도 그러했을 것으로 추정된다.

끝으로 신적인 인간이 희생양이 되기도 한다. 인도의 곤드족은 11월에 농작물의 수호신 '간샴데오Ghansyam Deo' 숭배의식을 거행한다. 이 의식에서는 신 자신이 한 숭배자의 머리 위에 지핀다고 믿었다. 그러면 그 자는 갑자기 발작을 일으키며 근처를 배회한 뒤 밀림 속으로 뛰어 들어간다. 만일 그대로 혼자 방치해두면 그는 정신이상으로 죽게 된다고 한다. 그래서 사람들은 그를 붙잡아 되돌아오는데, 그래도 하루이틀 정도는 제정신을 회복하지 못한다. 그는 곧 나머지 마을 사람들의 죄를 짊어진 희생양과 다름없었다. 사람들이 그렇게 믿기 때문에 그를 선발했던 것이다.

동부 코카서스의 알바니아인들은 달[月] 신전에 많은 신성한 노예들을 거하게 했다. 그들은 대부분 영감을 받아 예언을 했다. 그중 한 사람이 특별한 영감을 받아 광기를 드러내며 곤드족 사람처럼 혼자 숲속을 배회하거나 하면, 대사제는 그를 신성한 사슬로 묶어 1년 동안 호사시켜 준다. 1년이 지나면 그는 몸에 기름을 바른 채 제물이 되기 위해 끌려간다. 그러면 그런 인신제물의 살해를 능숙하게 할 줄 아는 직업적인 전문가가 군중 속에서 걸어 나와 신성한 창으로 제물의 옆구리를 찔러 심장을 꿰뚫는다. 이때 살해당한 자가 쓰러지는 모양을 통해 공동체의 안녕에 관한 전조前兆를 가늠한다. 그리고 시체는 특정 장소로 운반한 다음, 일종의 정화의식으로서 모든 사람들이 그를 발로 밟았다. 유대인 대사제가 동물의 머리에 손을 얹음으로써 백성들의 죄를 희생양에게 옮긴 것처럼, 이 마지막 장면에서도 우리는 그들이 그런 행위를 통해 사람들의 죄가 인신제물의 시체로 옮겨진다고 여겼다는 사실을 알 수 있다. 또한 이 남자에게는 신적인 영혼이 지폈다고 믿었다는 점에서, 그가 사람들의 죄와 불행을 제거하기 위해 살해당한 인신의 한 사례였음은 의심할 여지가 없다.

티베트의 희생양 관습에도 몇 가지 특기할 만한 점이 있다. 티베트의 신년은 2월 15일경에 뜨는 초승달과 더불어 시작된다. 그 후 23일 동안 수도 라사의 통치권은 평상시의 통치자들 손을 떠나 데방Debang 승원의 승려들에게 위탁된다. 그 특권은 최고의 금액을 제시하는 승려에게 넘어간다. 이렇게 입찰을 따낸 승려를 '잘노Jalno'라고 하는데, 그는 은지팡이를 들고 라사 거리를 활보하면서 자신이 도시의 통치권을 위임받았다는 사실을 사람들에게 선포한다. 이때 근방의 모든 승원과 사원의 승려들이 그에게 경의를 표하기 위해 모여든다. 이 기간에 부과되는 벌금은 모두 그의 부수입이 되기 때문에, 잘노는 자신의 이익을 위해 제멋대로 권력을 휘두른다. 그리하여 그가 거두는 이익은 권력을 사들일 때 썼던 금액의 약 10배에 이른다고 한다. 그의 부하들은 시민들의 행동 중에 흠잡을 만한 점이 없는지를 적발하기 위해 눈을 부라리며 온 시가지를 돌아다닌다. 그래서 이 시기의 라사에서는 거의 모든 집마다 세금이 부과되고, 아주 사소한 위법 행위에 대해서도 가차없이 엄격한 벌금이 매겨지게 마련이었다. 잘노의 가혹한 통치에 견디지 못한 노동 인력들은 23일이라는 기간이 끝날 때까지 종종 라사를 떠나 생활한다.

이렇게 평신도들은 라사를 빠져나가는 대신 바깥에서 승려들이 들어온다. 즉, 이 시기에는 라사 주변 수킬로미터에 걸쳐 모든 불교 사원들이 문을 활짝 열고 승려들을 쏟아 낸다. 인접한 산악지대에서 라사로 내려가는 모든 길은 서둘러 수도를 찾아가는 승려들로 가득 찬다. 그들 중 어떤 이는 걸어서 가기도 하고 또 어떤 이는 나귀나 황소를 타고 가기도 하는데, 하나같이 불경과 취사도구를 지니고 간다. 엄청난 인파가 몰려들기 때문에 라사의 거리와 광장은 승려들의 무리로 발 디딜 틈도 없을 정도로 꽉 차고, 그들이 입은 홍색 가사로 붉게 물든다. 이로 인한 무질서와 혼란은 이루 말할 수 없을 정도였다. 성직자들이 삼삼오오 무리지어 길거리를 다니면서 불경을 외우거나 고함을 질러 댄다. 그들끼리 몸이 부딪치기라도 하면 서로 밀치며 난투극을 벌이기도 한다. 개중에는 코피가 터지고 눈에 멍들고 머리가 깨지는 사태도 일어난다. 이런 난장판 속을 누비며 승려들이 마음껏 길거리를 종횡하는 것이다. 한편 동이 트기 전부터 어둠이 내린 뒤까지 하루 종일 홍색 가사를 입은 승려들은 은은한 향내가 감도는 라사의 마친드라나트 Machindranath 대승원에서 불공을 드린다. 거기서 차와 국과 돈을 시주받기 위해 하루에 세 차례씩 승려들이 무리 지어 모여든다. 이 대승원은 도시 중앙에 자리잡은 웅장한 건축물로서 주위에는 시장과 상점들이 즐비하다. 그리고 사원에 안치된 불상들에는 황금과 보석들이 잔뜩 박혀 있다.

잘노는 집권 기간이 끝난 후에도 24일째 되는 날부터 다시 권력을 잡고 이후 열흘 동안 전과 똑같이 제멋대로 행동한다. 그 첫날에 승려들은 또다시 대승원에 모여 백성들의 질병과 재난을 막기 위한 불공을 드리고, 속죄제물로서 한 남자를 희생양으로 삼는다. 물론 티베트의 경우는 이 남자가 살해를 당하지는 않지만, 그가 겪는 의식은 종종 치명적인 결과를 초래하기도 한다. 이를테면 사람들은 그의 머리에 곡식을 던지며, 얼굴의 절반은 희게 나머지 절반은 검게 칠한다. 이처럼 기괴한 분장을 하고 가죽 외투를 팔에 걸친 희생양은 '해[年]들의 왕'이라 부른다. 그는 날이면 날마다 저잣거리에 앉아 먹고 싶은 것은 무엇이든 마음대로 집어먹고, 검은 야크yak[16]의 꼬리를 사람들 위로 흔들며 돌아다닌다. 그러면서 사람들의 악운을 자기한테 옮기는 것이다. 이윽고 열흘째 되는 날에는 라사의 모든 군대가 대승원으로 행진하여 그 앞에 정렬한다. 그러면 '해들의 왕'이 사원에서 끌려 나와 군중들에게서 작은 기증품을 받는다. 그런 다음 그는 잘노를 조롱하며 이렇게 말한다. "우리가 오감을 통해 느끼는 것은 환상이 아니오. 당신의 가르침은 모두 거짓말이야!" 등등. 그러면 정해진 기간에 대大라마Grand Lama[17]를 대표하는 잘노는 이런 이단적 견해에 대해 반격을 가한다. 논쟁이 뜨겁게 달아오르다가 마침내 양자는 주사위를 던져 이 문제를 결정짓기로 합의한다. 잘노는 주사위 던지기에서 지면 희생양과 자리를 바꾸겠노라고 제안한다. 하지만 '해들의 왕'이 이기면 많은 재앙이 일어날 것이라고 여긴다. 그러다가 잘노가 이기면 군중들 사이에서 큰 환호성이 터져 나온다. 왜냐하면 '해들의 왕'이 라사 백성들의 죄를 짊어질 제물로 판명되었음을 뜻하는 것이기 때문이다.

---

16 티베트 및 중앙 아시아산의 털이 긴 소

17 라마에 관해서는 본서 제7장 옮긴이 주 42번 참조

어쨌든 행운은 항상 잘노의 편이다. 그는 주사위를 던질 때마다 반드시 6이 나오지만, '해들의 왕'은 매번 1만 나오게 되어 있으니 말이다. 그도 그럴 것이 잘노의 주사위는 숫자 6만 표시되어 있고, '해들의 왕'의 주사위는 숫자 1만 표시되어 있기 때문이다. 그러니 매번 잘노가 이긴다고 해서 이상하게 여길 필요는 없다. 그리하여 패배의 운명을 가리키는 섭리의 손가락이 명백히 자신에게 겨냥되어 있음을 깨달은 '해들의 왕'은 겁에 질려 백마를 타고 흰 개와 흰 새, 소금 따위를 가지고 줄행랑을 친다. 이 모든 것은 정부가 그에게 제공해 준 것이다. 그의 얼굴은 여전히 절반은 희고 절반은 검게 칠해져 있으며, 가죽 외투도 그대로 걸친 상태이다. 그가 도망치기 시작하면, 모든 사람이 그의 뒤를 쫓아가며 야유하고 고함지르고 연달아 공포 사격을 해 댄다. 이렇게 라사에서 추방당한 '해들의 왕'은 삼야s Samyas 수도원[18]에 있는 커다란 '공포의 방'에 이레 동안 감금된다. 그 방은 기괴하고 무시무시한 악마상이나 거대한 뱀이나 들짐승의 가죽 따위로 둘러싸여 있다. 이레가 지나면 그는 다시 멀리 체탕 산맥 속으로 들어가서 그곳의 좁은 동굴 속에서 수개월 내지 1년 동안을 추방자로 머물러야 한다. 이 기간이 다하기 전에 그가 죽으면, 사람들은 그것을 길조라고 생각한다. 그런데 만약 살아남으면, 그는 다시 라사로 되돌아와 다음 해에 다시금 희생양 역할을 맡게 된다.

아시아의 로마라 할 만한 이 불교의 수도에서는 지금도 매년 저 기묘한 의식이 거행되고 있다. 그 의식은 뚜렷한 종교적 계층 분화 속에서 이를테면 스스로 구원받는 신성한 구원자들과, 대리로 속죄를 받는 대속제물과, 화석화 과정을 겪는 신들이 연달아 등장한다는 점에서 우리의 흥미를 자아낸다. 이런 등장인물들은 잘노에게 특권이 부여되는 기간에만 신성에 수반되는 고통과 형벌에서 벗어날 수 있었다.

우리는 이런 잘노에게서 죽을 수밖에 없는 인신, 즉 임시왕의 계승자를 쉬이 엿볼 수 있다. 그는 자신의 생명을 대가로 짧은 기간의 권력과 영광을 사들인다. 그는 '위대한 라마'의 임시 대리인임에 틀림없다. 그가 백성들의 희생양 역할을 하고, 또한 한때 그랬으리라는 점도 거의 확실하다. 그가 주사위의 판정이 자신한테 불리하게 나오면 실제의 희생양인 '해들의 왕'과 자리를 바꾸겠노라고 제

---

18 티베트에서 가장 오래된 수도원. 8세기경 샨타라크시타와 파드마삼바바의 후원 아래 국제적이고 절충적인 양식으로 세워졌다. 전체적인 건물 배치는 불교의 거대한 우주적 도형인 '만다라'에 따라 이루어졌다.

티베트에서 가장 오래된(8세기 건축) 삼야 수도원 전경

안한다는 점에 비추어 보건대 그러하다. 물론 이런 문제를 주사위놀이에 맡긴다는 조건 설정이 그 제안을 무익한 형식으로 만든다는 것도 사실이다. 그러나 그와 같은 형식이 하룻밤 만에 쑥쑥 솟아오르는 버섯처럼 저절로 자라나는 것은 아니다. 지금은 비록 생명 없는 형식이고 의미 없는 빈 껍데기에 불과할지 몰라도, 우리는 한때 그것들이 생명과 의미를 지녔으리라는 점을 확신할 수 있다. 비록 지금은 꽉 막힌 막다른 골목이라 할지라도 예전에는 반드시 어딘가로 통하는 길이었다는 점도 확신할 수 있다. 그 어딘가가 오직 죽음뿐이었다 해도 말이다.

그 옛날 티베트의 희생양이 저잣거리에서 짧은 면책 기간을 거친 이후에 도달하는 종착점이 죽음이었으리라는 추측도 상당히 그럴듯하다. 우리는 그렇게 유추할 수 있다. 예컨대 사람들이 그를 추격하면서 공포 사격을 가한다는 점, 그 의식이 종종 치명적인 결과를 수반한다는 진술, 그의 죽음을 길조로 믿었다는 점 등이 이런 추측의 타당성을 확인해 주기 때문이다. 그러므로 단 몇 주 동안 대리로 신 노릇을 하기 위해 비싼 값을 치른 잘노가 임기 후 자신이 직접 죽기보다는 당연히 대리인의 죽음을 선호했으리라는 점은 의심할 나위가 없다. 그래서 고통스럽기는 하지만 필수적인 그 임무가 어떤 불쌍한 작자, 즉 사회적으로 추방당하고 세상에서 천대받는 어떤 버림받은 자에게 넘어간 것이다. 그 자는 며칠 동안 자기가 하고 싶은 대로 하는 것이 허용되기만 한다면, 그런 다음 자기 목숨을 내주는 일에 기꺼이 동의했을 것이다. 그런데 원래의 대리인(잘노)에게 허용된 기간이 몇 주 단위인 반면에, 그 대리인의 대리인에게 허용된 기간은 단 며칠 단위였다. 우리는 그것이 어떤 전거에 따르면 열흘, 또 다른 전거에 따르면 이레로 축소되었다는 점에 주목할 필요가 있다. 하지만 비유컨대 그처럼 짧은 노끈도 심하게 병들어 희망이 없는 양에게는 틀림없이 충분히 긴 밧줄로 여겨졌을 것이다. 마찬가지로 모래시계에서 아주 빠르게 빠져나가는 소량의 모래도 귀중한 세월을 수년간 허송해 온 사람에게는 충분히 많아 보였을 것이다.

그러므로 지금 라사의 저잣거리에서 알록달록한 복장을 한 채 검은 야크의 꼬리로 재난을 쓸어 내는 광대에게서, 우리는 대리인의 대리인 혹은 대목代牧의 대목, 더 고귀한 사람들의 어깨에 놓인 무거운 짐을 대신 짊어지는 대리인의 모습을 분명하게 찾아볼 수 있다. 그리고 우리의 추정이 올바르다면, 그 단서는 잘노에게만 그치지 않고 라사의 교황 자신, 곧 잘노가 그 직책을 임시로 대행해 주는 '위대한 라마'에게까지 소급된다. 다른 여러 지역의 다양한 관습에서 유추해 보건대 결론은 이렇다. 즉, 그와 같은 인신이 어떤 대리인에게 자신의 정신적인 권력을 당분간 양도하는 이유는 다름이 아니라 그 대리인이 자기 대신 죽을 존재이기 때문이었다. 그리하여 역사의 등불로 채 밝혀지지 않은 옛 시대의 안개 속에서 불교의 교황, 즉 아시아에서 신의 지상적 대리인이 보여 주는 비극적인 형상은 우리 눈앞에 백성들의 고통을 짊어지는 슬픈 인신으로서 혹은 양떼를 위해 자기 목숨을 버리는 '선한 목자'로서 어렴풋이 떠오르게 된다.

4. 희생양의 개요

이상에서 한 마을이나 도시 혹은 나라에 누적된 재앙을 공적으로 추방하는 관습에 대해 살펴보았다. 그것을 몇 가지로 일반화하여 요약하면 다음과 같다.

첫째, 앞에서 내가 재앙의 직접적 혹은 매개적 추방이라고 명명한 사례들이 모두 동일한 의도를 가진다는 사실은 논란의 여지가 없을 것이다. 다시 말해 재앙을 불가시적인 것으로 여기느냐 아니면 물질적인 형태로 구상화된 것으로 간주하느냐는, 종족을 해치는 모든 재앙의 전면적 소탕이라고 하는 의식의 주된 목적에 비추어 볼 때 부차적인 문제에 불과하다. 이때 만일 두 종류의 추방을 잇는 연결고리가 필요하다면, 재앙을 가마나 배에 실어 떠나보내는 관습에서 그 실마리를 찾을 수 있을 것이다. 왜냐하면 그런 관습의 경우 한편으로 재앙 자체는 눈에 보이지도 않고 만질 수도 없지만, 다른 한편으로 그것을 떠나보내는 가시적이고 만질 수 있는 매개체가 존재하기 때문이다. 희생양도 바로 그런 매개체에 속한다.

둘째, 재앙의 총체적인 추방을 정기적으로 행할 때, 그 의식을 행하는 간격은 보통 1년이다. 또한 그 의식을 행하는 시기는 대체로 계절이 뚜렷하게 바뀌는 전환기, 예컨대 북극이나 온대지방에서는 겨울의 시초나 말기, 열대지방에서는 우기의 시초나 말기와 일치한다. 특히 먹을 것과 입을 것과 주거지 등 전반적으로 의식주 환경이 열악한 미개인들에게 그와 같은 기후 변화는 사망률의 증가를 초래하기 십상이다. 미개인은 그것을 악마의 짓으로 여겼으며, 따라서 당연히 악마를 쫓아내야 한다고 생각했을 것이다. 그래서 뉴브리튼섬과 페루의 열대지방에서는 우기가 시작될 무렵에 악마를 추방한다. 또한 배핀랜드의 황량한 해안지방에서는 혹독한 북극의 겨울이 시작될 무렵에 악마를 추방한다. 이에 비해 농경부족은 악마의 전반적인 추방을 행하는 시기가 자연히 파종기나 추수기 같은 농경상의 큰 절기와 일치하게 된다. 그리고 그 절기는 동시에 계절의 변화와도 일치하게 마련이다. 때문에 수렵이나 목축생활에서 농경생활로 바뀌더라도 그와 같은 연례적 대축제를 거행하는 시기에는 아무런 변화가 없다. 가령 인도나 힌두쿠시 지방의 몇몇 농경사회에서는 악마의 전반적 추방의식을 추수기에 거행했으며, 또 다른 곳에서는 파종기에 거행했다. 어쨌든 한 해의 어떤 계절에 의식을 행하든 간에, 악마의 전반적인 추방은 통상 신년의 출발을 나타낸다. 사람들은 새해를 맞이하기에 앞서 이전에 자신들을 괴롭힌 골칫거리를 해결하고자 애쓰게 마련이다. 때문에 많은 공동체 사회가 엄숙하고 공식적인 악마의 추방의식과 더불어 신년을 맞이하는 것이다.

셋째, 공식적·정기적인 악마 추방의식이 통상 전면적인 방종의 시기를 전후하여 행해진다는 사실에 주목할 필요가 있다. 그 시기에는 사회의 일상적인 여러 규범들이 해체됨으로써 가장 심각한 범죄를 제외한 여타의 모든 위법 행위들이 아무런 처벌도 받지 않은 채 묵인된다. 기니아와 통킨에서는 이런 방종의 기간이 악마의 공적 추방보다 선행한다. 또한 라사 정규 정부의 기능 정지가 희생양의 추방에 앞서 이루어지는 것도 이와 유사한 방종 기간의 흔적일 것으로 보인다. 반면 인도의 호Ho족은 악마 추방의식 이후에 방종의 기간을 잡는다. 이에 비해 이로쿼이족은 그것이 악마 추방의식의 앞에 오는지 뒤에 오는지가 확실치 않다. 어쨌든 모든 일상적인 행위 규범들이 방종의 기간에 기이할 정도로 비상하게 이완되었던 이유는, 그 시기를 전후하여 재앙의 전면적인 추방이 행해졌다는 사실로 명백히 설명할 수 있다. 한편으로 재앙의 전반적인 추방과 모든 죄의 사면이 임박했다고 기대될 때, 사람들은 이제 거행될 의식이 그들의 모든 죄를 깨끗이 씻어 줄 것으로 믿기 때문에 들뜬 기분에 자신들의 열정을 마음껏 발산하게 된다. 다른 한편으로, 의식이 진행되면 사람들의 마음은 악마들이 활동하던 분위기에서 통상 경험했던 억압적인 느낌에서 벗어나게 된다. 그리하여 최초의 환희가 솟구쳐 나올 때, 그들은 관습과 도덕에 의해 일반적으로 강요받아 온 한계를 넘어서기 십상이다. 게다가 악마 추방의식이 추수기에 거행될 경우는 풍부한 식량 공급에 따른 물질적 충족감으로 인해 그 의식이 불러일으키는 감정의 약동이 한층 더 고조된다.

넷째, 신성한 인간이나 동물을 희생양으로 삼는 관습은 특히 주목을 요한다. 사실 여기서 우리가 직접적으로 관심을 가지는 재앙 추방의 관습은 나중에 살해될 신에게 재앙이 전이된 것으로 간주하는 경우에 한한다. 그런데 공적 희생양으로서 신적인 인간이나 동물을 채택하는 관습은 앞서 소개한 사례들을 훨씬 넘어서서 보다 광범위하게 분포되었던 것이 아닌가 싶다. 왜냐하면 앞서 살펴보았듯이 신을 살해하는 관습은 인류 역사의 초창기에 생겨난 것이므로, 후대에 이르러 그런 관습이 계속 행해지는 때조차 잘못 해석되기 십상이기 때문이다. 다시 말해 동물이나 사람의 신적 특성이 망각되고, 그저 단순히 일반적인 희생제물로 간주하는 오류가 흔히 생겨났던 것이다. 특히 살해당하는 존재가 신성한 인간일 때는 더더욱 그렇다. 한 민족이 문명화된다 해도 인신제물의 관습이 완전히 없어지지는 않는다. 하지만 최소한 죽음을 당할 처지에 있는 버림받은 자들이 제물로 선택되었다. 따라서 신의 살해가 종종 범죄자의 처형과 혼동되곤 했던 것이다.

왜 죽어 가는 신을 선택하여 백성의 죄와 고통을 떠맡아 가져가게 하느냐고 묻는다면, 그에 대한 대답으로서 우리는 신을 희생양으로 삼는 관습에는 서로 다른 독자적인 두 가지 관습이 결합되어 있다는 점을 지적하지 않을 수 없다. 앞에서 우리는 인신이나 동물신의 신성한 생명이 시간이 지나면서 약화되지 않도록 하기 위해 그 인신이나 동물신을 살해했던 관습에 대해 살펴보았다. 나아가 1년에 한 차례씩 재앙과 죄의 전반적인 추방을 행하는 관습에 대해서도 살펴보았다. 여기서 만일 사람들이 이 두 가지 관습을 결합할 생각을 했다면, 그것은 죽어 가는 신을 희생양으로 삼는 관습으로 귀결되었을 성싶다. 다시 말해, 죽어 가는 신을 살해하는 것은 본래 죄를 제거하기 위해서가 아니라 신성한 생명이 노화되는 것을 막기 위한 것이었다고 볼 수 있다. 어쨌든 그는 살해되어야만 했으므로, 사람들은 그 기회를 틈타 자신들의 고통과 죄의 부담을 그에게 떠넘겨 무덤 너머 미지의 세계로 내쫓아 버리면 더 좋지 않겠냐고 생각했을 법하다.

신을 희생양으로 삼는 관습은 전술한 '죽음의 추방'이라는 유럽 민속에 내포된 애매성을 말끔히 해소시켜 준다. 이 의식에서 이른바 '죽음의 신'은 본래 식물정령이었으며, 그가 청춘의 모든 활력으로써 다시 소생하기 위해 해마다 봄에 살해된 것이라는 확신을 뒷받침해 주는 근거들이 많이 있다. 그러나 앞서 지적했듯이, 그 의식에는 이런 가설만으로는 다 설명되지 않는 몇 가지 특징들이 내포되어 있다. 이를테면 '죽음의 신'의 인형을 매장하거나 불태우기 위해 운반할

「희생양」 윌리엄 H. 헌트, 1854

때 흔히 나타나는 환희의 표시라든가, 짐꾼들이 나타내는 두려움과 혐오감 등이 그것이다. 하지만 이런 특징들은 '죽음의 신'이 단지 죽어 가는 식물신에 그치는 것이 아니라, 지난해에 사람들이 겪은 모든 재앙을 떠맡은 공적 희생양이라고 가정할 때 비로소 충분히 이해될 수 있다. 그럴 때 환희의 표현은 자연스럽고도 적절하다.

또한 죽어 가는 신이 자기 자신 때문이 아니라 자기가 짊어지고 가는 죄악과 불행 때문에 그런 두려움과 혐오감의 대상이 되는 것이라면, 이는 단지 짐꾼과 그 짐 자체를 구별한다든지 혹은 차별화하기 어렵기 때문에 생기는 현상일 뿐이다. 이때 만일 짐이 해로운 것이라면, 짐꾼은 단지 운반 수단에 지나지 않는데도 마치 그 짐의 위험한 성질이 그에게도 배어 있는 것처럼 두려움과 기피의 대상이 될 것이다. 이와 관련하여 우리는 동인도 제도 사람들이 질병과 죄가 실린 배를 두려워하고 기피했다는 사례를 이미 살펴본 바 있다. 또한 위의 관습에서 '죽음의 신'이 신성한 식물정령의 대리자일 뿐만 아니라 희생양이기도 했다는 나의 가정은, 그 추방의식이 주로 슬라브계 민족들의 경우 항상 봄철에 행해졌다는 사실에 의해 어느 정도 뒷받침될 수 있다. 왜냐하면 슬라브계 민족의 한 해는 봄에 시작되고, 그 봄철에 행해진 '죽음의 추방' 의식은 새해를 맞이하기 전에 묵은해 동안 누적된 재앙을 추방하는 보편적인 관습의 한 사례이기 때문이다.

제58장
고대 그리스와 로마의 인간 희생양

1. 고대 로마의 인간 희생양

이제 우리는 고대의 인간 희생양과 관련된 관습을 살펴볼 준비가 되었다. 예컨대 매년 3월 14일에 짐승 가죽을 뒤집어쓴 한 남자가 행렬 속에서 로마 시가지로 끌려다니며 기다란 흰 막대기로 두들겨 맞고 성 밖으로 추방당했다. 이 남자는 '늙은 마르스'를 뜻하는 '마무리우스 베투리우스Mamurius Veturius'라고 불렸다. 이 의식은 구舊로마력(3월 1일에 새해가 시작된)의 첫 번째 보름 전날에 행해졌다. 이로 보건대, 가죽을 뒤집어쓴 남자는 새해가 시작되면서 추방된 작년의 마르스Mars[1]를 상징하는 인물임에 틀림없다.

그런데 마르스는 원래 전쟁의 신이 아니라 식물의 신이었다. 왜냐하면 로마의 농민들이 곡식과 포도나무와 과일나무와 잡목 숲의 번창을 위해 기도한 대상이 바로 마르스였기 때문이다. 그뿐만 아니라 작물의 성장을 위한 희생제의를 전문적으로 집행했던 '아르발 사제단Arval Brothers'[2]의 사제직들도 거의 전적으로 마르스에게만 기도를 올렸다. 또한 앞서 살펴보았듯이, 풍성한 수확을 보장하기 위해 10월에 말[馬]을 희생제물로 바친 대상도 다름 아닌 마르스였다. 더불어 농민들은 '숲의 마르스Mars Silvanus'라는 호칭하에 마르스에게 가축의 번성을 위한 희생제물을 바쳤다. 봄의 계절인 3월을 마르스에게 헌정한 점도 그가 싹트는 식물의 신임을 말해 준다. 따라서 새해가 시작되는 봄에 늙은 마르스를 추방하던 로마의 관습은 슬라브족의 '죽음의 추방' 관습과 동일한 것이라고 볼 수 있다. 후자의 관습에 관한 나의 견해가 틀리지 않다면 말이다. 로마와 슬라브의 관습이 유사하다는 점은 이미 여러 학자들에 의해 지적된 바 있다. 하지만 그들은 마무리

---

1 3월의 신. 마르스는 3월March의 어원이다. 본서 제5장 옮긴이 주 62번 참조
2 본서 제21장 옮긴이 주 3번 참조

「마르스」 디에고 벨라스케스, 1638년경

우스 베투리우스와 이 신에 상응하는 슬라브적 의식의 신적 인물들을 늙은 식물 신의 상징이 아니라 묵은해의 상징이라고 보았다. 그러므로 후대에 이 의식을 관례적으로 행한 사람들조차 그것을 묵은해의 상징과 관련된 것으로 해석했다 한들 전혀 이상할 것이 없다.

그러나 어떤 시간적 길이의 의인화는 지극히 추상적인 관념이어서 그것을 미개인들의 산물이라고 보기는 어렵다. 그런데 슬라브의 경우에서처럼 로마의 의식에서도 신의 대리인은 식물신이자 동시에 희생양이었다고 보인다. 늙은 마르스의 추방은 이런 의미를 담고 있다. 그렇지 않다면 식물의 신이 도시에서 추방당할 이유가 딱히 없는 것이다. 그는 식물신이자 동시에 희생양이었기 때문에 추방당한 것이다. 다시 말해 그를 경계선 너머로 쫓아내서 그가 짊어진 서글픈 짐이 다른 땅으로 넘어가게 할 필요가 있었던 것이다. 실제로 마무리우스 베투리우스는 로마의 적인 오스칸Oscan족[3]의 땅으로 추방된 것으로 보인다.

2. 고대 그리스의 인간 희생양

고대 그리스인들 사이에서도 인간 희생양의 관습이 널리 행해졌다. 예컨대 플루타르코스의 고향인 카이로네이아[4]에서는 시청의 최고집정관이나, 각 집의 가장에 의해 그런 의식이 집행되었다. 이 의식은 '굶주림의 추방'이라고 불렸다. 한 노예가 목형牧荊나무[5] 지팡이로 매를 맞은 다음, "굶주림은 데리고 나가고 대신 부와 건강을 데리고 들어오너라"라는 말과 함께 문 밖으로 쫓겨났다. 플루타르코스는 자기 고향의 최고집정관 직책을 맡았을 때 시청에서 이런 의식을 집행한 적이 있었고, 그래서 나중에 이 관습이 불러일으킨 논쟁에 대한 기록을 남기기도 했다.[6]

그러나 문명화된 그리스의 희생양 관습은 인자하고 경건했던 플루타르코스가 집행한 저 순박한 의식보다 훨씬 더 어두운 양상을 띠고 있었다. 그리스에는

---

3 폼페이·헤르쿨라네움·스타비아이에 살던 캄파냐의 신석기 시대 주민들의 후손
4 그리스의 페트라쿠스산에 있던 고대 요새 마을. 보이오티아의 북부 평야로 들어가는 길목에 있다.
5 마편초과馬鞭草科에 속하는 향기로운 관목을 말한다.
6 출처는 플루타르코스의 『식탁환담집Convivial Questions』(전9권)

식민지 가운데 가장 크게 번창했던 마르세유[7]에 역병이 창궐할 때마다, 빈민 계급에 속한 한 사람이 자신을 희생양으로 제공하는 관습이 있었다. 그는 1년 동안 공공 비용으로 부양되었으며, 이 시기에 마음껏 정갈한 음식들을 골라 먹을 수 있었다. 그렇게 1년이 지나면 사람들은 그에게 신성한 의상을 입히고 신성한 나뭇가지로 장식한 후 거리로 끌고 다니면서, 그의 머리 위로 민족의 모든 재앙들이 떨어지기를 기원하는 기도를 올렸다. 그런 다음 그를 도시 바깥으로 내쫓았는데, 이때 성 바깥의 주민들이 돌팔매질을 하여 죽이는 일도 있었다.[8] 아테네인들 또한 공공 비용을 써서 타락하고 쓸모없는 사람들을 다수 사들여 정식으로 부양했다. 그러다가 역병이나 가뭄, 기근 같은 재난이 도시에 닥치면, 이 버림받은 자들 가운데 두 사람을 택하여 희생양으로 삼았다. 두 명 중 한 사람은 남자들을 위해, 다른 한 사람은 여자들을 위해 제물로 바쳤다. 이때 전자는 검은 무화과 나뭇가지로 만든 목걸이를, 그리고 후자는 흰 무화과 나뭇가지로 만든 목걸이를 각각 목에 걸었다. 여자들을 위해 살해당하는 희생자는 때로 여성이었던 것 같다. 어쨌든 희생자들은 거리 곳곳을 끌려다닌 다음 살해되었는데, 아마도 성 밖에서 돌에 맞아 죽었음에 틀림없다.[9]

그러나 공공의 재난 같은 특별한 경우에만 그런 희생제의가 행해진 것은 아니었다. 아테네에서는 해마다 5월이면 타르겔리아Thargelia 축제[10]가 열렸는데, 거기

---

7 지중해에 면해 있는 프랑스 제1의 항구도시

8 이 내용은 베르길리우스의 『아이네이스』 제3장에 나오는 '사크라sacra'라는 단어의 기묘한 용법에 관한 세르비우스의 언급에서 취한 것이다. 로버트 프레이저 편, 앞의 책, 683쪽 편주 참조. 『아이네이스』의 국역본(김명복 옮김, 문학과 의식, 1998)에는 "헬레누스Helenus는 관습대로 황소들을 제물로 바치고/ 하늘의 자비를 구하며, 그의 영광된 머리에서 머리띠를 풀고/ 나의 손을 잡고 아폴론의 신전으로 갔습니다/ (나는 잠재하는 신성의 감각으로 얼마나 놀랐는지!)/ 그리고 사제인 왕은 이들의 말로 기원하였습니다"(131~132쪽)라고 나오는데, 여기서는 '사크라'가 '신성'으로 번역되어 있다. '신성'이라는 번역이 과연 적절한가는 차치하더라도, 세르비우스에 의하면 그것은 두려움이 내포된 터부 개념에 더 가까운 것이 된다.

9 이 희생자들은 '파르마코이pharmakoi'라고 불렀다. 로버트 프레이저 편, 앞의 책, 684쪽 편주 참조. 파르마코이는 고대 아테네에서 '마법사', '돌팔이 의사', '무녀' 등 저주받은 인간과 악의 상징으로서 종종 '속죄양'으로 희생되기도 했다. 동일한 어원을 가지는 파르마콘pharmakon이 '약'(약국 혹은 약학을 뜻하는 현대어 pharmacy는 여기서 파생되었다)이자 '독'이고 축복이자 동시에 저주를 뜻하듯이, 파르마코이도 신성하며 동시에 저주스러운 것, 도시에 재앙을 가져다주는 악이자 동시에 도시민들에게 위안과 축복을 가져다주는 선이라는 양의성을 함축하고 있다. 김형효, 『데리다의 해체철학』, 민음사, 1993, 100~112쪽 참조

10 그리스 종교에서 아폴론을 기념하는 주요 축제 중 하나. 아테네에서 타르겔리온(5~6월)의 6, 7일에 거행된다. 기본적으로는 속죄의식이 융합된 식물 축제로서, 첫 열매 또는 햇밀로 처음 빚은 빵의 이름을 따서 그 이름을 지었다. 축제 첫날에는 신을 대표함과 동시에 공동체의 죄를 위한 희생양의 역할도 하는 한두 명의 남자(또는 남자 1명과 여자 1명)가 도시를 통과해 끌려나간 후 도시에서 쫓겨난다. 무서운 재앙의 시기에는 바

서는 남자들과 여자들을 위한 두 사람의 희생양이 아테네 바깥으로 끌려나가 돌에 맞아 죽은 것으로 보인다. 또한 트라키아의 압데라시에서는 매년 한 차례씩 공적인 정화의식을 거행했는데, 그 목적을 위해 따로 선택된 시민 한 사람이 다른 사람들의 생명을 위한 희생양 혹은 대속제물로서 돌에 맞아 죽었다. 이렇게 처형당하기 엿새 전에 그는 "혼자서 모든 백성들의 죄를 짊어지도록 하기 위해" 사회적으로 추방당했다.

레우카디아 사람들은 그들의 섬 남단에 위치한 '연인의 도약'이라는 가파른 하얀 절벽 위에서 매년 범죄자 한 사람을 희생양으로 삼아 바다에 집어던졌다. 그러나 이때 그들은 희생자가 정말로 죽지 않도록 하기 위해 살아 있는 새들과 깃털을 그에게 매달아 주어 가볍게 추락하도록 했으며, 또한 절벽 아래에 작은 배들로 선단을 꾸려 대기시켰다가 떨어지는 사람을 받게 했다. 이렇게 희생자를 붙잡아서 국경선 바깥으로 실어 냈던 것이다. 이러한 온정적인 보호조치는 아마도 희생양을 바다에 빠뜨려 죽였던 옛 관습의 완화된 형태라고 보인다. 어쨌든 레우카디아 의식은 아폴론 신에게 제물을 바칠 때 행해졌다. 사실 그 의식이 행해진 절벽은 예전에 아폴론 신전이나 성소가 있었던 장소라고 한다. 이 밖의 다른 곳에서는 매년 한 청년을 "그대여, 우리의 제물이 되어 다오!"라는 기도와 함께 바다에 던지곤 했다. 그 의식은 사람들에게 일어나는 재앙을 없애거나, 혹은 약간 다른 해석에 의하면 바다의 신에게 진 빚을 갚음으로써 그들을 구제하는 데에 목적이 있었다고 보인다.

한편 기원전 6세기에 소아시아의 그리스인들이 행했던 희생양 관습은 다음과 같았다. 즉, 도시에 역병이나 기근 혹은 그밖에 공공의 재난이 닥치면, 추하게 생긴 사람이나 불구자를 한 명 뽑아서 공동체를 괴롭히는 모든 재앙을 떠맡게 했다. 그는 정해진 장소로 끌려가서 말린 무화과와 보리빵 한 개와 치즈를 받아먹었다. 그런 다음 그는 특별한 피리 곡조가 연주되는 동안 해총海蔥과 야생 무화과나무 가지나 또 다른 야생나무 가지로 생식기를 일곱 차례 얻어맞았다. 그리고 관목 장작더미 위에서 화형당했으며, 그의 시체는 바닷속에 던져졌다. 아시아의 그리스인들도 타르겔리아 수확제에서 매년 이와 유사한 관습을 행했던 것으로

다에 던져지거나 화장터에서 불살라지기도 한다. 축제 이튿날에는 감사 봉헌과 행진이 거행되고 입양된 사람을 공인 등록하는 일이 행해진다.

보인다.

방금 언급한 의식에서 희생자를 해충과 야생 무화과 나뭇가지 등으로 때린 까닭은 결코 그에게 고통을 주기 위한 것이 아니다. 그렇다면 어떤 막대기라도 상관없었을 것이다. 이런 관습의 참된 의미는 만하르트에 의해 설명되었다.[11] 그에 의하면, 고대인들은 해충식물에는 재앙을 피하는 마력이 있다고 여겼으며, 그래서 집 문에 해충을 걸어 놓고 정화의식에 사용하기도 했다는 것이다. 그러니까 축제 때라든가 사냥꾼들이 빈손으로 돌아올 때, 목신 판Pan의 신상을 해충으로 때리던 아르카디아 관습의 의도는 신을 벌하려는 것이라기보다는 오히려 사냥꾼에게 사냥감을 공급하는 신성한 역할을 방해하는 해로운 영향력을 신에게서 추방하려는 데에 있었음이 분명하다. 마찬가지로 인간 희생양의 생식기를 해충 따위로 때리는 목적은, 어떤 악마적이거나 악의적인 힘이 걸어 놓았을지도 모를 터부나 주문에서 그의 생식력을 해방시키는 데에 있었음이 틀림없다. 또한 해마다 인간 희생양을 제물로 바친 타르겔리아 축제는 5월에 거행될 때, 이른 수확제였다는 점에서 우리는 그가 창조적이고 다산적인 식물신의 상징이었음을 엿볼 수 있다. 이미 시사한 대로, 이 식물신의 상징으로서 인간 희생양은 신의 생명이 노쇠로 인해 약화되지 않은 채 영원히 활기차게 유지될 수 있도록 해마다 살해당했던 것이다. 따라서 그가 죽음을 당하기 전에 그의 생식력을 자극함으로써 그의 생명이 후계자에게 온전히 계승되도록 한 것은 자연스러운 과정이었다고 보인다.

이때의 후계자는 살해당한 신의 자리를 즉각 대신할 것으로 당연시된 새로운 신, 혹은 낡은 신의 새로운 화신을 가리킨다. 이런 식의 추론은 가뭄이나 기근 같은 특별한 경우의 희생양에 대해서도 적용될 수 있다. 즉, 작물의 작황이 농부들의 기대에 못 미치면, 그 이유에 대해 농부들은 대지의 열매를 맺게 해 주는 신의 생식력에 어떤 결함이 생겼기 때문이라고 생각할 것이다. 이를테면 그 신이 어떤 주문에 걸려 있거나 늙어서 쇠약해졌다고 여길지도 모른다. 따라서 그 신이 다시 젊게 태어나 자신의 활력을 정체된 자연의 에너지에 불어넣도록 하기 위해, 전술한 온갖 의식과 함께 대리자를 통해 그 신을 살해했던 것이다.

이런 원리에 입각하여 우리는, 왜 마무리우스 베투리우스가 나뭇가지로 얻어

---

11 출처는 만하르트의 『신화학 연구』(1884)

맞았는지, 왜 카이로네이아 의식에서 노예가 목형나무(주술적 속성을 지녔다고 여겨진 나무)로 얻어맞았는지, 왜 유럽 일부 지방에서 '죽음의 신'의 인형이 막대기나 돌로 공격을 받았는지, 왜 신의 역할을 맡았던 바빌로니아의 범죄자가 책형을 당하기 전에 몰매를 맞았는지를 이해할 수 있다. 즉, 이때의 매질은 신성한 수난자의 고통을 가중하기 위해서가 아니라, 반대로 막판에 그에게 달라붙을지도 모를 해로운 영향력을 추방하기 위한 것이었다.

앞에서 나는 타르겔리아 축제에서 바친 인신제물이 일반적으로 식물정령을 상징한다고 주장했다. 이에 비해 패튼W. R. Paton은 저 불쌍한 존재가 특히 무화과나무의 정령으로 분장했다는 점을 지적한다. 그의 지적에 의하면, 그리스와 소아시아에서는 이른바 가루받이수정법, 즉 야생 무화과 나뭇가지를 줄에 꿰어 재배 무화과나무 가지에 걸어 두는 인공수정법이 타르겔리아 축제가 끝난 뒤 약 한 달이 지난 6월에 행해졌다고 한다. 여기서 그는 각각 남자와 여자를 표상하는 두 명의 인신제물 목에 검은 무화과 열매와 흰 무화과 열매로 만든 목걸이를 거는 관습이, 모방주술의 원리에 따라 무화과나무의 수정을 돕기 위해 고안된 가루받이수정법의 직접적인 모방이었을 것이라는 점을 시사한다. 더 나아가 패튼은 동일한 모방주술의 원리에 따라 때로 한쪽이 여자였을 것으로 추정되는 두 인신제물의 모의 결혼은 심지어 실제 결혼을 통해 나무들의 사랑이 연출되었을 것이라고 추정하기도 한다. 왜냐하면 가루받이수정법은 사실 수컷 무화과나무와 암컷 무화과나무의 결혼인 셈이기 때문이다. 이런 견해에 입각하건대, 인신제물의 생식기를 해충이나 야생 무화과 나뭇가지 따위로 때리는 관습은 남녀의 생식력을 촉진하기 위한 주술이었다고 말할 수 있다. 이때의 남녀는 각각 당분간 무화과나무의 암수 역할을 연출하면서 가짜든 진짜든 결혼을 통해 합일함으로써 나무가 열매 맺는 것을 도와준다고 믿었던 것이다.

인간 희생양을 특정 식물로 때리는 관습에 대해 내가 취한 해석은 많은 유사한 사례들을 통해 그 타당성을 뒷받침할 수 있다. 독일령 뉴기니의 카이Kai족은 새 바나나나무가 빨리 성장하기를 바랄 때, 이미 성숙한 바나나나무에서 베어 온 가지로 그것을 두들긴다. 여기서 바나나가 많이 열린 가지에는 결실의 힘이 깃들어 있으며, 그 힘이 가지와의 접촉을 통해 다른 바나나나무로 전이될 수 있다는 관념을 확인할 수 있다. 마찬가지로 뉴칼레도니아에서는 타로감자 줄기를 가지로 톡톡 두드리면서 "빨리 크도록 타로감자 줄기를 때린다"고 말한 다음, 그 가지를 밭 한구석에 꽂아 둔다. 아마존강 어구에 사는 브라질 인디언들의 경우, 생식기를 크게 만들고 싶어 하는 남자는 '아닝가aninga'라는 흰 수생식물의 열매로 자기 생식기를 두들긴다. 이 식물은 아마존 강변에 얼마든지 널려 있다. 그 열매는 식용은 아니며 바나나와 비슷하게 생겼다. 다시 말해 그 형태가 남자 생식기와 닮았기 때문에 전술한 목적을 위해 선택되었음에 분명하다. 이 의식은 새 달이 뜨는 날을 전후하여 사흘간 행해졌다.

헝가리의 베케스 지방에서는 교미하는 개를 떼어 놓기 위해 사용한 몽둥이로 석녀를 두들겨 패면, 그 여자가 임신할 거라고 여겼다. 이 경우 다산성이 그 몽둥이에 깃들어 있으며, 몽둥이와 접촉함으로써 석녀에게 다산성이 전이된다고 믿었다. 용설란龍舌蘭이라는 식물은 베어 내도 금방 다시 자라기 때문에, 중부 셀레베스의 토라자족은 이 식물이 강력한 영혼을 가지고 있다고 믿었다. 그래서 누군가가 병에 걸리면, 이 식물의 강력한 영혼으로써 환자의 쇠약한 영혼에게 힘을 더해 주기 위해 친구들이 종종 용설란 이파리로 환자의 머리 꼭대기를 때린다.

이와 유사한 사례들은 위에서 선배 연구자인 만하르트와 패튼의 견해에 입각하여 그리스의 타르겔리아 축제에서 인신제물을 때리는 관습에 대해 내린 해석을 뒷받침해 준다. 즉, 신선한 푸른 식물이나 나뭇가지로 인신제물의 생식기를 때리는 관습은 남녀의 성적 생식력을 촉진하는 주술로 보는 편이 가장 자연스럽다는 해석이다. 그럼으로써 해당 식물이나 나무의 다산성이 그 남자나 여자에게 전이되며, 혹은 그들에게서 나쁜 힘이 제거된다고 여겼다. 이 같은 해석은 두 명의 인신제물이 한 명은 남성 일반을, 다른 한 명은 여성 일반을 대표한다는 사례에서도 그 타당성이 확인된다. 그리고 이 의식이 계절적으로 곡식의 수확기에 집행되었다는 사실은 그 의식이 농경적 의미를 지닌다는 주장과 잘 들어맞는다. 나아가 이 의식의 목적은 무엇보다도 무화과 열매의 결실을 촉진하는 데에 있었다. 우리는 야생 무화과나무 가지로 인신제물의 생식기를 때렸다는 점뿐만 아니라, 검은 무화과 열매와 흰 무화과 열매를 꿰어 만든 목걸이를 인신제물의 목에 걸어 주었다는 점을 통해 이런 목적을 분명하게 확인할 수 있다. 이런 방법은 그리스의 여러 지방에서 고대와 근대의 농민들이 무화과 열매의 풍작을 위해 실제로 행한 방법과 비슷하다. 또한 대추야자나무의 인공수정법이 고대 메소포타미아의 농업과 종교에서 매우 중요한 역할을 했다는 점을 감안하건대, 무화과나무의 인공수정법도 그리스 종교의 엄숙한 의식에서 중요한 위치를 차지했으리라고 보아도 큰 무리가 없을 것이다.

만일 이 고찰이 정당하다면, 우리는 타르겔리아 축제에서의 인신제물이 후기 고전시대에서는 주로 모든 백성들의 죄와 불행과 슬픔을 지고 가는 공적 희생양의 형태로 나타났으며, 그보다 더 앞선 시기에는 식물의 화신, 즉 대개는 곡물의 화신이지만 특별히 무화과나무의 화신으로 나타났으리라고 명확하게 결론지을 수 있다. 따라서 그 희생양이 당한 매질과 죽음의 의도는 일차적으로 그리스 여름의 타는 듯한 더위 아래 시들어 가는 식물의 생장력을 자극하고 소생하려는 데에 있었다고 볼 수 있다.

그리스의 희생양에 대한 이런 식의 해석이 틀리지 않다면, 그것은 본서의 중심 논지에 대해 제기될지도 모를 이의 제기를 원천적으로 봉쇄한다. 즉, 아리키아의 사제가 숲의 정령을 표상하는 대리자로서 살해되었다는 이론에 대해, 혹자는 그런 관습이 고전시대에 전혀 유례가 없다는 식으로 반론을 제기할지도 모른다. 그러나 이제는 아시아의 그리스인들이 주기적, 임시적으로 인간을 식물신의 화신으로 취급한 관례가 있었다는 믿을 만한 근거가 제시된 셈이다. 아마도 아테네인들이 희생제물로 삼기 위해 부양한 사람들도 그와 비슷하게 신성한 존재로 다루어졌을 것이다.

말하자면 그들이 사회적 추방자였다는 사실은 그리 중요하지 않다. 원시인들의 기준에서 보면, 인간은 숭고한 도덕적 자질이나 사회적 지위 때문에 신의 대변인이나 화신으로 선택되는 것이 아니다. 신적 영감은 선인과 악인 혹은 고귀한 자와 비천한 자를 막론하고 모든 사람에게 동등하게 내린다. 요컨대 만약 아시아와 아테네의 문명화된 그리스인들이 신의 화신으로 여기는 자들을 관례적으로 희생시켰다고 한다면, 역사의 여명기에 아리키아 숲에서 반半야만적인 라틴족이 그것과 유사한 관습을 행했으리라고 보아서는 안 될 특별한 이유가 전혀 없는 것이다.

그러나 이 주장을 확정짓기 위해서는, 신을 표상하는 인신 살해 관습이 고대 이탈리아의 아리키아 숲 이외에도 널리 알려져 있었고, 또 행해졌다는 증거가 더 필요하다. 다음에서 우리는 그 증거를 제시하도록 하겠다.

3. 로마의 사투르날리아 축제

우리는 앞에서 많은 민족들에게 매년 한 차례씩 방종의 기간을 보내는 관습이 있었고, 그 기간에는 법과 도덕의 관습적인 규범들이 전복됨으로써 사람들이 그칠 줄 모르는 잔치와 난리법석에 몸을 맡겼으며, 정상적인 일상생활에서는 결코 허용되지 않을 어두운 격정을 배출했음을 살펴보았다. 평소에는 갇혀 있던 인간 본성의 울적한 힘이 그런 식으로 폭발하게 되면, 그것은 거의 어김없이 욕정과 범죄의 야성적인 난장판[12]을 낳게 마련이다. 그와 같은 난장판적 폭발은 대개 한 해의 마지막에 벌어졌으며, 앞에서도 여러 번 지적했듯이 농경력, 그중에서도 특히 파종기나 수확기와 밀접한 관계가 있었다. 바로 이런 방종과 난장판적 축제 가운데 가장 많이 알려져 있고, 또한 근대 어법에서까지 그 명칭이 적용되고 있는 것으로서 '사투르날리아Saturnalia'를 들 수 있다. 이 유명한 축제는 로마력의 마지막 달인 12월에 벌어졌으며, 일반적으로 사투르누스Saturnus에 의한 복된 치세를 기리기 위한 의식이었다고 알려져 있다.

여기서 사투르누스는 오랜 옛적에 이탈리아를 다스린 정의롭고 자애로운 왕이었으며, 지상의 삶을 살았던 파종과 농경의 신을 가리킨다. 그는 야만스럽게 흩어져 살던 사람들을 모두 산 위로 끌어모아 그들에게 경작법과 율법을 가르치면서 평화롭게 통치했다고 한다. 그리하여 그의 치세는 신화적인 '황금시대'라고 불렸다. 그때 대지는 풍성한 결실을 맺었으며, 행복한 세상을 혼란에 빠뜨리는 전쟁이나 불화 따위는 전혀 존재하지 않았다. 못된 욕심이 근면하고 온순한 농민들의 핏속에 독소처럼 번진 적도 없었다. 그때는 노예제나 사유재산제 같은 것도 없었으며, 모든 사람이 모든 물건을 함께 공유하고 있었다. 그런데 어느 날 그토록 선한 신, 그토록 인자한 왕이 갑자기 사라져 버린 것이다. 하지만 그에 대한 기억은 후대에까지 사람들의 기억 속에 남아 그를 기리기 위한 많은 신전들이 세워졌다. 또한 이탈리아의 수많은 동산이나 높은 산에 그의 이름이 붙여지기

---

12 본서 집필에 많은 영향을 끼친 스미스W. Robertson Smith는 『셈족의 종교』(1890)에서 이런 난장판Orgies을 가장 오래된 종교의례의 한 특징이라고 보았다. 스미스가 보기에 고대 종교의 가장 중요한 기능은 해당 공동체로 하여금 공통된 감정을 갖도록 하는 공적 기능에 있는데, 특히 농경민족들은 종교적 희열과 농경적 희열의 합일 감정을 난장판적 종교의례 속에 담았다. 사투르날리아 축제는 이런 난장판적 요소를 잘 보여 주는 전형적인 사례라 할 수 있다.

2001년 사투르날리아 축제의 한 장면(위)

사투르날리아 축제에서 기렸던 이탈리아의
설화적 왕 사투르누스(아래)

SATVRNVS

도 했다. 그런데도 사투르누스 치세의 찬란한 전설에는 어두운 그림자가 드리워져 있었다. 즉, 그의 제단은 언제나 인신제물의 피로 물들여졌기 때문이다. 그러다가 후대에 보다 인도적인 세상이 되면서부터 인간 대신에 인형을 제물로 바치게 되었다는 것이다. 물론 사투르날리아 축제에 대해 고대 저술가들이 남겨놓은 기록에는 사투르누스 숭배에 내포된 어둡고 음산한 그림자를 시사하는 이야기는 거의 나오지 않는다. 어쨌든 고대 로마에서 12월 17일에서 23일까지 이레 동안 모든 거리와 광장과 집안에서 진행된 고대 카니발의 가장 큰 특징은 뭐니 뭐니 해도 요란한 잔치와 굉장한 소동, 광적인 환락 추구에 있었다.[13]

그런데 이 축제의 양상 가운데 노예들에게 허용된 방종만큼 우리를 놀라게 만드는 것은 다시 찾아보기 힘들 정도이다. 즉, 축제 기간에는 자유인과 노예의 차별이 일시적으로 폐지되었다. 그리하여 노예들은 주인을 우롱하고 매도해도 상관없었으며, 주인처럼 곤드레만드레 술에 취할 수도 있었고, 주인과 함께 식사를 하기도 했다. 나아가 다른 때 같으면 태형이나 투옥 혹은 사형의 징벌을 받았을지도 모르는 행동을 하더라도 어떠한 책망이나 처벌도 받지 않았다. 그뿐만 아니라 주인과 노예의 지위가 아예 전도되어 주인이 식탁에서 노예의 시중을 들기까지 했다. 주인은 노예가 식사를 다 마친 다음에야 비로소 밥상을 치우고 설거지를 한다든지 혹은 밥을 먹을 수 있었다. 지위의 전도는 거기에만 머물러 있지 않았다. 이를테면 각 집은 당분간 모의 공화국으로 바뀌었다. 그 공화국에서는 나라의 고관대작이 노예들에 의해 면직당했으며, 마치 노예들이 사실상 영사나 집정관 혹은 재판관의 실권을 장악하고 있는 듯이 명령을 내리고 법령을 공표했다.

사투르날리아 축제 때에 노예들에게 그림자 같은 권력이 주어졌듯이, 자유인들에게는 주사위를 던져 결정하는 모의 왕권이 주어지기도 했다. 그렇게 주사위로 당첨된 자는 왕의 호칭으로 불렸으며, 그는 백성들에게 장난기 섞인 익살스러운 명령을 내렸다. 가령 어떤 이에게는 포도주를 섞으라 하고, 또 다른 이에게는 그것을 마시라고 명한다. 어떤 이에게는 노래를 부르라고 하고, 또 다른 이에게는 춤을 추라고 명했다. 어떤 이에게는 자신을 비난하는 말을 하라 하고, 또 다른

---

13 7일간의 축제에 관한 가장 상세한 기록으로는 마크로비우스의 『사투르날리아』를 들 수 있다. 플라톤을 흉내 낸 후기 로마시대의 대화편이라고도 할 수 있는 이 책에는 축제 중에 벌어지는 향연이 생생하게 묘사되어 있다. 고대의 인신제물에 관해 프레이저가 보여 주는 어두운 암시는 마크로비우스의 책과 루키아누스의 『사투르날리아』에서 취한 것이다. 로버트 프레이저 편, 앞의 책, 715쪽 편주 참조

이에게는 피리 부는 여자를 등에 업고 집집마다 돌아다닐 것을 명했다.

사투르날리아 축제의 계절에 노예에게 허용된 자유에 관해서는 다음과 같은 해석도 가능할 것이다. 그것은 사투르누스 시대의 사회 상태를 모방한 자유였을 것이라고 상상해 볼 수 있다. 혹은 사투르날리아 축제는 일반적으로 사투르누스 왕의 복된 치세를 일시적으로 부흥하거나 재생한 것과 다름없다고 해석할 수도 있을 것이다. 그렇다면 저 난리법석의 잔치를 관장하는 모의왕이 원래 사투르누스 왕 자신의 표현이었을 거라고 추측해 볼 만하다. 막시미아누스Maximianus[14]와 디오클레티아누스Diocletianus[15] 치세 때 다뉴브 지방에 주둔하고 있던 로마 군대가 사투르날리아 축제를 기렸다는 매우 기이하고도 흥미로운 이야기를 염두에 두건대, 이러한 추측은 단언할 수는 없지만 강력한 개연성을 보여 준다.

이 이야기는 파리 도서관의 어떤 그리스어 원고 속에서 발견되었으며, 겐트[16]의 프란츠 퀴몽Franz Cumont (1868~1947)[17] 교수에 의해 간행된 성 다시오St. Dasius 순교설화 속에 수록되어 있다. 또한 이 의식과 관습에 관한 보다 간단한 서술이 밀라노와 베를린에 보관되어 있는 원고 속에도 등장한다. 그 하나는 1727년 우르비노[18]에서 출간된 잘 알려지지 않은 책 속에 소개된 바 있다. 하지만 고대와 근대 로마의 종교사에서 그 의식이 차지하는 중요성은 퀴몽 교수가 수년 전에 그것을 함께 출간함으로써 학계의 주의가 세 편의 이야기에 쏠리기까지는 전적으로 간과되고 있었다. 모든 면에서 신빙성이 있고, 그중 가장 긴 것은 어쩌면 당시의 공문서에 의거하여 쓰였다고 보이는 세 편의 이야기에 의하면, 로마 군대는

---

14 재위 286~305년. 디오클레티아누스와 함께 로마를 다스린 황제. 비천한 집안 출신이지만 뛰어난 군사적 재능으로 두각을 나타냈고, 디오클레티아누스 황제의 신임을 받아 그의 친구가 되었다. 285년 부황제로 임명되었고, 이듬해 황제가 되었다. 명목상으로는 디오클레티아누스 황제와 동등했지만 실제로는 항상 그에게 종속되어 있었다.

15 재위 285~305년. 거의 무정부 상태에 있던 3세기의 로마 제국에 효율적인 통치 체제를 회복시킨 로마의 황제

16 벨기에 북서부에 있는 동東플랑드르주의 도시

17 벨기에의 고고학자·언어학자. 특히 로마의 이교 숭배에 대한 기초적 연구로 종교사 연구에 크게 기여했다. 점성술 연구를 위한 시리아와 터키 탐사에서 기념비에 새겨진 그림과 명문銘文을 발견했으며, 지중해 지역의 미트라 숭배와 동방에서 행해지던 조로아스터교의 아류인 마즈다크교 사이에 중요한 관계가 있음을 밝혔다. 주요 저작으로는 『미트라 수수께끼와 관련된 글과 기념비Textes et monuments figurés relatifs aux mystères de Mithra』(1894~1901), 『로마 이교 사상에서의 동양종교Les Religions orientales dans le paganisme romain』(1929), 『로마 이교 사상의 내세관After Life in Roman Paganism』(1922), 『점성술사의 이집트L'Egypte des astrologues』(1937) 등이 있다.

18 이탈리아 중부 마르케 지방 페사로에우르비노주에 있는 도시

하下모이시아[19]의 두로스토룸[20]에서 다음과 같이 매년 사투르날리아 축제를 기렸다고 한다.

그들은 이 축제의 30일 전에 친구들 가운데서 젊고 멋진 자를 추첨으로 한 사람 선출하여 사투르누스로 분장시켰다. 그런 다음 이 모의왕은 군대의 호위를 받으며 행진하는데, 이때 그는 아무리 야비하고 수치스러운 짓이라 하더라도 모든 격정적인 환락을 마음대로 누릴 수 있었다. 이처럼 모의왕의 지배는 즐거운 것이기는 했지만, 짤막하고 비극적인 결말을 고하지 않을 수 없었다. 왜냐하면 30일간의 기간이 끝나고 사투르날리아 축제가 시작되면, 그는 자신이 표상했던 사투르누스 신의 제단에 올라서서 스스로 목을 베어야 했기 때문이다. 기원후 303년에 사투르누스 추첨은 다시오라는 기독교도에게 돌아갔다. 하지만 그는 이교적 신의 역할을 맡음으로써 자신의 마지막 날들을 방탕하고 음란하게 더럽히는 일을 거부했다. 로마군 사령관 바수스Bassus의 위협과 질책도 그의 신념을 움직일 수 없었다. 그리하여 그는 기독교 순교사가들이 상세하고 정확하게 기록하고 있듯이, 달의 제24일에 해당하는 11월 20일 금요일 4시에 요한이라는 군인에 의해 목이 베이고 말았다.

이런 이야기가 퀴몽 교수에 의해 공표된 이래, 여전히 의문시되거나 혹은 부정되었던 그 사실성이 흥미로운 하나의 발견에 의해 분명하게 확인받게 되었다. 안코나곶[21]의 꼭대기에 있는 대성당 지하실에는 주목할 만한 다른 유물들과 함께 그리스어로 새겨진 흰 대리석 석관이 보존되어 있는데, 그 명문에는 유스티니아누스Justinianus 시대의 문자로 다음과 같이 새겨져 있다. "두로스토룸에서 운반된 성스러운 순교자 다시오 여기 잠들다." 이 석관은 1848년 산펠레그리노 교회에서 대성당 지하실로 옮긴 것이다.

돌에 새겨진 라틴어 명문에서 알 수 있듯이, 그때까지는 산펠레그리노 교회의 제단 밑에 다른 두 성자의 유골과 함께 이 순교자의 유골이 안치되어 있었다. 이 석관이 얼마나 오랫동안 그 교회에 있었는지는 알 수 없다. 그러나 적어도 1650년에는 그곳에 있었다는 기록이 남아 있다. 이 성자의 유골은 그의 순

---

19 로마 제국의 속주. 지금의 유고슬라비아 동남부와 불가리아 북부에 걸쳐 있었다.

20 오늘날의 불가리아에 있는 실리스트라 근처 다뉴브 강변에 자리 잡고 있었다.

21 이탈리아 아드리아 해안에 있는 곳

교에 뒤이은 고난의 몇 세기 동안 계속된 야만족 침입자들의 무리가 모이시아를 점령하여 유린하고 있을 때, 그 안전을 위해 안코나로 옮겨진 것이라고 보아도 무방할 듯싶다.

어쨌든 다시오는 결코 신화적인 성자가 아니며 역사적으로 실재한 인물이었음이 분명하다. 그가 기원후 초기 수 세기 동안의 한 시대에 자신의 신앙을 지키기 위해 두로스토룸에서 순교했다는 사실은 각각 독자적이면서도 서로를 증명해 주는 순교사의 기록과 명문에 의해 확실시되고 있다. 한 무명의 순교사가의 서술이 말해 주는 중요한 사실, 즉 성 다시오의 순교는 이렇게 입증되었다. 거기서 우리는 순교의 방식과 원인에 대한 그의 증언을 무리 없이 받아들일 수 있다. 왜냐하면 무엇보다 그의 서술은 정확하고 사실적이며, 기적의 요소를 완전히 배제하고 있기 때문이다. 따라서 나의 결론은 로마 군대가 사투르날리아 축제를 기렸다는 그의 진술이 믿을 만하다는 것이다.

이 기록은 호라티우스Horatius(기원전 65~기원전 8)[22]와 타키투스Tacitus(56년경~120년경)[23] 시대의 로마에서 겨울의 대소동[24]을 주관했던 고대의 축제 주재자[25]인 '사투르날리아의 왕'이라는 직책과 역할이 과연 무엇이었는가를 조명함에 새롭고도 전율적인 빛을 던져 준다. 즉, 이 이야기는 화로에서 불이 이글이글 타오르고 불꽃이 탁탁 튈 때, 거리에서는 축제의 군중들이 서로 밀쳐 댈 때, 멀리 북쪽으로 맑고 차가운 공기 속에 소락테산이 백설의 봉우리를 보여 줄 때, 그때의 저 소란스러운 축제에 주흥을 고조하고 재미를 배가시키는 데에만 관심을 쏟는 단순한 어릿광대역이 그의 임무의 전부가 아니었음을 말해 준다. 쾌활하고 문명화된 대도시 로마의 이 우스꽝스러운 모의왕과 다뉴브 강변에 주둔했던 거친 군대의

---

22 아우구스투스 황제 시대에 로마에서 활동한 뛰어난 서정시인이자 풍자작가. 그의 『송가Odes』와 운문 『서간집Epistles』에 가장 자주 나오는 수제는 사랑과 우성 그리고 철학 및 시론이나. 그가 계관시인의 시위에 홀라 있을 무렵, 기원전 17년에 아우구스투스가 자신의 정권과 지난해에 주창한 도덕 개혁을 종교적으로 엄숙하게 승인할 목적으로 '100년제Secular Games'라는 고대적 축제를 되살리자, 호라티우스는 이 축제를 위해 『세기의 찬가Carmen saeculare』를 지었다. 호라티우스는 신의 이름을 부르면서도 그 신들을 믿지는 않았지만, 로마 국가의 종교적 전통과 의식이 로마의 위대함에 없어서는 안 될 신성한 일부라고 생각했다. 호라티우스, 천병희 옮김, 『호라티우스 시학: 호라티우스』, 문예출판사, 1990 참조
23 로마의 웅변가, 공직자, 라틴어로 글을 쓴 사람 가운데 가장 뛰어난 산문작가 겸 역사가. 주요 저서로는 게르만족에 관한 『게르마니아Germania』, 69~96년의 로마 제국을 서술한 『역사Historiae』, 14~68년의 로마 역사를 다룬 『연대기Annals』 등이 있다.
24 12월 17일에서 23일까지 거행되었던 사투르날리아 축제를 가리킨다.
25 중세 성탄절 연회의 사회자를 칭하던 용어

「이세참궁: 미야카와 도강」(부분), 안도 히로시게, 1855.
에도 시대에는 주기적으로 이세신궁에 대한 민중들의 대규모 집단 참배가
있었는데, 이세참궁도 기존 질서가 전도되는 사투르날리아적 성격을
내포하고 있었다.

음울한 왕을 비교해 보자. 또한 다른 시대, 다른 지역에서 모의 왕관을 쓰고 왕의 휘장을 걸친 채 짧은 몇 시간 혹은 며칠 동안 환락을 즐기다가 임기도 채 끝나기 전에 폭력적으로 살해당하는 저 희극적이고도 비극적인 일련의 닮은꼴들을 상기해 보자.

그럴 때 우리는 고대 작가들이 묘사한 로마 '사투르날리아의 왕' 안에서 그저 원형이 거세된 희미한 복사판만을 발견할 수 있을 따름이다. 의심할 나위 없이 그 원형의 강렬한 특색은 다행히도 『성 다시오의 순교*Martyrdom of St. Dasius*』를 펴낸 무명의 저자에 의해 보존되어 왔다. 다시 말해 사투르날리아 축제에 관한 그 순교사가의 기록은 그가 알지 못했을 다른 지역에서 벌어진 유사한 의식에 대한 기록과 매우 긴밀하게 일치하고 있다. 때문에 우리는 그 기록의 실질적인 정확성을 기정사실로 볼 수 있다.

한편 가짜 모의왕을 신의 대리인으로서 살해하는 관습은 결코 모의왕을 축제의 주재자로 임명하는 관습에서 생겨났을 리가 없다. 하지만 그 반대라면 충분히 있을 법하다. 따라서 우리는 한 남자를 선정하여 일정 기간 사투르누스 역을 맡기고 그의 모든 관례적인 특권을 누리게 하다가 죽게 만드는 것이, 사투르누스 숭배가 퍼져 있던 고대 이탈리아의 보다 야만적이었던 여명기에는 매우 보편적인 관습이었다고 충분히 가정해 볼 수 있다. 거기서 사투르누스 역할을 맡은 자는 세상을 위해 자기 생명을 바치는 선한 신의 대역으로서, 자기 손이나 타인의 손을 통해 칼이나 불에 의하거나 혹은 교수대 위에서 죽음을 맞이했다. 그러다가 문명이 발달하면서 로마와 다른 대도시에서는 아우구스투스 시대보다 훨씬 오래전부터 이 잔인한 관습이 완화됨으로써 '사투르날리아의 축제왕'에 관해 잠시 지나가듯이 대충 언급했던 몇몇 고전작가들의 저술에서는 그것이 소박하고 무해한 형태로 바뀌어 등장하게 된 것이리라. 하지만 보다 외딴 지방에서는 옛날의 가혹한 관행이 더 오랫동안 존속했을 가능성이 있다. 또한 비록 이탈리아의 통일 이후에 로마 정부가 그 야만적 관습을 억눌렀다 할지라도 그 기억만은 농민들에게 계속 전승되어 내려왔을 것이다. 그래서 마치 가장 저급한 형태의 미신이 아직까지 우리들 사이에서도 남아 있듯이, 그 기억이 때때로 옛 관습의 재연으로 이어졌을 법하다. 특히 한때 강력했던 로마의 철권통치가 점차 완화되기 시작하던 시기에 제국의 변방지역에 주둔했던 거친 병사들 사이에서는 더더욱 그랬을 것이다.

종종 고대 이탈리아의 사투르날리아 축제와 근대 이탈리아의 카니발Carnival (사육제)[26] 사이에 존재하는 유사성이 지적되어 왔다. 그러나 우리 앞에 드러난 모든 사실들에 비추어 보건대, 우리는 그런 유사성이 어쩌면 동일성에 해당하는 것은 아닌지 되물어 볼 필요가 있다. 앞서 살펴보았듯이, 이탈리아와 스페인과 프랑스 등 로마의 영향이 가장 깊이 그리고 가장 오랫동안 존속했던 나라들에서 볼 수 있는 카니발의 가장 두드러진 특징은 그 축제를 의인화한 해학적인 인물에 있다. 그 인물은 영광과 방탕으로 점철된 짧은 생애를 마친 뒤, 군중들이 짐짓 슬퍼하는 체하면서 실은 대단히 기뻐하는 가운데 공개적으로 사살당하거나 화형당하거나 혹은 다른 방식으로 살해당했다. 카니발에 관해 여기서 제시하는 견해가 옳다면, 이 기괴한 인물이야말로 다름 아닌 고대 '사투르날리아의 왕'의 직접적인 후계자일 것이다.

다시 말해 그는 축제의 주재자이자 사투르누스를 의인화한 실제 인물이었으며, 축제가 끝나면 사투르누스의 대리자로서 실제로 죽음을 당했다. '12야Twelfth Night'에 등장하는 '콩의 왕King of the Bean'이나 중세의 '바보 주교Bishop of Fools', '얼빠진 승원장Abbot of Unreason', '무질서의 왕Lord of Misrule' 따위는 모두 같은 종류에 속한 인물로서 아마도 동일한 기원에서 비롯되었을 것이다. 어쨌든 만일 아리키아의 '숲의 왕'이 '숲의 신'의 화신으로서 살다 죽었다고 한다면, 그는 그 옛날 로마에서 파종의 신 사투르누스 왕의 대리자로서 매년 살해당했던 인물과 닮은꼴이라고 어느 정도 자신 있게 결론지을 수 있다.

---

26 본서 제3장 옮긴이 주 59번 참조

제59장
멕시코에서의 신의 살해

고대 멕시코의 아즈텍Aztec족 관습만큼 자주 그리고 엄숙하게 신의 대리자를 희생시키는 민족도 다시없을 것이다. 주목할 만한 그들의 희생제의에 대해서는 우리가 잘 알고 있다. 이는 16세기에 멕시코를 정복한 스페인 사람들이 그것에 관해 상세한 기술을 남겨 놓았기 때문이다. 그 먼 땅에서 자기네 교회의 교의와 의례가 기이할 정도로 많이 닮아 보이는 야만적이고 잔인한 종교를 발견했을 때, 스페인 사람들의 호기심이 매우 자극받고 고무된 것도 무리는 아니었을 것이다. 이와 관련하여 예수회 선교사 아코스타는 다음과 같이 적고 있다.

"그들이 잘생긴 포로를 끌고 왔다. 그리고 우상에게 제물로 바치기에 앞서 그에게 우상의 이름을 붙여 주는 한편, 우상과 똑같은 장식으로 치장한 다음, 그가 바로 그 우상을 대표한다고 말했다. 그와 같은 대표성이 지속되는 기간은 축제에 따라 다르다. 가령 어떤 경우는 1년이고, 또 어떤 경우는 6개월도 있으며, 혹은 그보다 더 짧은 기간일 수도 있다. 하여튼 이 기간에 그들은 진짜 우상을 대할 때와 똑같은 방식으로 그를 존경하고 숭배했다. 그동안 그는 마음껏 먹고 마시고 즐겼다. 그가 거리를 지나가면 사람들이 다가와서 그를 경배했고 모든 사람이 그에게 공물을 바쳤으며, 아이들과 병자들을 데리고 와서 치료를 해 달라거나 혹은 축복을 내려 달라고 빌었다. 그는 모든 것을 자기 마음대로 할 수 있었다. 다만 그가 도망치지 못하도록 열 명 내지 열두 명쯤 되는 사내들이 항상 그를 따라다녔다. 또한 그는 때때로(지나갈 때 경배를 받기 위해) 작은 피리를 불어 사람들이 경배할 준비를 갖추도록 했다. 이렇게 지내다가 축제날이 다가올 즈음이면 그는 보기 좋게 살이 오르게 된다. 그러면 사람들은 살찐 그를 살해하여 그 살을 찢어 먹어 치움으로써 그를 엄숙한 제물로 삼았다."[1]

아즈텍족의 관습에 대한 일반적 설명을 예증하기 위해 아래에서는 여러 가지

[1] 출처는 J. de Acosta, *The Natural and Moral History of the Indies*, 1880

특수한 사례들을 살펴보기로 하자. 가령 멕시코력 중 가장 큰 축제인 '톡스카틀Toxcatl' 의식에서는 매년 젊은 남자 한 사람을 1년 동안 '신 중의 신'인 '테스카틀리포카Tezcatlipoca'[2]의 화신으로서 부양하고 섬긴 다음에 그 신의 대리자로서 희생시켰다. 아즈텍 종교에 관한 최고 권위자인 옛 프란치스코 수도회 수도사 사하군Sahagun[3]에 의하면, 이 인신의 희생제의가 부활절이나 혹은 그 며칠 뒤에 치러졌다고 한다.[4] 만약 그의 말이 옳다면, 이는 그 시기나 성격에서 기독교 구세주의 죽음과 부활을 기리는 축제와 일치한다. 더 정확하게 말하면, 그 희생제의는 아즈텍력[5] 다섯 번째 달의 첫날에 행해졌는데, 사하군에 따르면 그 달은 4월 23일 혹은 27일에 시작된다.

---

2 나와틀어로 '연기 나는 거울'이라는 뜻. 큰곰자리와 밤하늘의 신. 아즈텍족의 주요 신들 가운데 하나이다. 테스카틀리포카 숭배는 10세기 말경 북쪽에서 내려온 나와틀어를 사용하는 전사들인 톨텍족에 의해 멕시코 중부로 전해졌다. 수많은 신화에는 테스카틀리포카가 사제 겸 왕이며 '깃털 달린 뱀'인 케찰코아틀을 툴라에 있는 그의 본고지에서 쫓아 낸 경위를 묘사하고 있다. 변신에 능한 마술사인 그는 검은 마술로 톨텍족의 수많은 사람을 죽게 했고, 고결한 케찰코아틀을 꾀어 죄를 짓고 술에 취해 육체적인 사랑에 빠지게 했는데, 그로써 톨텍족의 황금시대는 끝이 났다. 그의 영향으로 멕시코 중부에서는 사람을 제물로 바치는 의식이 도입되었다. 그는 재규어(열대 아메리카산 표범)로 변신했는데, 그 얼룩덜룩한 가죽이 별이 총총한 하늘과 비교되었다. 창조신인 그는 오늘날의 우주가 있기 전에 창조되었다가 멸망한 네 개의 세계 가운데 첫 번째 세계인 오셀로토나티우(재규어-태양)를 다스렸다. 테스카틀리포카는 일반적으로 얼굴에 검정색 줄을 긋고, 한쪽 다리 대신에 흑요석 거울이 붙어 있는 모습으로 등장한다. 후기 고전시대(900년 이후) 과테말라의 마야키케족 사람들은 그를 우라칸(외다리)이라는 이름의 번개신으로 숭배했다. 테스카틀리포카는 가슴에 거울을 단 모습으로도 등장한다. 그는 이 거울을 통해 모든 것을 보았다. 보이지 않게 어느 곳에나 존재한 그는 사람들의 모든 행위와 생각을 알았다. 아즈텍 시대(14~16세기)에 테스카틀리포카는 여러 속성과 기능에 힘입어 신들 가운데 최고 서열에 올랐으며, 그 지위에서 우이칠로포치틀리·틀랄록·케찰코아틀과 함께 통치했다. 요알리에에카틀(밤바람), 요아틀(전사), 텔포크틀리(청년)라고 불린 그는 전사들에게 도전하기 위해 밤에 교차로에 나타났다고 한다. 그는 '텔포크칼리(청년들의 집들)', 즉 평민의 아들들이 기초 교육과 군사 훈련을 받던 지역 학교들을 관장했다. 노예들의 보호자였던 그는 '테스카틀리포카가 사랑하는 아이들'을 학대하는 주인들에게 벌을 내렸다. 선행을 한 사람에게는 부와 명예로 상을 내렸고, 악행을 한 사람은 질병(예를 들면 나병)을 내리거나 빈민이나 노예로 전락하게 만듦으로써 징벌했다. 테스카틀리포카 숭배의 주요의식은 종교력에서 다섯 번째 달인 톡스카틀에 거행되었다. 매년 그때가 되면 사제가 젊고 잘생긴 전쟁 포로를 뽑았다. 그 포로는 1년 동안 신神 행세를 하면서 왕처럼 호화롭게 지냈다. 여신들로 단장한 아름다운 처녀 네 명을 선발해 그에게 짝으로 주었다. 축제일이 오면 그는 전에 불던 피리들을 꺾으면서 조그만 신전 계단으로 걸어 올라갔다. 신전 꼭대기에서 그는 심장이 도려내지면서 제물로 바쳐졌다. 아즈텍족의 수도 테노츠티틀란 외의 지역에서 테스카틀리포카는 특히 텍스코코 및 오악사카와 틀락스칼라 사이에 있는 믹스테카-푸에블라 지역에서 숭배를 받았다. 아즈텍족의 종교에 관해서는 칼 토베, 이응균 외 옮김, 『아즈텍과 마야 신화』, 범우사, 1998; 세르주 그뤼진스키, 윤학로 옮김, 『아즈텍 제국』, 시공사, 1995 참조

3 본명은 리베라Francisco Rivera(1500~1590). 사하군은 그가 태어난 스페인의 유서 깊은 도시명으로, 프란치스코회 수도원이 있던 레온 남동쪽에 위치하고 있다. 그는 프란치스코회에 입회하면서 사하군이라고 불렸으며, 1529년 멕시코를 방문한 이래 평생 아즈텍 연구에 전념했다.

4 출처는 Sahagun, *Histoire generale des choses de la Nouvelle-Espagne*, Paris, 1880

테스카틀리포카(위)

직경 6미터의 거대한 원형석판에 새겨진
아즈텍력, 태양의 돌(아래)

이 축제에서 위대한 신은 한 대리자의 몸으로 살해당했다가 다른 대리자의 몸으로 되살아난다. 그 대리자는 1년 동안 목숨을 담보로 신의 영광을 누리다가 다른 전임자들처럼 살해당하도록 예정되어 있었다. 이 고귀한 지위에 뽑히는 젊은이는 포로 중에서 신체적 아름다움을 기준으로 신중하게 선발되었다. 가령 그는 몸에 흠집이 없어야 하며 갈대처럼 날씬하고 기둥처럼 꼿꼿해야 할 뿐만 아니라, 키가 너무 크거나 너무 작아서도 안 된다. 호화로운 생활 때문에 너무 살이 찌면 소금물을 마셔서 살을 빼야 했다. 고귀한 지위에 어울리는 우아함과 위엄을 지니고 행동하도록 하기 위해, 그는 일류신사처럼 처신하는 법과 정확하고 세련된 말투와 피리 부는 법, 담배 피우는 법도와 그럴듯하게 꽃향기를 맡는 법 따위를 세심하게 교육받고 훈련받았다. 귀족들은 신전 내에서 영예롭게 거처하는 그를 시중 들고 경배하며 고기를 바치고 왕처럼 섬겼다. 왕 자신은 "이미 그를 신으로 간주하기 때문에" 그가 화려한 의상을 갖추어 입도록 신경 써 주었다. 그의 머리에는 독수리 깃털을 붙였고, 머리카락에는 흰 수탉의 깃털을 매달아 허리께까지 늘어뜨렸다. 이마에는 구운 옥수수 모양의 꽃으로 만든 화관을 씌웠고, 두 어깨와 겨드랑이 밑으로도 같은 꽃으로 만든 화환을 걸쳤다. 코에는 황금 장식을 걸고 팔에는 황금 팔찌를 장식했으며, 두 다리에는 황금 종을 매달아 걸을 때마다 딸랑딸랑 소리가 나게 했다. 두 귀에는 터키석으로 만든 귀걸이를 매달았고, 터키석 팔찌로 손목을 장식했으며, 조개껍데기 목걸이를 목에 둘러 가슴께로 늘어뜨렸다. 그는 망사로 된 외투를 입었고, 허리에는 화려한 천을 둘렀다.

이렇게 온갖 보석으로 단장한 멋쟁이가 유유히 거리를 걸으며 피리를 불거나 담배를 피우거나 혹은 꽃다발 향기를 맡을 때, 그와 마주친 사람들은 그의 앞에 몸을 엎드려 한숨과 눈물로 기도를 올리며 지극한 겸손과 복종의 표시로 흙을 집어서 자기들 입 속에 넣었다. 여자들은 아이를 팔에 안고 와서 그에게 바치며 신처럼 그를 경배했다. 왜냐하면 그는 그들의 주님이었으며, 사람들이 모두 그를 주님으로 인정했기 때문이다. 이처럼 길가에서 자기한테 경배를 올리는 모든 사

---

5 아즈텍력은 서로 다른 주기를 갖는 두 가지 셈법으로 구성되어 있다. 하나는 날짜셈법Tonalpohualli으로서, 1주기가 260일이고, 각각 13일인 20개의 기간week으로 이루어져 있다. 이는 사제들이 파종이나 건축 혹은 길일을 결정할 때 사용하는 종교력이다. 다른 하나는 연수셈법Xiuhpohualli으로서, 1주기가 365일이고, 각각 20일인 18개의 기간momth 및 묵은해와 새해 사이의 남는 5일(빈 날)로 이루어진 농경력이자 제의력이다. 그중 다섯 번째 달은 '건조함'을 뜻하는 '톡스카틀Toxcatl'이라 하며, 이 달의 수호신인 테스카틀리포카와 우이칠로포치틀리에게 희생제의를 바친다(각 달마다 수호신과 제의가 정해져 있다).

람들에게 그는 위엄 있고 정중하게 인사를 했다. 이런 그가 도망치지 못하도록 그가 가는 곳마다 왕궁의 제복을 차려입은 시종 여덟 명이 따라다니며 그를 둘러싸고 호위했다. 그중 네 명은 왕궁 노예처럼 정수리를 박박 밀었고, 나머지 네 명은 전사처럼 머리타래를 늘어뜨렸다. 만약 그가 도망이라도 치는 날에는 호위대장이 그를 대신해서 신의 대리자 노릇을 하다가 죽어야 했다.

살해당하기 20일 전에 그는 의상을 갈아입었으며, 네 처녀를 신부로 맞이하여 교제했다. 곱게 자란 이 처녀들은 각기 네 여신, 즉 꽃의 여신, 어린 옥수수의 여신, 물의 모신, 소금의 여신이라는 이름으로 불렸다. 이윽고 죽음을 앞둔 마지막 5일 동안에 예정된 희생자에게는 신의 영광이 소나기처럼 쏟아진다. 왕궁의 모든 신하들이 이 인신을 쫓아다니는 동안 왕은 궁전에 머물러 있었다. 특정 장소에서는 엄숙한 연회와 춤판이 연이어 계속 벌어졌다.

마지막 날에 이 젊은 남자는 부인들과 시종들을 동반한 채 화려한 차양이 덮여진 카누를 타고 호수를 건너 물가의 작은 언덕으로 갔다. 그곳은 '이별의 산'이라고 부르는데, 거기서 그의 부인들이 그에게 마지막 작별을 고했기 때문이다. 그런 다음 그는 시종들만 데리고 길가에 있는 작고 외딴 신전으로 갔다. 일반적인 멕시코 신전들처럼 그 신전도 피라미드 양식으로 지어졌다. 그는 층계를 올라가면서 매계단 자기가 영광의 시절에 불던 피리를 하나씩 부러뜨렸다. 그렇게 꼭대기에 도달하면 사제들이 그를 붙잡아 큰 돌판 위에 눕혔다. 그리고 사제 중 한 사람이 칼로 그의 가슴을 가르고 손을 넣어 심장을 끄집어낸 뒤 태양을 향해 높이 치켜들고 제물로 바쳤다. 죽은 인신의 시체는 일반 희생자처럼 신전의 층계 아래로 굴리지 않고 신전 발치까지 운반한 다음 그곳에서 머리를 잘라 창에 꿰었다. 이것이 바로 멕시코 만신전萬神展의 최고신 역할을 했던 인물에게 정해진 최후였다.

멕시코에서 짧은 기간 신의 대리자로 살다가 그런 신분으로 폭력적인 죽음을 당하는 영예를 누리는 것은 남자들에게만 국한된 것은 아니었다. 여자들도 여신의 대리자로서 그런 영광을 누리고 그 운명을 공유하도록 허용되었던 것이다. 아니 오히려 그렇게 하도록 강요당했다고 말하는 편이 더 정확할 것이다. 가령 이레 동안의 준엄한 단식 뒤에 시작되는 9월의 대축제에는, 열두 살에서 열세 살 정도의 가장 아름다운 노예 소녀를 성화시켜 옥수수의 여신 '치코메코후아틀 Chicomecohuatl'로서 예배드렸다. 사람들은 이 소녀를 여신처럼 분장시켰다. 즉, 그

아즈텍 의례에서 인신제물의 가슴을 가르고 심장을 꺼내는 장면

녀의 머리에 관을 씌우고 그 위에 초록색 깃털 하나를 똑바로 세워 옥수수 알곡을 표현했다. 그리고 목 둘레와 양손에는 옥수수속대를 달아 주었다. 이 축제가 열리는 시기는 옥수수가 거의 익기는 했지만 아직은 어린 상태이기 때문에 어린 소녀를 선발하여 옥수수의 여신 역할을 하도록 했다. 사람들은 아름답게 단장하고 머리에 팔랑대는 초록색 깃털을 장식한 이 가련한 처녀를 데리고 하루 종일 집집마다 돌아다니면서 단식으로 허약해진 사람들의 원기를 회복하기 위해 흥겹게 춤을 추었다.

밤이 되면 모든 사람이 신전에 모여들었다. 그 신전 뜰에는 무수한 등불과 촛불들로 휘황찬란했다. 그들은 거기서 잠도 자지 않고 밤을 새운다. 한밤중이 되면 나팔과 피리와 뿔고동 따위의 장엄한 음악이 연주되는 가운데 '팰런킨 Palanquin'이라 부르는 가마 하나가 신전 뜰에 들어선다. 옥수수속 꽃줄과 고추로 장식된 그 가마 안에는 온갖 종류의 씨앗들로 가득 차 있다. 가마꾼들은 여신의 목상이 안치되어 있는 신전 문 앞에 가마를 내려놓는다. 이 신전은 안팎으로 옥수수속 줄기와 고추, 호박과 장미꽃, 온갖 종류의 씨앗들로 눈부시게 장식되어 있고, 신전 마루는 온통 선남선녀들이 바친 이 초록색 제물들로 뒤덮여 있다. 이윽고 음악이 멈추면, 엄숙한 행렬이 등불을 들고 향을 피우며 한가운데에 여신 역할을 하는 소녀를 동반한 채 사제와 귀족들 앞으로 나아간다. 그리고 소녀를 가마에 태운다. 그녀는 수북이 쌓인 옥수수속과 고추, 호박 더미 위에 똑바로 선 채 가마에서 떨어지지 않도록 양쪽 난간을 붙잡고 있다. 그러면 사제가 그녀 둘레에서 향로를 흔든다. 이때 다시 음악이 연주된다. 그러는 동안 신전 대사제가 손에 면도칼을 들고 갑자기 소녀에게 달려들어 머리 위에 꽂은 초록색 깃털을 잘라내는 동시에 그 깃털을 묶었던 머리카락도 베어 버린다. 그런 다음 성대하고 장엄한 의식을 통해 깃털과 머리카락을 목조 여신상에게 바치면서, 그해에 백성들에게 베풀어 준 대지의 결실과 풍성한 수확에 대해 눈물을 흘리며 감사한다. 이렇게 대사제가 울면서 기도하는 동안, 신전 안뜰에 서 있던 사람들도 함께 울며 기도한다. 이 의식이 끝나면 소녀는 가마에서 내려지고, 밤이 샐 때까지 있을 다른 장소로 옮겨진다. 그러나 사람들은 신전 안뜰에서 횃불을 들고 밤새도록 신전을 지킨다.

이윽고 아침이 되어도 성지를 떠나는 것을 모독이라고 생각하는 군중들은 여전히 신전 안뜰에 가득 머물렀다. 이때 관을 쓰고 옥수수속을 목 둘레에 단 채 여신의 옷을 입고 있는 소녀를 사제들이 다시 데리고 온다. 소녀는 어제와 마찬가지로 가마에 올라 양손으로 난간을 잡고 선다. 그러면 신전 장로들이 그 가마를 어깨에 멘 채, 향이 피어오르고 음악이 연주되는 가운데 행렬을 지어 안뜰을 지나 우이칠로포치틀리Huitzilopochtli 신의 방으로 갔다가 다시 옥수수 여신의 목상이 안치된 신전으로 되돌아온다. 소녀는 바로 이 옥수수 여신의 화신으로 믿었던 것이다. 거기서 사람들은 소녀를 가마에서 내려 신성한 방의 마루 위에 그득히 바쳐진 곡물과 채소 더미 위에 세워 둔다. 이렇게 소녀가 서 있는 동안, 모든 장로와 귀족들이 일렬로 소녀를 향해 걸어간다. 그들은 저마다 손에 접시를 들고 있는데, 그 안에는 이레 동안의 단식 기간에 참회의 표시로서 귀에서 뽑아낸 피가 말라붙어 엉겨 있다. 그들은 한 사람씩 소녀 앞에 웅크리고 앉아 그 피딱지를 접시에서 긁어모아 소녀에게 던진다. 이는 옥수수 여신의 화신으로서 소녀가 자신들에게 베풀어 준 은혜에 대한 감사의 제물이다. 이처럼 남자들이 여신의 화신에게 공손히 자기 피를 바치고 나면, 다음에는 여자들이 길게 줄을 지어 소녀 앞에 웅크리고 앉아 앞의 남자들과 마찬가지로 접시에 담긴 마른 피딱지를 긁어서 그것을 소녀에게 바쳤다. 귀천이나 노소의 구별 없이 모두 이 여신의 화신 앞에 꿇어앉아 제물을 바쳐야 했기에, 이 의식에는 오랜 시간이 소요되었다. 마침내 의식이 끝나면, 사람들은 만족하여 집으로 돌아가 고기나 그 밖의 음식을 즐겁게 먹는다. 이는 경건한 기독교도들이 사순절의 오랜 금욕 뒤에 부활절을 맞아 고기나 그 밖의 세속적인 것을 즐기는 관습과 비교될 만하다. 그들은 마음껏 먹고 마시며 충분한 휴식을 취하여 원기를 회복한 다음, 축제의 결말을 보기 위해 다시 신전으로 모여든다.

축제의 결말은 다음과 같다. 신전에 군중이 모여들면 사제들은 여신의 화신인 소녀 앞에 엄숙히 향을 피운다. 그런 다음 곡식이나 종자가 쌓여 있는 곳에 소녀를 눕히고 그 목을 잘라 분출하는 피를 그릇에 받는다. 그리고 그 피를 여신의 목상에 뿌리고, 이어 신전 벽면과 바닥에 쌓인 옥수수와 고추, 호박, 종자와 채소 따위의 공물 위에 두루 뿌린다. 그러고 나서 목이 없는 유해의 살가죽을 벗겨 내면, 한 사제가 피투성이의 그 가죽을 가까스로 자기 몸에 끼워 넣는다. 이어서 사람들은 그 사제에게 소녀가 입었던 모든 의상을 입히고, 머리에 관을 씌우며 목둘레에는 황금색 옥수수속을 매달고 양손에는 깃털 달린 옥수수속과 황금 장식을 들게 한다. 사람들은 이렇게 분장한 사제를 군중 속으로 데려가 모두 함께 북

풍요의 신이자 아즈텍력 열세 번째 달의 수호신인
틀랄록이 옥수수를 수확하는 장면

소리 장단에 맞추어 춤을 춘다. 그러는 사이 사제는 행렬의 선두에 서서 될 수 있는 한 활발하게 깡충깡충 뛰며 과장된 포즈를 취하는 등 마치 어설픈 모범 병사처럼 행동한다. 이는 그가 너무 꽉 끼고 피로 끈적거리는 살가죽을 뒤집어쓰고 있는데다 너무 작은 옷을 억지로 꺼입고 있는 통에 행동이 부자연스러웠기 때문이다.

이러한 관습에서 소녀와 옥수수 여신 사이에는 완전한 동일화가 이루어지고 있다. 소녀의 목에 걸린 황금색 옥수수속, 그녀의 손에 들고 있는 인공적인 옥수수속, 초록색 옥수수알을 모방하여 그녀의 머리에 꽂은 초록색 깃털 등은 모두 그녀가 곡물정령의 화신임을 말해 준다. 또한 우리는 그녀가 그 축제의 계절에 아직 충분히 익지 않은 어린 옥수수를 표상하는 소녀로서 특별히 선택되었다는 사실을 분명하게 알 수 있다. 나아가 옥수수 따위의 더미 위에 그녀를 세워 놓고 거기서 사람들의 예배와 피의 공물을 받게 한 것에서도 곡물이나 곡물의 여신과 그녀가 동일시되고 있다는 사실을 명확하게 알 수 있다. 사람들이 그렇게 공물을 바치고 숭배하는 것은 그녀로 표상되는 여신이 자신들에게 베풀어 준 은혜에 대한 감사의 표시였다. 또한 옥수수와 씨앗 따위의 더미 위에서 그녀의 목을 자른 다음 그 피를 옥수수 여신의 목상은 물론이고 옥수수, 고추, 호박, 종자, 채소 더미 따위의 공물 위에 흩뿌리는 관습의 목적은 일반적으로 곡물의 경작과 대지의 결실을 촉진하고 강화하는 것말고 달리 생각할 수가 없다. 이는 대표적인 곡물과 열매에 옥수수 여신의 피를 주입시킴으로써 이루어진다고 여겼다.

이 멕시코 희생제의의 의미에 대해서는 더 이상 논란의 여지가 없다고 보인다. 나아가 이 의식에 대한 추론은 내가 앞서 작물 경작을 위해 바친 인신제물의 사례를 다루면서 내린 해석을 강화시켜 준다. 예컨대 사람들이 그 피를 옥수수 더미에 뿌린 멕시코의 소녀를 다름 아닌 옥수수 여신의 화신으로 믿었다면, 포니족 원주민들이 같은 방식으로 그 피를 곡물의 종자에 뿌린 포니족 처녀 또한 여성적 곡물정령의 화신이었다고 말할 수 있게 된다. 마찬가지로 다른 여러 민족들이 곡물의 생장을 촉진하기 위해 살해한 인신제물에 대해서도 같은 말을 할 수 있을 것이다.

끝으로, 살해당한 옥수수 여신의 가죽이 벗겨지고 그녀가 몸에 걸쳤던 일체의 신성한 표식들과 함께 그 가죽을 뒤집어쓴 한 인물이 피 냄새 풍기는 분장을 하고 사람들 앞에서 춤을 추는 저 신성한 드라마의 결말은, 신의 죽음이 확실하게 신의 부활로 이어지도록 하기 위해 그 의식을 행한 것이 아닐까 하는 가설에 입각할 때 가장 잘 설명될 수 있을 것 같다. 만일 그렇게 볼 수 있다면, 우리는 어느 정도의 개연성을 가지고 이렇게 추론해 볼 수도 있다. 즉, 신의 인간 화신을 살해하는 관습은 통상적으로 언제나 단지 신적 에너지를 영속화하기 위한 수단으로서 여겼을 뿐이다. 만일 그 인신을 자연사하도록 내버려 두었다면 겪을 수밖에 없는 노쇠와 병약으로 고생하지 않은 채 사람들이 청춘의 활력을 최대한 누릴 수 있다고 믿었던 것은 아닐까 싶다.

멕시코 희생제의 사례는 내가 아리키아에서도 널리 행해졌다고 본 인신공희가 실은 이탈리아인 이외의 민족에 의해서도 정기적으로 행해졌다는 사실을 입증하기에 충분하다. 그 민족은 아리키아 사제직의 기원을 거기까지 소급할 수 있다고 보이는 가장 초기의 이탈리아 여러 종족들과 비교할 때, 그 문화 수준에서 월등히 뛰어나다고는 할 수 없더라도 어쩌면 그다지 뒤떨어지지 않았으리라고 생각한다. 세계의 한 귀퉁이에서 그 같은 인신공희가 널리 행해졌다고 하는 분명하고 의심할 나위 없는 증거는, 그런 증거가 별로 충분치 못하고 신빙성이 떨어지는 지역에서도 그 같은 의식이 널리 행해졌을 가능성을 시사해 준다. 종합적으로 정리해 보면, 우리가 지금까지 살펴본 여러 사례들은 숭배자들에 의해 신으로 믿었던 인간을 살해하는 관습이 세계의 많은 지역에 널리 분포되었음을 보여 준다고 말할 수 있다.

제60장
하늘과 땅 사이

1. 땅과 접촉하지 말 것

독자 여러분은 이 책의 첫머리에서 제기한 두 가지 물음을 기억할 것이다. 아리키아의 사제가 그 선임자를 살해해야 했던 이유는 무엇일까? 또한 그에 앞서 황금가지를 꺾어야 했던 이유는 무엇일까? 이 두 가지 물음 중 첫 번째 것에 대해서는 이제 답변이 나와 있다. 만약 내가 옳다면, 아리키아의 사제는 공동체의 안녕과 나아가 자연 일반의 운행까지도 그의 한 목숨에 긴밀하게 의존하고 있다고 여기던 저 신성한 왕 혹은 인신 중의 하나였다.

하지만 그런 영적 군주의 신하나 숭배자들이 자신과 그 왕의 정확한 관계에 대해 어떤 분명한 관념을 지니고 있었다고는 보이지 않는다. 아마도 이에 대한 그들의 생각은 모호하고 가변적인 것이었으리라. 따라서 논리적 정합성에 따라 그런 관계를 규정하려는 시도는 오류에 빠지기 십상이다. 사람들이 알고 있거나 혹은 안다고 여겼던 것들은, 자기 자신과 가축과 농작물이 자신들의 신성한 왕과 신비스럽게 결속되어 있다는 사실이 전부였다. 그래서 신성한 왕이 건강하든가 아프든가에 따라 공동체도 건강하든가 아프든가 하며, 가축들이 번창하기도 하고 병들어 마르기도 하며, 풍년이 들기도 하고 흉년이 들기도 한다고 믿었던 것이다. 그들이 상상할 수 있는 최악의 사태는 자기네 왕이 병들거나 늙어서 자연사하는 것이다. 왜냐하면 왕의 추종자들이 생각하기에, 그 같은 죽음은 그들 자신과 그들의 소유물에 가장 참혹한 결과를 가져다준다고 여겼기 때문이다. 예컨대 치명적인 역병이 사람과 가축을 휩쓸고, 대지는 더 이상 열매 맺기를 거부하게 될 것이다. 아니 자연질서 자체가 모두 무너지고 말 것이다.

이런 파국을 막기 위해서는 왕이 아직 그 신성한 생명력으로 충만해 있을 때 죽게 할 필요가 있었다. 이는 손상되지 않은 채 후계자에게 계승된 왕의 신성한 생명이 그 젊음을 갱신하도록 하기 위해서였다. 다시 말해 그처럼 활력에 찬 왕의 화신이 영구적으로 계승됨으로써 왕의 신성한 생명이 영원히 싱싱한 젊음을 유지하도록 하기 위해서였다. 그것이야말로 인간과 동물도 마찬가지로 끊어지지 않는 세대의 연속성을 통해 청춘을 갱신하게 보증해 주며, 나아가 파종과 추수의 성공, 여름과 겨울의 순환, 강우와 햇빛의 공급에도 결코 차질이 생기지 않도록 보장해 주는 확고한 담보물이라고 생각했기 때문이다. 내 추측이 틀리지 않다면, 이런 이유로 아리키아의 사제, 즉 네미 숲의 왕은 정기적으로 그 후계자의 칼에 죽어야만 했던 것이다.

하지만 아직 한 가지 물음이 더 남아 있다. 즉, 황금가지는 무엇이었을까? 왜 아리키아 사제직의 후보자는 사제를 죽이기 전에 그 황금가지를 꺾어야만 했을까? 아래에서는 이런 물음에 대해 답변하고자 한다. 이와 관련하여 전술한 신성한 왕이나 사제의 생명을 조절하는 규칙과 터부 중 두 가지에 주목하면서 시작할 필요가 있다. 독자 여러분이 유념해 주었으면 하는 첫 번째 규칙은 신성한 인물이 자기 발로 땅을 밟으면 안 된다는 것이다. 멕시코의 사포텍Zapotec족[1] 대사제는 이러한 규칙을 지켰다. 그는 발이 땅에 닿기만 해도 자신의 신성성이 더럽혀진다고 믿고 있었다. 멕시코 황제 몬테수마Montezuma[2]도 결코 발을 땅에 대지 않았다. 그는 항상 귀족들의 어깨에 올라탄 채 이동했으며, 어딘가에 내릴 때는 화려한 융단을 깔고 그 위로만 걸었다. 일본의 미카도Mikado는 발이 땅에 닿는 것을 부끄러운 타락으로 여겼다. 실제로 16세기의 일본에서 그런 일은 족히 미카도의 지위를 박탈당할 만한 잘못으로 여겼다. 때문에 그는 황궁 바깥에서는 사람들의 어깨에 실려 이동했으며, 황궁 안에서는 세련되게 짠 돗자리를 밟고 걸었다. 타히티의 왕과 왕비는 세습 영지를 제외하고는 어디든 땅을 밟아서는 안 되었다. 왜냐하면 그들이 밟는 땅은 신성한 것으로 변했기 때문이다. 그래서 그들은 이곳저곳을 여행할 때 항상 신성한 시종들의 어깨에 실려 이동했다. 그들은 언제나 이렇게 성화된 수행원들을 여러 명 데리고 다녔다. 수행원을 교대할 필요가 생기면, 왕과 왕비는 발이 땅에 닿지 않게 새로운 수행원의 어깨로 뛰어 올라탔다.

도수마[3]의 왕도 땅을 밟는 것을 불길한 징조로 여겼다. 만일 그랬다가는 그는 속죄의식을 행해야만 했다. 페르시아 왕은 궁궐 내에서 양탄자 위로만 걸어 다

---

1 본서 제17장 본문과 옮긴이 주 10번 참조
2 몬테수마 2세. 재위 1502~1520년. 본서 제7장 본문과 옮긴이 주 47번 참조
3 콩고 민주공화국의 마니에마주에 있는 도시

녔으며, 다른 사람은 아무도 그것을 밟지 못했다. 궁궐 바깥에서 그는 다른 사람들에게 결코 걷는 모습을 보여 주지 않았고 오직 마차나 말만 타고 다녔다. 옛날에 시암 왕은 땅에 발을 딛지 않고 황금옥좌에 앉은 채로 운반되었다. 또한 옛날 우간다 왕과 그 어머니와 왕비들은 자신들이 사는 광활한 영지 바깥에서는 발로 걸어 다니지 못했다. 밖에 나갈 때는 물소 씨족의 남자들이 그들을 어깨에 메고 운반했다. 즉, 왕족 인물 중 누군가가 여행할 때마다 물소 씨족에 속한 남자 여러 명이 따라다니면서 교대로 그 일을 했던 것이다. 이때 왕은 수행원의 양어깨에 두 다리를 올리고 걸터앉은 채 두 팔을 수행원의 팔 아래로 밀어 넣었다. 그런 왕실 수행원 중 한 사람이 지치면, 그는 왕의 발이 땅에 닿지 않도록 두 번째 사람의 어깨 위로 왕을 던졌다. 이런 식으로 수행원들은 왕이 여행 중일 때 하루 만에 상당히 먼 길을 빠른 걸음으로 다니곤 했다. 수행원들은 왕이 그들을 필요로 할 때 항상 곁에 있도록 왕의 영지 안에 특별한 오두막을 짓고 살았다. 콩고 남부의 바쿠바Bakuba족[4] 혹은 부숑고Bushongo족은 몇 해 전까지만 해도 왕족이 땅과 접촉하는 것을 금했다. 그들은 짐승 가죽이나 의자 위에 앉은 채로 혹은 두 손과 두 발로 기는 노예들의 등을 타고 이동해야만 했다. 이때 발은 다른 사람의 발 위에 걸쳤다. 그들이 여행할 때는 다른 사람 등에 업혀 이동했다. 그러나 왕의 경우는 가마를 타고 여행했다.

남부 나이지리아 아우카 근방에 사는 이보Ibo족[5]의 경우, 지신地神을 모시는 사제는 많은 터부를 지키지 않으면 안 되었다. 그는 시체를 보아서는 안 되었다. 만일 길가에서 시체와 맞닥뜨리면 팔로 두 눈을 가려야 했다. 또한 그는 달걀, 새고기, 양고기, 개고기, 수사슴 고기 따위의 음식물을 삼가야 했다. 게다가 가면을 써서도 안 되며, 그것을 만져서도 안 된다. 따라서 가면을 쓴 자는 자신의 집 안에 들여놓지 않는다. 개가 집 안에 들어오면 개를 죽여 내동댕이쳤다. 지신의 사제인 까닭에 그는 땅 위에 앉아서도 안 되고, 땅에 떨어진 것을 먹어서도 안 되었다. 또한 사람들은 그에게 흙을 던져서도 안 되었다. 고대 브라만 의례에서는 왕이 취임식 때 호피와 황금 널빤지를 밟았다. 그는 멧돼지 가죽으로 만든 신발을 신었고, 살아 있는 동안 맨발로 땅을 밟지 않았다.

---

4 쿠바Kuba족이라고도 한다. 자이르의 카사이강과 상쿠루강의 합류 지점 동쪽에 사는 종족. 반투어를 사용하는 16개 종족으로 이루어져 있다.
5 이그보Igbo족이라고도 한다. 주로 나이지리아 동남부지역에 사는 종족

그런데 일생 신성시되거나 터부시된 자이기 때문에 평생 땅에 발을 대서는 안 되는 인물 외에도, 단지 어떤 특정한 경우에 한해서만 신성이나 터부의 성격을 지니며 그런 신성성이 유지되는 한정된 기간에만 땅에 발을 대서는 안 되는 인물도 있다. 예컨대 중부 보르네오의 카얀Kayan족 혹은 바하우Bahau족은 여사제들이 어떤 특정한 의식을 진행 중에 있을 때에 한하여 땅을 밟지 못했으며, 그런 때는 널빤지를 깔고 걸어야만 했다. 한편 출정하는 전사들은 터부의 분위기에 둘러싸이게 마련이다. 그래서 북아메리카의 어떤 인디언들은 원정 기간에는 내내 맨땅 위에 앉지 않았다. 라오스에서는 코끼리 사냥이 많은 터부를 만들어 냈다. 사냥꾼 두목이 발로 땅을 밟아서는 안 된다는 규칙도 그중 하나이다. 그래서 그가 코끼리에서 내릴 때는 다른 사람들이 그의 발 밑에 나뭇잎을 깔아주었다.

원시 철학자들은 신성시되거나 터부시되는 인물들에게는 어떤 거룩함이나 주술적 힘 혹은 터부 따위의 신비한 속성으로 가득 차 있다고 여겼다. 그들은 그런 속성을, 이를테면 그 신성한 인물을 충전시키고 있는 어떤 물질적인 실체나 액체 같은 것이라고 상상했다. 마치 라이덴 병Leyden jar[6]에 전기가 충전되듯이 말이다. 또한 라이덴 병의 전기가 양도체와 접촉하면 방전하듯이, 그런 인물 속에 충만한 신성성 혹은 주술적 힘이 땅과 접촉함으로써 방전되거나 고갈될 수 있다고 우려한 것이다. 이 경우 땅은 신성성이나 주술력에 대해 민감하게 작용하는 양도체 기능을 한다고 말할 수 있다. 때문에 그것이 방출되거나 고갈되지 않도록 하기 위해 신성한 인물이나 터부시되는 인물이 땅과 접촉하지 못하도록 세심한 주의를 기울였던 것이다.

요컨대 그런 인물은 목구멍에까지 그 소중한 실체 혹은 액체가 충만해야 하며, 그것이 결코 유출되어서는 안 된다고 여긴 것이다. 전기 용어를 빌리면, 그는 절연이 되어야 했다. 그리하여 수많은 사례들이 잘 보여 주듯이, 터부시되는 인물의 절연은 그 자신만이 아니라 다른 사람들을 위한 예방책으로서 권장되지 않으면 안 되었다. 신성성 또는 터부성이라는 것은, 말하자면 미소한 접촉에 의해서도 폭발하는 폭발물 같은 것이기 때문이다. 따라서 공동체 전반의 안녕과 안전을 위해서는 신성시되거나 터부시되는 인물을 좁은 울타리 안에 가두어 놓음으로써 폭발에 의해 그것과 접촉한 모든 것을 강타하고 황폐화하고 파괴하는 일이

---

6 1745~1746년에 네덜란드 라이덴 출신의 뮈스헨브룩P. van Musschenbroek이 발명한 밀폐식 축전기

없도록 할 필요가 있었다.

2. 태양을 보지 말 것

여기서 주목해야 할 두 번째 규칙은 태양이 신성한 인물 위에 비추지 않도록 하는 것이다. 이 규칙은 일본의 미카도와 사포텍족의 대사제에 의해 지켜졌다. 사포텍족의 대사제는 대지도 붙잡을 자격이 없고 태양도 비출 자격이 없는 그런 신으로 간주되었다. 한편 일본인들은 미카도가 신성한 몸을 야외에 노출하지 못하게 했으며, 태양이 그의 머리를 비출 자격이 없다고 여겼다. 남아메리카 그라나다의 인디언들은 남녀를 불문하고 통치자나 지휘자가 될 사람은 어릴 때부터 몇 년간 혹은 어떤 때는 7년간이나 가두어 놓았다. 그것도 아주 밀폐된 공간에 가두어 놓아 그들이 해를 볼 수 없게 했다. 만약 어쩌다가 그들이 해를 보게 되면 그들은 지도적 지위를 박탈당하고 특별히 지정된 음식만 먹도록 했다. 그리고 그들을 감독하는 사람들이 특정한 시기에 그들의 거처 혹은 감옥으로 찾아와 그들을 혹독하게 매질했다.

보고타[7]의 왕위 상속자는 왕의 아들이 아니라 왕의 누이의 아들이었는데, 그는 어릴 때부터 엄격한 훈련을 받아야 했다. 예컨대 그는 신전 안에 완전히 유폐되어 살면서 해를 보지 못하고 소금을 먹어서는 안 되었으며, 심지어 여자와 말도 나눌 수 없었다. 그는 자기 거동을 일일이 관찰하면서 기록하는 감시인들에게 둘러싸여 있었다. 만약 그가 자신에게 부과된 규칙을 단 한 가지라도 어기면, 그는 불명예스러운 평가를 받고 왕위에 대한 모든 권리를 박탈당했다. 마찬가지로 소가모소Sogamoso[8] 왕국의 왕위 상속자도 왕위를 계승받기 전에 신전에서 7년간 금식하면서 어둠 속에 갇혀 지냈으며, 태양이나 빛을 보아서는 안 되었다. 페루 잉카족의 왕위를 계승할 왕자도 빛을 보지 않고 한 달간 금식해야 했다.

---

7 콜롬비아의 수도
8 콜롬비아 중동부 보야카주에 있는 도시. 아메리카 대륙 발견 이전 시대에는 치브차 인디언들의 성스러운 도시였다.

3. 사춘기 소녀의 격리

방금 언급한 두 가지 규칙, 즉 땅을 밟지 않는 것과 해를 보지 않는 규칙을 세계 여러 지역의 사춘기 소녀들이 개별적 혹은 집단적으로 지키고 있다는 점에도 주목할 만하다. 가령 로앙고의 토인들은 사춘기 소녀들의 맨몸이 어떤 부위든 땅에 닿지 않도록 격리된 오두막에서 지내게 한다. 남아프리카의 줄루족과 그 친족 부족의 소녀들은 사춘기의 첫 징후, 즉 초경이 나타나면 길을 걸어가거나 나뭇가지를 줍거나 밭에서 일하다가도 즉시 강으로 달려가 남자들 눈에 띄지 않도록 하루 종일 갈대숲에서 숨어 지낸다. 그리고 햇빛을 보게 되면 말라빠진 해골처럼 쪼그라든다고 믿어 햇빛이 닿지 않도록 머리를 조심스럽게 모포로 가렸다. 그녀는 해가 지면 집에 돌아와 일정 기간 오두막에서 격리생활을 한다. 니아사호[9]의 북쪽 끝에 사는 아와응콘데Awa Nkonde족에게도 소녀가 초경을 하면, 몇몇 친구 소녀들과 함께 어두운 오두막 안에 격리되는 관습이 있다. 그 오두막의 마루에는 말린 바나나 잎이 깔려 있고, 집 안에 등불을 켜서는 안 된다. 이 오두막을 '아와숭구Awasungu의 집', 즉 '심장이 없는 소녀들의 집'이라고 불렀다.

뉴아일랜드[10]에서는 사춘기 소녀들을 4~5년간 조그만 우리 안에 유폐시켜 어둠 속에서 지내게 했으며, 발로 땅을 밟고 서지 못하게 했다. 이와 관련하여 어떤 목격자는 다음과 같은 기록을 남겼다.

"나는 어떤 교사에게서 이곳 소녀들에 관한 놀라운 관습을 들은 적이 있기 때문에, 그런 소녀가 있는 집으로 안내해 달라고 추장에게 부탁했다. 그 집은 폭이 7.5미터쯤 되었는데, 갈대와 대나무로 울타리가 둘러져 있었고 대문 입구에는 새끼줄을 쳐서 그 집이 엄격하게 터부시되어 있음을 나타냈다. 대문 안쪽에는 높이 약 4미터 정도에 바닥의 직경이 약 5미터 내지 6미터쯤 되며 밑에서 2미터쯤부터 꼭대기로 올라갈수록 작아지는 원추형 구조물이 세 채 있었다. 이 우리의 둘레에는 판다누스나무의 널찍한 잎을 조밀하게 엮어서 다닥다닥 붙여 놓았다. 그래서 빛이 전혀 안으로 들어갈 수 없게 해 놓았고 공기도 거의 통하지 않을 것 같았다. 각각의 우리마다 한쪽에만 입구가 나 있었고, 거기에는 야자나무 잎과 판다누

---

9 동아프리카에 있는 동아프리카 지구대地溝帶의 호수들 가운데 남쪽 끝에 있는 세 번째로 큰 호수
10 뉴기니아 열도 동쪽에 위치한 비스마르크 제도의 동북쪽 구석에 있는 섬

스 나뭇잎으로 만든 겹문짝이 달려 있었다. 지상 1.5미터 정도에는 대나무로 된 평상이 걸쳐 있었고 그것이 마루 역할을 하고 있었다. 이 우리에 각기 소녀 한 명씩 유폐되는 것이다. 그 소녀들은 적어도 4년에서 5년 동안은 일절 외출이 금지된 채 오직 그 안에서만 지내야 했다. 나는 이런 이야기를 들었을 때 처음에는 도무지 믿어지지 않았다. 사실이라고 믿기엔 너무 끔찍한 일이었기 때문이다. 어쨌든 나는 추장에게 우리 안을 보고 싶으며, 소녀들에게 목걸이를 선물로 주고 싶다고 말했다. 그러자 추장은 소녀들과 면담하는 것은 터부이며, 가까운 친족 외에는 허락할 수 없다고 대답했다. 하지만 소녀들에게 선물로 줄 목걸이에 마음이 동했는지, 추장은 문짝을 열 수 있는 유일한 사람인 한 노파를 불러오게 했다. 그 노파가 도착하기를 기다리는 동안에, 무언가를 거부하거나 혹은 공포심을 표현하는 듯 추장에게 불평을 늘어놓는 소녀들의 말소리가 들려왔다. 마침내 노파가 나타났는데, 썩 기분이 좋지 않은 표정이었고, 소녀들과 면담시켜 주라는 추장의 요구에 따를 의사가 별로 없는 듯이 보였다. 노파는 우리 일행을 탐탁지 않게 여겼던 것이다. 하지만 결국 추장의 명령을 거역할 수는 없었던 모양인지 문을 따 주었다. 소녀들은 구멍을 통해 우리가 있는 쪽을 내다보면서 목걸이 선물을 받아도 좋다는 추장의 말을 듣자 내게 손을 내밀었다. 그러나 나는 일부러 간격을 두고 앉은 채 소녀들에게 목걸이가 보일 정도로만 손을 내밀었다. 소녀들을 바깥으로 완전히 나오도록 유인하여 우리 내부를 자세히 관찰하고 싶었기 때문이다. 하지만 나의 의도는 뜻밖의 문제로 난관에 부딪혔다. 왜냐하면 소녀들이 우리에 유폐돼 있는 동안에는 절대 발로 땅을 밟아서는 안 되었기 때문이다. 하지만 그녀들은 목걸이를 받고 싶어 했다. 그러자 노파가 밖으로 나가 나뭇가지나 대나무 조각들을 듬뿍 가지고 왔다. 노파는 그것들을 땅바닥에 깔아 놓고 한 소녀에게 다가가 그녀가 나뭇가지 위를 밟도록 부축하면서 목걸이를 받을 수 있는 거리까지 데리고 나왔다. 그래서 나는 소녀들이 나온 우리의 내부를 관찰하기 위해 안으로 들어갈 수 있었다. 그런데 그 안의 공기는 너무도 무덥고 숨이 막힐 지경이어서 머리조차 들이밀 수 없을 정도였다. 하지만 내부는 청결했고 물을 넣어 주기 위한 대통이 두어 개 놓여 있을 뿐이었다. 방은 대나무 평상 위에 겨우 앉거나 누울 수 있을 정도의 넓이밖에는 되지 않았다. 아마 문을 닫으면 그 안은 캄캄해질 것임에 틀림없었다. 소녀들은 매일 한 번씩 우리 옆에 놓인 물통에서 목욕을 하기 위해 밖으로 나오는 것 외에는 우리 안에서 꼼짝도 할 수 없었다. 그녀들은 문자 그대로 소나기처럼 땀을 흘린다고 했다. 그녀들은 숨이 턱턱 막히는 우리 안에서 어릴 때부터 유폐되어 처녀가 될 때까지 지내지 않으면 안 되었다. 시간이 흘러 바깥으로 나오게 되면, 성대한 혼인잔치가 그녀들을 기다리고 있단다. 그중 한 소녀는 열네댓 살쯤 되어 보였는데, 추장의 말에 의하면 그녀는 유폐된 지 5년 정도 되었기 때문에 머지않아 바깥으로 나올 수 있다고 했다. 다른 두 소녀는 각각 여덟 살, 열두 살 정도로 앞으로도 몇 년 동안 더 우리에서 지내야 한다고 했다."[11]

영국령 뉴기니의 카바디 지방에서는 추장 딸들이 열두 살 내지 열세 살 정도 되면 2~3년간 오두막에 갇힌 채 무슨 일이 있건 절대 바깥으로 나올 수 없었다. 그 오두막은 햇빛이 들어갈 수 없을 정도로 단단히 밀폐되어 있었다. 북부 뉴기니 해안의 서로 인접한 두 친족 부족인 야빔Yabim족과 부카우아Bukaua족은 사춘기 소녀를 5~6주 동안 집 안방에 유폐시킨다. 이때 그녀의 몸에 부정이 옮겨 붙으면 안 된다 하여 맨바닥에 앉아서는 안 되며, 그 대신 통나무를 깔고 그 위에 걸터앉아야만 했다. 또한 발로 땅을 디뎌서는 안 되었다. 그래서 어쩔 수 없이 잠깐 외출해야 할 일이 있는 경우에는 돗자리로 몸을 감싼 다음 야자열매를 둘로 쪼개 발목에 묶어서 마치 샌들처럼 그것을 신고 걷는다.

보르네오의 오트다놈Ot Danom족은 여덟 살에서 열 살 정도 된 소녀들을 집 안의 작은 방이나 다락에 가두어 놓고 장기간 세상과의 접촉을 차단한다. 그 다락방은 집의 나머지 부분과 마찬가지로 땅 위에 기둥을 떠받쳐 세운 것인데, 후미진 구석에 작은 창구멍이 하나 나 있을 뿐 소녀는 거의 칠흑 같은 어둠 속에서 지내게 된다. 그녀는 어떤 이유에서든 심지어 가장 절박한 목적이 있다 해도 그 방을 떠나지 못한다. 소녀의 가족조차 그녀가 갇혀 있는 동안에는 아무도 그녀를 볼 수 없으며, 여자 노예 한 명만이 그녀를 시중들도록 정해져 있다. 보통 7년 동안 계속되는 이 외로운 감금생활 중에 소녀는 돗자리를 짜거나 다른 수공예 작업에 몰두한다. 그녀의 신체적 성장은 장기간의 운동 부족으로 지체되며, 성인 여자가 되어 바깥에 나올 때면 안색이 밀랍처럼 창백하다. 어쨌든 다시 바깥세상에 나오면 그녀는 마치 새로 태어난 듯이 태양과 대지와 물과 나무와 꽃들을 바

---

11 출처는 Rev. B. Danks, "Marriage Customs of the New Britain Group", in *Journal of the Anthropological Institute of Great Britain and Ireland 18*, 1889, p.284에 인용된 Rev. George Brown의 말이다.

라본다. 그때 사람들은 그녀를 위해 성대한 잔치를 베풀어 주고, 한 노예를 죽여 그 피를 발라 주었다. 예전에는 세람섬에서도 여자아이가 사춘기에 이르면 스스로 어두컴컴한 오두막 속에 들어가 생활해야만 했다.

캐롤라인 제도에 속한 야프Yap섬에서는 사춘기 소녀가 길을 가다가 초경을 하면, 땅 위에 그냥 앉아서는 안 되며 야자열매 껍질을 얻어 그것을 깔고 앉아야 한다. 또한 며칠 동안 집에서 떨어진 곳에 있는 조그만 오두막에 갇혀 지낸 다음 월경 중인 여자들을 위해 마련된 특별한 집에서 100일 동안 지내야만 한다.

토러스 해협의 마부이악섬에서는 소녀가 사춘기의 징후를 보이면 집 한 귀퉁이의 어두운 구석에 나무로 우리를 만든다. 소녀는 어깨띠와 팔찌와 무릎 바로 밑에 끼우는 발가락지와 발목 장식 따위로 단장하고 머리에는 화관을 쓰며 두 귀와 앞가슴과 등에 조개껍데기로 만든 장식물을 단 채 우리 속에서 지내게 된다. 우리의 울타리가 높아서 바깥에서는 소녀의 머리만 보인다. 이처럼 격리된 채 3개월 동안을 지내야 하며, 그동안 소녀는 햇볕을 쬐어서는 안 된다. 하지만 밤이 되면 우리에서 나올 수 있고, 그때 가족들은 그 울타리를 교체한다. 그녀는 자기 손으로 식사를 하거나 음식물에 손을 대서는 안 되며, 한두 명의 시중드는 늙은 이모가 먹여 주어야 한다. 그중 한 이모가 숲속에서 조카를 위해 특별한 불로 식사를 마련한다. 그녀는 바다거북이 번식하는 시기에는 바다거북 고기나 그 알을 먹어서는 안 된다. 그러나 채소는 무엇이든 먹어도 좋다. 한편 격리 상태가 계속되는 동안에는, 심지어 부친이라 해도 남자는 절대 우리 안에 들어가서는 안 된다. 만일 이 기간에 부친이 그 딸을 보게 되면 고기잡이에 재수가 없고, 다음 번에 카누를 탈 경우에는 그 배가 파손된다고 믿었기 때문이다.

어쨌든 이렇게 3개월이 지나면 호송인들이 그녀를 깨끗한 물이 있는 시냇가로 데리고 간다. 이때 그녀는 발이 땅에 닿지 않도록 호송인들의 어깨에 의지하여 매달려 간다. 그 주위에는 부족 여자들이 둥글게 원을 지어 따라가며 그녀를 물가까지 호송한다. 이윽고 물가에 당도하면 그녀 몸의 장식물들을 다 떼어 낸 다음 호송인들이 그녀를 물속에 데리고 들어간다. 그러면 다른 여자들이 모두 합세하여 그녀와 호송인들에게 물을 끼얹는다. 일행이 물에서 나오면 한 호송인이 풀무더기를 만들어 그 위에 그녀를 앉힌다. 그 사이에 다른 여자들은 모래톱으로 달려가 작은 게 한 마리를 잡아다가 그 발만 떼어 낸 다음 그것을 가지고 서둘러 냇가로 돌아온다. 그리고 모닥불을 피우고 거기에 게 발을 구워서 처녀에게 먹인다. 그런 다음 처녀를 새롭게 단장해서 행렬을 지어 마을로 돌아온다. 이때 처녀는 두 이모에게 손목을 잡힌 채 행렬의 중앙에서 걷는다. 마을에 도착하면 이모부들이 처녀를 인수하여 그 중 한 이모부 집으로 데리고 들어간다. 거기서 모두가 함께 식사를 하는데, 그때서야 비로소 그녀는 이전처럼 자기 손으로 음식물을 먹을 수 있다. 식사를 마친 다음에는 춤판이 벌어지는데, 이 춤판의 주인공은 그 처녀이다. 그녀는 격리 중에 시중을 들어준 두 이모의 남편들 사이에 끼어 나란히 춤을 춘다.

오스트레일리아 북부 퀸즐랜드의 케이프요크 반도에 사는 야라이칸나Yaraikanna족은 사춘기 소녀를 4∼6주 동안 혼자 살도록 한다. 이때 여자는 누구와 만나도 상관없지만 남자만은 안 된다. 소녀는 그녀를 위해 특별히 마련된 오두막에서 지내며, 항상 마룻바닥 위에 반듯이 누워 있다. 이때 그녀는 태양을 보아서는 안 되며, 그래서 해가 질 때까지 눈을 감고 누워 있어야만 한다. 그렇게 하지 않으면 콧병에 걸린다고 한다. 이 격리 기간에 그녀는 소금에 절인 음식을 일절 먹어서는 안 된다. 이를 어기면 뱀에게 목숨을 빼앗긴다고 여겼다. 그녀는 한 노파의 시중을 받으면서 나무뿌리와 참마, 물을 먹고 산다. 오스트레일리아의 몇몇 부족은 사춘기 소녀를 적당한 깊이의 흙구덩이에 묻는다. 이는 아마도 햇볕을 쬐지 못하도록 하기 위해서였을 것이다.

캘리포니아 인디언들은 초경을 한 소녀는 "어떤 특별한 초자연적인 힘을 지닌다고 믿는데, 이것이 반드시 그녀가 전적으로 부정하다든가 해롭다는 것을 뜻하는 것은 아니다. 하지만 때로는 그녀에게 나쁜 힘이 잠재되어 있다고 여겨지기도 한다. 그래서 그녀는 가족이나 공동체뿐만 아니라 이 세상 전체와 격리되었던 것이다. 이 소녀에게 가해지는 가장 강력한 금지령은 자기 주위를 둘러보아서는 안 된다는 규칙이었다. 그녀는 언제나 고개를 숙이고 있어야 하며, 세상과 태양을 보아서는 안 되었다. 그래서 어떤 부족은 그녀를 모피로 덮기까지 했다. 이와 관련된 많은 관습들은 북태평양 연안지역의 그것과 매우 비슷하다. 가령 자기 손으로 머리를 만지거나 긁어서는 안 된다는 규칙을 예로 들 수 있다. 때문에 그녀에게는 머리를 만지거나 긁는 데에 사용하는 특별한 기구가 주어졌다. 때로 그녀는 다른 사람이 먹여 주어야만 식사를 할 수가 있으며, 그렇지 않을 때는 단식을 해야 했다."

워싱턴주의 해안가에 사는 치누크Chinook족 인디언들은 추장 딸이 사춘기가 되면, 닷새 동안 사람들의 눈에 띄지 않는 곳에 거하게 한다. 그녀는 사람들을 보아서는 안 되며 하늘을 보아서도 안 되고 딸기를 따도 안 되었다. 만일 그녀가 하늘을 쳐다보면 궂은 날씨가 계속될 거라고 믿었다. 혹은 그녀가 딸기를 따게 되면 비가 내릴 것이며, 삼목으로 만든 그녀의 손수건을 전나무 위에 걸면 그 나무는 즉시 말라죽게 된다고 여겼다. 그녀는 격리된 전용 문을 통해 출입했으며, 마을에서 멀리 떨어진 냇물에서 목욕을 했다. 며칠 동안 단식을 행해야 했으며, 그보다 더 오랜 기간 신선한 음식을 먹을 수 없었다.

밴쿠버섬[12]의 아트Aht족 또는 누트카족 인디언들은 소녀가 사춘기에 접어들면 그녀를 집 안의 복도 같은 곳에 거하게 한다. 그리고 그곳에 햇빛과 기타 일체의 불빛이 들어오지 못하도록 빙 둘러가며 돗자리로 완전히 덮는다. 소녀는 그런 우리 안에서 여러 날을 지내야 한다. 이때 물 외에는 어떠한 음식도 주지 않는다. 이러한 소녀의 격리 기간이 길어지면 길어질수록 그것은 소녀의 부모에게 큰 영예가 된다. 그러나 격리 기간에 소녀가 불빛이나 햇빛을 본 적이 있다는 것이 알려지면 그녀는 평생 불명예를 안고 살아가게 된다. 이 소녀를 가려 놓은 병풍에는 신화적인 뇌신조雷神鳥[13]가 그려져 있다. 그녀는 격리 기간에 움직이거나 누워서도 안 되며, 하루 종일 쭈그리고 앉아 있어야만 한다. 자기 손으로 머리를 만져서도 안 되고, 오직 그 용도를 위해 만들어진 빗이나 혹은 뼈 조각으로만 머리를 긁을 수 있었다. 몸을 긁으면 흉터가 남는다고 믿었기 때문에 그것도 금지되었다. 이런 과정을 거쳐 성인이 된 다음에도 8개월 동안은 모든 신선한 음식, 그중에서도 특히 연어를 먹어서는 안 된다. 음식을 먹을 때는 혼자 먹어야만 하며, 전용 접시나 잔을 사용해야만 한다.

브리티시컬럼비아의 체차우트Tsetsaut족은 사춘기 소녀에게 커다란 모피 족두리를 씌우고, 그것으로 얼굴까지 뒤덮어 햇볕을 막도록 했다. 만일 그녀의 얼굴이 태양이나 하늘에 노출되면 비가 내린다고 여겼기 때문이다. 아울러 족두리는 그녀의 얼굴에 불이 닿지 못하도록 막아 주는 기능도 했다. 그녀의 얼굴에 불이 닿아서는 안 되기 때문이다. 그녀는 손을 감추기 위해 장갑을 끼고 있으며, 입 안에는 짐승 이빨을 물고 있었다. 이는 그녀의 이빨 속이 텅 비어 움푹 파이지 않도

---

12 캐나다 브리티시컬럼비아주 남서부의 섬
13 북아메리카 인디언들이 천둥을 일으킨다고 믿었던 신화적인 큰 새

록 하기 위해서였다. 만일 그녀의 얼굴에 검은 칠이 되어 있지 않다면, 그녀는 1년 내내 피를 보아서는 안 된다. 이를 어기면 장님이 된다고 믿었다. 그녀는 2년 동안 족두리를 쓴 채 오두막에서 혼자 지내야 한다. 다만 그 기간에 다른 사람을 만나는 것은 허용된다. 이렇게 2년이 지나면 한 사나이가 그녀의 족두리를 벗겨 던져버린다.

브리티시컬럼비아의 빌쿨라Bilqula족 혹은 벨라쿨라Bella Coola족은 사춘기 소녀를 헛간에 격리시킨다. 그녀의 침실 역할을 하는 헛간에는 별도의 화로가 마련되어 있다. 그녀는 자기 집 안방에 들어갈 수 없으며, 거실의 가족 화로 옆에 앉아서도 안 된다. 나흘 동안 꼬박 그녀는 앉은 자세로 꼼짝 않고 있어야 한다. 그녀는 이 기간에 단식을 해야 한다. 하지만 이른 새벽마다 그녀에게 약간의 음식과 마실 것이 주어진다. 이렇게 나흘간의 격리 기간이 끝나면 그녀는 헛간을 떠날 수 있다. 그러나 이때 그녀는 마루를 뚫어 만든 출입구를 사용해야만 한다. 이들의 집은 여러 개의 말뚝 위에 세워져 있기 때문이다. 하지만 아직 안방에는 들어갈 수 없다. 또한 집을 나설 때는 햇빛을 가리기 위해 족두리를 써야 한다. 만일 햇빛이 그녀 얼굴에 비치면 눈병이 생긴다고 여겼다. 산에서 딸기를 따는 것은 괜찮지만, 1년 동안 강가나 바닷가 근처에 가서는 안 된다. 만일 그녀가 신선한 연어를 먹으면 미쳐 버리거나 입이 뾰족해진다고 여겼다.

알래스카의 틀링깃족 혹은 콜로시Kolosh족 인디언들은 소녀가 처녀티를 보이면 보통 오두막이나 우리 안에 가둔다. 그곳은 조그만 환기 구멍만 빼 놓고 철저히 폐쇄되며, 소녀는 이 어둡고 불결한 오두막에서 불씨도 없고 꼼짝도 하지 못한 채 이야기를 나눌 사람도 없이 1년 동안 갇혀 지내야 한다. 오직 어머니와 한 여자 노예만이 그녀에게 음식물을 가져다줄 뿐이다. 그 음식물은 조그만 창 옆에 놓인다. 그녀는 이 음식물을 흰머리독수리의 날개뼈로만 먹어야 한다. 후에 어떤 곳에서는 이 격리 기간이 6개월에서 3개월 혹은 그 이하로 단축되었다. 그녀는 하늘을 쳐다보지 못하도록 긴 차양이 달린 모자를 써야 했으며, 그녀가 하늘을 보면 하늘이 오염된다고 여겼다. 그녀의 머리 위에 태양이 비쳐서는 안 되었다. 그녀의 시선은 물건들을 돌로 바꿔 버리며, 사냥꾼과 어부와 도박꾼에게 불운과 재난을 안겨준다고 믿었다. 이런 유폐 기간이 끝나면 그녀가 입었던 낡은 옷을 불태우고 새 옷으로 갈아입으며, 잔치가 베풀어졌다. 이때 소녀의 아랫입술을 입과 평행이 되도록 칼로 길게 쨴 다음, 틈이 벌어지도록 하기 위해 거기에 나뭇조각이나 조개껍데기를 끼워 넣었다. 알래스카의 에스키모 종족에 속한 코니악 Koniag족은 사춘기 소녀를 아주 작은 오두막에 집어넣고 6개월 동안 그곳에 엎드려 있게 한다. 6개월이 지나면 오두막을 약간 넓혀 그녀가 허리를 펼 수 있게 한다. 그렇게 앉은 자세로 다시 6개월을 더 보내야 한다. 그 기간 중에 소녀는 부정한 존재로 간주되었으므로 어느 누구도 그녀와 교제해서는 안 되었다.

파라과이 국경 부근의 남부 브라질에 사는 과라니Guarani족은 소녀가 초경을 하면 숨 쉴 구멍만 남기고 그녀를 아예 큰 자루 속에 넣고 꿰맨다. 마치 시체를 싸맨 포대기 속에 갇힌 채, 그녀는 월경이 계속되는 2~3일 동안 그대로 방치된다. 그동안 그녀는 아무것도 먹을 수 없다. 그런 다음 그녀는 한 노파에게 넘겨진다. 그 노파는 소녀의 머리카락을 잘라 버리는데, 머리카락이 다시 자라서 귀를 덮을 수 있을 때까지는 어떤 종류의 고기도 먹지 못하도록 한다. 이와 유사한 경우로 볼리비아 동남부의 치리과노Chriguano족[14]은 소녀를 자루 속에 넣고 1개월 동안 오두막 천장에 매달아 둔다. 2개월째 되면 그 자루를 천장에서 절반쯤 아래로 끌어내린다. 3개월째가 되면 몽둥이를 든 노파들이 오두막에 들어와 소녀에게 상처 입힌 뱀을 사냥하는 거라고 말하면서 마구 닥치는 대로 때려 부순다.

그란차코의 인디언 부족인 마타코Mataco족 혹은 마타과요Mataguayo족도 사춘기 소녀에게 일정 기간 격리생활을 하게 한다. 그녀는 오두막 한구석에 나뭇가지 따위로 몸을 덮은 채 누워서, 아무도 보지 않고 아무와도 말하지 않는다. 이 기간에는 고기도 생선도 먹어서는 안 된다. 그동안 한 남자가 집 앞에서 북을 두드린다. 동부 볼리비아의 인디언 부족인 유라카레Yuracare족은 소녀에게 초경이 나타나면, 그녀의 아버지가 집 근처에 종려나무 잎으로 조그만 오두막을 짓는다. 아버지는 그 안에 딸을 격리시켜 햇빛을 보지 못하게 하며, 그녀는 나흘간 엄격하게 단식하면서 그곳에서 지내야만 한다.

영국령 기아나[15]의 마쿠시Macusi족[16]은 소녀가 초경의 징후를 보이면, 그녀를 자루에 싸서 오두막 꼭대기에 매단다. 처음 며칠간 소녀는 낮에는 자루에 매달린 채 지내고 밤에는 자루에서 내려와 불을 지피고 그 옆에서 밤을 지새운다. 그렇게 하지 않으면 목과 목구멍, 신체의 기타 부위에 종기가 난다고 한다. 월경량

---

14 볼리비아 남서부 산지의 경사면에 사는 구아라니족 계통의 인디언
15 현재는 남아메리카 북부의 나라 가이아나
16 브라질과의 국경인 사반나 지대에 사는 카리브어족 계통의 인디언

이 점점 더 많아지면 그녀는 엄격하게 금식을 해야 한다. 그러다가 월경이 끝나 가면 자루에서 내려와 오두막 안의 가장 어두운 구석에 그녀를 위해 만들어 놓은 작은 칸막이 방에서 지낸다. 아침이 되면 음식을 만들어 먹는데, 이때 그녀만을 위한 별도의 불과 전용 그릇을 사용해야 한다. 이렇게 열흘쯤 지낸 뒤 주술사가 와서 주문을 외우고 그녀의 몸과 그녀가 접촉한 귀중품들에 입김을 불어 넣어준다. 그래야 초경의 마법이 풀린다고 여겼던 것이다. 그리고 그녀가 사용한 냄비와 물그릇을 깨뜨려 땅에 묻는다. 초경 뒤 최초의 목욕을 하고 난 다음 그녀의 어머니는 가는 회초리로 딸을 때리는데, 이때 그녀는 울음소리를 내서는 안 된다. 두 번째 월경이 끝난 다음에도 매를 맞으며, 그 이후로는 맞지 않는다. 이리하여 그녀는 이제 '정결'해졌다고 인정받으며, 다른 사람들과 어울릴 수 있게 된다. 기아나의 다른 인디언들은 소녀를 자루에 싸서 한 달간 오두막 꼭대기에 매달아 놓은 다음, 물리면 매우 아픈 큰 개미 떼에게 노출시킨다. 이렇게 개미한테 물리도록 하는 것과 더불어 때로는 자루에 싸 높이 매달려 있는 동안에 아무것도 먹지 못하게 함으로써 그녀가 자루에서 내려올 즈음이면 피골이 상접하게 된다.

힌두족 소녀가 사춘기에 이르면, 나흘간 캄캄한 방에 가두어 놓고 절대 태양을 보지 못하도록 한다. 그녀는 오염된 부정한 존재로 간주되기 때문이며, 아무도 그녀를 만져서는 안 된다. 그녀의 음식은 삶은 쌀, 우유, 설탕, 두부, 소금을 치지 않은 타마린드tamarind[17]콩 따위로 한정되어 있었다. 닷새째 아침이 되면 남편이 있는 다섯 명의 아낙네들이 그녀를 부축하여 근처 웅덩이까지 데려간다. 거기서 소녀의 몸에 인도산 심황수를 바른 다음, 모두 함께 목욕을 하고 집으로 돌아온다. 소녀가 지냈던 방의 돗자리와 그 밖의 물건들은 모두 다 내다 버린다. 벵골의 라르히Rarhi족 브라만들은 사춘기 소녀를 혼자서 지내도록 강제하며, 절대 남자의 얼굴을 보지 못하게 한다. 소녀는 사흘간 캄캄한 방에 격리된 채 몇 가지 시련을 겪어야 한다. 이 기간에 생선과 고기와 과자 따위는 먹을 수 없으며, 쌀과 버터기름만으로 연명해야 한다. 말라바르의 티얀Tiyan족은 초경한 날부터 나흘간 소녀를 부정한 존재로 간주한다. 이 기간에 그녀는 집 북쪽에서 어린 야자잎 화환으로 장식된 방에서 특별한 풀 돗자리 위에서 자야 한다. 이때 다른 소녀 한 명이 그녀 옆에서 함께 자도록 되어 있었다. 하지만 그녀는 그 밖의 다른 사람이나

---

17 본서 제9장 옮긴이 주 41번 참조

나무, 식물과 접촉해서는 안 되며, 하늘을 보아서도 안 된다. 만일 그녀가 까마귀나 고양이를 보게 되면 그녀에게 재앙이 찾아온다고 여겼다. 그녀의 먹을 것은 터부시되지 않는 채소나 타마린드 콩 혹은 고추 따위로 엄격히 한정되어 있었다. 그녀는 악령을 내쫓기 위해 칼로 무장했으며, 그래서 항상 돗자리 위에 혹은 몸에 칼을 지니고 있었다.

캄보디아에서는 사춘기 소녀에게 모기장을 씌워 침대에 눕혀 놓고 100일 동안 지내게 한다. 그러나 보통은 나흘이나 닷새 혹은 스무 날이면 족하다고 여긴다. 더운 날씨에 촘촘한 모기장 그물로 덮어 놓는 것만으로도 충분한 시련이 되기 때문이다. 어떤 설명에 의하면, 사춘기를 맞은 캄보디아 소녀는 "어두운 그늘 속에 들어간다"고 말한다. 가문의 계급과 지위에 따라 며칠에서 몇 년까지 계속되는 격리 기간에 그녀는 외간 남자의 눈에 띄어서는 안 되며, 고기나 생선을 먹어서도 안 되는 등의 많은 규칙을 지켜야 한다. 그녀는 아무 데도 가지 못하며 심지어 절 탑을 보러 갈 수도 없었다. 그러나 일식 때만은 격리 상태가 중단된다. 그때 그녀는 바깥에 나가 천체를 이빨로 깨물어 일식을 일으킨다고 여겨지는 괴물에게 치성을 드린다. 이처럼 격리 규칙을 깨고 일식 때에 한하여 외출이 허용하는 것은, 그들이 성년을 맞이한 소녀들에게 태양을 쳐다보지 못하게 한 금지 규정을 얼마나 문자 그대로 해석했는지를 보여 주는 사례라 할 수 있다.

우리는 이와 같이 널리 분포되어 있는 미신이 전설과 민담 속에 그 흔적을 남기지 않았을까 기대해 볼 만하다. 사실이 그랬다. 고대 그리스의 다나에Danae 설화[18]도 그런 흔적을 보여 준다. 그녀의 아버지는 딸을 지하방 혹은 놋쇠로 만든 탑에 감금했는데, 거기에 황금빛 소나기로 변신한 제우스가 접근하여 아이를 임신하게 했다고 한다. 시베리아의 키르기스Kirghiz족 시조 신화도 이것과 유사하다. 어떤 칸Khan에게 아리따운 딸이 있었는데, 그는 다른 남자들이 딸을 보지 못하도록 딸을 검은 쇠 집에 가두어 놓았다. 한 노파가 그녀를 돌보았는데, 성년이 되자 그녀가 노파에게 물었다. "할머니는 어디를 그렇게 자주 가시는 거예요?" 노파가 이렇게 대답했다. "공주님, 바깥에는 밝은 세상이 있답니다. 그 밝은 세

---

18 다나에는 아르고스 왕 안크리시오스의 딸인데, 왕은 그녀의 아들이 자기를 죽일 것이라는 신탁을 들었다. 그래서 다나에를 밀폐된 탑 속에 가두었던 것이다. 그러나 그녀의 애인 제우스가 황금빛 소나기로 변신하여 그녀를 만나는 데에 성공한다. 이 둘 사이에 태어난 아들 페르세우스는 후에 원반 던지기 시합을 하던 중 우연히 안크리시오스 왕을 죽이고 만다.

「다나에」 구스타프 클림트, 1907

상에 아버지와 어머니가 살고 많은 사람들이 살지요. 내가 가는 곳은 바로 거기랍니다." 이에 처녀가 "착한 할머니, 아무한테도 말하지 않을 테니까, 그 밝은 세상을 내게 보여 주세요"라고 말했다. 그래서 노파는 처녀를 데리고 검은 쇠 집 바깥으로 나갔다. 그러나 밝은 세상을 보자 처녀는 비틀거리다가 기절하고 말았다. 그때 신의 시선이 그녀에게 닿아 처녀를 임신시켰다. 이에 성난 아버지는 처녀를 황금 궤짝에 넣어 망망대해로 떠내려 보냈다(동화의 나라에서는 황금도 물에 뜰 수 있다). 전술한 그리스 신화의 황금빛 소나기와 키르기스족 신화에 나오는 신의 시선은 모두 햇빛과 태양을 상징한다고 보인다. 여자가 태양에 의해 임신한다는 관념은 신화 속에서는 흔히 등장하는데, 우리는 그 흔적을 결혼 관습에서도 찾아볼 수 있다.

4. 사춘기 소녀의 격리 이유

이처럼 사춘기 소녀에게 공통적으로 부과되었던 여러 제약의 동기는 원시인들이 경혈에 대해 일반적으로 품고 있던 뿌리 깊은 공포에 있다. 그들은 항상 경혈을 두려워했으며, 특히 초경 때는 더욱 그랬다. 따라서 초경을 하는 소녀에게 가해진 제약은 보통 그 신비로운 출혈이 뒤이어 반복될 때 지켜야 할 어떤 규칙보다도 더 엄격했다. 이런 공포와 거기에서 생겨난 여러 관습들에 관해서는 본서의 서두에서 몇몇 사례들을 언급한 바 있다. 초경 현상이 원시인들의 심리에 주기적으로 불러일으킨 공포감은 그들의 생활과 제도에 깊은 영향을 미쳤다. 따라서 좀 더 풍부한 사례들을 통해 이 주제를 예증할 필요가 있다.

예컨대 오스트레일리아 남부의 인카운터베이Encounter Bay족에게는 다음과 같은 미신이 있다. "그들은 여자를 월경병[19] 때마다 집에서 격리시켰다. 그때 만일 젊은 남자나 소년이 다가오면 여자는 소리를 지른다. 그러면 그는 즉시 오던 길로 뒤돌아서서 여자를 피한다. 만일 여자가 이런 의무를 게을리 하면 질책을 당했으며, 때로는 그 남편이나 가장 가까운 친척한테 심한 매질을 당하기도 했다. 왜냐하면 소년들은 어릴 때부터 경혈을 보게 되면 젊어서 머리가 희어지고 정력

---

19 월경을 일종의 병으로 보는 관념이 흥미롭다.

이 쇠약해진다는 말을 들으며 자랐기 때문이다." 중앙오스트레일리아의 디에리 족은 만일 여자가 이 기간에 생선을 먹거나 또는 강에서 목욕을 하면, 물고기들 이 다 죽을 것이며 강물이 말라 버릴 거라고 믿었다. 같은 지역의 아룬타Arunta족 은 월경 중인 여자가 남자와 여자들이 모두 좋아하는 주요 식량인 '이리아쿠라 irriakura' 뿌리를 채집하는 것을 금지한다. 그들은 여자가 이 규칙을 어기면 그 식 물의 공급이 끊어지게 될 거라고 여겼다.

오스트레일리아의 다른 몇몇 부족들은 월경 중인 여자를 더욱 엄격하게 격리 시킨다. 즉, 그녀들을 질책하거나 매질하는 것 이상으로 심한 형벌을 가하는 것 이다. 와켈부라Wakelbura족에게는 막사에 관한 특별한 규칙이 있었다. 예컨대 월 경 중인 여자는 남자와 같은 길을 통해 막사로 들어가서는 안 된다. 만일 이를 어 겼다가는 큰 막사 안에서 사형을 당하게 된다. 이렇게 하는 이유는 그들이 월경 중인 여자를 두려워했기 때문이다. 월경 중인 여자들은 막사에서 최소한 800미 터 이상 떨어진 곳에 완전히 격리된다. 그들은 월경 상태에 있는 여자의 허리둘 레에 그녀의 토템 나뭇가지를 묶어 항상 감시하며 호위했다. 어떤 남자든 재수 없게 월경 중인 여자를 보게 되면, 죽음을 면치 못하게 될 것이라고 믿었던 것이 다. 그런 여자가 남자 앞에 자기를 내보이면 그녀는 사형에 처해진다. 월경이 끝 나고 보통 상태를 회복하게 되면, 그녀는 몸에 붉은색과 흰색을 칠하고 머리에는 깃털을 꽂은 채 막사로 돌아온다.

토러스 해협의 제도 가운데 하나인 무랄루그섬에서는 월경 중인 여자는 어떠 한 해산물을 먹어서도 안 된다. 이를 범하면 고기가 잡히지 않는다고 여겼기 때 문이다. 뉴기니 서부의 갈레라에서는 월경 중인 여자가 연초 밭에 들어가서는 안 된다. 이를 어기면 연초가 병든다고 믿었다. 수마트라의 미낭카바우족은 월경 중 인 여자가 논 근처에 가면 작황을 망친다고 믿는다.

남아프리카의 부시먼족은 월경 중이라 엄격히 격리되어야 할 때에 여자가 남 자를 한번 흘깃 쳐다보기만 해도 그 남자는 당시 어떤 자세로 있건 간에 그 자세 로 돌같이 굳어 버리며, 그 손에 무엇을 가지고 있건 모조리 말하는 나무로 변해 버린다고 믿었다. 소를 사육하는 남아프리카의 여러 부족들은 만일 월경 중인 여자가 소젖을 마시면 그 소가 죽는다고 여겼다. 또한 그 피가 한 방울이라도 땅 에 떨어져 그 위로 소가 지나가도 동일한 재앙이 일어난다고 믿었다. 그런 재앙 을 피하기 위해 월경 중인 여자들뿐만 아니라 모든 여자들은 외양간 근처에도 가지 못하게 했다. 게다가 여자들은 마을에 들어오거나 오두막에서 다른 오두막으로 이동할 때에도 일반인과는 다른 통로를 이용해야만 했다. 또한 여자들은 소가 서 있거나 누워 있는 마을 중앙의 광장을 피해 오두막 뒤편으로 빙 둘러 가지 않으면 안 되었다. 모든 카프레족 마을에는 그와 같은 여자 전용 길이 도처에 있었다.

바간다족 사이에서도 월경 중인 여자는 소젖을 마시거나 소젖이 들어 있는 그릇을 만져서는 안 된다. 그뿐만 아니라 그녀들은 남편의 소지품에 일절 손을 대어서는 안 되며, 남편의 돗자리 위에 앉아서도 안 되고, 남편의 음식을 요리해서도 안 된다. 월경 중인 여자가 남편의 물건에 손대는 행위는 곧 남편의 죽음을 바라는 것과 진배없으며, 혹은 실제 그런 결과를 의도하는 주술로 간주되었기 때문이다. 만일 그녀가 어떤 것이건 남편의 소유물을 만지면, 그는 틀림없이 병에 걸린다고 여겼다. 또한 그녀가 남편의 무기에 손을 대면, 그는 다음 싸움에서 반드시 죽게 된다고 믿었다. 같은 이유로 바간다족은 월경 중인 여자가 우물가에 가지 못하도록 금했다. 만일 이를 어겼을 때는 그녀가 고백을 하고 주술사가 그녀의 죄를 다스리지 않는 한 우물이 마를 것이며, 그녀도 병에 걸려 죽는다고 여겼다. 영국령 동아프리카의 아키쿠유Akikuyu족은 마을에 새 집을 세운 다음 그 집의 주부가 최초의 불을 지핀 날에 우연히 월경을 하면, 다음 날 즉시 그 집을 파괴한다. 그 여자는 절대 이튿날 밤에 그 집에서 잠을 자서는 안 되었기 때문이다. 만일 이를 어기면 그녀와 집이 저주를 받게 될 거라고 믿었다.

『탈무드Talmud』[20]의 가르침에 의하면, 여자가 월경 초기에 두 남자 사이를 통과하면 그중 한 남자가 죽게 된다고 한다. 레바논 농민들은 월경 중인 여자는 온갖 재앙의 원인이 된다고 믿는다. 가령 그녀의 그림자는 꽃을 시들게 하거나 나무를 말라죽게 하며, 뱀도 꼼짝 못하게 만든다고 믿었다. 만일 그녀가 말을 타면 그 말이 죽거나 적어도 오랫동안 탈 수 없게 된다는 것이다.

오리노코강의 과이퀴리Guayquiry족은 월경 중인 여자가 밟는 것은 무엇이든 죽게 되며, 그녀가 통과한 길을 남자가 지나가면 즉시 발이 퉁퉁 붓는다고 믿었다. 코스타리카의 브리브리족 인디언들 사이에서 월경 중인 기혼 여성은 접시 대신

20　히브리어로 '연구' 혹은 '배움'이라는 뜻. 유대교에서 『토세프타Tosefta』를 비롯한 구전 율법 모음 및 3세기 초에 완성된 법전 『미슈나Mishna』에 대한 학문적 해설과 주석. 『바빌로니아 탈무드』와 『팔레스타인 탈무드』의 두 종류가 있다.

오직 바나나 잎만을 사용해야 하며, 사용한 다음에는 그것을 외딴 곳에 버려야 한다. 만일 소가 그것을 먹게 되면 쇠약해져서 마침내 죽게 될 거라고 믿었다. 또한 그녀는 특별한 전용 그릇으로만 물을 마셔야 하는데, 만일 다른 사람이 그 그릇으로 물을 마시면 시름시름 앓다가 죽게 된다고 여겼다.

북아메리카 인디언의 많은 부족들은 흔히 월경 중인 여자를 부정하다고 여겨 그 기간에는 집이나 마을에서 격리시켜 특별히 세워진 오두막에서 지내게 한다. 거기서 그녀들은 혼자서 먹고 자고 불을 지피며, 남자와의 교제는 엄격히 통제되어 별거해야만 한다. 그래서 남자들은 마치 역병 걸린 사람을 대하듯 그녀들을 멀리한다. 예컨대 아메리카의 크리크족 인디언과 그 친족 부족들은 월경 중인 여자를 마을에서 떨어진 오두막에 격리시킨다. 그녀들은 거기서 적에게 위협받거나 살해당할 위험을 무릅쓰고 혼자 지내지 않으면 안 된다. 그 기간에 그녀들에게 접근하는 일은 '가장 공포스럽고 위험한 오염'이라고 여겼다. 만일 적이 그녀를 죽이면 그 위험이 적들에게도 미치게 된다. 그들이 그런 오염을 정화하기 위해서는 어떤 신비스러운 약초와 뿌리를 먹어야만 한다. 브리티시컬럼비아의 스첼리스Stseelis족 인디언들은 월경 중인 여자가 화살을 뛰어넘으면 그 화살은 전혀 쓸모없게 되어 버리며, 화살 소유자는 죽게 된다고 믿었다. 또한 총을 들고 있는 사냥꾼 앞을 그녀가 지나가면, 그 총이 쓸모없게 되어 버린다고 여겼다.

허드슨만 지역의 치프웨이Chippeway족[21] 인디언과 그 밖의 인디언 부족들 사이에서도 월경 중인 여자는 집에서 나가 나뭇가지로 만든 오두막에서 지내야 한다. 그녀들은 머리와 가슴까지 감추는 긴 두건을 쓰며, 살림 도구나 남자가 사용하는 일체의 연장을 만져서는 안 된다. 그런 것들을 만진다는 것은 곧 그 물건을 부정 타게 함으로써 향후 그것을 사용하면 병이나 죽음의 재난이 닥친다고 믿었다. 그녀들은 물을 마실 때 백조의 뼈를 사용해야만 하며, 일반인들이 걷는 길을 걸어서도 안 되며, 짐승들이 다니는 길을 걸어서도 안 된다. 얼어붙은 강물이나 호수를 건너서도 안 되며, 남자들이 비버를 사냥하는 곳이나 어망을 쳐 놓은 곳에 가까이 가서도 안 된다. 그랬다가는 사냥이나 어획이 실패한다고 믿었던 것이다. 또한 이 기간에 그녀들은 어떤 동물이라도 그 머리를 먹어서는 안 되며, 사슴이

---

21 허드슨만에서 그레이트 슬레브 호수에 걸친 지역 및 알바타주 북부의 북극권에 인접한 지역에 거주하는 인디언

나 고라니, 비버, 그 밖의 여러 짐승들의 머리가 최근에 썰매라든가 등짐 따위로 운반된 길을 지나가거나 가로질러 가서도 안 된다. 이를 범한 죄는 가장 중대한 죄로 취급받는다. 왜냐하면 그랬다가는 앞으로 사냥 나갈 때 지금까지 거둔 성공을 방해하는 원인이 된다고 굳게 믿기 때문이다. 이와 마찬가지로 라프족도 어부들이 흔히 생선들을 늘어놓는 해변에 월경 중인 여자가 지나가지 못하도록 금한다. 베링 해협의 에스키모들은 사냥꾼이 월경 중인 여자에게 접근하면 사냥을 성공하지 못한다고 믿는다. 같은 이유로 캐리어Carrier족 인디언들도 월경 중인 여자가 짐승들이 지나다니는 길을 횡단하지 못하도록 금한다. 꼭 필요한 경우에는 들것을 타고 지나가도록 한다. 그녀가 강물이나 호수를 건너면 물고기들이 전부 죽는다고 믿었다.

유럽의 문명화된 여러 민족들 사이에도 여성의 불가사의한 월경 상태를 둘러싸고 미개인들의 그것에 못지않게 기이한 속신들이 많이 존재한다. 가령 플리니우스의 『박물지Natural History』와 같은 가장 오래된 백과사전에서도, 월경에서 비롯된다고 예상되는 위험의 항목이 미개인들의 그것보다 훨씬 더 많이 나온다. 플리니우스에 의하면, 월경 중인 여자와 접촉하게 되면 포도주가 식초로 변하고, 농작물이 말라죽고, 묘목이 시들고, 정원이 황폐해지고, 과일이 나무에서 떨어지고, 거울이 흐려지고, 면도칼이 망가지고, 쇠와 놋쇠가 녹슬고(특히 그믐달이나 초승달처럼 달이 기울 때), 꿀벌이 죽거나 혹은 벌집에서 내쫓기고, 암말이 유산한다는 식이다. 마찬가지로 유럽의 여러 지방에서는 지금까지도 월경 중인 여자가 술창고에 들어가면 맥주가 시어진다고 믿는다. 그녀가 맥주나 포도주 혹은 식초나 우유 따위와 접촉하면 그것들이 몽땅 상하거나 썩어 버린다는 것이다. 그녀가 잼을 만들면 그것도 오래가지 못한다고 여겼다. 그녀가 암말을 타면 그 말이 유산하게 될 것이며, 꽃봉오리를 만지면 시들고, 벚나무에 오르면 그 나무가 말라죽는다고 여겼다. 브룬스윅의 주민들은 돼지를 도살할 때 월경 중인 여자가 거들면 고기가 썩는다고 믿었다. 그리스의 칼림노스섬에서는 월경 중인 여자가 우물물을 길어서도 안 되며, 냇물을 건너가도 안 된다. 그녀가 배를 타면 폭풍우가 일어난다고 여겼던 것이다.

이처럼 월경 중인 여자를 격리하는 목적은, 그 기간에 그녀가 발산한다고 하는 위험한 힘을 중화하는 데에 있었다. 그런 위험은 특히 초경 때에 강하다고 여겼다. 그 시기에 소녀를 격리하는 기이한 예방 조치들을 보면 이 점은 명약관화해진다. 그러한 예방 조치 가운데 두 가지는 앞서 많은 사례들을 통해 살펴보았다. 즉, 초경의 소녀가 땅과 접촉해서는 안 된다는 규칙과, 태양을 보아서는 안 된다는 규칙이 그것이다. 이 두 가지 규칙을 준수함으로써 얻는 효과는 그녀를 하늘과 땅 사이의 중간 지점에 머물게 하는 것이었다. 남아메리카의 경우처럼 그녀를 자루 속에 넣어 천장에 매다는 것도, 뉴아일랜드의 경우처럼 그녀를 어둡고 비좁은 우리 안에 유폐하여 지면에서 격리시키는 것도, 그녀로 인해 재앙이 일어나는 것을 막는 데에 그 목적이 있었다고 볼 수 있다. 왜냐하면 땅과 태양으로부터 그녀를 차단시킴으로써 그녀의 치명적인 감염력이 위대한 생명의 원천인 땅과 태양에 해를 끼치지 않게 된다고 믿었기 때문이다. 요컨대 그녀는 전기적 용어로 말하면, 일종의 절연 상태에 놓임으로써 해를 끼치지 않게 되는 것이다.

그러나 이처럼 소녀를 격리시키고 절연하는 예방 조치에는 다른 사람들의 안전뿐만 아니라 그녀 자신의 안전에 대한 고려도 내포되어 있다. 정해진 규칙을 소홀히 하면 그녀 자신도 해를 입게 될 거라고 여겼기 때문이다. 그래서 앞서 살펴보았듯이 줄루족 소녀들은 사춘기가 되었을 때 햇빛이 자신에게 비치면 해골처럼 쪼글쪼글해진다고 믿었으며, 마쿠시족은 젊은 여자들이 이 금지 규칙을 어기면 그녀의 온몸에 종기가 난다고 여겼다. 간단히 말해, 사람들은 사춘기 소녀 자신과 그녀가 접촉하는 모든 사람들을 파멸할 만한 강력한 힘이 그녀에게 충전되어 있다고 믿었기 때문에, 그 소녀를 어떤 경계선 안에 가두어야 한다고 믿었던 것이다. 그러니까 모든 관련자의 안전을 위해 필요한 경계선 안에 그런 힘을 억류해 놓는 것이야말로 문제의 터부가 지닌 목적이라 할 수 있다.

신성한 왕과 사제들도 이와 동일한 규칙을 준수해야만 했는데, 그런 관습에 대해서도 우리는 같은 설명을 할 수 있다. 즉, 사춘기 소녀들의 부정함과 성스러운 인물들의 신성함은 미개인이 보기에 실질적으로 크게 다르지 않았다. 그것은 에너지 일반과 마찬가지로 좋지도 않고 나쁘지도 않은 어떤 신비한 에너지의 상이한 표현일 뿐이며, 따라서 그것을 어떻게 적용하느냐에 따라 유익한 것이 되기도 하고, 해로운 것이 되기도 한다고 여겼다. 예컨대 사춘기 소녀들이 그래야만 했던 것처럼, 신성한 인물들도 땅을 밟아서도 안 되고 태양을 보아서도 안 되었다. 이는 한편으로 그들의 신성이 땅이나 하늘과 접촉할 때 그 어느 쪽에 치명적인 파괴력을 미칠까 두려워했기 때문이다. 다른 한편으로 이는 신적 존재가 그와 같이 자신의 영험한 능력을 방출하고 나면, 그것의 적절한 수행에 백성들과 나아가 세상의 안전까지 달려 있다고 여겨지는 주술적 역할을 장차 수행할 수 없게 될까 봐 걱정했기 때문이다.

　본서의 앞부분에서 터부라는 표제하에 살펴본 규칙들의 목적도 신적 인간의 생명을 보호함과 동시에 그의 백성들과 숭배자들의 생명까지 보호하려는 데에 있었다. 귀중하면서도 위험한 신적 인간의 생명은 하늘도 땅도 아닌 그 중간에 위치할 때가 다른 어디에 있을 때보다 더 안전하고 무해할 수 있다고 여겼기 때문이다.

제61장
발데르 신화

이처럼 하늘도 아니고 땅도 아닌 그 중간에 거한다고 말할 수 있는 신이 바로 노르웨이의 발데르Balder[1]이다. 그는 선하고 아름다운 신으로서 주신 오딘Odin[2]의 아들이며, 모든 불멸의 존재 중에서 가장 지혜롭고 가장 온화하며 가장 사랑받는 신이었다. 신판 산문편 『에다Edda』[3]에 나오는 그의 죽음 이야기는 다음과 같다.

옛날 옛적에 발데르는 자기 죽음을 예고하는 듯한 불길한 꿈을 꾸었다. 이에 신들은 회의를 열어 발데르를 모든 위험에서 안전하게 수호하기로 결의했다. 그리하여 오딘의 아내 프리그Frigg[4] 여신은 불과 물, 쇠와 모든 금속, 돌과 흙, 나무와 질병과 독, 모든 네 발 달린 짐승들과 새들, 기어 다니는 생물들에게서 결코 발데르를 해치지 않겠다는 맹세를 받았다. 이로써 발데르는 불사신이 된 듯이 보였다. 그래서 신들은 그를 둘러싼 채 활을 쏘거나 도끼질을 하기도 하고 혹은 돌을 던지며 장난질을 쳤다. 하지만 그들이 어떤 짓을 해도 발데르를 해칠 수 없었다. 이에 모든 신들이 기뻐했지만, 오직 재앙의 신 로키Loki[5]만이 언짢아하면서 노파

1　노르웨이 신화의 주신 오딘과 그의 아내 프리그 사이에서 태어난 아들. 용모가 준수하고 정의로워서 신들의 사랑을 받았다. 그에 대한 전설은 위의 본문에서 프레이저가 주목한 것처럼 대부분 그의 죽음에 대한 것이다. 수동적이고 고난받는 발데르의 인물상이 그리스도에게서 영향받은 것이라고 주장하는 학자들도 있다. 그러나 12세기 중엽에서 13세기 초에 활동한 덴마크의 역사가 삭소 그라마티쿠스는 한 여자로 인해 일어난 싸움에 참전한 용사로서 발데르를 묘사한다.

2　본서 제24장 3절 본문과 옮긴이 주 31번 참조

3　『에다』는 현존하는 가장 오래된 북유럽 신화집이라 할 수 있다. 그중 발데르 신화는 1855년 이래 영국인들에게 큰 상징적 의미를 지니게 된다. 바로 그해에 매튜 아놀드가 자작시 「발데르의 죽음」에서 그의 시체를 실은 배가 피오르드를 떠나려 가면서 모든 신들의 꺼져 가는 잿불에 간헐적으로 불붙어 타오르는 장면을 환기시켰기 때문이다. 로버트 프레이저 편, 앞의 책, 795쪽 편주 참조

4　북유럽 신화에서 오딘의 아내이며, 발데르의 어머니. 결혼과 다산을 도와준다. 아이슬란드 전설에서는 자기 아들의 목숨을 구하려고 애쓰지만 실패한다. 어떤 신화에서는 프리그를 애통해하는 모성 깊은 어머니로 묘사했지만, 다른 신화에서는 그녀의 부도덕성을 강조한다. 프리그는 다른 게르만족에게도 프리야(독일)와 프레아로 알려졌다. 프리그의 이름은 영어의 'Friday(금요일)'라는 단어 속에 남아 있다.

5　북유럽 신화에 나오는 재앙의 신. 자신의 모습과 성性을 바꾸는 교활한 능력을 지녔다. 그의 아버지는 거인족 파르바우티지만, 그는 에시르 신족神族에 속한다. 로키는 위대한 신 오딘과 토르의 친구로 나오며 자신의 빈

재양의 신 로키. 그림 속의 뱀(이외르뭉간드)과 늑대(펜리르)는
그의 자식들이다.

로 변장하여 프리그에게 다가갔다. 프리그는 자기가 존재하는 모든 것들에게 발데르를 해치지 않겠다는 맹세를 받았기 때문에 신들의 무기조차 발데르를 해치지 못한다고 그에게 이야기했다. 그러자 로키가 "정말 모든 것이 발데르를 해치지 않기로 맹세했나요?"라고 물었다. 이에 프리그는 "발할라Walhalla[6] 동쪽에 겨우살이 식물이 있는데, 너무 어려 보여서 맹세를 받지 못했다우"라고 대답했다. 이 말을 들은 로키는 즉시 겨우살이가 있는 곳에 가서 그것을 뽑아 신들이 모여 있는 곳으로 가지고 갔다. 거기서 그는 눈먼 신 호데르Hother[7]가 빙 둘러선 신들 바깥에 서 있는 것을 보았다. 이에 로키가 "당신은 왜 발데르에게 아무것도 던지지 않소?"라고 물었다. 그러자 호데르는 "나는 그가 서 있는 곳을 볼 수가 없다네. 게다가 난 무기도 없어"라고 대답했다. 이에 로키는 "다른 신들이 하듯이 발데르에게 경의를 표하시오. 그가 서 있는 곳을 내가 알려주리다. 자, 이 나뭇가지를 그에게 던지시오"라고 말했다. 호데르는 로키가 시키는 대로 겨우살이를 들고 발데르에게 던졌다. 이때 겨우살이가 발데르에게 적중하여 그를 관통했고, 발데르는 쓰러져 죽었다.

이는 신들과 인간들에게 닥친 가장 큰 재앙이었다. 한동안 아무 말도 못하고 서 있던 신들이 곧 큰 소리로 슬프게 통곡했다. 그들은 발데르의 시체를 바닷가로 가져갔다. 거기에는 발데르의 배가 정박해 있었다. 그 배는 '링고른Ringhorn'이라 불렸으며, 모든 배 중에서 가장 컸다. 신들은 배를 띄워 그 위에서 발데르를 화장하고자 했으나 배는 꿈쩍도 하지 않았다. 그래서 신들은 '히로킨Hyrrockin'이라는 여자 거인을 불러왔다. 그녀는 늑대를 타고 와서 배를 힘차게 밀었다. 어찌나 세게 밀었는지 굴림대에서 불꽃이 튀고 온 땅이 흔들릴 정도였다. 그러고 나서

틈 없는 계획으로 그들을 돕지만 가끔 그들과 자신에게 탱흑스럽고 곤란한 일들을 일으킨다. 그는 또한 신들의 적으로 등장하여 초대받지 않은 신들의 연회에 들어가 그들의 음료를 요구하기도 한다. 그는 발데르 신의 죽음을 초래한 주원인이 되었으며 그로 인해 바위에 묶이는 벌을 받게 되는데, 이런 점에서 그리스 신화의 인물인 프로메테우스 및 탄탈로스와 유사하다.

6 북유럽 신화에서 살해된 전사들의 저택. 전사들은 이곳에서 오딘 신의 지휘하에 즐겁게 지낸다. 발할라는 지붕이 방패들로 덮여 있는 휘황찬란한 궁전으로 묘사된다. 여기서 전사들은 날마다 잡은 산돼지로 밤이면 잔치를 벌인다. 그들은 염소의 젖통에서 흘러나오는 술을 마셨고, 날마다 서로 전투를 벌이며 놀았다. 그들은 그런 식으로 라그나뢰크(최후의 날)까지 살다가 그때가 되면 궁전의 540개의 문에서 행진해 나와 오딘을 위해 거인과 싸운다. 전사들이 전투에서 사망하면, 오딘이 라그나뢰크에 대비해 전력을 강화하려고 그들을 데려갔다고 한다.

7 발데르 신의 형

발데르의 시체를 배 위로 운반하여 화장용 장작더미 위에 올려놓았다. 발데르의 부인 난나Nanna[8]는 이 광경을 보고 슬픔에 가슴이 터져 죽고 말았다. 그래서 신들은 그녀도 남편과 함께 장작더미 위에 올려놓고 불을 붙였다. 발데르의 말도 모든 마구들을 갖춘 채 함께 장작더미 위에서 불태워졌다.

실제 인물이든 아니면 신화적 인물이든 간에 발데르는 노르웨이에서 숭배의 대상이었다. 발데르의 거대한 성소가 아름다운 송네Sogne 피오르드[9] 해안의 한 만灣에 있었는데, 장엄한 노르웨이 산맥 깊숙이 위치한 그곳은 울창한 소나무 숲으로 덮이고 높다란 폭포수가 멀리 아래쪽 피오르드 해안의 검푸른 물에 미처 닿기도 전에 물보라가 되어 흩어지고 있었다. 사람들은 그곳을 '발데르의 숲'이라 불렀다. 말뚝 울타리로 에워싸 있는 그 성지 안에는 수많은 신상들이 안치된 널찍한 신전이 있었다. 하지만 그 많은 신들 가운데 발데르만큼 깊이 숭배받은 신은 다시없었다. 이교도들이 그곳을 너무도 숭경했기 때문에 어떤 자도 거기서 사람을 해치거나 가축을 훔치거나 혹은 여자를 범하지 못했다. 여자들은 신전에 안치된 신상들을 돌보았다. 그녀들은 불을 피워 신상을 따뜻하게 해 주고, 거기에 기름을 발라 주는가 하면 헝겊으로 닦아 주기도 했다.

발데르 전설의 신화적 외피에 싸인 역사적 알맹이에 대해 어떻게 생각하든, 그 세부적인 내용들은 그것이 의례에서 연극으로 상연되거나 혹은 설화에서 비유적으로 묘사된 자연적 효과를 일으키기 위해 주술적 의식으로서 행해진 그런 부류의 신화에 속한 것임을 시사한다. 신화는 신성한 의례의 집행인들이 하는 말과 행동을 기록한 대본임에 틀림없다. 그렇지 않다면 그렇게 생생하고 세밀할 수가 없기 때문이다. 노르웨이의 발데르 전설은 바로 그런 종류의 신화였을 것이다. 그런 가능성은 노르웨이인과 여타 유럽인들이 발데르 전설에 나오는 사건과 유사한 의식을 거행한다는 점이 입증된다면 더욱 분명해질 것이다.

그런데 발데르 전설에 나오는 주된 사건은 다음 두 가지이다. 첫째는 겨우살이를 뽑는 것이고, 둘째는 신의 죽음과 화장이다. 이 양자는 유럽 여러 지방의 사람들이 제각각 혹은 공동으로 행하는 연례의식에서 그 유사한 사례를 찾아볼 수

---

8 노르웨이 신화에 나오는 발데르 신의 부인. 그녀는 발데르가 죽자 같이 화장당한 후 함께 지하세계로 간다. 수메르의 대지와 대기의 신 난나Nanna(Sin이라고도 함) 혹은 메소포타미아의 월신月神 난나Nannar와 혼동되는 경우가 있다.

9 노르웨이 서부 송노표르드네주에 있는 협만

「발데르의 죽음」크리스토페르 W. 에커스베르, 1817

있다. 다음 장에서는 그 연례적인 불축제를 먼저 다루고, 이어서 겨우살이를 뽑아 내는 의식에 대해 살펴보기로 하자.

제62장
유럽의 불축제[1]

1. 불축제의 개요

유럽 전역의 농민들은 아득한 옛날부터 한 해의 특정한 날에 모닥불을 피우고 그 주위를 돌며 춤을 추거나 뛰어넘는 의식을 행하곤 했다. 이런 종류의 관습은

---

1 이 장에서 프레이저는 유럽 각지의 수많은 불축제 민속들을 사례로 들면서 그 유사성을 강조하고 있다. 이러한 유사성의 강조는 본서 전편에 걸쳐 장황하리만큼 되풀이되어 등장한다. 사실 본서의 방법론은 유사성을 강조하는 비교방법에 입각하고 있다. 이런 기본 관점은 스미스W. Robertson Smith에게서 영향받은 것이다. 프레이저는 초판 『황금가지』를 스미스에게 헌정할 만큼 그를 자신이 아는 가장 위대한 사람으로 여겼다. 사실 프레이저에게 미개인들의 신앙과 관습에 대한 체계적인 연구를 시작하도록 자극을 준 인물이 바로 스미스였다. 프레이저는 그의 저서 『고르곤의 머리 및 기타 문학작품The Gorgon's Head and other Literary Pieces』(1927)에서 스미스가 인간 연구에 끼친 위대한 공적에 대해 언급하기도 했다. 즉, 프레이저가 보기에 스미스는 세계의 종교들을 교조적이 아닌 '역사적으로' 그리고 진리 체계나 오류 체계로서가 아니라 인간 본성의 다른 여러 측면들과 마찬가지로 연구되어야 할 '의식 현상phenomena of consciousness'으로서 다루었다. 그러니까 어떤 종교적 신앙에 대해 진위의 문제를 떠나, 그리고 어떤 종교의례나 관습이 지혜로운가, 어리석은가 하는 문제를 떠나 상이한 종족과 시대의 종교들을 살펴보면, 그것들이 여러 특수한 점에서는 서로 상이하지만 그것들 간에 존재하는 유사성이 더 많고 또 근본적이라는 점, 그리고 그것들이 서로를 입증해 주고 설명해 준다는 점을 발견하게 된다는 것이다. R. Angus Downie, *Frazer and the Golden Bough*, 앞의 책, p. 17. 이와 같은 스미스의 관점에 영향받은 프레이저는 미개인들의 사유방식이 유사하거나 혹은 동일하다는 가정하에 전 세계에 걸친 사례들을 수집하여 비교, 나열했다. 그럼으로써 주술=미신과 같은 보편적 특징을 도출함과 동시에 진화론적, 역사적 관점에서 종교와 과학의 기원을 발견하고, 사회 발전 단계를 규명하고자 했던 것이다. 이에 대해 비트겐슈타인은 유사성보다도 차이와 다양성에 더 주목해야만 하며, 유사한 사례들의 공통 요소를 이어주는 명료한 연결고리가 빠났하나는 섬을 시석한다. "프레이저『 金枝篇』에 っ 이て", 앞의 글, 412~413쪽 참조. 또한 종교학자 조나단 스미스는 유사성의 관념연합에 따른 동종주술과 인접성의 관념연합에 의한 감염주술을 정리한 프레이저의 주술이론을 거론하면서, 지금까지 인문학에서의 비교연구가 주로 유사성을 발견해 내는 데에 집중되었으며 또한 인접성의 관점에서 비교연구의 중요성이 부각되어 왔다고 지적한다. 예컨대 전통적인 민족지적 모델, 백과사전식 모델, 형태론적 모델, 진화론적 모델 등을 비롯하여 근래의 통계 모델이나 구조주의적 모델에 이르기까지, 비교연구에서 모든 방법론적 모델들은 대개 유사성의 원리와 인접성의 원리에 입각한 주술적인 성격을 내포한다는 것이다. 거기서 차이성의 문제는 별로 중시되지 않았다. 하지만 비교는 유사성의 발견이 아니라 차이성에 입각한 발명의 영역에 속한다. 요컨대 비교 작업의 바탕은 결코 동일성이나 유사성에 있는 것이 아니다. 동일성이나 유사성에 입각한 비교 작업은 흔히 동어반복적인 작업으로 빠지기 십상이다. 비교란 차이성을 전제로 하면서 이루어질 때 비로소 흥미로운 작업이 될 수 있다. 따라서 차이성을 어떻게 효율적으로 다루면서 비교를 행하느냐 하는 것이 비교연구

중세 때까지 거슬러 올라가 그 역사적 증거를 찾아볼 수 있으며, 고대의 유사한 의식들에서 유추해 보건대 그 기원이 기독교가 전파되기 훨씬 이전의 옛 시대에서 비롯된 것임에 틀림없어 보이는 강력한 내적 증거가 있다. 북유럽에 그와 같은 관습이 있었다는 가장 오래된 증거를 우리는 8세기의 기독교 종교회의에서 그것이 이교의식으로서 배격되었다는 점에서 확인할 수 있다. 거기서 사람들이 모닥불에 인형을 태우거나 혹은 산 사람을 태우는 시늉을 하는 일도 흔히 있었다. 고대에는 이런 의식에서 실제로 산 사람을 불태웠으리라고 믿을 만한 근거도 있다. 이런 관습에 대한 간략한 개괄을 통해 우리는 인신제물의 흔적을 엿볼 수 있으며, 나아가 그 의미를 해명하는 데도 도움이 될 것이다.

그와 같은 모닥불 축제가 행해진 계절은 통상 봄과 하지 때였다. 하지만 어떤 곳에서는 가을이 끝나갈 무렵이나 혹은 겨울, 특히 핼러윈Halloween[2], 성탄절, 공현절 전야 등에 모닥불 축제를 거행하기도 했다. 그러나 그 모든 사례들을 여기서 다 소개할 여유는 없을 것 같다. 여기서는 다만 일반적인 성격을 개괄하는 데에 그치기로 하고, 이를 위해 두세 가지의 표본적 사례만을 소개하고자 한다. 아래에서는 먼저 통상 사순절의 첫 번째 일요일과 부활절 전야, 오월제 등에 행해진 봄철 불축제에 관해 살펴보기로 하자.

의 관건이다. 차이성의 '간격'을 가로지르며 놀이하는 것, 그것이 바로 비교라는 것이다. Jonathan Z. Smith, *Imagining Religion*, The University of Chicago Press, 1982, pp. 19~35 참조

2 만성절萬聖節(모든 성인의 날) 전날인 10월 31일에 지키는 거룩한 밤. 지금은 악의 없는 장난과 어린이들이 과자를 요구하거나 하는 축제일이다. 고대 브리튼과 아일랜드에서 켈트족의 축제 삼바인이 여름이 끝나는 10월 31일에 거행되었다. 켈트족과 앵글로색슨족 모두에게 이날은 새해 전날 밤이었고, 악령들을 놀래켜 쫓아 버리기 위해 언덕 꼭대기에 거대한 모닥불을 피우는 고대 불축제들 중에 속하는 축제의 밤이었다. 이날은 가축 떼가 목초지에서 돌아오는 것과도 관계되었고, 법과 토지소유권이 갱신되는 때였다. 죽은 자들의 영혼이 이날 그들의 집을 다시 찾아갈 것으로 여겨 이 가을 축제는 유령, 마녀, 도깨비, 검은 고양이, 요정과 정처 없이 배회할 것으로 전해지는 모든 종류의 귀신과 함께 불길한 의미를 갖게 되었다. 이때는 자연의 변화를 지배하는 초자연적인 세력들을 회유하는 때였다. 그뿐만 아니라 핼러윈은 결혼·행운·건강·죽음에 관계되는 점을 치기에 가장 좋은 때인 것으로 생각되었다. 그날은 그와 같은 목적을 위해 악마의 도움을 간청할 수 있는 유일한 날이었다. 이교도의 의식들이 이날 거행되는 기독교의 핼러윈 축제에 영향을 끼쳤다. 점차로 핼러윈은 세속적인 행사가 되었고, 많은 관습과 풍습이 새롭게 생겨났다.

2. 사순절 불축제

사순절[3] 첫 번째 일요일에 모닥불을 피우는 관습은 벨기에와 프랑스 북부, 독일의 여러 지방에서 성행했다. 가령 벨기에령 아르덴 지방에서는 이른바 '위대한 불의 날'을 앞두고, 1~2주일 동안 아이들이 농장마다 돌아다니며 땔감을 모은다. 그랑달뢰에서는 이런 아이들의 요구를 거절하는 사람이 있으면, 다음 날 아이들이 그 자를 쫓아다니며 꺼진 불의 재로 그의 얼굴에 검댕 칠을 한다. 이윽고 '위대한 불의 날'이 되면, 사람들은 관목 특히 노간주나무와 싸리나무 따위를 베어서 저녁 무렵에 모든 언덕배기에서 커다란 모닥불을 피운다. 이때 마을이 큰 화재를 면하려면, 통상 일곱 군데에 모닥불을 피워야 한다. 만약 그 시기에 뫼즈 강이 꽁꽁 얼어붙으면 그 얼음 위에도 모닥불을 피운다. 그랑달뢰에서는 장작더미 한가운데에 '마크랄makral', 즉 '마녀'라 부르는 장대를 세워 놓고 마을에서 가장 최근에 결혼한 남자가 불을 붙인다.

몰란벨츠 인근에서는 허수아비 인형을 불에 태운다. 젊은이들과 아이들이 모닥불 주위에서 춤추고 노래하면서 그해의 풍작이나 행복한 결혼을 기원한다든지 혹은 배탈 따위를 예방하기 위해 타다 남은 불 위를 뛰어넘기도 한다. 브라반트[4]의 관습에서는 19세기 초엽까지 매년 같은 일요일에 여자들과 여장한 남자들이 손에 횃불을 들고 들판으로 나갔다. 거기서 그들은 복음서에 나오는 '악한 파종자'를 추방하기 위해 춤을 추거나 익살스러운 노래를 불렀다. 에노[5] 지방의 파추레이지에서 이런 관습은 1840경까지만 해도 '에스쿠비언Escouvion' 혹은 '스쿠비언Scouvion'이라고 불렸다. 매년 '작은 스쿠비언의 날'이라고 부르는 사순절의 첫 번째 일요일에 젊은이들과 아이들이 횃불을 들고 들판이나 과수원을 돌아다녔다 그들은 달리면서 이렇게 외쳤다.

능금들이여, 익어라. 배들이여, 익어라. 버찌들이여, 익어라. 스쿠비언을 위하여!

횃불을 손에 든 자들이 이런 말과 함께 불을 휘두르며 능금나무와 배나무와

---

3 본서 제10장 옮긴이주 15번 참조
4 벨기에 중부의 주
5 벨기에 남서부에 있는 주

벚나무에 그것을 던졌다. 그다음 두 번째 일요일은 '큰 스쿠비언의 날'이라고 부르는데, 이날은 해가 질 때까지 계속해서 주자들이 횃불을 들고 과수원 둘레를 달렸다.

프랑스의 아르덴 지방에서는 사순절의 첫 번째 일요일에 모닥불을 피우고 모든 마을 사람들이 그 주위를 돌면서 춤추고 노래했다. 여기서도 불을 붙이는 자는 가장 최근에 결혼한 남자 혹은 여자였다. 이곳에는 아직까지도 이런 관습이 일반적으로 행해지고 있다. 그때 보통 고양이들을 불에 태워 죽이곤 했다. 고양이가 불에 타는 동안 목동들이 불길과 연기 속에 뛰어들었는데, 그럼으로써 가축들을 병이나 마술로부터 확실히 지킬 수 있다고 여겼다. 몇몇 마을에서는 이때 모닥불 주위에서 춤을 많이 출수록 그해의 농작이 풍요로워진다고 믿었다.

프랑스 쥐라 산맥[6] 서쪽에 위치한 프랑슈콩테에서는 사순절의 첫 번째 일요일을 '횃불의 일요일Brandons'이라고 불렀다. 이는 그날에 횃불을 피우는 관습 때문에 붙인 이름이다. 토요일 혹은 일요일에 마을 젊은이들이 수레를 타고 거리를 돌아다니며 처녀들이 있는 집집마다 찾아가서 장작을 얻는다. 충분한 분량의 장작을 모으면 그것을 마을에서 좀 떨어진 곳에 운반하여 불을 피운다. 이때 그 지역의 모든 사람들이 나와 불구경을 한다. 몇몇 마을에서는 '안젤루스Angelus의 종소리'[7]가 울려퍼지면 "모닥불이 피어나는 곳으로!"라는 외침 신호로 불축제가 행해진다. 그러면 청년들과 처녀들과 어린이들이 모닥불 주위를 돌며 춤을 추고, 불꽃이 사그라질 무렵이 되면 저마다 다투듯이 빨간 깜박이 불꽃 위를 뛰어넘는다. 이때 옷을 태우지 않고 뛰어넘는 청년이나 처녀는 그해 안으로 결혼하게 된다고 믿었다. 또한 젊은이들은 횃불을 들고 거리나 논밭을 돌아다닌다. 그러다가 과수원을 통과할 때면 "잎보다도 많은 과일을!"이라고 외친다. 두Doub[8] 지방의 라비롱에서는 근래까지도 그해에 결혼한 신혼부부가 모닥불을 피웠다. 모닥불 한가운데에는 꼭대기에 목제 수탉 인형을 꽂은 기둥이 세워졌다. 사람들은 경기를 벌여 승리자에게 그 수탉 인형을 상으로 내주었다.

오베르뉴[9]에서는 사순절의 첫 번째 일요일 저녁이 되면 곳곳에 불을 피웠다.

---

6 프랑스와 스위스 국경을 사이에 두고 론강에서 라인강까지 활 모양으로 펼쳐져 있는 산맥
7 삼종三鐘 기도(예수의 수태를 기념하는) 혹은 그 시간을 알리는 종소리(아침, 정오, 저녁에 울림)
8 프랑스 동부, 스위스와 국경을 이루고 있는 프랑슈콩테 지방에 있는 주
9 프랑스 중부의 알리에·퓌드돔·캉탈·오트루아르 주들을 포함하는 지역

모든 마을과 부락, 외딴 농장에서도 어둠이 깔리면 '피고figo'라 부르는 모닥불을 밝게 지폈다. 그리하여 높은 지대든 평지에서든 어디서나 그 모닥불이 어른거리는 모습을 볼 수 있었다. 사람들은 그 모닥불 주위에서 춤을 추거나 노래를 부르거나 혹은 불을 뛰어넘었다. 그런 다음 '그라나미아Grannas-mias'라는 의식이 거행되었다. 이때 막대기 끝에 짚으로 묶은 횃불을 '그라노미오granno-mio'라 한다. 장작더미가 반쯤 타면 모인 사람들이 그 불을 횃불에 옮겨 붙여 근처 과수원과 논밭, 들판, 그밖에 과일나무가 있는 곳으로 가지고 간다. 그들은 행진하면서 "그라노, 나의 친구여! 그라노, 나의 아버지시여! 그라노, 나의 어머니시여!"라고 외친다. 그리고 모든 과일나무 가지 아래서 횃불을 휘두르며 이렇게 노래한다. "횃불이여, 타오르거라! 모든 가지마다 광주리 가득히!"

어떤 마을에서는 사람들이 씨 뿌리기가 끝난 들판을 뛰어다니며 횃불의 재를 땅 위에 뿌린다. 또한 한 해 동안 닭이 알을 많이 낳도록 그 재를 조금씩 닭 우리 안에 넣는다. 이런 의식이 끝나면 모두 집에 돌아가 잔치를 벌인다. 그날 밤의 특별한 요리는 고기 튀김과 팬케이크다. 어쨌든 이처럼 과일나무와 씨 뿌린 들판과 닭 우리 따위에 불을 휘두르는 관습은 말할 것도 없이 풍요와 다산을 기원하는 주술이라 할 수 있다. 또한 포메롤Pommerol 박사의 지적대로, 사람들이 예배드리는 그라노는 아마도 고대 켈트족의 신 그라누스Grannus일 것이다. 그라누스 신은 로마인들이 아폴론과 동일시한 신으로서, 이 신을 숭배하는 의식은 프랑스뿐만 아니라 스코틀랜드나 다뉴브 강변에서 발견된 비문에 의해 입증된 바 있다.

사순절의 첫 번째 일요일에 불붙인 짚단 횃불을 들고 과수원이나 들판을 돌아다니며 풍요와 다산을 기원하는 관습은 프랑스에서는 일반적으로 행해졌다. 이때 모닥불을 피우기도 하고 안 피우기도 한다. 피카르디에서는 사순절의 첫 번째 일요일에 횃불을 들고 들판으로 나가 들쥐나 독보리 혹은 깜부기 따위를 추방했다. 사람들은 이렇게 함으로써 밭이나 들에 좋은 영향을 미쳐 양파가 잘 자라게 될 거라고 생각했던 것이다. 그래서 아이들도 토지를 더욱 풍요롭게 하기 위해 횃불을 들고 밭에서 뛰놀았다. 쥐라와 콩브댕 사이에 위치한 베르제 마을에서는 이 시기에 산 위에 횃불을 피우고, 그 횃불을 든 사람들이 집집마다 돌아다니며 볶은 콩을 선물로 받았으며, 그해에 결혼한 신혼부부에게 춤을 추도록 강요했다. 중부 프랑스의 베리 지방에서는 이날에 모닥불을 피우지는 않았지만, 저녁이 되면 온 마을 사람들이 횃불을 들고 밭과 포도원과 과수원을 뛰어다녔다. 이 장면을 멀리서 바라보면 무수한 불빛들이 어둠 속에 명멸하면서 마치 도깨비불이 들판에서 산기슭과 골짜기로 내려가면서 노는 것처럼 보였다. 사내들이 과일나무 둘레에서 횃불을 휘두르면 여자나 아이들은 보리 짚단으로 나무를 감쌌다. 이런 관습의 목적은 토지의 결실을 방해하는 역병을 막는 데에 있었던 것으로 보인다. 이때 보리 짚단으로 과일나무를 감싸면 그 결실이 풍요롭게 된다고 여겼다.

독일과 오스트리아, 스위스 등지에서도 이 시기에 동일한 관습이 널리 행해졌다. 라인강 유역 프로이센의 아이펠 산지에는 사순절의 첫 번째 일요일에 젊은이들이 집집마다 돌아다니며 짚과 잔디를 수집하는 관습이 있다. 그들은 이렇게 얻은 짚과 잔디를 한 동산 위에 가지고 올라가서 키가 크고 곧은 복숭아나무 둘레에 쌓는다. 이 나무에는 막대기 한 개가 마치 십자가처럼 직각으로 묶여 있고, 이 나무를 '오두막' 혹은 '성'이라고 불렀다. 그들은 거기에 불을 붙이고 각자 횃불을 높이 든 채 소리 높여 기도를 올리며 활활 타오르는 '성' 주위를 돌며 행진한다. 때로 밀짚인형이 이 '오두막'에서 태워지기도 한다. 사람들은 그 불에서 피어나는 연기가 흘러가는 방향을 지켜본다. 만일 그것이 보리밭으로 흘러가면 풍요로운 수확의 징조라고 여겼다. 또한 아이펠 산지의 어떤 지방에서는 같은 날에 짚으로 큰 수레를 만들어 세 필의 말에게 그것을 동산으로 끌고 올라가게 한다. 해가 지면 마을 소년들이 동산으로 행진하여 수레에 불을 붙이고 경사면으로 굴려 내린다. 오베르슈타트펠트에서는 가장 최근에 결혼한 젊은 청년이 그 수레를 만든다. 룩셈부르크의 에히터나흐[10] 근방에서는 이런 관습을 '마녀 화형식'이라고 부른다. 티롤의 포랄베르크에서는 사순절의 첫 번째 일요일이 되면 길쭉한 왜전나무 둘레에 짚과 장작을 쌓아올린다. 그리고 그 나무 꼭대기에 헌 옷에 화약을 싸서 만든 '마녀' 인형을 매단다. 이윽고 밤이 되면 거기에 불을 지르는데, 이때 소년과 소녀들이 횃불을 휘두르며 그 주위에서 춤을 춘다. 그러면서 노래를 부르는데, 그 가사 중에는 "키질 바구니 속에는 알곡, 땅에는 쟁기"라는 문구가 들어가 있다.

스와비아에서는 사순절의 첫 번째 일요일에 천으로 '마녀'나 '노파' 혹은 '겨울 할멈'이라 부르는 인형을 만들어 그것을 막대기에 묶는다. 그런 다음 그것을 장

---

10 룩셈부르크 동부에 있는 도시

작더미 한가운데 세워 놓고 불을 지른다. '마녀'가 불타는 동안 젊은이들은 불붙은 원반을 하늘에 던진다. 원반은 나무를 얇고 둥글게 깎아 만든 것으로서 직경이 몇 센티미터 정도 되며, 태양빛 혹은 별빛 모양의 홈을 테두리에 새긴 것이다. 원반 한복판에 구멍을 뚫고 거기다 작대기를 꽂는다. 이 원반에 불을 붙여 하늘에 던지는데, 이때 작대기를 좌우로 흔든다. 이렇게 던진 원반은 하늘 높이 올라가 포물선을 그리며 낙하한다. 그날 밤에 사람들은 불붙은 '마녀'와 숯덩이가 된 원반을 가지고 돌아와 아마밭에 묻는다. 그러면 밭에서 해충을 없앨 수 있다고 믿었다. 헤세와 바바리아의 경계에 위치한 뢴Rhon 산지에서는 사순절의 첫 번째 일요일에 사람들이 산이나 동산으로 행진한다. 이때 아이들과 젊은이들은 손에 횃불이나 타르를 바른 빗자루나 짚 다발을 들고 있다. 이들은 가연성 물질로 둘둘 감은 수레바퀴에 불을 붙여 동산 위에서 아래로 굴린다. 또한 젊은이들은 횃불이나 불붙은 빗자루를 들고 밭을 뛰어다니다가 그것을 한군데에 쌓아올리고 그 둘레에 서서 찬가나 노래를 부른다. 이처럼 횃불을 들고 밭을 뛰어다니는 목적은 사악한 씨앗을 뿌리는 자를 추방하기 위한 데에 있었다. 또는 그것은 성모를 위한 것이기도 했다. 즉, 성모에게 한 해 동안 땅의 결실을 수호하고 축복해 줄 것을 기원했던 것이다. 뢴 산지와 포겔 산지 사이에 위치한 헤세 인근의 마을에서는 불타는 수레바퀴를 굴리는데, 그것이 지나간 들판은 우박과 폭풍우의 피해로부터 안전하다고 믿었다.

스위스에서도 사순절의 첫 번째 일요일 저녁에 동산 위에서 모닥불 축제를 행했다. 이날을 흔히 '불꽃의 일요일'이라 불렀다. 이런 관습은 루체른 지방에서도 널리 행해졌다. 거기서는 소년들이 집집을 돌아다니며 장작과 짚단을 수집한 다음, 그것들을 잘 보이는 산이나 동산 위에 세운 기둥 둘레에 쌓아올렸다. 그 기둥에는 '마녀'라 부르는 지푸라기 인형이 묶여 있다. 밤이 되면 사람들이 거기에 불을 지르고, 젊은이들은 그 둘레에서 미친 듯이 춤을 춘다. 이때 어떤 자는 회초리를 휘두르고 또 어떤 자는 종을 치기도 한다. 불이 사그라질 무렵이 되면 불을 뛰어넘는다. 이를 '마녀 화형식'이라고 부른다. 다른 지역에서도 예전에는 수레바퀴에 짚과 장작개비를 묶어 불을 붙인 다음 언덕 아래로 굴리는 관습이 있었다. 어둠 속에 반짝이는 불꽃이 많이 빛날수록 그해에 더 많은 수확이 있을 거라고 믿었다. 또한 춤추는 사람들이 불 위를 높이 뛰면 뛸수록 아마도 더 많이 성장한다고 여겼다. 어떤 지방에서는 최근에 결혼한 남자나 여자가 모닥불에 불을 붙이는 역할을 맡았다.

사순절의 첫 번째 일요일에 모닥불을 피우는 관습을 동일한 시기에 '죽음의 운반' 의식의 일부로서 '죽음의 신'이라 부르는 인형을 불태우는 관습과 구별하기란 쉽지 않다. 오스트리아령 슐레지엔의 슈파헨도르프에서는 '루페르트의 날Rupert's Day(참회의 화요일)' 아침에 털옷과 털모자를 걸친 허수아비 인형을 만들어 마을 외곽에 파 놓은 구덩이 속에 집어넣고 불태운다. 그것을 태우는 동안 사람들은 모두 그 인형의 부스러기를 뜯어내서 자기 정원의 가장 큰 나뭇가지에 매달거나 혹은 밭에 파묻는다. 그러면 농작물이 더 잘 자랄 거라고 믿었다. 이 의식은 '죽음의 매장'이라고 불렀다. 허수아비 인형을 반드시 '죽음의 신'이라고 지칭하지 않는 경우에도 이런 관습의 의미는 거의 동일하다. 왜냐하면 앞서 지적했듯이, '죽음의 신'이라는 명칭은 그 의식의 원래 의도를 표현한 것이 아니기 때문이다. 아이펠 산지의 코베른에서는 젊은이들이 '참회의 화요일(재의 수요일 전날)'에 허수아비 인형을 만든다. 이 인형은 정식 재판을 거쳐 그해에 근처에서 일어난 모든 도둑질의 주범으로 고발당한다. 그리하여 사형선고를 받은 인형을 마을에 끌고 다니며 돌팔매질한 다음 장작더미 위에 올려놓고 화형시킨다. 그때 사람들은 불타는 장작더미 주변을 돌며 춤을 추는데, 가장 최근에 결혼한 신부는 그 불더미를 뛰어넘어야 한다.

올덴부르크에서는 사람들이 '참회의 화요일' 저녁에 기다란 밀짚 다발을 만들어 거기다 불을 붙여 흔들어 대고 고성방가하면서 들판을 뛰어다닌다. 그리고 마지막으로 허수아비 인형을 밭에서 불태운다. 뒤셀도르프[11] 지방에서는 '참회의 화요일'에 불태울 허수아비 인형을 아직 타작하지 않은 곡식 다발로 만든다. 춘분이 지난 다음 첫 번째 일요일에 취리히의 개구쟁이들은 허수아비 인형을 작은 수레에 싣고 거리를 끌고 다니며, 소녀들은 오월제 나무를 들고 다닌다. 저녁기도의 만종이 울리면 그 허수아비 인형을 불에 태운다. 아헨[12]에서는 '재[灰]의 수요일Ash Wednesday(사순절의 첫날)'에 한 남자를 완두콩 깍지로 덮어 정해진 장소로 데려간다. 그리고 그가 콩깍지 더미를 빠져나오면 그 더미를 불태운다. 이로써 사람들은 그 남자를 불에 태운 것으로 여긴다. 발디레드로Val di Ledro(티롤)에서는

---

11 독일 북서부 노르트라인베스트팔렌주의 중서부에 있는 지역
12 독일 북서부 노르트라인베스트팔렌주에 있는 도시

사육제 마지막 날에 밀짚과 땔나무로 인형을 만들어 불태운다. 이 인형은 '할멈'이라 부르며, 그 의식을 '할멈의 화장'이라고 불렀다.

3. 부활절 불축제

불축제가 열리는 또 다른 경우는 부활절 전야, 즉 부활절 주일 전날인 토요일이다. 이날 가톨릭 국가에서는 교회의 불을 모두 끄고 때로는 부싯돌이나 숫돌로 때로는 발화용 거울로 새 불을 붙이는 것이 관례이다. 이 불로 부활절용 대형 촛불을 밝혔으며, 나아가 교회 내의 모든 꺼진 불을 다시 붙였다. 독일의 많은 지방에서는 새 불로 교회 근처의 광장에 모닥불을 피우기도 했다. 어쨌든 이 불은 성스러운 불로 간주하였기 때문에 사람들은 떡갈나무나 호두나무, 너도밤나무 가지를 가져와 그 불에 까맣게 태워 집으로 가져갔다. 그렇게 까맣게 태운 나뭇가지 몇 개를 집에 가져가자마자 새로 붙인 불로 태우면서, 하느님에게 화재나 벼락, 우박 따위의 위험으로부터 집을 지켜 달라고 기도한다. 그리하여 모든 집이 '새 불'을 받아들인다. 한편 나뭇가지 몇 개는 1년 내내 보관하며, 폭풍우가 심하게 칠 때 벼락을 막아 주도록 난롯불 위에 놓아두거나 혹은 비슷한 의도로 지붕 사이에 끼워 놓는다.

그밖에 밭과 정원, 목초지에 놓아두고 하느님에게 식물이 마르는 엽고병이나 우박 따위를 막아 달라고 기도한다. 그렇게 하면 밭과 정원이 번창하게 될 거라고 믿었다. 다시 말해 거기서 자라는 곡식과 식물은 우박에 쓰러지지 않고, 들쥐나 해충 혹은 딱정벌레 따위에게 갉아 먹히지 않으며, 어떤 마녀도 해를 끼치지 못하고 곡식 이삭이 충실하게 열린다고 여겼다. 혹은 까맣게 태운 나뭇가지를 밭갈이할 때 사용하기도 했다. 또한 부활절 모닥불의 재를 성화된 종려나무 가지의 재와 함께 파종할 때 씨앗에 섞기도 한다. 때로는 '유다Juda'라 부르는 나무인형을 성화된 모닥불에 태우기도 한다. 이런 관습이 이미 없어진 일부 지방에서조차 모닥불 자체를 '유다의 화형'이라고 부르기도 한다.

이 같은 부활절 불축제의 이교적 본질은 농민들이 집행하는 양식 및 그것과 결부된 신앙의 두 요소를 통해 명확히 알 수 있다. 가령 동쪽으로는 알트마르크와 안할트에서 브룬스윅, 하노버, 올덴부르크, 하르츠 지방, 헤세를 거쳐 웨스트팔리아에 이르는 북부 독일과 중부 독일 전역에서는 부활절의 불이 오늘날까지도 동산 위에서 지펴지고 있다. 때로는 한번에 40여 개나 되는 모닥불이 타오르는 것도 볼 수 있다. 이곳의 젊은이들은 아직 부활절까지 시간이 많이 남아 있는데도 장작 수집에 여념이 없다. 농민들은 모두 장작을 내주며, 그밖에 타르통이나 석유 따위도 그득히 쌓이게 된다. 이웃 마을끼리 어느 마을이 가장 모닥불을 활활 태우는가를 경쟁하기 때문이다. 매년 이 모닥불은 일정한 동산 위에 피워지며, 그 동산은 '부활절의 산'이라고 불렸다. 그중 한 동산 위에 서서 다른 동산의 모닥불을 바라보는 것은 장관이 아닐 수 없다. 농민들은 그 불빛이 비치는 모든 밭은 풍작이 될 것이며, 그 불빛이 비친 말[馬]들은 모두 화재나 병으로부터 보호받는다고 믿었다. 예전에 폴크마르센과 헤세의 몇몇 지방에서는 불꽃이 바람에 실려 어느 방향으로 가는가를 지켜본 다음, 그쪽 방향에 아마를 파종했다. 그래야만 아마가 잘 자란다고 여겼다. 이 같은 불축제에서 불탄은 나뭇가지는 집을 벼락으로부터 지켜 준다고 믿었다. 또한 그 재는 밭의 결실을 풍요롭게 해 주며 들쥐로부터 밭을 지켜 주고, 소가 마시는 물에 그 재를 넣으면 소가 새끼를 잘 낳고 병들지 않는다고 여겼다. 이윽고 모닥불이 사그라지면 젊은이들과 노인들이 그 위를 뛰어넘으며, 때로는 아직 불꽃이 남아 있을 때 소에게 그 불을 가로질러 가도록 했다. 곳에 따라서는 타르가 들어 있는 통이나 짚으로 감은 수레바퀴에 불을 붙여 산 위에서 아래로 굴려 내리는 관습도 있었다. 또 다른 곳에서는 아이들이 그 모닥불로 횃불을 붙여 손에 들고 휘두르며 달렸다.

뮌스터란트[13]에서는 언제나 동일한 장소에서 부활절의 불을 피웠기 때문에, 그곳을 '부활절의 산' 혹은 '유월절[14]의 산'이라고 불렀다. 모든 마을 사람들이 불 주위에 모여들면, 청년과 처녀들이 부활절 찬가를 부르면서 불이 사그라질 때까지 불 주위를 빙글빙글 돈다. 그런 다음 처녀들이 줄을 지어 차례로 불을 뛰어넘

---

13 독일 북서부 노르트라인베스트팔렌주의 저지 지방

14 유대교의 3대 주요 순례절기 가운데 하나. 유월절은 하느님이 출애굽 전야(니산 달 14일)에 '이집트 땅을 치실 때' 사람이든 가축이든 이스라엘의 처음 태어난 것들을 그냥 '넘어간 것' 또는 살려둔 것을 기념하는 절기이다. 유대인들은 하느님이 모세를 통해 명령하신 대로 집집마다 문설주에 어린 양의 피를 발라 하느님의 자녀임을 표시했다. 이스라엘과 개혁파 유대인들은 유월절을 7일 동안 기념하며, 다른 곳에서는 8일 동안 기념한다. 물론 니산 달[月] 15~22일의 7일간 '누룩을 넣지 않은 빵(무교병)'을 먹기 때문에 무교절이라고도 한다. 유월절은 가족끼리 특별한 식사(세데르)를 하는 것으로 시작하며, 음식마다 부여된 상징적인 의미를 되새기면서 먹는다. 유월절은 유대 역사에서 가장 큰 사건을 회상하며 큰 즐거움을 누리는 절기이지만, 엄격하게 식사법을 지켜야 하고, 절기의 시작과 끝에는 특별한 규정에 따라서 노동을 제한한다.

는다. 이때 두 청년이 좌우에서 처녀의 손목을 부축하며 함께 뛰어넘는다. 해가 지면 소년들이 불붙은 짚 다발을 들고 밭을 뛰어다닌다. 그러면 농작물의 결실이 풍요롭게 된다고 믿었기 때문이다. 올덴부르크의 델멘호르스트에서는 두 그루의 나무를 베어 그것을 땅 위에 가지런히 세운 다음, 한 나무에 12개의 타르통을 묶어 둔다. 그리고 잔디를 쌓아올린 다음, 부활절의 토요일 밤에 소년들이 불타는 콩덩굴을 들고 뛰어다니다가 그것에 불을 붙인다. 의식이 끝날 무렵이면 개구쟁이들이 자기 몸에 검댕 칠을 하거나 어른들의 옷에 발라 주기도 한다. 알트마르크에서는 부활절의 불이 보이는 곳에서는 어디나 그해에 풍년이 들 것이며, 화재가 일어나지 않는다고 믿었다. 하르츠 산지의 브라운뢰데에서는 부활절의 불로 들쥐들을 태우는 관습이 있었다. 알트마르크에서는 그것으로 뼈를 태웠다.

상上프란켄의 포르흐하임 근방에서는 부활절 토요일에 '유다Juda'라 부르는 밀짚인형을 교회 안뜰에서 태우기도 한다. 이때 마을의 모든 집집에서 유다를 태우는 제단의 장작을 내놓는다. 타고 남은 장작은 따로 잘 간수했다가 발푸르기스의 날Walpurgis Day(5월 1일)이 되면 곡식의 질병을 예방하기 위해 밭에 파묻는다. 약 100년 전 혹은 그보다 더 오래전에 상上바바리아에서는 다음과 같은 관습이 행해졌다. 즉, 부활절 토요일 밤에 청년들이 장작을 모아 보리밭에 쌓아올린 다음 짚으로 만든 십자가를 그 가운데에 세운다. 저녁예배 후에 그들은 교회의 성화된 촛불로 등잔불을 붙여 그것을 들고 장작더미가 있는 곳까지 전속력으로 달리는 시합을 한다. 가장 먼저 도착한 자가 장작더미에 점화를 하는 것이다. 부인들과 처녀들은 이 모닥불에 일절 접근할 수 없고 다만 멀리서 바라볼 수 있을 따름이다. 불꽃이 타오르면 남자들은 환희에 넘쳐 "우리는 유다를 불태우고 있다!"고 외쳐 댄다. 먼저 도착하여 불을 붙인 자는 부활절 일요일에 여자들에게서 상을 받는다. 예컨대 교회 입구에서 갖가지 물감을 들인 달걀 따위를 받는 것이다. 이 모든 의식의 목적은 우박을 방지하는 데에 있었다.

상上바바리아 지방의 다른 마을에서는 부활절의 토요일 밤 9시와 10시 사이에 집행하는 의식을 '부활절 사나이의 화형식'이라고 부른다. 이때 마을에서 1.6킬로미터쯤 떨어진 동산 위에 청년들이 짚으로 만든 높은 십자가를 세우는데, 그것은 마치 양팔을 벌리고 서 있는 사람 모양을 하고 있다. 이것이 바로 '부활절의 사나이'다. 열여덟 살 아래의 소년은 이 의식에 참가할 수 없었다. 한 청년이 '부활절의 사나이'에게 교회에서 가지고 온 신성한 작은 촛불을 바친다. 다른 청년은 일정한 간격을 두고 십자가, 즉 '부활절의 사나이' 둘레에 원을 지어 늘어선다. 이들은 정해진 신호에 따라 원을 지어 세 바퀴 돌고 나서 두 번째 신호가 떨어지면 십자가와 그 옆에 초를 들고 서 있는 청년을 향해 뜀박질을 한다. 여기서 가장 먼저 도착한 자에게 '부활절의 사나이'에 불을 붙이는 권리가 주어진다. '부활절의 사나이'가 타고 있는 동안에 사람들이 외쳐 대는 환호성은 정말 대단하다. 마침내 그것이 다 타 버리면, 청년들 가운데 세 사람이 선출되어 작대기를 들고 잿더미 둘레에 다시 세 바퀴 동그라미를 그리며 돈다. 그리고 모두 그 자리를 떠난다. 부활절 월요일이 되면, 마을 사람들이 다시 모여 각자 그 재를 수거하여 자기 밭에 뿌린다. 또한 종려주일에 성화시킨 종려나무 잎과 수난의 금요일에 불태운 작대기를 밭에 세운다. 이는 모두 우박으로부터 밭을 보호하기 위해서였다. 스와비아의 몇몇 지방에서는 부활절의 불을 쇠나 강철 혹은 부싯돌로 일으켜서는 안 되며, 오직 나무토막을 문질러 일으켰다.

부활절 불축제의 관습은 중부 독일과 서부 독일의 북쪽에서 남쪽에 이르는 전 지역에 걸쳐 행해졌다고 보인다. 또한 그것은 홀란드에서도 행해졌는데, 거기서는 사람들이 가장 높은 동산 위에 불을 피웠으며 그것을 둘러싸고 춤을 추거나 불을 뛰어넘거나 했다. 독일의 경우와 마찬가지로, 여기서도 그 장작은 청년들이 집집마다 돌아다니면서 수집한다. 스웨덴의 여러 지방에서는 부활절 전야에 사방에 총을 쏘아 대며 성대한 불놀이를 행한다. 어떤 사람들은 이런 의식의 목적이 이 시기에 특히 많이 활동하는 트롤Troll[15]과 그 밖의 악령들을 추방하는 데에 있다고 여겼다.

---

15 스칸디나비아 초기 민담에 나오는 거인. 괴물같이 생겼고 때때로 마술을 부리기도 한다. 인간에게 적의를 느끼기 때문에 성 안에 살고 어두워진 뒤 주변 지역에 나타난다. 햇빛에 노출되면 부풀어 터지거나 돌이 된다. 나중의 이야기들에서는 인간과 같은 크기이거나 난쟁이 또는 꼬마요정처럼 인간보다 더 작은 존재로 산속에 살며 때때로 처녀들을 훔쳐 가고 둔갑과 예언을 한다. 스칸디나비아인들이 한때 정착해 살던 켈트족 지역인 셰틀랜드와 오크니섬에서는 트롤을 트로trow라고 하며, 이들은 흙무더기나 바다 근처에서 사는 작고 해로운 존재로 여겼다. 노르웨이의 극작가 헨리크 입센은 희곡 『페르 귄트Peer Gynt』(1867) 등에서 트롤을 파괴적인 본능의 상징으로 사용하기도 했다.

4. 벨테인 불축제

예부터 스코틀랜드 중부 고원지대에서는 5월 1일이 되면 오월제 행사와 더불어 '벨테인Beltane의 불'이라 부르는 모닥불을 피웠다. 이 의식에서는 인신공희의 흔적이 매우 명백하고 뚜렷하게 나타난다. 모닥불을 피우는 관습은 18세기 이후에도 오랫동안 여러 지역에서 행해졌다. 이 관습에 대한 당대 저술가들의 묘사는 오늘날 우리나라에 존속하는 고대적 이교에 관해 매우 기이하고 흥미로운 인상을 던져 준다. 그러므로 다음에는 잠시 그 저술가들의 말을 빌려 그 관습을 재현해 보고자 한다. 내가 아는 한 가장 상세한 묘사는 존 램지John Ramsay가 남겼다. 크리프 근방 오크터타이어의 영주로서, 시인 로버트 번스Robert Burns[16]의 후원자이자 월터 스콧Walter Scott[17] 경의 친구이기도 했던 그는 다음과 같이 기록하고 있다.

"그러나 드루이드교의 축제 가운데 가장 주목할 만한 것은 벨테인 축제, 곧 오월제이다. 그것은 최근까지도 몇몇 고원지대에서 기이한 의식과 더불어 행해졌다. (…) 드루이드 사제들에 의한 다른 공식 의례와 마찬가지로, 벨테인 축제 또한 언덕이나 높은 지대에서 행해진 듯싶다. 그들은 우주를 곧 벨Bel의 신전이라고 간주했기 때문에, 벨이 사람의 손으로 만든 건물에 거주한다고 상상하는 것은 그 신에 대한 모독이라고 생각했다. 따라서 그들은 야외에서 희생제의를 올렸다. 거기서 그들은 가장 장엄한 자연의 경관을 접하면서 온기와 질서의 근원에 가장 가까이 다가섰던 것이다. 전하는 말에 의하면, 고원지방에서는 이 축제를 지난 100년간 그런 방식으로 치렀다고 한다. 그러나 드루이드교가 쇠퇴하면서 마을 사람들은 그것을 목초지 주변의 언덕이나 높은 지대에서 거행하게 되었다. 젊은이들이 아침에 그 장소로 가서 도랑을 파고 꼭대기에는 회중會衆을 위해 잔디 좌석을 깔았다. 그리고 도랑 가운데 장작더미나 땔감을 놓고 거기에 정화된 불을 붙였다. 이 불은 옛날에 '테인에이진tein-eigin' 곧 '초자연적인 불' 혹은 '비상불'이라고 불렀다. 많은 시간이 지난 오늘날 그들은 그냥 보통의 불로도 만족하게 되었다. 하지만 우리는 그 불을 피우는 과정에 대해 기술할 필요가 있다. 왜냐

---

16 스코틀랜드의 민족 시인. 정통 종교 및 도덕에 대한 반항과 연애로 유명하다. 본서 제32장 옮긴이 주 11번 참조
17 스코틀랜드의 소설가·시인·역사가·전기작가. 역사소설의 창시자이자 가장 위대한 역사소설가로 꼽힌다.

하면 그들은 아직도 위급한 비상사태에서는 이 '테인에이진'에 의존하기 때문이다. 어쨌든 축제 전야가 되면 마을의 모든 불을 끈다. 그리고 다음날 아침에 신성한 불을 일으키기 위한 재료를 준비한다. 가장 원시적인 방법은 스카이, 멀, 티레 같은 섬[18] 지방에서 이용하던 방법인 것 같다. 먼저 잘 말린 떡갈나무 널빤지를 구해서 가운데 구멍을 뚫는다. 그런 다음 같은 나무로 만든 송곳을 그 구멍에 끄트머리가 꼭 들어맞게 끼운다. 그러나 일부 내륙 지방에서는 이와는 다른 방식을 사용했다. 즉, 그들은 가운데에 나무 굴대를 꽂은 사각형의 푸른 생나무 토막을 사용했다. 어떤 곳에서는 세 사람이 세 번씩, 또 다른 곳에서는 아홉 사람이 세 번씩 굴대나 송곳을 교대로 회전시키는 작업을 했다. 만일 그들 중 누구든 살인이나 간음, 절도와 같은 심각한 범죄를 저질렀다면, 불이 붙지 않거나 붙더라도 통상적인 영험을 잃게 된다고 믿었다. 강력하게 마찰함으로써 불꽃이 일기 시작하면 사람들은 즉시 오래된 자작나무에서 자라는 불에 잘 타는 들버섯을 갖다 댔다. 이렇게 일어난 불은 하늘에서 직접 끌어온 불로 간주되었으며 영험이 풍부하다고 믿었다. 사람들은 이 불이 사람과 가축 모두를 마녀의 사악한 마법에서 지켜 주는 예방약이며, 해로운 질병을 몰아내 주는 최고의 치료제라고 여겼다. 또한 이 불을 가까이 대면 가장 강한 독약조차도 성질이 변한다고 생각했다. 이 '테인에이진'으로 모닥불을 피운 다음 모두는 음식을 준비한다. 그리고 식사를 마치자마자 불 주위에서 노래하고 춤추며 여흥을 즐긴다. 여흥이 끝날 무렵에 축제의 주재자 역할을 맡은 사람이 계란으로 구운 커다란 케이크를 가져오는데, 케이크는 가장자리가 둥근 부채 모양으로 만들었으며 '암보낙베알틴am bonnach beal-tine', 즉 '벨테인 케이크'라고 불렀다. 이 케이크를 여러 조각으로 잘라 엄숙한 형식을 갖추어 참석자들에게 나누어 주었다. 그중 특별한 조각을 차지하는 사람을 '카일레악베알틴cailleach beal-tine' 즉 '벨테인 카를린carline'이라고 불렀는데, 이는 심한 비난의 뜻을 내포한 명칭이었다. 그가 누구인지 알려지면 일련의 사람들이 즉시 그를 붙잡아 불 속에 처박는 시늉을 한다. 그러면 다른 사람들이 달려들어 그를 구조한다. 일부 지방에서는 그를 땅 위에 눕혀 놓고 사지를 절단하는 시늉을 하기도 한다. 나중에 그는 달걀 껍데기 세례를 받고 1년 내내 그 불쾌한 호칭을 달고 다녔다. 축제의 기억이 아직 생생하게 남아 있는 동안 사람들은 짐짓 '벨테

---

18 세 섬 모두 영국 스코틀랜드 서해안의 헤브리디스 제도에 속한 섬

영국 캐슬비덤의 숲에서 열린 벨테인 불축제 세라피 워크숍의 한 장면

인 카를린'이 죽은 것처럼 이야기한다."

퍼드셔 서부의 아름다운 지방인 칼란더에서는 벨테인 축제의 관습이 18세기 말엽까지 성대하게 거행되었다. 이에 관해 그 지역의 교구목사는 다음과 같이 기록하고 있다.

"5월 1일은 벨탄Beltan 또는 벨테인 축제라고 불렀다. 이날이 되면 마을의 소년들이 모두 들판에 모인다. 그들은 푸른 잔디에 홈을 파서 모든 사람이 둘러설 수 있는 둥근 테이블 모양을 만든다. 그리고 불을 피워 달걀과 우유로 요리를 만들고, 오트밀 과자를 만들어 돌 위에 굽는다. 이 과자를 사람 숫자만큼 나누는데, 이때 그 크기와 모양이 같도록 한다. 그중 한 조각은 검댕 칠을 하여 새까맣게 만든다. 그리고 모든 과자 조각을 모자 속에 넣고 사람들의 눈을 가린 다음 거기서 한 조각씩 과자를 집어 내게 한다. 모자를 들고 있는 자에게는 마지막으로 남은 과자 조각이 주어진다. 이때 검정 과자를 집은 자가 바알Baal 신에게 바쳐질 인신제물이 되는 것이다. 그럼으로써 인간과 가축에게 그해 동안 먹을 것을 풍족하게 내려 달라고 바알 신에게 은총을 구하는 것이다. 동양의 여러 나라와 마찬가지로, 예전에 이 나라에서도 그처럼 잔인한 인신제물을 바쳤음에 틀림없다. 물론 이 벨테인 축제에서는 인신제물이 된 자에게 세 번 불을 뛰어넘도록 강제하는 데에 그쳤지만 말이다. 그리하여 인신제물이 불을 뛰어넘는 것으로 이 축제는 막을 내린다."[19]

이와 관련하여 1769년에 퍼드셔 지방을 여행한 토머스 페넌트Thomas Pennant는 다음과 같은 기록을 남겼다.

"5월 1일이 되면 모든 마을에서 목동들이 벨티엔Bel-tien 축제를 거행한다. 그들은 땅에 네모꼴로 도랑을 파고 가운데에 잔디를 남겨 놓는다. 그리고 그 잔디 위에 모닥불을 피우고 그 불로 달걀과 버터와 오트밀과 우유를 섞은 대량의 죽을 끓인다. 이 죽에 넣을 재료 외에 그들은 맥주와 위스키도 충분히 준비한다. 이를 위해 참석자들은 각기 자기 몫을 기부해야 한다. 어쨌든 이 죽을 제주祭酒 삼아 땅 위에 약간 헌주하는 것으로 축제가 시작된다. 그런 다음 모든 사람들이 아홉 개의 네모난 꼭지가 달린 오트밀 케이크를 각각 하나씩 손에 쥔다. 꼭지 아홉 개

---

19 이 인용문은 벨테인 축제와 바알 신과의 연관성을 시사하는 듯이 보인다. 그러나 프레이저는 벨테인이라는 단어의 어원이 불분명하다고 지적하면서, 첫 음절이 페니키아어 '바알Baal'에서 유래했다는 통설을 부인한다. 로버트 프레이저 편, 앞의 책, 809쪽 편주 참조

는 각기 양 떼와 소 떼의 수호자로 알려진 어떤 특정한 존재와 가축 떼의 실질적 가해자인 특정한 동물에게 바치는 것이다. 사람들은 각자 모닥불 쪽으로 얼굴을 향한 채 그 꼭지를 잘라 어깨 너머로 던지면서 이렇게 말한다. '이것을 그대에게 드리노니 내 말[馬]을 보호해 주소서! 이것을 바치노니 내 양들을 수호해 주소서!' 그리고 사람들은 해로운 짐승들에게도 똑같은 의식을 행한다. '여우들이여, 이것을 그대에게 주노라. 그러니 내 양들을 해치지 말지어다. 갓 쓴 까마귀여, 이것을 그대에게 주노라. 독수리들이여, 이것을 그대에게 주노라.' 의식이 끝나면 사람들은 죽을 나누어 먹는다. 그렇게 축제를 마친 다음 남은 음식물은 특별히 선택된 두 사람이 숨겨 놓는다. 그러나 다음 일요일에 다시 모여 첫 번째 잔치 때에 남은 음식을 마저 먹어 치운다."

18세기의 또 다른 기록자도 퍼드셔의 로지레이트 지방에서 행한 벨테인 축제에 대해 이런 기술을 남겼다. "매년 이곳에서 5월 1일에 벨테인이라는 축제가 열린다. 주로 소 떼를 모는 목동이 이 축제를 거행하는데, 그들은 무리를 지어 들판에 모여 우유를 끓이고 계란을 삶아 손수 식사를 마련한다. 그들은 특히 이 축제를 위해 젖꼭지 모양의 돌기가 많이 돋은 과자를 굽고 그것과 함께 마련한 음식들을 먹는다."

여기서는 모닥불에 대해 언급이 없다. 하지만 아마도 모닥불을 피웠을 것이다. 왜냐하면 동시대의 어떤 저술가의 보고에 의하면, 로지레이트의 동쪽에 인접한 커크미카엘의 들판에서 5월 1일에 모닥불을 피워 신성한 과자를 굽는 관습이 있었다고 하기 때문이다. 본래 오톨도톨한 과자는 '벨테인 카를린', 즉 불태워질 운명에 있는 인신제물을 정하는 데에 사용되었다고 추정된다. 이런 관습의 흔적은 5월 1일에 특별한 오트밀 과자를 구워서 낮에 동산 위에서 굴리는 관습에서 찾아볼 수 있다. 이렇게 굴러가는 동안 누군가의 과자가 부서지면 그 사람은 그해에 사망하거나 재앙이 찾아온다고 믿었기 때문이다. 스코틀랜드에서는 이런 과자를 '배넉bannock'이라고 부른다. 그들은 보통 방법으로 이 과자를 굽지만, 거기에는 휘저은 계란과 우유, 크림, 소량의 오트밀을 섞어 만든 얇은 껍질이 덮여 있다. 이 관습이 인버네스셔의 킹구시Kingussie와 인근에서도 행해졌다고 보인다.

스코틀랜드의 동북부지방에서는 18세기 후반까지도 벨테인의 불이 피워졌다. 거기서는 몇몇 농장의 목동들이 마른 장작을 모아 불을 피우고 그 옆에서 세 차례 남쪽을 향해 춤을 추었다. 그런데 후대의 어떤 보고자에 의하면, 이 지역에서는 벨테인의 불이 구력舊曆 5월 1일이 아니라 5월 2일에 피워졌다고 한다. 그 지역 사람들은 이날 저녁과 밤에 마녀들이 바삐 돌아다니면서 가축들에게 주문을 걸거나 우유 따위를 훔친다고 믿었다. 그 못된 소행을 막기 위해 모든 농민과 소작인은 외양간 입구에 나뭇가지 덩굴, 특히 마가목 덩굴을 불태웠다. 그리고 건초나 짚 혹은 왜전나무나 빗자루 따위를 쌓아 놓고 해가 지자마자 거기에 불을 붙였다. 이때 구경꾼 중 누군가가 활활 타오르는 불더미를 계속 던진다. 그러면 또 다른 사람이 건초나 작대기로 그것을 최대한 높이 추켜올리면서 뛰어다닌다. 그러는 동안 젊은이들은 불 주위에서 춤을 추거나 "불이여, 타올라라. 마녀를 태워 죽여라! 불이여, 불이여, 마녀를 태워 죽여라!"라고 외치면서 연기 속을 뛰어다닌다. 어떤 지방에서는 이때 귀리가루나 보릿가루로 만든 커다란 과자를 그 재에 굴린다. 그리고 연료가 다 타 버리면 재를 사방에 뿌리면서 "불이여, 마녀를 태워 죽여라!"라고 외치면서 뛰어다닌다.

헤브리디스의 경우 벨테인 축제의 과자가 성 미카엘St. Michael 축일의 그것보다 작지만 만드는 요령은 같다. 위스트에서는 더 이상 그런 과자를 만들지 않지만, 앨런Allan 신부는 약 25년 전에 조모가 만든 것을 본 적이 있다고 회상했다. 그곳에서는 대체로 5월 1일에 치즈를 만들었는데, 그것은 소젖의 생산을 방해하는 악령을 제거하기 위한 주술로서 다음 벨테인 축제 때까지 보관했다. 그 밖의 다른 지방에서 행해진 벨테인 축제의 여러 가지 관습들도 대동소이하다. 예컨대 불을 모두 끈 다음 동산 위에 모닥불을 피우고 한 해 동안 소가 병들지 않도록 하기 위해 소 떼를 해가 움직이는 방향으로 불 주위를 돌게 했다. 그런 다음 사람들은 각자 그 불을 가지고 집에 돌아가 불을 피웠다.

웨일스에도 예전에는 5월 초에 벨테인의 불을 피우는 관습이 있었다. 5월 1일 저녁에서 5월 3일까지의 기간에 불을 피웠던 것이다. 그 불은 다음 기록에서 엿볼 수 있듯이 때로 떡갈나무 조각을 마찰하여 일으켰다. "불은 다음과 같이 피웠다. 아홉 명의 남자들이 각자 호주머니를 뒤집어 화폐와 그 밖의 금속 쪼가리들이 자기 몸에 없다는 것을 확인한다. 그런 다음 그들은 가장 가까운 숲에 들어가 아홉 종류의 나뭇가지를 모아 불 피울 장소로 가져온다. 거기서 잔디밭에 둥그런 웅덩이를 파고 나뭇가지를 교차시켜 세운다. 웅덩이 둘레에는 사람들이 둘러서서 그 과정을 구경한다. 아홉 명 가운데 한 사람이 두 개의 떡갈나무 조각을 들고 불꽃이 튈 때까지 세차게 비빈다. 이것을 나뭇가지에 붙이면 곧 불이 일어나기 시작한다. 때로는 불을 두 군데서 피우기도 한다. 어쨌든 사람들은 이 불을 '축제의 모닥불coelcerth'이라고 부른다. 그런 다음 귀리가루, 보릿가루로 만든 둥 그런 과자들을 모두 네 조각으로 나누어 그것을 조그만 자루 속에 넣고 거기 모인 사람들에게 하나씩 끄집어내게 한다. 자루 속에 들어 있는 마지막 한 조각은 자루를 들고 있는 사람 것이 된다. 이때 보리과자 조각을 집어낸 사람은 누구든 불 위를 세 번 뛰어넘거나 혹은 두 모닥불 사이를 세 번 가로질러 달려야 한다. 그래야만 풍작이 보장된다고 여겼다. 불을 뛰어넘는 시련에 봉착한 이들의 외침과 비명 소리를 멀리서도 들을 수 있었다. 이처럼 보리과자 조각을 집은 사람들이 불을 뛰어넘거나 하는 동안에, 귀리과자 조각을 집은 사람은 축하의 의미로 손뼉을 치며 노래하고 춤춘다."

여기서 모닥불을 세 번 뛰어넘거나 혹은 모닥불 사이로 세 번 가로질러 달리면 풍성한 수확을 보장받을 수 있다는 신앙은, 특히 주목할 만한 가치가 있다. 어떻게 그런 결과를 얻을 수 있다고 생각하게 된 것인지에 관해서는, 웨일스 민속에 관해 쓴 다른 저술가의 말이 시사적이다. 그 저술가에 의하면, "5월 또는 하지에 피우는 축제의 불은 그 토지를 마법으로부터 지킴으로써 풍작을 이루게 될 거라고 여겼다. 그 재 또한 주술적인 힘을 가지고 있다고 믿었다." 그러니까 축제 때 피우는 모닥불의 열기가 직접 땅속의 종자에 생명력을 부여하는 것이 아니라, 그것이 간접적으로 마법의 사악한 영향력을 중화시킴으로써 혹은 마녀의 몸을 불태움으로써 밭을 풍요롭게 할 수 있다고 믿었던 것이다.

아일랜드에서도 벨테인 축제의 불을 피웠다고 보인다. 이와 관련하여 코맥Cormac 혹은 그의 이름을 도용한 누군가가 다음과 같이 말한 적이 있기 때문이다. "벨테인belltaine 축제, 즉 오월제는 에린Erin의 드루이드 사제가 그날에 주술로 일으킨 '행운의 불' 또는 '두 개의 불'에서 비롯되었다. 그때 한 해 동안 가축들을 질병으로부터 보호할 목적으로 그 불을 피운 곳으로 가축들을 끌고 가거나 혹은 불과 불 사이를 질러가게 하는 관습이 있었다." 이처럼 오월제 혹은 그날 저녁에 가축들을 모닥불 있는 곳으로 몰고 가거나 혹은 불과 불 사이를 통과하는 관습은 오늘날까지도 아일랜드인들의 기억 속에 생생하게 남아 있다.

스웨덴 중부와 남부 지방에서는 5월 1일에 성대한 민속축제를 연다. 축제 전야에는 두 개의 부싯돌로 마찰하여 일으킨 불로 모든 동산과 언덕 위에서 모닥불을 피운다. 모든 큰 마을마다 이런 모닥불을 피우며 청년들이 그 주위에서 춤을 추었다. 노인들은 그 불길이 북쪽으로 향하는지 혹은 남쪽으로 향하는지를 조심스럽게 지켜본다. 만일 북쪽으로 향하면 그해의 봄은 춥고 늦게 올 거라고 여겼다. 반면 남쪽으로 향하면 그해 봄이 따뜻할 거라고 예측했다. 보헤미아에서도 오월제 전야에 젊은이들이 동산이나 언덕 혹은 사거리나 목장 등지에 모닥불을 피우고 그 둘레에서 춤을 추었다. 이때 그들은 붉게 타오르는 불 위를 뛰어넘거나 혹은 불 속을 통과했다. 이 의식을 '마녀 태우기'라 불렀다. 다른 지방에서는 마녀로 지목된 인형을 불태우는 관습이 있었다.

우리는 오월제 전야가 저 악명 높은 '발푸르기스의 밤'이라는 사실을 상기해야 한다. 이날 밤에는 사람 눈에 보이지 않게 마녀들이 못된 짓을 하기 위해 도처에 돌아다닌다. 포이그틀란트에서는 이 무서운 밤에 어린이들이 동산에 모닥불을 피워 놓고 그 위를 뛰어넘는다. 그뿐만 아니라 불붙은 빗자루를 휘두르거나 공중에 던지기도 한다. 사람들은 이 모닥불이 미치는 밭마다 축복이 내릴 거라고 믿었다. 거기서는 모닥불 피우는 의식을 '마녀의 추방'이라고 불렀다. 마녀를 불태울 목적으로 오월제 전야, 즉 발푸르기스의 밤에 모닥불을 피우는 이런 관습은 티롤, 모라비아, 작센, 슐레지엔 등지에서 널리 행해졌다.

5. 하지절 불축제

불축제가 유럽 전역에서 가장 일반적으로 행해지는 계절은 뭐니 뭐니 해도 하지절 전야(6월 23일) 혹은 하지절(6월 24일)이다. 유럽인들은 하지절에 세례 요한의 이름을 붙임으로써 희미하게나마 기독교 색채를 가미했지만, 이 축제가 우리 시대의 서력기원보다 훨씬 오래전부터 존재했다는 점은 의심할 나위가 없다. 하지절은 태양의 운행에서 큰 전환점으로, 그날은 날마다 하늘 높이 올라가던 태양이 그 상승을 멈추고 천체의 궤도를 따라 다시 내려오기 시작하는 때이다. 창공을 가로지르는 그 거대한 빛의 행로를 관찰하고 숙고하던 원시인은 그런 순간에 불안을 느끼지 않을 수 없었을 것이다. 하지만 그들은 아직 자연의 광대한 주기적 변화 앞에서 자신이 얼마나 무기력한지를 깨닫지 못했다. 때문에 그들은 기울어가는 듯이 보이는 태양을 도와 그 힘없는 발걸음을 떠밀어 주고, 그 붉은 등잔의 꺼져 가는 불길을 연약한 자기 손으로 다시 일으켜 줄 수 있으리라고 상상했음 직하다. 유럽 농민들의 하지절 축제는 아마도 이런 발상 속에서 생겨났을 것이다.

유래야 어쨌든, 하지절 축제는 서쪽으로는 아일랜드에서부터 동쪽으로는 러시아에 이르기까지, 그리고 북쪽으로는 노르웨이와 스웨덴에서 남쪽으로는 스페인과 그리스에 이르는 지역에서 널리 성행했다. 중세의 한 저술가에 의하면, 하지절 축제는 모닥불 피우기, 들판에서의 횃불 행진, 그리고 수레바퀴 굴리기 등의 세 가지 특징을 가진다. 그 저술가의 말에 따르면, 이때 소년들은 독한 연기가 피어오르도록 하기 위해 뼈나 온갖 오물들을 태웠다고 한다. 이는 한여름의 뜨거운 열기에 자극받아 공중에 떠다니며 자신의 정액을 떨어뜨려 우물과 강물을 독으로 오염시키는 해로운 용을 그 연기가 퇴치한다고 믿었던 것이다. 나아가 이 저술가에 의하면, 바퀴를 굴리는 관습은 황도黄道의 정점에 도달한 태양이 그 이후 내려가기 시작했음을 의미한다고 했다.

하지절 불축제의 주된 특징은 앞서 언급한 봄의 불축제가 지닌 특징과 유사하다. 이 양자의 유사성은 다음 여러 가지 사례에서 분명하게 드러난다. 16세기 전반의 어느 저술가가 우리에게 전해 주는 바에 의하면, 독일의 모든 마을에서는 성 요한제 전야에 공식적인 모닥불을 피우며 남녀노소를 막론하고 그 주위에 모여 춤추고 노래하며 시간을 보냈다고 한다. 이때 사람들은 야생쑥과 마편초로 만든 화관을 쓰고 손에는 참제비꽃을 들고, 그 꽃다발 사이로 모닥불을 바라보았다. 그러면 그해에 눈병을 앓지 않는다고 믿었다. 그곳을 떠날 때는 "모든 불행이 내게서 떠나 이것들과 함께 불타 버려라"라고 중얼대면서 야생쑥과 마편초를 불 속에 던진다.

모젤강이 내려다보이는 동산에 위치한 하下콘츠[20] 마을에서는 하지절 축제가 다음과 같이 행해진다. 이때 사람들은 험준한 슈트롬베르크 언덕 꼭대기로 짚을 한가득 운반한다. 모든 마을 사람들 적어도 모든 호주는 자신에게 할당된 짚을 기부해야 한다. 이날 저녁이 되면 노소를 막론하고 남자들은 모두 언덕 꼭대기에 모인다. 부인과 처녀들은 이 모임에 참석할 수 없으며 따로 언덕배기 중턱의 샘가에 모인다. 언덕 꼭대기에는 마을 사람들이 들고 온 짚으로 온통 뒤덮인 거대한 수레바퀴가 서 있다. 나머지 짚 다발은 횃불로 쓰인다. 수레바퀴의 양쪽에는

---

20 라인란트팔츠주에 있는 마을

1.5미터 정도의 축이 돌출되어 있는데, 젊은이들은 바퀴를 굴릴 때 이 축을 손잡이로 삼는다.

이윽고 인접한 지르크 도시의 시장이 신호를 내린다. 시장은 이런 역할을 하는 대가로 언제나 광주리 가득 버찌를 받는다. 신호와 더불어 사람들이 횃불로 수레바퀴에 불을 붙이면 그것이 온통 불길에 휩싸인다. 그러면 힘세고 발 빠른 두 명의 젊은이가 바퀴 양쪽의 축을 잡고 경사면을 달려 내려간다. 이를 바라보는 사람들 사이에서 환호성이 터지고 어른이나 아이들은 횃불을 공중에 휘두르는데, 바퀴가 굴러가는 동안 그것이 꺼지지 않도록 조심해야 한다. 바퀴를 조종하는 젊은이들의 목적은 그것이 불붙은 채로 모젤 강물 속에 굴러 들어가도록 하는 데에 있었다. 그러나 산 중턱의 대부분이 포도밭으로 덮여 있어 바퀴의 진행을 방해함으로써 그 바퀴가 강물 속에 들어가기 전에 다 타 버리는 경우가 종종 있기 때문에 대체로 이런 의도가 뜻대로 달성되기는 쉽지 않다. 하여간 불붙은 수레바퀴가 샘가에 있는 부인과 처녀들 옆을 지나가면 거기서도 환호성이 터져 나온다. 이에 맞추어 산 정상에서도 또 한 번 환호성을 지른다. 이웃 마을 사람들도 모젤강 건너편 동산에 서서 이 광경을 바라보며 환호한다. 운 좋게 수레바퀴가 모젤 강물 속으로 들어가면 그해의 포도 농사는 대풍년이 들 것임을 믿어 의심치 않는다. 그렇게 되면 콘츠 주민들은 주변의 포도 농장에서 한 마차분의 백포도를 징수할 권리를 가지게 된다. 그러나 만일 이 의식의 집행을 게을리하면, 가축들이 현기증과 경련을 일으켜 외양간에서 비틀거리게 된다고 믿었다.

하지절의 불축제는 적어도 19세기 중엽까지만 해도 상上바바리아의 전역에서 행해졌다. 그 불을 특히 산꼭대기에서 피웠지만 낮은 지대에서 피우는 경우도 많았다. 어둡고 조용한 밤이 되면 흔들리는 불꽃에 비친 사람들의 모습이 실로 인상적이었다고 한다. 그해에 질병이나 위해로부터 가축들을 보호하고, 또는 병든 가축을 치료할 목적으로 사람들은 이날 가축들을 불 사이로 가로질러 가게 했다. 이날 각 가정의 호주들은 집안의 화톳불을 완전히 끄고 하지절 축제에서 피운 불을 가지고 돌아와 새로운 불을 지폈다. 사람들은 하지절 불꽃의 높이로써 그해에 성장할 아마의 키를 예측했다. 불타는 장작더미를 뛰어넘은 자는 수확시 보리를 벨 때 허리가 아프거나 하는 일이 절대 없다고 믿었다. 바바리아의 많은 지방에서는 젊은이들이 불을 뛰어넘는 그 높이만큼 아마가 성장한다고 여겼다. 다른 지방에서는 노인들이 불축제에서 가지고 온 세 개의 불 꺼진 숯덩이를 밭에 세워 두었다. 그렇게 하면 아마가 하늘 높이 성장한다고 믿었다. 또 다른 곳에서는 화재 예방을 위해 숯덩이를 지붕에 꽂아 두었다. 뷔르츠부르크 인근의 마을에서는 시장 한가운데에 모닥불을 피웠는데, 그 모닥불을 뛰어넘는 청년들은 갖가지 꽃, 특히 야생쑥이나 마편초의 화환을 쓰고 참제비꽃 가지를 손에 들었다. 그들은 참제비꽃 다발 사이로 불축제를 구경한 자는 그해에 눈병을 앓지 않는다고 믿었다. 또한 16세기의 뷔르츠부르크에서는 마을 주교의 신도들이 산 위에서 불타는 원반을 공중으로 던졌다. 그 원반은 탄력 있는 막대기를 사용하여 발사되었는데, 그것이 어둠 속을 날아가는 광경은 바야흐로 화룡火龍이 승천하는 것 같았다고 한다.

마찬가지로 스와비아에서도 청년이나 처녀들이 손을 마주잡고 하지절의 모닥불을 뛰어넘으면서 아마가 3엘레[21]의 높이까지 자라기를 기원했다. 이때 "아마여, 아마여. 올해는 7엘쯤 자라다오!"라고 외치는 경우도 있었다. 그런 다음 그들은 수레바퀴에 불을 붙여 동산 위에서 아래로 그것을 굴렸다. 로텐부르크에는 갖가지 꽃으로 '천사'라 부르는 사람 모양의 인형을 장식하여 소년들이 그것을 하지절의 불 속에 던지는 관습이 있었다. 그런 다음 소년들은 붉은 모닥불을 뛰어넘었다.

또한 바덴에서도 성 요한제에 아이들이 집집마다 장작을 거두어 하지절 축제의 불을 피웠다. 그리고 청년이나 처녀들이 짝을 지어 그 불을 뛰어넘었다. 여기서도 다른 경우와 마찬가지로 축제의 불과 수확 사이에 밀접한 관계가 있었다. 앞서 살펴보았듯이 몇몇 지방에서는 축제의 불을 뛰어넘는 자는 수확 때에 허리가 아프지 않는다고 믿었다. 때로는 청년이 불을 뛰어넘을 때 "쑥쑥 자라거라, 대마여! 3엘의 높이로!"라고 외치기도 했다. 대마나 보리가 불꽃의 높이나 혹은 그 불을 뛰어넘는 높이까지 성장한다고 믿는 이런 관념이 바덴에 널리 퍼져 있었다고 보인다. 그중 가장 높이 뛴 자의 양친이 가장 많은 수확고를 올릴 수 있다고 믿었다. 이와 달리 만일 불축제 때 아무것도 기부하지 않은 자는 작물의 축복을 받지 못할 것이며, 특히 대마가 거의 자라지 않을 거라고 믿었다. 장거하우젠 근처의 에더스레벤에서는 땅바닥에 높은 장대를 세우고 땅바닥까지 닿는 사슬로 타르통을 걸어 놓았다. 그리고 타르통에 불을 붙이고 환호성을 내지르며 그 장대

---

21 옛 척도. 1엘은 45인치(114.3센티미터)이다.

주위로 휘둘렀다.

덴마크와 노르웨이에서는 하지절의 불을 성 요한제 전야에 길이나 광장 혹은 언덕 위에서 피웠다. 노르웨이의 경우 사람들은 이 불이 가축들의 병을 몰아내 준다고 믿었다. 그래서 노르웨이 전역에서는 지금도 하지절 전야에 축제의 불을 피운다. 불을 피우는 목적은, 특히 모든 지역에서 마녀들을 추방하기 위해서였다. 즉, 이 불을 피우면 그날 밤에 모든 마녀들이 대마녀가 사는 블로크스베르크[22]로 날아간다고 여겼다.

한편 스웨덴에서는 성 요한(성 한스)제 전야가 1년 중에서 가장 즐거운 밤이다. 시골 일부 지방, 특히 보후스와 스카니아 주를 비롯한 노르웨이 접경 지역에서는 이날 밤에 거대한 모닥불을 피우고 대포 따위를 쏘아 대며 잔치를 벌인다. 이 모닥불은 예전에 '발데르의 화장불Balder's Bålar'이라고 불렸는데, 해가 질 무렵에 언덕과 고지에서 피어올라 주변 경관을 환하게 비추었다. 사람들은 이 불을 둘러싸고 춤을 추면서 불을 뛰어넘거나 통과한다. 노를란드의 몇몇 지방에서는 성 요한제 전야에 교차로에 모닥불을 피웠다. 그 연료는 각기 다른 아홉 가지의 나무로 준비했다. 구경꾼들은 그날 밤에 돌아다닌다는 트롤과 기타 악령들의 힘을 막아 내기 위해 '베란Bäran'이라는 일종의 독버섯을 불 속에 집어넣는다. 이 불가사의한 계절이 되면 산이 열리면서 동굴 속 같은 심연에서 무시무시한 악령의 무리들이 쏟아져 나와 춤추며 난리를 피운다고 믿었다. 농부들은 이 트롤의 무리 중 하나가 근처에 있으면 반드시 모습을 드러낸다고 생각했다. 그래서 탁탁 소리를 내며 타오르는 장작더미 부근에서 염소 같은 동물이 우연히 눈에 띄면, 농부들은 그것이 다름 아닌 악령의 화신이라고 확신했다. 또한 스웨덴에서는 성 요한제 전

---

22   브로켄Brocken이라고도 한다. 독일 베르니게로데 서남쪽 13킬로미터 지점에 있는 하르츠 산맥의 최고봉(1,142미터). 거대한 돔 모양의 화강암 봉우리에서 내려다보이는 사방의 경치가 웅장하며, 해의 고도가 낮을 때 정상에서부터 드리워지는 그림자가 확대되어 산 아래로 낮게 깔리는 구름이나 안개의 윗면에 거인의 실루엣 같은 것이 나타난다. 이는 높은 산에 오를 때 가끔 경험할 수 있는 현상으로, 관찰자의 그림자가 맞은편 봉우리 주변에서 소용돌이치는 안개 위에 환상적으로 왜곡되고 확대된 영상으로 나타나는 것을 말한다. 이 같은 현상은 브로켄 유령 또는 브로켄 무지개로 알려져 있으며, 산중의 민간설화에서 비교적祕敎的인 의미를 얻고 있다. 제임스 호그James Hogg는 『어떤 정당한 죄인의 사적 기억과 고백The Private Memoirs and Confession of a Justified Sinner』(1824)에서 이 현상을 생생하게 묘사하고 있다. 기독교가 들어오고 나서도 오랫동안 이곳에서는 해마다 4월 30일에 발푸르기스의 밤 또는 마녀들의 안식일이라는 전통적인 의식이 행해졌다. 이 봉우리는 괴테의 희곡 『파우스트Faust』의 유명한 한 장면에 묘사되어 있기도 하다.

야가 불의 축제일일 뿐만 아니라 물의 축제일이기도 했다. 이 점은 주목할 만하다. 그날이 되면 몇 군데 신성한 샘물이 놀라운 치유력을 가진다 하여 많은 환자들이 병을 치료하기 위해 그곳으로 몰려갔다.

오스트리아의 하지절 관습과 신앙도 독일의 그것과 대동소이하다. 티롤의 여러 지방에서는 모닥불을 피우거나 불붙은 원반을 던진다. 인Inn강 하류의 계곡에서는 하지절 당일에 누더기 인형을 마차에 싣고 마을을 돌아다니다가 불에 태워버린다. 이 인형을 '로터Lotter'라고 부르는데, 그것이 와전되어 '루터Luther'로 되었다. 암브라스 마을에서는 이 인형을 태움으로써 저 유명한 마르틴 루터Martin Luther(1483~1546)[23]를 화형시킨다고 여겼다. 이 마을 사람들은 성 요한제의 밤 11시와 12시 사이에 마을을 돌면서 세 군데의 우물에서 목욕을 하면, 다음 해에 누가 죽게 될지를 미리 점칠 수 있다고 여겼다. 그라츠[24]에서는 성 요한제 전야에 사람들이 '타터만Tatermann'[25]이라는 인형을 만들어 빨래터로 가지고 가서 불을 붙인 다음 빗자루로 내려친다. 티롤의 로이테에서는 하지절의 불을 뛰어넘는 높이만큼 아마가 성장한다고 믿었다. 또한 타다 남은 검은 숯덩이를 가지고 돌아가 그날 밤 아마밭에 세우고 아마를 수확할 때까지 그대로 놓아둔다. 하下오스트리아에서는 높은 지대에 모닥불을 피우고 소년들이 송진을 먹인 횃불을 휘두르며 그 주변을 뛰어다닌다. 이때 세 차례 불을 뛰어넘은 자는 그해에 고열에 시달리지 않고 병도 나지 않는다고 믿었다. 때로 수레바퀴에 송진을 칠하여 불을 붙이고 동산 위에서 굴리기도 한다.

보헤미아 전역에서는 지금도 하지절 전야에 모닥불을 피운다. 그날 오후에 소년들은 손수레를 끌고 집집마다 돌아다니며 연료를 수집한다. 만일 기부를 거절하는 자가 있으면 그에게 재앙이 찾아올 거라고 위협한다. 때로 청년들이 숲속에 들어가 키 크고 올곧은 떡갈나무를 벌채하여 동산 위에 세워놓으면 처녀들이 화환과 나뭇잎 다발, 빨간 리본 따위로 그것을 장식한다. 그런 다음 그 둘레에 잔가지를 깔고 밤이 되면 거기에 불을 붙인다. 불길이 치솟는 동안 청년들은 나무에 올라가 처녀들이 장식한 화환과 나뭇잎 따위를 뽑아서 들고 내려온다. 그리고 청년과 처녀들이 모닥불을 사이에 두고 서로를 바라보며 눈이 맞아 그해에 결혼할

---

23 프로테스탄트 종교개혁을 촉발시킨 독일의 성직자·성서학자
24 오스트리아 남동부 슈타이어마르크주의 도시
25 '범죄자'를 뜻하는 독일어 테터Tater와 관계가 있을 듯하다.

수 있는지를 탐색한다. 이때 처녀들이 불길 사이로 나뭇잎을 청년들에게 던지는데, 모처럼 애인이 던진 나뭇잎을 받지 못한 얼빠진 사내에게는 재앙이 닥칠 거라고 여겼다. 불꽃이 약해지기 시작하면 젊은 남녀는 쌍쌍이 손을 잡고 모닥불을 세 번씩 뛰어넘는다. 그러면 그해에 학질에 걸리지 않으며, 그들이 뛰어넘은 높이만큼 아마가 성장할 거라고 믿었다. 하지절 전야에 아홉 개의 모닥불을 본 처녀는 그해 안으로 결혼하게 된다고 여겼다. 불에 그슬린 나뭇잎 다발은 집에 가져가 소중하게 간수한다. 천둥이 칠 때면 이 다발을 화로에 넣고 불태우면서 기도를 올린다. 또한 암소가 병에 걸리거나 해산할 경우에도 그 이파리를 먹이며, 인간이나 가축이 병에 걸리지 않도록 집이나 외양간을 연기로 그슬릴 경우에도 이 이파리를 사용한다. 때로는 낡은 수레바퀴에 송진을 바르고 불을 붙여 동산 위에서 언덕 아래로 굴리기도 한다. 또한 소년들이 낡은 빗자루를 가능한 한 많이 수집하여 송진을 바른 다음 불을 붙여 휘두르거나 공중에 던지는 수도 있다. 혹은 무리를 지어 불붙은 빗자루를 휘두르면서 소리를 지르거나 언덕배기를 달려 내려오기도 한다. 빗자루나 타고 남은 숯덩이를 채소밭에 세워놓으면 병충해를 입지 않는다고 믿었다. 어떤 이들은 하지절의 모닥불에서 나온 숯덩이나 재를 파종한 밭이나 목장, 과수원이나 지붕 등에 뿌리거나 꽂아 벼락이나 궂은 날씨를 막는 부적으로 사용했다. 또한 재를 지붕에 뿌려 두면 그 집에 화재가 일어나지 않는다고 여겼다.

다른 몇몇 지방에서는 하지절의 불이 타고 있는 동안 야생쑥을 머리에 얹거나 허리에 감거나 하면 망령이나 마녀 혹은 질병을 격퇴할 수 있다고 믿었다. 특히 그것은 눈병을 예방해 준다고 여겼다. 때로 처녀들은 들꽃 화환 사이로 모닥불을 바라보면서 눈병이 나지 않도록 기도한다. 이런 행위를 세 차례 반복하면 그해에 안질을 앓지 않는다고 여겼다. 보헤미아의 여러 지방에서는 마법으로부터 암소들을 지키기 위해 하지절의 불 사이로 암소들을 통과시키곤 한다.

슬라브의 여러 나라에서도 동일한 방식으로 하지절 불축제가 행해졌다. 가령 앞서 살펴보았듯이, 성 요한제 전야에 러시아에서는 청년과 처녀들이 남녀 한 쌍씩 짝을 지어 팔에 쿠팔로Kupalo 밀짚인형을 안고 모닥불을 뛰어넘는다. 러시아의 다른 지방에서도 성 요한제 밤에 쿠팔로 인형을 불태우거나 물속에 던진다. 또한 젊은이들은 연기나 불을 뛰어넘을 때 꽃다발이나 신성한 풀로 엮은 띠를 몸에 감는다. 때로 소젖을 탐내는 마녀나 마법사들을 막기 위해 소로 하여금 모닥

성 유한제 불축제 때 우크라이나 지방에서 사용되는
쿠팔로 밀짚인형

불 사이를 통과하도록 한다. 또 다른 곳에서는 말뚝 하나를 땅에 박고 짚으로 싼 다음 불을 지른다. 불꽃이 피어나면 농가의 여자들이 자작나무 가지들을 그 속에 던지면서 "우리 아마가 이 가지의 키만큼 자라기를!"이라고 기원한다. 루데니아[26]에서는 나무를 마찰시켜 일으킨 불로 모닥불을 피운다. 노인네들이 불을 일으키는 동안 다른 사람들은 조용히 물러 앉아 있다가 나무에 불이 붙으면 일제히 환호성을 지르며 노래한다. 그리고 모닥불이 타오르자마자 젊은이들은 두 사람씩 손을 잡고 연기 속을 뛰어넘는다. 이런 의식이 끝나면 소를 불 속에 몰아넣는다.

프로이센과 리투아니아의 여러 지방에서는 하지절 전야에 큰 모닥불을 피운다. 이때는 시야에 들어오는 모든 고지대마다 불로 뒤덮인다. 이 불은 마술과 벼락과 우박과 소들의 병을 막아 주며, 특히 이튿날 아침에 불을 피운 장소에 소를 몰아넣으면 효험이 있다고 믿었다. 또한 이 불은 마술과 주문으로 소젖을 훔쳐 가려는 마술사를 추방해 준다고 여겼다. 때문에 이튿날 아침이 되면 모닥불을 피운 젊은이들이 집집마다 돌아다니며 우유 한 사발씩을 거둔다. 같은 이유로 그들은 암소가 통과하는 목장의 문이나 울타리 위에 야생쑥을 걸어 놓는데, 그렇게 하면 마술을 방지하는 데 효험이 있다고 믿었다. 동부 프로이센의 마수렌 지방에는 하지절 전야에 마을 안의 모든 불을 끄는 관습이 있다. 그런 다음 떡갈나무 말뚝을 땅에 박고 그것을 축으로 삼아 위에 수레바퀴 하나를 얹어 놓는다. 그리고 마을 사람들이 마찰에 의해 불꽃이 튈 때까지 교대로 맹렬하게 바퀴를 돌린다. 그리고 이 새로운 불로 점화된 나뭇조각을 각자의 집으로 가지고 가서 화로에 옮겨 붙인다. 세르비아에서는 하지절 전야에 목동들이 자작나무 껍질로 횃불을 만들어 불을 붙이고 외양간이 있는 곳으로 행진한 다음, 동산에 올라가 횃불이 다 탈 때까지 머무른다.

헝가리의 마자르Magyar족[27]이 행하는 하지절 불축제도 유럽의 다른 지방에서 볼 수 있는 것과 동일한 양상을 보여 준다. 즉, 하지절 전야에 높은 지대에 불을 피우고 그것을 뛰어넘는 관습이 있었다. 이때 구경꾼들은 젊은이들이 불을 뛰어넘는 광경을 보면서 그들이 언제쯤 결혼할 것인지를 예측한다. 이날 헝가리의 돼

---

26 우크라이나 서부의 칼파치아 산맥 남부지역
27 우랄어족의 핀·우그리아어파에 속하는 마자르어를 쓰는 민족. 대부분의 헝가리 주민들을 구성한다.

지를 키우는 자들은 대마를 감은 꼬챙이가 박혀 있는 수레바퀴를 회전시켜 불을 일으킨 다음 그 불 속에 돼지를 몰아넣어 온갖 질병들을 추방한다.

마자르족과 마찬가지로 위대한 투라니아Turania 인종에 속한 러시아의 에스토니아 사람들도 하지절을 축하한다. 그들은 성 요한제의 불이 가축을 마녀들의 저주로부터 지켜 준다고 믿었으며, 그 불에 접근하지 않은 자의 보리밭에는 엉겅퀴가 무성하고 귀리밭에는 잡초가 무성하게 된다고 여겼다. 에스토니아의 외젤섬에서는 하지절 불에 장작을 던지면서 "잡초는 불에, 아마는 밭에!"라고 외친다. 혹은 장작 세 개를 불 속에 던지면서 "아마여, 크게 자라다오"라고 말한다. 또한 모닥불에서 타다 남은 검은 숯덩이를 집에 가지고 돌아와 가축들이 새끼를 많이 낳도록 해 주는 부적으로써 잘 간수한다. 이 섬의 어떤 마을에서는 꼭대기에 깃발을 꽂은 기둥 둘레에 나뭇가지나 그 밖의 불에 잘 타는 물질들을 쌓아올려 모닥불을 피운다. 이 깃발에 불이 붙기 전에 막대기로 그것을 떨어뜨린 자는 재수가 좋다고 여겼다. 예전에는 이 모닥불을 이튿날 새벽까지 피웠고 흥청망청 마시고 노는 요란한 잔치로 막을 내렸다. 거기에 여름 아침의 붉은 햇살이 더하여 한층 더 무시무시한 불길이 피어나는 것처럼 보였다고 한다.

이번에는 동유럽에서 서유럽 쪽으로 넘어가 보자. 거기서도 동일한 성격의 의식으로 하지절을 축하했다. 프랑스에서는 19세기 중엽에 이르기까지 하지절에 모닥불을 피우는 관습이 널리 행해졌는데, 모닥불을 피우지 않는 마을이 거의 없을 정도였다고 한다. 사람들은 그 불의 둘레에서 춤을 추며 뛰어넘었고, 불 속에서 검게 탄 막대기를 가지고 집으로 돌아와 벼락이나 화재 혹은 주문으로부터 집을 지키기 위해 그것을 간수했다.

브르타뉴에서는 하지절 불축제의 관습이 지금까지도 행해진다. 불이 꺼지면 모든 사람이 모닥불 앞에 엎드린다. 그러면 한 노인이 큰 소리로 기도를 올린다. 그런 다음 모두 일어서서 모닥불 주위를 세 번 돈다. 세 번째에 멈춰 서서 각자 돌멩이를 하나씩 불 속에 던진 후 해산하는 것이다. 브르타뉴와 베리에서는 처녀가 하지절의 불을 아홉 바퀴 돌면서 춤을 추면 그해 안으로 결혼하게 된다고 믿었다. 오른Orne[28] 계곡의 관습에서는 태양이 이제 막 지평선으로 넘어가려는 무렵에 모닥불을 피웠다. 이때 농민들은 가축을 마술로부터 지키고, 특히 우유와 버

---

28 프랑스 북부 바스노르망디 지방에서 흐르는 강

터를 훔쳐 가는 마녀나 마법사의 주문을 물리치기 위해 가축들을 불 속에 몰아넣는다.

노르망디의 쥐미에주에서는 19세기 전반까지만 해도 하지절 불축제가 매우 오래된 고대 흔적을 지닌 몇몇 특징을 보여 주었다. 매년 6월 23일, 즉 성 요한제 전야가 되면 '초록늑대의 형제단Brotherhood of the Green Wolf'이 새로운 단장을 선발하는데, 그는 반드시 코니오 마을 출신이어야 했다. 새로 선출된 단장은 '초록늑대'라고 불렸으며, 긴 녹색 망토에 차양이 없는 원추형의 높다란 녹색 모자 따위의 기이한 분장을 했다. 그는 성 요한의 찬가를 부르며 십자가와 깃발을 높이 들고 '초록늑대의 형제단' 선두에 서서 엄숙하게 '슈케Chouquet'라 부르는 장소까지 행진을 했다. 그곳에서 이 행렬은 사제와 선창자, 성가대를 만나 교구 교회로 인도된다. 미사를 마친 뒤 일행은 초록늑대의 집으로 가서 간단한 음식을 대접받았다. 밤이 되면 들꽃으로 장식한 젊은 남녀들의 방울 소리에 맞추어 모닥불을 피웠다. 거기서 '초록늑대'와 그 일행은 두건을 어깨까지 늘어뜨린 채 손을 잡고 다음 해에 초록늑대로 선발될 사내를 뒤쫓으며 모닥불 주위를 달렸다. 그 인간사슬의 맨 앞과 맨 뒤에 선 사내는 손이 자유로운데, 그들의 임무는 다음 해의 초록늑대를 세 차례 포획하는 데에 있었다. 이때 다음 해의 초록늑대는 달아나려고 안간힘을 쓰면서 들고 있던 기다란 지팡이로 형제들을 때린다. 마침내 다음 해의 초록늑대를 붙잡는 데 성공하면 사람들은 그를 불타는 모닥불로 끌고 가서 그 위에 집어던지는 시늉을 한다.

의식이 끝나면 사람들은 초록늑대의 집으로 가서 지극히 간소한 저녁식사를 대접받았다. 한밤중까지는 일종의 엄숙한 종교적 분위기가 지배적이지만 12시가 지나면 사태는 일변한다. 즉, 지금까지의 억제된 분위기가 방종의 분위기로 돌변하는 것이다. 경건한 찬미가는 흥청거리는 바쿠스적Bacchanalian 가요로 바뀐다. 촌스러운 바이올린의 떨리는 높은 가락도 흥겨운 초록늑대 형제단들의 고함소리에 묻혀 버린다. 다음 날인 6월 24일, 즉 하지절에도 똑같은 사람들이 똑같이 시끄러운 향연을 벌였다. 소총부대의 총소리에 맞추어 거대한 성스러운 빵덩어리를 들고 행진하는 것도 그 의식 중 하나이다. 이때 그 빵은 여러 층으로 솟아 있고 꼭대기에는 리본으로 장식된 초록색 피라미드가 얹혀 있다. 이어서 제단의 층계 위에 놓아둔 성스러운 방울을 다음 해에 초록늑대가 될 사람에게 직책의 상징으로 맡겼다.

엔Aisne[29] 지방의 샤토티에리에는 성 요한제에 모닥불을 피우고 그 둘레에서 춤추는 관습이 1850년경까지 남아 있었다. 6월에 비가 많은 해에는 특별히 성대한 모닥불을 피웠다. 그렇게 하면 모닥불의 불빛이 비를 멈추게 할 수 있다고 믿었기 때문이다. 보주에서는 하지절 전야에 동산 위에 모닥불을 피우는 관습이 지금도 행해지고 있다. 그곳 사람들은 모닥불이 대지의 결실을 풍요롭게 하여 풍년을 보장해 준다고 여겼다.

푸아투[30] 지방의 많은 마을에서도 성 요한제 전야에 모닥불을 피운다. 그때 사람들은 손에 호두나무 지팡이를 들고 그 주위를 세 번 행진한다. 여자 양치기나 아이들은 호두나무와 '버배스컴verbascum'이라 부르는 현삼과玄蔘科 꽃가지를 불 속에 던진다. 호두나무는 치통을 예방해 주고, 버배스컴은 가축들을 병이나 마술로부터 지켜 준다고 믿었다. 불이 꺼지면 사람들은 재를 조금씩 가지고 집으로 돌아가 벼락을 막아 주는 부적으로 간수한다. 혹은 보리의 병충해를 막기 위해 밭에 뿌리기도 한다. 또 밭의 결실을 풍요롭게 하기 위해 성 요한제 전야에 불붙은 수레바퀴를 굴리는 관습도 있었다.

남부 프랑스의 코맹주 산지에서는 큰 나무의 줄기를 쪼개어 그 사이에 톱밥을 넣고 하지절 불을 피웠다. 그 나무 꼭대기에는 화환을 묶어 놓는데, 불이 붙는 순간 최근에 결혼한 남자가 사다리를 타고 올라가 그 화환을 가지고 내려와야 했다. 같은 지방의 평지에서는 보통 방식으로 쌓아 올린 연료를 하지절 불축제의 재료로 삼는다. 그러나 그것들은 지난해의 하지절 이후에 결혼한 사내들이 쌓아 올린 것이어야 한다. 그리고 이 신혼 남자들은 각각 그 장작더미 위에 꽃다발을 올려놓아야 한다.

프로방스 지방에서는 하지절의 불을 지금도 피우고 있다. 아이들이 집집마다 연료를 얻으러 다니는데 이를 거절하는 집은 거의 없다. 예전에는 사제와 시장, 의원들이 행렬을 지어 모닥불 있는 곳으로 가서 불을 붙이는 역할을 담당했다. 불을 붙인 뒤 모든 사람이 모닥불 주위를 세 번 돌았다. 엑스Aix섬에서는 앵무새 모양의 표적을 맞힌 명사수 중에서 선발된 명목상의 왕이 하지절 축제를 관장했다. 그는 자신의 부하를 선발하여 화려한 행렬을 거느리고 모닥불을 피우는

---

29 프랑스 북부 피카르디 지방에 있는 주
30 프랑스 서부의 방데·되세브르·비엔 주를 포함하는 역사적·문화적 지역

곳까지 가서 불을 붙이고, 제일 먼저 그 주위를 돌며 춤추었다. 이튿날에는 그 부하들에게 선물을 나누어 주었다. 그의 통치는 1년간 지속되었는데, 그 기간에 그에게는 일정한 특권이 주어졌다. 예컨대 그에게는 성 요한제에 '성 요한 기사단 Knights of St. John'의 단장이 집행하는 미사에 참석할 수 있는 특권이 주어졌다. 또한 그에게는 수렵의 권리도 주어졌다. 마르세유에서도 이날 직업조합에 속한 어떤 자가 '양날 도끼badache의 왕'을 선발했다. 그러나 그가 모닥불에 불을 붙이지는 않은 것 같다. 그 대신 지사나 고관들에 의해 성대한 의식 속에서 모닥불이 점화되었다고 한다.

벨기에에서는 하지절의 불을 피우는 관습이 대도시에서 없어진 지 오래되었지만, 시골이나 조그만 도시에서는 지금까지도 남아 있다. 이 나라에서는 성 요한제 전야의 불축제나 무도회와 유사한 관습이 성 베드로 축일St. Peter's Day(6월 29일) 전야에 행해졌다. 혹자에 의하면, 성 베드로 축일의 불은 성 요한제의 그것과 마찬가지로 용들을 추방하기 위해 피워졌다고 한다. 프랑스의 플랑드르에서는 1789년까지 반드시 남자 인형이 하지절 불축제에서 태워졌으며, 성 베드로 축일 당일인 6월 29일에는 여자 인형이 불태워졌다. 벨기에에서는 복통을 예방하기 위해 하지절의 불을 뛰어넘었고, 화재를 예방하기 위해 타고 남은 재를 집으로 가져가서 잘 간수했다.

하지절 당일에 모닥불을 피우는 관습은 우리나라[31]의 여러 지방에서도 행해졌는데, 그때 흔히 사람들은 그 주변에서 춤을 추거나 불을 뛰어넘기도 했다. 웨일스에서는 세 종류 내지 아홉 종류의 나무와 지난해의 하지절 이후 조심스럽게 간수해 온 숯덩이를 새 모닥불의 점화 때에 사용했다. 이 모닥불은 좀 높은 지대에서 피운다. 글러모건[32] 계곡에서는 짚으로 싼 이륜마차의 바퀴에 불을 붙여 그것을 동산 위에서 아래로 굴린다. 그것이 굴러내려 오면서 오래 타면 탈수록 풍년이 보장된다고 여겼다. 맨섬에서는 하지절 전야에 각자의 밭에 불을 피워 그연기가 보리 위쪽으로 흐르도록 했다. 또한 가축을 외양간에 붙들어 매어 놓고, 타고 있는 금작화나무를 들고 그 주위를 몇 차례 돈다. 아일랜드에서는 새끼를 낳지 않은 가축을 불 속으로 통과시켰으며, 밭을 비옥하게 하기 위해 불붙은 석

---

31 '스코틀랜드'를 가리킨다.

32 영국 웨일스 남부의 역사 지역

탄을 밭으로 가지고 들어간다. 한편 스코틀랜드에서는 하지절 불축제의 흔적이 보이지 않는다. 그러나 퍼드셔의 고원지대에서는 그 계절이 되면, 이른바 사육사들이 손에 횃불을 들고 태양이 순환하는 방향을 따라 외양간을 세 바퀴 도는 관습이 있었다. 그렇게 함으로써 가축이 정화되고 병에 걸리지 않게 된다고 믿었다.

하지절 전야에 모닥불을 피우고 그 주위에서 춤을 추거나 불을 뛰어넘는 관습은 지금도 스페인 전역과 이탈리아, 시칠리아섬의 여러 지역에서 일반적으로 행해지고 있다. 혹은 적어도 최근까지 행해졌다. 말타섬에서는 성 요한제 전야(하지절 전야)에 도시나 마을의 거리에서 대대적으로 모닥불을 피웠다. 예전에는 그날 밤에 성 요한 기사단의 단장이 신성한 병원 앞에 설치한 송진통에 불을 붙이는 관습이 있었다. 그리스에서도 성 요한제 전야에 모닥불을 피우고 그것을 뛰어넘는 관습이 지금까지 남아 있다. 그 목적은 첫째 벼룩을 없애기 위해서라고 한다. 다른 설명에 의하면, 여자들을 불을 뛰어넘을 때 "내 죄과를 이곳에 남긴다"고 크게 외쳤다고 한다. 레스보스에서는 보통 성 요한제 전야에 세 군데에서 모닥불을 피웠으며, 사람들은 그것을 세 번씩 뛰어넘었다. 각자 머리 위에 돌을 얹고 "나는 산토끼의 불을 뛰어넘는다. 내 머리는 돌이다!"라고 말한다. 칼림노스섬[33]에서는 하지절의 불축제가 벼룩을 잡기 위해서뿐만 아니라 다가오는 해의 풍작을 기원하기 위해 행해졌다. 이곳에서는 머리에 돌을 얹고 불 주위에서 노래하며 춤을 추거나 뛰어넘었다. 불이 약해지면 돌을 그 속에 던졌고, 불이 거의 꺼져 가면 무릎을 꿇고 십자를 그으면서 그대로 곧장 바다로 들어가 목욕을 했다.

하지절 또는 그 전야에 모닥불을 피우는 관습은 북아프리카, 특히 모로코와 알제리의 이슬람 민족 사이에서도 널리 행해졌다. 그것은 베르베르Berber족[34]과 아랍족 또는 아랍어를 사용하는 부족들 사이에서도 나타난다. 이들 나라에서는 하지절(구력 6월 24일)을 '란사라l'anṣāra'라고 불렀다. 이때 불을 피우는 장소는 안뜰이나 교차로 혹은 들판이나 타작마당 등인데, 연료로는 불에 타면 짙은 연기와 향내가 나는 식물이 선호되었다. 대회향大茴香, 백리향百里香, 운향蕓香, 파슬리 씨앗, 개꽃, 제라늄, 박하 등이 그런 목적으로 사용되었다. 사람들은 자신과 특히

---

33 에게해의 그리스령 도데카니소스 제도에 속해 있는 산악성 섬
34 북아프리카 투착민. 모로코·알제리·튀니지·리비아·이집트 등지에 흩어져 살았다.

아이들에게 그 연기를 쏘였으며, 과수원과 농작물 쪽으로 연기를 보냈다. 또한 그 불을 뛰어넘었는데, 어떤 지방에서는 모든 사람이 일곱 번씩 뛰어넘기를 반복해야 했다. 나아가 그들은 불붙은 나무토막을 집에 가져가서 집 안 곳곳에 연기를 쏘였다. 그뿐만 아니라 물건을 불 속으로 통과시키고 질병의 회복을 기도하면서 환자에게 불을 접촉시켰다. 모닥불의 재 또한 효험이 있는 것으로 여겼다. 그래서 어떤 지방에서는 그것을 머리카락이나 몸에 문지르기도 했다. 어떤 곳에서는 모닥불을 뛰어넘으면 모든 재앙들이 제거되고, 자식 없는 부부에게는 자식이 생긴다고 여겼다.

모로코 북부 리프 지방의 베르베르족은 자신과 가축, 과수원의 이익을 위해 하지절의 불을 대대적으로 이용했다. 그들은 건강을 위해 모닥불을 뛰어넘었고, 과일이 채 익기도 전에 떨어지는 것을 막기 위해 과일나무 밑에 불을 피웠다. 모닥불의 재를 반죽하여 그것을 머리카락에 바르기도 했는데, 이렇게 하면 머리카락이 빠지지 않는다고 믿었기 때문이다. 모로코의 이러한 관습에서 효험의 원천은 바로 연기에 있다고 한다. 인간과 동물과 과수와 농작물에서 재앙을 제거하는 주술적 힘이 그 연기에 있다고 믿었던 것이다.

이슬람 민족들의 하지절 불축제는 특히 주목할 만하다. 왜냐하면 이슬람력은 순수한 음력이며 윤달을 써서 수정하지 않으므로 필연적으로 태양력으로 고정된 축제일을 표시할 수 없기 때문이다. 달의 운행에 맞추어 정해진 모든 엄밀한 이슬람 축제는 지구가 태양 주위를 회전하는 공전 주기를 통해 점차 태양의 주기와 편차가 생긴다. 이 점에서 우리는 유럽의 기독교를 믿는 여러 민족들처럼 북아프리카의 이슬람 민족들에서도 하지절 불축제가 해당 민족의 공인된 종교와는 전혀 다른 고대 이교의 유물이라는 사실을 알 수 있다.

6. 핼러윈 불축제

앞의 고찰을 통해 우리는 유럽 민족의 이교도 조상들 사이에서 가장 유명하고 널리 행해진 연례적 불축제가 하지절 전야나 하지절 축제였음을 추론할 수 있다. 이 불축제와 하지의 일치는 결코 우연이 아니다. 오히려 우리는 유럽인의 이교도 조상들이 의도적으로 지상에서의 불축제를 천상에서의 태양이 그 항로상 최고

점에 도달하는 시기와 일치하도록 맞춘 것이라고 보아야 할 것이다. 만약 그렇다면 하지절 축제의 옛 창시자들은 태양의 뚜렷한 노정과 그 전환점을 관측했으며, 따라서 자신들의 축제 일정을 어느 정도 천문학적인 관찰에 따라 조정했다고 말할 수 있다.

그러나 이는 유럽 대륙의 거의 전 지역에 걸쳐 살던 이른바 원주민이라 할 수 있는 사람들에게는 확실한 것으로 보이나, 유럽 대륙의 땅 끝 곧 서북쪽을 향해 대서양으로 이어지는 섬지방과 곶지방에 살던 켈트족에게는 해당되지 않는다. 켈트족의 주된 불축제는 그 범위도 제한적이고 덜 화려하기도 하지만 근대에 이르기까지, 심지어 우리 시대에 이르기까지 태양의 위치를 전혀 고려하지 않은 채 시기를 정했던 것으로 보인다. 그들의 축제는 두 가지가 있었고, 6개월 간격으로 행해졌다. 하나는 오월제 전야에 행해졌고, 다른 하나는 오늘날 흔히 말하는 핼러윈 축일, 즉 만성절 전야인 10월 31일에 행해졌다. 그런데 이 시기는 태양력의 전환점인 4대 극점, 곧 두 지점至點과 두 분점分點[35]의 어느 것과도 일치하지 않는다. 또한 그것은 봄의 파종기와 가을의 수확기 같은 농경상의 주요 절기와도 일치하지 않는다. 오월제의 시기는 씨앗을 파종한 지 이미 오래며, 11월이면 이미 오래전에 수확물을 거두어 헛간 속에 저장한 때이다. 그때는 밭도 과일나무도 모두 헐벗고 심지어 누런 낙엽이 우수수 땅에 떨어져 내릴 시기이다. 5월 1일과 11월 1일은 유럽에서 한 해의 전환점에 해당된다. 전자는 여름의 온난한 더위와 풍성한 신록을 예고하는 때이며, 후자는 겨울의 추위와 황량함을 예고하는 때이다.

하지만 박식하고 독창적인 어떤 작가가 잘 지적했듯이, 한 해의 특정 시점이 유럽 농민들에게는 그다지 중시되지 않았던 반면, 유럽의 목축민들에게는 중요한 관심사였다. 왜냐하면 여름이 다가올 때 목축민들은 소 떼를 야외로 몰고 가서 싱싱한 풀을 먹이고, 겨울이 다가올 때 외양간의 안전한 피신처로 다시 데려와야 했기 때문이다. 따라서 켈트족이 한 해의 시작을 5월 초와 11월 초로 양분하는 관습은 목축민으로서 가축에 의해 생계를 의지하던 시대에서 비롯된 것이라고 보아도 무방할 것이다. 따라서 그 시대에는 초여름에 소들이 외양간에서 나오는 시기와 초겨울에 다시 외양간으로 들어가는 시기로 한 해를 양분했음 직하

---

35 하지와 동지, 춘분과 추분을 가리킨다.

다. 오늘날 켈트족이 사는 지역에서 극히 멀리 떨어진 중부 유럽에서조차 이와 유사한 방식으로 1년을 양분한다. 이는 분명 한편으로 오월제 및 그 전야의 성대한 의식과, 다른 한편으로는 11월 초의 만령절Feast of All Souls이 널리 퍼지면서 생겨난 관습으로 보인다. 여기서 만령절은 희미한 기독교의 미명 아래 죽은 자들에 대한 고대의 이교적 축제를 은폐하고 있다. 그러므로 우리는 유럽 전역을 통해 하지와 동지에 의한 1년의 천체적 분할celestial division보다 초여름과 초겨울에 의한 1년의 지상적 분할terrestrial division이 더 선행했으리라고 추정할 수 있다.

어쨌든 켈트족의 양대 축일이었던 5월 1일과 11월 1일, 더 정확히 말하면 양자의 전야제는 그 집행양식과 관련 신앙에서 서로 매우 흡사할 수밖에 없었다. 또한 양대 축일에 내포된 고대의 특성을 염두에 두건대, 그것들은 고대의 순수한 이교적 관습에서 비롯된 것임에 틀림없다. 여름을 예고하는 오월제 혹은 켈트족의 벨테인 축제에 관해서는 이미 전술한 바 있다. 그러므로 아래에서는 겨울의 도래를 예고하는 핼러윈 축제에 대해 생각해 보기로 하자.

아마도 예전에는 두 축제 중에서 핼러윈 축제가 더 중요했을 성싶다. 켈트족은 한 해의 시작을 벨테인 축제일보다는 핼러윈 축제일로 잡은 듯싶다. 색슨족 침략자들의 포위에도 불구하고 켈트족의 언어와 관습이 가장 오래 보존되었던 요새인 맨섬에서는 최근에 이르기까지 구력 11월 1일을 설날로 간주했기 때문이다. 그래서 맨섬의 어릿광대들은 핼러윈절(구력)에 "오늘은 새해의 전야라네. 호군나Hogunnaa!"로 시작되는 섣달 그믐날 노래를 맨섬 언어로 부르며 돌아다녔다. 고대 아일랜드에는 매년 핼러윈 당일, 그러니까 삼하인Samhain[36] 축일 전야에 새 불을 피우고 그 성화로써 아일랜드 전역의 불을 다시 지피는 관습이 있었다. 이 관습은 삼하인 축일 또는 만성절(11월 1일)이 신년으로 간주되었음을 강하게 시사한다. 왜냐하면 매년 새해 첫날에 새 불을 피우는 것은 너무도 자연스러운 일이었기 때문이다. 이는 신선한 불의 복된 영향을 앞으로 열두 달 내내 유지하기 위한 것이었다.

---

36 켈트어로 '여름의 끝'이라는 뜻. 켈트족이 쓰던 달력에서 매우 중요하고도 불길한 축일 가운데 하나. 켈트족은 삼하인 축일인 11월 1일에 신들의 세계가 인간이 볼 수 있도록 나타나며, 신들이 자신들을 숭배하는 유한한 숭배자들에게 여러 가지 심술궂은 장난을 한다고 믿었다. 이날은 곳곳에 위험이 도사리고 있고, 두려움이 팽배하며, 초자연적인 일화로 가득 찬 날이었다. 따라서 켈트족은 이날 온갖 종류의 제사와 예물을 반드시 바쳐야 하며, 그렇지 않을 경우 이 축일에 닥칠 온갖 위험을 극복하거나 신들의 행위에 대응할 수 없다고 믿었다.

켈트족이 11월 1일을 기하여 새해의 시작으로 간주했다는 이런 설명은 그들이 핼러윈 축일에 통상 거행했던 여러 가지 방식의 점술 관습을 통해서도 확인할 수 있다. 이 점복은 다가올 한 해 동안의 운세를 알기 위한 것이었다. 그런데 미래를 엿보기 위한 이런 수단을 보다 합리적으로 실행하는 데에 1년의 첫날보다 더 적당한 시기는 없을 것이다. 그리고 켈트족은 예견과 점복의 시기로서 벨테인 축일보다 핼러윈 축일이 더 낫다고 생각한 것 같다. 이 점에서 보건대, 그들이 벨테인 축일보다 오히려 핼러윈 축일을 새해의 첫날로 간주했으리라는 점을 어느 정도 확실하게 추론할 수 있다.

핼러윈 축일과 죽은 자들의 연관성 또한 이와 동일한 결론을 지시해 주는 중요한 관건이 된다. 켈트족 사이에서뿐만 아니라 유럽 전역에 걸쳐 가을에서 겨울로의 과도기가 되는 핼러윈의 밤은, 예부터 죽은 자들의 영혼이 그들의 옛 집을 방문하는 연례적인 날로 여겨져 왔다. 즉, 사자들의 영혼이 불기운에 몸을 녹이고, 안방이나 부엌에서 친족들로부터 베풀어지는 환대를 받기 위해 돌아오는 날이 바로 핼러윈의 밤이라는 것이다. 겨울이 다가오면서 추위에 떨고 굶주린 가엾은 사령들이 황량한 들판과 헐벗은 숲에서 친숙한 난로가 있는 오두막의 피신처를 찾아올 거라는 생각은 아마도 자연스러운 발상이었을 것이다. 그때가 되면 암소들조차 여름의 숲속과 언덕배기의 목장에서 집으로 돌아와, 흔들리는 가지 사이로 매서운 바람이 몰아치고 눈보라가 골짜기에 그득히 쌓여 있는 동안 외양간에서 여물을 먹으며 보살핌을 받는다. 하물며 선량한 주인과 아내라면 죽은 식구의 영혼한테 암소에게 하듯이 환대 베풀기를 마다할 리가 없을 것이다.

그러나 가을이 겨울에게 그 창백한 해를 넘겨주는 날에 사람 눈에 보이지 않으면서 떠돌아다니는 것은 죽은 자들의 영혼만이 아니다. 마녀들도 그때 빗자루를 타고 공중을 날아다니거나, 혹은 그날 밤에 시꺼먼 준마로 변하는 암고양이를 타고 길 위를 달려가며 못된 짓을 저지르느라 분주하다. 요정들 또한 멋대로 날아다니며 온갖 요괴들이 횡행하는 때가 바로 그날인 것이다.

하지만 켈트족 농민들의 마음속에서 핼러윈이 항상 신비와 외경의 마력을 지닌 날로 각인되어 있기는 했으나, 적어도 근대에 이르러 대중화한 핼러윈 축제의 양상이 결코 음울한 것만은 아니었다. 반대로 그날은 희화적인 특성과 즐거운 여흥이 가미되어 1년 중 가장 즐거운 밤이 되었다. 무엇보다도 고원마다 종종 타올랐던 모닥불은 스코틀랜드 고원지대에서 그 축제에 낭만적인 아름다움을 부여

핼러윈의 상징인 호박등

하는 데에 공헌했다. 가을의 마지막 시기에 아이들은 고사리와 타르통과 '가이니스gainisg'라는 길고 가는 줄기와 모닥불에 쓸 만한 모든 것을 수집했다. 그리고 그것들을 집 근처의 언덕에 쌓아 놓고 저녁에 불을 붙였다. '삼나간Samhnagan'이라 부르는 그 불을 집집마다 하나씩 피웠는데, 누가 가장 큰 불을 피우느냐에 관심이 집중되었다. 그리하여 전 지역이 모닥불로 환하게 밝아지면서 고원의 호수를 가로질러 수많은 고지대에서 불빛이 비치는 광경은 실로 그림 같았다. 5월 1일에 밝히는 벨테인의 불처럼 핼러윈의 불도 퍼드셔 고원지대에서는 매우 일반적이었다.

칼란더 교구에서는 이 핼러윈의 불이 18세기 말엽까지도 여전히 피어올랐다고 한다. 이윽고 불길이 가라앉으면 재를 조심스럽게 동그라미 모양이 되도록 모은 다음 원 둘레 부근에 돌을 하나씩 얹어 놓았다. 이 돌들은 각각 모닥불에 관심을 가진 모든 가족들의 식구들을 대표하는 것이었다. 다음 날 아침에 그 돌들 가운데 어느 하나라도 위치가 바뀌거나 깨져 있으면, 사람들은 그 돌이 대표하는 사람이 '죽을 운명fey'[37]이거나 혹은 저주받은 존재라고 여겨 그날로부터 열두 달 안에 죽을 것이라고 믿었다.

발크히더에서는 19세기 후반까지도 각 가정에서 핼러윈의 불을 피웠는데, 이 관습은 주로 아이들에 의해 행해졌다. 그 불은 마을 가까운 동산에서도 피워졌다. 하지만 불 둘레에서 춤을 추는 일은 없었다. 스코틀랜드 동북부의 버컨을 비롯한 몇몇 지역에서도 핼러윈의 불이 피워졌다. 마을 사람들과 농민들은 누구나 각자 자신의 불을 피워야 했으며, 이때 어느 마을에서나 소년들이 흔히 "마녀를 태울 테니 숯을 달라"며 집집마다 돌아다녔다. 연료를 충분히 수집하면 그것들을 짚이나 금작화나무 혹은 그 밖의 가연성 물질들과 함께 쌓아 올렸다. 불이 타오르면 소년들은 타지 않을 만큼 최대한 불에 가까이 접근하여 교대로 연기에 몸을 맡겼다. 그러는 동안 다른 아이들은 연기 속을 뛰어다니거나 혹은 다른 개구쟁이 친구들 위로 뛰어넘기도 했다. 불이 다 타면 재를 뿌리는데, 이때 누가 제일 많이 뿌리는지 시합을 했다.

웨일스 북부에서는 핼러윈 때 집집마다 '콜코드Coel Coeth'라 부르는 큰 모닥

37 스코틀랜드어로 죽을 운명 혹은 죽음의 기운이 떠도는 것을 나타내는 말이다. 로버트 프레이저 편, 앞의 책, 824쪽 편주 참조

불을 피웠다. 모닥불은 인가 근처의 눈에 잘 띄는 곳에서 피운다. 불이 꺼질 무렵에 각자가 재 속에 돌멩이를 던지는데, 이때 돌멩이에는 미리 표시를 해 둔다. 그런 다음 불 앞에서 기도를 올리고 집에 돌아가 잠을 청한다. 이튿날 아침에 돌멩이를 찾으러 왔는데, 만일 자기 것이 보이지 않으면 다음 해 핼러윈을 보지 못한 채 죽는다고 믿었다. 존 리스John Rhys 경에 의하면, 동산 위에서 핼러윈을 축하하는 관습은 지금까지도 웨일스에 남아 있다고 한다. 그래서 그곳 주민들은 모닥불을 피우는 사람들이 마지막 불꽃이 꺼지기를 기다려 "털 깎은 검은 암퇘지가 맨 뒷놈을 붙잡는다!"고 악을 쓰며 갑자기 도망간 일을 아직도 기억하고 있다는 것이다. 존 라이스 경의 지적대로, 이는 본래 친구 중 한 사람이 진짜로 산 제물이 되었음을 의미한다. 오늘날에도 카나번셔[38]에서는 아이들을 위협하기 위해 검은 암퇘지 이야기가 입에 오르내리고 있다. 여기서 우리는 하下브르타뉴에서 하지절의 모닥불에 사람들이 저마다 돌멩이를 던진 이유를 이해할 수 있을 것이다. 웨일스와 스코틀랜드 고원지대에서 그랬던 것처럼, 예전에는 사람들이 삶과 죽음의 징조를 만성절 아침에 확인된 돌멩이의 위치와 상태를 통해 판단했던 것이다. 따라서 켈트족에서 갈라져 나온 세 종족에게서 공통적으로 엿볼 수 있는 이 관습은 아마도 그 세 종족이 갈라지기 이전부터, 혹은 적어도 이방 종족들이 아직 그들의 분열을 조장하기 이전부터 존재했을 것이다.

또 다른 켈트족이 사는 맨섬에서도 근대에 이르기까지 핼러윈 축일을 기념하기 위해 모닥불을 피웠는데, 그 불축제에는 요정이나 마녀의 무서운 힘을 막기 위해 고안된 통상적인 의식이 수반되었다.

7. 동지절 불축제

고대 유럽의 이교도들이 하지절을 기념하여 우리 시대에 이르기까지 많은 지방에 흔적이 남아 있는 거대한 불축제를 행했다고 한다면, 당연히 그에 상응하는 동지절에도 유사한 축제가 행해졌으리라고 상상해 볼 수 있다. 우리는 그렇게 믿을 만한 충분한 근거를 가지고 있다. 하지와 동지, 보다 학술적인 용어로는 하지

---

38 영국 웨일스 귀네드주 아폰구에 있는 도시

점과 동지점은 하늘을 통과하는 태양의 궤적에서 두 대의 커다란 전환점이기 때문이다. 원시인들의 관점에서 보건대, 천상에 떠 있는 거대한 발광체의 불빛과 열기가 줄어들거나 늘어나기 시작하는 두 순간만큼 지상에 불을 피우기에 적절한 때는 다시없을 것이다.

오늘날 기독교 국가에서 고대의 동지절 불축제는 '율로그Yule log' 혹은 '클로그clog' 혹은 '블록block'[39] 등 잉글랜드 사람들이 다양한 명칭으로 부르는 오래된 관습 속에 최근까지 남아 있었다. 이런 관습은 유럽에 널리 퍼져 있었으나, 특히 잉글랜드와 프랑스, 남부 슬라브족 사이에서 성행했던 것으로 보인다. 최소한 이 관습에 관한 가장 상세한 설명이 이들 지역에서 나왔기 때문이다. 영국의 골동품 연구가 존 브랜드John Brand는 이미 오래전에 율로그가 하지절 모닥불의 겨울판이라는 점, 그리고 그것이 겨울의 혹독한 추위 때문에 야외 대신 실내에서 피워졌다는 점을 지적한 바 있다.[40] 율로그에 수반된 수많은 기이한 신앙들이 이런 견해를 뒷받침한다. 이때 그 신앙들은 기독교와는 아무런 관계가 없으며, 명백히 이교적 기원을 가지고 있다. 그런데 하지와 동지의 축제가 모두 불축제이지만, 겨울철 축제는 실내에서 행해질 수밖에 없기 때문에 율로그는 사적이고 가정적인 잔치의 특성을 지니게 되었다. 이는 사람들이 야외나 눈에 잘 띄는 고지대에 모여 집단적으로 커다란 모닥불을 피워 놓고 춤추며 함께 여흥을 즐기는 여름철 축제의 공적 특성과 뚜렷이 대비된다.

유서 깊은 율로그 관습이 19세기 중엽까지만 해도 독일 중부의 여러 지방에 남아 있었다. 가령 지크Sieg나 란Lahn 등지의 계곡에서는 큼직한 떡갈나무로 율로그를 삼아 난로 밑바닥에까지 그대로 밀어 넣었는데, 그것이 완전히 재가 되려면 1년 내내 타도 모자랐다고 한다. 그래서 다음 해에 새로운 율로그를 갈아 넣을 때, 사람들은 이 낡은 율로그의 타다 남은 나머지 부분을 가루로 만들어 그것을 공현절 기간에 밭에 뿌렸다. 그렇게 하면 농작물의 성장이 촉진된다고 믿었기 때문이다. 웨스트팔리아의 몇몇 마을에서는 '그리스도의 장작불Christbrand', 즉 율로

---

39 모두 성탄절 전야에 때는 굵은 장작을 가리키는 말이다.

40 "나는 율로그가 일차적 용도에서 하지절 모닥불과 동일한 것이라고 확신한다. 단지 하지절은 더운 계절이므로 야외에서 불을 붙이는 것이며, 동지절에는 추운 날씨 때문에 실내에서 불을 붙이는 것이 다를 뿐이다." John Brand, *Popular Antiquities from Great Britain*, vol.1, London, 1882~1883, p. 471; 로버트 프레이저 편, 앞의 책, 827쪽 편주 참조

그가 약간만 그슬려도 그것을 불에서 꺼내어 소중히 보관했다가 천둥이 칠 때마다 그것을 다시 불 속에 집어넣곤 했다. 율로그가 타고 있는 집에는 결코 벼락이 떨어지지 않는다고 여겼던 것이다. 웨스트팔리아의 또 다른 마을에서는 예부터 수확 때 마지막으로 벤 다발 속에 율로그를 묶어 두곤 했다.

프랑스의 여러 지방, 특히 프로방스에서도 '트레포아trefoir'라 부르는 율로그 관습이 오래전부터 행해졌다. 17세기의 어느 프랑스인 저술가에 의하면, "트레포아 혹은 성탄절 장작불Christmas brand이라 부르는 통나무 하나를 성탄절 전야에 처음으로 불을 붙인 다음 공현절까지 매일 몇 시간씩 태우는데, 이 통나무를 침상 밑에 놓아두면 그 집은 1년 내내 화재와 벼락으로부터 보호받고 또한 겨울 동안 가족들이 동상에 걸리지 않게 될 것이라고 믿었다. 나아가 소들이 마시는 물 속에 그것을 담가 놓으면 새끼를 많이 낳게 될 것이고, 그 재를 밭에 뿌리면 보리가 병충해를 입지 않게 된다고 믿었다." 이 저술가는 이런 신앙들이 모두 미신에 불과하다고 일축하고 있다.

플랑드르와 프랑스의 몇몇 지방에서는 벼락을 방지하기 위해 타다 남은 율로그를 정기적으로 침상 밑에 보존해 두었다. 베리에서는 천둥소리가 들려오기 시작하면 가족 중 누군가가 율로그 한 조각을 화롯불 속에 던지는데, 그렇게 하면 벼락을 피할 수 있다고 믿었기 때문이다. 또한 페리고르에서는 율로그의 숯덩이와 재를 소중하게 보관하면서 목의 종기를 치료하는 약으로 사용하기도 했다. 농부들은 다 타지 않은 율로그 가지의 일부로 쟁기에 박는 쐐기를 만들었는데, 이는 씨앗의 성장을 촉진시키기 위한 것이라고 한다. 한편 아낙네들은 키우는 닭들을 위해 율로그 조각을 공현절 때까지 잘 보관하기도 했다. 어떤 이들은 불타는 율로그를 흔들었을 때 거기서 튀는 불꽃의 수효만큼 병아리를 얻을 수 있다고 여겼다. 또 어떤 이들은 벌레 따위를 없애기 위해 율로그 나무토막을 침상 밑에 간수하기도 했다. 프랑스의 여러 지역에서는 검게 탄 율로그 조각이 벼락뿐만 아니라 마법으로부터도 가정을 지켜 줄 것이라고 믿었다.

잉글랜드에도 이와 비슷한 율로그 관습과 신앙이 있다. 골동품 연구가 존 브랜드의 말에 의하면, 성탄절 전야에 "우리 조상들은 '성탄절 촛불'이라 부르는 커다란 촛불들을 밝히고, '율로그' 혹은 '성탄절 통나무'라 부르는 나무토막을 불속에 던졌다. 그렇게 마치 밤을 낮처럼 환히 밝혔던 것이다." 바로 이런 목적으로 1년 동안 보존해 온 지난해의 율로그 한 조각과 함께 새로운 율로그에 불을 붙이

성탄절 전야에 때는 굵은 장작 율로그, 뒤쪽에 크리스마스 트리가 보인다.

는 것이 오래된 관습이었다. 그렇게 율로그를 보존한 집은 악령 따위가 절대 해치지 못한다고 믿었다. 또한 율로그의 남은 숯덩이가 화재와 벼락으로부터 집을 지켜 준다고 여겼다.

오늘날까지도 남부 슬라브인, 특히 세르비아인들 사이에서는 율로그를 맞이하는 의식이 장엄하게 거행되고 있다. 흔히 율로그는 떡갈나무나 혹은 감람나무나 너도밤나무가 사용되었다. 사람들은 불붙은 율로그를 두드릴 때 생기는 불꽃의 수효만큼 소와 양과 염소 따위의 새끼를 얻게 된다고 믿었다. 우박을 방지하기 위해 율로그 한 조각을 밭에 놓아두는 사람도 있었다. 알바니아에서는 근래까지도 성탄절에 율로그를 태워 그 재를 밭에 뿌렸다. 카르파티아의 슬라브족인 후줄인들은 성탄절 전야(구력 1월 5일)에 나뭇조각을 마찰하여 불을 일으켜서 그것을 공현절 때까지 지폈다.

이상의 사례에서 타다 남은 율로그의 잔해를 1년간 보존해 두면 그것이 화재나 특히 벼락으로부터 집을 지켜 준다는 신앙이 공통적으로 나타난다는 점에 주목할 필요가 있다. 율로그는 흔히 떡갈나무를 쓰기 때문에 이런 믿음은 떡갈나무와 벼락의 신을 결부시킨 고대 아리안족 신앙의 유물일 가능성이 충분히 있다. 한편 율로그의 재에 부여된 치유력과 생식력, 즉 그것이 사람과 가축을 치료하고, 소가 새끼를 많이 낳게 하고, 대지의 결실을 촉진한다는 관념이 이와 동일한 고대의 연원에서 유래한 것인지에 대해서는 앞으로 고찰해 볼 만한 가치가 있다.

8. 정화

불축제는 모두 한 해의 일정한 시기에 주기적으로 행해졌다. 그러나 이처럼 정기적으로 반복되는 축제 외에도 유럽의 많은 지역에서 농민들은 아득한 옛날부터 고통과 재난의 시기, 특히 소들이 전염병에 걸렸을 때마다 불축제에 의존하곤 했다. 유럽의 불축제 민속에 대한 설명은 이와 같은 주목할 만한 의식을 언급하지 않는다면 결코 완전하다고 말할 수 없을 것이다. 그것들은 어쩌면 다른 모든 불축제의 원조이자 근원일지도 모르기 때문에 한층 더 우리의 주목을 요한다. 그것들은 아주 먼 고대에서 유래된 것임에 분명하다. 튜턴족들은 그것들을 일반적으로 '정화淨火, need-fire'[41]라고 불렀다. 때로 이 정화는 '야생의 불wild fire'이라고 부르기도 했다. 이런 명칭은 의심할 나위 없이 통상적인 방법으로 만들어지는 '길들인 불tame fire'과 구별하기 위해 붙인 것이었다. 한편 슬라브 민족들은 이것을 '살아 있는 불living fire'이라고 불렀다.

어쨌든 이런 불축제의 역사는 교회가 그것을 이교적 미신으로 배격했던 중세 초기에서부터 독일, 영국, 스코틀랜드, 아일랜드 등지에서 산발적으로 행해지던 19세기 전반에 이르기까지 널리 찾아볼 수 있다. 슬라브 민족들 사이에서는 이 관습이 더 오래 남아 있었다. 이 의식을 집행했던 시기는 흔히 역병이 돌거나 가축들이 병에 걸린 때였다. 그런 때야말로 정화가 틀림없는 치료약이 되어 준다고 믿었기 때문이다. 정화로 치료될 수 있다고 여긴 동물 중에는 소와 돼지와 말을 비롯하여 때로는 거위 따위도 포함되었다. 정화를 일으키는 데에 필수적인 예비 단계로서 사람들은 이웃의 모든 불이나 등잔불을 불티 하나 남김없이 꺼야만 했다. 집 안에 불티 하나만 있어도 정화는 절대 붙지 않는다고 믿었기 때문이다. 때로는 마을 전체의 불을 끄기도 했다. 경우에 따라서는 그 범위가 이웃 마을에까지 확대되었다. 스코틀랜드 고원지방에서는 가장 가까운 두 냇물 사이에 거주하는 모든 호주들이 정해진 날에 등잔불을 비롯한 모든 불을 남김없이 끄는 것이 규칙이었다. 정화는 통상 야외에서 일으켰지만, 세르비아의 어떤 지방에서는 어두운 방에서 피우기도 했다. 때로는 교차로나 움푹 팬 도로에서 피우는 경우도 있었다. 하지만 스코틀랜드 고원지방에서는 동산이나 혹은 흐르는 강물의 조그만 섬이 이 의식을 집행하기에 적당한 장소로 여겨졌다.

정화를 일으키는 일반적인 방식은 두 개의 나뭇조각을 마찰하는 것이다. 이때 부싯돌이나 금속을 사용해서는 안 된다. 물론 아주 드물기는 하지만 예외도 있다. 가령 남부 슬라브 계통의 어떤 민족은 대장간의 모루 위에서 쇠붙이를 마찰하여 정화를 일으켰다. 어쨌든 이때 특정한 나무만을 사용하는 곳에서는 대개 떡갈나무를 많이 썼다. 하下라인 지방에서는 떡갈나무 외에도 전나무를 마찰하여 불을 일으켰으며, 슬라브 계통의 여러 민족들은 포플러나무나 배나무 혹은 꽃층층나무 따위를 사용하기도 했다. 이에 비해 그저 마른 나무 두 조각으로 불을 일으킨다고만 묘사된 경우도 종종 있다. 때로는 아홉 가지의 상이한 종류의 나무들이 필요하다고 여겨지기도 했다. 하지만 이는 정화를 일으키기 위한 것이 아니

---

41 나무를 마찰해서 일으킨 불을 뜻하는 말이다.

라 모닥불에 사용될 나무를 가리키는 것으로 보인다. 정화를 피우는 특별한 방식은 지역에 따라 다르지만 일반적으로는 다음과 같다.

먼저 약 45센티미터 정도의 간격으로 두 개의 통나무를 땅에 박는다. 그런 다음 두 통나무가 서로 마주보는 측면에 각각 구멍을 파고 그 사이에 매끈한 횡목이나 굴림대 따위를 꼭 맞게 끼워 넣는다. 그런 다음 구멍에 천을 채우고 굴림대 양끝이 구멍에 단단히 고정되도록 꽉 밀어 넣는다. 이때 불이 잘 일어나도록 종종 굴림대에 송진을 바르기도 한다. 그리고 굴림대에 새끼줄을 감은 다음 양쪽에서 두 명 혹은 그 이상의 사람들이 굴림대 끝부분을 꽉 잡고 새끼줄을 이리저리 잡아당겨 굴림대가 빠른 속도로 회전되도록 한다. 그리하여 마찰을 통해 구멍 속의 천에 불이 일어나도록 하는 것이다. 이윽고 불꽃이 튀기 시작하면 재빨리 아마 부스러기나 덤불 따위의 불쏘시개로 불꽃을 채취하여 밝은 불길이 일어날 때까지 동그라미 모양으로 휘이휘이 휘두른다. 이렇게 붙은 불을 짚으로 옮긴 다음 모닥불을 피우기 위해 쌓아 놓은 연료에 점화하는 것이다. 이때 수레바퀴나 마차바퀴 혹은 심지어 물레바퀴가 불을 피우는 데 동원되기도 한다.

스코틀랜드의 애버딘셔에서는 이런 수레바퀴를 '산더미 같은 바퀴'라고 불렀다. 멀Mull섬에서는 이 바퀴를 떡갈나무로 된 아홉 개의 굴대 위에 올려놓고 동쪽에서 서쪽을 향해 빙글빙글 돌렸다. 때로는 단순히 두 장의 나무판자를 마찰하여 불을 얻는 경우도 있었다. 어떤 경우는 불을 일으키는 데에 사용되는 바퀴와 그것을 회전시키는 굴대가 모두 새것이어야 한다고 규정되어 있었다. 마찬가지로 굴림대를 돌리는 데에 쓰는 새끼줄도 새것이어야 한다. 이때 가능한 한 사람을 교살할 때 사용했던 교수대의 노끈이면 더 좋다고 한다. 하지만 이는 엄격한 규정이라기보다는 오히려 완전을 기하기 위한 권고라고 보아야 할 것이다.

정화를 일으키는 역할을 맡은 자를 선정할 때에도 여러 가지 규정이 있다. 예컨대 굴림대를 회전시킬 때 새끼줄을 잡아당기는 인물은 반드시 형제여야 하며, 혹은 적어도 같은 세례명을 가진 사람들이거나, 또는 그저 순결한 청년이기만 하면 된다는 식이다. 브룬스윅의 몇몇 마을에서는 정화를 일으키는 자들의 세례명이 전부 같지 않으면 모든 수고가 헛일이 된다고 믿었다. 슐레지엔에서는 정화를 일으키기 위해 사용하는 나무를 쌍둥이 형제가 베어 가지고 와야만 했다. 스코틀랜드 서부의 여러 섬에서는 아홉 명이 한 조가 되어 릴레이식으로 작업을 하는 81명의 기혼 남자들이 두 장의 두꺼운 널빤지를 마찰하여 정화를 일으켰다.

노스위스트에서는 정화를 일으키는 81명이 모두 장남이었는데, 그들의 기혼 여부에 대해서는 알려져 있지 않다. 세르비아의 경우는 때로 열한 살에서 열네 살까지의 소년 한 명과 소녀 한 명이 발가벗은 채 어두운 방에서 정화를 피웠다. 때로는 노인 한 명과 노파 한 명이 어두운 방에서 정화를 피우기도 했다. 불가리아에서도 정화를 일으키는 자는 알몸이 되어야 했다. 케이스네스에서는 정화를 일으키는 자에게서 모든 금속 제품을 떼어 냈다. 오랫동안 마찰을 일으켜도 도무지 불이 붙지 않을 때는 마을 어디선가에서 불이 타고 있기 때문이라고 여겼다. 그래서 집집마다 엄격한 조사가 이루어졌다. 이때 만일 불이 발견되면 즉시 그 자리에서 껐으며, 아울러 호주에게 많은 벌금을 징수하는 방식으로 처벌하거나 질책을 가했다.

어쨌든 정화가 피어오르면 그것으로 모닥불에 불을 붙였는데, 이윽고 불꽃이 약해지면 병에 걸린 가축들을 끌고 와서 모닥불 위를 뛰어넘게 했다. 때로는 엄격하게 정해진 순서에 따라 먼저 돼지를, 그 다음에는 소를, 끝으로 말을 몰아넣었다. 경우에 따라서는 두세 차례나 연기가 타오르는 불 속에 몰아넣었다가 가축이 타 죽기도 한다. 그렇게 가축들이 남김없이 불 속을 통과하고 나면, 이번에는 젊은이들이 재투성이의 타다 남은 불 속으로 맹렬하게 뛰어들어 서로에게 재를 뿌리거나 자기 몸에 검댕 칠을 하며 난리법석을 피웠다. 그중에서 가장 검게 칠해진 자가 의기양양하게 가축들을 몰고 마을로 돌아와 오랫동안 그것을 씻지 않고 그냥 둔다. 일반인들은 이 모닥불에서 채취한 불을 집에 가지고 돌아와 새 화롯불을 붙인다. 타다 남은 나뭇조각은 물로 불을 끈 다음 가축들의 여물통 속에 집어넣고 당분간 그대로 놓아둔다. 정화의 재도 가지고 돌아와 농작물을 해충으로부터 지키기 위해 밭에 뿌린다. 때로는 병 치료를 위해 그 재를 약으로 쓰기도 하며, 아픈 부위에 뿌리거나 물에 섞어 환자에게 먹이기도 한다.

스코틀랜드 서부의 여러 섬들과 인근 지역에서는 집 화로에 정화로 새 불을 붙이자마자, 양동이 가득 물을 데워서 그것을 환자나 병든 가축에게 뿌렸다. 한편 모닥불의 연기에도 일종의 특별한 영험이 지펴 있다고 믿었다. 예컨대 스웨덴에서는 과일나무와 어망에 이 연기를 쏘였다. 그러면 열매가 풍성하게 열리고 어망에 좋은 생선들이 많이 걸린다고 믿었다. 스코틀랜드 고원지방에서는 정화야말로 마녀 추방에 가장 좋은 치방약으로 간주하였다. 멀섬에서는 가축의 전염병을 치료할 목적으로 모닥불을 피울 때 병든 암소를 제물로 바치는 희생공희가 수반되었다. 이때 제물을 잘게 썰어 불에 태웠다고 한다. 슬라보니아와 불가리아의 농민들은 가축의 역병을 악령이나 흡혈귀 그 자체라고 믿어, 그것과 다른 가축 떼 사이에 불타는 울타리를 세움으로써 역병을 저지할 수 있다고 여겼다.

정화를 역병의 치료제로 사용하는 관습의 배후에는 어디서나 본래 이와 유사한 관념이 깔려 있었을 것이다. 독일의 몇몇 지방에서는 가축이 병든 다음에 그것을 치료하는 사후 처리보다는 먼저 기선을 제압하여 매년 정화를 피움으로써 재난을 미리 예방한 듯싶다. 마찬가지로 폴란드에서는 매년 성 로코St. Rochus (1295~1327)[42] 축일에 농민들이 마을 거리에 모닥불을 피우고 가축들을 역병에서 지키기 위해 세 차례나 불 속에 몰아넣었다. 우리는 헤브리디스에서도 같은 목적과 같은 방식으로 매년 가축들을 벨테인의 모닥불 둘레에 끌고 돌아다녔다는 점을 앞서 살펴본 바 있다. 스위스의 몇몇 지방에서는 지금까지도 안개를 추방할 목적으로 아이들이 나무토막을 마찰하여 정화를 피운다.

---

42 프랑스의 성인. 1315년 페스트가 만연하는 이탈리아로 가 환자들을 돌보아 주다가 자신도 페스트에 걸렸다가 기사회생했다 하여 전염병자들의 수호성인으로 널리 존경받는다.

제63장
불축제의 해석

1. 불축제의 개요

유럽의 불축제 민속에 관한 이상의 개설은 몇 가지 일반적인 의미를 시사한다. 첫째, 이 의식이 1년 가운데 어느 계절에 행해졌든 혹은 유럽의 어떤 지방에서 집행되었든 간에, 그 각각의 의식이 지닌 유사성에 놀라지 않을 수 없다. 예컨대 성대한 모닥불을 피우고 그것을 뛰어넘는다든지 혹은 가축들을 불 속에 몰아넣거나 그 둘레를 돌게 하는 관습이 사실상 유럽 전역에서 일반적으로 행해졌다. 또한 횃불을 들고 행렬을 지어 밭과 과수원과 목장과 외양간 등의 주위를 돈다든지 혹은 경주를 한다거나 하는 관습에 대해서도 같은 말을 할 수 있다.

이에 비해 불붙은 원반을 하늘 높이 던진다든지 불타는 수레바퀴를 동산에서 아래로 굴리는 관습은 덜 일반적이다. 율로그의 관습은 그 사적 성격과 가정적 특성에 의해 다른 불축제들과 구별된다. 그러나 그 차이는 단순히 한겨울의 추운 날씨에서 비롯된 것으로 보인다. 다시 말해 겨울의 날씨는 야외의 공공 집회에 부적합할 뿐만 아니라, 행여 폭우가 쏟아지거나 눈발이라도 날리면 가장 소중한 불을 꺼트리는 결과를 가져옴으로써 집회의 목적을 언제 무산시킬지 모르는 일이다.

이러한 지방적 차이나 계절적 차이를 제외한다면, 1년의 모든 시기에 모든 지역에서 집행되는 불축제들은 일반적으로 매우 긴밀한 유사성을 보여 준다. 게다가 의식 자체도 서로 유사할 뿐만 아니라, 사람들이 거기서 얻고자 하는 이익도 유사하다. 그 불은 혹은 정해진 장소에 피워지는 모닥불의 형태를 취하기도 하고, 혹은 하나의 장소에서 다른 장소로 옮겨지는 횃불의 형태를 취하기도 하며, 연기가 모락모락 피어나는 장작더미에서 모아진 재의 형태를 취하기도 한다. 어떤 경우든 그 불은 농작물의 성장과 사람 및 가축의 안녕을 증진시켜 준다고 믿었다. 이는 작물과 사람과 가축에 대한 적극적인 자극을 통하거나, 아니면 벼락이나 화재, 곡물의 병충해나 흉년, 사람과 가축의 질병, 그리고 무엇보다 마법 등과 같은 위협적인 위험과 재앙들로부터 소극적인 회피를 통해 이루어진다고 여겼다.

그런데 여기서 다음과 같은 의문이 자연스럽게 일어난다. 즉, 그처럼 크고 많은 이익들이 그처럼 단순한 수단에 의해 얻어질 수 있다고 믿게 된 것은 과연 어떤 이유에 의한 것일까? 그들이 불과 연기와 불탄 잔해와 재를 사용함으로써 그토록 많은 이익을 얻을 수 있고, 또한 그토록 많은 재난을 제거할 수 있다고 믿게 된 사유의 경로는 도대체 어떤 것일까?

불축제에 대한 두 가지 상이한 해석이 근대 학자들에 의해 내려졌다. 하나는 불축제란 태양주술 혹은 주술적 의식이라는 해석이다. 다시 말해 그것은 모방주술의 원리에 입각하여 하늘에 빛나는 광채와 열의 위대한 원천을 지상에서 모방하기 위해 모닥불을 피움으로써 인간과 동식물에 필요한 태양빛의 공급을 확보하려는 의식이라는 것이다. 이는 만하르트의 견해로서 이른바 태양설solar theory이라고 말할 수 있다. 다른 하나는 불축제의 의례적인 불이 반드시 태양과 연관성을 가지는 것은 아니며 단지 정화에 그 목적이 있다는 해석이다. 즉, 그 불은 마녀나 악령, 괴물과 같은 인격적인 것이든, 공중에 떠다니는 오염이나 악 따위의 비인격적인 것이든, 일체의 해로운 힘들을 불태우고 파괴하여 정화하기 위해 고안된 것이라는 말이다. 이는 에드워드 웨스터마크Edward Westermarck(1862~1939)[1] 박사의 견해이자 동시에 오이겐 모크Eugen Mogk(1854~1939) 교수의 견해로서, 이를테면 정화설淨化說, purificatory theory이라고 말할 수 있다.

이 두 가지 이론은 불축제 의식에서 주된 역할을 하는 불에 대해 상이한 두 가

---

1 핀란드의 사회학자·철학자·인류학자. 초기 인류에게 난혼亂婚이 지배적이었다는 당시의 견해를 반박하고, 인간의 성적 경향이 원래 일부일처주의였다는 설을 이론화했다. 그는 핵가족이야말로 사회의 기본 단위이자 우주적 단위라고 믿었다. 따라서 원시적인 혼인제도 또한 이런 핵가족의 필요성에 그 뿌리를 두고 있다고 주장했다. 그는 아담 스미스와 허버트 스펜서, 그 밖의 영국 철학자들을 핀란드에 소개하는 데 크게 공헌했다. 그의 주요 관심사는 결혼의 역사, 도덕이념의 비교사회학적 연구, 인류의 다양한 조직체들, 모로코의 문화에 있었다. 그가 쓴 첫 번째 저서 『인류의 혼인사The History of Human Marriage』(1891)에서 그는 원시시대의 혼인과 사회에 대한 그의 생각을 정리해 발표했으며, 이것은 당대에 상당한 영향력을 미쳤다. 그의 가장 중요한 저서는 『도덕적 개념의 기원과 발전The Origin and Development of the Moral Ideas』(전2권, 1906~1909)인데, 여기서 그는 도덕적 판단은 지성보다는 찬성 또는 반대의 감정에 기초를 둔 것이라는 윤리적 상대성 이론을 제시했다. 그는 윤리학을 사회학적·심리학적 관점에서 보면서 보편적이고 도덕적 진실이라든가 도덕적 판단의 객관적 정당성을 부인했다. 그 밖의 주요 저서로는 『모로코의 의식과 신앙Ritual and Belief in Morocco』(전2권, 1926) 및 『윤리적 상대성Ethical Relativity』(1932) 등이 있다.

지 관념을 보여 준다. 첫 번째 태양설에 의하면, 불은 우리 위에서 비추는 햇빛과 마찬가지로 식물의 생육, 인간의 건강과 행복을 증진하는 일체의 온화하고 창조적인 힘이다. 한편 두 번째 정화설에 의하면, 불은 과격한 파괴력으로서 영적이건 물질적이건 인간과 동식물의 생명을 침해하는 모든 사악한 요소들을 파괴하고 불태워 버리는 힘이다. 태양설에 의하면 불은 자극제이지만, 정화설에 의하면 불은 소독제이다. 태양설에 의하면 불은 적극적인 힘이지만, 정화설에 의하면 불은 소극적인 힘이다.

하지만 두 가지 해석은 불의 성격에 대해 상이한 설명을 하고 있을 뿐, 전체적으로 보면 모순되지 않는다. 불축제에서의 불은 일차적으로 태양의 열과 빛을 모방하는 것이다. 그렇게 보면 일반적인 견해가 그 불에 대해 부여하는 정화와 소독의 성격도 모든 것을 정화하고 소독하는 태양의 특성에서 직접 유래된 속성이라고 말할 수도 있다. 따라서 우리는 불축제에서 태양의 모방이야말로 일차적이고 근원적인 것이라면, 죄를 정화하는 불의 힘은 이차적이고 파생적인 것이라고 결론지을 수 있다. 이러한 결론은 두 가지 상반되는 견해 사이에 중개적인 위치를 점한다. 그러므로 두 가지 이론 모두가 진실성을 내포한다는 점을 인정할 필요가 있다.

나는 일찍이 이 책의 초기 판본에서 그런 결론을 내린 바 있다. 그런데 그 후 웨스터마크 박사가 정화설의 입장을 강력하게 주장했다. 그에 따라 나 또한 그의 주장이 가지는 비중을 인정하지 않을 수 없었다. 그리하여 여러 가지 사례와 증거들을 면밀히 검토한 결과, 나는 결정적으로 그의 견해 쪽으로 기울게 되었다. 하지만 그렇다고 태양설을 논외로 한 채 정화설만을 정당하다고 말할 수는 없다. 따라서 아래에서는 그 태양설에 반하는 해석을 소개하기에 앞서 먼저 태양설을 지지하는 해석부터 소개하고자 한다. 사실 만하르트와 같이 박학다식하고 명민한 학자의 지지를 얻고 있는 태양설은 충분히 경청할 만한 가치가 있다.

2. 태양설

우리는 이 책의 앞부분에서 미개인들이 햇빛을 얻기 위해 주술에 의존했다는 점을 살펴보았다. 그러니 유럽의 미개한 사람들이 그런 일을 한다 해도 별로 놀랄 것은 없다. 사실 유럽의 기후는 거의 1년 내내 구름이 끼고 한랭한 궂은 날씨의 연속이다. 이 점을 염두에 두건대, 우리는 필요 이상으로 자연스럽게 태양빛을 얻을 수 있었던 적도 부근 미개인들의 관습에서보다 유럽 여러 민족들의 미신적인 관습에서 태양주술이 훨씬 더 중요한 위치를 차지했으리라는 사실을 어렵지 않게 이해할 수 있다. 불축제에 관한 태양설의 견해는 한편으로는 그것이 행해진 시기에 의해, 다른 한편으로는 그 의식의 성격에 의해 지지를 받을 만하다. 더욱이 기후라든가 식물의 생육에 미치는 태양의 영향과 관련된 여러 가지 증거들 또한 태양설의 견해를 뒷받침해 준다.

불축제의 시기와 관련하여 가장 중요하고도 가장 널리 행해진 두 가지 축제가 하지점과 동지점, 즉 태양이 정오에 각기 최고의 고도와 최저의 고도에 이르는 천체 운행의 두 전환점과 일치한다는 사실은 결코 우연의 일치가 아니다. 사실 한겨울의 성탄절에 관해 우리는 이미 가정의 단계를 훨씬 벗어나 있다. 다시 말해 성탄절은 태양의 탄생에 관한 고대적 의례를 대신하여 교회가 제정한 것으로서, 이는 이미 오래전부터 확실한 증거에 의해 기정사실화되어 있다. 거기서 태양은 분명 1년 중 가장 낮이 짧은 동짓날에 재생한 후 점차 빛과 열을 증대하다가 마침내 하지절에 이르러 최고조의 성숙에 이르게 된다고 여겼던 것이다. 그러므로 성탄절의 민속축제에서 현저한 역할을 담당한 율로그가 본래는 꺼져 가는 빛을 되살리고자 애쓰는 동지절의 태양을 돕기 위해 고안되었다고 생각하는 것은 결코 엉뚱한 가정이 아니다.

불축제의 어떤 것은 그 시기뿐만 아니라 축제 양식에서도 의도적인 모방을 보여 준다. 예컨대 불축제에 종종 수반되는 관습, 즉 불타는 수레바퀴를 언덕 아래로 굴리는 관습은 태양의 천체 운행을 모방한 것이라고 볼 수 있다. 이 모방은 태양의 연례적 쇠퇴가 시작되는 하지절에만 특별히 집행되었다. 실제로 이 관습에 대해 기술한 몇몇 기록자들도 그렇게 해석하고 있다. 또한 기둥 주위에서 타르통을 휘두르는 관습도 태양의 운행에 대한 지극히 회화적인 모방이라 할 수 있다. 불축제를 행할 때 흔히 불타는 원반을 던지는 일반적인 관습도 두 말할 나위 없이 태양을 모방한 모방주술의 일종이라고 보인다. 다른 여타의 경우와 마찬가지로 거기서도 모방 또는 공감을 통해 주술적 힘이 효과를 낳는다고 여겼다. 그러니까 기대하는 결과를 모방함으로써 실제로 그 결과를 만들어 낼 수 있다고 믿었던 것이다. 다시 말해 사람이 태양의 천체 운행을 모방함으로써, 태양으로 하여금 정확하고 신속하게 하늘의 여행을 계속하도록 도울 수 있다고 생각한 것이다. 때로 하지절의 불은 '하늘의 불'이라고 부르기도 했는데, 이런 명칭은 분명 지상의 불과 천체의 불이 연관성을 가진다는 관념을 시사한다.

나아가 그 불을 만드는 본래의 방식도 그 불로 하여금 모의 태양이 되도록 고안되었다는 설명도 있다. 몇몇 학자들의 견해대로 예전에는 불축제에서 보통 두 장의 나뭇조각을 마찰하여 불을 얻었다는 설명이 나름대로 설득력을 가진다. 부활절과 하지절 때에 몇몇 지방에서는 지금도 그런 방식으로 불을 일으킨다. 또한 스코틀랜드와 웨일스의 어떤 지방에서도 예전에 벨테인 축제를 행할 때와 동일한 방법으로 불을 피웠다고 한다.

그러나 그와 같은 주기적 축제에서 보통 나무를 마찰하여 불을 일으켰다는 사실을 확정적으로 말해 주는 것이 정화의 사례이다. 정화는 거의 언제나 나뭇조각의 마찰에 의해 혹은 수레바퀴를 회전시켜 일으켰다. 그 목적으로 사용되는 수레바퀴가 태양을 표현한다는 주장은 타당한 가설이라고 보인다. 규칙적으로 집행된 축제의 불이 옛날에도 같은 방식으로 피워졌다고 한다면, 그것은 불축제가 원래 태양주술이었다는 견해를 뒷받침해 준다. 아달베르트 쿤Adalbert Kuhn(1812~1881)[2]의 지적대로, 사실상 하지절의 불이 본래 그런 방식으로 만들어졌다는 사실을 시사해 주는 몇 가지 사례가 있다.

예컨대 우리는 이미 헝가리의 돼지 사육사들이 하지절 전야에 대마로 감싼 나무축으로 수레바퀴를 돌려 불을 일으켰고, 그렇게 만든 불 속에 돼지를 몰아넣었다는 사례를 살펴본 바 있다. 스와비아의 오버르메를링겐에서는 성 비토St. Vitus[3] 축일(6월 15일)에 수레바퀴에다 불을 붙여 이른바 '하늘의 불'을 만들었다. 이때 송진을 바르고 짚으로 싼 수레바퀴를 6미터가량 되는 나무 끝에 묶어 그 끝을 수레바퀴의 중심부에 꽂았다. 이 불은 산꼭대기에서 피워졌는데, 불꽃이 일어

---

2 독일의 언어학자 겸 민속학자. 비교언어학에 바탕을 둔 새로운 비교신화학파를 창설했다. 초기에 쿤은 독일 설화와 전설 연구에 몰두했으나 인도유럽어를 사용하는 사람들의 언어와 역사 전체에 대한 연구로서 명성을 얻었다. 『인도유럽어 민족들의 상고사上古史에 관하여Zur ältesten Geschichte der indogermanischen Volken』(1845)에서 그는 서로 다른 언어들에 공통적으로 나타나는 낱말과 어간의 본래 뜻을 비교·분석하면서, 서로 다른 어족으로 갈라지기 전의 최초의 인도유럽어 민족들을 기술했다. 다른 저작으로는 『신화학 연구 Mythologische Studien』(전2권, 1886~1912)가 있다.

3 4세기 말경 시칠리아 출신의 성인. 디오클레시아노 황제 시대에 박해를 받아 303년 혹은 304년경에 열다섯의 나이로 순교. 가톨릭교회에서 존경받는 14인의 구난성인救難聖人 중에 들어가 있다.

나면 사람들은 하늘을 우러러보며 양팔을 높이 들고 정해진 주문을 중얼거렸다고 한다. 이 경우 수레바퀴에 나무 꼬챙이를 꽂고 불을 일으키는 관습은 본래 그 불이 정화의 경우와 마찬가지로 수레바퀴의 회전에 의해 만들어진 것임을 보여 준다. 이 의식이 집행되는 날(6월 15일)은 하지절에 가깝다. 마수렌에서는 새로운 불이 모닥불을 피우기 위해 사용되었다는 말은 없다. 하지만 우리는 거기서 하지절에 수레바퀴를 떡갈나무 막대기로 빠르게 회전시켜 불을 일으켰다는 점을 살펴본 바 있다. 그러나 이 모든 사례에서 수레바퀴를 사용하는 것은 다만 마찰을 증대시킴으로써 발화 작업을 용이하게 하기 위한 기계적 고안에 불과하다는 점을 간과해서는 안 될 것이다. 말하자면 그것이 어떤 상징적 의미를 가진다고 볼 필요는 없는 것이다.

주기적으로 피웠건 아니건 간에 그런 모닥불이 기후와 식물의 생육에 영향을 끼친다고 간주된 영향력은 불축제가 태양주술이었다는 견해를 뒷받침해 준다. 왜냐하면 이때 모닥불의 효과는 태양의 효과와 유사하기 때문이다. 가령 비가 많은 6월에 하지절 불을 피우면 비를 멈추게 할 수 있다는 프랑스의 민간신앙에서는 모닥불이 먹구름을 없애 주고 태양이 밝게 빛나도록 해 주며, 습기 찬 대지와 물먹은 수목들을 건조시켜 준다고 여겼던 것 같다. 마찬가지로 스위스의 어린아이들이 안개 자욱한 날에 안개를 없앨 목적으로 정화를 사용한 것도 매우 자연스럽게 태양주술이라고 해석될 만하다. 보주 산지에 사는 사람들은 하지절 불이 대지의 결실을 풍요롭게 하며 풍작을 보장해 준다고 믿었다. 스웨덴에서는 다가오는 계절이 추울지 따뜻할지를 오월제 모닥불의 불꽃이 나부끼는 방향을 보고 판단한다. 만일 그것이 남쪽으로 향하면 따뜻할 것이고, 북쪽으로 향하면 추울 거라는 식이다. 물론 오늘날 그들은 이런 의식이 기후의 징조를 말해 주는 하나의 점복에 불과하며, 그것이 기후에 실제로 영향을 미치는 것은 아니라고 생각한다. 하지만 이는 주술이 점술로 퇴화해 가는 것을 보여 주는 한 사례라 할 수 있다. 예컨대 아이펠 산지에서도 연기가 보리밭 쪽으로 흐르면 그것을 풍작의 징조로 보았다.

그러나 고대인들은 불꽃과 연기가 그저 하나의 징조를 보여 주는 데에 그치지 않고, 불꽃의 열이 태양과 마찬가지로 보리에 영향을 미쳐 실제로 풍작을 가져다 준다고 믿었다. 맨섬의 주민들이 밭에서 불을 피워 그 연기가 밭으로 흐르게 한 것도 바로 이런 신앙에서 비롯되었을 것이다. 마찬가지로 남아프리카의 마타벨레Matabele족은 4월경에 바람받이 밭쪽에 거대한 모닥불을 피웠는데, 그들은 연기가 작물 위를 지나면 그 작물이 잘 자랄 거라고 믿었다. 줄루족 또한 바람받이 밭쪽으로 불을 피워 부적을 태우고 그 연기로 작물을 그슬리면 작물이 잘 자란다고 여겼다. 한편 모닥불이 비치는 범위 안의 모든 보리가 잘 자란다고 믿었던 유럽 농민들은 모닥불의 힘이 작물을 잘 자라게 하고 결실을 풍요롭게 해 준다는 신앙의 잔존물이라고 해석했을 것이다. 이와 동일한 신앙이 모닥불에서 취한 숯덩이를 밭에 꽂으면 작물의 생육을 촉진한다는 관념에서도 재현되어 나타난다. 불꽃이 나부끼는 방향으로 아마를 뿌리는 관습이나 보리를 파종할 때 모닥불의 재를 종자에 섞는 관습, 또는 종자의 활발한 생육을 위해 율로그 조각을 쟁기에 묶는 관습의 배후에는 바로 그와 같은 신앙이 깔려 있다고 보인다. 아마나 대마가 불꽃의 높이만큼 혹은 모닥불을 뛰어넘는 높이만큼 성장한다는 관념 또한 분명 이와 동일한 사고방식에 속한다.

한편 모젤 강변의 콘츠에서는 언덕배기를 내려오는 불붙은 수레바퀴가 꺼지지 않고 강물까지 도달하면, 사람들은 그것을 포도 풍작의 징조라 여겨 환호성을 질렀다. 이러한 신앙은 매우 확고한 것이었다. 그래서 성공적으로 불축제 의식을 거행한 자에게는 이웃 마을의 포도밭 주인들에게 세금을 징수할 권리가 주어질 정도였다. 이 경우 계속 불타는 수레바퀴는 구름 한 점 없이 밝게 빛나는 태양을 표현한 것으로 여겼다. 그리고 밝게 빛나는 태양은 곧 포도의 풍작을 약속해 주는 것이나 다름없었다. 그러니까 이들이 이웃 마을의 포도밭에서 얻은 마차 한 대분의 백포도는 그들이 포도를 위해 햇빛을 조달해 준 데 대한 보상인 셈이었다. 마찬가지로 글러모건 계곡에서도 하지절의 불타는 수레바퀴를 언덕에서 굴렸는데, 만일 그 불이 산기슭에서 꺼지면 그해에 흉작이 든다고 여겼다. 반대로 수레바퀴가 오랫동안 계속 불타면 농민들은 그해 여름의 풍작을 예상했다. 여기서 우리는 농민들의 소박한 정신이 수레바퀴의 불과 작물이 의존하는 태양의 불을 직접 연관지었음을 알 수 있다.

민간신앙에서는 모닥불의 생장력과 다산력이 반드시 식물의 세계에만 한정되지는 않으며, 동물의 세계까지 확장된다. 가령 새끼를 낳지 못하는 가축을 하지절의 불 속에 몰아넣은 아일랜드의 관습, 물에 담근 율로그가 암소에게 송아지를 낳도록 한다는 프랑스의 민간신앙, 율로그를 두들겨서 튕기는 불꽃의 수효만큼 병아리와 송아지 등이 태어난다는 프랑스와 세르비아의 민간신앙, 닭 둥지에 모닥불의 재를 넣으면 암탉이 달걀을 많이 낳는다는 프랑스의 민간신앙, 가축의 증식을 위해 모닥불의 재를 가축의 여물에 섞어 주는 독일의 관습 따위에서 우리는 이 점을 분명히 확인할 수 있다.

그뿐만 아니라 인간의 생식력조차도 그와 같은 불의 자애로운 열에 의해 촉진된다고 믿은 확실한 증거가 있다. 가령 모로코인들은 아이 없는 부부가 하지절의 불을 뛰어넘으면 아이를 많이 낳게 된다고 믿었다. 아일랜드에서도 하지절의 불을 세 번 뛰어넘은 처녀는 곧 결혼하여 아이를 많이 낳게 된다고 믿었다. 플랑드르에서는 안산을 기원하는 여자들이 하지절의 불을 뛰어넘었다. 프랑스의 여러 지방에서는 처녀가 아홉 개의 모닥불 둘레에서 춤을 추면 그해에 결혼한다고 여겼으며, 보헤미아에서는 아홉 개의 모닥불을 보기만 해도 그렇게 된다고 믿었다. 그런데 레크라인 사람들은 청년과 처녀가 함께 하지절의 불을 뛰어넘을 때 옷에 불이 붙지 않으면 그 처녀는 열두 달 안에 어머니가 될 수 없다고 말한다. 그러니까 불이 여자를 스치지 않으면 애를 낳지 못한다는 것이다. 스위스와 프랑스의 여러 지방에서는 율로그를 피울 때 여자들이 아이를 많이 낳고, 암염소가 새끼를 많이 낳으며, 암양이 새끼 양을 많이 낳게 해 달라고 기도한다. 어떤 지방에서는 가장 최근에 결혼한 자가 모닥불을 점화해야 한다고 여겼다. 그 인물이 모닥불에서 생식력과 다산력을 받는다고 믿든, 혹은 모닥불이 그런 힘을 나누어 준다고 여기든, 이런 규칙은 동일한 사고 유형에 속한다. 연인들이 손을 잡고 모닥불을 뛰어넘는 관습은 그렇게 함으로써 그들의 결혼이 다산의 축복을 받는다는 신앙에서 생긴 것이다. 그해 결혼한 부부에게 횃불을 들고 춤추게 하는 관습도 이와 동일한 의미가 내포되어 있다.

한때 유럽인들 사이에서 오월제는 방종의 요소를 포함하고 있었는데, 그런 방종의 장면은 에스토니아인의 하지절 축제에서도 하나의 큰 특징을 이루고 있다. 그런 난장판적 방종은 단순히 유흥의 기분을 즐기기 위한 것이 아니었다. 오히려 그것은 난장판이 어떤 신비한 유대감에 의해 정당화된다고 하는(요청된다고는 말할 수 없어도) 소박한 관념에서 비롯된 것이다. 한 해의 전환점에서 천체의 운행과 인간의 생명을 연결하는 유대감 말이다.

지금 우리가 다루고 있는 불축제에서 모닥불을 피우는 관습에는 보통 횃불을 들고 밭과 과수원과 목장과 가축들 사이를 돌아다니는 관습이 수반되어 나타난다. 두 관습은 의심할 나위 없이 동일한 목적을 얻기 위한 두 가지 상이한 방법일 뿐이다. 이때의 목적이란 곧 그 불이 정해진 장소에 피운 것이든, 휴대하고 이동할 수 있는 것이든 거기서 흘러나온다고 믿는 어떤 이익 혹은 은총과 다름없다. 따라서 태양설에 의한 불축제의 해석을 채택한다면, 우리는 그 이론을 횃불의 경우에 대해서도 적용할 수 있어야 한다. 즉, 타오르는 횃불을 들고 시골길을 행진하거나 달려가는 관습은 태양의 자애로운 힘을 널리 퍼뜨리고자 하는 수단일 뿐이다. 깜박깜박 흔들리는 횃불은 바로 희미하게나마 태양을 모방한 것이기 때문이다. 특히 결실을 풍요롭게 하기 위한 목적에서 밭 사이로 횃불을 들고 돌아다니는 관습이나, 같은 의도로 모닥불에서 채취한 불붙은 숯덩이를 식물의 잎마름병을 예방하기 위해 밭 속에 놓아두는 관습 등은 방금 언급한 견해를 뒷받침해준다.

노르망디에서는 공현절 전야에 남녀노소를 막론하고 모두 횃불을 들고 밭이나 과수원을 마구 뛰어다니면서 그것을 과실나무 가지 주위에서 휘두르거나 혹은 과실나무 가지를 향해 돌진하거나 했다. 이는 이끼를 태우거나 두더지와 들쥐 따위를 쫓아내기 위해서였다. 그들은 이런 의식을 통해 이중의 목적, 즉 한편으로는 재난의 원인인 해충들을 추방하고 다른 한편으로는 과수와 밭과 가축에게 생식력을 부여하려는 목적을 이룰 수 있다고 믿었다. 또한 그들은 이런 의식을 오래 계속하면 할수록 다음 가을의 수확도 더 풍성해질 거라고 생각했다. 보헤미아에서는 불붙은 빗자루를 공중에 높이 던지면 던질수록 농작물이 잘 된다고 믿었다.

이 같은 신앙은 유럽에만 국한된 것이 아니다. 가령 조선에서는 신년축제 이전의 며칠 동안 궁중 내시들이 횃불을 휘두르며 내내 초사招詞를 영창했다. 그럼으로써 다가오는 계절의 풍성한 수확을 보장할 수 있다고 믿었던 것이다.[4] 한편 포와투에서는 특히 밭을 풍요롭게 할 목적으로 불타는 수레바퀴를 밭에 굴리는 관습이 있었다. 이는 횃불의 경우보다 한층 더 회화적인 방식으로 전술한 것과 동일한 관념을 구현하고 있다. 왜냐하면 태양의 빛과 열을 표상하는 횃불에 비해 불타는 수레바퀴는 태양 그 자체를 모방한 것이기 때문이다. 따라서 모의 태양을 실제로 땅 위에 굴림으로써 태양의 자애로운 생장력을 얻을 수 있다고 믿었다.

---

4 일반적으로 한국의 전통사회에서는 나례儺禮라 하여 음력 섣달 그믐날 밤에 민가와 궁중에서 마귀와 사신邪神을 쫓아내는 송구영신의 의식이 행해졌다.

이밖에 불붙은 나뭇조각을 가지고 가축들의 주위를 도는 관습은 가축들을 모닥불 속에 몰아넣는 관습과 동일한 의미를 가진다. 요컨대 모닥불 관습이 태양주술이라면 횃불 관습도 그렇다고 말할 수 있다.

3. 정화설

이상에서 우리는 유럽의 불축제에서 인간과 가축, 곡물과 과일을 위해 햇빛의 풍부한 공급을 확보하려는 주술로서 불을 피웠다는 태양설에 대해 검토하였다. 다음에는 그런 이론과 반대되는 이론에 대해 살펴볼 차례이다. 두 번째 이론에서 불은 '창조의 동인creative agent'이 아닌 '정화의 동인cleansing agent'으로 간주된다. 즉, 그것이 물질적인 것이든 정신적인 것이든 간에 질병과 죽음으로써 모든 생명체를 위협하는 유해한 것들을 완전히 불태우고 소멸시킴으로써 인간과 동물과 식물을 정화하는 것이 바로 불이라는 말이다.

우리는 불축제를 행한 민족들이 그것을 설명할 때 태양설을 주장하는 대신 반대로 종종 정화설을 강력하게 내세웠다고 보이는 사례에 대해 검토하지 않으면 안 된다. 그것은 정화설을 지지하는 반면 태양설을 부정하는 강력한 논거가 될 것이다. 왜냐하면 정화설처럼 민속적 관습에 대한 대중적인 해석은 특수한 경우를 제외하고는 결코 배척되어서는 안 되기 때문이다. 게다가 당면한 문제를 다루면서 그것을 배척할 아무런 이유도 없다. 불을 파괴적 동인으로 보는 관념, 즉 불이 모든 유해한 것들을 멸절시킨다고 보는 해석은 너무도 단순명료해서 불축제를 고안해 낸 소박한 농부들의 마음을 사로잡기에 충분했다. 이에 반해 태양의 방사물로서의 불 혹은 물리적 공감에 의해 태양과 연관지어진 것으로서의 불 관념은 그다지 단순하거나 명료하지 않다. 그리고 비록 햇빛을 내기 위한 주술로서 불을 사용했다는 점을 인정하더라도, 불축제 민속을 설명하고자 할 때 수중에 보다 단순명료한 자료가 있고 또한 그것이 해당 민족들에 의해 지지받고 있는 한 굳이 복잡다단한 관념을 채용할 필요가 없는 것이다.

어쨌든 불축제의 경우 해당 민족은 불이 지닌 파괴적인 속성을 항상 염두에 두고 있었다. 나아가 그들이 불로써 퇴치하고자 했던 대재앙을 마법과 연관지어 관념화했다는 사실은 매우 중요한 의미를 가진다. 사실 마법사를 불태우거나 추방하기 위해 불을 사용한 사례는 자주 보고되고 있다. 그러한 의도는 마녀 인형을 불태우는 관습에서 그 극적인 표현을 엿볼 수 있다. 각 시대를 통해 유럽의 일반대중들은 마법에 대한 공포에 시달렸다. 이 점을 고려해 볼 때 모든 불축제의 일차적인 목적은 단지 인간과 가축과 농작물을 엄습하는 온갖 불행과 재앙의 원인으로 간주되던 마녀를 불사르거나 제거하는 데에 있었다.

이 가정은 모닥불이나 횃불이 어떤 재앙의 구제책으로 사용되었는가를 검토함으로써 확인될 수 있다. 그런 재앙으로는 무엇보다 먼저 가축의 질병을 들 수 있다. 또한 마녀들이 일으킨다고 여긴 모든 재앙 가운데 가축에 대한 위해, 특히 암소 젖을 훔치는 행위야말로 가장 중대한 위해였다. 예컨대 정기적인 불축제 중 가장 근본적인 모체라 할 만한 정화가 무엇보다 소의 질병과 여타 가축의 질병에 대한 처방전으로서 피워졌다는 사실은 중요한 의미를 지닌다. 이 점은 전반적인 증거로 보아 다음의 사실을 시사해 준다. 즉, 정화를 피우는 관습의 기원은 유럽인들의 조상이 주로 가축들이 생산해 내는 산물에 의존하여 살았던 시대, 그리고 그들의 생활에서 농업이 아직 부차적인 역할을 하는 데에 머물렀던 시대에까지 거슬러 올라갈 수 있다. 지금도 유럽의 많은 지방에서 마녀와 늑대는 목축에 종사하는 자들이 가장 두려워하는 두 대적大敵이다. 그들이 두 대적을 막는 강력한 수단으로서 불을 사용했으리라는 것은 의심할 여지가 없다.

이에 비해 슬라브 민족들이 정화로써 퇴치해야 할 적은 살아 있는 마녀라기보다 오히려 흡혈귀와 여타의 악령들이었다고 보인다. 거기서 불축제 의식의 목적은 실제로 흡혈귀와 악령들을 불태워 죽이는 데 있다기보다는 그런 사악한 존재들을 추방하는 데에 있었다. 그러나 지금 우리의 맥락에서는 그런 구분이 별로 중요하지 않다. 보다 중요한 것은, 우리가 다루고 있는 모든 불축제의 기원이라 할 만한 정화의 관습이 태양주술이 아니라는 사실이다. 다시 말해 정화는 의심할 나위 없이 다만 사악한 존재의 습격으로부터 인간과 가축을 지켜 주는 수단일 뿐이었다. 이때 농민들은 마치 그들이 맹수를 불태우거나 쫓아 버리듯이 뜨거운 정화로써 그 사악한 존재들을 불태우거나 추방하려 했던 것이다.

어쨌든 모닥불은 종종 우박의 피해로부터 밭을 지켜 주고, 천둥 번개로부터 가옥을 보호해 준다고 믿었다. 그런데 이런 우박이나 낙뢰는 대개 마녀가 일으킨다고 여겼다. 따라서 마녀를 막는 데 사용된 불은 필연적으로 우박과 천둥 번개를 막아 주는 부적으로서의 기능도 동시에 가지고 있었다. 또한 모닥불에서 취한 타다 남은 숯덩이는 보통 집안에 보존하여 화재 방지용으로 쓰였다. 이는 아마도 불로써 불을 막는다는 일종의 동종주술적 관념에 입각한 관습이라고 보인다. 하지만 이와 동시에 그런 관습의 목적은 방화를 일으키는 마녀를 꼼짝 못하게 제어하려는 데에 있었다고 볼 수 있다. 나아가 사람들은 복통을 예방하기 위해 모닥불을 뛰어넘거나 시력을 지키기 위해 모닥불을 응시했다. 그런데 독일과 그 밖의 지방에서는 복통과 눈병이 마녀의 소행이라고 믿었다. 이밖에 하지절의 불을 뛰어넘거나 그 주위를 돌면 수확 때 허리가 아프지 않게 된다는 관념도 있는데, 이와 관련하여 독일에서는 그런 요통을 '마녀의 일격witch-shots'이라고 부른다.

그런데 모닥불과 횃불이 본래 마녀나 마법사를 막기 위한 무기였다고 한다면, 불축제에서 공중에 던지는 불붙은 원반이나 언덕 위에서 굴리는 불붙은 수레바퀴에 대해서도 마찬가지 해석을 내릴 수 있다. 사실 그런 원반이나 바퀴의 목적 또한 모습을 감춘 채 하늘을 날아다니거나 혹은 언덕과 밭, 과수원, 포도밭 등지를 배회하는 마녀들을 불태우는 데 있다고 생각해도 무방할 것이다. 확실히 마녀들은 흔히 빗자루나 그 밖의 편리한 도구를 타고 자유롭게 하늘을 날아다닌다고 여겼다. 그런 마녀들이 어둔 밤에 공중을 날아다닌다고 할 때, 원반이나 횃불 혹은 빗자루 따위의 불붙은 물건을 던짐으로써 효과적으로 그 마녀들을 추적하고 포획할 수 있다고 믿었다. 남부 슬라보니아의 농민들은 마녀가 검은 우박구름을 타고 온다고 믿었다. 그래서 "빌어먹을 헤로디아Herodias[5]여! 네 어미는 이교도이니 하느님에게 저주를 받으리라. 구세주의 피로써 사슬에 묶이리라"라고 저주하면서 마녀를 추락시키기 위해 그 구름을 겨냥하여 총을 쏘았다. 또한 그들은 불붙은 화로에 성스러운 기름과 월계수 잎과 쑥 따위를 넣고 연기를 피우기도 했다. 그 연기가 구름이 있는 곳까지 올라가면 마녀의 눈이 매워져서 결국 견딜 수

---

5 팔레스타인 북부 갈릴리의 분봉왕分封王 헤로데 안티파스(재위 기원전 4~기원후 39)의 아내(?~기원전 39년 이후). 음모를 꾸며 세례자 요한을 처형하게 만들었다. 헤로데 안티파스의 이복동생과 이혼한 뒤 역시 이혼한 헤로데 안티파스와 혼인했는데, 이 일로 요한에게 모세 율법을 범했다고 맹렬한 비판을 받았다. 『마르코의 복음서』(6장 19~20절)에 따르면, 그녀는 일찍부터 요한을 죽이고 싶어 했으나 헤로데가 요한을 무서워하여 뜻을 이룰 수 없었다. 그러다가 헤로데의 생일 축하연에서 헤로디아는 자기를 꾸짖은 요한에게 보복할 기회를 잡았다. 첫 남편에게서 낳은 딸 살로메가 춤을 추어 헤로데를 즐겁게 하자 헤로데는 무슨 소원이든 들어주겠다는 약속을 했다. 어머니에게 사주받은 살로메는 요한의 머리를 쟁반에 담아 갖다줄 것을 요구했고, 헤로데는 내키지 않았으나 어쩔 수 없이 약속을 지켰다.

없어 추락할 거라고 믿었던 것이다. 이때 농민들은 마녀가 경착륙을 하지 못한 채 크게 상처를 입도록 급히 의자를 가지고 나와 거꾸로 세워 두었다. 이는 추락하는 마녀의 다리가 그 의자 다리에 부딪쳐 부러지도록 하기 위해서였다. 이와 더불어 낫이나 곡괭이, 여타 무기들의 날이 위로 향하도록 세워 둠으로써 마녀가 구름 위에서 추락할 때 몸이 베이거나 잘리도록 했다.

이상의 견해에 의하면, 모닥불이나 횃불, 원반이나 수레바퀴, 그 밖의 불을 사용함으로써 얻고자 했던 풍요와 다산은 그 불이 주술적으로 증가시킨 태양열의 직접적인 결과로서 간주되지 않았다. 그것은 다만 치명적인 마법의 장해로부터 동식물의 생식력을 해방함으로써 획득되는 간접적인 결과로 간주되었던 것이다. 그리고 이는 동식물의 생식력뿐만 아니라 인간의 생식력에 대해서도 그대로 적용된다고 여겼다. 예컨대 모닥불이 남녀의 결혼을 촉진하고, 자식 없는 부부에게 자식을 베풀어 준다고 믿었던 것이다. 그런데 이 같은 복된 효과가 반드시 불속에 내포된 어떤 생식력으로부터 직접적으로 초래될 필요는 없다. 그것은 마녀나 마법사의 주문이 남녀의 결합에 초래하는 사악한 장해를 제거해 주는 불의 힘으로부터 간접적으로 생겨날 수도 있다는 것이다.

요컨대 전체적으로 보아 의례적인 불의 정화력을 인정하는 이론은 그 의례적인 불과 태양을 연관시키는 반대 이론보다 더 설득력이 있고 여러 가지 증거들에 더 부합된다고 말할 수 있다.

제64장
인간 불태우기

1. 인형 불태우기

이 시점에서 우리는 다시 물어보아야 한다. 불축제에서 인형을 불에 태우는 것은 무엇을 의미하는 것일까? 이상의 검토에 비추어 보건대 이 물음에 대한 답변은 명백하다. 즉, 불은 마녀를 불태우기 위한 목적으로 피워졌다고 종종 주장되어 왔으며, 때로 불에 태워지는 인형을 '마녀'라 부르기도 했다. 그러니까 불축제에서 태우는 인형은 모두 마녀나 마법사를 표상하며, 그런 인형을 불태우는 관습은 다만 사악한 자를 불태우는 것의 대체물일 따름이라고 결론지을 수 있다. 왜냐하면 사람들은 공감주술 혹은 모방주술의 원리에 입각하여 마녀 인형을 불태움으로써 진짜 마녀를 죽일 수 있다고 믿었다. 불축제에서 사람 모습의 밀짚인형을 불사르는 관습에 대한 이런 식의 해석은 대체로 매우 타당해 보인다.

그러나 이런 해석이 모든 경우에 다 적용될 수 있는 것은 아니다. 어떤 경우는 이와 다른 해석이 허용되거나 혹은 요구하는 일도 있을 것이다. 앞서 살펴보았듯이, 그렇게 불태워지는 인형은 봄철에 불에 태우거나 파괴하는 '죽음의 신'의 인형과 거의 구별되지 않기 때문이다. 그리고 이른바 '죽음의 신' 인형을 나무정령 또는 식물정령의 표상으로 볼 만한 근거에 대해서는 이미 살펴본 바 있다. 그렇다면 봄과 하지절의 불축제에서 태워지는 다른 인형에 대해서도 이런 식의 해석을 내릴 수 있을까? 나는 그럴 수 있다고 생각한다. 왜냐하면 이른바 '죽음의 신' 인형의 조각을 밭에 꽂아 둠으로써 작물의 성장을 도울 수 있다고 믿었듯이, 마찬가지로 봄철 불축제에서 불태워진 인형의 숯 조각도 농작물에서 해충을 제거해 준다고 믿어 종종 밭에 놓아두었던 것이다.

또한 갓 결혼한 신부가 '참회의 화요일Shrove Tuesday'에 밀짚인형을 태우는 불 위로 뛰어넘어야 한다는 규칙의 목적은 아마도 그녀에게 아이를 많이 낳게 하려는 데에 있었다고 보인다. 그런데 앞서 살펴본 대로, 자식을 많이 낳도록 여자를 축복하는 힘은 바로 나무정령의 특별한 속성이었다. 따라서 신부가 뛰어넘어야 할 불타는 인형은 나무정령 또는 식물정령의 표상이라고 보는 것이 타당할 것이다. 이처럼 식물정령의 표상인 인형의 성격은, 그것이 아직 타작하지 않은 보릿단으로 만들어지며 나아가 머리에서 발끝까지 꽃으로 장식된다는 점에서 보건대 틀림이 없을 듯싶다. 나아가 봄과 하지의 불축제 때 인형 대신 생나무나 장작 따위를 태우는 관습은 특히 주목할 만하다. 어쨌든 나무정령이 흔히 사람의 모습으로 표상된다는 점을 감안하건대, 불축제에서 나무나 인형이 태워질 때 그것들이 나무정령의 대표자로 여겼다고 보아도 무방할 것이다.

이는 다음과 같은 점에서도 확인할 수 있다. 첫째, 불태우는 인형이 어떤 경우에는 '오월의 나무'와 함께 운반되는데, 그때 인형은 소년들이 그리고 '오월의 나무'는 소녀들이 운반한다. 둘째, 때로 인형은 생나무에 묶인 채 함께 불태운다. 여기서 우리는 나무정령이 나무와 인형에 의해 이중적으로 표상되고 있음을 분명히 확인할 수 있다. 이처럼 자애로운 식물정령의 표상인 이 인형의 참된 성격이 종종 간과되었다 해도 그리 이상한 일은 아니다. 왜냐하면 자애로운 신을 불태우는 관습은 후대인들이 보기에 너무도 기이한 것이어서 늘 오해받기 십상이기 때문이다. 그리하여 인형을 불태우는 관습이 후대로 내려오면서 사람들이 여러 가지 이유로 혐오하는 인물, 예컨대 유다Juda[1]나 루터Luther 혹은 마녀 따위를 인형과 동일시했다 한들 조금도 이상할 것이 없다.

신 혹은 그 신의 대표자를 죽이는 일반적인 이유에 대해서는 이미 앞의 장에서 검토한 바 있다. 그런데 그 신이 식물의 신인 경우, 그 신을 불태워 죽여야 하는 특별한 이유가 있다. 왜냐하면 식물의 성장에는 열과 빛이 필수적이기 때문이다. 그리고 공감주술의 원리에 입각하여 식물의 인간적 표상을 불태움으로써 과수와 작물의 성장에 필수적인 열과 빛의 공급을 확보하고자 했던 것이다. 달리 말하면, 태양을 표상하는 불로써 식물정령을 태워 죽임으로써 적어도 당분간은 식물들이 충분한 태양빛을 공급받을 수 있으리라고 여긴 것이다. 그런데 이처럼 만일 그 목적이 단순히 식물을 위한 충분한 태양빛의 공급에 있다고 한다면, 그 식물의 표상을 반드시 불태우지 않더라도 대신 공감주술의 원리에 입각하여 그저 불 속을 통과하는 것만으로도 그런 목적을 달성할 수 있는 것 아니냐는 이의가

---

1 예수를 배반한 12사도 가운데 한 사람이다.

제기될 법하다. 사실상 그런 사례가 없지 않다.

앞서 살펴보았듯이 러시아에서는 하지절 때 쿠팔로 인형을 불태우지 않고 다만 불 주위나 불 속을 통과시켰다. 하지만 방금 언급한 이유에서 보면 신이 죽을 필요가 있다. 그래서 사람들은 이튿날 쿠팔로 인형의 장식물들을 떼어 낸 다음 강물 속에 던졌다. 이처럼 러시아의 관습에서 인형을 불 속에 통과시키는 것은 단순한 정화가 아니라 일종의 태양주술이었다고 보인다. 거기서 신의 살해는 하나의 독립변수라 할 수 있으며, 그 신을 죽이는 방식, 즉 강물에 던져 죽인 것은 일종의 강우주술이었다고 볼 수 있다. 하지만 통상 사람들은 그렇게 명확히 구별할 필요성을 느끼지 않았을 것이다. 여러 가지 이유로 해서 한편으로 사람들은 식물신을 상당한 열에 노출시켜 이익을 얻을 필요성이 있었을 테고, 다른 한편으로는 그 식물신을 죽이는 것이 자신들에게 이익이 된다고 생각했을 것이다. 그러다가 식물신을 불태워 죽임으로써 이 두 가지 이익을 적당히 결부시킨 것이라고 보인다.

2. 인간과 동물 불태우기

유럽의 불축제와 관련된 민속에는 고대의 인신공희 관습을 시사하는 듯한 특징이 몇 가지 있다. 유럽에는 살아 있는 사람이 종종 나무정령이나 곡물정령의 대역을 연출하면서 그 대표자 자격으로 모의 죽음을 당하는 관습이 있었다. 앞에서 우리는 그렇게 믿을 만한 근거에 대해 살펴본 바 있다. 따라서 산 사람을 실제로 불에 태워 죽이는 일도 어떤 특별한 이득을 얻을 수만 있다면 충분히 있을 수 있는 일이다. 인간의 고통에 대한 고려는 원시인들의 사유 속에는 들어 있지 않았다. 그런데 우리가 살펴본 불축제에서는 때로 실제로 사람을 불태우던 옛 관습의 완화된 흔적이라고 보일 만큼 역력하게 노골적으로 사람을 불태우는 시늉을 행했다.

앞서 살펴보았듯이 아헨에서는 완두콩 깍지를 뒤집어쓴 남자가 너무 그럴듯한 연기를 해서 아이들의 눈에는 그가 정말로 불에 태워지는 것처럼 보였다. 노르망디의 쥐미에주에서는 온통 녹색 풀이나 이파리로 싸인 '초록늑대'라는 사내를 동료들이 뒤쫓아 붙잡아서 하지절의 불로 태워 죽이는 시늉을 했다. 마찬가지로 스코틀랜드의 벨테인 불축제에서는 모의 인신제물을 붙잡아 불 속에 던지는 시늉을 했으며, 그 후 얼마 동안 그는 죽은 자로 간주되었다. 또한 스코틀랜드 동북지방의 핼러윈 불축제에서는 한 청년이 최대한 모닥불 가까이에 누우면 다른 청년들이 그 위를 뛰어넘는 관습이 있는데, 거기서도 우리는 사람을 불태워 죽이는 시늉을 엿볼 수 있다. 엑스섬의 명목뿐인 왕은 1년 동안 통치권을 행사한 후 하지절의 모닥불 주위를 첫 번째로 돌면서 춤추었다. 이 왕은 아마도 옛날에 실제로 모닥불의 연료가 되어 불태워졌을지도 모르는데, 후대에 이르러 그런 달갑지 않은 의무를 면제받고, 그 대신 모닥불에 불을 붙이는 역할을 한 것으로 추정된다.

만하르트는 다음과 같은 관습에서 나뭇잎으로 장식한 식물정령의 대표자를 불태우는 옛 관습의 흔적을 읽어 냈는데, 이는 타당하다고 여겨진다. 즉, 오스트리아의 볼페크에서는 하지절에 한 소년이 푸른 전나무 가지를 온몸에 두른 채 왁자지껄한 일당과 함께 집집마다 다니며 모닥불에 쓸 나무를 모은다. 그러면서 소년은 이렇게 노래한다.

나는 숲속의 나무를 원합니다.
시큼한 우유는 싫어요.
하지만 맥주와 포도주를 주신다면,
숲의 사내는 기뻐할 거예요.

바바리아의 어떤 지방에서는 하지절 모닥불에 쓸 땔감을 모으러 집집마다 돌아다니는 소년들이 자기들 중 한 아이를 선발해 머리에서 발끝까지 푸른 전나무 가지로 뒤덮고 밧줄로 묶은 채 온 마을을 끌고 다닌다. 뷔르템베르크의 무스하임에서는 성 요한제의 불축제를 보통 14일 동안 계속하여 하지절 이후 두 번째 일요일에 끝낸다. 그 마지막 날에 어른들은 모닥불을 아이들한테 맡겨 두고 숲으로 들어간다. 거기서 그들은 한 청년을 나뭇잎과 나뭇가지로 장식하여 분장한다. 그러면 그 청년은 그런 차림으로 모닥불 있는 곳으로 돌아와서 불을 헤쳐서 밟아 끈다. 이때 그 자리에 있던 모든 사람은 그의 눈에 띄지 않게 달아났다.

그런데 이보다 더한 경우도 있다. 앞서 살펴보았듯이, 불축제 때 바치는 인신제물의 가장 명백한 흔적은 약 100년 전 스코틀랜드 고원지방에서 행하던 벨테인 불축제에 여전히 남아 있었다. 켈트족이 바로 그 지방 주민들이었다. 그들은 유럽의 외진 곳에 자리 잡고 살면서 외부의 영향으로부터 거의 완전히 차단되어 있었으므로, 아마도 서유럽의 다른 어떤 민족보다도 그 당시까지 자기네의 고유한 옛 이교적 풍습을 잘 보존했을 것이다. 켈트족이 불에 의한 조직적인 인신공희를 집행했음을 보여 주는 확실한 증거가 있음은 매우 의미심장하다. 그런 인신공희에 대한 가장 오래된 기록은 율리우스 카이사르에 의해 씌어졌다. 종래 독립해 있던 갈리아의 켈트족을 정복한 카이사르는 켈트족의 고유한 종교와 풍습이 아직 로마문명의 용광로 속에 녹지 않은 채 토착적인 환경 아래 그대로 살아 있을 당시에 그것을 관찰할 수 있었다. 카이사르는 포시도니오스Posidonios라는 그리스 탐험가의 관찰을 자신의 기록 안에 통합한 것으로 보인다. 포시도니오스는 카이사르가 로마 군대를 이끌고 잉글랜드 해협으로 가기 약 50년 전에 갈리아를 여행했다. 그리스의 지리학자 스트라본Strabon과 역사가 디오도로스도 포시도니오스의 저작에서 켈트족의 희생공희에 관한 서술을 이끌어 낸 것 같다. 하지만 이들은 각기 독립적이었으며, 카이사르와도 독립적이었다. 왜냐하면 이 세 가지 파생적인 서술은 각자가 누락하고 있는 세부 사항을 서로 보완적으로 지니고 있기 때문이다.

따라서 이 세 가지 서술을 종합해 보면 우리는 포시도니오스의 원본을 어느 정도 개연성 있게 복원할 수 있으며, 그럼으로써 갈리아의 켈트족이 기원전 2세기 말에 행한 희생공희의 원형을 묘사할 수 있을 것이다. 그 관습의 주된 윤곽은 다음과 같은 것으로 보인다. 즉, 켈트족은 사형선고를 받은 범죄자들을 따로 유치했다. 이는 5년마다 한 번씩 열리는 대축제에서 그들을 신에게 바치는 제물로 쓰기 위해서였다. 켈트족은 그런 제물을 많이 바치면 바칠수록 대지의 생산성이 더 높아진다고 여겼다. 그래서 제물로 쓸 범죄자가 충분치 못할 때는 전쟁에서 붙잡은 포로들로 그 부족한 수를 채웠다. 이윽고 때가 되면 드루이드 사제들이 희생자들을 제물로 바쳤다. 이때 일부는 화살로 쏘아 죽이고, 일부는 말뚝에 찔러 죽였으며, 또 일부는 다음과 같이 불에 태워 죽였다. 먼저 버들가지와 풀로 거대한 인형 구조물을 만든다. 그런 다음 그 인형 속에 사람과 소와 여러 종류의 짐승들을 채워 넣는다. 그리고 그 인형에 불을 붙여 그 속에 살아 있는 내용물들을 함께 태워 버렸다.

5년에 한 번씩 열리는 대축제는 이런 식으로 집행되었다. 그러나 매우 웅장한 규모에 엄청난 인명의 희생이 수반되었음에 틀림없을 5년 단위의 대축제 이외에도 규모가 작은 유사한 종류의 축제가 매년 열렸다고 보는 것이 합당할 듯싶다. 또한 그런 연례적 축제에서 오늘날 인신제물의 흔적을 지닌 채 유럽 각지에서 해마다 거행되는 불축제의 일부가 유래되었을 것이다. 드루이드 교도들이 그 인신제물을 감싸는 데 사용한, 풀로 뒤덮인 거대한 인형 구조물은 지금도 흔히 나무정령의 대표자를 감쌀 때 쓰는 나뭇잎 구조물을 연상시킨다. 그래서 만하르트는 확실히 그런 희생공희의 적절한 수행에 따라 대지의 생식력이 좌우된다고 믿었다는 점에 주목하면서, 버들가지와 풀로 만든 구조물 안의 켈트족 인신제물을 나무정령이나 식물정령의 대표자라고 해석했던 것이다.

드루이드 교도들의 거대한 버들가지 인형 구조물은 현대까지라고는 말할 수 없더라도 적어도 근대에 이르기까지 유럽의 봄과 하지절 축제에서 그 유사한 사례가 존재했던 것으로 보인다. 예컨대 두에[2]에서는 최소한 19세기 초기까지만 해도 매년 7월 7일을 전후한 일요일에 행진하는 관습이 있었는데, 그 행렬의 주된 특징으로서 버들가지로 만든 높이 10미터에서 15미터 정도의 거인상을 들 수 있다. '거인'이라 부른 이 거대한 인형 구조물은 그 안에 들어 있는 사람들이 굴림대와 밧줄을 조작해서 거리를 이동하도록 되어 있었다. 이 거인상은 창과 검과 투구와 방패를 갖춘 전사처럼 무장을 하고 있었다. 그 뒤에는 거인상과 마찬가지로 버들가지로 만들어진 조금 작은 규모의 아내와 세 자녀 인형들이 따라간다. 덩케르크[3]에서는 이런 거인상의 행렬이 6월 24일, 즉 하지절 당일에 행해졌다. '덩케르크의 엉터리 소동'으로 알려진 이 축제에는 구경꾼이 구름처럼 몰려들었다. 거인상은 때로 23미터나 되는 나뭇가지 구조물로서 길고 푸른 빛깔의 망토와 발까지 늘어뜨린 황금색 끈으로 장식되었다. 그 안에는 열두 명 이상의 사람들이 숨어서 거인상을 조작하여 춤추게 하거나 혹은 구경꾼들을 향해 머리를 돌리게 하거나 했다. '파파레우스Papa Reuss'라 부른 거대한 인형은 거인국에나 나올법한 거대한 아이를 그 주머니 안에 넣고 다녔다. 이 행렬의 후미에는 그 부친과 마찬가지로 버들가지로 만들어진 약간 작은 거인 딸이 따르고 있었다.

마찬가지로 브라반트와 플랑드르 지방의 여러 마을에서는 지금도 흥에 겨운

2 프랑스 북부 노르파드칼레 지방 노르주에 있는 도시
3 프랑스 북부 도버 해협에 인접한 도시

대중들이 행렬을 지어 버들가지로 세공한 거인상들을 끌고 다닌다. 그들은 애국적인 열정과 애정을 가지고 이 기괴한 거인상에 대해 이야기하기를 좋아하며, 언제까지라도 그것을 바라보는 데에 싫증내는 법이 없다. 벨기에 안트베르펜[4]의 거인상은 너무도 거대한 나머지 그것이 통과할 수 있을 만큼 큰 성문이 그 도시에는 하나도 없었다. 그래서 장엄한 불축제 때 벨기에의 다른 거인들은 흔히 이웃 마을의 형제 거인들을 방문하곤 했지만, 안트베르펜의 거인은 그렇게 할 수 없었다.

잉글랜드에서도 인공적인 거인들이 하지절 불축제의 두드러진 특징이었던 것 같다. 이와 관련하여 16세기의 어떤 저술가는 다음과 같이 기록하고 있다. "런던의 구경거리인 하지절의 화려한 행렬은 사람들을 놀라게 했다. 거기서는 얼핏 보기에 흉물스러운 거대한 거인들이 완전무장한 채 마치 살아 있는 사람처럼 걸어다녔다. 그 안에는 갈색 종이나 아마 부스러기 따위가 가득 들어 있었는데, 개구쟁이들이 힐끗힐끗 들여다보면서 짓궂게 그것들을 찾아내어 웃음거리로 만들곤 했다." 체스터[5]에서는 하지절 전야의 연례적 화려한 행렬에 네 구의 거인상과 갖가지 동물들과 목마, 그 밖의 인형들이 등장했다. 코번트리[6]에서는 거인상 옆에 그의 아내 인형이 붙어 다녔다. 옥스포드셔의 버퍼드에서는 통상 거인상과 용 인형을 끌고 시가지 전역을 행진하면서 뻑적지근하게 하지절 전야를 기념했다. 이 걸어 다니는 영국 거인상의 마지막 기념물이 솔즈베리[7]에 남아 있다. 1844년경 한 골동품 연구자가 그곳에 있는 테일러 상사Tailor's Company의 낡은 창고 안에 쓰레기처럼 방치되어 있던 거인상을 발견했다. 그 거인상의 몸뚱이는 오월제의 '푸른 잎사귀 옷의 잭'처럼 나뭇가지와 둥그런 구조틀로 만들어져 있었다.

이상의 사례에서는 거인상들이 행렬에만 등장한다. 그런데 때로는 그 거인들이 하지절 모닥불에 불태워지기도 했다. 가령 파리의 '우르스가衛'에서는 매년 버들가지로 만든 거대한 인형을 구조물 군인처럼 분장시켜 며칠 동안 거리를 행진한 다음, 7월 3일에 구경꾼들이 「거룩하신 여왕을 찬송하라Salve Regina」[8]를 노래

---

4 벨기에 안트베르펜주의 도시
5 영국 잉글랜드 체셔주의 행정구와 시
6 영국 잉글랜드 웨스트미들랜드에 있는 행정구와 시
7 영국 잉글랜드 월트셔주 남쪽 끝에 있는 행정구
8 성모 마리아 교송 중의 하나이다.

하는 가운데 엄숙히 그것을 불태웠다. 이때 왕의 호칭을 가진 자가 손에 횃불을 들고 그 의식을 관장했다. 이윽고 불타는 인형 조각이 군중들 사이에 뿌려지면, 사람들은 저마다 그것을 줍기 위해 야단법석이었다. 이 관습은 1743년에 폐지되었다. 프랑스의 브리섬에서도 매년 9미터 정도의 버들가지 인형을 만들어 하지절 전야에 불태웠다.

한편 버들가지 인형 안에 들어 있던 산 짐승을 불태우던 드루이드 교단의 관습과 유사한 의식이 봄철과 하지절 축제 때 행해지기도 했다. 가령 피레네 산맥의 뤼송[9]에서는 하지절 전야에 튼튼한 버들가지로 만들어진 높이 약 30미터 정도의 속이 빈 기둥을 교외의 대광장에 세우고, 그 꼭대기까지 온통 초록색 이파리로 단장시킨다. 그 아래에는 일종의 배경 장식으로서 구할 수 있는 가장 아름다운 꽃과 관목들을 즐비하게 늘어놓는다. 그런 다음 기둥 안에 타기 쉬운 불쏘시개를 쟁여 언제든지 불을 붙일 수 있도록 준비해 둔다. 정각 오후 8시가 되면 사제들과 나들이옷을 입은 청년과 처녀들로 이루어진 성대한 행렬이 찬가를 부르면서 마을에서 나와 그 기둥 둘레에 각각 자리를 잡는다. 그러는 동안 근처 동산 위에는 모닥불이 피워져 매우 아름다운 광경이 연출된다. 이어 최대한 많이 잡아온 뱀들을 기둥 속에 던진 다음 횃불로 그 아래편에 불을 붙이고 나서, 약 50여 명의 소년과 청년들이 횃불을 휘두르며 기둥 둘레에서 미친 듯이 춤을 춘다. 그러면 불에 놀란 뱀들이 기둥 꼭대기를 향해 올라가다가 마침내 기둥 바깥으로 나와 아래로 떨어진다. 구경꾼들은 도망치려고 버둥대는 뱀들을 보면서 환호성을 지른다. 이것이 뤼송과 인근 주민들이 자랑하는 연례적 축제로서, 이 지방의 전설은 그것이 이방 종교에 기원을 두고 있음을 말해 준다.

그 옛날 파리의 그레브 광장[10]에서는 하지절 불축제 때에 살아 있는 고양이들을 잔뜩 담은 광주리나 통 혹은 자루 따위를 모닥불 한가운데 세운 기둥에 걸어 놓았다가 그것을 불태우는 관습이 있었다. 어떤 때는 여우를 한 마리 태운 적도 있었다. 이 모닥불의 타다 남은 숯덩이나 재는 행운을 가져온다고 여겨 사람들이 그것을 집으로 가지고 갔다. 프랑스의 왕들은 종종 이 불축제를 구경하고 친히 불을 붙이기도 했다. 1648년에 루이Louis 14세[11]는 장미 화관을 쓰고 장미꽃 다발

---

9   현재의 지도에서 뤼송이라는 어미가 붙는 지명은 피레네 국경 근방의 프랑스 오트 가론느 지방에 많이 보이므로 아마도 이 일대를 가리키는 듯하다.

10 파리 시청 근처의 센 강변에 위치한 광장을 말한다.

을 손에 들고 이 모닥불에 불을 붙인 다음, 춤을 추고 나서 공회당의 잔치에 참석했다. 그러나 왕이 파리에서 하지절 불축제를 관장한 것은 그것이 마지막이었다. 메츠에서는 하지절 불축제를 성채城砦와 시가 사이의 공터에서 성대하게 거행했는데, 이때 열두 마리의 고양이를 버들가지로 만든 울타리 안에 가두고 산 채로 불태웠다. 군중은 이를 구경하면서 환호성을 질렀다고 한다. 고高알프스의 가프 Gap[12]에서도 하지절 모닥불로 고양이를 불태우는 관습이 있었다. 러시아에서는 때로 흰 암탉을 하지절 모닥불에 불태웠다. 마이센[13] 혹은 투린지아에서는 말의 머리를 모닥불 속에 던졌다.

때로는 봄철의 불축제 때 동물을 불태우기도 했다. 가령 보주에서는 참회절 화요일에 고양이를 불태웠고, 알사스에서는 부활절 모닥불에 고양이를 던졌다. 아르덴에서는 사순절 첫 번째 일요일에 피운 모닥불에 고양이를 던졌다. 때로 참혹성을 더하기 위해 막대기 끝에 고양이를 매달아 산 채로 불태우기도 했다. 악마를 표상하는 고양이는 아무리 고통을 많이 받아도 지나치지 않다고 여겼다. 고양이가 불 속에서 산 채로 타고 있는 동안 목동들은 가축들을 몰아 그 모닥불 위를 뛰어넘게 했는데, 이는 질병과 마법으로부터 가축들을 지킬 수 있는 가장 확실한 방법으로 믿었다. 부활절 모닥불로 다람쥐를 태우는 사례에 대해서는 이미 언급한 바 있다.

이처럼 고대 갈리아에 살던 켈트족의 희생공희는 근대 유럽의 민속축제에 그 흔적이 남아 있다. 예컨대 프랑스나 고대 갈리아에 속했던 보다 광범위한 지역에서 그 같은 의례는 버들가지 거인상이나 혹은 버들가지 구조물 내지 바구니 따위에 담긴 동물을 불태우는 관습에 가장 선명한 흔적을 남기고 있다. 여기서 우리는 그와 같은 관습이 주로 하지절 혹은 그 무렵에 행해졌다는 점에 주목할 필요가 있다. 왜냐하면 이 점에서 우리는 후대인들에게 계승되어 내려온 본래의 원형적인 의식이 하지절에 거행되었음을 추론할 수 있다. 이런 추론은 유럽 민속에 대한 전반적인 개괄을 통해 제시된 결론, 즉 하지절 불축제가 유럽의 원시 아리안족이 행했던 모든 연례적 축제 가운데 가장 성행했을 뿐만 아니라, 가장 엄숙한 의식이었다는 결론과 잘 합치된다. 아울러 우리는 영국의 켈트족에게 1년 중

<hr />

11 프랑스의 왕. 재위 1643~1715년
12 프랑스 남동부 프로방스알프코트다쥐르 지방 오트잘프주의 도시
13 독일 동부에 있는 작센주의 도시

에서 가장 중요한 불축제가 분명 벨테인 축제(오월제)와 핼러윈 축제(10월 말)였으리라는 사실을 잊어서는 안 된다. 이 사실은 갈리아의 켈트족도 인간과 동물의 번제를 비롯한 그들의 불축제를 하지절이 아닌 5월 초나 11월 초에 거행한 것은 아닐까 하는 의문을 불러일으킨다.

이 시점에서 우리는 다시 이런 질문을 던져야 한다. 즉, 그런 희생공희의 의미는 과연 무엇이었을까? 왜 그런 축제에서 인간과 동물을 불태워 죽인 것일까? 근대 유럽의 불축제가 마녀 또는 마법사들을 불태우거나 차단함으로써 마법의 힘을 제어하려는 시도라고 보는 우리의 해석[14]이 옳다면, 우리는 켈트족의 인신공희에 대해서도 동일한 방식으로 해석해야 할 것이다. 다시 말해, 우리는 드루이드 사제들이 버들가지 거인상 속에 가두어 불태운 사람들은 마녀 또는 마법사로 간주되어 사형선고를 받았으며, 그때 화형 방식을 채택한 까닭은 앞서 살펴보았듯이 산 채로 불태워 죽이는 것이야말로 유해하고 위험한 존재들을 제거하는 가장 확실한 방법으로 여겼기 때문이라고 추론할 수 있다. 켈트족이 인신제물과 함께 불태운 가축과 여타 종류의 야생동물에 대해서도 같은 설명을 적용할 수 있을 것이다. 추정컨대 그들은 이 제물들도 마법의 주문에 걸려 있거나 아니면 사실상 마녀 또는 마법사가 사람들의 행복을 파괴하려는 사악한 음모를 실행하기 위해 동물로 변신한 것이라고 생각했을 것이다.

이 같은 추정은 근대의 불축제에서 가장 흔히 불태워지는 희생물이 고양이라는 사실에서도 확인할 수 있다. 왜냐하면 고양이야말로 산토끼를 제외한다면 아마도 마녀들이 가장 흔히 변신한다고 여기던 동물이었기 때문이다. 또한 전술한 대로 때로는 뱀과 여우도 하지절 불축제에서 불태워졌다. 웨일스와 독일의 마녀들은 여우나 뱀으로 변신한다고 알려져 있다. 요컨대 마녀들이 변신할 수 있는 동물이 매우 다양했다는 사실을 상기할 때, 고대 갈리아와 근대 유럽에서 불축제 때에 불태워지는 생물의 다양성이 보다 용이하게 설명될 수 있을 것이다. 그 모든 희생제물들은 동물이어서가 아니라 사악한 목적을 위해 동물로 변신한 마녀로 여겼기 때문에 산 채로 불태워 죽인 것이라고 짐작된다. 고대 켈트족의 희생공희에 대한 해석은 한 가지 장점을 가진다. 즉, 그런 해석은 머나먼 초창기 이래

---

14 이는 『황금가지』제3판부터 취한 해석이다. 초판과 제2판에서 프레이저는 불축제를 태양주술로 보는 입장이었다. 로버트 프레이저 편, 838쪽 편주 참조

합리주의의 영향이 커지면서 마법에 대한 미신을 버리고, 마녀를 화형하는 관습이 사라지기 시작한 약 2세기 이전까지 마녀를 처리하던 방식에 합치되는 일관성을 보여 준다.

이제 우리는 드루이드 사제들이 인신제물을 많이 바치면 바칠수록 대지의 생산력이 높아진다고 믿는 이유가 무엇인지를 이해할 수 있게 되었다. 물론 오늘날의 독자들은 얼핏 사형집행인의 행동과 대지의 생산력 사이에서 어떤 연관성을 찾기가 쉽지 않을 것이다. 그러나 조금만 생각해 보면 만족스러운 답이 나올 법도 하다. 즉, 말뚝이나 교수대에서 죽어 가는 범죄자들은 농부의 농작물을 말려 죽이거나 우박을 내려 망치는 것에서 기쁨을 찾았던 마녀들로 간주되었다. 따라서 그 같은 못된 존재들을 처형하는 것은 농부들의 노고를 헛된 것으로 만들고 희망을 꺾어 버리는 가장 중요한 원인 중 하나를 제거함으로써 정말로 풍작을 보장하려는 수단과 다름없었다.

만하르트는 우리가 지금 다루고 있는 드루이드교의 희생공희에 대해 약간 다르게 설명한다. 그의 생각에 의하면, 드루이드 사제가 버들가지 거인상 속에 가두어 불태운 인간은 식물정령을 표상하며, 따라서 인간을 불태우는 관습은 농작물을 위해 충분한 햇빛을 얻을 목적으로 행해진 주술의식이라는 것이다. 또한 그는 모닥불에 태워지는 동물은 본서의 앞부분에서 살펴보았듯이, 종종 동물의 형태를 취하는 곡물정령을 표상한다는 견해에 기울어져 있는 것 같다. 이 이론은 확실히 일리가 있다. 그래서 탁월한 만하르트는 그것을 신중하게 다룰 가치가 있다고 본 것이다. 지금까지 출간된 본서의 여러 판본에서도 이 이론을 채택해 왔다.

그러나 재고를 거듭한 결과, 이 이론은 전체적으로 보아 인간과 동물이 마녀나 마법사로 간주되어 불태웠다고 하는 이론과 비교해 볼 때 다소 납득하기 어려운 점을 내포하고 있다. 후자 이론은 모닥불을 피우는 관습의 통속적 호칭이 '마녀 태우기'이며, 그래서 때로 마녀 인형을 불에 태우거나 혹은 그 불이나 숯덩이 혹은 재 따위가 마법을 방지한다고 믿었다는 점에서 해당 민족 스스로 보여 주는 강력한 근거에 의해 뒷받침되고 있다. 이에 반해 불에 태워지는 인형이나 동물이 해당 민족에 의해 식물정령의 대표자로 간주되었다든지 또는 그 모닥불이 태양주술이라든지 하는 점을 보여 주는 근거는 아무것도 없다.

뤼송에서 하지절 불축제 때에 태워진 뱀만 해도, 그것이 나무정령이나 곡물정령의 화신이라는 관념을 뒷받침해 줄 만한 확실한 근거는 유럽의 경우 도무지 찾아볼 수 없다. 물론 유럽 이외의 다른 지방에서는 그런 관념이 알려져 있기는 하지만 말이다. 그런데 마녀가 동물로 변신한다는 민속적 신앙은 매우 뿌리 깊고 보편적으로 나타나며 그런 무시무시한 존재에 대한 공포가 지극히 강했다. 때문에 불축제에서 태워 죽인 고양이나 그 밖의 동물들은 마녀의 화신으로서 죽은 것이며, 식물정령의 표상으로서 죽인 것은 아니라고 보는 편이 더 안전하지 않을까 싶다.

제65장
발데르와 겨우살이

독자 여러분은 노르웨이의 발데르 신화가 앞에서 살펴본 유럽의 민속적 불축제를 시사한다는 사실을 기억할 것이다. 노르웨이 신화에 나오는 발데르 신은 겨우살이 가지에 의해 살해당해 큰 모닥불로 불태워졌다고 나온다. 우리는 이제 개괄적으로 검토한 불축제 관습이 이 신화의 해명에 어떤 도움을 줄지에 대해 생각해보고자 한다. 이는 편의상 발데르를 죽음으로 몰아넣은 도구인 겨우살이에서 시작하는 것이 좋을 듯하다.

아득한 옛날부터 겨우살이는 유럽에서 미신적 숭배의 대상이었다. 플리니우스의 유명한 구절에서 알 수 있듯이, 드루이드 교도들도 겨우살이를 숭배했다. 플리니우스는 겨우살이의 다양한 종류를 열거한 다음 이렇게 기록하고 있다.

"이 주제를 다루고자 할 때, 겨우살이가 갈리아 전역에 걸쳐 숭배되었다는 사실을 간과해서는 안 된다. 그들의 마법사를 지칭하는 이른바 드루이드 사제들은 겨우살이 및 그것이 기생하는 떡갈나무보다 더 신성한 것은 없다고 여겼다. 한편 이와는 별도로 그들은 떡갈나무 숲을 자신들의 신성한 숲으로 정했으며, 떡갈나무 잎 없이는 신성한 의식을 거행하지 않았다. '드루이드'라는 이름도 실은 그들의 떡갈나무 숭배에서 유래한 그리스식 호칭이라고 볼 수 있다.[1] 그들은 이 떡갈나무에서 자라는 모든 것이 하늘에서 내려온 것이며, 신 자신이 친히 그 나무를 선택했다는 표징이라고 믿었기 때문이다. 겨우살이는 매우 드물어서 거의 눈에 띄지 않는다. 그러나 어쩌다 그것이 눈에 띄면 그들은 엄숙한 의식과 더불어 그것을 채집해 둔다. 이 일은 특히 매달 제6일째에 행해졌는데, 그들은 그 날짜부

---

1 프레이저는 플리니우스의 이런 이해가 오류임을 지적하고 있다. 즉, 플리니우스는 '드루이드 Druid'라는 이름이 그리스어의 '떡갈나무'에 해당하는 '드루스drūs'에서 유래했다고 보았다. 그러나 프레이저에 의하면 '드루이드'라는 이름은 '떡갈나무'를 의미하는 켈트어 '다우르daur'에서 비롯된 것이다. 그러니까 '떡갈나무의 사제'를 가리키는 '드루이드'는 그리스어의 차용이 아니라 순수한 켈트어인데, 플리니우스는 이 사실을 알지 못했다는 것이다. 『初版金枝篇上』, 앞의 책, 376쪽 각주 115번 참조

터 달의 시작과 해의 시작, 30년 주기의 시작을 꼽았다. 왜냐하면 제6일째 되는 날은 달이 그 운행의 절반도 지나지 않은 때이므로 아직 원기왕성하기 때문이다. 겨우살이가 기생하는 떡갈나무 아래에 희생제의와 축제를 벌일 준비가 갖추어지면, 그들은 겨우살이를 우주적 치유자라 하여 찬양하면서 그때까지 한 번도 뿔을 묶은 적이 없는 흰 황소 두 마리를 그 자리로 끌고 온다. 그런 다음 흰옷을 입은 사제가 나무에 올라가 황금 낫으로 겨우살이를 잘라 흰 천에 싼다. 그러고 나서 그들은 제물을 바치면서, 겨우살이를 수여받은 자신들에게 은총을 베풀어 번영을 누리게 해 달라고 신에게 기도한다. 그들은 겨우살이로 만든 묘약이 새끼를 낳지 못하는 동물들에게 새끼를 낳게 해 준다고 믿었다. 또한 그들은 겨우살이를 모든 독의 해독제라고 믿기도 했다."[2]

또 다른 구절에서 플리니우스는 다음과 같이 지적하고 있다. 즉, 떡갈나무에서 자라는 겨우살이는 의학적으로 가장 약효가 뛰어난 것으로 알려져 있다. 미신을 신봉하던 자들은 겨우살이의 약효를 더 높이려면 매달 첫째 날에 쇠붙이를 사용하지 않은 채 그것을 채집해야 하며, 이때 겨우살이가 지면에 닿지 않도록 해야 한다고 여겼다. 이렇게 채집한 떡갈나무 겨우살이는 간질의 특효약으로 간주되었다. 나아가 여자가 겨우살이를 몸에 지니면 수태에 효과가 있고, 위궤양 환자가 그 한 조각을 씹어 먹고 또 한 조각을 환부에 올려놓으면 병 치료에 즉효가 있다고 믿었다. 그뿐만 아니라 겨우살이는 식초와 달걀처럼 불을 끄는 뛰어난 수단으로 여겼다고 한다.

후자의 지적은 분명 플리니우스가 자신과 동시대의 이탈리아인들 사이에 통용되던 신앙을 가리킨 것으로 보인다. 그렇다면 드루이드 교도와 이탈리아인들

---

2 Pliny, *Naturalis Historia*, xvi. 249ff. 이 인용문은 프레이저가 학문적인 오류를 범한 가장 대표적인 사례이다. 프레이저가 본서의 마지막 단계에서 하지절 축제를 부각시킨 것은 원래 그가 플리니우스의 'omnia sexta luna'라는 문구를 '제6월에'로 잘못 번역한 결과였다. 물론 본 역서의 원서에는 그 오역이 바로잡혀 있지만, 초판본에는 위 인용문의 '제6일째'에 해당되는 부분이 '제6월에'로 나와 있다. 그것이 출판되자마자 옥스퍼드의 고전학자 워드 파울러W. Warde Fowler가 그에게 편지를 보내 그 문구는 '매달 제6일에'를 의미한다고 지적해 주었다. 이와 더불어 프레이저의 이론과 그의 자기 확신은 결정적으로 손상되고 말았다. 자기 논증의 받침판이 오류 위에 기초해 있음을 깨달은 그는 공황 상태에 빠져 『아테나이움』지에 자신의 오류를 고백하는 글을 발표하고 심지어 트리니티 칼리지에서도 사직하려고 했다. 그러나 당시 학장이던 H. 몬터규 버틀러는 그의 사직서를 되돌려 주며 루터의 말을 인용하여 "pecca fortiter(더 강하게 죄지으라)"라고 말했다. 그리하여 하지절 불축제 이론은 계속 살아남아서 자기 길을 걸어가게 되었다. 하지만 본서의 후반부에서 기조를 이루는 발데르의 역할은 여전히 애매한 상태에 놓여 있다는 논란의 소지가 남아 있다. 로버트 프레이저 편, 앞의 책, 841쪽 편주 참조

떡갈나무에 기생하는 겨우살이

은 떡갈나무에 기생하는 겨우살이의 놀라운 효능에 대해 어느 정도 일치된 견해를 가졌다는 말이 된다. 양자 모두 겨우살이가 수많은 질병의 특효약이라고 여겼으며, 또한 그것이 생식력을 촉진하는 힘을 지니고 있다고 여긴 것이다. 가령 드루이드 교도는 겨우살이로 만든 묘약이 새끼를 낳지 못하는 가축에게 새끼를 낳게 해 준다고 믿었으며, 이탈리아인들은 여자가 겨우살이 한 조각을 몸에 지니고 다니면 아이를 임신하는 데 도움이 된다고 생각했다. 게다가 양자 모두 겨우살이의 약효를 더 높이려면 그것을 특정한 시기에 특정한 방식으로 채집해야 한다고 생각했다.

예컨대 드루이드 교도는 그것을 쇠붙이로 자르면 안 된다고 믿어 황금 낫으로 잘랐으며, 그것이 지면에 닿으면 안 된다고 여겨 흰 천에 그것을 받았다. 겨우살이의 채집 시기를 정할 때에도 양자 모두 달의 상태를 기준으로 정했다. 그러나 이때 달의 특정한 날짜는 서로 달랐다. 이탈리아인들은 제1일을, 그리고 드루이드 교도는 제6일을 선호했던 것이다.

다음에는 겨우살이의 놀라운 치유력에 대한 고대 갈리아인과 이탈리아인의 신앙, 근대 일본의 아이누족이 지니고 있던 유사한 신앙을 비교해 보기로 하자. 문헌에 의하면 아이누족도 북방 기원의 다른 많은 민족들과 마찬가지로 겨우살이에 대한 특수한 숭배심을 가지고 있었다. 그들은 겨우살이가 만병통치약이라고 믿었으며, 그래서 그것을 음식물에 섞어 복용하거나 혹은 달여 마시거나 했다. 그들은 겨우살이의 잎이 열매보다 더 효과가 있다고 여겼다. 이는 열매는 너무 점착성이 강해서 사용하기가 쉽지 않았기 때문이다. 그러나 많은 이들은 이 식물이 밭의 결실을 풍요롭게 해 주는 힘을 지니고 있다고 믿었다. 그런 목적으로 겨우살이를 사용할 경우에는, 그 잎을 잘게 썰어 기도를 올린 다음 수수나 조 혹은 그 밖의 씨앗과 섞어 밭에 뿌리고 이와 동시에 소량을 음식과 함께 먹었다. 또한 석녀에게 아이를 많이 낳도록 하기 위해 겨우살이를 먹이기도 했다. 이때 그들은 버드나무에 기생하는 겨우살이가 최대의 효과가 있다고 믿었다. 그들이 버드나무를 성스러운 나무로 숭배하는 것은 이 때문이다.

이처럼 겨우살이를 거의 만병통치약이라고 믿었다는 점에서 아이누족은 드루이드 교도들과 공통되며, 그것을 여자에게 주면 아이를 잘 낳게 된다고 믿었던 점은 고대 이탈리아인들의 관념과 일치한다. 또한 겨우살이를 '만병의 치유자' 혹은 '만병통치약'으로 여긴 드루이드 교도들의 신앙은 세네감비아 왈로Walo족의 신앙과도 비교될 만하다. 왈로족은 '토브ₜₒₑ'라 부르는 일종의 겨우살이를 지극히 숭배했다. 그들은 출정할 때 부상을 예방하기 위한 약으로서 그것을 마치 부적처럼 몸에 지니고 나갔다. 이 관습을 기록한 프랑스의 한 저술가는 다음과 같이 덧붙이고 있다. "갈리아인들과 마찬가지로 겨우살이가 이 아프리카 지방에서도 일종의 신앙 대상으로 다루어지고 있다는 사실이 얼마나 기묘한 일인가? 양자에 공통된 이 미신적인 관념은 그 기원이 동일한 것으로 보인다. 말할 것도 없이 이 흑인종과 백인종은 대지에 뿌리를 내리지 않은 채 번창하는 식물에게 초자연적인 어떤 힘이 깃들어 있다고 믿었던 것이다. 그들은 참으로 겨우살이를 하늘이 내려준 식물 혹은 신의 하사품이라고 믿었다."

플리니우스가 보고한 드루이드 교도들의 신앙은 겨우살이 숭배의 기원에 관한 위의 지적을 강력하게 뒷받침해 준다. 즉, 드루이드 교도들은 떡갈나무에 기생하는 것이 무엇이든 그것은 하늘이 베풀어 준 것이며, 떡갈나무가 신에 의해 선택된 나무임을 말해 주는 증거라고 여겼던 것이다. 이러한 신앙은 드루이드 사제가 겨우살이를 채집할 때 통상적인 칼 대신 황금 낫을 사용한 이유와 그렇게 채집한 겨우살이가 지면에 닿지 않도록 흰 천에 받은 이유를 설명해 준다. 아마도 그들은 천상적 식물인 겨우살이가 지면과 접촉하면 그 신성성과 경이로운 힘을 상실하게 된다고 생각했던 것 같다. 여기서 드루이드 사제가 겨우살이를 채집할 때 행한 의식과 캄보디아의 의식을 비교해 볼 만하다.

캄보디아에서는 타마린드나무에 난초가 기생하는 것을 발견하면, 흰 옷을 입고 새로운 토기를 들고 대낮에 그 나무에 올라가 난초를 채집하여 그것을 토기 안에 넣어 아래로 가지고 내려온 다음 그것으로 불사의 약을 달인다. 그러니까 아프리카에서는 기생식물인 겨우살이의 잎을 몸에 지닌 자에게 불사의 힘이 부여된다고 여긴 것처럼, 캄보디아에서도 또 다른 기생식물인 난초에서 채취한 약을 마시면 불사의 능력이 주어진다고 믿었던 것이다. 어떤 경우든 불사의 관념은 해당 식물이 기생하는 위치가 어디냐는 데에서 비롯된 것이라고 보인다. 즉, 그것은 대지에서 떨어져 비교적 안전한 장소에서 기생하기 때문에, 그것을 지닌 복된 자에게 지상에서 인간의 생명을 위협하는 재앙으로부터 안전을 보장해 준다고 여긴 것이다. 우리는 앞에서도 원시인의 심리가 이와 유사한 이익을 중요시한 사례에 대해 살펴본 바 있다.

겨우살이에 관한 신앙과 관행의 기원이 어떻든 간에, 그것들이 일면 근대 유럽 농민들의 민속과 유사성을 가진다는 점은 확실하다. 예컨대 유럽의 여러 지방에서는 일반적으로 겨우살이를 그것이 기생하는 나무에서 통상적인 방법으로 채취해서는 안 되며, 따라서 그것을 돌로 맞혀 떨어뜨리거나 하는 방법으로 채취해야 한다고 여겼다. 스위스의 아르가우[3] 지방에 사는 농민들은 모든 기생식물들을 일종의 신성한 것으로 믿었고, 특히 떡갈나무에 기생하는 겨우살이를 신성시했다. 사람들은 그것이 특별한 위력을 가진다고 여겼으며, 따라서 통상적인 방법으로 그것을 베거나 하지 않았다. 그들은 다음과 같은 방법으로 겨우살이를 채집했다. 즉, 새로운 달이 떠오르기 전의 제1일이나 제3일 혹은 제4일에 태양이 궁수弓手자리[4]에 있고 달이 기울어질 무렵, 화살을 쏘아 겨우살이를 떡갈나무에서 떨어뜨려 왼손으로 재빠르게 받아야 했다. 이렇게 채취한 겨우살이는 모든 소아병의 약으로 쓰인다. 고대 드루이드 교도들의 경우와 마찬가지로, 스위스의 농민들도 떡갈나무에 기생하는 겨우살이에 특별한 영험이 깃들어 있다고 믿었다. 때문에 통상적인 방법으로 채취해서는 안 되며, 지면에 떨어지기 전에 그것을 받아야 한다고 여겼다. 겨우살이는 만병통치약으로 간주되었으며, 적어도 아이들에게는 만병의 영약이라고 믿었다. 또한 스웨덴에도 겨우살이가 특별한 영험을 상실하지 않도록 하기 위해 떡갈나무에 기생하는 겨우살이를 돌로 맞혀 떨어뜨려야 한다는 미신적 관념이 널리 퍼져 있었다. 마찬가지로 19세기 초엽까지만 해도 웨일스의 주민들은 겨우살이가 효험을 유지하도록 하기 위해 그것이 기생하는 나무에 돌을 던져 떨어뜨려야만 한다고 여겼다.

겨우살이의 치유력에 대해서는 근대 유럽의 농민들과 학자들의 의견조차 고대인들의 그것과 어느 정도 일치한다. 이미 살펴보았듯이 드루이드 교도들은 겨우살이와 그것이 기생하는 떡갈나무를 '만병의 치유자'라고 믿었다. 오늘날에도 브르타뉴, 웨일스, 아일랜드, 스코틀랜드 등지에서는 겨우살이를 현대 켈트어로 '만병의 치유자'라고 부른다. 피에몬테[5]와 롬바르디의 농민들은 성 요한제 아침

---

3 스위스 북부에 있는 주
4 염소자리와 전갈자리 사이에 있는 황도 12궁 가운데 하나. 적경赤經 약 19시와 남적위南赤緯 25도에 위치한다. 우리 은하에서 밀도가 가장 높은 항성운이 있는 은하계의 중심이 궁수자리에 있다. 궁수자리의 서쪽 경계 근처에 동지점冬至點이 있는데, 동지점은 태양이 별 사이를 연중 겉보기 이동할 때 닿는 가장 남쪽 지점이다. 점성학에서 궁수자리는 황도 12궁의 제9표지로서, 11월 22일경에서 12월 21일경 사이를 관장한다. 활을 쏘는 켄타우루스나 활시위에 매겨진 화살로 표상된다. 일찍이 기원전 11세기경에 바빌로니아인들은 궁수자리를 인마人馬의 모습과 연관시켰다.

(하지절 아침)에 '성 요한의 기름'을 채취하기 위해 떡갈나무를 찾아다니는데, 그 기름은 쇠붙이에 베인 모든 상처를 치료해 준다고 믿었다. '성 요한의 기름'은 원래 겨우살이 혹은 거기서 채취한 즙액이었을 것이다. 지금도 홀슈타인에서는 겨우살이 특히 떡갈나무에 기생하는 겨우살이가 모든 상처를 치료해 주는 영약이자 사냥의 성공을 보장해 주는 부적으로 믿어지기 때문이다.

또한 남부 프랑스 라콘의 농민들은 겨우살이가 모든 독을 해독해 준다는 드루이드 교도들의 신앙을 지금까지도 믿고 있다. 그래서 그들은 환자의 위장 부위에 그것을 갖다 놓거나 혹은 그것을 달인 즙을 마시게 한다. 겨우살이가 간질병에 효험이 있다는 고대적 신앙도 지금까지 남아 있는데, 무지한 사람이건 학식 있는 사람이건 그렇게 믿고 있다. 가령 스웨덴에서는 간질병자가 떡갈나무의 겨우살이로 만들어진 손잡이가 있는 손칼을 가지고 다니면 그 발작을 막을 수 있다고 믿었다. 독일에서도 이와 동일한 목적으로 어린이의 목에 겨우살이 조각을 매달아 둔다. 프랑스의 부르보네[6] 지방에서는 간질병의 민간요법으로서 성 요한제 당일에 떡갈나무에서 채취한 겨우살이를 귀리가루와 함께 달여 만든 즙을 사용했다. 링컨셔[7]의 보트퍼드에서도 겨우살이를 달인 즙이 끔찍한 간질병의 진정제로 사용된다. 사실 영국과 네덜란드에서는 18세기 무렵까지만 해도 의학의 권위자들이 겨우살이를 간질병의 약으로서 권장했다.

그러나 겨우살이의 효능에 관한 의학자들의 견해는 급격하게 바뀌었다. 겨우살이가 만병을 치유한다는 드루이드 교도들의 신앙에 대해, 근대 의학자들은 그것이 어떤 병도 치료할 수 없다고 보았다. 이 근대 의학자들의 견해가 옳다면, 겨우살이의 의학적 효능에 관한 오래되고 광범위한 신앙은 단순히 공상적 추론에 입각한 미신에 불과한 것이라는 결론을 지을 수밖에 없다. 그런 공상적 추론의 무지는 겨우살이의 기생적 속성에서 비롯되었다. 즉, 저 높은 나뭇가지 위에 기생하는 겨우살이가 지상의 동식물들이 받는 위해의 위험을 막아 줄 것처럼 기대되었던 것이다. 하여튼 이런 결론에서 우리는 겨우살이가 그렇게도 오랫동안 간질병 약으로 처방되어 온 이유를 이해할 수 있을 것 같다. 즉, 겨우살이가 높이 솟은 나뭇가지 위에 기생하면서 땅에 떨어지는 법이 없듯이, 간질병자도 겨우살이

5 이탈리아 북서부의 지방
6 프랑스 중부의 알리에주를 포괄하는 역사적·문화적 지역
7 영국 잉글랜드 동부에 있는 주

의 한 조각을 주머니 속에 넣고 다니거나 배 속에 그 즙이 들어 있으면 발작이 일어나도 결코 쓰러질 염려가 없다는 것이 그 추론의 필연적 귀결이었다. 어쩌면 이 같은 추론 과정이 오늘날에도 여전히 대다수의 인류에게 설득력을 가지고 있을지도 모른다.

한편 떡갈나무에 기생하는 겨우살이가 불을 꺼 준다고 하는 고대 이탈리아인의 신앙은 스웨덴의 농민들에게도 있었다. 그들은 재해 일반을 예방하고 특히 화재를 막기 위해 떡갈나무에 기생하는 겨우살이 다발을 집 천장에 매달아 두었다. 스위스의 아르가우 지방에는 겨우살이를 '번개 마당비'라고 부르는데, 이 호칭은 겨우살이가 방재의 효능을 가지게 된 과정을 암시해 준다. '번개 마당비'는 나뭇가지 위에 기생하는 마당비 모양의 식물로서 번갯불에서 생겨났다고 믿었다. 그래서 보헤미아 사람들은 '번개 마당비'를 불에 태우면 벼락으로부터 집을 지킬 수 있다고 생각했다. 번개 마당비는 그 자체가 번갯불의 소산이기 때문에 공감의 원리에 의해 일종의 피뢰침으로서 벼락을 방지하는 효능을 부여받게 된 셈이다. 그렇다면 스웨덴에서 겨우살이를 사용하여 피하고자 했던 불은 특히 벼락에 의한 화재였을 것이다. 물론 이 식물이 화재 일반에 대해 효능을 가진다고 여긴 것도 틀림없는 사실이지만 말이다.

겨우살이는 이처럼 피뢰침의 역할을 함과 동시에 열쇠의 역할을 한다고 여겨지기도 했다. 말하자면 겨우살이로 어떤 자물쇠도 열 수 있다는 것이다. 그러나 겨우살이가 지닌 모든 효능 가운데 가장 고귀한 것은 요술이나 마법을 막는 힘이다. 이와 관련하여 오스트리아에는 겨우살이를 대문 위에 걸어 두고 악령을 쫓는 관습이 있었다. 또한 영국 북부지방에서 낙농업의 번창을 소원할 때 설날이 지난 다음 송아지를 낳은 최초의 암소에게 한 다발의 겨우살이를 주는 것도 이런 신앙과 관계가 있다. 우유와 버터의 생산에서 마법만큼 치명적인 해를 끼치는 것도 없다고 믿었기 때문에, 웨일스에서는 낙농업자의 행운을 위해 설날이 지난 다음 송아지를 낳은 최초의 암소에게 겨우살이 한 다발을 먹이는 관습이 있었다. 겨우살이가 흔한 웨일스의 시골에서는 농장 헛간에 언제나 그 식물을 넉넉히 저장해 두었다. 겨우살이가 떨어지면 웨일스 사람들은 "겨우살이 없이는 행운이 있을 수 없다"고 말하곤 했다. 게다가 겨우살이가 풍부하면 농작물도 풍년이 들거라고 기대했다. 스웨덴에서는 성 요한제 전야 이후에 부지런히 겨우살이를 찾아다녔다. 이는 그 식물에 신비로운 영험이 깃들어 있다고 믿었기 때문이다. 그리고 작은 겨우살이 가지를 집이나 마구간 혹은 외양간의 천장에 꽂아 두면 사람과 가축에게 위해를 가하는 악마 트롤도 무력해진다고 여겼다.

겨우살이를 채집하는 시기에 대해서는 정설이 없다. 드루이드 교도들은 매달 제6일에 채취하는 것이 가장 좋다고 여겼고, 고대 이탈리아인들은 매달 제1일이 최적이라고 믿었다. 근대에 들어와 혹자는 3월 보름날을 권장하는가 하면, 혹자는 태양이 궁수자리에 들어가는 겨울철의 달이 기울 무렵에 채취하는 것이 좋다고도 했다. 그러나 가장 좋은 시기는 역시 하지절 전야 혹은 하지절 당일이었던 모양이다. 우리는 앞에서 프랑스나 스웨덴에서 하지절에 채집한 겨우살이에 대해 특별한 영험을 인정한다는 점을 살펴본 바 있다. 스웨덴에서는 "태양과 달의 세력이 가장 왕성한 하지절 전야에 겨우살이를 채취해야만 한다"고 여겼다. 웨일스에서는 성 요한제 전야(하지절 전야) 혹은 딸기가 나오기 전의 적당한 시기에 채취한 겨우살이를 베개 밑에 넣고 자면 좋은 일이든 나쁜 일이든 그 전조를 보여 주는 꿈을 꾸게 된다고 믿었다. 이처럼 겨우살이는 그 주술력이나 치유력이 한 해 가운데 가장 해가 긴 날에 가장 최고조에 달하는 많은 식물들 가운데 하나였다. 이 점에서 겨우살이를 가장 숭배했던 드루이드 교도들의 눈에는 저 신성한 식물이 6월의 하지에 평소보다 두 배에 달하는 영검을 지닌다고 비쳤을 것이고, 따라서 그들은 언제나 하지절 전야에 장엄한 의식을 집행하면서 겨우살이를 채취했을 것임에 틀림없으리라고 보는 편이 타당할 듯싶다.

여하튼 발데르를 죽인 무기가 되었던 겨우살이가 발데르의 고향인 스칸디나비아에서는 그 신비한 영험을 더하기 위해 반드시 하지절 전야에 채집되었음에 분명하다. 통상 이 식물은 스웨덴의 따뜻한 지방에서 무성하고 습윤한 숲속의 배나무나 떡갈나무 따위에 기생한다. 그리하여 발데르 신화 속에 나오는 두 가지 사건 중 하나가 스칸디나비아의 하지절 대축제에서 재현되었다. 하지만 신화 속의 또 다른 주요한 사건, 즉 발데르의 유해를 제단에서 화장한 사건도 덴마크와 노르웨이, 스웨덴에서 최근까지 혹은 지금도 하지절 전야의 모닥불 축제에서 재현되고 있다. 그런데 이 나라의 불축제에서는 인형을 태운 것 같지는 않다. 하지만 인형을 태우는 관습은 그 의미가 망각되고 나면 언제라도 용이하게 사라질 수 있는 문제이다. 그리고 고대 스웨덴에서 하지절의 모닥불을 지칭했던 '발데르의 화장불'이라는 명칭은 의심할 나위 없이 그것과 발데르의 밀접한 관련성을 시사하며, 예전에는 매년 발데르의 살아 있는 대표자인 인간이나 혹은 인형이 그 모닥불에 불태워졌으리라는 사실을 짐작케 해 준다. 하지절은 발데르에게 바쳐진 성스러운 계절이었다. 그리하여 스웨덴의 시인 텡네르Esaías Tegnér(1782~1846)는 발데르가 화장된 시기를 하지라고 규정함으로써 하지야말로 그 신이 처참한 죽음을 당한 시기였다고 전하는 오래된 전승에 충실히 따르고 있다.[8]

이상에서 우리는 발데르 신화의 주된 사건이 분명 기독교가 들어가기 훨씬 이전 시대에 그 기원을 가진 유럽 농민들의 불축제에서 재현되었다는 사실을 알 수 있었다. 추첨으로 정해진 산 제물을 벨테인 축제의 모닥불에 던지는 시늉을 한다든가 혹은 노르망디의 하지절 불축제에서 후대에는 '초록늑대'라 부르는 인물을 모닥불에 던지는 시늉을 한 것은, 모두 그런 의식에서 산 인간을 실제로 불태운 오래된 관습의 흔적이라고 해석할 수 있다. 그리고 무스하임에서 하지절의 불을 발로 밟아 끈 청년이 몸에 걸친 나뭇잎 옷과 '초록늑대'의 녹색 옷은, 그와 같은 불축제에서 불태워 죽인 인물이 나무정령이나 식물신으로 간주되었으리라는 점을 암시한다. 이 모든 사실을 감안하건대, 한편으로 발데르 신화와 다른 한편으로 불축제나 겨우살이를 채집하는 관습이 원래는 하나로 통합되어 있었는데, 그것이 후대에 두 요소로 분할되었으리라는 점을 합리적으로 추론할 수 있다.

바꾸어 말하면, 발데르의 죽음에 관한 신화는 단지 인간생활에서 차용한 죽음이라는 물리적 현상을 비유적으로 서술한 신화에만 머물러 있는 것이 아니라, 그와 동시에 사람들이 왜 매년 신의 표상인 인간을 불태웠으며 또한 장엄한 의식을 통해 겨우살이를 채집했는지를 설명하기 위해 서술된 이야기이기도 하다. 나의 이런 가정이 옳다면, 발데르의 비극적인 죽음 이야기는 태양을 빛나게 하고, 수목들을 자라게 하고, 농작물을 열매 맺게 만들고, 요정이나 악령 혹은 마녀나 요술사들의 사악한 수작에서 사람과 가축을 지키기 위한 주술의식으로서 매년 연출된 이른바 성극聖劇의 대본이었다고 볼 수 있다. 요컨대 발데르 신화는 의례에 의해 보완되는 자연신화에 속한다. 흔히 그러하듯이, 이 경우에도 주술에 대한 신화의 관계는 실천에 대한 이론의 관계와 동일하다.

그러나 봄이나 하지에 불태우는 산 제물로서의 인간 발데르가 만일 나무정령 혹은 식물신의 화신으로서 죽인 것이라고 한다면, 발데르 자신이 바로 그 나무정령 혹은 식물신이었다고 말할 수 있다. 그렇다면 우리는 가능한 한 불축제에서

---

8 출처는 Esaias Tegnér, *Frithiofs Saga*, 1825

불태운 이 인신제물과 관련된 나무가 어떤 나무였는지 그 나무의 종류를 규명할 필요가 있다. 분명 식물 일반의 표상으로서 산 제물을 불태워 죽인 것은 아닐 것이기 때문이다. 식물 일반의 관념은 원시인들에게 너무 추상적인 관념이었을 것이다. 그러니까 산 제물이 원래는 성스러운 나무의 어떤 특정한 종류를 표현했으리라고 보는 편이 더 개연성이 있다. 그런데 유럽에 자생하는 모든 나무들 가운데 아리안족[9]이 가장 신성시한 나무는 무엇보다도 떡갈나무였다. 우리는 떡갈나무 숭배가 유럽의 아리안족 민족들 사이에서 성행되었다는 사실을 잘 알고 있다. 그러므로 우리는 이 나무가 여러 나라로 분산되기 이전의 모든 아리안족에 의해 숭배되었으며, 그들의 고향이 떡갈나무 숲으로 뒤덮인 땅에 있었음이 틀림없다고 결론지을 수 있다.[10]

유럽의 아리안 계통에 속한 모든 민족에 의해 행해진 불축제들이 공통적으로 원시적인 성격을 지니고 있으며 놀랄 만한 유사성을 보여 준다는 점을 감안하건대, 우리는 그 불축제들이 여러 아리안 민족들이 분산되어 방랑하면서도 그들의 고향에서 가지고 나온 종교의식의 공통적 근간을 그대로 지니고 있었다고 추론할 수 있다. 이런 나의 추론이 틀리지 않다면, 저 원시적 불축제의 본질적인 특징은 나무정령의 표상인 인간을 불태우는 데에 있었다. 그리고 아리안족의 종교에서 떡갈나무가 점하고 있는 위치로 보아, 불축제 때에 그렇게 표상된 나무가 본래 떡갈나무였음에 틀림없다는 가설이 성립된다. 적어도 켈트족과 리투아니아인의 불축제에 관한 한, 이런 결론은 의심할 나위가 없다. 그러나 이 두 민족과 게르만족에게서 그것은 두드러진 종교적 보수주의에 의해 확인된다. 인류가 알고 있는 가장 원시적인 발화 방법은 두 개의 나뭇조각을 불이 점화될 때까지 마찰하는 것이다. 우리는 유럽에서 정화와 같은 신성한 불을 만드는 경우에 지금도 그런 방법을 쓰고 있다는 사실을 살펴본 바 있다. 게다가 지금 우리가 다루

---

9 본서 제9장 옮긴이 주 1번 참조

10 프레이저는 왜 아리안족이 떡갈나무를 숭배했는지를 네미 숲의 기이한 관습과 연관시키고 있다. 이에 대해 비트겐슈타인은 특정 인종이 왜 떡갈나무를 숭배했는가 하는 물음은 의미가 없다고 지적한다. 이는 단지 아리안족이라는 특정 인종과 떡갈나무가 생활 공동체 속에서 우연히 함께 있었다는 사실을 보여 주는 것 외에 다른 어떤 이유도 말해 주지 않는다. 그것은 결코 선택의 문제가 아니다. 비트겐슈타인의 철학적 표현방식을 빌려 말하면, 숭배(의례)는 자각한 정신의 형식과 다름없으며, 그런 자각은 생의 근원적 지반으로부터 분리되면서 생겨난다. 그러니까 떡갈나무와 아리안족이 결합되어 불축제라든가 '숲의 왕'의 살해의식이 생겨난 것이 아니라, 반대로 양자가 분리됨으로써 비로소 그런 의식이 비롯된 것이라고 보아야 한다는 것이다. "フレイザー『金枝篇』について", 앞의 글, 409~410쪽 참조

고 있는 불축제에서도 이전에는 그런 방법을 취했다. 정화나 그 밖의 신성한 불은 어떤 특수한 나무를 마찰하여 만들어야만 했다. 그리고 그 나무의 종류가 규정된 경우, 그것은 켈트족이든 게르만족이든 혹은 슬라브족이든 모두 일반적으로 떡갈나무였다고 보인다. 또한 신성한 불이 떡갈나무 조각의 마찰에 의해 만들어졌다고 한다면, 모닥불의 원료 또한 본래는 떡갈나무였으리라고 추정해 볼 수 있다.

사실상 로마의 꺼지지 않는 베스타 불은 떡갈나무를 그 원료로 삼아 피운 듯싶으며, 리투아니아의 로모브 성지에서 신성한 떡갈나무 아래 피운 꺼지지 않는 불의 원료도 떡갈나무였다. 또한 떡갈나무는 이전에 하지절의 모닥불을 피우는 연료이기도 했다. 이 점은 오늘날 독일의 많은 산간지방 농민들이 행하는 하지절 축제에 떡갈나무의 통나무를 태우는 관습에서도 확인할 수 있다. 이 통나무는 서서히 태워졌으며, 한 해가 다 지나가도 완전히 숯이 되지 않도록 고안되었다. 그리고 다음번 하지 때가 되면 숯덩이가 된 부분을 새로운 통나무로 교체하고, 숯덩이는 곡물 씨앗에 섞거나 혹은 밭과 과수원에 뿌렸다. 이는 난로에서 요리한 음식물을 마법으로부터 보호하고, 집에 행운을 가져다주며, 농작물의 성장을 촉진하고 병충해로부터 밭을 지켜 준다고 믿었다. 따라서 이런 관습은 율로그 관습과 대동소이하다. 그런데 율로그 관습은 독일, 프랑스, 영국, 세르비아, 그 밖의 슬라브 여러 나라에서 통상 떡갈나무로 행해졌다. 이상에서 고대 아리안족이 주기적인 불축제와 수시로 행하는 의례에서 신성한 떡갈나무로 불을 일으킴과 동시에 그 나무를 연료로 하여 모닥불을 피웠다는 일반적인 결론을 내릴 수 있다.

그런데 이처럼 장엄한 의식에서 언제나 떡갈나무로 불을 피웠다고 한다면, 나무정령의 화신으로서 그 불에 태워진 인물은 다름 아닌 떡갈나무를 표상한 것이 아닐까 싶다. 그렇다면 신성한 떡갈나무는 이중으로 태워진 셈이다. 다시 말해 떡갈나무로 불을 피우고 동서에 그 떡갈나무의 화신인 살아 있는 인간도 불에 태워진 것이다. 유럽의 아리안족 일반에 대해 내린 이 같은 결론은 스칸디나비아인에 대한 그 특수한 적용에서 겨우살이가 하지절의 불에 태워지는 산 제물에 대해 지닌 관계에 의해서도 확인된다. 스칸디나비아인들 사이에서 하지절에 겨우살이를 채집하는 관습이 있었다는 것은 이미 살펴본 바와 같다. 그러나 그 관습의 표면에 나타나는 것만을 보면, 제물로서의 인간 혹은 인형을 불태우는 하지절 불과 겨우살이를 연결시켜 주는 요소는 아무것도 없다. 이미 살펴보았듯이 이 불이 본래 떡갈나무로 피워졌다고 치자. 그렇더라도 무엇 때문에 겨우살이를 채취할 필요가 있었던 것일까?

겨우살이를 채취하는 하지절 관습과 모닥불을 피우는 하지절 관습 사이에 있을 법할 최종적인 관계는 바로 그런 관습들과 불가분의 관계를 갖는 발데르의 신화에 의해 보완된다. 발데르 신화는 겨우살이 및 불태워진 떡갈나무의 표상인 인간 사이에 본래부터 결정적인 관계가 존재했다는 점을 시사해 준다. 이 신화에 의하면, 발데르를 죽일 수 있는 것은 하늘에서나 땅에서나 오직 겨우살이뿐이었다. 또한 겨우살이가 떡갈나무 위에 붙어 있는 한 발데르는 영원히 죽지 않는 불사신일 터였다. 여기서 만일 발데르가 곧 떡갈나무였다고 가정한다면, 이 신화의 기원은 납득할 수 없는 것이 되고 만다. 겨우살이는 떡갈나무 생명의 모태로 간주되었고, 따라서 겨우살이가 해를 입지 않는 한 어떤 자도 그 떡갈나무를 죽일 수 없으며 상처도 입힐 수 없었다.

겨우살이를 떡갈나무 생명의 모태로 보는 관념은 떡갈나무 잎이 다 떨어진 다음에도 겨우살이만은 여전히 초록색으로 무성한 것을 본 원시인들의 마음속에 자연스럽게 각인될 수 있었을 것이다. 잎이 다 떨어져 발가벗은 겨울 나뭇가지 사이에 남아 있는 저 신선한 잎들을 바라보았을 때, 그 나무의 숭배자들은 잠들어 누워 있는 동안에도 심장이 맥박 치듯이, 나뭇가지의 활동이 멈춘 다음에도 신적 생명력만은 아직도 겨우살이에 남아 맥박 치고 있다고 보아 그것을 찬미해 마지않았을 것이다. 그래서 발데르 신이 죽음을 당하지 않으면 안 되었을 때, 다시 말해 저 신성한 떡갈나무가 불에 태워져야만 했을 때, 먼저 겨우살이부터 베어 낼 필요가 있었던 것이다. 왜냐하면 겨우살이가 그대로 건재하는 한 떡갈나무는 불사신이라고 여겼기 때문이다. 손칼이나 도끼로 아무리 찍어도 그것을 해칠 수 없다는 것이다. 그러나 마침내 그 신성한 심장, 즉 겨우살이를 떼어 내면 떡갈나무는 곧바로 쓰러질 것이다. 그리고 후대에 이르러 떡갈나무의 영혼이 살아 있는 인간에 의해 표상되었을 때, 그 인간 또한 자신이 표상하는 그 나무와 마찬가지로 겨우살이가 건재하는 한 죽지도 않고 상처받지도 않는다고 생각한 것은 지극히 당연한 논리적인 귀결이었으리라. 그리하여 겨우살이를 베는 일은 곧 그런 인간의 죽음을 예고하는 신호이자 그 원인이 되었다.

이상의 견해에 따르면, 불사신 발데르는 겨우살이가 기생하는 떡갈나무의 의인화 그 이상도 이하도 아니다. 이 해석은 어떠한 불이나 어떠한 물도 겨우살이를 해칠 수 없다고 여긴 고대 이탈리아인들의 신앙에 의해 뒷받침된다. 왜냐하면 겨우살이가 해를 입지 않는다고 한다면, 그것이 기생하는 나무에게도 그런 속성이 전달됨으로써 그 나무 또한 해를 입지 않을 거라고 상상하기란 그리 어렵지 않을 것이기 때문이다. 혹은 이런 발상을 신화적으로 표현한다면, 우리는 다음과 같이 말할 수 있을 것이다. 즉, 자애로운 떡갈나무의 신이 자신의 생명을 그 가지에 기생하는 불멸의 겨우살이에게 안전하게 의탁했기에, 따라서 겨우살이가 그 자리에 머물고 있는 한, 그 신은 불사신이 될 수 있다. 그런데 마침내 교활한 적이 그 신이 지닌 불사의 비밀을 알아내어 떡갈나무에서 겨우살이를 떼어 냄으로써 떡갈나무의 신을 살해했다. 그런 다음 불사의 겨우살이가 그 나무에 붙어 있었다면 아무런 해도 끼치지 못할 불로 그 신의 유해를 태워 버렸다.

여기에는 떡갈나무의 생명 혹은 영혼이 그 나무 외부의 어떤 존재, 즉 겨우살이에 있다고 하는 관념이 나타나 있다. 하지만 이런 관념은 많은 독자들에게 좀 기이하고 낯설게 느껴질 수밖에 없을 것이며, 그것과 원시인들의 미신적 신앙과의 관련성에 대해서도 충분히 이해하기 어려울 것이다. 그런 만큼 설화와 관습 양 측면의 사례를 통해 이 점을 규명할 필요가 있다. 그 결과 우리는 겨우살이와 발데르의 관계로서 이러한 관념을 제시함으로써 원시인의 마음속에 깊이 각인된 어떤 원리를 규명할 수 있을 것이다.

제66장
민간전승과 외재적 영혼

이 책의 앞부분에서 살펴보았듯이, 원시인은 죽음에 의하지 않고서도 영혼이 잠시 몸을 떠나 있을 수 있다고 생각했다. 그와 같은 영혼의 일시적 부재 상태는 종종 상당히 위험한 것으로 여겨졌다. 왜냐하면 몸 바깥에서 떠도는 영혼은 적들에 의해 여러 가지 재난을 겪기 십상이기 때문이다. 그러나 영혼을 육체로부터 분리하는 이런 능력에는 또 다른 측면이 있다. 즉, 그 부재 상태 동안 영혼의 안전만 확실하게 보장될 수 있다면, 그 영혼은 언제까지라도 부재 상태로 있어도 그만일 것이다. 실제로 인간은 순전히 개인적 안전을 위해 영혼이 자기 몸에 돌아오지 않기를 바랄 수도 있다.

미개인들은 생명이나 영혼에 대해 그것을 추상적으로 '감각작용이 계속 지속할 수 있도록 해 주는 것'이라든가 '외적 상관물에 순응할 수 있도록 조정하는 내적 장치'라는 식으로 이해할 능력이 없기 때문에, 그것을 일정한 크기를 지닌 구상적인 물체로 사고할 뿐이었다. 이를테면 그들은 생명이나 영혼을 보고 만질 수 있는 어떤 것, 상자나 항아리 속에 집어넣을 수도 있고, 상처 입거나 부러지거나 박살나기 쉬운 어떤 것으로 생각했다. 따라서 생명이나 영혼이 반드시 사람 속에 있어야 할 필요는 없다. 그것은 사람의 육체를 떠나 존재하면서도 원거리에서 일종의 공감이나 혹은 어떤 작용을 통해 여전히 그 사람에게 지속적으로 생기를 불어넣어 줄 수 있다. 그러니까 어떤 사람이 어떤 물체를 자신의 생명 혹은 영혼이라고 믿을 때, 그 물체가 손상되지 않는 한 그 사람 또한 무사할 수 있다고 여긴 것이다. 만일 그 물체가 손상되면 그 사람도 고통을 받으며, 그 물체가 파괴되면 그 사람도 죽게 된다는 식이다. 바꾸어 말하면, 어떤 사람이 병들거나 죽는 것은 그의 생명 혹은 영혼이라고 여긴 어떤 물체가 그의 몸 안에 있든 바깥에 있든 손상을 입거나 파괴되는 현상으로 설명된다.

그런데 그런 생명이나 영혼이 사람 안에 머물러 있으면 그것이 그 사람 바깥에 있는 어떤 안전하고 은밀한 장소에 감추어져 있을 때보다 더 손상당할 가능성이 커질 경우가 있다. 따라서 그런 경우에 원시인은 자기 영혼을 자기 몸에서 꺼내 어떤 은밀한 장소에 안전하게 보관해 놓았다가 위험이 지나갔다고 판단될 때 다시 몸속에 집어넣는다는 발상을 할 만하다. 혹 절대적으로 안전한 장소를 발견했다면, 자기 영혼을 영원히 그곳에 두고 싶어 할 것이다. 이는 그렇게 안전한 장소에 보관해 둔 영혼이 손상당하지 않는 한, 그 사람은 불사의 존재가 될 수 있다는 장점을 가진다. 다시 말해 그의 몸 안에 생명 혹은 영혼이 없기 때문에 어떤 것도 그를 죽일 수 없다고 믿었던 것이다.

이런 원시적 신앙은 특정 종류의 민담에서 그 증거를 찾아볼 수 있다. 그중 가장 많이 알려진 사례로서 아마도 '몸속에 심장이 없는 거인'에 관한 노르웨이의 설화를 들 수 있을 것이다. 이런 유형의 설화는 전 세계에 널리 퍼져 있다. 설화의 방대한 숫자와 그 주된 사상이 구현된 세부 내용과 사건의 다양성에서 우리는 이른바 외재적 영혼external soul의 관념이 역사의 초기 단계에 인간의 정신을 강력하게 지배했으리라는 점을 짐작할 수 있다. 왜냐하면 민간설화는 원시적 미개인들의 마음에 보인 그대로의 세계를 충실하게 반영하고 있기 때문이다. 그것이 우리들 눈에는 지극히 비합리적인 것으로 보이겠지만, 그렇다 하더라도 그들이 보통 떠올린 관념들은 모두가 한때는 일상적인 신앙이었음에 틀림없다. 그것이 길든 짧든 일정 기간 신체에서 영혼을 분리하는 힘과 관계되는 한, 우리는 이제 다룰 민간설화를 미개인들의 실제적인 신앙이나 관습과 비교함으로써 이 점을 충분히 확인할 수 있을 것이다. 먼저 몇몇 표본적 설화들을 제시한 다음, 다시 이 문제로 돌아올 것이다. 이때의 표본들은 특징적인 양상을 보여 주는 설화와 광범위하게 분포하는 설화를 기준으로 선택될 것이다.

먼저 외재적 영혼에 관한 설화는 힌두스탄[1]에서 헤브리디스에 이르기까지 모든 아리안계 민족에게서 다양한 형태로 나타난다. 그중 매우 흔한 유형의 설화는 다음과 같다. 즉, 어떤 마법사나 거인 혹은 요정이 있는데, 그는 불사의 존재이다. 왜냐하면 그는 자신의 영혼을 멀리 떨어진 어떤 비밀스러운 장소에 감추어 놓았기 때문이다. 그런데 그의 마법의 성으로 유괴해서 가두어 놓은 아름다운 공주가 그에게서 비밀을 알아내어 어떤 영웅에게 알려준다. 그 영웅은 마법사의 영혼이나 심장 혹은 생명이나 죽음(그것은 다양한 명칭으로 불린다)을 찾아내어 파괴

---

1 인도를 가리키는 페르시아어명. 역사적으로 남부의 데칸과 대조를 이루는 인도 북부지역

함으로써 마법사를 죽이고 만다.

어떤 힌두 설화에 의하면 푼치킨Punchkin이라는 마법사가 한 여왕을 12년 동안 감금해 놓고 결혼해 달라고 졸랐지만 여왕은 이를 거절했다. 마침내 여왕의 아들이 그녀를 구하러 왔다. 둘은 함께 푼치킨을 살해할 계략을 꾸몄다. 그리하여 여왕은 마법사에게 상냥한 말투로 자기가 마침내 결혼할 것을 결심한 척하면서 이렇게 말했다. "그러니 말씀해 주셔요. 정말 당신은 불사신이신가요? 죽음이 당신을 해칠 수 없나요? 당신은 인간의 고통도 느끼지 않을 만큼 그렇게 위대한 마법사이신가요?" 그러자 그가 대답했다. "그렇소. 난 다른 인간들과 다르오. 여기서 수백 수천 킬로미터 떨어진 저 먼 곳에 울창한 밀림으로 뒤덮인 황량한 나라가 있다오. 그 숲 한가운데는 둥그렇게 종려나무 수목군이 있고, 그 중앙에는 물이 가득 찬 항아리 여섯 단지가 위로 나란히 포개져 쌓여 있지요. 그중 여섯 번째 항아리 아래에 조그만 새장이 하나 있는데, 그 안에는 작은 초록색 앵무새가 들어 있소. 내 생명은 바로 그 앵무새의 생명에 달려 있다오. 만일 그 앵무새가 죽으면 나도 죽을 수밖에 없소." 그러면서 그는 이렇게 덧붙여 말했다. "그러나 그것은 불가능한 일이오. 그 앵무새에게 결코 상처를 입힐 수 없기 때문이오. 왜냐하면 그 나라에는 누구도 접근할 수 없으며, 내 지시에 따라 수천의 귀신들이 종려나무를 지키면서 가까이 다가오는 자는 누구든 죽여 버리기 때문이라오." 그러나 여왕의 어린 아들은 모든 난관을 극복하고 그 앵무새를 붙잡았다. 그는 그 새를 마법사의 궁전 성문 앞에 가지고 가서 갖고 놀았다. 그러자 이를 본 마법사 푼치킨이 밖으로 나와 자기한테 앵무새를 넘겨 달라고 소년을 설득했다. "내 앵무새를 이리다오!"라고 푼치킨이 외쳤다. 그러나 소년은 앵무새를 붙잡고 날개 하나를 뜯어냈다. 그러자 마법사의 오른팔이 떨어져 나갔다. 이에 푼치킨은 왼팔을 내밀며 다시 "내 앵무새를 이리다오!" 하고 소리쳤다. 하지만 왕자는 앵무새의 다른 날개를 잡아 뜯었다. 그러자 마법사의 왼팔이 땅에 떨어져 뒹굴었다. 마법사가 또다시 "내 앵무새를 이리다오!"라고 소리치며 무릎을 꿇었을 때, 왕자는 앵무새의 오른쪽 다리를 잡아 뜯었다. 그러자 마법사의 오른쪽 다리가 떨어져나갔다. 이어서 왕자가 앵무새의 왼쪽 다리를 잡아 뜯자, 마법사의 왼쪽 다리도 떨어져 나갔다. 마침내 마법사는 몸통과 머리만 남았다. 그러나 마법사는 여전히 눈동자를 굴리며 "내 앵무새를 내놔라!"라고 외쳤다. 이에 소년은 "그래? 그러면 너의 앵무새를 가져가려므나"라고 소리치며 앵무새의 목을 비틀어 마법사에게 던졌다. 그러자 푼치킨의 머리가 뒤틀리더니 무시무시한 신음소리와 함께 그는 죽고 말았다![2]

다른 힌두 설화에 의하면, 한 식인귀가 그의 딸로부터 "아빠의 영혼은 어디다 두셨어요?"라는 질문을 받았다. 그러자 식인귀는 이렇게 대답했다. "여기서 25 킬로미터 떨어진 곳에 한 그루의 나무가 서 있단다. 그 나무 주변에는 호랑이, 곰, 전갈, 뱀 따위가 많이 있지. 그리고 나무 꼭대기에는 거대한 구렁이가 살고 있단다. 그 구렁이 머리 위에 조그만 새장이 있는데, 그 속에 한 마리 새가 살고 있지. 내 영혼은 바로 그 새 안에 들어 있단다." 이 식인귀의 최후도 전술한 마법사의 경우와 같았다. 즉, 새의 날개와 다리가 찢길 때마다 그 식인귀의 팔과 다리도 떨어져 나갔다. 그리고 마침내 새 모가지를 비틀자 식인귀는 죽고 말았다고 한다. 벵골의 어떤 설화에서는 모든 식인귀들이 실론섬에 살고 있는 것으로 나오는데, 그들의 생명은 어떤 레몬 속에 들어 있었다. 그런데 한 소년이 그 레몬을 조각조각 자르자 식인귀들이 모두 죽었다.

아마도 인도에서 유래한 것으로 보이는 시암 및 캄보디아의 한 설화에 의하면, 실론 왕 토사칸Thossakan 혹은 라바나Ravana는 출정할 때 마법의 힘으로 자기 영혼을 몸 밖에 꺼내어 집 안의 상자 속에 넣어 두는 능력을 가지고 있었다. 때문에 그 누구도 전투에서 그를 다치게 할 수 없었다. 한번은 라마Rama와 전투를 벌이려고 할 때였다. 토사칸은 자기 영혼을 '불의 눈Fire-eye'이라 일컫는 은자에게 맡겨 놓고 자신을 위해 그것을 안전하게 보관해 달라고 부탁했다. 그런데 라마는 전투 중에 자기 화살이 토사칸 왕을 맞혔는데도 그가 전혀 다치지 않는 것을 보고 놀라지 않을 수 없었다. 그러나 라마의 동맹군 중 한 사람이 토사칸 왕의 불사의 비밀을 알아냈다. 그는 마법을 써서 왕의 모습으로 변신한 뒤 그 은자를 찾아가 영혼이 들어 있는 상자를 되돌려 달라고 요구했다. 그 상자를 받자마자 그는 공중으로 솟구쳐 올라 라마에게로 날아갔다. 그가 상자를 휘두르며 세게 짓누르자 토사칸 왕은 몸에서 생기가 다 빠져나가 죽고 말았다. 한편 벵골의 한 설화에서는, 먼 나라로 떠나는 한 왕자가 자기 손으로 부왕의 궁전 마당에 나무 한 그루를 심어 놓고 부모에게 이렇게 말했다. "이 나무는 제 목숨입니다. 나무가 푸르고 싱싱하면 제가 무사하다고 아시면 됩니다. 하지만 나무가 몇 군데 시들면

---

2 출처는 Mary Frere, *Old Decan Days*, 1881

제가 병에 걸렸다는 증거입니다. 만일 나무 전체가 시들면 제가 죽었다고 아십시오." 다른 인도 설화에서는, 한 왕자가 여행을 떠나면서 보리 한 포기를 남겨 놓고 그것을 잘 돌보아 주라고 당부했다. 왜냐하면 그것이 잘 자라면 자기가 무사히 살아 있을 것이고, 그것이 시들면 자기한테 어떤 재앙이 닥칠 것이기 때문이라고 했다. 과연 그랬다. 왕자의 목이 잘려 머리가 땅에 떨어지자 보리가 두 조각으로 쪼개지며 이삭이 땅에 떨어졌다.

고대와 근대의 그리스 설화에서도 외재적 영혼의 관념이 심심치 않게 나타난다. 가령 멜레아그로스Meleagros[3]가 일곱 살이 되었을 때 운명의 여신들이 그 어머니에게 나타나 난로에서 타고 있는 통나무가 다 타버리면 멜레아그로스가 죽을 것이라고 말했다. 그래서 어머니는 난로에서 통나무를 꺼내어 상자 속에 담아 보관했다. 그런데 후년에 이르러 자기 아들이 형제들을 죽인 것에 격분한 어머니는 그 통나무를 불에 태워 버렸다. 그러자 멜레아그로스는 마치 불길이 자기의 심장이나 폐 등의 생명기관을 집어삼키는 것 같은 고통을 겪으며 죽어 갔다. 또한 메가라[4]의 왕 니소스Nisos[5]는 머리 한가운데에 자주색 혹은 황금색 머리카락이 하나 있었는데, 그것이 빠지면 죽을 운명이었다. 그런데 메가라 왕이 크레타인들에게 포위당했을 때, 왕의 딸 스킬라Scylla 공주는 크레타 왕 미노스와 사랑에 빠진

---

3 그리스 신화에 나오는 칼리돈의 멧돼지 사냥의 지도자. 『일리아스』에는 멜레아그로스의 아버지인 칼리돈의 왕 오이네우스가 아르테미스 여신에게 제물을 바치지 않았기 때문에, 화가 난 아르테미스 여신이 칼리돈을 파괴하려고 난폭한 멧돼지를 보냈다는 이야기가 실려 있다. 멜레아그로스는 멧돼지를 몰아내기 위해 영웅들을 모았고, 마침내 그 멧돼지를 직접 죽였다. 칼리돈 사람들과 쿠레테스(멧돼지 사냥을 도운 이웃나라 전사)들은 전리품을 둘러싸고 말다툼을 벌여 결국 전쟁이 일어났다. 한때 쿠레테스들이 칼리돈을 포위하고 금방이라도 점령할 태세였지만, 멜레아그로스는 결국 그들을 물리쳤다. 『일리아스』에는 멜레아그로스가 어떻게 죽었는지는 나오지 않고, 그저 트로이 전쟁 이전에 죽었다고만 언급되어 있다. 한 전설에 따르면 멜레아그로스의 어머니인 알타이아가 아들의 수명을 결정하는 통나무를 불태워 버렸기 때문에 멜레아그로스가 죽었다고 한다. 멜레아그로스는 에우리피네스가 쓴 『멜레아그로스Meleager』의 주제가 되었는데, 이 작품은 오늘날 단편적으로만 남아 있다.

4 그리스의 아테네 서쪽 메가리스 지방의 고대 및 현대 도시. 아티카주 안쪽으로 깊숙이 들어가 사로니코스만을 끼고 있다.

5 그리스 신화에서 메가라의 판디온 왕의 아들. 메가라의 니사이아 항구는 그의 이름을 딴 것이다. 그는 마력을 지닌 자줏빛 머리털을 가지고 있었다. 잘 간수했더라면 그 머리카락은 그의 생명을 지켜 주고 그의 왕국을 보전해 주었을 것이다. 그러나 크레타의 미노스 왕이 메가라에 쳐들어왔을 때, 니소스의 딸 스킬라가 미노스와 사랑에 빠져(일설에는 매수당했다고도 함) 마침내 아버지의 자줏빛 머리카락을 뽑아 버림으로써 조국을 배신하게 된다. 그는 죽은(자살했다고도 함) 후 바다독수리가 된다. 스킬라는 나중에 아마도 미노스에 의해 물에 빠져 죽게 되는데, 아버지의 변신인 바다독수리에게 계속 쫓겨 다니는 백로 종류의 바다새(그리스어로는 keiris, 라틴어로는 ciris)가 되었다고 한다.

나머지 아버지의 정수리에서 그 치명적인 머리카락을 뽑아 버렸다. 그러자 메가라 왕은 죽고 말았다. 근대 그리스의 한 설화에는 어떤 남자의 힘이 그의 머리에나 있는 세 가닥의 황금색 머리카락에 들어 있다는 이야기가 나온다. 그의 어머니가 그것을 뽑아 버리자 그는 나약한 겁쟁이가 되어 적들에게 살해당하고 만다.

또 다른 근대 그리스의 설화에 의하면, 어떤 마법사의 목숨이 멧돼지 뱃속에 있는 세 마리의 비둘기에 달려 있었다. 첫 번째 비둘기가 죽자 이 요술쟁이는 병에 걸렸다. 두 번째 비둘기가 죽자 그의 병이 더 위중해졌다. 세 번째 비둘기가 죽자 마침내 그도 죽고 말았다. 이와 동일한 유형의 또 다른 설화에서는 어떤 식인귀의 힘이 멧돼지 배 속에 있는 세 마리의 노래하는 새와 결합되어 있었다. 영웅이 두 마리의 새를 죽이고 식인귀가 사는 곳에 와 보니, 그는 신음하면서 땅바닥에 쓰러져 괴로워하고 있었다. 영웅이 세 번째 새를 식인귀에게 보여 주자, 식인귀는 그 새를 놓아주든지 아니면 자기에게 먹게 해 달라고 애원했다. 그러나 영웅이 새 모가지를 비틀어 죽이자, 식인귀는 그 자리에서 즉사하고 말았다.

근대의 로마판 '알라딘과 신기한 램프' 이야기에서는 마법사가 바다 속에 떠 있는 바위에 가두어 놓은 공주에게 자기는 결코 죽지 않는다고 말한다. 공주의 남편인 왕자가 그녀를 구하기 위해 찾아왔을 때, 그녀는 이 사실을 남편에게 알려 주었다. 그러자 왕자는 "그에게 치명적인 약점이 하나만 있어도 어떻게 해볼 텐데. 그렇지 않으면 당신을 구할 수가 없소. 약점이 무언지 알아봐 주시오"라고 공주에게 말했다. 그리하여 공주가 마법사에게 약점이 무엇인지 알아본즉 다음과 같았다. 숲속에 머리가 일곱인 괴물 뱀이 살고 있는데, 그 괴물의 가운데 머릿속에 작은 토끼가 있고, 그 토끼 머릿속에 새가 들어 있고, 그 새 머릿속에는 보석이 하나 들어 있다. 만일 이 보석을 마법사의 베개 밑에 넣으면 그는 죽게 된다는 것이었다. 왕자는 천신만고 끝에 그 보석을 손에 넣었고, 공주는 그것을 마법사의 베개 밑에 넣어두었다. 그러자 마법사는 세 번 비명을 지르고 세 번 뒹굴다가 죽고 말았다.

이와 유사한 종류의 설화가 슬라브 민족에게도 있다. 러시아의 어떤 설화는 다음과 같은 내용을 전하고 있다. '죽지 않는 코셰이Koshchei'라는 마법사가 한 공주를 약탈하여 황금의 성 안에 가두었다. 그런데 어느 날 그녀가 수심에 잠긴 채 홀로 성 안뜰을 거닐고 있을 때, 한 왕자가 나타나 그녀를 구할 방도를 말하면서 용기를 북돋워 주었다. 이에 공주는 마법사에게 가서 짐짓 상냥한 말투로 그를 살살 녹였다. "나의 사랑스러운 친구이시여, 부디 제게 가르쳐 주세요. 당신은 정말 죽지 않나요?" 이에 마법사가 "물론 안 죽지!"라고 대꾸하자, 그녀는 "그래요? 그럼 당신의 죽음은 어디 있나요? 집에 있나요?"라고 되물었다. 그러자 마법사는 "물론 집에 있지. 입구에 세워 둔 마당비 속에 있소"라고 말했다. 공주는 즉각 그 마당비를 불 속에 던졌다. 그런데 마당비가 다 타 없어졌는데도 '죽지 않는 코셰이'는 아직 살아 있는 것이었다. 그의 머리카락 한 올도 불에 그슬린 흔적이 없었다. 이에 속은 것을 깨달은 공주는 새침한 표정으로 말했다. "당신은 정말 저를 사랑하지 않나 보군요. 당신의 죽음이 어디 있는지를 사실대로 말씀하시지 않았으니까요. 하지만 저는 화내지 않겠어요. 진심으로 당신을 사랑하니까요." 그녀는 이렇게 달콤하고 부드러운 말로 마법사를 구워삶으면서 그의 죽음이 어디 있는지를 가르쳐 달라고 호소했다. 그러자 그는 웃으면서 말했다. "무엇 때문에 그것을 알고 싶어 하는 거요? 정 그렇다면 그대를 사랑하고 있으니 가르쳐 주지. 들판 어딘가에 세 그루의 떡갈나무가 서 있는데, 그 가운데 가장 큰 나무의 뿌리 밑에 벌레 한 마리가 살고 있다오. 만약 그 벌레를 찾아 밟아 죽이면 나도 즉사할 것이오."

이 말을 들은 공주는 곧 애인에게 달려가 그 사실을 알려 주었다. 왕자는 여러 곳을 찾아다니가 마침내 그 떡갈나무를 발견하고는 벌레를 밟아 죽였다. 그리고 서둘러 마법사의 성에 돌아갔지만, 공주한테서 여전히 마법사가 살아 있다는 말을 듣게 된다. 하지만 공주는 온갖 수단을 다 동원하여 마법사로 하여금 진실을 토로하도록 다시 한 번 구워삶았다. 그러자 그녀의 농간에 넘어간 마법사가 마침내 다음과 같이 진실을 털어놓았다. "내 죽음은 저 멀고 먼 망망대해 한가운데 아무도 모르는 곳에 있소. 그 바다에는 섬이 하나 있는데 그 섬에는 초록색 떡갈나무 한 그루가 서 있다오. 그 나무 아래에 쇠로 만든 궤짝이 있고, 그 안에 조그만 둥우리가 있고, 그 둥우리 안에 산토끼 한 마리가 있고, 그 산토끼 안에는 오리 한 마리가 들어 있고, 그 오리 속에는 알 하나가 들어 있다오. 이 알을 깨뜨리면 나도 죽고 말거요." 이에 왕자는 그 운명의 알을 찾아내어 그것을 손에 넣고 불사신인 마법사와 대결하게 되었다. 이때 괴물이 왕자를 죽이려 하자, 왕자는 알을 으깨기 시작했다. 그러자 마법사는 고통스러운 비명을 질러 댔다. 그는 옆에서 교활하게 미소 지으며 서 있는 못된 공주를 돌아보며 말했다. "널 사랑했기 때문에 내 죽음이 있는 곳을 가르쳐 준 것인데, 이게 그 보답이란 말이냐?" 그러면서 마법사는 벽에 걸린 칼을 잡으려 했다. 그러나 그가 칼을 잡기 전에 왕자가 먼저 알을 깨뜨려 버렸다. 그 순간 불사신인 마법사도 결국 죽고 말았다.

코셰이의 죽음에 관한 이야기 가운데 어떤 판본에 의하면, 그는 자기 이마에 던져진 신비스러운 알의 일격에 의해 죽은 것으로 나온다. 이 알은 그의 생명과 은밀하게 결부된 마법 사슬의 마지막 고리였다. 그러나 이것과 동일한 이야기로서 뱀이 등장하는 또 다른 판본에 의하면, 최후의 치명적인 타격이 알 노른자 속의 작은 조약돌에 의해 가해진 것으로 나온다. 그 알은 오리 속에 있었고, 그 오리는 산토끼 속에 있었고, 그 산토끼는 어떤 돌 안에 있었고, 그 돌은 어떤 섬 안에 있었다는 것이다.

튜턴족 계통의 민족들 사이에도 외재적 영혼에 관한 설화가 없지 않다. 가령 트란실바니아의 색슨족 사이에 전해져 오는 한 설화에서는 어떤 젊은이가 계속해서 마녀에게 총을 쏜다. 그런데 탄환이 그녀의 신체를 관통했는데도 마녀는 조금도 부상을 입지 않은 채 그를 조롱하면서 이렇게 말했다. "이 바보 같은 놈아, 마음대로 쏘아라. 아무리 쏘아 대도 난 끄떡도 하지 않을 거야. 내 목숨은 내 몸 안에 있는 것이 아니라 머나먼 곳에 있으니까. 어느 산 속에 연못이 있어. 그 연못 속에 오리가 떠 있는데, 그 오리 속에는 알이 있고, 그 알 속에는 등불이 켜져 있어. 그 등불이 바로 내 목숨이지. 네가 그 등불을 끈다면 그땐 내 목숨도 끝장이야. 하지만 그건 불가능할 걸. 절대 할 수 없는 일이지." 그러나 젊은이는 그 알을 찾아 깨뜨려서 그 안의 등불을 꺼 버렸다. 그러자 마녀는 죽고 말았다. 독일의 어떤 설화에는 '영혼 없는 육신' 혹은 '영혼 없음'이라 부르는 식인귀가 홍해 한 가운데 떠 있는 바위 위의 상자 속에 자기 영혼을 감추어 두었다. 어떤 병사가 그 상자를 손에 넣어 '영혼 없음'에게 가지고 가니까, 그는 자기 영혼을 돌려 달라고 졸랐다. 그러나 병사는 상자를 열어 영혼을 끄집어 내어 어깨 너머로 내동댕이쳤다. 그러자 식인귀는 죽고 말았다.

독일의 또 다른 설화에서는 늙은 마법사가 처녀와 둘이서 음산하고 광대한 숲 속에 살고 있었다. 처녀는 마법사가 더 늙어 죽게 되면 그녀 혼자 숲속에 남게 될 것을 걱정했다. 이에 마법사는 "얘야, 나는 죽지 않는단다. 내 가슴에는 심장이 없으니까"라고 말하면서 처녀를 안심시켰다. 그러자 처녀는 그의 심장이 어디 있는지 가르쳐 달라고 졸랐다. 이 물음에 대해 그는 이렇게 대답했다. "여기서 멀리 떨어진 이름도 없는 적막한 곳에 큰 교회가 있단다. 그 교회는 철문으로 엄중히 닫혀 있고, 그 둘레에는 빙 둘러 깊고 넓은 연못이 흐르고 있지. 교회 안에는 새 한 마리가 살고 있는데, 내 심장은 그 새 안에 들어 있단다. 그 새가 살아 있는 동안에는 나도 살아 있을 거야. 하지만 새는 혼자 죽는 법이 없고, 절대 아무도 그 새를 잡을 수 없어. 그러니 나는 죽지 않을 거란다. 걱정하지 말거라." 그런데 자기 아내가 되기 전에 이 처녀를 마법사에게 유괴당한 한 청년이 모진 고생 끝에 그 교회를 찾아내어 새를 잡았다. 그가 그 새를 처녀에게 가지고 가자, 처녀는 청년과 새를 마법사의 침상 아래 숨겨 주었다. 이윽고 늙은 마법사가 돌아오자마자 그는 병이 들었다. 이때 처녀가 울면서 말했다. "아, 당신은 곧 돌아가시겠군요. 역시 심장이 당신 가슴 안에 있었어요." 그러자 마법사가 말했다. "애야, 말을 삼가라. 나는 죽지 않는다니까. 곧 나을 거야." 이때 청년이 침상 아래에서 새 모가지를 살며시 비틀었다. 그러자 마법사는 곧 기분이 좋지 않게 되어 그 자리에 주저앉았다. 계속해서 청년이 새 모가지를 세게 비틀었다. 이에 마법사는 기절하여 의자에서 나동그라졌다. 이를 본 처녀는 "빨리 졸라 죽여요"라고 외쳤다. 청년은 그의 애인이 시키는 대로 했다. 새가 죽자 늙은 마법사도 마루 위에서 그대로 절명해 버렸다.

'육체에 심장이 없는 거인'이라는 북유럽 설화에서는 거인이 그의 포로가 된 공주에게 이렇게 말한다. "머나먼 곳의 호수 안에 섬이 있고, 섬 안에 교회가 있고, 교회 안에 우물이 있고, 우물 안에 오리가 있고, 오리 안에 알이 하나 있는데, 그 알 속에 내 심장이 들어 있다." 이 설화의 주인공은 평소 그가 친절히 대해 준 동물들의 도움으로 그 알을 찾아내어 밟아 버렸다. 그러자 거인은 비명을 지르며 살려 달라고 애걸했다. 그러나 주인공은 결국 알을 산산조각 내버렸고 거인은 즉사해 버렸다. 다른 북유럽 설화에서는, 산 속의 식인귀가 포로로 잡아온 공주에게 머리가 아홉 개 달린 용의 아홉 번째 혀 밑에 있는 모래알을 그녀가 찾아내지 못한다면 절대 집에 돌아갈 수 없다고 말한다. 그러나 만일 누군가가 그 모래알을 식인귀들이 사는 바위 위에 놓으면, 그들은 모두 터져 죽게 되고 "그 바위는 그대로 황금의 궁전이 되며 호수는 초록빛 뜰이 된다"는 것이다. 결국은 한 영웅이 그 모래알을 찾아내어 식인귀들이 사는 바위 꼭대기에 놓아두었다. 그러자 식인귀들은 모두 터져 죽었고 한 식인귀가 말한 일들이 그대로 일어났다.

스코틀랜드의 서부 고원지방에서 채록된 켈트족의 한 설화에 의하면, 포로가 된 왕비가 거인에게 영혼을 어디에 숨겨 놓았는지를 물었다. 거인은 왕비를 몇 차례 속인 후 마침내 치명적인 비밀을 털어놓았다. "문지방 아래 큰 돌쩌귀가 있는데, 그 아래 거세된 양 한 마리가 있고, 그 양의 배 속에 오리 한 마리가 있고, 그 오리 속에 알이 하나 있다. 내 영혼은 그 알 속에 있다." 이튿날 거인이 없는 틈을 타서 왕비는 어렵사리 알을 찾아내어 두 손으로 깨뜨렸다. 그러자 어둠이 깔린 뒤 급히 집으로 돌아오고 있던 거인은 선 자리에서 즉사하고 말았다. 켈트족의 다른 설화에서는 바다 괴물이 공주를 약탈했는데, 늙은 대장장이가 그 괴물을 죽이는 방법은 단 한 가지 방법밖에 없다고 말한다. "호수 한가운데 있는 섬에 '아일리드카이스피언Eillid Chaisfhion'이라는 암사슴이 있다. 그 암사슴은 늘씬하고 하얀 다리로 가장 날쌔게 달리는데, 그것을 잡아야만 한다. 그것을 잡으면 그 속에서 뿔까마귀가 나올 것이다. 그 뿔까마귀를 잡으면 그 속에서 송어가 나올 것이다. 그 송어 주둥이 속에는 알이 하나 들어 있는데, 그 알 속에 바다 괴물의 영혼이 들어 있다. 그 알을 깨뜨리면 괴물도 죽는다." 그리하여 알이 깨지자 괴물은 죽고 말았다.

아일랜드의 어떤 설화에 보면, 거인이 아름다운 처녀를 산 위의 성에 가두어 두었는데, 거기에는 이 처녀를 구하려다 헛되게 죽어 간 용사들의 백골이 산처럼 쌓여 있었다. 마침내 한 영웅이 몇 차례나 마구잡이로 거인을 칼로 찌르고 베고 한 끝에, 그를 넘어뜨리기 위해서는 거인의 오른쪽 가슴에 난 혹을 어떤 알로 문지르는 방법밖에 없다는 사실을 알게 된다. 그 알은 오리 속에 있고, 그 오리는 궤짝 속에 있고, 그 궤짝은 자물쇠가 채워져 바다 속에 빠져 있었다. 영웅은 몇몇 친절한 동물들의 도움으로 그 귀중한 알을 손에 넣는데 성공하여, 그것을 거인의 오른쪽 가슴에 난 혹을 향해 던지자 거인은 그 자리에서 죽고 말았다. 이와 마찬가지로 브르타뉴의 설화에서도 불과 물과 쇠붙이 따위로도 죽일 수 없는 거인이 등장한다. 그는 지금까지 모든 아내들을 차례차례 죽인 뒤, 방금 결혼한 일곱 번째 아내에게 이렇게 말한다. "나는 불사신이다. 어떤 알을 내 가슴에 던져 깨뜨리지 않는 한 나를 죽일 수 없다. 그 알은 비둘기 속에 들어 있고, 그 비둘기는 산토끼 속에 들어 있고, 그 산토끼는 늑대 속에 들어 있고, 그 늑대는 내 형제의 배 속에 들어 있다. 그리고 내 형제는 여기서 수만리 떨어진 곳에 살고 있다. 그러니 나는 절대로 안전할 것이다." 그러나 어떤 기사가 천신만고 끝에 그 알을 입수하여 거인의 가슴을 향해 던지자 거인은 절명하고 말았다. 다른 브르타뉴 설화에서는 거인의 목숨이 그 성의 안뜰에 서 있는 회양목 속에 깃들어 있었다. 그를 죽이려면 도끼를 가지고 단번에 그 나무의 중심 뿌리를 잘라 내야 하는데, 이때 다른 작은 뿌리들은 절대 상처가 나지 않도록 해야만 한다. 하지만 설화의 주인공은 그 일을 성공적으로 해냈고, 거인은 즉시 쓰러져 죽었다.

외재적 영혼의 관념은 인도에서 아일랜드에 이르기까지 아리안족 계통의 여러 민족들 사이에 전해 내려온 설화 속에서 얼마든지 찾아볼 수 있다. 계속해서 우리는 아리안족에 속하지 않는 여러 민족들의 민간전승에도 그런 관념이 널리 나타난다는 사실을 규명하지 않으면 안 된다. 가령 기원전 1300년경 람세스Ramses 2세의 치세 때에 기록된 '두 형제'라는 설화가 있다. 거기서는 형제 중 한 사람이 마법의 힘으로 자기 심장을 아카시아 나무 꽃 속에 집어넣었는데, 아내의 선동에 의해 아카시아 꽃이 꺾임으로써 죽고 만다. 그러나 그의 형제가 아카시아 열매 속에서 잃어버린 그의 심장을 다시 찾아내어 한 잔의 신선한 물속에 던지자 그는 다시 살아났다.

『천일야화』의 샤이후엘물루크Seyf el-Mulook 이야기에서는 포로가 된 인도 공주에게 악마가 다음과 같이 말한다. "내가 태어났을 때 점쟁이가 말하기를, 내 영혼이 인간 왕의 아들에 의해 파괴될 것이라고 예언했다. 그래서 나는 내 영혼을 끄집어내어 참새의 소낭(모이주머니) 안에 집어넣고, 그 참새를 작은 상자 속에 가두었다. 나는 그 상자를 다른 상자 안에 넣고, 또 그것을 다른 상자에 넣고 해서 그런 식으로 일곱 개의 상자 속에 넣었다. 다시 그것을 차례로 일곱 개의 궤짝 속에 넣은 다음, 그것을 대리석 금고 속에 넣어 저 망망대해 속에 던졌다. 그곳은 인간 세계에서 멀리 떨어진 곳이므로 그 누구도 절대 가까이 갈 수 없다." 그런데도 샤이후엘물루크는 그 참새를 손에 넣어 목을 졸라 죽였다. 그 즉시 악마는 땅에 쓰러져 검은 재의 산이 되었다.

기비일Kabyle족[6]의 설화에서는, 한 식인귀가 자기 운명은 어떤 알 속에 들어 있고, 그 알은 비둘기 속에 있고, 그 비둘기는 낙타 속에 있고, 그 낙타는 바다 속에 있다고 말했다. 그런데 한 영웅이 그 알을 찾아내어 두 손으로 깨뜨려 버리자 그 식인귀는 즉사해 버렸다.

헝가리의 마자르족 설화에서는 늙은 마녀가 암브로스Ambrose라는 젊은 왕자를 포로로 잡아와 지하의 저승세계에 가두어 놓았다. 마침내 그녀는 왕자에게 자

---

6 북아프리카 알제리의 베르베르족

신의 비밀을 털어놓았다. 즉, 그녀는 목초지에서 멧돼지 한 마리를 사육하고 있었는데, 그 멧돼지를 죽이면 시체 속에서 산토끼가 나올 것이고, 그 산토끼 속에서 비둘기가, 그 비둘기 속에서 작은 상자가, 그 상자 속에서 빛나는 갑충과 검은 갑충이 각각 나타날 것이라고 하면서, 그중 검은 갑충이 그녀의 힘의 원천이며 빛나는 갑충이 그녀의 생명의 원천이라고 말했다. 만일 이 두 마리 갑충이 죽으면 그녀의 목숨도 끝장이라는 것이다. 이 늙은 마녀가 나가고 없을 때, 암브로스는 멧돼지를 죽여 그 속에서 산토끼를 끄집어냈다. 그 산토끼 속에서 비둘기를, 그 비둘기 속에서 상자를, 그 상자 속에서 두 마리의 갑충을 차례로 끄집어냈다. 그런 다음 검은 갑충은 죽이고 빛나는 갑충은 살려 두었다. 이로 인해 마녀의 힘은 즉시 없어져 버렸고, 집에 돌아오자마자 몸져누웠다. 암브로스는 저승의 감옥에서 이승으로 탈출하는 방법을 그녀에게서 알아낸 다음 빛나는 갑충도 죽여버렸다. 그러자 마녀의 영혼이 그녀에게서 떠나 버렸다.

칼무크족의 설화에서는 어떤 칸khan이 한 현자에게 도전하는 이야기가 나온다. 즉, 현자로 하여금 그 칸의 목숨이 들어 있는 보석을 훔쳐 내어 그 능력을 보여 달라는 것이었다. 현자는 칸과 그 호위병들이 잠든 사이에 그 보석을 훔치는 데에 성공한다. 그런데 현자는 이에 만족하지 않고 잠들어 있는 칸의 머리에 방광을 씌움으로써 자신의 뛰어난 능력의 증거를 보여 주었다. 하지만 이는 칸에게 너무한 처사였다. 이튿날 아침이 되자 칸은 현자에게 다른 일에 대해서는 덮을 수 있으나, 방광을 씌우는 모욕을 당한 것만은 참을 수 없다고 노발대발했다. 그러면서 칸은 저 짓궂은 현자를 처형하라고 명했다. 성이 난 칸을 보고 난처해진 현자는 손에 들고 있던 보석을 땅 위에 던졌다. 그러자 칸은 코피를 쏟으며 그 자리에서 죽어 버렸다.

타타르인들의 어떤 시詩에는 아크몰로트Ak Molot와 불라트Bulat라는 두 영웅이 사투를 벌이는 장면이 등장한다. 아크몰로트가 화살로 그 적을 쏘고 또 쏘아 땅위에 내동댕이쳤는데도 불라트는 도무지 죽지 않았다. 이렇게 3년 동안 사투를 벌인 끝에, 아크몰로트의 한 친구가 하늘에서 늘어뜨린 흰 줄에 매달린 작은 황금상자를 발견하고는 불라트의 영혼이 틀림없이 그 속에 들어 있을 거라고 아크몰로트에게 말했다. 아크몰로트가 흰 줄을 화살로 맞혀 떨어뜨리고 그 상자를 열어 보니 과연 흰 새가 열 마리 들어 있었는데, 그 가운데 한 마리가 불라트의 영혼이었다. 불라트는 상자 속의 자기 영혼이 발견된 것을 보고는 울음을 터뜨렸다. 아크몰로트는 차례대로 새를 죽였고 쉽사리 적을 물리칠 수 있었다. 타타르인들의 다른 시에 의하면, 두 형제가 다른 두 형제와 싸우러 나갈 때 각자 그 영혼을 끄집어내어 여섯 개의 줄기가 달린 흰 풀의 모습으로 바꾸어 깊은 굴 속에 숨겨 두었다. 그런데 한 명의 적이 이를 엿보고 있다가 그들의 영혼을 끄집어내어 황금양의 뿔 속에 숨겨 두었다. 영혼을 도둑맞은 것을 알게 된 두 형제는 승리의 기회를 잃었다는 것을 깨닫고 적들과 본의 아닌 화해를 하게 되었다.

타타르인들의 다른 시에서는, 무서운 악마가 모든 신과 모든 영웅에게 도전한다. 마침내 용감한 한 청년이 그 악마와 싸워 그의 손발을 묶고 칼로 그를 토막내 버렸다. 그래도 악마가 죽지 않자 청년이 물었다. "네가 어디다 영혼을 숨겨 두었는지 털어놓아라. 만일 네 영혼이 네 몸에 있었다면 벌써 죽었을 게 아니냐?" 그러자 악마는 "내 말 안장 위에 자루가 있다. 그 자루 속에는 머리가 열두 개 달린 뱀이 있다. 내 영혼은 그 뱀의 머릿속에 들어 있다. 네가 뱀을 죽이면 곧 나를 죽인 셈이 된다"고 대답했다. 이에 청년이 그 말의 안장을 내려 열두 개의 머리를 가진 뱀을 죽이자 악마도 숨을 거두었다. 타타르인들의 또 다른 설화에 의하면, 코크찬Kok Chan이라는 영웅이 자기 힘의 절반이 들어 있는 금반지를 한 처녀에게 맡겼다. 그 후 코크찬이 다른 영웅과 격투하여 그를 죽이지 못했을 때, 그 처녀는 힘의 절반이 들어 있는 그 금반지를 코크찬의 입에 넣어 준다. 그러자 그는 곧 새로운 힘을 얻어 적을 죽였다.

몽골의 한 설화에서는 영웅 요로Joro가 다음과 같이 그의 적인 라마승 초리동 Tschoridong을 제압한다. 즉, 마법사 라마승이 요로의 눈을 쏘기 위해 자기 영혼을 벌의 모습으로 바꾸어 파견한다. 하지만 요로는 손으로 벌을 잡아 그 손을 오므렸다 펼쳤다 함으로써 라마승을 실신시켰다 회복시켰다 했다. 타타르인의 어떤 시에서는 두 청년이 늙은 마녀의 배를 갈라서 내장을 끄집어냈는데도 도무지 마녀가 죽지 않았다. 그녀의 영혼이 어디에 있느냐는 질문을 받은 마녀는, 그것이 자기 신발 바닥 밑에 일곱 개의 머리를 가진 얼룩뱀의 모습으로 숨겨져 있다고 대답했다. 이에 한 청년이 칼로 그 신발을 찢어 일곱 개의 머리를 가진 얼룩뱀을 꺼내어 몽땅 베어 버렸다. 그러자 마녀는 즉시 죽고 말았다.

타타르인의 또 다른 시에서는 영웅 카르타가Kartaga가 '백조 여자'와 사투를 벌인다. 이 싸움은 오랫동안 이어져 달이 찼다가 기울고 또 해가 바뀌도록 계속되었다. 그런데 얼룩말과 검정말은 백조 여자의 영혼이 그녀의 몸 안에 없다는 사실을 알게 된다. 검은 땅 아래로 아홉 바다가 흐르고, 그것들이 만나 하나가 되는 곳에서 바다는 대지의 표면과 이어져 있다. 그 아홉 바다의 입구에 구리바위가 솟아 있다. 이 구리바위는 땅 표면으로 솟아올라 하늘과 땅 사이에 솟아 있다. 바로 그 구리바위 아래 검은 궤짝이 있고, 그 검은 궤짝 속에 황금상자가 있고, 그 황금상자 속에 백조 여자의 영혼이 들어 있었던 것이다. 일곱 마리의 작은 새가 바로 백조 여자의 영혼이었다. 그 새들을 죽이면 백조 여자는 곧 죽을 운명이었다. 그래서 말들은 구리바위 밑으로 달려가 검은 궤짝을 열고 황금상자를 가지고 왔다. 그런 다음 얼룩말이 대머리 남자로 변신하여 황금상자를 열고 일곱 마리 새의 머리를 잘라 냈다. 그러자 백조 여자가 죽었다. 타타르인들의 또 다른 시에 나오는 주인공은 그의 소 떼를 내쫓은 누이를 추격한다. 그런데 누이가 황금칼과 황금 화살 속에 들어 있는 그의 영혼을 훔쳐 갔기 때문에, 그가 만일 계속 추격을 해 오면 그 황금 칼을 던지거나 혹은 황금 화살을 쏘아 그를 죽일 거라고 경고하자 결국 추격을 단념하고 만다.

말레이의 어느 시詩에는 옛날 인드라푸라 도성에 살고 있던 한 부자의 이야기가 나온다. 그 부자는 부유하기는 했으나 자식이 없는 상인이었다. 어느 날 그가 아내와 함께 강변을 걷고 있을 때, 천사처럼 생긴 예쁜 여자애를 발견한다. 부부는 이 아이를 양녀로 맞이하여 비다사리Bidasari라고 불렀다. 상인은 황금 물고기를 만들어 양녀의 영혼을 그 속에 옮겨 놓았다. 그리고 그 황금 물고기를 물이 가득 담긴 황금상자 속에 넣어 정원 한가운데의 연못 속에 숨겨 두었다. 이윽고 아이는 성장하여 아름다운 여인이 되었다. 그런데 인드라푸라 왕에게 아름답고 젊은 왕비가 있었는데, 왕비는 왕이 둘째 부인을 맞이하지 않을까 싶어 불안한 세월을 보내고 있었다. 왕비는 매력적인 비다사리의 미모에 대한 소문을 듣고 그녀를 없애려 했다. 왕비는 그녀를 왕궁으로 납치하여 혹독한 고문을 가했지만 비다사리의 영혼은 몸에 없었기 때문에 그녀를 죽일 수는 없었다.

하지만 비다사리는 더 이상 고문을 견딜 수 없어 비밀을 털어놓았다. "나를 없애려면 내 아버지의 정원 안에 있는 연못 속의 상자를 가지고 와야 합니다." 그 말대로 상자를 가져오게 하여 열어 보니 물속에 황금 물고기가 들어 있었다. 이에 비다사리는 "내 영혼은 이 물고기 속에 들어 있어요. 당신은 아침에 그것을 물속에서 끄집어냈다가 저녁에 다시 넣어 주어야만 합니다. 물속에서 꺼낸 물고기는 그대로 두지 말고 당신의 목에 묶어 두세요. 그렇게 하면 나는 곧 죽게 될 겁니다." 왕비가 상자에서 물고기를 꺼내어 자기 목에 묶자 비다사리는 기절하고 말았다. 그러다가 저녁이 되어 물고기를 다시 물에 넣으면 비다사리는 다시 깨어났다. 왕비는 그녀의 목숨을 완전히 장악했기 때문에 그녀를 다시 양부모에게로 돌려보냈다. 양친은 그 이상의 박해를 피하기 위해 양녀를 도성 바깥의 다른 곳으로 옮기려고 결심한다.

그리하여 그들은 쓸쓸하고 황량한 곳에 집을 짓고 비다사리를 그곳으로 옮겼다. 그곳에서 그녀는 자기 영혼이 들어 있는 황금 물고기의 상태 변화에 따라 기절했다 깨어났다 하면서 외롭게 홀로 지냈다. 즉, 그녀는 물고기가 물 바깥에 나와 있는 동안은 하루 종일 의식불명의 상태에 있었으나, 저녁이 되어 물속에 다시 넣어지면 의식을 회복했다. 그러던 어느 날이었다. 사냥을 나갔던 왕이 때마침 그곳을 지나다가 그녀의 아름다움에 마음을 빼앗기고 말았다. 왕은 그녀를 잠에서 깨우려고 했지만 반응이 없었다. 이튿날에도 왕이 방문했으나 그녀는 계속 잠들어 있었다. 밤이 되자 그녀는 의식을 회복하고 그 비밀을 왕에게 고백했다. 이를 알게 된 왕은 궁전에 돌아가 왕비에게서 황금 물고기를 빼앗아 물속에 넣어 주었다. 그러자 비다사리는 곧 의식을 회복했고, 왕은 그녀를 왕비로 맞이했다.

외재적 영혼에 관한 다른 설화는 수마트라 서부의 니아스섬에도 있다. 옛날에 한 추장이 적의 포로가 되었는데, 적은 그를 죽이려 했지만 번번이 실패했다. 물도 그를 익사시키지 못했고, 불도 그를 태워 죽이지 못했으며, 강철도 그를 찔러 죽이지 못했다. 그런데 아내가 그 비밀을 누설하고 말았다. 즉, 추장의 머리에는 구리철사처럼 단단한 머리카락이 하나 있는데, 그의 생명이 그 머리카락에 달려 있었던 것이다. 그것을 뽑는 것과 동시에 그의 영혼도 어디론가 날아가 버렸다.

남부 니이지리아에서 보고된 서아프리카의 한 설화에 의하면, 어떤 왕의 왕궁 성문 옆에 거목이 한 그루 있었는데, 그 나무에 살고 있는 조그만 갈색 새 한 마리 속에 왕의 영혼을 숨겨 두었다. 이 왕의 목숨은 그 새의 목숨과 긴밀하게 결합되어 있었으므로, 누구든 그 새를 죽인 자는 동시에 왕을 죽이고 왕국을 계승할 수 있었다. 그런데 왕비가 이런 비밀을 그녀의 애인에게 누설함으로써 왕비의 애인이 화살로 그 새를 쏘아 떨어뜨려 왕을 죽이고 왕위에 오르게 되었다.

남아프리카의 바롱가Baronga족 설화에서는 일족 전체의 목숨이 고양이 한 마리 안에 숨겨져 있었다. 티티샨Titishan이라는 그 일족의 딸이 결혼했을 때, 양친에게 그 귀중한 고양이를 자신의 새 집으로 가져가게 해 달라고 했다. 그러나 양친은 "넌 그 고양이에게 우리들 목숨이 달려 있다는 사실을 알잖니"라고 말하면서 거절했다. 그 대신 영양이나 심지어 코끼리를 주겠다고 제안했다. 하지만 고양이 이외에는 다른 어떤 것도 그녀를 만족시킬 수 없었다. 그리하여 마침내 그녀는 고양이를 새 오두막집으로 데려가서 아무도 볼 수 없는 곳에 숨겨 놓았다. 심지어 그녀의 남편조차도 고양이에 대해 아무것도 모르고 있었다. 어느 날 그녀가 들일을 하러 나가고 없을 때, 고양이가 갇힌 곳을 빠져나와 오두막집에 들어가서 그녀 남편이 전쟁 나갈 때 몸에 두르는 장신구들을 걸치고 춤추며 노래했다. 시끄러운 소리에 몰려든 어린애들이 괴상망측한 고양이의 모습을 목격하고는 놀라 자빠지자, 고양이는 더욱 신이 나서 법석을 피우고 급기야 어린애들을 놀리기까지 했다. 그러자 어린애들은 집주인에게 가서 "누군가가 아저씨 집에서 춤을 추면서 우리를 놀렸어요"라고 호소했다. 그는 "입 닥쳐라. 사실이 아니면 너희들을 그냥 두지 않겠어"라고 호통을 쳤다.

하지만 그가 자기 집 문 뒤에서 가만히 엿보니 정말로 고양이가 이리저리 춤추고 날뛰며 노래하고 있었다. 이에 그는 총을 쏘아 고양이를 죽여 버렸다. 그 순간 들일을 하던 그의 아내도 "내가 집에서 죽다니!"라고 외치며 밭에 쓰러졌다. 다행히 그녀는 남편에게 죽은 고양이를 가마니에 싸서 자신과 함께 친정집까지 운반해 달라고 말할 힘은 아직 남아 있었다. 그녀의 친척들이 모두 모였고, 어쩌자고 고집을 피워 고양이를 새 집으로 가지고 갔느냐고 그녀를 나무랐다. 이윽고 가마니가 펼쳐지고 거기서 죽은 고양이를 목격한 순간 그들은 모두 차례차례 죽고 말았다. 그리하여 고양이 씨족은 전멸하고 말았다. 아내를 사별한 남편은 나뭇가지로 마을 입구를 폐쇄한 후 집으로 돌아가, 모든 씨족의 목숨이 고양이의 목숨에 달려 있었기 때문에 자신이 고양이를 죽임으로써 씨족 전체를 멸망시킨 전말을 친구들에게 이야기했다.

북아메리카의 여러 인디언 부족들 사이에 전해져 오는 설화에도 이와 유사한 종류의 관념이 나타나 있다. 나바호족은 '곰이 된 처녀'라 부르는 신비한 존재에 대해 이야기하고 있다. 거기서 처녀는 몸을 곰으로 바꿀 수 있는 기술을 늑대에게서 배웠다. 그녀는 위대한 전사이자 불사신이었다. 전쟁에 나갈 때면 자기의 생명기관들을 몸에서 끄집어내어 숨겨 놓았기 때문에 아무도 그녀를 죽이지 못했다. 그러다가 전쟁이 끝나면 다시 그것들을 자기 몸속에 집어넣었다.

브리티시컬럼비아에 사는 콰키우틀족 인디언들의 설화에는 한 여자 식인귀 이야기가 나온다. 그녀는 목숨을 솔송나무 가지에 숨겨 두었기 때문에 아무도 그녀를 죽이지 못했다. 그런데 한 용감한 소년이 숲속에서 그녀를 만나자 돌멩이로 그녀의 머리를 때려 부순 다음 그 골을 사방에 뿌리는 한편 뼈는 부수어 물속에 던졌다. 그리고 이 식인귀를 완전히 없앴노라고 의기양양해하면서 그녀의 집 안으로 들어갔다. 그런데 마루에 묶여 있던 한 여자가 다음과 같이 소년에게 경고했다. "이곳에 오래 머물러 있으면 안 돼요. 당신이 식인귀를 죽이려 한 것을 알고 있어요. 누군가가 그녀를 죽이려 한 것은 이것이 네 번째입니다. 하지만 그녀는 죽지 않아요. 곧 살아날 겁니다. 보세요. 저기 무성한 솔송나무 가지 속에 그녀의 목숨이 들어 있어요. 그러니 빨리 가서 그 가지를 치세요. 그러면 그녀는 죽을 거예요." 이 말이 끝나자마자 여자 식인귀가 노래를 부르며 솔송나무 가지 속으로 들어가려 하고 있었다. 이에 소년이 솔송나무 가지를 잽싸게 치자 식인귀는 바닥에 쓰러져 죽었다.

제67장
민속과 외재적 영혼

1. 무생물 속의 외재적 영혼

오랜 기간이든 짧은 기간이든 영혼을 신체 바깥의 비밀스러운 장소 혹은 머리카락과 같은 신체의 일부분에 맡겨 놓을 수 있다는 관념이 많은 민족의 민간설화에서 발견되고 있다. 따라서 이제 그런 관념이 이야기를 꾸미기 위해 고안해 낸 단순한 허구가 아니라 원시적 신앙의 참된 요인이며, 거기에서 그것과 상응하는 일련의 관습이 생겨났음을 확인하는 작업이 우리에게 남아 있다. 우리는 앞에서 설화 속의 영웅이 출정을 앞두고 때로 자기 영혼을 육체에서 분리시켰으며, 그 목적이 전투에서 자기 몸이 다치거나 죽지 않게 하려는 데에 있었음을 살펴보았다. 이와 유사한 의도로 원시인들도 실제적이거나 가공적인 여러 재앙들이 닥칠 때 자기 영혼을 육체에서 분리시켰다.

셀레베스의 미나하사 주민들은 가족이 새집으로 이사할 때 사제가 온 가족의 영혼을 자루에 모아 보관했다가 나중에 돌려준다. 왜냐하면 새집으로의 입주는 초자연적인 위험이 수반된다고 여겼기 때문이다. 남부 셀레베스에서는 여자가 출산할 때 의사나 산파를 불러오는 심부름꾼은 항상 부엌칼 같은 쇠붙이를 함께 가지고 가서 의사에게 건네준다. 그러면 의사는 해산이 끝날 때까지 그것을 자기 집에 보관해야 하며, 그것을 다시 돌려줄 때 보관비로서 일정 금액을 받는다. 여기서 부엌칼 같은 쇠붙이는 여자의 영혼을 표상하는데, 그것을 의사에게 건네주는 까닭은 출산과 같은 위험한 순간에 그녀의 영혼이 그녀 몸 안에 있는 것보다 몸 바깥에 있는 것이 더 안전하다고 여겼기 때문이다. 그래서 의사는 그런 물건을 매우 신중하게 보관해야 했다. 만약 그것을 잃어버리거나 하면 틀림없이 여자의 영혼도 함께 사라져 버린다고 믿었다.

보르네오 동남부에 위치한 피노에 지방의 다약족은 아이가 태어나면 주의를 부른다. 주의는 갓난애의 영혼을 꾀어 반으로 쪼갠 야자열매 속에 넣고, 그것을

천으로 싸서 지붕에서 늘어뜨린 네모난 바구니나 큰 접시에 놓아둔다. 이 의식은
향후 1년 동안 달이 바뀔 때마다 되풀이된다. 이 관습을 보고한 자는 특별히 그
의식의 목적에 대해서는 언급하고 있지 않지만, 추정컨대 이는 갓난애의 영혼을
그 연약한 육체보다도 더 안전한 곳에 두려는 데에 있었다고 보인다.

이 같은 가정의 타당성은 인도 제도의 몇몇 지방에서 행해진 유사한 관습을
통해서도 확인할 수 있다. 케이 제도에서는 집에 아이가 태어나면 둘로 쪼갰다
가 다시 봉합한 속이 텅 빈 야자열매를 조상의 목상 옆에 매달아 놓곤 했다. 악령
의 습격을 피하기 위해 갓난애의 영혼을 잠시 동안 야자열매 속에 숨겨 두는 것
이다. 그러나 그 아이가 점점 더 크고 건강하게 자라면서 영혼이 그의 몸에 거하
게 된다고 여겼다. 마찬가지로 알래스카의 에스키모들도 어린애가 병에 걸리면
주의가 와서 그 아이의 영혼을 몸 밖으로 끄집어내어 보호를 위해 부적 속에 봉
해 둔다. 이때 주의는 더욱 안전을 기하기 위해 자신의 약상자 안에 그 부적을 넣
어 간수한다. 이렇게 수많은 부적들이 마치 금고처럼 영혼을 안전하게 보호하는
상자로 여겼던 모양이다. 영국령 중앙아프리카의 웨스트셔 지방에 사는 망간제
Mang'ange족의 한 노파는 항상 속이 텅 빈 길이 7센티미터 정도의 상아를 목에 걸
고 다녔는데, 그녀는 그것을 자기의 생명 혹은 영혼이라고 불렀다. 물론 그것을
남에게 넘겨주거나 하는 일은 없다. 한 식민지 관리가 그것을 구입하려 했지만
그녀는 이에 응하지 않았다.

어느 날, 제임스 맥도널드James Macdonald가 흘루비Hlubi족[1]의 한 추장 집에 앉아
추장이 나타나기를 기다리고 있었다. 추장은 자기 몸치장을 하기에 바빴는데, 한
원주민이 맥도널드에게 한 쌍의 근사한 소뿔을 가리키며 "느탐Ntame은 그의 영
혼을 저 뿔 속에 간수하고 있죠"라고 말했다. 그 뿔은 희생제물로 바친 소의 뿔로
서 신성시되고 있었다. 주술사가 집과 그 가족들을 벼락에서 보호하고 지키기 위
해 그것을 지붕에 매달아 놓은 것이다. 이와 관련하여 맥도널드는 "이런 관념은
남아프리카인들에게 매우 흔히 나타난다. 사람의 영혼이 그의 집 지붕이나 나무
나 샘 혹은 산속의 낭떠러지 따위에 거한다고 여겼다"라고 덧붙였다. 뉴브리튼
섬의 가젤 반도에 사는 원주민들 사이에는 잉그니트Ingniet 혹은 잉기트Ingiet라 부
르는 비밀결사가 있다. 거기에 입단한 자는 모두 인간이나 동물 모양의 돌 하나

---

1 남아프리카 공화국, 스와질란드, 짐바브웨에 살면서 반투어족 언어를 사용하는 응구니Nguni족에 속한 종족

씩을 받는데, 그럼으로써 그의 영혼이 어떤 방식으로든 그 돌과 결합된다고 믿었다. 만일 그 돌이 부서지거나 하면 그 사람에게 좋지 않은 일이 일어날 흉조로 여겨졌다. 사람들은 벼락이 그 돌을 친 것이므로, 그 돌의 소유자는 곧 죽을 거라고 생각했다. 그런데도 그 돌의 소유자가 살아남으면, 그 돌은 그의 영혼이 담긴 돌이 아니니까 다른 돌로 바꾸어야 한다는 것이었다. 한번은 어떤 점술가가 로마누스 레카페누스Romanus Lecapenus(872년경~948)[2] 황제에게 불가리아의 대공 시메온 Simeon의 생명이 콘스탄티노플의 어떤 둥근 기둥과 결합되어 있으니까, 그 기둥 받침대를 제거하면 시메온도 즉각 죽게 될 것이라고 보고한 적이 있었다. 그 말대로 황제가 기둥을 제거하자 같은 시각에 시메온이 심장마비로 불가리아에서 사망했다고 한다. 이는 나중에 황제가 조사를 통해 알게 된 사실이었다.

우리는 민간설화 속에서 사람의 생명이나 활력이 종종 그 머리카락과 긴밀하게 결합되어 있어서, 머리카락이 잘리면 그 사람도 죽거나 쇠약해진다는 이야기를 살펴보았다. 마찬가지로 인도네시아 암보이나섬의 원주민들은 그들의 힘이 머리카락에 있으므로 만일 그것을 깎으면 그들도 파멸한다고 믿었다. 그리하여 이 섬의 네덜란드 법정에서 고문을 받던 한 죄수가 범죄의 자백을 완강하게 거부하다가 머리를 깎아 버리자 일체의 범행을 자백했다고 한다. 살인 혐의로 심문받던 한 남자는 심한 고문에도 꿈쩍 안 하다가 큰 가위를 들고 서 있는 군의관을 보자 항복했다. 가위로 어쩔 셈이냐고 묻는 그에게 네 머리를 깎아 버리려 한다고 하니까, 제발 그것만은 하지 말아 달라면서 범행 일체를 자백한 것이다. 아무리 고문을 해도 범죄의 자백을 얻지 못한 경우에 네덜란드 조사관들은 이런 식으로 용의자의 머리를 깎아 버리겠다고 위협했다고 한다.

유럽에서도 마녀나 마법사의 사악한 힘이 그 머리카락에 있다고 여겨, 그들의 머리카락이 온전한 이상 누구도 그 이단자들에게 압력을 가할 수 없다고 생각했다. 그래서 프랑스에서는 마법을 행했다는 이유로 고문을 가하기에 앞서 먼저 용의자의 온몸에 난 털을 깎는 것이 관례였다. 밀라이우스Millaeus는 툴루즈에서 용의자 몇 사람이 고문받는 장면을 목격한 적이 있었다. 그때 혐의를 완강히 부인하던 자들이 옷을 벗기고 전신의 털을 깎아 내자 간단히 죄상을 털어놓았다

---

2 비잔틴의 황제인 로마누스 1세. 사위였던 콘스탄티누스 7세와 공동 통치를 했으며, 920~944년에는 모든 실권을 혼자 행사했다.

고 한다. 평소 경건한 생활을 했음에 틀림없는 한 여성이 마법을 행했다는 혐의로 고문을 받으면서도 믿어지지 않을 만큼 그 고통을 잘 참아 냈다. 그런데 전신의 털을 모조리 깎아 버리자 그녀도 자신의 죄를 인정했다고 한다. 유명한 이단 심문관 슈프렝거Sprenger는 마녀나 마법사 용의자들의 머리를 깎는 데에 그쳤다. 하지만 이보다 더 지독한 그의 동료 심문관 쿠마누스Cumanus는 47명의 여자들을 화형하기에 앞서 아예 그녀들의 온몸에 난 털을 모조리 깎아 버렸다. 쿠마누스는 그렇게 엄격한 심문을 가한 이유로서, 사탄 자신이 북부 버위크 교회의 단상에서 설교할 때 그의 수많은 종들에게 "그들의 털이 붙어 있는 한, 그리고 눈에 눈물을 흘리지 않는 한" 어떤 해도 입지 않을 거라고 말하며 그들을 안심시켰다는 점을 강력한 근거로 내세웠다.

마찬가지로 인도의 바스타르주[3]에서는 어떤 사람이 마술을 행했다고 판정이 나면 군중들이 모여들어 그에게 몰매를 때리고 머리카락을 깎아 버린다. 왜냐하면 머리카락에 사악한 능력이 깃들어 있다고 여겼기 때문이다. 그리고 앞니를 부러뜨렸는데, 이는 주문을 외우지 못하게 하기 위해서였다고 한다. 마녀 혐의를 받은 여자들도 똑같은 시련을 당해야 했다. 일단 유죄 판정이 나면 위와 똑같은 벌을 내리고, 머리카락을 자른 다음 그 머리카락을 광장의 나무에 매달아 놓았다. 인도의 빌Bhil족은 어떤 여자가 마술을 행했다 하여 유죄 선고를 받으면 나무에 거꾸로 매달아 눈에 후춧가루를 뿌리는 등의 고문을 가하고, 그녀의 머리카락을 한 줌 뽑아 땅속에 묻었다. 이는 그녀가 지니고 있는 사악한 능력과 그녀 사이의 마지막 연결 고리를 끊어 버리기 위해서였다. 이와 비슷하게 멕시코의 아즈텍족은 남녀 마법사가 사악한 짓을 했기 때문에 그들의 혐오스러운 목숨을 끝장낼 때가 되면, 그들을 붙잡아 정수리의 머리카락을 깎아 냈다. 그렇게 함으로써 그들이 가진 마법의 힘을 제거하여 마침내 가증스러운 그들을 죽일 수 있다고 여겼다.

2. 식물 속의 외재적 영혼

인간의 생명이 종종 식물의 생명과 매우 긴밀하게 결합되어 있기 때문에 해당 인

---

3 인도 중부 마디아프라데시주에 속한 행정구

간이 죽으면 그 식물도 말라죽게 된다는 민간설화에 대해서는 이미 전술한 바 있다. 마찬가지로 서아프리카의 가봉 근방에 사는 음벵가M'Benga족은 같은 날에 두 아이가 태어나면 같은 종류의 나무를 두 그루 심고 그 주위를 돌며 춤을 춘다. 그들은 아이의 생명이 그 나무와 결부되어 있다고 믿는다. 만일 나무가 말라 죽으면 그 아이도 곧 죽게 될 거라고 여겼다. 카메룬에서도 인간의 생명이 나무의 생명과 공감적으로 결합되어 있다고 믿는다. 가령 나이지리아 칼라바르에 있는 올드타운의 추장은 샘물 근처의 신성한 숲에 자기 생명을 보관해 두었다. 장난이었는지 아니면 모르고 그랬는지 하여간 어떤 유럽인들이 그 숲의 일부를 벌채한 적이 있었는데, 추장의 말에 의하면 그 가해자들에게 숲의 영혼이 노발대발하여 온갖 재앙으로 그들을 위협했다고 한다.

파푸아족의 어떤 이들은 나무껍질에 조약돌 하나를 박아 둠으로써, 새로 태어난 아이의 생명과 그 나무의 생명을 공감적으로 결합시킨다. 그렇게 하면 그 아이의 목숨에 대한 완전한 지배권이 그들에게 주어진다고 믿었다. 그러니까 그들이 그 나무를 베면 아이도 죽는다는 것이다. 마오리족은 아이가 태어나면 탯줄을 신성한 장소에 묻고 그 위에 묘목을 심는다. 이 나무가 자라면 그것은 '토후오랑가tohu oranga', 즉 아이의 생명을 나타내는 표식이 된다. 나무가 무성하게 자라면 아이도 씩씩하게 잘 자랄 것이지만, 나무가 시들어 죽거나 하면 양친은 아이에게 최악의 사태가 일어날 것임을 점쳤다. 피지섬의 어떤 지방에서는 사내아이의 탯줄을 야자나무나 빵나무의 꺾꽂이 가지와 함께 묻는다. 그리고 아이의 생명이 그 나무의 생명과 밀접하게 연결되어 있다고 여긴다. 네덜란드령 보르네오의 란다크 지방과 타얀 지방에서는 갓 태어난 아이를 위해 과실나무를 심는 것이 관례로 되어 있는데, 사람들은 흔히 그 아이의 운명이 그 나무의 운명과 결부되어 있다고 믿는다. 즉, 나무가 쑥쑥 무성하게 자라면 아이도 잘 자랄 것이지만, 나무가 시들거나 오그라들면 그 아이에게 반드시 불행이 찾아온다고 여겼다.

오늘날에도 러시아, 독일, 영국, 프랑스, 이탈리아 등지에서는 아이가 태어나면 가족들이 나무 한 그루를 심는 관습이 남아 있다. 가족들은 그 나무가 아이와 함께 잘 자라도록 기도하며 특별히 돌본다. 스위스의 아르가우주에서는 지금도 이런 관습이 널리 행해진다. 거기서는 남자아이를 위해 능금나무를, 그리고 여자아이를 위해 배나무를 심는다. 사람들은 아이의 흥망이 그 나무에 달려 있다고 믿는다. 메클렌부르크에서는 후산後産의 태를 어린 나무 밑에 묻고, 갓난아이가 그 나무와 함께 성장한다고 믿는다. 에딘버그에서 멀지 않은 달하우지 성 근처에 '에지웰의 나무Edgewell Tree'라 부르는 떡갈나무가 서 있는데, 사람들은 그 나무가 일종의 신비스러운 유대에 의해 가족의 운명과 결합되어 있다고 믿는다. 즉, 가족 중 누군가가 죽거나 임종이 가까워지면 그 나무의 가지가 떨어진다는 것이다. 1874년 7월의 어느 조용한 날, 바람도 없는데 그 나뭇가지가 떨어진 것을 본 어느 산림관 노인이 "누군가가 방금 죽었어!"라고 외쳤는데, 곧이어 정말로 제11세 달하우지 백작인 폭스 마울레Fox Maule가 죽었다는 소식이 전해 왔다고 한다.

영국에서는 종종 탈장 또는 곱사등에 대한 요법으로서 갈라진 물푸레나무 사이로 아이들을 통과시킨다. 그러면 이후 그 아이들과 물푸레나무 사이에 공감적인 유대관계가 생긴다고 믿었다. 호클리하우스에서 버밍햄에 이르는 도상의 셜리허드 인근 지역에는 이런 목적으로 사용된 물푸레나무가 많이 서식하고 있었다. "인접한 농장주의 아들인 토머스 칠링워스Thomas Chillingworth는 서른네 살인데, 생후 1년이 되었을 때 그 나무 아래를 통과했다. 그 나무는 지금 완전히 다 컸는데, 그는 사람들이 이 나무의 가지 하나도 만지지 못하도록 주의하면서 소중하게 가꾸고 있다. 왜냐하면 환자의 생명이 그 나무의 생명에 달려 있다고 믿기 때문이다. 그래서 환자가 아무리 먼 곳에 있다 해도 그 나무가 베이면 그 순간 앓던 탈장이 재발하여 탈저脫疽 현상으로 마침내 죽게 된다고 여겼다. 얼마 전에도 한 마부 환자가 그런 봉변을 당한 적이 있다."

이런 관습을 언급한 기록자는 다음과 같이 덧붙이고 있다. "하지만 나무가 베인 다음에도 당분간 환자들이 계속 살아 있는 경우도 종종 있다." 치료 효과를 높이기 위한 통상적인 방법으로서, 사람들은 어린 물푸레나무를 세로 몇 미터 정도로 쪼갠 다음 발가벗긴 아이를 이른 새벽에 세 번 혹은 아홉 번씩 그 쪼개진 나무 사이로 통과시킨다. 영국 서부지방에서는 이때 통과하는 방향이 '태양 쪽을 향해야' 한다고 여겼다. 이 의식을 마치자마자, 쪼개진 나무를 다시 원래 상태대로 나무 모체에 단단히 묶은 다음 진흙을 발라놓는다. 그렇게 하면 나무의 상처가 나으면서 아이의 탈장도 치료가 된다고 믿었다. 그러나 만일 쪼개진 나무를 그대로 방치하면 그 아이의 탈장은 치료되지 않으며, 만일 그 나무가 말라 죽으면 반드시 아이도 따라 죽는다고 여겼다.

온갖 질병, 특히 탈장이나 곱사등에 대한 요법은 독일과 프랑스, 덴마크, 스웨덴 같은 유럽의 여러 나라에서도 널리 행해졌다. 하지만 그런 나라들에서는 이를 위해 물푸레나무가 아니라 보통 떡갈나무가 많이 쓰였으며, 때로는 버드나무를 이용하기도 했다. 메클렌부르크에서도 영국과 마찬가지로 나무와 아이 사이에 밀접한 공감관계가 존재한다고 믿었다. 그래서 만일 해당 나무가 벌채되면 아이 도 죽는다고 여겼다.

3. 동물 속의 외재적 영혼

민간설화의 경우와 마찬가지로 민속에서도 종종 인간이 물리적 공감의 유대에 의해 결합되어 있는 것은 무생물이나 식물만이 아니다. 그런 유대는 인간과 동물 사이에도 존재하며, 한쪽의 안녕은 다른 쪽의 안녕에 의존한다고 믿었다. 다시 말해 해당 동물이 죽으면 인간도 죽는다는 것이다. 그뿐만 아니라 민간설화와 민속은 훨씬 더 밀접한 유사성을 보여 준다. 왜냐하면 양자의 경우 모두 몸에서 영혼을 끄집어내어 동물 속에 의탁하는 능력이 종종 마녀나 마법사의 특권으로 간주되었기 때문이다. 가령 시베리아의 야쿠트Yakut족은 모든 샤먼 혹은 남자 마 법사는 그의 영혼 혹은 많은 영혼들 가운데 하나를 특정 동물에게 지피게 한 다 음, 그 동물을 사람들 눈에 띄지 않도록 조심스럽게 숨겨 놓는다.

어느 유명한 샤먼은 멀리 에지간스크의 바위산에 그의 영혼을 숨겨 놓았기 때 문에, 아무도 자신의 외혼外魂을 찾아낼 수 없을 것이라고 말했다. 마지막 눈이 녹 고 검은 흙이 드러날 즈음, 오직 1년에 한 번씩만 샤먼들의 외재적 영혼이 동물의 형태로 마을에 나타난다고 믿었다. 그 동물들이 마을 이곳저곳을 배회하지만 샤 먼 외에는 아무도 그것을 볼 수 없다. 그중 힘센 놈은 포효하며 돌아다니고, 약한 놈은 조용히 남몰래 걸어 다닌다. 때로는 그 동물들끼리 싸움을 할 때도 있는데, 자기의 외재적 영혼이 패배한 샤먼은 병들거나 사망하기도 한다. 가장 약하고 비 겁한 샤먼은 그 영혼이 개의 형태로 나타난다. 그 개는 샤먼에게 평화를 주지 않 고 그의 심장을 갉아먹고 그의 몸을 물어뜯는다.

이에 비해 가장 강한 샤먼의 영혼은 종마, 사슴, 흑곰, 독수리, 멧돼지 따위의 형태로 나타난다. 투루킨스크 지방의 사모예드족은 모든 샤먼들이 멧돼지 형태 의 친한 영혼을 가지고 있으며, 마법의 줄로 그 멧돼지를 끌고 다닌다고 믿는다. 이 멧돼지가 죽으면 샤먼도 죽는다. 샤먼들이 서로 싸움을 할 때는 자기들이 맞대결하기에 앞서 먼저 멧돼지 형태의 영혼을 풀어 주어 싸움을 시킨다는 설화들이 많이 있다. 한편 말레이인들은 한 인간의 영혼이 다른 인간이나 동물에게 옮겨질 수 있으며, 혹은 더 엄밀히 말하면 그런 신비한 관계가 한쪽의 운명이 전적으로 다른 쪽의 운명에 의존되어 있는 양자 사이에 나타날 수 있다고 믿는다.

뉴헤브리디스 제도의 모타섬에 사는 멜라네시아인 사회에는 외재적 영혼의 관념이 일상생활의 많은 습관 속에 살아 있다. 가령 그 지방 토속어로 '타마뉴 tamaniu'[4]라는 말이 있는데, 이는 어떤 사람이 자기 자신과 친밀하게 연관된 존재를 지니고 있다고 믿는 생물이나 무생물을 가리킨다. 그러나 모타 사람들이 모두 다 이런 타마뉴를 가지고 있는 것은 아니다. 단지 몇몇 사람들만 자기가 표범이나 뱀 심지어 돌멩이 따위와 그런 관계를 가지고 있다고 여긴다. 때로는 특정한 나뭇잎을 달여서 즙을 마시고 그 찌꺼기를 쌓아 놓음으로써 타마뉴를 찾아내기도 한다. 즉, 그 찌꺼기 더미 속에서 혹은 위에서 무엇이든 제일 먼저 눈에 띄는 생물이 바로 타마뉴라는 것이다. 그것은 그냥 바라보기만 할 뿐, 음식을 바치거나 숭배하는 대상이 아니다. 원주민들은 그런 타마뉴를 부르면 온다고 믿었다. 타마뉴가 생물일 경우는 자기 타마뉴의 생명이 안전하냐 아니냐에 따라 그 사람의 생명이 달려 있다고 믿었다. 또한 자기 타마뉴가 죽는다든지 혹은 무생물일 경우 깨지거나 없어지면 그 사람도 죽는다고 여겼다. 따라서 병에 걸리면 사람들은 자기 타마뉴가 무사하게 잘 있는지 가서 살펴보게 했다.

특정 동물에게 외재적 영혼을 위탁한다는 관념은 서아프리카, 특히 나이지리아와 카메룬, 가봉 등지에 매우 널리 퍼져 있는 것으로 보인다. 가봉의 판Fan족 남자 마법사들은 모두 입사식 때 어떤 특정한 야수와 피로 형제의 맹약을 맺는 의식을 거행함으로써 자기 목숨을 그 동물의 목숨과 결합시켰다. 이때 그들은 그 동물의 귀와 자신의 팔에서 피를 뽑아, 자기 피는 동물에게 주고 동물의 피는 자기 몸에 주입한다. 이로써 양자 사이에는 한쪽의 죽음이 곧 다른 쪽의 죽음을 초래할 만큼 긴밀한 결합관계가 성립한다. 이런 피의 맹약은 마법사의 위력을 크게 증대시킨다고 믿었으며, 이는 여러 가지 측면에서 그에게 이익을 가져다준다. 첫째, 자신의 외부 어딘가 안전한 곳에 자기 생명을 위탁하는 설화 속의 마법사처럼, 판족 마법사도 그렇게 함으로써 불사신이 된다. 둘째, 그와 피를 교환한 동물

---

4 '유사likeness'를 뜻하는 토속어

은 그의 친구가 되며, 그가 시키는 명령이라면 어떤 일이라도 복종한다. 그리하여 마법사는 그 동물을 이용해서 적을 해치거나 죽일 수도 있는 것이다. 때문에 그가 피의 형제관계를 맺게 된 동물은 결코 길들인 동물이나 가축이어서는 안 되며, 반드시 표범·검은뱀·악어·하마·멧돼지·독수리처럼 사납고 위험한 야수여야만 한다. 그런 동물 가운데 판족 마법사들에게 가장 인기가 있는 동물은 표범이고, 그 다음이 검은뱀이다. 독수리인 경우가 가장 드물다.

한편 여자 마법사들도 마찬가지로 동물 친구가 있다. 그러나 여자의 생명이 결합되는 동물은 일반적으로 남자가 자신의 외재적 영혼을 의탁하는 동물과는 종류가 다르다. 즉, 여자 마법사가 표범을 친구로 삼는 경우는 거의 없고, 대체로 뿔이 돋은 독사나 검은뱀 혹은 바나나나무에 살고 있는 녹색뱀 따위의 독뱀인 경우가 많다. 그밖에 독수리나 올빼미, 기타 야행성 조류인 경우도 있다. 이때 남녀 마법사들이 신비적 결합을 맺는 야수나 조류는 특정한 개체를 가리키며 결코 동물 일반의 종이 아니다. 그 동물 개체가 죽으면 자연히 일체의 동맹관계도 끝난다. 왜냐하면 그 동물의 죽음은 해당 마법사의 죽음을 수반하기 때문이다.

카메룬 지방의 크로스리버 계곡에 사는 원주민들도 이와 유사한 신앙을 가지고 있다. 그들은 주로 마을 단위의 공동체별로 친숙하게 느끼거나 우정 혹은 친척관계가 있다고 믿는 다양한 동물들을 선택한다. 그런 동물들 가운데에는 하마·코끼리·표범·고릴라·물고기·뱀 따위가 있는데, 그것들은 모두 힘이 세거나 아니면 교묘하게 물속과 숲속에 숨을 수 있는 동물들이다. 이처럼 그 몸을 숨길 줄 아는 능력이 친구로서의 동물을 선택할 때의 필수 조건이라고 한다. 왜냐하면 친구나 조력자로서의 동물은 그 주인의 적을 남몰래 해칠 수 있어야 한다고 기대했기 때문이다. 가령 그것이 하마라면 돌연 물속에서 나타나 적의 카누를 뒤집을 수 있어야 한다. 이런 동물과 친구 혹은 친척이 되는 인간 사이에는 동물이 죽으면 동시에 인간도 죽고, 인간이 죽으면 동시에 동물도 죽는다는 공감관계가 존재한다고 믿었다. 때문에 친척이 되는 동물이 설령 그 동물과 생명이 결합된 인간을 해친다든지 혹은 죽이거나 할 위험이 있다 해도, 절대 그 동물을 쏘거나 괴롭혀서는 안 된다. 그렇다고 코끼리를 친구로 하는 마을 사람들이 코끼리 사냥을 하지 못하는 것은 아니다. 왜냐하면 그들이 존경하는 것은 동물의 일반 종 전체가 아니라, 개개의 남자 혹은 여자와 친밀한 관계에 있는 동물의 특정 개체이기 때문이다. 그들은 자기의 형제 코끼리와 다른 보통 코끼리들을 구별할 수 있다고 생각한다. 그와 같은 식별은 상호적이라고 한다. 예컨대 코끼리를 친구로 가진 사냥꾼이 코끼리와 마주쳤을 경우에는, 그 고귀한 동물은 "쏘지 말라"는 신호로서 앞발을 들어올린다는 것이다. 이런 코끼리에게 발포를 하거나 상처를 입히는 몰인정한 사냥꾼이 있는 경우에는, 그의 생명이 코끼리의 생명과 결합되어 있기 때문에 그는 곧 병에 걸린다고 믿었다.

카메룬의 발롱Balong족은 모든 사람마다 여러 개의 영혼을 가지고 있다고 생각한다. 그중 하나는 인간의 몸속에 있고, 다른 하나는 코끼리나 멧돼지 혹은 표범 따위의 동물 속에 있다고 믿는다. 만약 누군가 갑자기 몸 상태가 안 좋아져서 집에 돌아와 "나는 곧 죽을 것 같아"라는 말을 하고 이내 죽었다고 하자. 그러면 사람들은 그의 영혼 중 하나가 멧돼지나 표범과 함께 그 안에서 죽었으며, 그 외재적 영혼의 죽음이 그 사람의 몸 안에 있는 또 다른 영혼의 죽음을 초래했기 때문이라고 믿는다. 나이저강 삼각주에 사는 주요 부족인 이보족도 살아 있는 사람의 외재적 영혼과 관련하여 이와 비슷한 신앙을 가지고 있다. 그들의 신앙에 의하면, 인간의 영혼은 그가 살아 있는 동안에 그 몸에서 잠시 떠나 어떤 동물 속에 거할 수 있다고 한다. 그런 능력을 얻고자 하는 자는 주술사에게 어떤 약을 받아 그것을 음식물에 섞어 먹으면 된다. 그렇게 하면 그의 영혼이 그의 몸에서 떠나 특정 동물 속으로 들어갈 수 있다. 만일 그의 영혼이 들어간 동물이 죽으면 그 사람 또한 죽는다. 만일 그 동물이 부상을 입으면 그 사람의 몸은 종기투성이가 된다. 이런 신앙은 여러 가지 부정적인 행동을 유발한다. 가령 교활한 자가 그런 주술적인 약을 몰래 적의 음식물에 섞어 적의 영혼을 어떤 동물 속에 옮긴 다음, 그 동물을 죽이면 적도 함께 죽일 수 있다는 것이다.

나이저 강어귀에 사는 칼라바르Calabar족 흑인들은 모든 사람마다 네 개의 영혼을 가지고 있는데, 그중 하나는 숲속에 사는 동물의 형태를 취함으로써 항상 몸 바깥에 존재한다고 믿는다. 킹슬레이Kingsley 양은 이 같은 외재적 영혼을 '밀림의 영혼'이라고 부르는데, 이는 거의 모든 동물, 가령 표범이나 물고기 혹은 거북 따위의 형태를 취할 수 있다. 이때 그것이 가축이나 식물의 형태를 취하는 경우는 절대 없다. 그런데 사람에게 특별한 시각적 능력이 없는 한 아무도 자신의 '밀림의 영혼'을 볼 수 없다. 하지만 종종 점술사가 사람들에게 각자의 영혼이 어떤 동물 속에 있는지를 가르쳐 준다. 그러면 그는 앞으로 그 동물을 일절 죽이지 않도록 주의하는 한편, 다른 사람들이 그 동물을 죽이지 못하도록 엄중하게 경계한다. 보통 아버지와 그 아들들은 각자 '밀림의 영혼'으로서 같은 종류의 동물을 가지고 있으며, 어머니와 딸들의 경우도 마찬가지이다. 그러나 때로는 한 가족의 자녀들 모두가 아버지의 '밀림의 영혼'을 본받는 수도 있다. 예컨대 아버지의 '밀림의 영혼'이 표범이면, 그의 아들이나 딸들도 모두 자신의 외재적 영혼으로서 표범을 가지게 된다. 이와는 반대로 때로는 어머니의 외재적 영혼을 본받는 경우도 있다. 어머니의 외재적 영혼이 거북이라면, 그 아들이나 딸들의 외재적 영혼도 거북이 된다. 인간의 생명과 그가 자신의 외재적 영혼 혹은 '밀림의 영혼'이라고 믿는 동물의 생명은 상호 긴밀하게 결부되어 있기 때문에, 그 동물이 죽거나 상처를 입으면 필연적으로 해당 인간도 죽거나 부상을 입는다고 여겼다. 반대로 인간이 죽으면 그의 외재적 영혼도 안주할 곳이 없어져, 그 영혼이 들어가 있는 동물이 광기를 일으켜 불 속에 뛰어들거나 사람들에게 덤벼들다가 머리통이 터져 죽게 된다.

북부 칼라바르의 에케트 근방에 신성한 호수가 있는데, 그 호수의 물고기들은 주의 깊게 보호받는다. 왜냐하면 그 지방 사람들은 자신들의 영혼이 그 물고기 안에 깃들어 있으며, 그래서 물고기가 죽을 때마다 사람의 목숨이 하나씩 없어진다고 믿었다. 칼라바르강에는 수년 전까지만 해도 거대한 늙은 악어가 살고 있는데, 사람들은 그것이 듀크타운에 사는 한 추장의 외재적 영혼을 품고 있다고 여겼다. 사냥을 즐기는 부영사가 종종 그 악어를 추격한 끝에 마침내 쏘아 맞힌 적이 있었다. 그러자 추장이 발에 부상을 입었다면서 누워 일어나지 못했다고 한다. 그는 개에게 물렸다고 주장했지만, 무얼 좀 아는 사람들이라면 모두 고개를 옆으로 흔들며 그런 얄팍한 핑계를 믿으려 들지 않았다. 로코자와 삼각주 사이의 나이저강 강둑에 사는 몇몇 부족들 사이에는 다음과 같은 신앙이 널리 퍼져 있다. "인간은 가령 악어나 하마 같은 동물의 모습을 한 '제2의 자아'를 가질 수 있다. 그런 인간의 생명은 동물의 생명과 밀접하게 결부되어 있어서, 한쪽에 무슨 일이 일어나면 즉시 다른 쪽에도 영향이 미치고, 한쪽이 죽으면 다른 쪽도 즉시 죽는다고 믿었다. 얼마 전에 어떤 영국인이 원주민 마을 근처에서 하마 한 마리를 잡은 적이 있었다. 그런데 그날 밤 그 마을에서 한 여자가 죽었는데, 그녀의 친구들이 그 여자의 죽음에 대한 보상금으로서 그 영국인에게 5파운드를 요구하여 결국 받아냈다고 한다."

중앙아메리카의 사포텍족은 여자가 해산이 가까워지면 친척들이 오두막에 모여 마루 위에 다양한 동물들의 모양을 그린 다음 다시 지워 버린다. 이런 행동이 해산할 때까지 계속되는데, 아이가 태어난 순간에 마루 위에 그려져 있는 동물이 신생아의 '토나tona', 즉 '제2의 자아'가 되는 것이다. 아이가 성장하여 어른이 되면, 그는 자신을 표상하는 동물을 입수하여 키운다. 이는 그의 건강과 존재가 그 동물과 결부되어 있으며, 또한 양자의 죽음이 실제로 동시에 일어난다고 믿었다. 혹은 그 동물이 죽으면 곧 그 사람도 죽는다고 여겼다. 과테말라와 온두라스[5]의 인디언들이 말하는 '나구알nagual' 혹은 '나우알naual'은 특정 인물의 생명과 밀접한 공감관계를 가지는 생물 혹은 무생물을 가리키는 말이다. 일반적으로 동물인 경우가 많으며, 해당 인간의 안녕이나 재난이 나구알의 운명에 달려 있다고 믿었다.

예전의 어떤 기록자에 의하면, 과테말라의 많은 인디언들은 악마에게 속아, 그들의 생명이 이런저런 동물(그들과 친한 영혼으로 간주된)에 달려 있으며 그 동물이 죽으면 그들도 죽게 된다고 믿는다. 그래서 그 동물이 쫓기면 그들의 심장도 헐떡거리며, 그 동물이 약해지면 그들도 약해진다는 것이다. 한번은 그들이 동물(통상 기호에 따라 암사슴, 수사슴, 사자, 호랑이, 개, 독수리 따위)의 모습을 하고 나타났다가 총을 맞고 다쳤다고 하는데, 이는 악마의 속임수에 지나지 않는다. 어쨌든 인디언들은 자기 나구알의 죽음이 그들 자신의 죽음을 초래한다고 믿었다. 한 설화에 의하면, 케트살테낭고[6] 고원에서 벌어진 스페인과의 첫 번째 전투에서 인디언 추장들의 나구알이 뱀의 모습으로 분투했다고 한다. 그때 대추장의 나구알은 녹색 날개가 찬란히 빛나는 거대한 새의 모습을 하고 있어서, 특히 눈에 띄었다고 한다. 그런데 스페인의 페드로 데 알바라도Pedro de Alvarado(1485년경~1541)[7] 장군이 창으로 그 새를 죽이자 그와 동시에 대추장도 땅에 쓰러져 죽었다고 한다.

중앙아메리카 인디언들이 각자의 나구알을 존경했듯이, 이와 마찬가지로 동남부 오스트레일리아의 많은 부족들에게도 남녀별로 특정한 동물 종족을 존경하는 관습이 있었다. 하지만 양자 사이에는 차이점이 있다. 가령 중앙아메리카

---

5 중앙아메리카에서 두 번째로 큰 나라

6 과테말라 남서부에 있는 주. 이곳이 원산지인 '케트살'이라는 새의 이름에서 지명이 유래했다. 이 새는 옛날 마야족에게 매우 중요한 상징적 의미를 지녔으며, 현재 과테말라의 국조國鳥이다.

7 코르테스와 함께 멕시코 정복에 참가한 스페인의 장군

인디언들이 자신들의 생명과 결부된 특정 동물의 개체를 분명히 알고 있었던 데에 비해, 오스트레일리아 원주민들은 그들의 생명이 어떤 동물의 종과 결부되어 있는가는 알고 있지만 그중 어느 개체인지는 모르고 있었다. 그 결과 자연히 모든 남자들은 자기들의 생명과 결부되어 있는 동물 종족을 죽이지 않고 보호했다. 여자들도 마찬가지로 그렇게 했다. 왜냐하면 그들은 다만 존경하는 어떤 동물 종족 가운데 한 마리라도 죽으면 자기들도 죽게 된다고 믿었다. 이는 민간설화 속에서 초록색 새를 죽이자 곧 인디언 추장이 죽고, 앵무새를 죽이자 곧 푼치킨Punchkin이 죽었다는 이야기와 같다.

가령 동남부 오스트레일리아의 워트조발루크Wotjobaluk족이 믿는 바에 의하면, 박쥐의 목숨은 남자의 목숨이고 쏙독새의 목숨은 여자의 목숨이다. 때문에 그런 동물을 죽이면 어떤 남자나 어떤 여자의 목숨이 단축된다고 믿었다. 그런 경우, 부족 내의 모든 남자와 여자는 자기가 희생될까 봐 두려워한 나머지 심각한 분쟁이 일어났다. 이때 남자들과 여자들이 서로 편을 지어 싸운다. 어느 쪽이 이길지는 아무도 예측할 수 없다. 어떤 때는 여자들이 남자들을 몽둥이로 굴복시키는 경우도 있었고, 어떤 때는 남자들이 여자들을 창으로 상처 입히거나 죽이는 경우도 있었기 때문이다. 워트조발루크족은 박쥐를 남자의 '형제'라고 부르고, 쏙독새를 '아내'라고 불렀다. 이처럼 남녀의 생명이 각기 결부되어 있다고 여긴 특정 동물의 종은 부족에 따라 상이했다. 워트조발루크족의 경우는 박쥐가 남자의 동물이었지만, 하下머리Murray 지방의 군보워크리크에서는 박쥐가 여자의 동물로 여겨진 모양이다. 왜냐하면 그곳 원주민들은 "만일 박쥐를 죽이면 반드시 여자들 가운데 누군가가 죽게 되어 있다"는 이유로 박쥐를 죽이지 않았기 때문이다.

그러나 남녀의 생명이 결부되어 있다고 여겨진 특수한 종의 생물이 무엇이든 간에, 동남부 오스트레일리아 대부분의 지역에 걸쳐 그와 같은 신앙이 퍼져 있었고, 또 그런 신앙으로 인한 싸움이 벌어지곤 했다. 어쩌면 이런 관습은 더욱 광범위한 지역에서 행해졌을 수도 있다. 이 신앙은 매우 진지했고 따라서 싸움도 매우 심각한 양상을 띠었다. 예컨대 빅토리아의 몇몇 부족들의 경우, 보통 박쥐는 남자의 생명과 관계가 있다고 여겼기 때문에 남자들은 박쥐가 다치지 않도록 보호하며 이를 위해 아내를 거의 반쯤 죽이는 일까지도 불사했다. 한편 쏙독새 혹은 올빼미는 여자의 생명과 결부되어 있어서, 그것이 한밤중의 울음소리로 사람들의 마음에 공포심을 불러일으키는 흉조였음에도 불구하고 여자들은 열심히 올빼미를 보호했다. 그래서 만일 어떤 남자가 그 새를 죽이면, 여자들은 마치 자기 자식이 죽기나 한 것처럼 분노하면서 긴 몽둥이로 그 남자를 마구 때렸다.

이처럼 오스트레일리아의 원주민 남자와 여자가 각기 박쥐와 쏙독새 혹은 올빼미에 대해 행하던 진지한 보호(그것들은 각각 남자와 여자에게 할당된 생물이었으므로)는 단순히 이기적인 생각 때문이 아니었다. 왜냐하면 남자는 모두 그 자신의 생명뿐만 아니라 그의 아버지와 형제와 아들의 생명까지도 어떤 박쥐와 결부되어 있다고 믿었기 때문이다. 따라서 그들은 박쥐를 보호함으로써 그들 자신의 생명뿐만 아니라 모든 남성 친족들의 생명을 보호하고자 했던 것이다. 이와 마찬가지로 여자들도 자신의 생명뿐만 아니라 어머니와 자매와 딸들의 생명까지도 모두 특정한 올빼미의 생명과 결부되어 있다고 믿었다. 그래서 올빼미를 보호함으로써 자신들의 생명은 물론이고 모든 여성 친족들의 생명까지도 보호할 수 있다고 여겼던 것이다. 이처럼 남자의 생명이 특정한 동물 속에 있다고 믿었다면, 그 동물을 남자와 구분하기가 어려울 뿐만 아니라 그 남자를 그 동물과 구별하기도 곤란하게 된다.

가령 내 형제인 존의 목숨이 박쥐 속에 있다고 한다면, 한편으로 그 박쥐는 존인 동시에 내 형제가 된다. 다른 한편으로 존의 생명이 박쥐 속에 있기 때문에 어떤 의미에서는 존이 곧 박쥐라 할 수 있다. 마찬가지로 내 누이인 메리의 생명이 올빼미 속에 있다고 한다면, 올빼미는 내 누이가 되고 메리는 올빼미가 된다. 이런 발상은 매우 자연스러운 귀결로서, 오스트레일리아 원주민들은 그렇게 추론했다. 박쥐는 남자에 속한 동물이니까 남자들의 형제라고 불렀으며, 올빼미는 여자에 속한 동물이니까 여자들의 자매라고 불렀던 것이다. 반대로 남자는 여자를 올빼미라고 부르고, 여자는 남자를 박쥐라고 불렀다. 다른 여러 부족의 경우 각기 남녀에 할당된 특정 동물들에 대해서도 같은 말을 할 수 있다. 빅토리아 지방의 쿠르나이Kurnai족은 모든 에뮤 굴뚝새가 남자의 '형제'이며, 모든 남자는 에뮤 굴뚝새라고 여겼다. 마찬가지로 멋들어지게 재잘대는 모든 새는 여자의 '자매'이며, 모든 여자는 멋들어지게 재잘대는 새라고 여겼다.

그런데 미개인들이 특정 동물의 이름을 따서 자기 이름으로 삼고 그 동물을 형제라고 부르면서 살상을 거부하는 경우, 그런 동물은 그의 토템totem이라고 말한다. 예컨대 이상에서 살펴본 동남부 오스트레일리아 여러 부족의 경우, 박쥐와 올빼미와 에뮤 굴뚝새와 재잘대는 새 따위는 모두 남자 혹은 여자의 성별 토템sex totem이라고 말하는 편이 더 적절할 것이다. 그러나 성별 토템을 할당하는 경우는 비교적 드물며, 지금까지 오스트레일리아 이외의 지역에서는 그런 사례가 발견되지 않고 있다. 토템은 성별보다는 씨족별로 할당되는 것이 훨씬 일반적이며, 남성 계열 혹은 여성 계열별로 세습된다. 씨족 토템clan totem과 특정 개인의 관계는 남녀의 성별 토템과 특정 개인의 관계와 본질적으로 다를 바 없다. 다시 말해 씨족 토템의 경우에도 사람들은 그 토템을 죽이지 않으며 자기의 형제로서 여기고, 나아가 그 토템의 이름을 빌려 자기 이름을 삼는다. 이처럼 양자의 관계가 동일하다고 한다면, 한쪽에 적용된 설명은 동시에 다른 쪽에 대해서도 적용할 수 있어야 한다. 그래서 어떤 씨족이 동물 혹은 식물(씨족 토템은 식물인 경우도 있다)의 특정한 종을 존경하여 그 이름을 빌려 자기 이름으로 삼는 이유는, 그 씨족에 속한 각 성원들의 생명이 해당 동물이나 식물의 종에 속한 특정 동물 혹은 식물과 결부되어 있다고 믿었기 때문이다. 또한 어떤 남자 혹은 여자의 죽음이 해당 동물이나 식물의 죽음으로 인해 초래되는 거라고 믿었던 것이다.

이 같은 토테미즘totemism[8]의 해석은 서부 오스트레일리아에서 토템을 가리키

---

8 토테미즘은 주로 동물이나 식물과 같은 자연 대상물과 인간이 신비적 관계 또는 친족관계가 있다는 믿음에 근거한 복합적인 관념이나 의식을 가리키지만, 논자에 따라 많은 편차를 보여 간단히 정의하기가 쉽지 않다. 하지만 편의상 토테미즘의 특징을 사회적·심리적·의례적 측면으로 나누어 고찰한 리버스W. H. R. Rivers의 논의가 본문의 이해에 도움이 될 것이다. (1) 사회적 측면에서 토템은 개인적 토템 등의 예외가 있기는 하지만 주로 인간 집단(전형적으로 족외혼 집단 및 씨족을 들 수 있다)과 결합되는데, 특히 뒤르켐의 연구는 이 점을 잘 보여 준다. 여기서 토템은 흔히 해당 집단의 씨족관계를 표상하며 족외혼과 연관되는 경향이 많다. 프레이저는 『토테미즘과 족외혼Totemism and Exogamy』(1910)에서 이 문제를 다루고 있다. 하지만 토템이 씨족이나 족외혼과 결부되지 않는 경우도 많다. 가령 중앙오스트레일리아의 아룬다Arunda족 사회는 몇몇 토템 집단으로 분할되어 있지만 족외혼 관습은 없다. (2) 심리적 측면에서 해당 집단의 구성원들은 토템을 친족으로 믿는다. 토템과 해당 집단과의 특수한 관계는 일반적으로 신화 속에 많이 나오는데, 거기서는 종종 특정한 토템이 해당 집단의 조상으로 묘사된다. (3) 의례적 측면에서 토템에 대한 외경심은 그것을 먹거나 죽이거나 만지거나 보거나 이름을 부르는 행위를 금하는 형태로 나타난다. 한편 그 반대로 토템을 죽인다든지 먹어 치우는 관습도 여러 지역에서 확인된다. 이와 같은 토템 터부는 지역에 따라 그 정도가 상이하게 나타나며, 때로는 자신의 토템 이외의 토템을 더 강하게 금하는 경우도 있다. 이러한 특징을 지니는 토테미즘은 토템 집단의 성원들을 통합하고 특정한 토템 종種에 의해 해당 사회를 분류하거나 질서 짓는 기능을 한다. 본문에서 프레이저도 언급했지만, 토템의 유형은 토템과 관계된 인간 측을 중심으로 볼 때 크게 ① 부족(혹은 씨족이나 반족半族 토템 ② 성별 토템 ③ 개인적 토템 등으로 구분할 수 있다. 이밖에도 프레이저에 의하면, 토템 자체를 중심으로 볼 때 동물, 식물, 무생물, 추상적인 것, 동물의 부위, 복수의 동식물 등의 토템 유형으로 분류할 수 있다. 초기의 인류학에서는 주로 기원의 문제, 특히 종교의 기원을 둘러싼 토테미즘 연구가 주종을 이루었다. 가령 「동물과 식물의 숭배The Worship of Animals and Plants」(1869)라는 논문에서 최초로 중요한 이론적 작업을 수행한 맥레넌J. F. McLennan을 비롯하여 타일러, 프레이저, 골든바이저A. Goldenweiser 등의 연구를 들 수 있다. 또한 뒤르켐과 프로이트 등은 토테미즘을 특히 동식물 숭배라든가 씨족의 명칭과 결부

는 용어인 '코봉kobong'에 대한 조지 그레이George Grey(1802~1894)[9] 경의 정의와 매우 일치한다. 그는 코봉, 즉 토템을 다음과 같이 정의내리고 있다. "한 일족과 코봉 사이에는 어떤 신비적인 연관관계가 존재한다. 때문에 그 일족의 성원은 절대 그의 코봉에 속한 동물을 죽이지 않는다. 그 동물이 잠들어 있는 것을 발견했다 해도 그렇다. 어쩔 수 없이 죽여야 할 사정이 있을 때는 마지못해 죽이며, 이때 반드시 그 동물에게 도망칠 수 있는 기회를 준다. 이는 그 코봉에 속한 동물은 그들과 가장 가까운 친구이며, 따라서 그 동물을 죽이는 일은 큰 죄이고 조심스럽게 피해야만 한다고 믿었다. 마찬가지로 어떤 식물을 코봉으로 가진 원주민은 1년 중 특정 시기나 특정 조건하에서는 그 식물을 채취하지 않는다."[10]

우리는 여기서 사람들이 각기 특정 동물이나 식물 전체를 보호하기는 하지만, 그들에게서 이 모든 동물이나 식물이 다 동일하게 중시된 것은 아님을 알 수 있다. 다시 말해 그들은 어떤 종의 전체 중에서 특히 어떤 특정 개체만을 소중하게 여긴다. 그런데 그 특정한 개체가 과연 어느 것인지를 식별할 수 없기 때문에, 그 특정한 개체를 다치게 할까 두려워한 나머지 종 전체를 보호할 수밖에 없었던 것이다. 씨족 토템에 대한 이 같은 설명은 토템 종 가운데 하나를 죽임으로써

시켜 연구했다. 뒤르켐은 씨족을 중심으로 하는 동질 집단에서 토템적 종교의 형태와 기능을 분석했다. 그에게 토템이란 어디까지나 개인을 넘어선 집단에 속한 것이며, 그런 씨족집단의 외적 사물로서 해당 집단을 상징하는 신성한 표식과 다름없었다. 이리하여 뒤르켐은 토템이 신(종교)과 사회를 동시에 상징하는 표상물이라고 주장함으로써 '신(종교)=사회'라는 유명한 도식을 제시했다(뒤르켐, 노치준 외 옮김, 『종교생활의 원초적 형태』, 민영사, 1992 참조). 한편 프로이트는 토테미즘과 족외혼 제도의 발생 및 종교의 기원 문제를 다루면서 독자적인 심리학적 가설을 제시했다. 그 가설에 의하면, 원시가족의 아버지가 모든 여성을 독점하고 아들들과의 성적 관계를 금지하자 아들들은 그런 아버지를 살해하고 여자들을 나누어 차지했다. 아들들은 외경의 대상이자 동시에 증오의 대상이기도 했던 아버지를 살해한 것에 대해 강한 죄의식을 품게 되었는데, 프로이트는 이런 복합적인 심리를 오이디푸스 콤플렉스Oedipus Complex라는 말로 개념화했다. 바로 이런 오이디푸스 콤플렉스가 토테미즘을 발생시켰다. 즉, 이때의 토템 동물은 살해당한 아버지를 표상하며, 그 토템을 숭배함으로써 인간은 원초적인 오이디푸스 콤플렉스로부터 구제받는다는 것이다. 이는 종교의 기원을 설명하는 열쇠로 간주되었다(프로이트, 김종엽 옮김, 『토템과 터부』, 문예마당, 1995 참조). 이밖에도 토테미즘에 관해서는 말리노프스키, 래드클리프브라운, R. 퍼스, 에번스 프리처드, 레비스트로스 등에 의해 기능주의적·구조주의적 분석이 이루어졌다. 특히 레비스트로스는 『오늘날의 토테미즘Le Totemisme aujourd'hui』(1963)에서 종래의 토테미즘 언설에 내재된 환상과 허구성을 예리하게 비판하고 있다. 그 대신 그는 H. 베르그송과 J. J. 루소의 사상을 매개로 하여, 토테미즘을 현실 앞에 선 인간정신이 조작해 낸 것으로 환원시켜 파악하고 있다.

9 영국의 정치가. 1846~1852년 육군장관 겸 식민장관을 지내면서 최초로 식민지 자치정책을 추진해 식민지에 가능한 한 최대의 자치를 부여하려 애썼다.

10 출처는 George Grey, *Journals of Two Expeditions of Discovery in North-West and Western Australia*, London, 1841

초래된다고 여겨진 결과와 앞뒤가 들어맞는다.

"어느 날 한 원주민이 까마귀를 죽였는데, 사나흘 뒤에 래리Larry라는 이름의 '부르트와Boortwa'가 죽었다. '부르트와'는 까마귀를 뜻하는 토속어로서 까마귀 씨족Crow clan에 속한 사람을 지칭한다. 그는 며칠 동안 병을 앓고 있었는데, 그의 '원공wingong', 즉 토템의 죽음이 그의 죽음을 재촉했다." 여기서는 까마귀의 죽음이 까마귀 씨족에 속한 자를 죽게 만든 원인으로 간주되고 있다. 이는 성별 토템의 경우에서 박쥐의 죽음이 박쥐 남자의 죽음을 초래하고, 올빼미의 죽음이 올빼미 여자의 죽음을 초래했다는 앞의 사례와 전적으로 동일하다. 이와 마찬가지로 '나구알'의 죽음은 중앙아메리카 인디언의 죽음을 초래했고, '밀림의 영혼'의 죽음은 칼라바르 원주민의 죽음을 초래했으며, '타마뉴'의 죽음은 뱅크스섬 원주민의 죽음을 초래했다. 또한 설화 속에서는 자기 생명이 위탁된 동물의 죽음이 거인이나 마법사의 죽음을 불러왔다.

이와 관련하여 '몸에 심장이 없는 거인'에 관한 설화가 어쩌면 인간과 그의 토템 사이에 존재한다고 여겨진 관계에 대해 하나의 열쇠를 제공해 줄지도 모른다. 즉, 푼치킨이 그의 생명을 앵무새에게 의탁하고 비다사리가 그의 영혼을 황금 물고기에 의탁한 것처럼, 토템이란 단지 인간이 그 생명을 의탁하여 보관하는 저장 용기와 다름없다는 설명이 가능할 것이다.[11] 여기서 혹자는 어떤 미개인이 성별 토템과 씨족 토템을 함께 지니고 있는 경우, 그의 생명은 두 마리의 상이한 동물과 결부되고, 그중 한 마리라도 죽으면 그 또한 죽게 되는 것이 아니냐고 반문할지도 모른다. 하지만 이는 위의 설명에 대한 적절한 반론이 되지 못한다.

미개인은 만일 인간이 그 몸속에 하나 이상의 영혼을 가지고 있다고 한다면, 몸 바깥에도 하나 이상의 영혼을 가질 수 있다고 생각했을 것이다. 또한 자신의 생명을 자기 몸 바깥에 둘 수 있으므로, 그 생명의 일부를 하나의 동물에, 다른 일

---

11 이는 토테미즘에 관해 프레이저가 그의 저서 『토테미즘과 족외혼』에서 제시한 세 가지 이론 가운데 첫 번째 이론, 즉 『황금가지』 초판에서 처음 제시한 이른바 창고설Depository Theory을 가리킨다. 창고설을 발표한 이후 프레이저는 오스트레일리아 원주민에 관한 스펜서의 작업에 영향을 받아 한때 성찬설Sacramental Theory을 수용하기도 했다. 성찬설에 의하면, 토템 씨족의 구성원들은 때때로 자신들의 토템을 성찬의식에서 먹어 치움으로써 그 토템과의 유대를 도모하려 했다는 것이다. 이 경우 토템은 그들이 매년 한 차례씩 먹는 음식이 된다. 이 이론은 『황금가지』 제2판에 가장 현저하게 나타난다. 그러나 『황금가지』 제3판(최종판)에 이르러 프레이저는 제3의 이론, 즉 토테미즘의 수태설Conceptional Theory로 넘어간다. 이 이론에 따르면, 토템이란 어머니가 자궁 속 아기의 태동을 처음 느낄 때에 지나갔던 곳에서 마주친 동식물과 다름없다. 로버트 프레이저 편, 앞의 책, 879쪽 편주 참조

부를 또 다른 동물에 옮길 수도 있다고 생각했을 것이다. 이와 같은 생명의 분할 가능성, 즉 영혼의 복수성은 널리 알려진 많은 사실들에 의해 시사된 바 있으며, 미개인뿐만 아니라 플라톤과 같은 철학자의 마음을 끌었던 관념이다. 영혼의 관념이 이처럼 의사凝似과학적 가설에서 하나의 신학적 교의로 바뀌면서, 통일성과 불가분성이 영혼의 본질적인 속성이라고 주장하기 시작했다. 하지만 교의 같은 것에 구애받지 않던 미개인은 그들이 필요로 하는 수만큼의 영혼을 상정함으로써 생명의 사실을 자유롭게 해석했다.

남아메리카의 카리브족은 머릿속에 영혼이 하나 들어 있고, 심장에도 영혼이 있으며, 동맥의 맥박을 느낄 수 있는 곳마다 다른 영혼들이 깃들어 있다고 믿었다. 북아메리카의 히다차Hidatsa족 인디언은 먼저 신체의 말초 부위부터 죽어 가는 점진적인 죽음의 현상에 대해 이렇게 설명하고 있다. 즉, 인간에게는 네 개의 영혼이 있는데, 그것들은 동시에 몸을 떠나는 것이 아니라 차례차례 떠나며, 네 개의 영혼이 전부 떠나 버렸을 때 비로소 완전한 죽음이 찾아온다는 것이다. 보르네오의 다약족과 말레이 반도 사람들은 모든 인간은 일곱 개의 영혼을 가지고 있다고 믿었다. 셀레베스 포소의 알푸르족은 사람에게 세 개의 영혼이 있다고 보았다. 라오스의 원주민들은 사람의 몸에 서른 개의 영혼이 깃들어 있는데, 그 영혼들이 양손과 두 다리와 입과 두 눈 등에 들어 있다고 여겼다. 따라서 사람이 성별 토템 속에 하나의 영혼을 가지고 있으며, 씨족 토템 속에 또 하나의 다른 영혼을 가지고 있다고 본 미개인의 견해는 얼마든지 있을 법하다. 그러나 이미 지적한 바와 같이 성별 토템은 오직 오스트레일리아에만 있었다. 그러니까 토테미즘의 관습을 가진 미개인은 일반적으로 다수의 영혼을 그 몸 바깥에 둘 필요가 없었던 것이다.

토템이란 인간이 자신의 영혼(혹은 영혼들 가운데 하나)을 의탁하는 그릇이라고 하는 이상의 해석이 옳다면, 각 성원이 적어도 하나의 영혼을 언제나 자기 몸 바깥에 둔다는 관념과 그 외재적 영혼의 파괴가 그 소유자의 죽음을 초래한다는 관념을 분명하게 확인할 수 있는 토템 민족의 사례가 있으리라고 기대할 만하다. 가령 수마트라의 바탁족이 그런 사례에 속한다. 바탁족은 남계 계승의 족외혼 씨족들로 구성되어 있다. 각 씨족은 어떤 특정 동물의 고기를 먹지 못하도록 금지되어 있다. 예컨대 어떤 씨족은 호랑이를 먹어서는 안 되고, 그 밖의 씨족들도 각기 원숭이·악어·개·고양이·비둘기·흰물소·메뚜기 따위를 먹어서는 안 된다.

한 씨족의 성원들이 어떤 특정 동물을 먹어서는 안 되는 이유는, 그들이 그 동물 종의 계통에 속해 있고 또한 사후에 그들의 영혼이 해당 동물로 재생한다고 믿기 때문이다. 아니면 그들과 그들의 조상이 그 동물에 대해 어떤 의무가 있었기 때문이다. 항상 그런 것은 아니지만 때때로 어떤 씨족은 해당 동물의 이름으로 불리기도 한다. 이처럼 바탁족은 완전한 토테미즘을 가지고 있었다.[12] 그들은 각기 일곱 개의 영혼 혹은 보다 적절한 계산에 따르면 세 개의 영혼을 가지고 있다고 믿었다. 그 영혼들 가운데 하나는 언제나 몸 바깥에 있다고 여겼다. 그런데 그 영혼이 죽으면, 당시에 그것이 아무리 먼 곳에 있다 해도 동시에 그 영혼의 소유자도 죽는다. 이러한 신앙을 보고한 자는 바탁족의 토템에 대해서는 언급한 바가 없다. 그러나 오스트레일리아와 중앙아메리카, 아프리카 등지의 유사한 사례로 미루어 보건대, 그 죽음이 소유자의 죽음을 가져오는 외재적 영혼은 토템 동물 혹은 토템 식물에 깃들어 있다고 여겨진 것으로 짐작된다.

바탁족은 명확한 용어로써 그들의 외재적 영혼이 그들의 토템 속에 있다고 단언하는 대신, 그들 씨족의 신성한 동물이나 식물을 숭배하는 다른 근거들을 내세웠다. 그렇다고 이 점이 토템에 대한 우리의 해석에 불리한 영향을 끼치는 일은 전혀 없다. 미개인들이 그들의 토템에 대해 단언하지 않은 까닭은, 그들의 영혼이 어떤 외적 존재와 결합되어 있다고 진지하게 믿었던 만큼 외부의 누군가에게 그 비밀이 알려져서는 절대 안 된다고 여겼기 때문일 것이다. 그래서 미개인들은 자신의 은밀한 생활과 신앙에 관련된 모든 것들에 대해 지나칠 정도로 조심스러워하면서 비밀을 지키려 했던 것이다. 유럽인들이 장기간 미개인들 사이에 체재했음에도 불구하고, 그들 신앙의 중요한 측면을 제대로 포착하지 못한 채 종종

---

12 프레이저가 바탁족을 이른바 '완전한 토테미즘'의 전형으로 꼽는 이유는 바탁족의 족외혼 시스템과 무관하지 않은 듯싶다. 프레이저 최초의 인류학적 저서인 『토테미즘Iotemism』(1887)을 발전시킨 『토테미즘과 족외혼』(1910)에서 프레이저는 토테미즘을 다음과 같이 정의내리고 있다. "토템은 일종의 물질적인 집합대상a class of objects으로서, 미개인들은 자신 및 공동체 성원들이 그 토템과 친밀하고 특별한 관계를 가진다고 믿어 숭배한다. (…) 인간과 토템 사이의 결합은 상호 호혜적이다. 즉, 토템은 인간을 보호해 주고 인간은 다양한 방식으로 토템에게 경의를 표한다. 가령 토템이 동물인 경우는 그것을 죽이지 않으며, 토템이 식물인 경우는 그것을 베거나 채취하지 않는다. 토템은 주물fetish과는 구별된다. 즉, 토템은 결코 개체가 아닌 집합대상으로서, 통상 동물이나 식물의 특정 종a species이며 드물게는 인공적인 집합대상인 경우도 있다. 토템 씨족의 성원들끼리는 결혼하지 않으며, 다른 씨족과 결혼하는 것이 일반적인 규칙이다. 이런 규칙을 족외혼exogamy이라 한다." 여기서 프레이저는 통상 토테미즘과 족외혼이라는 두 가지 사회제도가 함께 발견될 거라고 보았는데, 바탁족의 경우는 바로 이런 조건을 충족시켜 주고 있다. R. Angus Downie, *Frazer and The Golden Bough*, 앞의 책, pp. 76~77 참조

그저 우연의 결과로만 발견하게 된 것도 이 때문이다.

무엇보다도 미개인들은 항상 마법에 의해 살해당하는 것을 지극히 두려워하면서 살았다. 마법사는 그들을 파멸하기 위해 그들의 머리카락, 손톱, 발톱, 타액, 음식물 찌꺼기, 이름 따위의 가장 사소한 것들을 이용하기 때문에 미개인들은 세심하게 주의를 기울여 그런 것들을 숨기거나 버려야 한다고 생각했다. 기껏해야 그들 생명의 전초지와 외곽 보루에 불과한 이런 사소한 것들에 대해서도 그토록 조심스러워하고 비밀을 지키려 할 정도였으니, 하물며 미개인들이 그들 존재의 내적 본성과 아성을 은폐하기 위해 얼마나 완강히 자제했는지는 쉽게 짐작할 수 있을 것이다. 설화에 나오는 공주가 거인에게 영혼을 어디에 두었냐고 물었을 때, 거인은 종종 거짓말을 하거나 회피했다. 그러다가 마침내 공주는 온갖 감언이설로 달래고 유혹한 끝에 거인한테서 비밀을 알아냈다. 이처럼 의심 많고 말수가 적으며 자기를 엄격하게 제어한다는 점에서 설화 속의 거인은 겁 많고 소심하기 짝이 없는 미개인들과 비슷하다.

그러나 설화 속의 긴박한 정황으로 인해 거인이 마침내 자신의 비밀을 누설한 데 비해, 미개인들은 자신의 비밀을 꼭 말해야 할 책임이 있는 것도 아니다. 또한 아무리 교묘하게 유도를 한다 해도 미개인들은 자기 영혼의 소재를 이방인에게 누설함으로써 굳이 위태로운 상황을 만들려 하지 않았을 것이다. 따라서 미개인들 삶의 핵심적인 비밀이 오랫동안 알려지지 않았다 하더라도 조금도 놀랄 만한 일이 아니다. 때문에 잡다한 암시와 단편적인 정보, 설화 속에 흔적으로 남아 있는 과거의 기억들에서 조각 맞추기를 통해 그 비밀을 유추해 볼 수밖에 없다 한들 전혀 이상스러운 일이 아니다.

4. 죽음과 재생의 의례

토테미즘에 관한 이상의 견해는, 내가 알고 있는 한 아직껏 어떤 적절한 설명도 제시되지 않은 일종의 종교적 의례를 규명하는 데에 중요한 실마리를 던져 준다.[13] 많은 원시부족, 특히 토테미즘을 신봉한다고 알려진 부족들에게는 사춘기 소년들에게 입문의례initiatory rites[14]를 집행하는 관습이 있다. 그중 가장 일반적인 것으로서 소년을 상징적으로 죽였다가 다시 살리는 죽음과 재생의 의식을 들 수 있다. 그런 의식은 소년의 영혼을 빼내어 그의 토템에 전이하는 데에 그 본질이 있다고 볼 때 잘 이해할 수 있다. 왜냐하면 소년의 영혼을 빼낸다는 것은 당연히 그를 죽이거나 혹은 적어도 죽음과 같은 실신 상태에 몰아넣는 것이라고 상상할 수 있기 때문이다. 미개인들은 실신과 죽음을 거의 구별하지 않았다. 그래서 미개인들은 소년이 받은 어떤 폭력적이고 강렬한 충격으로부터 점진적으로 회복하거나, 아니면 보다 일반적으로 토템에게서 빼낸 신선한 생명을 그에게 주입함으로써 그가 다시 살아날 수 있다고 여긴 것이다. 입문의례의 본질은 그 의례가 상징적인 죽음과 재생의 연출로 이루어진다는 점에서, 인간과 토템 사이의 생명 혹은 영혼의 교환에 있다고 말할 수 있다.

그와 같은 영혼의 교환가능성에 대한 원시적 신앙은 어떤 바스크Basque족[15] 사냥꾼의 설화에 매우 잘 나타나 있다. 즉, 어떤 곰이 사냥꾼을 죽인 뒤 그에게 자신의 영혼을 불어넣어 주었다. 그리하여 곰의 육신은 죽고, 대신 곰의 영혼을 부여받은 사냥꾼이 곰으로 재생한 것이다. 죽은 사냥꾼이 곰으로 다시 살아났다는 이런 재생은 사춘기 소년을 죽이고 다시 재생시키는 의식에서의 그것과 하등 다를 것이 없다. 즉, 소년은 인간으로서 죽었다가 동물로서 다시 살아난다. 이제 동물의 영혼이 그의 신체 속에, 그리고 그의 인간 영혼이 동물 속에 있는 것이다. 이로써 그에게는 자신의 토템에 따라 스스로를 '곰'이나 '늑대'라고 부를 수 있는 정당한 권리가 주어지게 된다. 또한 그에게는 곰들이나 늑대들을 자신의 형제로 취급할 수 있는 정당한 권리도 주어진다. 왜냐하면 그런 동물들 안에 그 자신과

---

13 프레이저는 아래에서 토테미즘과 입문의례의 해석을 접목하면서 자기 이론의 효용성을 주장하고 있으나, 후대의 인류학자들은 토테미즘에 관한 프레이저의 견해를 그다지 받아들이지 않았다. 가령 보애스Franz Boas에 의하면, 토테미즘은 프레이저의 주장과는 달리 단일하고 통일적인 실체가 아니며 심리학적으로든 역사적으로든 다양한 기원을 가지는 것으로 이해되었다. 골덴바이저는 이런 이해를 발전시켜 『토테미즘: 분석적 연구Totemism: An Analytical Study』에서 토테미즘의 형태 및 내용과 기원의 다양성을 체계적으로 보여 주었다. 이와 관련하여 레비스트로스는 골덴바이저의 이 110쪽짜리 책이 프레이저의 2200쪽짜리(전4권) 저서인 『토테미즘과 족외혼』보다 더 많은 영향을 끼쳤다고 평가하기도 했다. R. Angus Downie, Frazer and The Golden Bough, 앞의 책, p. 79

14 종교학자 엘리아데M. Eliade의 정의에 의하면, 입문의례란 입문initiation 과정에 있는 신참자의 종교적, 사회적 상태의 급격한 변화를 목적으로 하는 의례로서, 크게 (1) 성년식puberty rites (2) 비밀결사 입사식 (3) 주술사 혹은 샤먼 입문식의 세 유형으로 나눌 수 있다. 엘리아데, 박규태 옮김, 『종교의 의미』, 서광사, 1990, 169~190쪽; 반 헤네프A. Van Gennep, 서영대 옮김, 『통과의례』, 인하대출판부, 1986, 특히 85~150쪽 참조

15 스페인과 프랑스의 비스케이만 및 피레네 산맥 서쪽 기슭에 사는 민족

친족들의 영혼이 깃들어 있기 때문이다.

입문의례에서의 상징적인 죽음과 재생에 대한 사례로서는 다음과 같은 것을 들 수 있다. 뉴사우스웨일스의 웡기Wonghi족 혹은 웡기본Wonghibon족의 사춘기 소년들은 비밀스러운 입문식을 치러야 하는데, 그 의식은 이미 입문식을 거친 남자들 외에는 아무도 볼 수 없다. 이 의식의 일부로서 사람들은 신참자의 이빨을 하나 부러뜨리고, 그에게 새 이름을 부여한다. 이는 신참자가 소년에서 성인으로 변화하는 것을 나타낸다. 이때 이빨을 부러뜨리는 동안 '블로러bull-roarer'[16]라 부르는 도구를 쌩쌩 소리가 나도록 빙글빙글 휘두른다. 이 도구는 가장자리가 톱니 모양에다 끝에 줄이 달린 판자 조각으로 만들어졌으며, 입문식을 치르지 않은 자는 볼 수 없다. 여자들은 죽을 만큼 고통스러운 이 의식을 보지 못하도록 금지되어 있다. 소년들은 각자 '투렘린Thuremlin'(통상 다라물룬Daramulun이라는 이름으로 더 많이 알려져 있다)이라는 신비한 존재와 만나게 되는데, 그는 소년을 먼 곳으로 데리고 가서 죽이는데, 때로는 그 시체를 난도질하기도 한다. 그런 다음 소년을 다시 재생시켜 이빨을 부러뜨린다. 이런 투렘린의 위력에 대한 그들의 신앙은 확고하다고 한다.

달링강[17] 상류의 왈라로이Ualaroi족은 입문의례 때 소년이 어떤 유령과 만나는데, 그 유령은 소년을 죽인 다음 다시 청년으로 재생시킨다고 한다. 라클런강[18]과 머리강 하류에 사는 원주민들은 '트루말룬Thrumalun, Daramulun'이 신참자를 죽인 다음 다시 재생시킨다고 여겼다. 중앙오스트레일리아 운마체라Unmatjera족의 여자들과 아이들은 '트와니리카Twanyirika'라 부르는 정령이 입문의례 기간 동안 소년을 죽였다가 다시 살린다고 믿는다. 중앙오스트레일리아의 여타 부족들과 마찬가지로 이 부족의 입문의례에서도 할례와 절개의식을 행한다. 이 두 가지 수술이 끝나면 소년은 그의 부친으로부터 '추링가churinga'라 일컬어지는 신성한 막대기를 받는다. 이때 소년은 그의 영혼이 예전부터 이 막대기와 결부되어 있었다는 말을 듣는다. 수술한 상처가 다 나아 숲에서 나오는 동안, 소년은 '블로러'를 휘

---

16 원시민족(특히 오스트레일리아 원주민과 북아메리카 인디언들)이 주술의식 및 입문식 등의 각종 종교의례에서 사용한 일종의 신성한 악기. 타원형의 나무판자로 만들어졌으며, 한쪽 끝에 줄을 매달아 머리 위로 빙빙 돌려 윙 하는 소리를 냈는데, 원시인들은 이 소리를 매우 신성시했다. 길이 15~60센티미터이며, 폭 1.25~5센티미터 정도로 형태는 다양하다.

17 오스트레일리아 남동부의 머리-달링강 수계를 이루는 가장 긴 강

18 오스트레일리아 뉴사우스웨일스주에 있는 머럼비지강의 주요 지류支流

중앙오스트레일리아 원주민들이
사용했던 블로러(위), 1950년대 수집.
가장자리에는 톱니 모양의 돌기들이 없고
사람 머리카락을 엮어 만든 끈이 특징적이다.

중앙오스트레일리아 원주민들이 신성시했던
추링가(아래), 1930년대 수집.
블로러와 형태는 비슷하나 한쪽 끝에
끈을 매다는 구멍이 뚫려 있지 않다.

둘러야 한다. 그렇지 않으면 천상의 존재가 그를 습격하여 약탈해 간다고 믿었다. 카펀테리아만[19] 서쪽 해안에 사는 빈빙가Binbinga족의 여자들과 아이들은 '카타야리나Katajalina'라는 정령이 입문의례 때 '블로러'의 소리를 일으킨다고 믿는다. 개미집에 사는 이 정령이 소년들을 잡아먹은 다음 나중에 다시 소생시킨다는 것이다. 이와 비슷하게 인근 아눌라Anula족의 여자들은 '그나바이아Gnabaia'라는 정령이 '블로러'의 윙윙거리는 소리를 일으키며, 그 정령이 입문의례 때 소년들을 삼킨 다음 성인의 모습으로 다시 토해 낸다고 믿는다.

뉴사우스웨일스의 남부 해안에 사는 여러 부족들 가운데 코스트머링Coast Murring족은 전형적으로 입문의례 때 신참자들에게 죽음과 재생의 드라마를 실감나게 보여 준다. 어떤 목격자는 그 의식에 대해 다음과 같이 보고하고 있다. 실 같은 나무껍질 섬유로 분장한 주술사 역의 한 남자가 묘지 안에 누워 있고, 그 위에 나뭇가지와 흙이 살짝 덮여 있다. 그는 마치 흙에서 자라나는 듯이 보이는 키 작은 관목을 손에 쥐고 있고, 효과를 더하기 위해 다른 관목들이 땅에 꽂혀 있다. 거기에 신참자들이 나타나 묘지 둘레에 앉는다. 이윽고 나무껍질 섬유로 분장한 사람들의 행렬이 다가온다. 두 명의 거룩한 장로들이 인도하는 이들은 주술사 집단을 표상하는데, 형제 주술사가 누워 있는 묘지를 순례하러 온 것이다. 이 작은 행렬이 다라물룬에게 바치는 기도문을 영창하면서 바위나 나무 그늘에서 일렬종대를 지어 나타난다. 그들은 신참자들의 반대편 묘지 옆에 정렬한다. 두 명의 장로는 무용수들 뒤쪽에 자리 잡는다. 묘지 위에서 자라난 듯이 보이는 나무가 흔들릴 때까지, 잠시 동안 춤과 노래가 계속된다. 그때 사람들이 흔들리는 나뭇잎을 가리키며 "저길 보아라!" 하고 신참자들에게 외친다. 이에 신참자들이 그곳을 쳐다보자, 나무가 더욱 심하게 흔들리다가 크게 뒤뚱거리더니 마침내 쓰러진다. 그러는 동안 무용수들의 흥분된 춤과 합창대의 노래 소리가 들려오는 가운데, 사자死者역의 남자가 몸 위에 덮여 있는 나뭇가지와 잎들을 떨쳐 내고 벌떡 일어나 묘지 안에서 주술적 춤을 춘다. 그러면서 입을 벌려 '다라물룬'에게서 친히 받았다고 간주되는 주물을 내보인다.

북부 뉴기니의 야빔Yabim족, 부카우아Bukaua족, 카이Kai족, 타미Tami족 등도 오스트레일리아의 많은 부족들과 마찬가지로 그 부족 내의 모든 남자 성원에게 성

---

19 태평양 아라푸라해에 있는 직사각형으로 된 수심이 얕은 만. 오스트레일리아의 북동쪽 해안에 있다.

년 남자의 대열에 들어서기에 앞서 할례를 받도록 한다. 이런 할례가 특징적인 부족의 입문의례는 오스트레일리아의 몇몇 부족들이 그렇듯이 어떤 신화적 괴물에 의해 삼켜졌다가 다시 토해 내는 과정으로 이루어져 있다. 이때 신화적 괴물은 '블로러'의 윙윙거리는 소리를 흉내 낸다. 뉴기니의 여러 부족들은 여자들과 아이들에게 이 같은 신앙을 마음속 깊이 각인시켜 줄 뿐만 아니라, 그것을 실제 입문의례에서 연극 형태로 연출하기도 한다. 그러나 여자들과 입문식을 거치지 않은 자들은 이 연극에 일절 참가할 수 없다. 하여튼 이를 위해 마을 안이나 숲속의 외진 곳에 길이 50미터 정도 되는 건물이 세워진다. 그것은 저 신화적 괴물의 모양을 본떠 만들어진다. 즉, 괴물의 머리 부분을 나타내는 건물의 한쪽 끝은 지붕을 높게 하고, 다른 쪽 끝부분으로 내려갈수록 지붕을 낮게 만든다. 또한 뿌리째 뽑은 야자수로 거대한 괴물의 등뼈를 표현하고, 그 나무에 치렁치렁 늘어진 섬유질 덩굴로 괴물의 머리카락을 나타낸다. 게다가 괴물 모양을 더욱 완전하게 하기 위해 원주민 예술가가 건물 아랫부분에 번쩍이는 눈과 쩍 벌린 입을 그려 넣는다. 귀여운 자식을 삼키는 괴물의 존재를 믿거나 혹은 그렇게 믿는 척하는 모친이나 친척 여자들과 눈물의 작별을 한 다음, 공포에 떠는 신참자들이 그 기괴한 괴물 모양의 구조물 정면으로 차례차례 끌려 나온다.

이때 거대한 괴물은 으르렁거리며 음침한 소리를 내는데, 이는 실은 괴물 뱃속에 숨어 있는 사내들이 '블로러'를 휘둘러 내는 소리와 다름없었다. 이어서 이 괴물에게 삼켜지는 실제 과정이 여러 가지 모양으로 연출된다. 타미족은 신참자들에게 한 남자가 서 있는 괴물 모양의 구조물 아래로 지나가게 함으로써 괴물이 신참자를 삼키는 과정을 더욱 실감나게 연출한다. 즉, 구조물 위에 서 있는 남자는 자기 아래로 공포에 떠는 신참자가 벌벌 기며 지나갈 때마다 그를 삼키는 시늉을 하면서 실제로 아가리를 벌려 꿀꺽꿀꺽 물을 마셔 댄다. 그런데 이때 다행히도 신참자를 구조하기 위해 괴물 앞에 바친 돼지고기가 괴물의 마음을 회유하여 희생자를 게워 내게 된다. 즉, 괴물 역을 맡은 남자가 희생자의 대리 제물을 받아들이고, 콜록거리는 소리와 함께 방금 마신 물을 신참자들에게 토해 내는 것이다. 이는 신참자가 괴물의 배 속으로부터 해방되는 것을 의미한다. 그러나 신참자는 이보다 더 고통스럽고 위험한 할례의식을 받지 않으면 안 된다. 할례는 신속하게 진행되는데, 이때 수술자의 칼에 의해 베인 상처는 괴물이 거대한 위장 속에서 신참자들을 토해 낼 때 그 이빨로 물어뜯거나 긁은 상처로 간주된다. 수술이 진행되는 동안 '블로러'를 휘두르는 기괴한 소리가 들려온다. 이는 신참자를 삼키고 있는 괴물이 으르렁거리는 소리를 나타낸다.

가끔 있는 일이지만, 수술 결과 소년이 죽기도 한다. 그런 경우에는 그 유해를 은밀하게 숲속에 묻는다. 사람들은 슬퍼하는 어머니에게 이렇게 해명한다. 즉, 괴물에게는 인간의 위장 외에도 돼지의 위장이 있는데, 당신 아들은 불행히도 돼지 위장 속으로 잘못 들어갔기 때문에 구할 수가 없었다는 식이다. 어쨌든 할례의식을 마친 소년들은 몇 달 동안 격리된 채 지내야 하며, 그 기간에는 여자와의 접촉이 금지될 뿐만 아니라 여자의 모습조차도 보아서는 안 된다. 이때 그들은 괴물 배 속을 나타내는 길쭉한 건물 안에서 기거한다. 이리하여 마침내 입문식을 거친 성년 남자 축에 끼게 된 소년들이 성대한 환호성을 받으며 축하의식 속에서 마을로 들어선다. 그러면 마치 죽었던 자가 묘지에서 살아 돌아오기라도 한 것처럼 여자들은 울먹거리며 기쁨의 눈물을 흘린다. 이 소년들은 처음에는 눈을 꼭 감고 있거나 혹은 온몸에 회반죽을 더덕더덕 바르기도 한다. 또한 연장자가 지시하는 말을 알아듣지 못하겠다는 시늉을 한다. 하지만 이들은 혼수상태에서 깨어나듯이 점차로 의식을 회복하며, 이튿날에는 목욕재계를 하고 온몸에 발랐던 회반죽 부스러기를 말끔히 씻어 낸다.

앞에서 할례의식 때 괴물이 신참자를 삼킨다고 했는데, 그 괴물이 으르렁거리는 무시무시한 소리는 전혀 위험하지 않은 목제 도구를 휘둘러 내는 소리였다. 여기서 뉴기니의 모든 부족들이 이런 '블로러'나 괴물에 대해 동일한 용어를 사용한다는 사실은 매우 의미심장하다. 나아가 앞의 사례에 나오는 네 부족의 언어 중 세 가지 언어에서 '블로러'와 괴물에 적용된 용어가 동시에 죽은 자의 망령 혹은 정령을 의미하기도 하며, 나머지 네 번째 언어(카이족 언어)에서는 그것이 '조부'를 의미한다는 사실 또한 주목할 만하다. 이로써 보건대, 입문의례에서 신참자들을 삼켰다가 다시 토해 내는 괴물은 다름 아닌 강력한 망령 혹은 조상령ancestral spirit이며, 그의 이름을 가진 '블로러'는 그의 물질적 표상이라고 생각된다. 이는 그 신성한 도구를 여자들에게 보여 주지 않을 만큼 세심하게 비밀을 지켰다는 것을 시사한다. '블로러'를 사용하지 않을 때는 여자들이 전혀 출입할 수 없는 남자들의 집회소에 보관해 둔다. 실로 여자들이나 입문의례를 거치지 않은 자들은 아무리 죽음과 같은 고통을 대가로 치른다 해도 '블로러'를 볼 수 없다.

마찬가지로 네덜란드령 뉴기니 남해안의 파푸아에 사는 투게리Tugeri족 혹은 카야카야Kaya-Kaya족은 '블로러'를 '소솜sosom'이라고 부른다. 이 명칭은 동남쪽에서 불어오는 계절풍을 타고 매년 나타난다는 신비한 거인의 이름이기도 하다. 그가 나타나면 '블로러'를 휘두르며 그를 기리는 축제를 연다. 이때 사람들은 제물로서 소년들을 거인에게 바치는데, 거인은 소년들을 죽였다가 자비롭게도 다시 소생시켜 준다는 것이다.

피지 제도에서 가장 큰 비티레부섬에서는 입문의례 때에 죽음과 재생의 드라마가 소년들이 보는 앞에서 장엄하게 연출된다. 이때 소년들은 성지에 누워 있는 송장들 혹은 송장인 척하는 사람들을 보게 되는데, 이 모의 송장들은 피투성이로 절개되어 내장이 삐져나와 있는 모습을 하고 있다. 그런데 대사제가 외치는 신호 소리에 따라 모의 송장들이 일제히 벌떡 일어나 강물로 달려가서는 자기 몸에 붙어 있는 돼지피와 돼지 창자 등을 깨끗이 씻어 낸다. 그런 다음 그들은 마치 죽음에서 소생한 사람인 양 정결하고 싱싱하게 화환으로 단장하고는 장엄한 찬가에 맞추어 몸을 흔들며 행진하여 성지로 다시 돌아가 신참자들 앞에 나타나는 것이다. 이것이 그들의 죽음과 재생의 드라마였다.

뉴기니와 뉴브리튼섬 사이에 있는 루크섬 원주민들의 축제에서는 머리에 목제 가면을 쓴 한두 명의 남자가 춤을 추면서 마을 안을 돌아다니고, 마을의 다른 모든 남자들이 행렬을 지어 그 뒤를 따른다. 이 행렬은 집집마다 돌며 할례의식을 마쳤으나 아직 '마르사바Marsaba', 즉 악마에게 잡아먹히지 않은 소년들을 내놓으라고 요구한다. 이리하여 겁에 질려 벌벌 떠는 소년들이 인도되면, 이 소년들은 가면 쓴 남자들의 가랑이 밑을 기어 지나가야만 한다. 그런 다음 이 행렬은 다시 마을을 돌아다니면서, 마르사바가 소년들을 삼켜 버렸으니 돼지나 타로감자 따위를 바치지 않으면 다시 토해 내지 않을 것이라고 외친다. 이에 모든 마을 사람들이 각자 형편에 따라 음식물을 선물로 내놓으면, 그들은 마르사바의 이름으로 그것들을 먹어 치운다.

세람 서부지방의 사춘기 소년들은 '카키안Kakian' 결사의 입사를 허락받는다. 일반적으로 근대의 저술가들은 원래 외국의 지배에 저항할 목적에서 이 결사가 생겨났다고 보았다. 물론 때로는 사제들이 정치적 목적을 위해 그들의 강력한 영향력을 이용했을 가능성도 없지 않을 것이다. 하지만 이 결사의 참된 목적은 순전히 종교적·사회적인 성격을 가지고 있다. 사실 이 결사는 소년들의 입문식을 주요 목적으로 하는, 널리 분포된 원시적 제도 중의 하나일 따름이다. 최근 네덜란드의 유명한 민족학자 리델J. G. F. Riedel에 의해 이 결사의 참된 성격이 정당하게 평가된 바 있다. 그에 의하면, 카키안 결사의 집은 깊은 밀림 속의 가장 어두운 나무들 아래에 옆으로 기다랗게 만들어진 목제 오두막으로서, 거의 햇빛이 들지 않으며 바깥에서는 안에서 무엇을 하는지 전혀 보이지 않도록 지어졌다. 어느 마을이나 그와 같은 결사의 집을 하나씩 가지고 있다.

입문의례에 참가할 신참자들은 눈이 가려진 채 이 집으로 끌려 들어가며, 양친이나 친척들이 그 뒤를 따른다. 이때 신참자 소년들은 각기 두 남자의 부축을 받는다. 이 남자들은 입문의례가 행해지는 동안 신참자의 시중을 드는 후견자 또는 보호자라고 할 수 있다. 일동이 모두 오두막 앞에 모이면 대사제가 소리 높여 악마를 부른다. 그러면 무시무시하게 포효하는 소리가 오두막 안에서 들려온다. 이 소리는 오두막 뒷문으로 몰래 들어간 남자들이 대나무로 만든 나팔을 불어 내는 소리지만, 여자들과 아이들은 그것이 악마의 울부짖음이라고 생각하여 매우 두려워한다. 이윽고 사제들이 한 사람씩 신참자들을 데리고 오두막에 들어간다. 이리하여 신참자들이 모두 오두막 안으로 들어가 성역에서 모습을 감추면, 무언가를 자르는 둔탁한 소리와 함께 공포에 찬 비명소리가 들려오며, 피 묻은 칼이나 창이 오두막 지붕 위로 삐죽 솟아오른다. 이는 악마가 신참자의 모가지를 베어 그를 다시 소생시키기 위해 지하세계로 끌고 갔다는 표시로 간주된다. 그래서 피가 뚝뚝 떨어지는 칼을 본 어머니들은 악마가 자기 아들을 죽였다고 소리지르며 울고불고 통곡한다. 어떤 곳에서는 신참자들을 악어의 아가리나 화식조火食鳥 부리 모양의 구멍 속에 몰아넣고는 악마가 그들을 삼켰다고 여긴다.

어쨌든 신참자들은 5일에서 9일 정도 그 오두막에서 거한다. 그들은 어둠 속에 앉아 대나무 나팔 소리에 부들부들 떨며 종종 발사되는 총소리나 칼 부딪치는 소리 따위에 겁을 내고 있다. 그들은 매일 목욕을 하고, 악마에게 삼켜진 것처럼 보이기 위해 누런 물감을 얼굴과 온몸에 바른다. 카키안 결사의 집에 거하는 동안, 신참자들은 모두 자기 가슴이나 팔에 가시침으로 한두 개의 십자형 문신을 새긴다. 게다가 잠을 자지 않을 때는 꼼짝하지 않은 채 웅크리고 앉아 있어야 한다. 이렇게 소년들이 팔을 쭉 펼치고 다리를 꼰 채 앉아 있으면, 추장이 대나무 나팔을 들고 나타나 그 나팔의 주둥이 부분을 각 소년의 손 위에 얹고 악마의 음성을 흉내 내며 나팔을 통해 기괴한 어투로 말을 한다. 이때 추장은 소년들에게 죽음의 고통이 뒤따른다 해도 카키안 결사의 규칙을 엄수해야 하며, 결사의 집 안에서 일어난 일들을 절대 누설해서는 안 된다고 경고한다. 이와 아울러 신참자들은 혈연자들에게 공손하도록 훈계를 받고, 부족의 전통과 비밀을 전수받는다.

그러는 동안 신참자들의 어머니들과 누이들은 그들을 애도하기 위해 일찍 집에 돌아와 있다. 이틀 정도 지나면 신참자의 후원자 혹은 보호자들이 악마가 사제의 중재로 소년들을 소생시켰다는 기쁜 소식을 가지고 마을로 돌아온다. 이 소식을 가지고 온 남자들은 저승에서 방금 도착한 사자처럼 피로에 지친 모양으로 흙투성이가 되어 있다. 한편 소년들은 카키안 결사의 집을 떠나기에 앞서, 각기 사제에게서 수탉이나 화식조의 깃털로 양끝이 장식된 막대기를 받는다. 이 막대기는 소년을 재생시킬 때 악마가 준 것이며, 그들이 지하세계에 갔다 온 증거물로 간주된다. 소년들은 집으로 돌아올 때 뒤뚱거리며 걷고 뒷걸음질쳐 집 안으로 들어가는데, 이는 올바르게 걷는 법을 잊어버린 척하는 것이다. 이때 뒷문으로 들어가기도 한다. 음식이 담긴 접시를 주면 그것을 거꾸로 뒤집어 엎어 버리는가 하면, 벙어리처럼 입을 다물고 손짓 발짓으로만 의사를 표시한다. 이런 거동은 아직까지도 그들이 악마나 정령들의 영향하에 있다는 것을 나타내기 위해서였다.

이들의 후원자들은 마치 갓난애를 다루듯이 그들에게 일상생활의 모든 행동거지들을 일일이 새롭게 가르쳐 주지 않으면 안 된다. 또한 소년들은 카키안 결사의 오두막을 떠나자마자, 다음번 입문의례가 집행될 때까지 특정 종류의 과일을 먹지 못하도록 엄격히 금지한다. 그리고 20~30일 정도는 어머니나 누이들이 그들의 머리카락을 매만지게 해서는 안 된다. 이 기간이 지나면 대사제가 그들을 데리고 밀림 속 깊이 들어가 머리의 정수리 부분 모발을 한 움큼 베어 버린다. 이 입문의례가 모두 끝나야 비로소 소년들은 성인이 되고 결혼도 할 수 있다. 입문의례도 거치기 전에 결혼을 하면 큰 창피를 당한다.

하下콩고 지방에서는 죽음과 재생의 드라마가 '응뎀보ndembo'라고 부르는 비밀결사에 의해 집행되어 왔다. "응뎀보의 의식에서는 입문적 비밀을 전수해 주는 주의들이 누군가에게 쓰러지는 시늉을 하도록 하고, 그렇게 쓰러진 자를 마을 변두리의 외진 곳으로 운반한다. 그런 자를 '죽어 가는 응뎀보'라고 한다. 이 '죽어 가는 응뎀보'의 역할은 선례에 따라 통상 소년이나 소녀 혹은 청년이나 처녀가 맡는다. (…) 그들은 죽은 자로 취급된다. 하지만 양친이나 친구들이 그들에게 음식물을 날라주는데, 일정 기간(이 기간은 관습에 따라 3개월에서 3년까지 상이

하다)이 지나면 주의가 그들을 소생시킨다. (…) 주의에게 수고비를 주고 잔치 비용이나 물건들이 준비되면, 응뎀보 역을 맡은 자들이 다시 살아나는 시늉을 한다. 그들은 처음에는 아무도 모르고 세상사에 어두운 것처럼 행동한다. 예컨대 그들은 음식을 먹는 방법조차 모르기 때문에 친구들이 모범을 보여 주어야 한다. 또한 그들은 아직 입문식을 거치지 않은 자가 좋은 물건을 가지고 있으면 무엇이든 욕심을 부리며 그것을 주지 않으면 두들겨 패기도 한다. 심지어 목을 졸라매거나 죽이는 수도 있다. 하지만 그로 인해 말썽이 생기지는 않는다. 그들은 철없는 아이로 간주되기 때문이다. 때로 그들은 마치 정령들이 사는 지하세계에서 방금 돌아왔다는 듯이, 알 수 없는 소리를 지껄이기도 하고 기묘한 몸짓을 하기도 한다. 이런 시기가 지나면 그들에게는 오직 '죽은 응뎀보'를 가진 자들에게만 주어지는 특별한 새 이름이 주어진다. (…) 이러한 관습은 폭포 지역뿐만이 아니라 멀리 상류지역에서도 찾아볼 수 있다."

북아메리카의 몇몇 인디언 부족들에게는 일종의 종교적 비밀결사가 있으며, 거기는 의례적인 죽음과 재생을 거친 신참자들에게만 입회가 허용된다. 1766년 혹은 1767년에 조너선 카버Jonathan Carver 대위는 '정령의 맹우결사Wakon-Kitchewah'라 일컫는 비밀결사에 신참자를 받아들이는 의식을 목격한 적이 있다. 그것은 호수 지방의 수족 혹은 다코타족에 속하는 나우도웨시Naudowessy족의 의식이었다. 거기서 한 신참자가 추장 앞에 꿇어앉자, 추장이 그를 향해 다음과 같이 말했다. "이제 너는 곧 계시받을 정령에 의해 정신을 잃을 것이다. 정령이 널 쓰러뜨려 죽이겠지만, 너는 곧 다시 살아날 것이다." 계속해서 추장은 "그 계시가 아무리 무섭다 할지라도, 네가 이제 입문하고자 하는 공동체의 복지에 필수불가결한 조건"이라고 덧붙였다. 그러면서 추장은 크게 흥분하고 고양되었다. 마침내 그의 감정이 너무 격해진 나머지 얼굴이 일그러지며 온몸에 경련을 일으키기까지 했다. 추장은 이렇게 흥분된 상태에서 모양과 빛깔이 흡사 작은 콩처럼 생긴 것을 신참자에게 던졌는데, 그것이 신참자의 입 안으로 들어간 것 같았다. 그러자 신참자는 마치 총을 맞은 사람처럼 나동그라진 채 꼼짝도 하지 않았다. 그는 잠시 동안 죽은 사람처럼 누워 있었는데, 그런 그를 마구 때리자 의식이 돌아오는 징후를 보이면서 추장이 입 속에 던진 콩처럼 생긴 것을 토해 냈다. 그리하여 신참자가 마침내 소생하는 것이다.

오지브와Ojibwa족, 위네바고Winnebago족[20], 다코타족 혹은 수족 등 여타 부족들의 경우에는 주술적 약이 든 자루를 도구로 삼아 신참자를 죽이는 시늉을 한다. 이 자루는 동물(가령 수달피, 살쾡이, 뱀, 곰, 너구리, 늑대, 올빼미, 족제비 따위)의 가죽으로 만든 것으로서 대체로 원래 동물의 형태가 남아 있다. 부족사회의 모든 성원은 그런 자루를 각기 하나씩 가지고 있으면서, 그 속에 자기의 '주약'이나 부적을 만드는 데 쓰는 잡동사니들을 간수한다. 그들은 자루 속에 들어 있는 잡동사니로부터 일종의 정기가 발생하며, 그 정기에는 사람을 때려죽일 수 있는 힘뿐만 아니라 소생시키는 힘도 있다고 믿었다. 바로 이런 주술적 자루로 찌름으로써 신참자를 죽인다는 것이다. 그러면 신참자는 그대로 넘어져 죽은 시늉을 하며, 다시 한 번 찌르면 이번에는 소생하는 시늉을 한다.

파선당한 존 제위트John R. Jewitt가 누트카사운드Nootka Sound족 인디언들의 포로가 되었을 때 목격한 의식도 방금 소개한 관습과 동일한 종류에 속했다. "인디언 왕 혹은 추장이 그 아들의 귀 가까이에서 권총을 발사하면 자식은 죽은 듯이 쓰러진다. 그러면 그 집 여자들은 각자 머리카락을 한 줌씩 뽑아들고 왕자께서 돌아가셨다고 통곡했다. 그러자 수많은 주민들이 칼이나 총으로 무장한 채 그 통곡 소리의 원인을 확인하고자 집 안으로 몰려들었다. 이어서 몸에 늑대 가죽을 두르고 늑대의 수장임을 나타내는 탈을 쓴 두 남자가 그 뒤를 따라 들어왔다. 이 두 남자는 짐승처럼 손발로 기어서 집 안에 들어와서, 왕자를 등에 메고 들어올 때처럼 그렇게 기어서 나갔다." 이 밖에도 제위트는 열한 살쯤 되어 보이는 어린 왕자가 늑대 가면을 쓰고 있었다고 적고 있다. 어쨌든 그 지방의 아메리카 인디언들은 여러 토템 씨족들로 나뉘어 있었는데, 늑대 씨족은 그중에서도 주요한 부족이었다. 그리고 각 씨족의 성원들은 토템 동물의 일부분을 그 몸에 두르는 관습이 있었다. 그렇다면 이 왕자도 늑대 씨족에 속해 있었음이 분명하다. 또한 제위트가 기술한 의식은 소녀을 늑대로 새로 태어나도록 하기 위해 죽인다는 의미를 담고 있었을 것이다. 이는 전술한 바스크족 사냥꾼이 자기가 죽으면 곰으로 다시 태어난다고 믿었던 신앙과 매우 흡사하다.

이런 의식에 대한 나의 가설적 해석은 그것이 최초로 주장된 이래, 그 인디언들에 대한 현지 조사연구를 수행했던 프랜츠 보애스Franz Boas(1858~1942)[21] 박사

---

20 수어語를 사용하는 북아메리카 인디언. 지금의 위스콘신주 동부지역에서 살았으며, 1634년 프랑스 탐험가 장 니콜레에 의해 처음으로 외부에 알려졌다.

에 의해 어느 정도 확인된 바 있다. 물론 전술한 추장의 아들이 입회를 허락받았던 공동체는 토템 씨족이라기보다는 오히려 늑대를 표방하는 성원들로 구성된 '틀로코알라Tlokoala'라는 비밀결사였다고 보이지만 말이다. 이 결사의 새로운 성원이 될 자는 누구든 늑대들에 의해 입문식을 치르지 않으면 안 된다. 이를테면 한밤중에 일군의 늑대들, 아니 실은 늑대 가죽을 뒤집어쓰고 늑대 탈을 쓴 일군의 인디언들이 나타나 신참자를 끌고 숲속으로 들어간다. 신참자를 붙잡으러 이런 늑대들이 다가오는 소리가 마을 바깥에서부터 들려오면, 비밀결사의 모든 성원이 얼굴에 검댕 칠을 한 채 "나는 틀로코알라이노라. 부족 전체에 큰 소동이 일어나리라"라고 노래한다. 이튿날 늑대들은 죽은 신참자를 돌려준다. 그러면 비밀결사의 성원들은 그 신참자를 되살려야만 한다. 이때 늑대들이 신참자의 몸속에 마법의 돌을 넣어 두었다고 간주되므로, 그를 소생시키기에 앞서 먼저 그 돌부터 끄집어내야만 한다. 이 작업이 끝날 때까지 모의 송장은 집 바깥에 눕혀 놓는다. 마법의 돌을 제거하는 작업은 두 명의 마법사에 의해 행해지는데, 석영으로 보이는 그 돌이 제거되자 신참자는 소생한다.

브리티시컬럼비아의 니스카Niska족 인디언들은 각각 까마귀, 늑대, 독수리, 곰을 토템으로 하는 주요 네 씨족으로 나뉘어져 있는데, 입문의례 때 신참자는 항상 인공적으로 제작된 토템 동물에 의해 끌려나온다. 가령 누군가가 '올랄라Olala'라는 비밀결사에 입사하기 위해서는, 그의 친구들이 칼로 그를 죽이는 시늉을 한다. 실제로는 그를 슬쩍 놓아주고 그를 대신하여 교묘하게 바꿔치기한 인형의 목을 벤다. 그런 다음 그들은 모가지가 잘린 인형을 바닥에 눕히고 거적을 덮어놓는다. 이를 본 여자들은 목놓아 통곡하고, 신참자의 친척들은 장례식 연회를 치르며 엄숙하게 인형을 불사른다. 요컨대 실제로 죽은 사람의 장례식을 치르듯이 그렇게 하는 것이다. 그 후 1년 동안 이 신참자는 죽은 자로 간주되어 비밀결

---

21 유대계 독일 태생의 미국인 인류학자. 20세기에 주류를 이룬 상대주의적이고 문화중심적인 인류학을 확립했다. 1899~1942년에 뉴욕시 컬럼비아대 교수로 있는 동안, 이 대학교의 인류학과를 미국 최고의 학과로 만들었다. 보애스는 북아메리카 인디언 문화와 언어 분야의 뛰어난 연구자였고, 미국의 인류학을 발전시킨 여러 학자들의 위대한 스승이기도 했다. 20세기를 전후해서 미국 인류학에 대한 보애스의 영향력은 절대적이었다. 1911년 문화와 인종에 관한 일련의 강연을 모은 『원시인의 마음The Mind of Primitive Man』을 출판했다. 1920년대 인종적 차이를 근거로 한 미국의 새로운 이민 규제 조치에 대해 반대하던 사람들은 이 책을 인용하는 경우가 많았다. 1930년대에 독일 나치 정권은 보애스의 책을 불태우고 그의 박사학위를 취소했다. 1937년에 발간된 『원시인의 마음』 개정증보판은 1950년대 미국에서 일어난 민권투쟁에 영향을 미쳤다.

사의 성원이 아닌 사람 앞에 나타나서는 안 된다. 그러나 이 기간이 끝나면 그는 인공적으로 제작된 토템 동물에 의해 운반되어 다시 살아 돌아오는 것이다.

이런 의식의 핵심은 신참자가 인간으로서 죽었다가 동물 형태로 재생하는 데에 있다. 이때의 동물은 반드시 그의 수호정령은 아니라 하더라도 최소한 그와 특별히 친밀한 관계에 있는 동물이어야 한다. 이미 살펴보았듯이 과테말라 인디언들은 자신의 생명이 어떤 특정 동물과 결부되어 있으며, 그렇게 공감적으로 결부된 특정 동물의 형태로 다시 태어날 수 있는 힘이 자신들에게 있다고 믿었다. 이 점을 상기해 보건대, 브리티시컬럼비아의 인디언들도 그들이 분장을 통해 자신과 일체화하고자 했던 동물의 생명에 자신들의 생명이 의존하고 있다고 생각했을지도 모른다. 이런 추론이 불합리하다고 보이지는 않는다. 오늘날의 브리티시컬럼비아 인디언들은 그런 신앙을 가지고 있지 않을지 모르지만, 예전에 그들의 조상들은 그런 신앙을 가졌음에 틀림없다. 또한 그런 신앙이 토템 씨족의 의례와 비밀결사의 의례를 형성하는 데에 일조했을 것임에 분명하다.

왜냐하면 이 두 종류의 공동체는 성원을 획득하는 방식은 서로 상이하지만 (토템 씨족의 성원 획득은 출생에 의해 결정되지만, 비밀결사의 성원 획득은 후천적으로 입사식을 통해 이루어진다), 양자가 상호 밀접한 유사성을 가지며 동일한 사고방식에 뿌리를 두고 있다는 점은 의심할 나위가 없기 때문이다. 만일 내 생각이 틀리지 않다면, 이때의 동일한 사고방식이란 동물이나 정령 혹은 여타의 위력 있는 존재와의 공감관계를 상정할 수 있다고 여기는 관념이 아닌가 싶다. 그와 같은 사고방식에서는 인간이 자기 영혼 혹은 그 영혼의 일부를 안전하게 보관하기 위해 동물이나 정령이나 위력적인 존재에게 의탁할 수 있으며, 그 대가로서 인간은 그런 동물이나 정령이나 위력적인 존재로부터 주술적인 힘을 선물받게 된다고 믿었다.

요컨대 이상에서 제시한 이론에 입각해 볼 때, 토테미즘을 찾아볼 수 있는 모든 곳에서, 그리고 입문의례 때 신참자를 죽였다가 다시 소생시키는 드라마가 연출되는 모든 곳에서 우리는 다음 사실을 확인할 수 있다. 즉, 한편으로 영구적으로 영혼을 신체 바깥의 어떤 것(동물이나 식물, 그 밖의 사물) 속에 의탁할 수 있다는 신앙, 다른 한편으로 그런 신앙을 실행에 옮기려 하는 현실적인 의도가 있을 수 있으며, 또 실제로 존재해 왔다는 사실이다. 여기서 우리는 왜 사람이 그 생명을 자기 몸 바깥에 맡기고 싶어 하는 것일까라는 의문을 가질 수 있다. 이런 물음에 대해서는 오직 다음과 같은 답변이 가능할 뿐이다. 즉, 인간은 설화 속의 거인과 마찬가지로, 자기 생명을 몸 안에 간수하기보다는 몸 바깥에 맡겨 두는 편이 더 안전하다고 생각했기 때문일 것이다. 비유하건대, 이는 돈을 지니고 다니는 대신 은행에 예금해 두는 것과 같다. 우리는 위급한 때에 생명 혹은 영혼을 위험이 지나갈 때까지 일시적으로 안전한 장소에 숨겨 둔다는 관념에 대해 앞서 살펴본 바 있다.

그러나 토테미즘과 같은 제도들이 단지 특별한 위기 앞에서만 효용성을 가지는 것은 아니다. 그런 제도들은 모든 사람 혹은 최소한 모든 남자들이 생애의 어떤 시기에 의무적으로 반드시 입회해야만 하는 조직인 것이다. 이때 입문의례를 거쳐야 하는 시기는 통상 사춘기에 이르렀을 때이다. 이 사실은 토테미즘과 그것과 유사한 제도들이 예방하고 제거하려는 특정 위험이 성적으로 성숙한 다음에야 비로소 일어나며, 또한 그런 위험이 실제로 남녀의 상호관계에 수반되어 나타난다고 믿었다는 점을 시사해 준다. 미개인들은 심리적으로 성적 관계가 수많은 심각한 위험과 직결되어 있다고 느꼈다. 많은 사례들이 어렵지 않게 이 점을 입증해 보여 준다.

하지만 그런 위험의 본질이 정확히 어떤 것이냐 하는 점은 아직 명확하게 밝혀지지 않았다. 미개인들의 사고방식을 더욱 확실하게 알고 이해할 수 있다면 원시사회의 이와 같은 핵심적인 신비가 조만간 드러나게 될 것이며, 그럼으로써 토테미즘뿐만 아니라 혼인제도의 기원 문제에 대해서도 어떤 단서를 찾아낼 수 있으리라고 기대해 본다.

제68장
황금가지

이상에서 보건대, 발데르의 생명이 겨우살이 속에 있다는 견해는 미개인들의 사고방식과 완전히 일치한다. 그런데 발데르의 생명이 겨우살이 속에 있음에도 불구하고, 그 신이 겨우살이의 일격에 의해 죽었다는 이야기는 모순되는 것처럼 들린다. 그러나 한 인물의 생명이 어떤 특정한 존재로 구현되고 그 특정한 존재와 그의 존재가 불가분의 관계를 이룸으로써 그 특정한 존재의 죽음이 그의 죽음을 초래하는 경우, 설화에서처럼 그 특정한 존재는 곧바로 그의 생명이나 죽음으로 간주될 만하다. 그래서 어떤 인물의 죽음이 어떤 특정한 존재 속에 있다면, 그 존재의 일격에 의해 그가 죽었다는 이야기는 조금도 이상할 것이 없다.

예컨대 전술한 설화에서 '죽지 않는 코셰이'는 자신의 생명 혹은 죽음이 숨겨져 있는 새알 내지 돌에 맞아 죽는다. 또한 식인귀들도 틀림없이 그들의 생명 혹은 죽음이 들어 있을 어떤 모래알을 머리 뒤로 던지자 갈기갈기 찢어져 죽고 만다. 어떤 마법사는 그의 생명 혹은 죽음이 들어 있는 돌을 베개 밑에 넣어 두자 죽고 만다. 그리고 어떤 타타르인 영웅은 그의 영혼이 맡겨진 황금 화살 혹은 황금 칼에 맞아 죽을 것이라고 경고받는다.

떡갈나무의 생명이 겨우살이에 있다는 관념은, 겨울이 되어 떡갈나무 잎들이 다 떨어졌는데도 겨우살이만은 여전히 그 나무 위에서 푸르고 무성하게 나 있는 데에서 생겨난 것이리라. 이런 관념은 겨우살이가 기생하는 위치, 즉 그것이 지면이 아니라 나뭇가지나 줄기에서 자란다는 사실에 의해 뒷받침된다. 미개인들은 자기들처럼 떡갈나무의 정령도 그 생명을 어딘가 안전한 장소에 의탁하고자 했으며, 그런 장소를 찾다가 땅도 아니고 하늘도 아닌 장소에 기생하는 겨우살이로 정했을 것이라고 생각했다. 우리는 앞의 장에서 미개인들이 그들의 인신의 생명을 보호하기 위해 그것을 하늘과 땅 사이에 매달아 두었다는 사실을 살펴보았다. 이는 그 장소야말로 지상에 사는 인간의 생명을 둘러싼 일체의 위험들이 가장 적은 곳이라고 여겼기 때문이다. 여기서 우리는 고대와 근대의 주술적 민간

요법에서 겨우살이가 절대 지면에 닿지 못하도록 규정한 까닭을 이해할 수 있다. 만일 그것이 땅과 접촉하게 되면 겨우살이의 놀라운 치유력이 없어진다고 여겼기 때문이다. 이는 아마도 신성한 나무의 생명이 집약되어 있는 식물을 땅에 닿게 함으로써 위험에 노출시켜서는 안 된다는 오래된 미신의 흔적일 것이다.

발데르 신화와 유사한 어느 인도 설화에서는 인드라Indra[1]가 악마 나무치 Namuci에게 낮이나 밤, 몽둥이나 화살, 손바닥이나 주먹, 젖은 것이나 마른 것에 의하지 않은 채 그를 죽여 보이겠다고 맹세한다. 그리하여 인드라는 이른 새벽에 바다의 물거품을 뿌려 나무치를 죽인다. 이 바다의 물거품이야말로 미개인들이 그 생명을 의탁하기 위해 즐겨 선택할 만한 대상이다. 왜냐하면 바다의 물거품도 미개인들이 가장 안전하다고 여긴 장소, 예컨대 하늘과 땅 사이라든가 하늘과 바다 사이처럼 규정지을 수 없는 중간적인 위치에 속해 있기 때문이다. 그러므로 인도의 어떤 씨족이 강의 물거품을 토템으로 삼았다 한들 조금도 놀랄 만한 일은 아니다.

한편 겨우살이가 지면에서 자라지 않기 때문에 그 신비한 속성을 부여받은 것이라는 견해는 마가목과 관련된 유사한 미신에 의해서도 확인할 수 있다. 유틀란트[2] 반도에서는 다른 나무의 꼭대기에 기생하는 마가목이 "마법을 방지하는 강력한 힘을 가지고 있다고 여겨진다. 왜냐하면 그것은 지면에서 자라지 않기 때문에 마녀라 해도 힘을 쓸 수 없기 때문이다. 이때 최대의 효험을 가지도록 하기 위해서는 그것을 승천제[3] 당일에 베야 한다." 그래서 사람들은 마녀의 침입을 막기 위해 마가목을 방문 위에 꽂아 두었다. 스웨덴과 노르웨이에서도 '비행 마가목 flying-rowan'이 주술적 속성을 가진다고 믿었다. 그것은 땅 위에 보통 자라나는 마가목이 아니라, 새들에 의해 다른 나무 위나 지붕 위 혹은 바위 틈에 뿌려진 씨앗

---

1 인도에서 『베다』의 신들 가운데 최고신. 전형적인 아리안족의 신으로서 호전적인 이 신은 자신의 적인 무수한 인간들과 악마들을 무찔렀고 태양을 항복시켰으며, 계절풍이 뚫고 지나가지 못하도록 막고 있던 용 브리트라를 죽였다. 그의 무기는 천둥과 번개이며, 그는 제사 때 바치는 영약 소마즙을 마시고 강해져서 이러한 위업을 이루었다. 그와 동맹한 신들로는 구름을 타고 폭풍을 몰고 다니는 루드라(또는 마루트), 쌍둥이 신으로 말을 잘 모는 아슈빈, 후에 힌두교의 주요 삼신三神 중 하나가 된 비슈누 등이 있다. 그러나 후기 힌두교에서 인드라는 비의 신이며 하늘의 섭정, 동방의 보호자라는 역할 외에는 거의 아무 역할도 하지 못하게 되었다.

2 북부 유럽의 돌출부. 덴마크 영토 중 유럽 대륙에 속하는 부분을 형성한다. 서쪽과 북쪽으로는 북해와 스카게라크 해협과 접해 있으며, 동쪽으로는 카테가트 해협과 리틀 벨트에 접해 있다. 고대 지리학에서는 킴브리카(킴브릭) 반도였으나 후에 게르만의 한 부족인 유트인의 이름을 따서 유틀란트라고 명명되었다.

3 본서 제28장 옮긴이 주 18번 참조

이 자라난 마가목이어야 한다. 밤길을 걷는 사람은 그런 마가목을 약간 몸에 지니고 다니면서 씹어 먹어야 안전하다고 한다. 그렇게 하지 않으면 마법에 걸리거나 그 자리에 꼼짝 못하게 될 위험이 있다고 믿었다. 스칸디나비아에서 기생 마가목이 마법을 막는 부적으로 간주되었듯이, 독일에서는 지금도 통상 겨우살이가 마법 방지를 위한 부적으로 여겨지고 있다. 또한 이미 언급한 바 있는 스웨덴의 하지절 전야에 채집한 겨우살이가 사람이나 가축을 해치는 악마 트롤을 막아 준다는 신앙에 입각하여, 인가의 천장이나 마구간 혹은 외양간 따위에 그런 겨우살이를 꽂아 두었다.

겨우살이가 발데르를 죽게 한 무기였을 뿐만 아니라 나아가 발데르의 생명을 그 안에 담고 있다는 관념과 관련하여, 우리는 스코틀랜드의 민간신앙에서도 유사한 사례를 찾아볼 수 있다. 전해 내려오는 이야기에 의하면, 퍼스오브테이 근방에 있는 퍼드셔의 한 영지인 에롤의 헤이Hay 일가는 그 운명이 어떤 거대한 떡갈나무 위에 기생하는 겨우살이와 결부되어 있었다고 한다. 헤이 일가의 한 사람이 그와 같은 오래된 신앙에 대해 다음과 같은 기록을 남기고 있다. "오늘날 신분이 낮은 시골 사람들은 일반적으로 문장紋章에 대해 거의 잊어버렸다. 그러나 어떤 고문서와 퍼드셔의 몇몇 노인들이 전하는 말에 의하면, 겨우살이가 헤이 일가의 문장이었다고 한다. 예전에는 '독수리 바위Falcon stone'에서 그리 멀지 않은 에롤 근방에 나이조차 짐작할 수 없을 정도로 거대한 떡갈나무가 서 있었고, 그 위에는 겨우살이가 무성하게 자라고 있었다. 수많은 전설들이 그 나무와 연관되어 있었는데, 헤이 일가의 운명도 그 나무의 존속과 결부되어 있다고 한다. 그래서 만성절 전야가 되면 헤이 일가의 한 사람이 태양이 도는 방향으로 나무 주위를 세 차례 돌고 나서 어떤 주문을 외우면서 새 단검으로 그 나무에 기생하는 겨우살이를 잘라 냈다고 한다. 그렇게 채취한 겨우살이 잔가지는 모든 요술이나 마법의 힘을 확실하게 막아 주며, 전쟁에서도 죽거나 다치지 않도록 지켜 주는 부적이라고 믿었다. 또한 그런 겨우살이 잔가지를 갓난애의 요람 속에 넣어 두면 요정들이 그 아기를 꼬마요정 아이로 변신시키지 못한다고 여겼다. 나아가 떡갈나무의 뿌리가 말라죽으면, '에롤의 화로에 잡초가 자라나고, 독수리 둥지에 까마귀가 앉는다'고 굳게 믿었다. 헤이 일가의 사람들은 두 가지 행위를 가장 불길하다고 생각했다. 하나는 흰 독수리를 죽이는 행위이고, 다른 하나는 에롤의 떡갈나무 가지를 자르는 행위이다. 저 오래된 떡갈나무가 언제 없어졌는지는 알 수 없다. 에롤 영지가 다른 누군가에게 팔려 넘어가기 직전, 저 운명의 떡갈나무가 벌채되었다는 말도 있다."

이와 같이 오래된 신앙이 시인 토머스Thomas the Rhymer(1220~1297)[4]의 전설적인 시에 등장하고 있다.

에롤의 떡갈나무에 겨우살이가 자라고
그 떡갈나무가 대지 위에 굳건히 서 있는 동안,
헤이 일가의 시대는 영광에 빛날 것이며,
그들의 찬란한 회색 독수리는
폭풍 앞에서도 의연하리라.

그러나 떡갈나무의 뿌리가 말라죽고
그 메마른 젖가슴 위에서 겨우살이마저 시들어 버리면,
에롤의 화로에는 잡초가 무성해지고
독수리 둥지에는 까마귀들만 웅크리게 될 것이라네.

'황금가지'가 겨우살이였다는 해석은 그다지 새로운 것이 아니다. 물론 베르길리우스가 황금가지와 겨우살이를 동일시하지 않고 단순히 그것을 겨우살이와 비교했을 뿐이라는 것도 사실이다. 하지만 그것은 저 하찮아 보이는 식물에게 신비로운 매력을 부여한 시적 비유에 불과했다. 아니, 그의 묘사는 겨우살이가 때로 초자연적인 황금색으로 불타오른다는 민간신앙에 입각한 것이라고 보는 편이 더 그럴듯해 보인다. 이 시인은 비둘기 두 마리가 아이네이아스를 황금가지가 있는 저 을씨년스럽고 깊은 골짜기로 안내했을 때 어느 나무 위에 내려앉았다고 적고 있다. "거기서 한 줄기 황금빛 섬광이 명멸하며 빛나고 있었다. 엄동설한의 숲속에 기생식물인 겨우살이가 싱싱한 초록색 잎들로 무성했고 줄기마다 황금빛 열매가 매달려 있었다. 그것은 그늘진 떡갈나무 위에 달린 이파

---

4 스코틀랜드의 시인이자 예언자. 널리 전파된 트리스탄 전설을 운문으로 옮긴 로맨스 『트리스트럼 경Sir Tristrem』의 작가로 추정된다. 이 로맨스는 1300년경의 한 사본을 가지고 월터 스콧 경이 1804년에 처음 출판했다. 토머스가 현재 널리 알려지게 된 것은 스콧이 『스코틀랜드 변경의 음유시인들Minstrelsy of the Scottish Border』(1802)에 수록한 발라드 「작시자 토머스Thomas the Rhymer」를 통해서이다. 민간전승에서 토머스는 흔히 멀린이나 그 밖의 영국 예언자들과 연관되어 나온다.

리의 황금처럼 보이기도 했고, 부드러운 산들바람에 바스락거리며 나부끼는 황금 이파리처럼 보이기도 했다." 여기서 베르길리우스는 명백히 떡갈나무 위에 자라는 황금가지를 묘사하면서 그것을 겨우살이와 비교하고 있다. 때문에 우리는 황금가지란 곧 시와 민간신앙의 안개 사이로 비친 겨우살이에 불과하다고 추론할 수밖에 없다.

이상에서 아리키아 숲의 사제, 즉 '숲의 왕'은 다름 아닌 황금가지가 자라는 나무의 화신이었다고 믿을 만한 근거가 제시된 셈이다. 그런데 그 나무가 바로 떡갈나무였다고 한다면, '숲의 왕'은 떡갈나무 정령의 화신이어야 한다. 그렇다면 우리는 '숲의 왕'을 죽이기에 앞서 먼저 황금가지를 꺾어야만 하는 이유를 쉽사리 이해할 수 있다. 다시 말해 떡갈나무 정령인 '숲의 왕'의 생명과 죽음이 떡갈나무 위에 기생하는 겨우살이에 있으므로, 그 겨우살이가 해를 입지 않는 한 발데르와 마찬가지로 '숲의 왕' 또한 죽지 않는다. 따라서 '숲의 왕'을 죽이기 위해서는 겨우살이를 꺾어야만 했으며, 어쩌면 발데르의 경우와 마찬가지로 겨우살이를 그에게 던질 필요가 있었을지도 모른다. 이런 비교를 완성하기 위해 우리는 다만 그 옛날 '숲의 왕'이 전술한 대로 아리키아의 숲에서 매년 행해진 하지절 불 축제 때 살해당한 후 혹은 산 채로 불에 태워졌으리라고 가정하기만 하면 된다. 로마의 베스타 신전이나 로모브의 떡갈나무 밑에서 피운 신성한 영원의 불과 마찬가지로, 이 숲에서 피운 성화 또한 어쩌면 신성한 떡갈나무를 연료로 했을지도 모른다. 그리고 그 옛날 '숲의 왕'이 최후를 맞이한 것도 떡갈나무를 태운 큰 불에 의해서였을지도 모른다. 앞서 시사한 바대로 '숲의 왕'이 행사했던 1년 한도의 통치 기간은, 그가 자신의 강한 힘을 보여 줌으로써 자신의 신성한 권리를 증명할 수만 있다면 언제까지라도 살아서 통치할 수 있다고 허락한 규정이 생겨나면서 그때그때 상황에 따라 연장되기도 하고 단축되기도 했다. 하지만 어떤 경우이든 그는 오직 칼에 의지함으로써만 죽음의 불을 피할 수 있었다.

그러므로 먼 옛날에 이탈리아의 중심부에 위치한 아름다운 네미 숲의 호반에서 매년 똑같은 불의 비극이 연출되었던 것이다. 후대에 이르러 이탈리아의 상인이나 군인들은 그들의 먼 친척뻘인 갈리아의 켈트족 사이에서 그런 비극의 드라마를 목격할 수 있었다. 또한 만일 로마군이 노르웨이를 침공했더라면, 그들도 북유럽의 원시적 아리안족 사이에서 원형 그대로 연출되는 비극의 드라마를 목격할 수 있었을 것이다. 어쨌든 이 신성한 드라마는 고대 아리안족이 행했던 떡갈나무 숭배의 핵심적인 특징이었다고 보인다.

　그렇다면 겨우살이가 황금가지라는 이름으로 불리게 된 이유는 무엇이었을까? 이제 우리 앞에 남은 문제는 이것뿐이다. 겨우살이 열매가 엷은 황색을 띠고 있다는 것만으로는 이 문제를 설명해 주기에 충분치 못하다. 왜냐하면 베르길리우스는 황금가지가 이파리뿐만 아니라 줄기도 온통 황금빛이라고 묘사했기 때문이다. 아마도 황금가지라는 이름은 겨우살이 가지를 잘라 몇 달 동안 간수할 때 나타나는 멋진 황금빛에서 비롯된 듯싶다. 다시 말해 반짝이는 황금빛은 비단 이파리만이 아니라 줄기에까지 미쳤으며, 나뭇가지 전체가 말 그대로 '황금가지'로 보였을 것이리라. 브르타뉴의 농민들은 집 앞 정면에 큼직한 겨우살이 가지를 걸어 두는 관습이 있는데, 6월이 되면 그 가지에 달린 이파리들이 황금색으로 반짝이기 때문에 한층 더 돋보인다. 브르타뉴의 몇몇 지방, 특히 모르비앙[5] 근방에서는 말이나 소를 마법 따위에서 지키기 위해 마구간이나 외양간 입구에 겨우살이 가지를 걸어 두었다.

　마른 겨우살이 가지가 띠고 있는 황색은 일면 그것이 땅속의 보물들을 드러내 보여 준다고 여긴 이유를 설명해 준다. 즉, 공감주술의 원리에 입각하여 노란색 가지와 노란색 황금 사이에는 자연적인 유사성이 존재한다고 믿었기 때문이다. 이런 설명은 하지절 전야에 황금빛의 불꽃 같은 꽃이 핀다고 여겨진 어떤 신비한 양치류 포자의 놀라운 속성에서 그 유사한 사례를 찾아볼 수 있다. 가령 보헤미아에서는 "성 요한제 때 양치류 포자가 불꽃처럼 반짝이는 황금색 꽃을 피운다"고 말한다. 이러한 양치류 포자의 신비한 속성 때문에, 누구든 하지절 전야에 그 꽃을 손에 넣은 자, 그것을 가지고 산에 오르는 자는 금광을 발견하거나 또는 땅속의 보물들이 새파란 불꽃을 발하는 것을 볼 수 있다고 한다. 러시아에서는 하지절 전야의 한밤중에 이 놀라운 양치류의 꽃을 꺾어 공중에 던지기만 하면, 바로 보물이 숨겨진 장소에 그 꽃이 마치 별처럼 떨어진다고 믿었다. 브르타뉴에서도 보물을 찾아다니는 사람들이 하지절 전야의 한밤중에 양치류 포자를 채취하여 다음해의 종려주일Palm Sunday[6]까지 잘 보관한다. 이윽고 그날이 되면 보물이 묻혀 있을 법한 땅 위에 그 포자를 뿌리는 것이다.

5　프랑스 북서부 브르타뉴 지방에 있는 주
6　본서 제5장 옮긴이 주 37번 참조

티롤의 농민들은 하지절 전야가 되면 감추어진 보물들이 불꽃처럼 반짝거리는 것을 볼 수 있으며, 이 신비한 계절에 조심스럽게 모은 양치류 포자가 묻힌 황금을 땅 위로 끌어내는 데 효험이 있다고 상상했다. 스위스의 프라이부르크주에서는 때로 악마가 사람들에게 가져다주는 보물을 얻기 위해 성 요한제 밤에 양치류 옆에 지켜서 있는 관습이 있었다. 보헤미아에서는 이 계절에 양치류의 황금색 꽃을 손에 넣은 자에게는 모든 보물을 찾을 수 있는 열쇠가 주어진 것과 다름없다고 여겼다. 하릴없이 시들어 버리는 그 꽃 아래서 처녀들이 보자기를 펴고 있으면 빨간 황금이 마구 쏟아진다고 상상되기도 했다. 또한 티롤과 보헤미아에서는 돈 사이에 양치류 포자를 넣어 두면, 아무리 돈을 써도 줄지 않는다고 여겼다. 그 양치류 포자는 때로 성탄절 밤에 꽃을 피운다고도 하며, 그것을 얻은 자는 누구든 갑부가 된다고도 했다. 스티리아에서는 성탄절 밤에 양치류 포자를 모으면, 악마에게 돈 보따리를 가져오게 할 수 있다고 믿었다.

이처럼 '유사는 유사를 낳는다'는 원리에 입각하여, 양치류 포자가 황금색이기 때문에 황금을 찾아낸다고 여긴 것이다. 마찬가지로 그 포자를 가진 자에게는 틀림없이 황금이 주어져 부자가 될 것이라고 여겼다. 그런데 양치류 포자는 황금색일 뿐만 아니라 불꽃처럼 반짝인다고 묘사되기도 한다. 이 놀라운 포자를 모으는 두 개의 길이 있는데, 하지절 전야와 성탄절, 즉 하지와 동지(성탄절은 원래 동지에 해당하는 고대의 이교적 축일이었다)가 그것이다. 이 점을 고려하건대 양치류 포자의 반짝이는 속성이야말로 일차적이고, 황금색의 속성은 이차적 또는 파생적인 것에 지나지 않는다는 결론에 이르게 된다. 사실 양치류 포자는 태양의 운행에서 두 전환점인 하지와 동지에 방사된 태양불이라고 간주되었던 것 같다. 이런 해석은 하지절 한낮에 어떤 사냥꾼이 태양을 쏘아 양치류 포자를 얻었다는 독일의 한 설화를 통해서도 확인된다. 이때 세 방울의 피가 떨어졌는데, 사냥꾼이 그것을 하얀 보자기에 받아보니 핏방울이 양치류 포자가 되었다고 한다. 이 경우의 '피'는 분명 태양의 피이므로 양치류 포자는 곧 태양의 피라 할 수 있다. 그러니까 양치류 포자가 황금색 태양불의 방사라고 여겼기 때문에 황금색이라고 말해진 것은 개연성을 가진다.

양치류 포자와 마찬가지로 겨우살이도 하지절이나 성탄절, 즉 하지나 동지에 채취되었다. 그뿐만 아니라 양치류 포자와 같이 겨우살이도 땅속에 숨어 있는 보물을 드러내는 힘이 있다고 믿었다. 스웨덴에서는 하지절 전야에 겨우살이를 가지고 점치는 막대기를 만든다. 혹은 겨우살이가 포함된 네 종류의 나무들로 만들기도 한다. 어쨌든 보물을 찾는 자들은 일몰 후에 그 막대기를 땅 위에 놓는다. 만일 땅 밑에 보물이 감추어져 있으면 막대기가 마치 살아 있는 생물처럼 움직이기 시작한다는 것이다. 이처럼 겨우살이로 황금을 찾아낼 수 있다고 한다면, 그것은 겨우살이가 곧 황금가지이기 때문일 것이다. 또한 겨우살이가 하지와 동지에 채취된다고 한다면, 황금가지는 황금색의 양치류 포자와 마찬가지로 태양불의 방사라 할 수 있지 않을까? 이런 물음에 대해서는 간단히 그렇다고 대답하기 어렵다.

앞에서 고대 아리안족이 일부분 태양주술로서, 즉 새로운 불을 태양에 공급할 의도로써 하지와 동지의 불, 그 밖의 의례적인 불을 피웠을지도 모른다는 점을 살펴본 바 있다. 그런 불이 흔히 떡갈나무를 마찰하거나 연소시켜 피웠다는 점에서, 고대 아리안족은 신성한 떡갈나무 안에 깃들어 있는 불에 의해 주기적으로 태양을 보충할 필요가 있었다고 여겼던 것 같다. 바꿔 말하면, 떡갈나무가 때때로 태양을 보충하기 위해 불을 끌어내는 창고 혹은 저장고라고 간주한 것이다. 그런데 이런 떡갈나무의 생명이 겨우살이에 있었다고 한다면, 겨우살이는 마찰에 의해 떡갈나무에게서 끌어내는 불씨 혹은 불의 싹을 내포하고 있는 셈이다. 따라서 겨우살이가 태양불의 방사라기보다는, 태양불이 겨우살이의 방사로 여겼다고 말하는 편이 더 옳을 듯싶다. 그러므로 겨우살이가 황금색으로 빛나는 황금가지라고 불렀다 한들 조금도 이상할 것이 없다. 어쩌면 양치류의 포자와 마찬가지로 다만 전술한 일정 기간에 한해, 특히 태양을 더 밝게 하기 위해 떡갈나무에서 불을 끌어내는 하지에만 겨우살이가 황금빛을 띤다고 여겼던 것 같다.

슈롭셔의 폴버배치에서는 떡갈나무가 하지절 전야에 꽃을 피웠다가 해뜨기 전에 시들어 버린다고 여겼는데, 오늘날까지도 그런 기억이 여전히 남아 있다고 한다. 가령 결혼의 운수를 알고 싶은 처녀가 밤중에 흰 천을 떡갈나무 밑에 펼쳐 놓으면, 아침에 그 천에서 약간의 꽃가루를 발견하게 될 것이다. 그것이 꽃이 핀 흔적의 전부이다. 그 소량의 꽃가루를 베개 밑에 넣고 자면 미래의 남편 모습이 꿈속에 나타난다는 것이다. 내 생각이 틀리지 않다면, 이 덧없는 떡갈나무의 꽃이야말로 그것이 지닌 황금가지의 성격에서 겨우살이였을지도 모른다. 이런 가설은 웨일스의 경우에서도 엿볼 수 있다. 웨일스 사람들 또한 하지절 전야에 꺾은 겨우살이 잔가지를 베개 밑에 넣어 두면 미래를 점치는 꿈을 꾸게 된다고 여겼다. 나아가 하얀 천을 펴놓고 상상의 떡갈나무 꽃을 받는 방법은 드루이드 사제가 떡갈나무에서 겨우살이를 채취할 때 황금의 낫으로 베었던 방법과 전적으로 동일하다. 슈롭셔는 웨일스의 이웃에 위치한다. 그러니까 떡갈나무가 하지절 전야에 꽃을 피운다는 민간신앙은 다분히 원시적 아리안족이 믿었던 신앙의 흔적이라고 말할 수 있지만, 그 직접적인 기원을 찾아본다면 역시 웨일스 고유의 신앙일 수도 있다.

앞서 살펴보았듯이 오늘날에도 이탈리아의 몇몇 지방에서는 하지절 아침에 농민들이 '성 요한의 기름'을 얻기 위해 떡갈나무를 찾아나선다. '성 요한의 기름'은 겨우살이와 마찬가지로 모든 상처를 낫게 해 주는 묘약으로 믿었으며, 어쩌면 그 신성성에서 겨우살이 자체일지도 모른다. 여기서 우리는 떡갈나무 위에 있을 때의 통상적인 외관과는 전혀 상관없는 황금가지라는 이름이 어떻게 해서 겨우살이에 붙게 되었는지, 그것도 얼핏 보기에는 별 쓸모도 없는 기생식물에 붙게 된 것인지 그 이유를 납득할 수 있게 된다. 나아가 어찌하여 고대에 이 겨우살이가 불을 끄는 데 놀라운 영험이 있다고 믿었는지, 그리고 스웨덴에서는 오늘날까지도 왜 화재 방지를 위해 겨우살이를 간수하는지를 쉽사리 이해할 수 있게 된다. 즉, 공감의 원리에 입각하여, 겨우살이의 반짝이는 속성으로 인해 그것이 불에 의한 상처를 치료하거나, 화재를 예방하는 데에 가장 좋은 묘약이라고 믿었던 것이다.

이상의 고찰을 통해 우리는 베르길리우스의 작품에서 아이네이아스가 어두운 지하세계로 내려갈 때 겨우살이 가지를 들고 가도록 한 이유를 부분적으로나마 설명할 수 있다. 즉, 이 시인은 지옥문 앞에 거대하고 음산한 숲이 펼쳐져 있는 장면과, 안내역의 두 마리 비둘기를 따라가는 이 영웅이 태고의 깊은 숲속을 방황할 때 마침내 저 멀리 나무 그림자들 사이로 황금가지가 반짝거리며 주위를 비추고 있는 장면을 묘사하고 있다. 만일 을씨년스런 가을 숲속에서 노랗게 시든 겨우살이 가지가 불의 씨앗을 지니고 있다고 한다면, 지하세계의 고독한 방랑자에게 발길을 비추어 주는 등불 겸 지팡이도 되어 줄 수 있는 그런 나뭇가지보다 더 훌륭한 동반자는 다시없을 것이다. 그와 같은 나뭇가지로 무장한 아이네이아스는 모험으로 가득 찬 자신의 여행길을 가로막는 무시무시한 유령들과 대담하게 맞설 수 있었을 것이다. 이윽고 그 숲을 빠져나온 아이네이아스는 지옥의 늪지대를 느릿느릿 굽이쳐 흐르는 스틱스[7] 강변에 이르러 무뚝뚝하고 거만한 뱃사공이 황천으로 가는 배를 태워 주려 하지 않자 품에서 황금가지를 꺼내어 높이 치켜든다. 그것을 본 뱃사공은 곧바로 기가 죽어 자신의 위태로운 나룻배에 주인 공을 고분고분 받아들였으며, 그 배는 산 사람의 특별한 무게 때문에 물속 깊이 잠겨들었다.[8] 앞서 살펴본 대로, 근대에 들어와서도 겨우살이는 마녀나 악령을 막는 부적으로 간주되었다. 그럴 정도이니, 고대인들이 겨우살이의 주술력을 믿었다 해서 조금도 놀랄 만한 일은 아닌 것이다. 또한 어떤 유럽 농민들이 그렇게 믿었던 것처럼 만일 겨우살이가 모든 자물쇠를 열 수 있다고 한다면, 아이네이아스가 손에 지니고 있던 겨우살이도 죽음의 나라의 문을 열기 위한 열쇠 역할을 했으리라고 볼 만하다.

이제 우리는 네미의 비르비우스가 왜 태양과 혼동되었는지 그 이유를 짐작할 수 있다. 즉, 앞서 논증했듯이, 만일 비르비우스가 나무의 정령이었다면 그는 틀림없이 황금가지가 자라는 떡갈나무의 정령이었을 것이다. 전설에 의하면 그는 최초의 '숲의 왕'이었기 때문이다. 사람들은 비르비우스가 떡갈나무의 정령으로서 주기적으로 태양불을 다시 붙인다고 여겼으며, 따라서 그를 태양 자체와 혼동하기 십상이었을 것이다. 이와 마찬가지로 우리는 떡갈나무의 정령인 발데르가 "너무도 잘 생겼고 눈이 부실 정도의 빛이 그 몸에서 흘러나왔다"고 묘사된 이유와, 나아가 그 발데르가 종종 태양으로 간주된 이유에 대해서도 해명할 수 있다. 일반적으로 불을 일으키는 유일한 방법으로서 나무를 마찰하던 원시사회에서 미개인들은 불 또한 수액이나 즙처럼 나무 속에 따로 저장되어 있는 속성이며, 따라서 자신들이 애써서 그 불을 추출해 내야 하는 것으로 생각했음에 틀림없다.

캘리포니아의 세날Senal족 인디언들은 "예전에는 온 세상이 하나의 불 덩어리였는데, 그 후 불의 원소가 나무 속으로 옮겨졌고, 이제는 나무토막 두 개를 서로 문지르면 불이 나온다"고 믿었다. 이와 비슷하게 캘리포니아의 마이두Maidu족

---

7 그리스 신화에서 지하세계를 흐르는 강들 가운데 하나. '스틱스'라는 말은 원래 '증오스러운'이라는 뜻으로 죽음에 대한 혐오를 나타낸다. 호메로스의 서사시에서 신들은 스틱스강을 가리키며 하는 맹세를 가장 구속력 있는 맹세로 보았다. 만약 어떤 신이 스틱스강을 두고 맹세를 한 뒤 그것을 어기면 1년 동안 인사불성이 된 뒤 9년 동안 신들의 사회에서 쫓겨났다. 헤시오도스는 스틱스를 오케아노스의 딸이자 경쟁·승리·힘·권력의 어머니로 의인화했다. 후에 스틱스는 아르카디아에 있는 아로아니아 산지 노나크리스(지금의 솔로스 근처) 주위를 흐르는 강, 즉 오늘날 마브로네리(그리스어로 '검은 물'이라는 뜻)라고 부르는 강과 동일시되기도 했다.

8 이와 마찬가지로 오르페우스가 죽은 아내 에우리디케의 영혼을 저승에서 구하기 위해 산 채로 지옥에 내려갔을 때에도 사자의 세계를 출입할 수 있는 일종의 여행증명서로서 버드나무 가지를 지니고 갔으리라고 추정된다. 로버트 프레이저 편, 앞의 책, 892쪽 참조

「아이네이아스, 시빌, 카론」 주세페 마리아 크레스피, 1695~1705

인디언들은 "대지는 원래 둥그런 용암 덩어리였는데, 거기서 불의 원소가 나무 뿌리를 통해 줄기와 가지로 올라갔다. 때문에 특별한 비법으로 그 불을 추출해 낼 수 있다"고 주장했다. 캐롤라인 제도의 나몰룩섬에서는 신이 불을 만드는 기술을 인간들에게 가르쳐 주었다고 말한다. 즉, 능숙하게 불을 다룰 줄 알았던 장인 올로파에트Olofaet가 '뮈mwi'라는 새에게 불을 주면서 그 부리로 땅에 불을 가져다주도록 명했다. 그리하여 새가 나무에서 나무로 날아다니며 불의 잠재력을 나무 속에 저장해 놓았기 때문에, 인간은 나무를 마찰하여 불을 일으킬 수 있게 되었다는 것이다. 고대 인도의 『베다Véda』 찬가에서는 불의 신 아그니Agni가 나무 속에서 식물의 맹아 혹은 식물 안에 뿌려진 자로서 나무에서 태어났다고 말한다. 또한 그가 모든 식물 속으로 들어갔으며, 모든 식물을 얻고자 애쓴다고도 한다. 이처럼 아그니를 나무의 맹아 혹은 식물과 나무 모두의 맹아라고 부르는 것은 어쩌면 숲속에서 나뭇가지들끼리의 마찰 때문에 일어나는 화재에 대한 간접적인 언급일지도 모른다.

미개인들은 벼락 맞은 나무에는 보통 나무보다 두세 배나 더 많은 불이 내장되어 있다고 여겼다. 이는 그 강력한 번갯불이 나무줄기 속에 파고 들어가는 것을 직접 눈으로 목격한 데에서 나온 자연스러운 관념일 것이다. 여기서 벼락 맞은 나무와 관련된 수많은 미신적 신앙 가운데 몇 가지를 들어보기로 하자. 브리티시컬럼비아의 톰프슨강 유역에 사는 인디언들은 적의 집에 불을 지르고 싶으면, 벼락 맞은 나무로 만들거나 혹은 그런 나무의 파편을 붙인 화살을 쏘았다. 또한 작센의 벤드족 농민들은 벼락 맞은 나무는 자기 집 화로에서 태우지 않는다. 그들의 말에 의하면, 그런 땔감을 쓰면 집에 불이 난다는 것이다. 마찬가지로 남아프리카의 통가Tonga족도 그런 나무를 땔감으로 쓰지 않으며, 그런 나무로 붙인 불을 쬐지도 않는다. 반대로 북北로디지아[9]의 위남왕가Winamwanga족은 어떤 나무가 벼락을 맞아 불이 붙으면 마을의 불들을 모두 끄고 아궁이에 새로 회칠을 한다. 아울러 장로들이 벼락에 맞아 일어난 불을 추장에게 가지고 가면, 추장은 거기다 기도를 올린다. 그리고 추장은 새 불을 마을 전체에 골고루 나누어 주며, 마을 사람들은 추장의 사자들에게 은혜에 대한 답례를 한다. 이는 위남왕가족 사람들이 번개로 붙인 불을 숭배한다는 것을 보여 준다. 그들은 천둥번개를 지상

---

9 아프리카 잠비아의 옛 이름

에 내려온 신 자신이라고 믿는 만큼, 이런 숭배를 이해 못할 것도 없다. 이와 비슷하게 캘리포니아의 마이두족 인디언들은 '위대한 분'이 세상과 그 속에 거주하는 만물을 창조했으며, 번개는 곧 하늘에서 쏜살같이 내려와 그 불타는 팔로 나무들을 쪼개는 '위대한 분' 자신이라고 여긴다.

유럽의 고대민족들이 떡갈나무를 숭배하면서 그 나무와 자신들이 믿는 천공신 사이에서 어떤 연관성을 찾은 이유가 유럽의 삼림에서 떡갈나무가 다른 어떤 나무들보다도 훨씬 더 자주 벼락을 맞았기 때문이라는 설명은 어느 정도 개연성이 있다. 떡갈나무의 이러한 특성은 신화이론에 구애받지 않는 과학자들에 의해 근래 시작된 일련의 관찰에 기초하여 확인된 바 있다. 이에 대해 우리는 떡갈나무의 전기 전도성이 다른 나무들보다 뛰어나기 때문이라든가, 그 밖의 여러 가지로 설명할 수 있을 것이다. 떡갈나무가 벼락을 자주 맞았다는 현상을 어떻게 설명하든 간에, 그 사실 자체는 당시 거의 유럽 전역을 뒤덮었던 광대한 삼림 속에서 살던 미개한 조상들의 주목을 끌기에 충분했을 것이다. 그리하여 그들은 자연스럽게 자신들의 가장 소박한 종교적 발상에 따라 다음과 같이 상상함으로써 그 사실을 설명하고자 했던 것으로 보인다. 즉, 그들은 위대한 천공신을 숭배했는데, 천둥소리는 그 신의 외경스러운 음성과 다름없다. 그런데 그 신은 떡갈나무를 숲 속의 다른 어떤 나무보다도 사랑하기 때문에 먹구름 속에서 번개의 섬광을 타고 종종 떡갈나무에 내려오며, 쪼개지고 시커멓게 탄 나무줄기와 말라죽은 나뭇잎 속에 자기가 왔다 갔다는 표시를 남겨 놓는다는 것이다. 그런 나무들은 이후 뇌성벽력의 천공신이 거하는 가시적인 자리로 간주되어 영광스러운 후광이 씌워지게 된다. 이런 미개인들처럼 그리스인과 로마인들도 자신들의 위대한 천공신 혹은 떡갈나무의 신을 지상에 내리치는 번개의 섬광과 동일시했음에 분명하다. 그들은 번개 맞은 자리에 정식으로 울타리를 치고 그곳을 신성시했다. 켈트족과 게르만족의 조상들도 중부 유럽의 숲속에서 이와 비슷한 이유로 벼락 맞은 떡갈나무를 숭배했다고 보아도 큰 무리는 없을 것이다.

아리안족의 떡갈나무 숭배나, 그 떡갈나무와 뇌신과 천공신의 연관성에 대한 이상의 설명은 야코프 그림에 의해 오래전에 이미 시사되고 언급된 바 있으며, 근래에는 워드 파울러W. Warde Fowler에 의해 강하게 주장된 바 있다. 이런 설명은 내가 앞에서 가했던 설명보다도 더 단순명료한 개연성을 보여 준다. 앞에서 내가 가했던 설명은 다음 두 가지로 요약할 수 있다. 첫째, 우리의 소박한 조상들은 본래 떡갈나무에서 얻는 많은 이익들, 특히 마찰을 통해 일으키는 불 때문에 그 나무를 숭배한 것이다. 둘째, 미개인들은 높은 곳에 있는 천공신이 마치 그의 미개한 숭배자들이 지상의 숲에서 불을 일으킬 때 하듯이 떡갈나무 두 토막을 마찰하여 발화시킨 불꽃이 바로 번갯불이라고 믿었고, 그런 신앙에 입각하여 나중에 떡갈나무와 하늘을 결부시키게 된 것이다. 이 같은 설명에 따르면, 뇌신 또는 천공신은 떡갈나무의 신에서 유래한 것이 된다.

그런데 지금 내가 새롭게 채택하고자 하는 설명에 의하면, 뇌신 또는 천공신이야말로 아리안족 조상들의 본래적 신이며, 그 신과 떡갈나무와의 연관성은 단순히 떡갈나무가 벼락을 자주 맞는 데에서 나온 추론에 불과하다는 것이다. 혹자들이 생각한 것처럼, 만일 아리안족이 유럽의 어두운 대삼림에 들어오기 전부터 가축 떼를 몰며 러시아나 중앙아시아의 대초원을 떠돌았다고 한다면, 그들은 푸른 하늘 혹은 구름 낀 하늘의 천공신 내지 번쩍이는 뇌신을 신천지의 불타는 떡갈나무와 연관하기 훨씬 이전부터 이미 그 신을 숭배하고 있었음 직하다.

이와 같은 새로운 설명은 떡갈나무에 기생하는 겨우살이에 대해 특별한 신성성을 부여했던 신앙을 규명해 준다는 점에서 한층 이점을 가진다. 단지 떡갈나무에 겨우살이가 드물게 기생한다는 사실의 지적은 겨우살이를 신성시한 신앙의 광범위한 분포와 그 지속성을 충분히 설명해 주지 못한다. 아마도 다음과 같은 플리니우스의 진술은 그런 신앙의 참된 기원이 어디에 있는지를 암시해 준다고 보인다. 즉, 플리니우스에 의하면, 드루이드 교도들이 겨우살이를 숭배한 까닭은 그것이 하늘에서 내려온 식물이며 그것이 기생하는 떡갈나무가 신에 의해 선택된 나무라고 믿었기 때문이라는 것이다. 그렇다면 저 드루이드 교도들은 혹 겨우살이가 번갯불의 섬광을 타고 떡갈나무에 내려왔다고 생각한 것은 아닐까?

이런 추정은 스위스의 아르가우주에서 겨우살이에 붙인 '천둥 마당비'라는 이름을 통해 확인할 수 있다. 그 이름은 분명 겨우살이와 천둥 사이의 밀접한 관계를 보여 주기 때문이다. 사실 독일에서는 흔히 '천둥 마당비'라는 것이 나뭇가지 위에 자라는 마당비 모양이나 새 둥지와 같은 모든 파생물을 지칭하며, 무지한 사람들은 그런 기생식물들이 번갯불의 산물이라고 믿고 있다. 어쨌든 이런 가설에 어느 정도 타당성이 있다면, 드루이드 사제들이 숲속의 다른 나무들을 제쳐놓고 겨우살이가 기생하는 떡갈나무를 숭배한 진짜 이유는 다음과 같다. 즉, 그런 떡갈나무 모두가 벼락을 맞은 적이 있을 뿐만 아니라, 또한 그 가지 사이에 천상의 불에서 나온 가시적인 방사물이 내재되어 있다고 믿었기 때문일 것이다. 따라서 신비한 의례와 함께 그 겨우살이를 잘라 냄으로써, 그들은 번개가 지닌 모든 주술적 속성을 자기 것으로 확보하는 셈이다. 그렇다면 지금까지 내가 주장했듯이, 드루이드 사제들은 겨우살이를 하지절 태양의 방사물이 아니라 번개의 방사물로 여겼다고 분명하게 결론지을 만하다.

어쩌면 우리는 고대 아리안족의 신앙에서 겨우살이가 하지절 태양에서 번개의 섬광을 타고 내려온 것이라고 상정함으로써, 외견상 달라 보이는 위의 두 가지 견해를 결합시킬 수도 있을 것이다. 하지만 내가 아는 한, 그런 결합은 피상적인 것일 뿐만 아니라 어떤 실증적 증거에 의해 뒷받침되지도 않는다. 신화적 원리에 입각하여 두 가지 해석이 실제로 결합할 수 있을지 어떨지도 단언하기 어렵다. 그러나 그것들이 일치하지 않는 것으로 판명된다 해도, 그 때문에 미개한 조상들이 동일한 열정과 확신으로 양자를 동시에 끌어안지 말라는 법도 없다. 왜냐하면 대다수의 인류와 마찬가지로 미개인들 또한 현학적인 논리의 속박에 편협하게 얽매이지 않았기 때문이다. 어리석은 무지와 맹목적인 공포의 밀림을 헤치고 미개인들의 우회적인 사고의 길을 더듬어 가고자 할 때, 우리는 마법의 땅을 밟고 간다는 사실을 항상 기억해야 할 것이다. 또한 우리는 앞길을 가로지르거나 어둠 속에 떠다니며 알아듣기 어려운 말만 지껄이는 흐릿한 형상들을 실제 현실로 착각하지 않도록 유념해야 할 것이다. 우리는 결코 미개인의 입장에 서서 미개인의 눈으로 사물을 보고 미개인의 마음을 움직였던 감정의 고동을 그대로 우리 심장에 느낄 수는 없다. 따라서 미개인과 그들의 관습에 대한 우리의 설명이나 해석들은 모두 확실성과는 거리가 멀 수밖에 없다. 거기서 우리가 바라는 최선은 다만 상당한 정도의 개연성을 확보하는 데에 있을 뿐이다.

이상의 고찰을 결론지어 보자. 나의 짐작대로 만약 발데르가 정말로 겨우살이가 기생하는 떡갈나무의 화신이었다면, 발데르가 겨우살이의 일격을 받고 죽었다는 이야기는 전술한 새로운 설명에 입각하건대, 번개의 일격을 받고 죽은 것으로 해석될 만하다. 번갯불이 서려 있는 겨우살이가 나뭇가지 사이에 남아 있는 한, 선량하고 온화한 떡갈나무의 신은 어떤 해악도 받지 않았다. 발데르는 안전을 위해 자신의 생명을 하늘과 땅 사이에 존재하는 그 신비스러운 기생식물 속에 따로 보관해 놓았기 때문이다. 그러나 일단 그런 생명 혹은 죽음의 근원인 겨우살이를 나뭇가지에서 떼어 내어 줄기에 던지면, 번개에 맞아 나무가 쓰러지고 마는 것이다. 즉, 신이 죽게 되는 것이다.

우리가 이상에서 다룬 스칸디나비아 떡갈나무 숲의 발데르에 대한 설명은, 아마도 그처럼 모호하고 불확실한 문제에 따르기 십상인 온갖 조심스러움과 더불어 이탈리아의 떡갈나무 숲에 사는 아리키아의 '숲의 왕' 디아나의 사제에게도 그대로 적용할 수 있을 것이다. 즉, '숲의 왕'은 이탈리아의 위대한 천공신 유피테르의 피와 살을 지닌 화신이었을 것이다. 유피테르는 친절하게도 번개의 섬광을 타고 하늘에서 내려와 고요한 네미 호반의 신성한 떡갈나무에 기생하는 '겨우살이=천둥 마당비=황금가지' 속에 들어앉아 인간들 사이에 머물렀던 것이다. 그렇다면 디아나의 사제가 칼을 빼들고 신의 생명과 자신의 생명을 간직한 그 신비한 황금가지를 지키려 했다 한들 조금도 놀라울 것이 없다. 만약 내 생각이 틀리지 않다면, 그 사제가 모시고 또 결혼까지 했던 여신은 바로 하늘의 여왕이자 천공신의 진정한 아내였을 것이다. 왜냐하면 그녀 또한 적막한 숲과 외딴 언덕을 사랑했고, 맑은 밤마다 은빛 달의 형상으로 인간의 머리 위를 떠다니며 '디아나의 거울'이라고 부르는 저 호수의 잔잔하게 반짝이는 수면에 비친 자신의 아름다운 모습을 기쁘게 내려다보았을 것이기 때문이다.

제69장
네미여 안녕

이제 우리는 탐구의 마지막 지점에 이르렀다. 그러나 진리 탐구가 늘 그렇듯이 하나의 물음에 답변을 내릴 때마다 더 많은 물음을 묻지 않을 수 없었다. 또한 우리는 줄곧 외길만을 따라 달리고자 했지만, 그 길에서 벗어나 네미의 신성한 숲과는 다른 목적지로 이어지는 혹은 그렇게 이어질 것만 같은 길을 여러 갈래 지나와야 했다. 그중 몇몇은 조금씩 따라가 보기도 했다. 그 밖의 길들은 기회가 닿는다면 필자와 독자 여러분이 언젠가 함께 따라가 볼 수도 있을 것이다. 그렇지 않더라도 우리는 충분히 먼 길을 함께 여행했으며, 이제 헤어질 때가 되었다. 하지만 그에 앞서 우리는 이 책에서 주목했던 인간의 오류와 어리석음에 대한 우울한 기록들에서 무언가 좀 더 일반적인 결론을 이끌어 낼 수는 없는지, 가능하다면 희망과 격려를 주는 어떤 교훈 같은 것은 찾을 수 없는지 자문해 볼 필요가 있다.

그리하여 한편으로 우리는 모든 곳, 모든 시기에서 주된 인간 욕망의 본질적인 유사성, 다른 한편으로 서로 상이한 시대에 그런 욕망을 충족시키고자 선택한 수단의 다양한 차이성을 고려해 볼 때, 추적할 수 있는 한도 내에서 보다 고차적 사유의 흐름이 대체로 주술에서 종교를 거쳐 과학으로 이어졌다고 결론지을 수 있다. 주술에서 인간은 자신의 힘에 의지하여 사방에서 인간을 위협하는 난관과 위험들에 대면했다. 이때 인간은 자신이 확실하게 의존할 수 있고, 자기 목적을 위해 조작할 수 있는 어떤 정립된 자연 질서가 있다고 믿었다. 그러나 인간이 자신의 오류를 발견하거나 혹은 슬프게도 자신이 상정한 자연 질서, 자신이 그것에 대해 행사한다고 믿었던 통제력이 모두 공상적인 것임을 알게 되었을 때 인간은 더 이상 자신의 지적 능력과 독자적 노력에 의존하지 않게 되었다. 대신 인간은 자연의 장막 뒤에 숨어 있는 불가시적인 어떤 위대한 존재의 처분에 겸허하게 자신을 맡기며, 한때 오만하게도 자기 것으로 사칭했던 그 모든 광범위한 능력을 이제는 저 위대한 존재에게 귀속시키게 되었다. 그 결과 좀 더 예민한 정신을 지닌 사람들에 의해 주술은 점차 종교로 바뀌게 되었고, 종교는 자연현상의 과정이 인간과 비슷한 종류이면서도 인간보다 엄청나게 능력이 뛰어난 영적 존재들의 의지나 감정, 변덕에 따라 규제되는 것으로서 설명한다.

그러나 시대의 추이에 따라 이번에는 그런 설명도 만족스럽지 못한 것으로 드러났다. 왜냐하면 종교는 자연현상의 과정이 불변의 법칙에 따라 결정되는 것이 아니라 어느 정도 가변적이고 불규칙적인 것이라고 가정하는데, 이러한 가정은 보다 면밀한 관찰을 통해 뒷받침될 필요가 있기 때문이다. 이와 달리 자연현상이 일어나는 과정을 면밀히 검토하면 할수록, 우리는 더욱더 자연의 운행이 언제나 엄격한 일치성과 정확성에 따라 진행된다는 사실에 감동하지 않을 수 없다. 지식의 모든 위대한 발전은 세계 속에서 질서의 영역을 확장시켜 왔으며, 그에 상응하여 명백한 무질서의 영역을 축소시켜 왔다. 그리하여 이제 우리는 우연과 혼란이 여전히 지배적으로 보이는 영역에서조차 좀 더 완전한 지식이 갖추어진다면 모든 곳에서 혼돈으로 보이는 것들이 질서로 바뀌게 될 것이라고 기꺼이 예상하기에 이르렀다. 거기서 보다 예리한 정신을 지닌 사람들은 우주의 수수께끼에 대한 보다 깊이 있는 해답을 향해 전진하면서 종교적 자연관을 타당하지 않은 것으로 배격하게 되었다. 아울러 그들은 과거의 주술에서 암묵적으로 가정되었던 것, 즉 주의 깊게 관찰하면 우리로 하여금 자연의 운행을 확실하게 예견하고, 그에 따라 행동할 수 있게 해 주는 자연 질서의 불변적인 규칙성을 명시적으로 정식화함으로써 어느 정도 예전의 주술적 관점으로 되돌아가게 되었다. 요컨대 자연에 대한 설명으로 간주하였던 종교가 과학으로 대체된 것이다.

그런데 과학은 주술과 상당 부분 공통점을 가진다. 양자 모두 만물에 내재하는 원리로서의 질서에 대한 믿음에 기초하고 있기 때문이다. 굳이 독자 여러분에게 상기시킬 필요까지는 없지만, 주술이 전제하는 질서는 과학의 토대를 이루는 질서와 크게 상이하다. 이는 각기 질서에 도달하는 방법이 다르기 때문에 자연스럽게 생긴 차이라 할 수 있다. 예컨대 주술이 의존하는 질서는 인간정신에 떠오르는 관념의 질서를 잘못된 유추에 의해 확대시킨 것에 불과하다. 하지만 과학이 규정하는 질서는 자연현상 자체에 대한 근면하고도 정확한 관찰에서 도출된 것이다. 과학에 의해 이미 성취된 결과물이 보여 주는 풍부함과 견고함과 탁월함은 우리에게 과학적 방법론의 건전성에 대한 즐거운 확신을 주기에 충분하다. 인간은 헤아릴 수 없이 긴 시대에 걸쳐 어둠 속을 헤매다 마침내 과학 안에서 미로를 빠져나갈 실마리 혹은 자연의 보물창고에 채워진 수많은 자물통을 열어 줄 황금의 열쇠를 발견한 것이다. 아마도 장차 물질적인 것과 아울러 도덕적, 지적인 것까지 망라하여 진보의 희망은 과학의 운명에 달려 있으며, 과학적 발견을 가로막는 모든 장애물은 인류에 대한 과오라고 해도 지나친 말이 아닐 것이다.

하지만 사상의 역사는 우리에게 과학적 세계관이야말로 지금까지 정식화된 것 가운데 최고이지만 필시 완전하고 최종적인 것일 거라는 결론을 내리지 말라고 경고한다. 과학의 일반화, 즉 흔히 말하는 자연법칙이란 것은 근본적으로 우리가 세계와 우주라는 거창한 이름으로 그럴듯하게 부르는 가변적인 사유의 환영을 설명하기 위해 고안해 낸 가설에 불과하다는 점을 잊어서는 안 된다. 궁극적으로 주술과 종교와 과학은 사유의 이론일 뿐이다. 과학이 그 선배들을 대체했듯이, 과학도 언젠가는 좀 더 완벽한 어떤 가설에 의해 대체될지도 모른다. 그 새로운 가설은 아마도 우리 세대에서는 전혀 상상조차 할 수 없을 만큼 전혀 다르게 현상을 보는 방식(가령 영상을 화면에 표시하는 방식)이 될 수도 있을 것이다. 지식의 발전은 끊임없이 우리에게서 도망치는 목표를 향한 영원의 과정이다. 그러니 우리는 끊임없이 지식을 추구해야 한다는 사실에 불평을 늘어놓을 필요가 없다.

그대들은 짐승처럼 살도록 만들어진 것이 아니라,
덕성과 지식을 추구하도록 만들어진 것이다.[1]

설령 우리가 직접 누리지는 못한다 할지라도, 그러한 추구에서 위대한 것들이 나올 것이다. 미래의 어떤 항해자(사상계에서의 위대한 율리시스 같은 자)의 머리 위에는 지금 우리 위를 비추는 것보다 더 밝은 별들이 솟아오를 것이다. 그리하여 주술의 꿈이 어느 날 깨어 있는 과학의 현실로 변할지도 모른다. 그러나 어

---

1 단테의 『신곡』 지옥편(제26곡)에서 오디세우스가 자기 선원들에게 지식을 찾아 지브롤터 해협 너머로 항해할 것을 촉구하면서 하는 연설의 일부. 허인 옮김, 『신곡 1』, 중앙미디어, 1994, 198쪽 참조. 단테는 트로이 전쟁을 승리로 이끈 오디세우스를 영웅이 아닌 권모술수에 능한 죄인으로 보고 있다. 오디세우스가 목마를 만들어 그 안에 군사들을 매복한 채 트로이인에게 미네르바에게 바치는 제물이라고 속인 다음, 이에 방심한 트로이군이 술에 취해 잠들었을 때 목마 속에 있던 복병들이 나와 트로이를 함락시켰기 때문이다. 그러나 프레이저는 이 인용구를 통해 학문적 모험에 대한 자신의 감정을 압축적으로 전달하고 있다. 로버트 프레이저 편, 앞의 책, 899쪽 편주 참조

두운 그림자 하나가 이 멋진 전망의 먼 끝에 가로질러 놓여 있다. 왜냐하면 미래가 인간을 위해 쌓아놓을 지식과 힘의 증가가 아무리 엄청나더라도, 별빛 찬란한 이 우주 전체를 조용히 그리고 가차없이 파멸로 몰고 가는 저 거대한 힘의 진전을 인간이 멈추게 할 수 있다고 기대할 수는 없기 때문이다. 우주 속에서 지구는 한낱 작은 알맹이나 티끌에 불과해 보인다. 다가올 시대에 인간은 바람과 구름의 방향을 예견하거나 심지어 조종할 수도 있을지 모른다. 하지만 인간의 조그만 손은 속도를 잃어 가는 우리 혹성을 새롭게 가속시키거나 혹은 죽어 가는 태양의 불길을 다시 붙일 만한 힘을 갖지는 못할 것이다.[2] 그런데도 그와 같은 먼 미래의 파국을 상상하며 전율하는 철학자는 다음과 같은 성찰에서 스스로 위안을 얻을 것이다. 즉, 이러한 우울한 염려는 지구나 태양 그 자체와 마찬가지로 인간의 사유가 공空에서 출현한 실체 없는 세계의 일부분일 뿐이다. 그러니까 저 알 수 없는 마녀는 오늘 불러 낸 환영을 내일 추방할지도 모른다. 그 환영들도 보통 사람의 눈에는 견고해 보이는 수많은 것들이 그러하듯이, 공기 속에, 엷은 공기 속에 녹아서 사라질 수 있는 것들이기 때문이다.[3]

미래에 대한 지나친 골몰은 그만두기로 하자. 우리는 인간의 사유가 지금까지 지나온 경로를 세 가지 다른 실, 곧 주술의 검은 실과 종교의 붉은 실과 과학의 흰 실로 짠 옷감에 비유해서 설명할 수 있다. 다만 세 번째 과학의 실에 모든 시대에 인류가 소유하고 비축했던 진리들, 즉 자연의 관찰에서 얻은 소박한 진리들을 포함시킬 수 있을 것이다. 어쨌든 우리가 그 사유의 옷감을 맨 처음부터 조망해 볼 수 있다면, 그 첫 번째 것은 흑백의 체크무늬 천으로 거짓 관념과 참된 관념이 뒤섞인 채 짜깁기된 옷감처럼 보일 것이다. 거기에는 아직 종교의 붉은 실은 거의 눈에 띄지 않는다. 그러나 옷감을 따라 눈길을 옮겨 가노라면, 흑백의 체크무늬가 여전히 많이 눈에 띄면서도 종교가 가장 깊숙이 파고들어 있는 천의 중앙부에

2 1870년대 초 프레이저는 글래스고대학에서 윌리엄 톰슨에게 물리학을 배웠는데, 그때 프레이저는 우주가 점점 식어 가는 거대한 불덩어리라는 사실을 접한 후 진보주의의 본질에 대해 재고하지 않을 수 없었던 것 같다.

3 이 부분은 프레이저가 셰익스피어의 희곡 『템페스트 4 The Tempest IV』에서 일부를 따온 것이다. "우리의 잔치는 이제 끝났다. 여기 우리 배우들은/ 내가 예언했듯이 모두 정령들로서/ 공기 속으로, 엷은 공기 속으로 모두 녹아 없어졌다./ 그리고 이 환상 속의 토대 없는 건물처럼/ 구름모자를 쓴 탑, 화려한 궁전/ 장엄한 신전, 위대한 지구 그 자체처럼/ 그렇다, 그것이 물려받은 모든 것은 사라질 것이며/ 이 실재하지 않는 야외극 무대가 사라져 가듯이/ 부스러기 한 점 남기지 않을 것이다. 우리라는 재료는/ 꿈을 만드는 데 쓰이며, 우리의 작은 생은/ 잠 속에 갇혀 있다." 로버트 프레이저 편, 앞의 책, 900쪽 편주 참조

「네미 호수」 J. M. 윌리엄 터너, 1840

짙은 진홍색 얼룩이 자리 잡고 있는 것을 발견할 수 있을 것이다. 이는 과학의 흰 실이 직물 속에 더 많이 들어감으로써 알게 모르게 색조가 차츰 엷어져 있기 때문이다. 이처럼 체크무늬에 붉게 얼룩진 옷감, 즉 다양한 색실로 짜였으나 더 멀리 갈수록 색조가 차츰 변화해 가는 옷감은 온갖 다양한 목표와 온갖 갈등으로 얼룩진 근대 사상의 현 상태에 비견될 만하다. 그렇다면 수 세기 동안 서서히 사상의 색조를 바꾸어 온 이 거대한 움직임이 가까운 미래에도 계속 이어질 것인가? 혹은 진보를 저지하고 이미 이루어 놓은 수많은 것들을 파괴할 반동이 일어날 것인가? 검은 실, 붉은 실, 흰 실이라는 우리의 비유에 비추어 보면, 지금 윙윙거리며 바쁘게 돌아가는 시간의 베틀로 운명의 여신이 짜고 있는 옷감의 색깔은 어떤 것일까? 흰색일까, 아니면 붉은색일까? 우리는 알 수 없다. 다만 희미하게 깜박이는 불빛이 그 옷감의 한쪽 끝부분만을 비추어 줄 뿐이다. 그 반대편은 여전히 잿빛 구름과 짙은 어둠에 가려져 있다.

마침내 우리의 배는 긴 발견의 항해를 마치고 피로에 지친 돛을 항구에 내렸다. 우리는 다시 한 번 네미로 통하는 길을 걷는다. 저녁 무렵 우리가 아피아 가도의 긴 비탈길을 따라 알바 언덕에 올라 뒤를 돌아보니, 하늘은 저녁노을로 불타오르고 죽어 가는 성인의 후광 같은 황금빛 광채가 로마의 하늘 아래 드리워져 성 베드로 성당의 돔 지붕에 불의 벼슬을 씌우고 있다. 그 광경은 한번 보면 결코 잊을 수 없다. 하지만 우리는 다시 발걸음을 돌려 땅거미가 내리기 시작한 산비탈을 따라 길을 재촉하여 이윽고 네미에 도착한다. 그리고 이제 밤의 어둠 속으로 빠르게 사라져 가는 깊은 호수를 내려다본다. 저 신성한 숲에서 디아나가 숭배자들의 예배를 받던 때 이래로 그곳은 예나 지금이나 별반 변한 것이 없다. 물론 숲의 여신을 모시던 신전은 사라졌고, 황금가지를 지키려고 불침번을 서던 숲의 왕도 더 이상 존재하지 않는다.

그러나 네미의 숲은 여전히 푸르기만 하다. 서쪽 숲 위로 석양이 기울어지면 밀려오는 바람에 실려 안젤루스[4]를 울리는 아리키아의 교회 종소리가 들려오는 듯싶다. 아베 마리아! 감미롭고도 장엄한 종소리가 먼 도시에서 울려나와 광활

---

4 본서 제62장 옮긴이 주 7번 참조

한 캄파냐의 늪지대를 가로질러 서서히 스러져 간다.[5] "왕은 죽었다. 왕이여, 만세! 아베 마리아!"

---

5 마지막 단락에서뿐만 아니라 본서의 구석구석에서 우리는 프레이저의 단아하고도 감미로운 문학적 감수성을 느낄 수 있다. 그래서 어떤 의미에서 본서는 학자들보다 테니슨A. Tennyson, 에즈라 파운드Ezra Pound, 예이츠W. B. Yeats, 토머스 하디Thomas Hardy, 조지프 콘래드Joseph Conrad, 로런스D. H. Lawrence, 제임스 조이스James Joyce, 엘리엇T. S. Eliot 등 문학작가들에게 더 깊은 영향을 끼친 측면이 있다. 특히 엘리엇은 "내가 영향받은 또 한 권의 인류학 책은 『황금가지』였다"고 말하는가 하면, 프레이저를 "의심할 나위 없이 가장 탁월한 거장"이라고 극찬하면서, 그의 『황무지』 주석에 『황금가지』를 인용하기도 했다. 본서가 서구 문학에 끼친 영향에 관해서는 John B. Vickery, *The Literary Impact of The Golden Bough*, Princeton University Press, 1973 참조

해제
'황금가지'의 의미: 오류와 진리 사이

프레이저는 누구인가

이 책의 저자 제임스 조지 프레이저Sir James George Frazer(1854~1941)는 『황금가지
The Golden Bough』 못지않게 흥미로운 인물이다. 그는 영국 스코틀랜드 글래스고에
서 매일 저녁 가족기도를 드리고 주일이면 반드시 교회예배에 참석했으며 안식
일을 엄격하게 지키는 경건한 기독교(장로교) 집안에서 1854년 11월 1일에 태어
났다. 그의 부친은 글래스고에서 유명한 '프레이저 앤 그린Frazer and Green' 상사의
유력한 임원이었고, 모친 역시 글래스고의 부유한 상가 출신이었다. 그런 만큼
부모는 자식이 사업가가 되기를 바랐지만 프레이저는 학자의 길을 걸었고, 결
국 그것이 최선의 선택이었음을 보여 주었다. 그는 대학 입학에 앞서 몇 군데 사
립학교에서 라틴어와 그리스어의 기초를 철저히 다졌고, 1869년 글래스고대학
에 입학하여 고전학과 법률을 전공하는 한편 철학과 물리학도 공부했다. 1881년
에 법정 변호사가 되었지만, 실제 법률 관련 일은 하지 않았다. 이보다 2년 앞선
1879년에 케임브리지대학 트리니티 칼리지의 상임 특별연구원으로 임명된 프
레이저는 향후 20여 년간 연구원직을 지켰다. 한때 타일러, 막스 뮐러, 앤드루 랭
등이 있던 옥스퍼드대학에서 유학하기도 했으며, 최초의 종교학 교수로 초빙하
겠다는 맨체스터대학의 제안을 심각하게 고려한 적도 있었고, 또 잠시 리버풀대

학에서 직위를 맡기도 했지만 평생 케임브리지대학을 떠나지 않았다.

정치적으로는 자유주의자였고 마르크스주의나 러시아혁명에 관심을 보이기도 했다. 대단한 음악 애호가였고 젊은 시절에는 펜싱과 승마를 즐기기도 했지만, 지독하게 내성적인 책벌레였던 프레이저는 60여 년에 걸친 학문적 삶에서 평균 하루에 12시간 이상 연구에 몰두함으로써 대표작『황금가지』를 비롯하여『토테미즘과 족외혼*Totemism and Exogamy*』(1910),『터부와 영혼의 위험들*Taboo and the Perils of the Soul*』(1911),『구약성서 속의 민속학*Folk-lore in the Old Testament*』(1918),『인간, 신, 불멸성*Man, God, and Immortality*』(1927),『플라톤 이데아론의 전개*The Growth of Plato's Ideal Theory*』(1930),『원시종교에서 사자에 대한 공포*The Fear of the Dead in Primitive Religion*』(1933~1936) 등 30여 권의 저서 및 번역서를 세상에 내놓았다. 그는 이와 같은 창발적인 연구업적을 인정받아 1914년에 기사 작위를 받았으며, 1920년에 영국학사원 회원이 되었고 1925년에는 메리트 훈장을 추서받기도 했다. 말년에 시력을 상실한 것 외에는 평생 질병이나 돈 걱정뿐 아니라 특이한 생의 위기도 없이 학자로서는 매우 평탄한 행운의 생애를 보냈다. 1896년 마흔두 살에 프랑스인 과부 릴리 그로브Lilly Grove와 결혼했는데, 둘 사이에 자녀는 없었다. 그녀는 프레이저의 저서 몇 권을 불어로 번역 출간했고, 이로 인해 프랑스에도 프레이저가 널리 알려지게 되었다.

"겸손하고 비세속적이고 인쇄물 외에는 다른 어떤 것도 눈에 들어오지 않는, 아직 젖을 떼지 않은 아기 같은 사람"이라는 프래그머티즘 철학의 확립자 윌리엄 제임스William James의 평가처럼, 프레이저는 현실의 인간관계에서 대화에 미숙하고 공식적인 모임에 서툴렀으며 논쟁을 좋아하지 않았고 자신이 비판받을 때에도 크게 반응하지 않았다. 하지만 그의 책 속에는 항상 유머가 있었다. 이처럼 모순되는 양가적 특성은 다른 측면에서도 발견된다. 그는 시인 T. S. 엘리엇처럼 신앙이냐 미래에 대한 절망이냐 혹은 진리냐 오류냐를 놓고 고민하지 않았다. 그가 저작에 일관되게 지탱한 요소는 섬세하고 아주 살짝 냉소적인 균형 상태와 회의론적인 명상 또는 지혜롭고 통렬한 소극성이다. 그의 책이 지닌 매력의 많은 부분은 학문적인 신중함과 파괴적인 블랙유머, 혹은 종교적 향수와 회의적 정신 사이의 모순에 기인한다. 그는 호기심이 강하면서도 기이한 터부에 갇혀 있다. 과감하고 모험적이면서도 보수적이며 지나치게 조심스럽다.

"타일러 이래 영국에서 가장 탁월한 인류학자"라는 극찬에서 "타일러보다 훨썬 더 대단한 쇼맨" 혹은 "상아탑 학자나 안락의자 인류학자라는 말에 가장 어울리는 사람"이라는 혹평에 이르기까지 프레이저에 대한 평가는 양극을 달린다. 어떤 의미에서는 그의 대표작 『황금가지』 또한 양극단의 평가 사이에서 부단히 흔들려 왔다고 말할 수 있다. 하지만 그럼에도 우리는 영국의 전기작가 로버트 프레이저Robert Frazer가 축약본 옥스퍼드판 「서문」에서 "『황금가지』만큼이나 많이 읽힌 책도 드물다. 그러나 그처럼 피상적으로 읽히고 그처럼 경솔하게 오해받은 책도 드물다. 이 책은 세계에서 손꼽히는 고전 가운데 하나이자 근대적 감성의 초석 중 하나지만, 우리는 이 책을 알지 못한다"고 지적한 말에 공감하지 않을 수 없다.

『황금가지』 판본의 다양성

프레이저는 자신을 항상 탐구의 출발점에 놓기를 좋아했다. 그는 평생 학생이었다. 프레이저가 1889년 11월 8일에 출판업자 조지 맥밀런George Macmillan에게 편지로 "원시종교의 역사에 대한 연구"이자 "황금가지 전설에 대한 설명"이 될 이 책의 출판을 처음 의뢰한 이래, 그는 『황금가지』를 끊임없이 다시 쓰고 고쳤다. 이처럼 판을 거듭하면서 『황금가지』는 내용적으로도 상당한 변화가 있었다.

1890년에 나온 전2권 분량의 초판은 "비교종교학 연구A Study in Comparative Religion"라는 부제가 붙어 있었는데, 「서문」에서 프레이저는 이 책을 "원시신앙과 종교에 관한 종합적 저작"이라고 자평했다. 하지만 이런 자평과는 달리 실상 초판본은 원시종교에 대한 일반적 논의라기보다는, 지금까지 누구도 던지지 않았던 물음, 즉 고대 이탈리아 아리키아의 네미 숲 사제직의 의미와 기원이라는 문제에 대한 물음과 답변이 핵심 내용을 구성하고 있었다. 그것은 다음 두 가지 물음에 대한 답변의 시도였다. 첫째, 네미(아리키아)의 사제는 왜 전임자를 살해해야만 하는가? 둘째, 그에 앞서 왜 황금가지를 꺾어야만 하는가? 이와 같은 흥미로운 물음과 함께 초판본은 출간되자마자 프레이저의 박학다식한 웅변 및 주술-종교-과학으로의 인간정신의 발전과 진화에 관한 매력적이고 자극적인 가설들이 사람들의 많은 주목을 끌었다. 하지만 당대에 『황금가지』는 침대보를 덮어쓰고 회중전등 불빛을 비춰 가며 읽어야 하는 '위험한' 책이기도 했다. 출간 당시부터 이 책의 본질은 기성 종교(기독교)와 문화적 태도에 대한 도전에 있었기 때문이다.

초판 발간 후 10년 뒤인 1900년에 나온 전3권 분량의 제2판에서는 부제가 "주술과 종교에 관한 연구A Study in Magic and Religion"로 바뀌면서 주술과 종교의 관계 규정에 강조점이 주어졌다. 프레이저는 제2판에서 오스트레일리아의 사례를 제시하면서 진화론적 도식에 대한 확신을 표명했다. 즉, 오스트레일리아 원주민들은 종교가 아닌 주술을 행했다는 것이다. 하지만 주술과 종교의 관계에 대한 이런 관점을 차치한다면, 새로운 사례들이 많이 추가되었을 뿐 초판본의 핵심인 두 가지 물음을 둘러싼 문제의식은 그대로 유지되었다.

그 후 마침내 전12권 분량의 제3판(1911~1915)에 이어 1936년에 보정판으로 제13권(Aftermath: A Supplement to the Golden Bough)이 출간됨에 따라 『황금가지』 전권이 완성되었다. 이로써 『황금가지』는 광범위한 사례의 제시와 함께 비로소 명실상부하게 원시 미신과 종교에 대한 일반 연구로서의 면모를 드러내 보여 주었다. 여기서도 초판과 제2판에서의 두 가지 물음은 여전히 견지되나 더 이상 핵심적이라기보다는 문체나 문학적 전략의 문제가 되었다. 그러니까 명목상으로는 고대 이탈리아 네미 숲 신화의 특정 문제에 관심을 나타내는 듯이 보이지만, 실제로는 보다 일반적인 관심, 즉 야만에서 문명으로의 인간정신의 점진적 진화에 대한 관심이 중핵을 이루게 된 것이다.

한편 프레이저는 1922년에 대중적인 수요에 부응하여 아내의 적극적인 도움을 받아 초판의 문제의식으로 회귀하는 동시에 한 권 분량으로 과감하게 줄인 축약본을 출간했다. 국내에 번역 소개된 축약본은 세 종류이다. 방금 언급한 대로 프레이저 자신이 축약한 '맥밀런판(본서)', 1994년 프레이저 연구자인 로버트 프레이저가 축약하면서 맥밀런판에 누락되어 있는 「그리스도의 십자가형」 등의 논쟁적인 부분을 복원한 '옥스퍼드판(한겨레출판)', 1978년 영국의 인류학자 메리 더글러스Mary Douglas(1921~2007)가 「서문」을 쓰고 미국인 역사학자 서빈 매코맥Sabine McCormack이 맥밀런판의 절반 정도 분량으로 줄인 '도설판(까치)'이 그것이다. 이중 도설판 축약본은 프레이저에 대한 현대적 재평가의 중요한 사례라 할 수 있다. 메리 더글러스는 도설판 「서문」에서 프레이저가 구조주의적 관점에서 시종일관 '살해당하는 신'의 테마를 추구했다고 하여 『황금가지』가 산만하다는 종래의 비판을 일축하는 한편, 프레이저의 진짜 관심은 원시인 특유의 사고방식을 해명하는 데에 있었다고 주장한다. 현대 인류학자들의 『황금가지』 비판은 전체를 이해하기보다는 주로 단편적인 것을 들어 그 일부분을 해석하기 위한 엄밀한 수단을 추구하는 경향에서 비롯되었다는 것이다. 요컨대 제3판 및 보정판과는 달리 초판과 제2판 및 축약본에서는 네미 사제직에 주목하고 있다. 어쨌거나 모든 판본이 앞의 두 가지 물음으로 시작하고, 그에 대한 답변으로 끝난다는 점에서는 일치한다.

『황금가지』 저술에 영향을 미친 학자들

『황금가지』의 탄생에 영향을 준 대표적인 학자로 에드워드 타일러Edward Tylor (1832~1917), 빌헬름 만하르트Wilhelm Mannhardt(1831~1880), 로버트슨 스미스William Robertson Smith(1846~1894), 데이비드 흄David Hume(1711~1776)을 꼽을 수 있다. 먼저 영국의 인류학자로 옥스퍼드대학 최초의 인류학 교수를 역임한 타일러는 '인류학의 아버지'라든가 문화인류학 또는 사회인류학의 창시자로 불리기도 하는데, 프레이저는 사실상 타일러의 제자로 『황금가지』에서 스승의 주요 착상과 방법을 받아들이고 거기에 자신의 새로운 생각을 덧붙였다. 특히 타일러의 대표 저서인 전2권 분량의 『원시문화Primitive Culture』(1871)는 프레이저의 연구 생애에서 하나의 전환점이 되었다. 영국 빅토리아 시대에 의식 있는 종교인들이 자신의 신앙과 관련한 많은 혼란스러운 도전들에 씨름하고 있을 때 출간된 『원시문화』가 종교의 기원을 "영적인 존재들에 대한 믿음"인 애니미즘에서 찾은 것은 너무도 유명한 이야기이다. 하지만 이 책이 『황금가지』에 끼친 영향은 다른 데에 있다. 타일러의 광범위한 관심, 넓은 시야, 합리적인 접근 방식, 명료한 사례 제시 등은 프레이저에게 학문에 대한 새롭고 넓은 지평을 열어 주었다. 가령 타일러는 전 세계에 걸쳐 유사한 신화들이 널리 발견된다는 점에 주목했으며, 비교방법이라는 용어 자체는 사용한 적이 없지만 그런 관점에서 논증을 전개했다. 또한 상이한 시대와 공간에서 원시문화의 유사한 발전단계가 일어났다고 생각했다. 나아가 모든 인간은 인종, 언어, 국적과 상관없이 동일하게 추론하기 때문에, 비록 그 지식 수준이 매우 다르다 해도 우리는 고대인이든 현대의 원시인이든 다른 문화권 사람들의 정신을 이해할 수 있다는 것이다. 『황금가지』는 이와 같은 타일러의 기본 관점을 공유하고 있다.

하지만 무엇보다 주목할 것은 프레이저가 타일러의 잔존survival이론과 주술이론을 직접 받아들였다는 점이다. 예컨대 타일러에 의하면 모든 문화 또는 어느 한 문화 내의 모든 것이 같은 속도로 발전하는 것은 아니다. 특정한 시기에 타당했던 어떤 관습이나 민속 또는 잡다한 미신들은 오랜 시간이 지난 다음에도 계속 남아 있는 경우가 적지 않다. 이처럼 고대기의 특성이 후대에까지 존속하는 것을 타일러는 '잔존'이라고 불렀다. 그러니까 현대인의 행동 중 많은 것이 지나간 시대의 유물인 잔존물이라는 것이다. 프레이저는 『황금가지』에서 이처럼 고대기에 특유한 현상이 고전기 내지 근대에까지 잔존하는 것에 특별히 관심을 기울였다. 그가 주목한 네미의 사제직도 그런 잔존물에 해당한다. 다른 한편 타일러는 주술의 기반에 '관념연합'이라는 원리가 있다고 주장했다. 우리가 생각 속에서 어떤 방식으로든 상이한 관념들을 서로 연결하게 되면, 그것과 유사한 연결이 현실 속에서도 일어날 수 있다고 여기는 것이다. 뒤에서 다시 언급하겠지만, 프레이저는 『황금가지』에서 타일러의 이와 같은 관념연합론을 그대로 받아들여 "관념적인 연관관계를 현실의 연관관계로 잘못 적용한 것이 주술"이라고 규정지었다. 이때 프레이저는 타일러의 관념연합론을 두 가지 기본 형태, 즉 '유사의 원리'와 '접촉의 원리'로 분류했는데, 이 점은 프레이저의 독자적인 공헌이라고 평가받는다.

둘째, 프레이저는 독일의 신화학자이자 민속학자인 만하르트의 영향을 받아 『황금가지』에서 신화와 의례 간의 밀접한 상관관계를 상정했다. 즉, '네미 숲의 왕 살해'의 의례가 있었다면 그것과 관련된 신화도 있었을 거라고 여겼다. 다시 말해 프레이저는 순수한 주술 단계와 종교 단계의 이행기에 신화 단계를 상정한 것이다. 만하르트는 처음에는 막스 뮐러류의 자연신화학부터 연구를 시작했으나 점차 유럽 농민들의 전승 특히 수확의례에 관한 신앙과 의례의 사례들을 수집하고 연구하면서 그들의 신앙이 고대 그리스 엘레우시스 비의의 신화인 '데메테르와 페르세포네' 신화와 너무도 흡사하다는 사실을 발견하게 되었다. 프레이저는 여기서 힌트를 얻어 인류의 오래된 신화를 복원할 수 있는 실마리를 나무 숭배라든가 하지절의 불축제 등과 관련된 유럽 농민들의 신앙에서 찾을 수 있으리라고 기대했다. 그리하여 『황금가지』 초판 「서문」에서 프레이저는 "원시 아리아인들의 정신적 성향과 조직이 절멸된 것이 아니다. 그들은 지금도 우리 안에 살아있다. (…) 따라서 저 고대 이탈리아 사제직의 의미와 기원을 논할 때도 근대 유럽 농민들의 신앙과 관습에 주목해야 한다. 이 점에서 나는 절대적으로 만하르트로부터 시사받은 바가 크다. 그의 연구가 없었다면 이 책은 결코 나올 수 없었을 것이다"라고까지 적고 있다.

셋째, 프레이저는 계속해서 "만하르트에게 빚진 바가 이상과 같은데, 내 친구 로버트슨 스미스 교수에게는 더 많은 빚을 졌다. (…) 이 책의 중심 명제, 즉 '살해당하는 신'이라는 개념은 사실 직접적으로 스미스에게서 나온 것이라고 말하지 않을 수 없다"고 적고 있다. 스코틀랜드의 구약학자이자 셈어 전문가 로버트슨 스미스는 스코틀랜드 애버딘에서 독립장로교회 목사의 가정에서 출생했는데, 1870년에 에든버러대학을 졸업하자마자 약관 스물세 살의 나이로 애버딘 독립장로교회대학의 히브리어 및 구약성서 해석학 교수로 부임했다. 그러나 그는 독일류의 성서고등비평을 도입하려다 완강한 비판에 직면하여 결국 1881년에 이단 혐의로 대학에서 축출당했다. 이 무렵에 그는 『브리태니커 백과사전』 부편집장으로 취직했고, 1883년에 케임브리지대학의 아라비아어 조교수로 초빙받았다. 프레이저는 이 해에 처음 만난 로버트슨 스미스를 자신이 아는 가장 위대한 학자로 생각했다. 로버트슨 스미스는 의례 및 구약성서 등 세계종교에 관해 교조적이 아닌 역사적인 관념에 주목했으며, 참이냐 거짓이냐의 문제를 떠나 유사성을 강조하면서 인간본성의 여타 측면처럼 의식현상으로서 세계종교를 비교종교학적으로 다루었고, 특히 종교적 진화 과정이 특정 지점에 이르기까지는 모든 인류에게 매우 유사하다는 관점을 관철시켰다. 프레이저가 원시신앙과 관습에 대해 체계적인 연구를 시작하면서 인류학에 관여하게 된 것은 바로 로버트슨 스미스의 이와 같은 관심으로 인한 자극 때문이었다. 예컨대 프레이저는 스미스가 편집자로 있던 『브리태니커 백과사전』 제9판(1888)에 스미스의 요청에 따라 '터부' 항목과 '토테미즘' 항목을 집필하게 되었다. 이는 고전학자였던 프레이저를 인류학자로 변신하게 만든 직접적인 계기가 되었으며, 후술하듯이 『황금가지』 탄생에 하나의 중요한 계기로 작용했다.

이밖에 인간이 지닌 신념의 원천을 고찰한 스코틀랜드 출신 철학자 흄의 『인간본성론Treatise of Human Nature』(1739)도 『황금가지』에서 인간의 신앙을 다루는 데 밑그림이 되었다. 관념연합association of ideas, 유사성resemblance, 근접성contiguity, 인과성cause and effect 등과 관련된 흄의 '지식이론'이 없었다면 『황금가지』의 전체적으로 잘 짜인 구성도 가능하지 않았을 것이다. 가령 프레이저는 그의 유명한 주술 원리, 즉 '유사의 원리'와 '접촉의 원리'가 모두 관념연합의 잘못된 사용에서 비롯된 것이라고 보았다. 여기서 관념연합이란 관념 간의 관계를 지배하는 연상의 법칙을 가리키는 말이다. 흄은 지식이 관념연합에 의해 생겨난다고 주장했다. 프레이저는 생각 속에서 하나의 관념과 다른 관념을 연결하면 결국 동일한 연결이 실제로도 존재한다고 결론을 내리는 주술적 사고 역시 흄이 말한 관념연합에 근거한다고 본 것이다. 결국 프레이저의 주술 원리는 흄의 '관념연합', '유사성', '근접성' 개념에 새 옷을 입힌 것에 불과하다. 단, 프레이저는 인과성을 과학의 기본 원리라고 생각했기 때문에 주술 원리와 인과성을 결부시키지 않았을 뿐이다.

『황금가지』의 주제

"터너의 「황금가지」라는 그림을 모르는 이는 없을 것이다. 이 그림에는 네미의 숲에 있는 작은 호수의 풍경이 꿈길처럼 그려져 있다(1권 31쪽)"는 문장으로 시작되는 본서는, 이어서 옛날에 이 숲은 '불가사의한 비극'이 되풀이되던 무대였는데, '아리키아의 숲'과 '아리키아의 호수'라고도 불리는 그곳의 북쪽에는 오늘날까지도 네미의 마을이 남아 있고 거기에는 '숲의 디아나'라 부르는 거룩한 숲과 성소가 있음을 알린다. 그러면서 "그 성스러운 숲에 한 그루의 나무가 있는데, 그 주위를 어떤 무시무시한 인물이 밤낮으로 서성거리고 있었다. 그는 손에 칼을 든 채 언제 있을지 모를 적의 습격에 대비해 부단히 사방을 경계했다. 그는 바로 사제인 동시에 살인자였다. 그리고 머지않아 누군가가 그를 죽이고 대신 사제직을 탈취할 것이다(1권 33쪽)"라고 적고 있다. 마치 한 편의 서스펜스 영화를 보는 듯한 이 장면에서 프레이저는 전술한 두 가지 질문, 즉 전임자 살해의 이유 및 황금가지를 꺾어야만 하는 이유가 무엇인가라는 질문을 던지고 그 답변을 본서의 마지막 장에 돌리고 있다. 그럼으로써 '불가사의한 비극'이라고 칭해진 네미 사제직의 범죄 행위(전임 사제의 살해)에 대한 프레이저의 묘사는, 전형적인 빅토리아조의 화려한 낭만적 산문시의 수사법과 함께 탐정소설이나 추리극 같은 구성으로 고전적이면서 동시에 현대적인 양가적 분위기를 연출한다.

그렇다면 프레이저가 집착한 이 황금가지 전설의 출처는 어디일까? 그 전거로 로마의 시인 오비디우스Publius Ovidius Naso(기원전 43~기원후 17/18)의 시『로마의 축제들Fasti』, 고대 그리스의 유명한 지리학자 스트라본Strabon(기원전 63년경~기원후 23)의 대저『지리학Geography』, 고대 로마의 대표적 시인 베르길리우스Publius Vergilius Maro(기원전 70~기원전 19)의 서사시『아이네이스Aeneis』, 4세기 후반에 활약한 이탈리아의 박식한 문법학자 세르비우스Maurus Servius Honoratus의『아이네이스』에 관한 주석, 2세기 그리스의 여행가이자 지리학자인 파우사니아스Pausanias(110~180)의『그리스 여행기Description of Greece』 등을 들 수 있다.

『로마의 축제들』을 번역 출간(1929)한 바 있는 프레이저는 그 시 제6권의 한 행에 붙어 있는 그다지 중요하지 않은 각주에서 다루어진 황금가지 전설에 주목하면서, 그것을『지리학』의 "도망친 노예가 기존 사제를 살해하고 사제가 된다"는 기술과 연관시켰다. 한편『아이네이스』제6편에는 로마의 시조로 추앙받는 아이네이아스가 트로이에서 피신한 뒤 이탈리아로 돌아가 로마를 다스릴 왕조를 창건하는 대목이 나온다. 그런데 중도에 아버지 안키세스가 죽자 아이네이아스는 쿠마이에 있는 무녀의 동굴로 찾아가 저승 세계에 있는 아버지를 만날 수 있게 해 달라고 부탁한다. 이때 그는 사자의 나라를 방문하려면 지하 세계의 여왕에게 바치는 공물로 어두운 숲속의 어떤 나무에서 가지를 꺾어 가지고 가야 한다는 말을 듣는다. 여기서는 그 가지가 과연 황금가지인지는 분명치 않은데, 1743년에 영국의 시인 크리스토퍼 피트Christopher Pitt(1699~1748)가 그것을 '황금가지'라고 번역했고 프레이저는 그 번역을 받아들인 것이다. 하지만 그 가지가 설령 황금가지라고 해도『아이네이스』에는 그것이 네미와 관계 있다는 구절은 나오지 않는다. 프레이저는 황금가지와 네미를 연관시킬 수 있는 근거를『아이네이스』의 위 장면에 관한 세르비우스의 다음과 같은 주석에서 찾고자 했다.

"페르세포네 신화에 관해 글을 쓴 작가들은 이 나뭇가지가 신비한 것이라고 주장하지만 세간의 소문은 다르다. 타우리스의 왕 토아스를 죽인 후에 오레스테스가 (…) 그 누이 이피게니아와 함께 달아나 아리키아 부근에 디아나의 신상을 다시 세웠으며 그 신전에서 의례가 변형되었다는 것이다. 한 나무가 있었는데, 그 가지는 아무도 건드리지 못했다. 그 가지를 꺾고 또 다른 도망자로서 그 지위에 오른 사제에게 일대일 결투를 신청하여 자신의 도피를 기념하는 사제가 될 특권은 오직 도망친 노예에게만 부여되었다."

1889년에 프레이저는 그 가지가 아리키아의 네미와 관계 있음을 시사하는 이 구절에 매달렸다. 당시 프레이저는 파우사니아스의 『그리스 여행기』를 번역 중이었는데, 거기에는 파우사니아스가 펠로폰네소스 해협의 에피다우로스Epidauros에 있는 그리스 의술의 신 아이스쿨라피오스Aesculapius의 신전을 방문한 장면을 이렇게 기술하고 있다.

"아주 오래된 비석 하나가 다른 것들과 떨어져 서 있고, 거기에는 히폴리투스Hippolytus가 이 신에게 말 스무 마리를 봉헌했다는 명문이 새겨져 있다. 아리키아 사람들은 이 비석의 명문과 일치하는 전설을 이야기한다. 그에 따르면 히폴리투스는 테세우스의 저주 때문에 살해당했다가 아이스쿨라피오스의 도움으로 되살아났는데, 다시 소생하자 아버지를 용서하지 않고 아버지의 간청을 무시한 채 아리키아로 갔다. 그곳을 통치하면서 그는 한 구역을 아르테미스에게 바쳤는데, 그곳에서는 당대에 이르기까지 일대일 결투의 승자에게 여신의 사제직을 상품으로 수여하고 있다. 그 결투는 자유인들에게는 기회가 없으며 달아난 노예들에게만 허용된다."

사실 네미 사원에는 말의 출입을 금지하는 기묘한 터부가 있었다. 그래서인가 『그리스 여행기』의 편집자 피터 레비Peter Levi는 위의 관습이야말로 프레이저의 『황금가지』의 출발점이었다고 단정짓기도 했다.

프레이저는 스트라본에 입각하여 도망자 노예가 네미 사제직이 된다고 보았다. 그러나 사제가 어떤 신성한 나무를 지킨다는 장면 설정은 프레이저의 상상력에 의한 것이다. 또한 네미의 사제직 계승 및 '숲의 왕Rex Nemorensis'이라는 칭호에 대해서는 여러 고전에 입각하여 어느 정도 설명했으나, 황금가지와 네미 사제직과의 연관성에 대해서는 근거 있는 해명을 하지 못한 채 상상적 재구성에 머무르고 말았다. 프레이저 자신도 가지를 꺾는 관습 및 그것을 베르길리우스의 황금가지와 연관시키는 것은 세르비우스의 주석만이 유일한 출처임을 인정하고 있다. 그럼에도 프레이저는 대담하게 네미의 떡갈나무를 『아이네이스』 제6장에 나오는 황금가지와 동일시했다. 하지만 되풀이 말하거니와 그것은 근거가 희박하다. 따라서 『황금가지』라는 제목 자체가 잘못 붙여진 오칭인 셈이다. 프레이저의 『황금가지』는 네미의 사제직을 둘러싼 기이한 관습에 대한 해석일 뿐이고, 그것은 『아이네이스』에 나오는 황금가지와는 전혀 상관없는 것이기 때문이다. 그럼에도 영국인 화가 윌리엄 터너Joseph M. William Turner(1775~1851)는 1834년에 이 서사를 소재로 『황금가지』 표지화 그림을 그렸다. 그것은 저승 세계 입구에 있다는 전설적인 아베르누스 호수를 묘사한다. 중앙에는 신비한 죽음의 유령들이 춤을 춘다. 그 너머로는 아득한 태곳적 이탈리아 풍경이 펼쳐져 있다. 거기에 터너는 무녀가 황금가지를 들고 있는 모습을 덧붙였다.

여기서 우리는 프레이저가 왜 고집스럽게 베르길리우스의 황금가지와 네미 숲의 나뭇가지를 동일시한 것인지를 묻지 않을 수 없다. 이와 관련하여 대부분의 학자들은 그 동일시에 근거가 없다고 본다. 많은 고전학자는 오히려 세르비우스의 해석 중의 하나, 즉 베르길리우스의 황금가지를 페르세포네 신비의례와 연관지어 이해한다. 그런데 프레이저는 『아이네이스』 제6장에 나오는 겨우살이 때문에 이런 동일시를 한 것이다. 『황금가지』에서 겨우살이는 다양하게 중첩되는 동일시 기제의 연결고리로 기능한다. 『황금가지』의 중심 테제는 후반부의 제61장 「발데르 신화」 서두에 가서야 명확하게 드러난다. 거기서 프레이저는 베르길리우스의 황금가지를 겨우살이로 보고 그것을 다시 네미 숲의 나뭇가지와 동일시했다. 또한 황금가지가 자라는 베르길리우스의 나무를 떡갈나무로 보고 따라서 네미 숲의 나무도 떡갈나무라고 간주한다. 그런 다음에 발데르 신을 숲의 왕과 동일시한다. 즉, 사제를 살해하기 전에 도전자는 네미 숲에서 신성한 가지(겨우살이)를 꺾었다. 발데르가 겨우살이를 꺾자 죽었듯이, 네미 숲의 사제도 황금가지를 꺾으면 죽고 만다. 여기서 더 나아가 프레이저는 발데르를 떡갈나무에 사는 나무정령과 동일시한다. 즉, 이 나무정령을 겨우살이 안에 거하는 발데르의 외재적 영혼으로 간주하는 것이다. 이때 네미 '숲의 왕'은 떡갈나무 정령의 화신이 된다. 그러니까 발데르와 숲의 왕 모두를 식물 영혼이 구현된 것으로 본다. 따라서 그 생명력이 쇠퇴하면 살해당할 수밖에 없다는 것이다.

프레이저가 『황금가지』에서 다룬 핵심적 주제는 이상과 같은 고대 이탈리아의 황금가지 전설에 대한 해석에만 국한되지 않는다. 그는 이 해석을 확대 발전시켜 세계 각지의 방대한 사례들을 구사하면서 주술의 원리, 주술과 종교 및 과학의 관계, 왕권의 기원과 발전, 터부, 토테미즘, 왕 살해, 농경의례, 식물신 풍요신화, 희생양(속죄양) 등의 테마들을 '죽음과 재생'이라는 영원한 문제에 초점을 맞추면서 상호 연관시켜 설명하고 있다. 이 가운데 특히 '왕 살해'와 식물신 풍요

신화라는 테마에 관해 좀 더 부연하기로 하자.

프레이저는 네미 숲의 기이한 사제직 관습을 태고의 주술 단계에 행해졌던 '왕 살해'의 범주에 속한 것으로 이해했다. 여기서 '왕 살해'는 곧 '신 살해'를 뜻하는데, 메리 더글러스는 프레이저가 하나의 일관된 생각, 즉 '살해당하는 신'이라는 테마를 철저히 추구했으며, 그 테마는 프레이저가 『브리태니커 백과사전』에 집필한 토테미즘 항목에서 이미 핵심적인 문제의식으로 나타났다고 보았다. 프레이저에 따르면 토템 숭배 의식은 신이 백성을 위해 죽는 희생적 행위라는 것이다. 실제로 초판 「서문」에서 프레이저는 『황금가지』의 중심 명제가 로버트슨 스미스의 『셈족의 종교The Religion of the Semites』(1890) 제1강 「신화와 의례」에 나오는 '살해당하는 신' 개념에 있음을 명시한 바 있다.

프레이저가 주목한 풍요신화는 이런 '살해당하는 신'으로서의 식물신 신화를 가리킨다. 식물은 가을과 겨울에 죽었다가 봄이 되면 되살아난다. 그러한 경험에서 '살해당하는 신'에 관한 신화가 생겨났을 것이다. 네미 숲의 사제도 '숲의 왕', 즉 일종의 식물신으로 불렸다. 프레이저는 이런 '살해당하는 신'의 이면에 당연히 '재생하는 신rising god'이 결부되어 있으리라고 생각했다. 그렇게 죽음과 재생을 반복하는 식물신의 전형적인 사례로 프레이저는 바빌로니아의 탐무즈, 그리스의 아도니스·디오니소스·데메테르와 페르세포네, 소아시아의 아티스, 이집트의 오시리스 등을 다루고 있다.

『황금가지』가 후대에 끼친 영향

프레이저에게는 학생도 없고 제자도 없고 추종자도 없었다. 그는 누구한테 영향을 끼치려 하지 않았다. 그럼에도 『황금가지』가 후대에 끼친 영향은 『황금시집』의 작가 아나톨 프랑스Anatole France가 "프레이저는 우리에게 인류에 대한 가장 광범위하고 가장 새로운 지식을 가져다주었다"고 격찬할 만큼 엄청난 것이었다. 가령 제2판 출간 당시 크라쿠프대학의 물리학도였던 말리노프스키Bronislaw Malinowski는 이 책을 읽고 인류학에 관심을 가지게 되었다. 스스로를 "『황금가지』의 충실한 제자"라고 자칭한 그는 이 책에 대해 모든 교양인을 위한 작품일 뿐만 아니라 여러 학문 분야에 가장 큰 영향을 끼친 작품이자 새로운 성향의 과학적 탐구를 초래한 작품이라고 극찬했다. 나아가 문화인류학자 래드클리프브라운 Alfred Radcliffe-Brown은 프레이저를 '새로운 휴머니즘'의 창도자라 할 만한 탁월한 지도자 중의 한 사람으로 평가했다.

특히 인류학이나 민속학 분야에 끼친 영향은 압도적이다. 가령 민속학자 크래프 A. H. Krappe는 『민속학 *The Science of Folk-lore*』(1930)에서 "『황금가지』에 비하면 스핑크스의 수수께끼를 풀고자 한 다른 모든 시도는 그저 난쟁이처럼 작아질 수밖에 없다"고 적고 있다. 또한 영국의 고고학자 카슨 Stanley Casson은 『인간의 발견 *The Discovery of Man*』(1939)에서 『황금가지』는 인류학 연구에서 하나의 전환점이며, 고대 그리스·로마 관습의 의미를 깨닫게 해 주는 등 고전 및 문헌학 연구자들의 시야를 넓혀 주었다고 높이 평가했다. 실제로 프레이저는 터부, 토테미즘, 족외혼, 자연 숭배 같은 원시적 관념들이 일상적인 사유의 일부분이 되게 했다. 또한 『황금가지』 이전만 해도 원시인들의 관습은 그로테스크하거나 알 수 없는 이상한 것이라고 여겼지만, 프레이저로 말미암아 오늘날에는 원시적 관습과 현대인의 관습이 밀접한 관계를 가지는 것으로 인식되기에 이르렀다.

또한 언어학자 로만 야콥슨 Roman Jakobson은 프레이저의 주술이론에 대한 명시적인 언급과 함께 언어 사용을 은유 metaphor와 환유 metonymy라는 두 가지 기능으로 분류했다. 이때 동종주술(유사의 원리)은 상이한 영역 간의 연상관계인 은유에, 그리고 감염주술(접촉의 원리)은 동일한 영역 내의 연상관계인 환유의 논리에 각각 통합된다. 레비스트로스는 야생의 사고, 특히 신화 연구에서 이와 같은 공감주술의 용어인 은유와 환유 개념을 사용했다. 역으로 이 분류를 『황금가지』에 적용한다면, '숲의 왕'은 은유에 의해 자연(우주)과, 그리고 환유에 의해 신(전임왕)과 중첩된다고 해석할 수도 있겠다.

이밖에 토인비 Arnold Toynbee의 유명한 대저 『역사의 연구 *A Study of History*』(1934~1961)도 『황금가지』에 의해 고취된 것이었고, "인간의 본성은 예나 지금이나 항상 똑같다"는 베르그송류의 '상투적인 진리'도 알고 보면 프레이저의 반영이라 할 수 있다. 나아가 20세기 지성에 새로운 물결을 가져다준 프로이트 Sigmund Freud 또한 프레이저로부터 채택한 주제를 『토템과 터부 *Totem und Taboo*』(1913)라는 책으로 발전시켰다. 여기서는 이와 같은 『황금가지』의 다양한 파급력 가운데 특히 기독교 비판의 측면, 터부·주술·종교 담론에의 기여, 문학에 끼친 영향 등에 대해 좀 더 생각해 보기로 하자.

첫째, 기독교 비판의 측면과 관련하여 에번스 프리처드Edward Evans-Pritchard는 『황금가지』의 주된 목적이 계시종교(특히 기독교)의 오류를 지적하고 거부하는 데에 있었다고 지적한다. 물론 프레이저는 다른 인류학자들과는 달리 거의 평생에 걸쳐 교회에 출석하고 예배에 참석했다. 편협한 기독교와는 거리가 멀었지만 그가 청교도적 인생관의 많은 부분을 수용한 것도 사실일 것이다. 그러나 프레이저가 실은 무신론자였다는 주장도 있다. 래드클리프브라운에 따르면 프레이저는 자신이 그렇게도 열심히 탐구하고 조사했던 불멸이나 영생 혹은 재생의 신앙을 믿지 않았다. 실제로 프레이저는 기독교 성직자들을 위한 강좌인 맨체스터 디즈버리대학 초청 강좌 제안을 거절하면서 헨리 잭슨Henry Jackson에게 보낸 1904년 4월18일자 편지에서 "나는 기독교인이 아닙니다. 반대로 나는 기독교라는 종교가 철저한 오류로 가득 차 있다고 봅니다. (…) 비교종교학적 사실들은 내게 기독교 신학의 허구성을 드러내 보여 주었습니다"라고 적고 있다. 그뿐만 아니라 '불멸성의 신앙과 죽은 자 숭배'를 주제로 한 기포드 강연에서는 "신의 존재에 대한 문제는 내게 너무 심오합니다. 나는 신을 부정하지도 긍정하지도 않습니다. 다만 나의 무지를 고백할 수 있을 따름입니다"라고 언급하기도 했다.

요컨대 프레이저는 교회 예배에 빠짐없이 참여하면서도 『황금가지』를 통해 반反기독교적인 사상을 제시했다고 볼 수 있다. 그는 맥밀런 출판사에 보낸 최초의 의뢰 편지에서 "미개인들의 관습과 관념 중 많은 것이 기독교의 근본 교의와 유사하다는 사실은 너무도 분명합니다. 하지만 나는 이 점에 대해 더 이상 언급하지 않고, 독자들 스스로 결론을 내도록 남겨 두고자 합니다"라고 말했다. 특히 전 세계의 신화에 공통된 신의 살해와 재생의 모티프는 기독교의 부활 이야기와 완전히 동일한 구조라는 것이다. 즉, 프레이저는 원시인들도 근대 유럽의 기독교인들과 다를 것 없는 테마를 추구했다고 보았다. 그렇다고 해서 프레이저가 기독교인을 경멸한다든지 그들을 당혹하게 만들 의도가 있었던 것은 아니다. 또한 기독교 교의를 과학의 공격으로부터 옹호하려는 생각도 없었다. 그러면서도 프레이저는 『황금가지』와 기독교의 연관성에 대해 모호한 태도를 취하기도 했다. 예컨대 제2판에서 프레이저는 희생양에 대한 설명을 십자가 사건과 관련지어 논하는 「그리스도의 십자가형」 장을 추가했다. 프레이저가 보기에, 사형선고를 받은 죄수에게 왕관을 씌우고 일정 기간 동안 무소불위의 권력을 행사하도록 허락한 다음 옷을 다 벗겨 매질하고 십자가에 매다는 사투르날리아 축제나 바빌로니아 사카이아Sacaea 축제에서 모의왕을 다루는 방식은 그리스도의 수난과 매우 흡사하다. 프레이저는 유대교의 부림절도 이런 사카이아 축제의 다른 이름임을 시사한다. 부림절 때 하만의 인형을 파괴하는 장면은 신성시된 인간을 십자가에 매달거나 교수형에 처했던 고대적 관습의 유물이라는 것이다. 그러나 제3판에서는 「그리스도의 십자가형」 장을 빼고 대신 제57장 「공적 희생양」 말미의 한 각주에서 간단히 언급하고 지나갔으며, 1922년의 축약본에서는 아예 그것마저도 삭제하였다. 그것은 후대의 연구자에 의해 옥스퍼드판 축약본에서 복원되었지만, 어쨌든 프레이저의 이런 모호한 태도는 당시 기독교측의 강한 거부감을 의식했기 때문일 것이다.

둘째, 프레이저는 『브리태니커 백과사전』(제9판)에 집필한 '터부' 항목에서 다음과 같이 용어의 양가성에 착안하고 있다.

"상기의 다양한 터부들을 조사하면서 우리는 그것들을 두 가지 일반적 유형으로 나누고자 한다. 하나는 특권으로서의 터부이고, 다른 하나는 장애disability로서의 터부이다. 가령 추장, 사제, 사원 등과 관련된 터부는 하나의 특권이라 할 수 있다. 반면에 환자나 송장과 접촉한 사람들에게 가해지는 터부는 장애로 간주될 수 있다. 여기서 전자는 해당 사람이나 사물을 신성하거나 거룩하게 만들고, 후자는 해당 사람이나 사물을 부정하고 혐오스러운 것, 저주받은 것으로 만든다. 하지만 양자에 준수하는 규칙들은 동일하다. 이로 보건대 양자의 구별이 반드시 필요한 것이 아님은 분명하다. 한편 신성과 저주, 정결과 부정이라는 상반성은 사실상 터부라는 단일한 근본 개념으로부터 분화됨으로써 생겨난 것으로 보인다. 이 근본 개념은 두 가지 상반된 관념 모두를 포괄하며 양자를 화해시킨다. 오직 이런 근본 개념(터부)을 참조함으로써만 상반된 대립 관념들의 역사와 그 상호관계를 이해할 수 있을 것이다."

프레이저가 말한 네미 '숲의 왕'도 신성하면서 동시에 저주받은 터부적 인물이었다. 즉, 디아나의 사제는 상반된 이중적 성격을 지닌 터부시된 인물이다. 이 점에서 '숲의 왕'은 네미에만 국한된 특수한 현상이 아니라고 말할 수 있다. 다시 말해 우리는 프레이저가 제시한 광범위한 사례들을 통해 터부 관념의 보편적 편재성을 확인할 수 있다. 모든 민족이 터부에 해당하는 관념을 가지고 있다. 그래서 프레이저는 동서양을 막론하고 인간의 정신은 터부 없이는 이해할 수 없다고 말한다. 특히 초기 왕권 제도의 이해에 터부는 결정적 중요성을 지닌다. 이 때문에 프레이저는 『황금가지』 초판에서 다양한 관습과 신앙을 파악하는 조직 원리로서 터부에 주목했던 것이다. 가령 프레이저는 로마의 캐피털 동산에 거했던 주피터 대사제인 플라멘 디알리스Flamen Dialis를 터부의 사례로 들고 있다. 그 대사제는 말[馬]과 접촉해서는 안 되고 그 이름을 입에 올려서도 안 된다. 마찬가지로 프레이저는 말이 아리키아 의례와 특별한 관계가 있을 거라고 생각하여 네미 숲의 왕을 이런 주피터의 대사제로 해석했다. 그러니까 아리키아의 사제직 의례에 대한 프레이저의 해석은 기본적으로 터부 개념에 의존한 것이었다. 이렇게 보건대 『브리태니커 백과사전』에 집필한 '터부' 항목이 아니었다면 『황금가지』는 쓰이지 않았을 지도 모르겠다.

셋째, 『황금가지』의 주술론은 오늘날 프레이저를 가장 유명하게 만든 이론인데, 큰 틀에서 보자면 주술이란 인간의 복지를 위해 자연의 힘을 지배하려는 시도라고 규정할 수 있다. 그러니까 주술의 토대에는 인간이 자연현상을 통어하고 지배할 수 있다는 관념이 깔려 있다. 초판에서 프레이저는 공감주술sympathetic magic이라는 용어를 썼는데, 거기서 '공감'이 과연 무엇인지에 대해서는 명확치 않았다. 제2판에서도 계속 이 용어를 고수하면서 그것을 모방imitative주술과 공감sympathetic주술로 구분했다가, 제3판에서는 이를 수정하여 공감주술을 동종homeopathic주술과 감염contagious주술로 구분했다. 이중 동종(모방)주술은 유사는 유사를 낳는다는 '유사의 원리', 즉 원인과 결과의 유사성의 관념에 입각하고 있다. 이에 비해 감염(접촉)주술은 한 번 접촉한 것은 그 후에도 서로 상호작용을 한다는 '접촉의 원리', 즉 원래 하나였던 것은 분리된 후에도 서로 영향을 미친다는 연속성의 관념에 토대하고 있다. 전술했듯이 프레이저는 이러한 주술 원리가 관념연합의 잘못된 사용에서 비롯된 것이라고 여겼다. 이와 같은 주술의 실천은 인간이 환경을 직접 조종할 수 있다는 관념을 전제로 한 것인데, 영국 출신의 종교학자 에릭 샤프Eric Sharpe는 이런 가설에 심각한 의문을 제기한다. 즉, 주술은 '어떠한 영적인 또는 인격적인 힘의 개입 없이' 기계적으로 원인에 결과가 따른다고 전제하는 것이 아니다. 그와 반대로 주술은 그런 힘을 어디서나 보고 그 힘에 사례하기도 하고 하지 않기도 하면서 그들을 이용하려고 최선을 다한다는 것이다.

그렇다면 프레이저는 종교에 대해 어떤 입장을 취했을까? 먼저 그는 기본적으로 종교는 주술과는 다른 것이라고 생각했다. 종교를 "정신이 무력해지는 상황에서 생겨난 것" 또는 "인간보다 우월하며 자연과 인간 삶의 과정을 지배하고 통제한다고 믿어지는 어떤 힘을 달래고 회유하는 것"으로 규정하는 프레이저에 의하면, 종교인들은 주술 원리(유사와 접촉) 대신 자연 세계 배후에 있는 초자연적 존재로서의 인격신을 실제적 힘으로 받아들인다. 인간은 처음에는 주술적인 방법으로 자신의 환경을 조종하려고 하다가 그것이 불가능함을 알면서 종교로 전향하게 되었다는 것이다. 프레이저는 인류 역사에서 주술이 종교보다 더 선행했다고 생각했는데, 오늘날 이 명제는 흔히 전적으로 잘못된 것으로 비판받곤 한다. 예컨대 프레이저의 종교 정의는 지나치게 독단적이며, 인류 역사에서 주술의 시대가 종교의 시대보다 선행했다는 주장을 뒷받침할 만한 증거도 찾아보기 힘들 뿐만 아니라 오히려 종교사에서 양자는 항상 밀접하게 연관되어 나타난다는 반론이 제기되었다. 어떤 식으로 종교를 정의하든 간에 원주민들은 고도로 발달된 종교를 가지고 있었다는 것이다.

넷째, 『황금가지』가 문학에 끼친 영향 또한 매우 심대하다. 『황금가지』의 문체와 이미지 등은 시인과 작가들에게 매우 매력적인 것으로 각인되었다. 가령 T. S. 엘리엇의 『황무지』 속 「수장水葬」 편은 그가 아도니스, 아티스, 오시리스 등에 관한 프레이저의 기술을 읽고 거기서 이교 세례의식에 관한 아이디어를 차용하여 쓴 것이었다. 또한 엘리엇은 『황무지』의 제목·상징·플롯 등에 관해 민속학자 웨스턴Jessie L. Weston의 『제의에서 로망스로From Ritual to Romance』(1920)로부터 결정적인 시사를 받았다고 인정한 바 있는데, 웨스턴의 이 저작은 바로 『황금가지』에서 영감을 받은 것이었다. 이밖에 시인 테니슨Alfred Tennyson, 에즈라 파운드Ezra Pound, 예이츠W. B. Yeats라든가 소설가 토머스 하디Thomas Hardy, 조지프 콘래드Joseph Conrad, 로런스D. H. Lawrence 등 『황금가지』는 학자들보다도 문학 작가들에게 더 지속적이고 강렬한 영향을 끼쳐 왔다.

사실 제1차 세계 대전 발발 무렵까지만 해도 『황금가지』는 당대 인류학의 바이블로 전해질 만큼 인기가 많았다. 그러나 사회과학의 출현 이래 현대 인류학에서 프레이저는 거의 언급되지 않는다. 하지만 그것은 어떻게 보면 현대 경제학이나 생물학에서 아담 스미스와 다윈이 거의 언급되지 않는 것과 마찬가지일지도 모른다. 오늘날 인류학계에서 프레이저의 쇠퇴는 아마도 내용이나 의미보다는 '주지주의적 관점'이나 '비교 방법'과 더 깊은 관계가 있을 것 같다.

『황금가지』의 관점과 방법론적 오류

에번스 프리처드는 프레이저의 접근 방식을 '주지주의적intellectual' 해석으로 규정한다. 즉, 프레이저는 스스로를 자연현상과 인간현상에 대해 설명하지 않으면 안 되는 '지적 미개인'으로 상정했다는 것이다. 이와 같은 프레이저 읽기는 매우 흥미롭고 도전적이다. 왜냐하면 무엇보다 '지적 미개인'이라는 표현은 '지적 오류'의 가능성을 전제하고 있기 때문이다. 거기서 우리는 일면 프레이저의 자기성찰적 태도를 엿볼 수 있다. 하지만 더 중요한 것은 미지의 자연현상과 인간현상을 '설명'하려는 태도에 있다. 혹 '지적 미개인'으로서의 프레이저는 진화론적인 설명을 통해 '지적 오류'의 가능성을 최소화하고 싶어 했던 것은 아닐까?

에드워드 타일러 이후 19세기의 많은 인류학자는 "인간의 문화에는 유사한 발전 과정들이 존재한다"는 가설을 받아들였고, 거기서 더 나아가 당대의 생물진화론(다윈) 및 사회진화론(허버트 스펜서)과 연동시키면서 모든 사회가 동일한 발전단계를 거치며 그 발전은 필연적으로 진보와 개선의 방향으로 나아간다고 가정하는 오류를 범했다. 당대 학자들은 세속과 격리되어 상아탑 안에서 보호받는 생활을 했기 때문에 인간의 진보에 대한 낙관적인 희망을 품을 수 있었을 것이다. 타일러가 그랬듯이 인간정신은 미개인이든 현대인이든 시공을 넘어서 본질적으로 유사하므로, 모든 사회는 동일한 발전단계를 거칠 뿐만 아니라 그 발전 방향은 필연적으로 진보와 개선의 방향을 취한다고 믿었던 프레이저 또한 동일한 오류를 범했다.

예컨대 프레이저는 주술, 종교, 과학 사이에 밀접한 진화론적 관계가 존재한다고 보았다. 다시 말해 기본적으로 인류의 정신사는 주술의 시대에서 종교의 시대로 그리고 마침내 과학의 시대로 진보한다는 것이다. 이와 같은 인간 사고의 3단계 진화가설은 콩트Auguste Comte가 인류사의 발전단계로 제시한 신화(신학)시대-철학(형이상학)시대-과학(실증주의)시대의 모델과 동일한 맥락에 있다. 주술, 종교, 과학은 모두 세계를 설명하고 제어하려는 시도라는 점에서는 공통적이다. 하지만 원시인들이 세계를 주술적으로 보았다면, 현대인은 세계를 과학적으로 본다. 이렇게 프레이저가 주술을 일종의 "열등한 오류의 과학inferior and erroneous science"이라고 본 것은 지금까지 수많은 비판을 받아 왔다. 가령 말리노프스키에 따르면 주술은 과학의 원시적 형태가 아니다. 주술은 인간의 기술과 지식에 명백한 한계가 있다는 인식의 표출일 뿐이다. 또한 래드클리프브라운의 기능주의적 입장에 따르자면, 주술은 신앙을 강화시키고 도덕에 실체성을 부여하는 전통을 지켜주며, 생물학적 필요성의 측면에서 개개인에게 심리적 버팀목이 되어 주기도 한다. 어쨌든 주술은 사유나 이론의 측면에서는 오류일지 몰라도 의례나 행위의 측면에서 보자면 반드시 오류라고 단정지을 수 없다는 것이다. 나아가 주술, 종교, 과학은 매우 상이한 사회관계의 콘텍스트 안에서 작동하며 서로 상이한 종류의 감정적 욕망과 지적 욕망에 봉사하는데, 프레이저는 이 점을 간과했다는 비판도 가능할 것이다. 물론 프레이저는 주술-종교-과학이라는 진화론적 도식을 제시했지만, 그것을 엄밀하게 적용하지는 않았으며 또한 그것이 『황금가지』의 주된 목적도 아니었다는 변론도 있지만 말이다.

한편 프레이저는 『황금가지』에서 "나는 비교방법comparative method을 적용해서 (네미 숲의) 사제가 숲의 신 비르비우스Virbius의 화신이라는 점, 따라서 그 사제의 살해는 곧 신의 살해로 간주될 수 있다는 점을 주장하고자 한다. 이는 신성하다고 여기는 인간과 동물을 살해하는 널리 퍼진 관습의 의미를 묻는 작업이기도 하다"고 적고 있다. 즉, 프레이저는 『황금가지』의 중심 주제를 전개하면서 원시인들의 사유방식이 시공을 뛰어넘어 유사하다는 가정하에 전 세계에 걸친 다양하고 방대한 증거 사례들을 수집하여 나열했다. 그럼으로써 가령 주술에 대한 신앙과 같은 보편적 특징을 도출하고, 터부와 같은 특정 현상의 발전 과정을 추적하여 그 기원을 발견함으로써 사회 발전단계를 규명하고자 했다. 이것이 프레이저식 비교의 목적이다.

그러나 프레이저는 비교방법이 구체적으로 어떤 것인지에 대해서는 상세히 언급한 적이 없다. 현대 인류학에서는 프레이저가 말한 비교방법에 대해 일반화의 오류 가능성이 크다 하여 비판적이다. 사실 비교종교학이나 비교신화학 또는 비교문학 등에서 말하는 엄밀한 의미에서의 비교는 『황금가지』에서 직접적으로 행해지지 않았다. 오히려 프레이저는 본래의 사회적 맥락을 조금도 고려하지 않은 채 서로 다른 시기와 장소의 서로 다른 사람들의 유사한 관습들을 무리하게 결합시켰다는 혐의까지 받고 있다. 가령 그는 『황금가지』에서 켈트족의 불축제와 스칸디나비아의 불축제를 연결시켜 기술하면서, 북유럽의 불축제가 디아나 여신의 제전처럼 한여름에 행해진 반면에 켈트족의 불축제는 봄과 가을에만 행해졌다는 사실을 간과했다. 사실 『황금가지』에는 특정 현상과 관련된 여러 사례들 간의 연관성이 희박한 경우가 적지 않다. 그래서 프레이저는 기괴한 사례들을 일관성 없이 늘어놓는 상투적인 수집가에 지나지 않는다고 격하되기까지 한다.

하지만 프레이저가 활동한 빅토리아 시대에 비교라는 용어는 오늘날보다 훨씬 더 광의로 쓰였다는 점도 고려되어야 할 것이다. 다시 말해 당대에 비교란 가능한 한 많은 상이한 민족들의 유사한 신앙과 관습을 수집하고 열거하는 방법을 가리키기도 했다. 이에 따라 프레이저는 세계의 가능한 모든 지역에서 자료를 수집하는 일이 무엇보다 중요하다고 보았다. 이를 위해 프레이저는 1887년에 "미개민족 또는 반미개민족들의 풍속, 관습, 종교, 미신 등에 관한 질문들"이라는 제목의 팸플릿을 제작하여 세계 각지의 선교사, 행정관, 여행가들에게 배포했고, 거기서 수집한 엄청난 분량의 자료들이 『황금가지』 기술의 토대가 된 것이다. "비교방법의 목적은 특정한 현상을 더 큰 전체로 통합하는 데에 있다"는 레비스트로스의 주장이 타당하다면, 이런저런 유사한 사례들을 널리 수집하여 열거함으로써 모든 인간이 본질적인 유사성을 지닌다는 프레이저 자신의 견해를 관철시킨 『황금가지』의 비교방법도 나름대로 의의를 인정받을 만하다. 오늘날 우리는 비교연구를 통해 동일성이나 유사성보다는 차이성을 부각시키는 데에 더 집중하지만, 이와 대조적으로 프레이저는 차이성보다 동일성에 더 큰 관심을 기울였던 것이다.

어쨌거나 이상과 같은 여러 오류에 대한 비판들에도 불구하고 『황금가지』는 여전히 빛나는 작품으로 남아 있다. 아마도 프레이저가 『황금가지』에서 행한 것과 같은 종합적인 작업 과정이 없었다면 이후의 미시적인 연구가 훨씬 더 어려웠을 것이다. 이런 의미에서 『황금가지』는 수많은 비판을 받음으로써 오히려 그만큼 더 위대한 책이 되었다고 말할 수도 있겠다. 하지만 비트겐슈타인Ludwig Wittgenstein(1889~1951)의 『황금가지』 비평을 간과한다면, 이 위대한 책은 아직 완성될 수 없을 것이다.

오류와 진리 사이: 말할 수 없는 것들의 만남

"말해질 수 있는 것은 명료하게 말해질 수 있고, 말할 수 없는 것에 대해서는 침묵해야 한다"(『논리철학논고』)고 말했던 비트겐슈타인L. Wittgenstein(1889~1951) 같은 언어철학자가 프레이저 같은 인류학자를 비판하다니 다소 의외라는 느낌이 들기도 한다. 흥미롭게도 비트겐슈타인은 우리에게 그다지 알려지지 않은 소고 「프레이저의 『황금가지』에 관한 비평Remarks on Frazer's Golden Bough」에서 "우리는 오류error에서 시작하여 그것을 진리truth로 바꾸어야 한다"는 문장으로 글을 시작하고 있다. 여기서 '오류'는 의도된 오류, 개념적 오류, 범주적 오류, 인식론적 오류 등 매우 다양한 층위에서 해석될 수 있다.

첫째, 의도된 오류와 관련하여 종교학자 조너선 스미스Jonathan Z. Smith는 「가지가 꺾였을 때When the Bough Breaks」에서 이런 결론을 내린 바 있다. "프레이저는 『황금가지』에서 네미 숲의 왕, 즉 디아나의 사제는 무엇 때문에 그의 선임자를 살해해야만 했을까? 이에 앞서 후계자는 왜 성스러운 황금가지를 꺾어야만 했을까라는 두 가지 물음을 던지고, 거기에 대해 장황한 답변을 제시했으나 그 답변은 오류였다." 일찍이 에번스 프리처드가 프레이저의 설명들은 대부분 '상상적 재구성'일 뿐이라고 갈파했듯이, 스미스도 네미 사제직에 관련된 그의 추론들은 근거가 없다고 보았다. 따라서 『황금가지』의 주된 목적은 달성되지 못한 것이다. 그런데 『황금가지』 대단원의 결말에서 프레이저는 대담하게도 이 점, 즉 자신의 두 가지 물음에 대한 답변이 달성되지 못했다는 점을 알고 있었노라고 언급한다. 그러니까 네미 사제직의 비밀을 푸는 것이 그의 참된 목적은 아니었다는 말이다. 이에 대해 스미스는 『황금가지』란 애당초 물음도 없고 따라서 답변도 없이 끝난 작품이라고 단정짓는다. 처음부터 프레이저는 교묘한 방식으로 오류를 장치해놓았고, 그렇기 때문에 『황금가지』는 더 흥미롭고 가치 있었다는 것이다. 이는 『황금가지』의 주제에 대한 프레이저의 설명에 논리적인 일관성이 결여되었다는 것을, 그런데 그것은 프레이저에 의해 '의도된 오류'였다는 것을 뜻한다.

둘째, 신화와 의례 개념 또는 주술과 종교 개념의 오류를 생각해 볼 수 있다. 먼저 비트겐슈타인은 "인간의 주술적·종교적 개념에 대한 프레이저의 설명은 만족스럽지 못하다. 그 설명은 인간의 주술적·종교적 개념들을 착각 또는 잘못된 것mistakes으로 보이게 만든다"고 지적한다. 즉, "미개인의 특징은 의견이나 생각에 기초하여 행동하지 않는다는 점에 있다"고 여긴 비트겐슈타인은 프레이저의 주지주의적이고 진화론적인 '설명'을 철저히 거부했다. 그에 따르면 '설명'은 이론에서 유래하는 가설이며, 진위와 관련된 의견이나 판단으로서의 그 가설을 검증하는 것을 뜻한다. 단, 그가 부정한 것은 설명 자체라기보다는 환원주의로서의 설명 태도를 거부했다고 보는 편이 더 적절해 보인다. 다시 말하자면 어떤 설명을 억지로 갖다 붙이는 대신 형이상학적인 가치나 궁극적인 가치 따위와 무관하게, 다만 아무것도 덧붙이지 말고 '있는 그대로의 현상'을 기술하는 것이 더 의미 있다는 것이다.

이처럼 '설명'이 배제되는 한편, 신화와 의례, 주술과 종교가 일종의 '언어게임'으로 간주되면서 이제 인간은 언어 개념에 기초한 '제의적 동물'로 규정되기에 이른다. 모든 의례는 세계를 설명한다거나 어떤 목적을 가진 것이 아닌 하나의 본능 행위라는 것, 그러한 의례 개념과 우리 자신의 언어 속에 파묻혀 있는 신화 개념의 융합을 추구하는 것이야말로 주술과 종교에 대한 비트겐슈타인의 해석 방법이었다. "프레이저를 읽을 때마다 나는 이렇게 말하고 싶어진다. 이 모든 과정과 의미의 변화는 여전히 우리들 눈앞에 그리고 우리 언어 속에도 존재한다고. (…) 우리의 언어 안에는 완전한 신화가 존재한다."

셋째, '언어게임'의 관점에서 볼 때 프레이저는 범주 오류를 범했다는 것이 비트겐슈타인의 이해이다. 여기서 범주 오류는 비교할 수 없는 것을 등치하거나 비교하는 것을 가리킨다. 그 결과 프레이저는 타자(미개인)의 개념을 서양적 개념(주지주의, 진화론, 설명, 과학 등)으로 재단함으로써 '나'와 '타자' 사이의 심연이 깊어졌다는 것이다. 비트겐슈타인의 프레이저 비판은 우리 문명인과 저 야만인이 얼마나 닮은꼴인지, 즉 인간의 동일성을 묘사하기 위한 것이었다.

끝으로 비트겐슈타인이 『논리철학논고』에서 모든 연역적 추론을 미신Aberglaube이라고 규정했다는 사실을 상기해 보자. 그러나 프레이저도 "우리가 진리라고 부르는 것은 오직 최선의 가설일 뿐"이라고 말했듯이, 자신의 연역적 추론 방법이 확실한 것은 아님을 잘 알고 있었다. 이 점에서 "프레이저의 정신세계는 협소하기 짝이 없다"는 비트겐슈타인의 비평 또한 협소함을 크게 벗어나지 못한 듯싶다. 하지만 비트겐슈타인도 자기 자신의 인식론적 오류 가능성에 대해 잘 알고 있었다. 그래서 "자기 자신을 기만하지 않는 것이야말로 가장 어려운 일이다. 아직 자기 자신을 극복하지 못하였다면 우리들은 진리를 말할 수 없다"고 생각했다.

동일한 오류의 반복은 때로 말할 수 없는 큰 고통을 수반한다. 그런 고통을 누구보다 잘 알았던 비트겐슈타인에게 자기 자신의 극복은 사유의 길을 통해 세계를 영원의 관점에서 포착하는 것에 있었다. "신비로운 것은 세상이 어떠하다는

게 아니라 세상이 있다는 것"(『논리철학논고』)이라는 그의 말은 "누가 어린 시절의 신비를 앗아간 것일까"(『독일인의 사랑』)라는 막스 뮐러의 슬픈 회상을 떠올리게 한다. '철학'이 자기 자신에 대한 이해를 고민할 때, '인류학'은 타자에 대한 이해를 추구한다. 비트겐슈타인은 프레이저 비평을 통해 철학과 인류학의 만남을 꿈꾸었던 것 같다. 프레이저는 평생 종교인의 옷을 입고 살았지만 종교 너머의 세계를 꿈꿀 줄 알았던 이단아였다. 이에 비해 비트겐슈타인은 종교인은 아니었지만 그런 상상 속에서 무한한 치유의 길이 열릴 것을 꿈꾼 '종교적 인간'이었다. 그렇다면 '철학' 대신 '종교'를, '인류학' 대신 '종교학'을 넣는다 해도 전혀 이상해 보이지 않는다. 양자가 마주치는 길 위에서 우리는 타자 이해를 통해 자기 자신을 더 잘 이해하고, 자기 자신에 대한 이해를 통해 타자를 더 잘 이해할 수 있으리라는 상상을 하게 된다. 이런 상상이야말로 오류로부터 진리를 이끌어 내는 힘의 한 원천이 아닐까.

제임스 조지 프레이저 연보

1854	영국 글래스고주 브랜던 플레이스에서 약사이자 '프레이저 앤 그린' 상사의 임원인 부친 대니얼 프레이저Daniel Frazer와 보글 가문 출신의 모친 캐서린 프레이저Katherine Frazer 사이에서 출생
1860	소년 프레이저는 게얼록 호반 근처 헬렌스버그의 래치필드 아카데미에서 교장 알렉산더 매켄지Alexander Mackenzie 밑에서 라틴어와 그리스어의 기초를 습득한다. 일요일마다 그는 호수 건너에서 들려오는 교회 종소리를 들었다고 하는데, 이 기억은 그에게서 훗날 '네미의 종소리'로 연상되어 나타난다.
1869	글래스고대학 입학. 이곳에서 조지 길버트 램지George Gilbert Ramsay 밑에서 라틴어를 배우는 한편 존 베이치John Veitch에게 수사학을, 그리고 열역학 제2법칙의 창시자인 윌리엄 톰슨William Thomson에게 물리학을 배운다.
1874	케임브리지의 트리니티 칼리지 입학. 1878년에 고전 영역 우등시험에서 수석의 영예를 차지하며 졸업
1878	미들 템플 입학. 거기서 1882년에 변호사 자격을 취득하지만 개업은 하지 않았다.
1879	트리니티에서 플라톤에 관한 학위논문으로 알파급 특별연구원이 됨. 그의 특별연구원직은 1885년, 1890년, 1895년 세 차례에 걸쳐 갱신
1884	『미개인 혹은 반미개인들의 행동양식, 관습, 종교, 미신에 관한 물음들 *Questions on the Manners, Customs, Religions, Superstitions, etc., of Uncivilized or Semi-Civilized*

　　　　　　　　Peoples』을 출판

1886　　　　파우사니아스Pausanias의『그리스 여행기*Description of Greece*』에 관한 권위 있
　　　　　　　는 번역 및 편집에 착수

1887　　　　대영제국 전역에 걸쳐 선교사, 박사, 관리들에게 질문지를 보내 원주민
　　　　　　　들의 관습과 신앙에 관련된 정보를 요청. 그의 첫 번째 인류학 논문인
　　　　　　　『토테미즘*Totemism*』이 에딘버그에서 출간됨.『그리스 여행기』제1권 및
　　　　　　　남부 인도에 관한 여행자들의 기술을 바탕으로『황금가지』작업에 착수

1890　　　　『황금가지: 비교종교학적 고찰*The Golden Bough: A Study in Comparative Religion*』
　　　　　　　제1판을 맥밀런 출판사에서 전2권으로 출간. 그 직후『그리스 여행기』
　　　　　　　의 편역 작업을 계속하기 위해 그리스 각지를 여행

1895　　　　『성서론*Passages of the Bible*』출간. 2차 그리스 여행

1896~1897　무용민속학에 관한 조언을 얻기 위해 케임브리지를 방문한 프랑스 미망
　　　　　　　인 릴리 그로브Lilly Mary Grove와 결혼

1898　　　　파우사니아스의『그리스 여행기*Pausanias's Description of Greece*』를 전6권으로
　　　　　　　출간. 이중 1권은 번역이고 나머지 5권은 주석이다.

1900　　　　『파우사니아스 및 여타 그리스인들에 대한 스케치*Pausanias and other Greek*
　　　　　　　Sketches』출간.『황금가지: 주술과 종교에 대한 고찰*The Golden Bough: A Study in*
　　　　　　　Magic and Religion』제2판을 전3권으로 출간. 「그리스도의 십자가형」에 관
　　　　　　　한 장이『격주간 평론』지에서 인류학자 앤드루 랭Andrew Lang의 거센 공
　　　　　　　격을 받는다. 로마에서 성탄절을 보내며 윌리엄 제임스William James를 만
　　　　　　　난다.

1904~1905　로버트 H. 케네트의 지도 아래 히브리어를 공부하기 시작.『왕권의 역
　　　　　　　사에 관한 강의*Lectures on the Early History of the Kingship*』출간. 이 책은 1920년에
　　　　　　　『왕권의 주술적 기원*The Magical Origion of Kings*』으로 재출간. 이는『황금가지』
　　　　　　　제3판 제1부의 최종적인 제2권 주술과 왕들의 진화의 토대가 된다.

1906　　　　『아도니스, 아티스, 오시리스: 동양종교사 연구*Adonis, Attis, Osiris: Studies in the*
　　　　　　　History of Oriental Religions』출간

1906~1915　『황금가지』제3판을 전12권으로 출간. 여기서 하지절 불축제에 관한 광
　　　　　　　범위한 사례와 수정된 이론을 담는 한편 「그리스도의 십자가형」은 부록
　　　　　　　으로 배치

1907　　　　『야만인의 관습, 신앙, 언어에 관한 물음들*Questions on the Customs, Beliefs, and*
　　　　　　　Languages of Savages』출간

1908	미신의 사회적 유용성을 옹호한 『사회인류학의 영역*The Scope of Social Anthropology*』 출간. 이는 1909년에 『영혼의 과제*Psyche's Task*』로 재출간

1908 미신의 사회적 유용성을 옹호한 『사회인류학의 영역*The Scope of Social Anthropology*』 출간. 이는 1909년에 『영혼의 과제*Psyche's Task*』로 재출간

1910 리버풀대학 사회인류학과 학과장에 취임. 적은 보수에 대한 불만과 대공업 도시에 대한 실망으로 케임브리지에 돌아감. 세계 각지의 왕권제도를 일람표로 정리한 『토테미즘과 족외혼*Totemism and Exogamy*』을 전4권으로 출간

1912 『윌리엄 쿠퍼의 서간*Letters of William Cowper*』을 전2권으로 출간

1913 오스트레일리아, 토레스스트레이트섬, 뉴기니, 멜라네시아 원주민의 신앙을 다룬 『불멸성의 신앙*The Belief in Immortality*』 출간

1914 훈작위를 수여받음

1914~1918 런던의 미들 템플에 있는 작은 아파트에서 제1차 세계 대전 시기를 보냄

1917 『그리스의 풍경, 설화, 역사에 대한 연구*Studies in Greek Scenery, Legend and History*』 출간

1918 『구약성서 속의 민속학: 비교종교학, 설화, 법률에 관한 연구*Folk-Lore in the Old Testament: Studies in Comparative Religion, Legend and Law*』를 전3권으로 출간

1921 로엡 도서관을 위해 『아폴로도루스: 도서관*Apollodorus: The Library*』을 전2권으로 출간

1922 『불멸성의 신앙과 죽은 자의 숭배*The Belief in Immortality and the Worship of the Dead*』 제2권 출간. 프레이저 자신이 제3판 전12권을 한 권으로 요약한 『황금가지』 축약본을 맥밀런 출판사에서 출간

1924 『불멸성의 신앙과 죽은 자의 숭배』 제3권 출간. 프레이저 부인이 편집한 『황금가지 발췌본*Leaves from The Golden Bough*』 출간

1926 『자연 숭배*The Worship of Nature*』 출간

1927 『고르곤의 머리와 그 밖의 문학적 소품: 인간, 신, 그리고 불멸성*The Gorgon's Head and other Literary Pieces*』 출산. 『인간, 신, 불멸성: 인간 진보에 관한 사유*Man, God, and Immortality: Thoughts on Human Progress*』 출간

1928 『영혼의 과제』의 수정증보판인 『악마의 대변인*The Devil's Advocate*』 출간

1929 오비디우스*Ovidius*의 『로마의 축제들*Fasti*』 편역 작업 시작(전6권)

1930 『불의 기원에 관한 신화*Myths of the Origin of Fire*』 출간. 트리니티 특별연구원직 논문을 『플라톤 이데아론의 전개*The Growth of Plato's Ideal Theory*』로 발표. 왕립문학기금의 연례 만찬회 강연 도중 두 눈에 피가 가득 고여 실명 위기. 이때부터 여러 비서들, 특히 글래스고대학 동기생인 로버트 앵거스

다우니Robert Angus Downie의 도움에 의지한다.

1931   『논문 모음집Garnered Sheaves』 발간

1933   『인간정신의 진보에 관한 콩도르세Condorcet on the Progress of the Human Mind』,
    『원시종교에서 사자에 대한 공포The Fear of The Dead in Primitive Religion』 제1권
    출간

1934   『원시종교에서 사자에 대한 공포』 제2권 출간

1935   『원시적 우주기원론에서 창조와 진화 및 그 밖의 소품들Creation and
    Evolution in Primitive Cosmogonies, and other Pieces』 출간

1936   『원시종교에서 사자에 대한 공포』 제3권 출간. 『그루갈이: 황금가지 보
    완편Aftermath: A Supplement to The Golden Bough』 출간

1937   『도테미카: 토테미즘과 족외혼 보완편Totemica: A Supplement to Totemism and
    Exogamy』 출간

1938~1939 『인류학 논총Anthologia Anthropologica』 출간

1941   5월 7일 폭격으로 부부 사망. 둘은 케임브리지의 세인트 질스 공동묘지
    에 합장되었다.

*프레이저, 이용대 옮김, 옥스퍼드판 『황금가지』, 한겨레출판, 2003, 53~56쪽; R. Angus
Downie, *Frazer and The Golden Bough*, Gollancz, 1970, pp.129~135; Robert Ackerman, *J. G.
Frazer: His Life and Work*, Cambridge University Press, 1987 참조

찾아보기